셀프트래블
스페인

셀프트래블
스페인

초판 1쇄 | 2025년 11월 26일

글과 사진 | 송윤경

발행인 | 유철상
편집 | 성도연
디자인 | 주인지, 노세희
마케팅 | 조종삼

펴낸 곳 | 상상출판
주소 | 서울특별시 동대문구 왕산로28길 37, 2층(용두동)
구입·내용 문의 | **전화** 02-963-9891(편집), 070-8854-9915(마케팅)
팩스 02-963-9892 **이메일** sangsang9892@gmail.com
등록 | 2009년 9월 22일(제305-2010-02호)
찍은 곳 | 다라니
종이 | ㈜월드페이퍼

※ 가격은 뒤표지에 있습니다.

ISBN 979-11-6782-226-0(14980)
ISBN 979-11-86517-10-9(set)

© 2025 송윤경

※ 이 책은 상상출판이 저작권자와의 계약에 따라 발행한 것이므로
　본사의 서면 허락 없이는 어떠한 형태나 수단으로도 이용하지 못합니다.
※ 잘못된 책은 구입하신 곳에서 바꿔 드립니다.

www.esangsang.co.kr

프리미엄 해외여행 가이드북

셀프트래블
스페인

송윤경 지음

상상출판

Prologue

여행작가로 살아온 지도 어느덧 10년이 되어갑니다. 회사 생활을 그만둔 지 그만큼의 시간이 흘렀다는 뜻이기도 합니다. 저는 일을 일찍 시작한 편입니다. 가까스로 구한 일자리에서 제 몫을 해내려다 보니 애를 있는 힘껏 가져다 썼습니다. 아침마다 맞지 않는 고무 잠수복을 억지로 껴입듯 출근해 좀처럼 늘지 않는 실력을 재촉하며 하루를 보냈습니다. 간이고 쓸개고 집에 두고 왔더라면 폐가 부풀기 쉬웠을 텐데 그것까지 챙기느라 늘 숨을 가쁘게 쉬었습니다. 그때 잠수복을 찢어 숨을 몰아쉬었으면 나았을까요. 끼니를 챙기는 것조차 귀찮아 편의점 삼각김밥을 베어 물던 어느 날, 삶이 문득 지겨워졌습니다. 당시에는 그런 단어가 없었지만, 뒤늦게 '번아웃'이란 걸 알았습니다.

김병수 정신과 전문의가 말하길, 성격은 생존 본능과 연결되어 있어 수십 년을 한 성격으로 살아온 사람에게 성격을 바꾸라고 요구하는 건 유전자를 바꾸라는 말과 다르지 않다고 하더라고요. 생존을 위해 수십 년 갈아온 성실도 마치 유전자에 새겨진듯 바뀌지 않더군요. 여행도 일처럼 성실히 임했습니다. 어쩐 일인지 새벽에도 방바닥을 박차고 일어나 분주히 길을 나서면서도 피곤한 줄 몰랐습니다. 화물차도 오가지 않는 새벽 도로에 어스름이 걷히고 태양이 떠오르는 순간에 생각했습니다. 밤새 내린 이슬이 솟아오른 햇살에 마르듯 내 마음속 구김도 뽀송하게 펴지고 있구나 하고요. 10년째 여행작가로 살다 보니 그간 내가 못한 게 아니라 잘못된 자리에 놓여 있었다고 확신이 섭니다.

《스페인 셀프트래블》을 준비하며 스페인 작가, 미겔 데 세르반테스의 소설 《돈키호테》를 읽었습니다. 라만차 지방의 시골 귀족 알론소 키하노가 기사도 소설에 심취해 자신을 떠돌이 기사 '돈키호테'로 여기는데요. 예절과 지조, 용맹과 충성을 이상으로 삼으며 이미 폐지된 기사 제도에 몰두하죠. 다소 우스꽝스러운 그의 모험은 옛 봉건 귀족 계

층을 풍자합니다. 그러나 돈키호테가 보여준 태도는 저에게 결코 우습지 않습니다.

'불가능한 것을 손에 넣으려면, 불가능한 것을 시도해야 한다. 이룰 수 없는 꿈을 꾸고, 이루어질 수 없는 사랑을 하고, 이길 수 없는 적과 싸우고, 견딜 수 없는 고통을 견디며, 잡을 수 없는 저 하늘의 별을 잡아라.'

라만차 언덕에 올라 경계조차 흐릿한 광활한 고원을 내려다보며 더 나은 세상을 꿈꾸라는 돈키호테의 말을 곱씹었습니다. 월급이라는 현실에 갇혀 도전조차 쉽지 않았던 지난날이 떠오릅니다. 그러나 지금은 바닥나지 않는 꿈을 꿉니다.

"인생 별것 있소? 사느냐 아니면 죽느냐지."

Thanks to······✨

원고를 모두 마치고서야 프롤로그를 씁니다. 마치 완주 거리가 정해진 마라톤처럼 한 권의 책이 나오기까지 물심양면으로 응원해 준 사람들에게 한 자 한 자 눌러 담아 감사 인사를 남기고 싶어서요. 한결같이 지지와 사랑을 보내주신 서용우 님, 나이에 비해 깊은 이해와 배려를 보여준 서윤우 님, 도와달라는 한마디에 말없이 달려와주신 김선옥 님 감사합니다. 살면서 이렇게 마음 편히 일한 적이 있었나 싶습니다. 서로 다른 방식으로 저와 인연을 맺고 마음 써 주신 모든 분께 감사드립니다. 《스페인 셀프트래블》이 나올 수 있도록 도와주신 성도연 편집자님과 상상출판 편집·디자인팀에도 감사드립니다.

2025년 11월 송윤경

Contents
목차

Photo Album • 4
Prologue • 14
일러두기 • 20
스페인 전도 • 22

All about Spain 스페인 **지역 이야기** • 24
Spain Q&A 스페인 여행 전 **많이 묻는 질문 10가지** • 26

Inside
1 스페인 **날씨와 옷 입기** • 29
2 스페인 **역사 이야기** • 31

Try
1 한국인이 좋아하는 **스페인 핵심 코스** • 34
2 **1주 마드리드+바르셀로나** 코스 • 35
3 **1주 마드리드+안달루시아** 코스 • 36
4 **바르셀로나** 집중 코스 • 37
5 **2주 스페인 일주 코스** • 38

[Mission in Spain]

Culture
1 스페인에서 놓치지 말아야 할! **플라멩코** • 42
2 스페인에서 놓치지 말아야 할! **투우** • 46
3 스페인에서 놓치지 말아야 할! **축구 라리가** • 49

Food
1 하루 5끼! 미식을 즐기기 딱 좋은 스페인 • 53
2 한 입으로 즐기는 **스페인 미식, 타파스** • 54
3 스페인 **대표 음식** • 56

Shopping
1 스페인 **추천 기념품** • 65
2 스페인 **의류와 잡화 브랜드** • 68
3 스페인 **슈퍼마켓** • 69
4 해외 쇼핑 시 **세금 환급 받는 법** • 72

[Enjoy Spain]

1 Barcelona

스페인 우선 순위 **바르셀로나** • 76
· 바르셀로나 지도 • 90
· 바르셀로나 구도심 지도 • 92
· 바르셀로나 메트로 노선도 • 94
Special Tour 사그라다 파밀리아 성당 자세히 보기 • 110
Special Tour 카사 바트요 자세히 보기 • 124
Special Tour 카사 밀라 자세히 보기 • 128
Special Tour 산 파우 병원 자세히 보기 • 132
Special Tour 구엘 공원 자세히 보기 • 166

▶ **바르셀로나 근교**
몬세라트 • 182
· 몬세라트 수도원 지도 • 183
시체스 • 193
타라고나 • 198
Special Tour 타라고나 고고학 유적군에서 꼭 봐야할 장소 • 202
지로나 • 206
· 지로나 지도 • 209

피게레스 • 214

Special Tour 달리 극장 박물관 자세히 보기 • 218

2 Madrid

예술, 문화, 쇼핑의 성지 **마드리드** • 220

· 렌페 세르카니아스 노선도 • 232

· 마드리드 지도 • 234

· 마드리드 메트로 노선도 • 236

Special Tour 마드리드 왕궁과 함께 둘러보기 좋은 여행지 • 242

Special Tour 프라도 미술관 작품 설명 • 262

Special Tour 레이나 소피아 미술관 작품 설명 • 271

Special Tour 티센 보르네미사 미술관 작품 설명 • 275

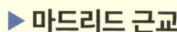 마드리드 근교

톨레도 • 284

· 톨레도 지도 • 286

Special Tour 톨레도 대성당 자세히 보기 • 292

세고비아 • 299

· 세고비아 지도 • 302

Special Tour 세고비아 알카사르 자세히 보기 • 308

Special Tour 세고비아 대성당 자세히 보기 • 312

쿠엥카 • 316

· 쿠엥카 지도 • 318

Special Tour 쿠엥카 대성당 자세히 보기 • 320

3 Andalusia

관용과 공존이 숨 쉬는 스페인 남부 **안달루시아** • 328

01 이국적인 아랍 도시 **그라나다** • 330

· 그라나다 지도 • 338

Special Tour 알람브라 자세히 보기 • 343

02 안달루시아 휴양 천국 **말라가** • 370

· 말라가 지도 • 376

Special Tour 알카사바 자세히 보기 • 382

▶ **말라가 근교**
론다 • **394**
· 론다 지도 • **395**
미하스 • **402**
프리힐리아나 • **406**
Special Tour 프리힐리아나 구시가 자세히 보기 • **408**
네르하 • **410**

03 스페인 정열의 도시 **세비야** • **414**
· 세비야 지도 • **420**
Special Tour 세비야 대성당 자세히 보기 • **422**
Special Tour 세비야 알카사르 자세히 보기 • **429**

▶ **세비야 근교**
코르도바 • **456**
· 코르도바 지도 • **457**

[Step to Spain]

Step
1 스페인 **일반 정보** • **466**
2 스페인 **연중행사와 공휴일** • **468**
3 스페인의 **축제** • **469**
4 스페인 **들어가기 & 나오기** • **470**
5 스페인 **여행 준비** • **474**
6 요긴하게 써먹는 **스페인어** • **478**

Index • **482**
Photo Album • **486**

Self Travel Spain
일러두기

❶ 주요 지역 소개

《스페인 셀프트래블》은 스페인의 카탈루냐 지방을 대표하는 바르셀로나, 스페인의 수도 마드리드, 그리고 스페인 안달루시아 지역(그라나다, 말라가, 세비야)을 다룹니다. 또한 이 지역들과 인접한 근교 지역도 소개하고 있습니다.

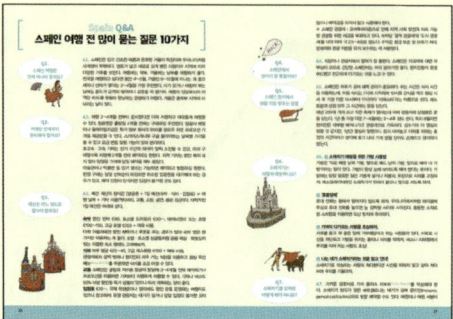

❷ 알차디 알찬 여행 핵심 정보

Mission in Spain 스페인에서 놓치면 100% 후회할 볼거리, 음식, 쇼핑 등 재미난 정보와 함께 스페인의 건축 양식, 미술, 문화까지 테마별로 한눈에 보여줍니다. 필요한 것만 쏙쏙~ 골라 여행을 계획하세요.

Enjoy Spain 스페인의 지역별 주요 명소는 물론 추천 일정을 상세하게 소개합니다. 주소, 가는 방법, 홈페이지 등 정보와 함께 알아두면 좋은 Tip도 수록했습니다.

Step to Spain 스페인으로 떠나기 전 꼭 필요한 여행 정보를 모았습니다. 스페인 일반 정보, 스페인 연중행사와 공휴일, 출입국 수속, 유용하게 써먹을 수 있는 스페인어 등 초보 여행자도 어렵지 않게 여행할 수 있도록 실용적인 정보를 실었습니다.

❸ 원어 표기

최대한 외래어 표기법을 기준으로 표기했으나 몇몇 지역명, 관광명소와 업소의 경우 현지에서 사용 중인 한국어 안내와 여행자들에게 익숙한 이름을 택했습니다.

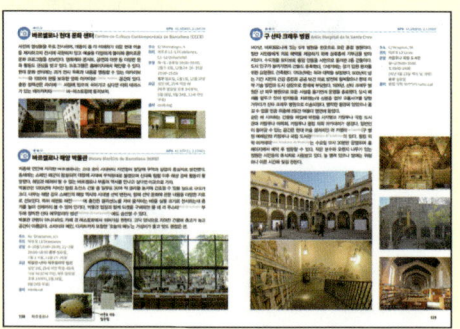

❹ 정보 업데이트

이 책에 실린 모든 정보는 2025년 11월까지 취재한 내용을 기준으로 하고 있습니다. 현지 사정에 따라 요금 및 운영 시간 등이 변동될 수 있으니 여행 전에 한 번 더 확인하시길 바랍니다. 잘못되거나 바뀐 정보는 증쇄 시 업데이트 하겠습니다.

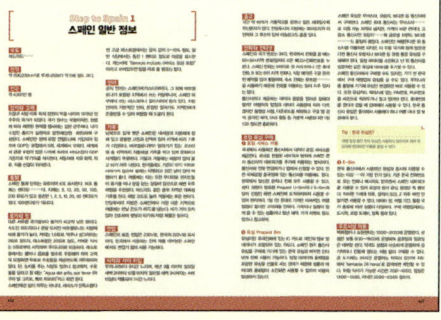

❺ 구글 맵스 GPS 활용법

이 책에 소개된 관광명소와 식당, 쇼핑몰, 숙소에는 구글 맵스의 GPS 좌표를 표시해 두었습니다. 스마트폰 앱 구글 맵스 Google Maps 또는 www.google.co.kr/maps로 접속해 검색창에 GPS 좌표를 입력하면 빠르게 위치를 확인할 수 있습니다. '길찾기' 버튼을 터치하면 현재 위치에서 목적지까지의 경로도 볼 수 있습니다.

GPS 36.593201, -4.638518

❻ 지도 활용법

이 책의 지도에는 아래와 같은 부호를 사용하고 있습니다.

주요 아이콘
- ● 관광명소, 기타명소
- ® 레스토랑, 카페 등 식사할 수 있는 곳
- ⑤ 쇼핑몰, 시장 등 쇼핑 장소
- ⑪ 호텔, 호스텔, B&B 등 숙소
- Ⓜ 메트로
- 🚂 기차역
- 🚌 버스 정류장
- 🚠 푸니쿨라
- 🚡 케이블카
- 👁 전망 포인트

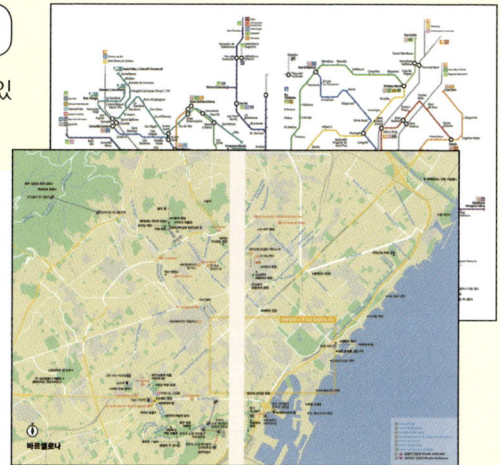

All about Spain
스페인 지역 이야기

스페인은 유럽 대륙에서 대서양을 향해 주먹을 뻗은 듯 튀어나와 있는 나라다. 우리나라처럼 삼면이 바다로 둘러싸여 있어 이베리아반도라 부른다. 스페인 북쪽에는 피레네산맥 너머 프랑스가 있고, 남쪽 끝에는 지브롤터 해협 너머 아프리카 대륙이 이어진다. 배를 타고 한 시간이면 건널 수 있는 해협을 넘어 아프리카 무어인이 이베리아반도를 침략했다가 다시 물러갔다. 해협은 풍요로운 지중해로 흘러가 유럽과 중동, 아프리카를 잇는 길목이 되었다. 다양한 문화가 꽃피고 서로 교류했다. 대서양으로 나가기 위한 출입구였던 스페인은 문명과 문화의 교역로 역할을 하며 서로 다른 민족, 역사, 종교, 그리고 과거와 현재가 공존하는 나라로 발돋움했다.

❶ 바르셀로나 Barcelona
스페인 우선 순위 *(p.76)*
지중해 동부 카탈루냐 지방을 대표하는 항구 도시다. 오랜 기간 지켜온 지역 문화가 있으며 산업 혁명을 통해 산업과 예술, 건축이 발전했다. 지중해성 온화한 기후와 자연환경까지 다 갖춘 여행지다.

❷ 몬세라트 Montserrat
그곳에는 카탈루냐 영혼이 산다 *(p.182)*
바르셀로나 근교에 있는 산악 지대다. 톱니처럼 생긴 독특한 산세는 가우디에게 영감을 주기도 했다. 검은 성모 마리아 발현 성지에 몬세라트 수도원을 지었으며 '천상의 하모니'로 알려진 합창단 공연이 열린다.

❸ 시체스 Sitges
올타임 레전드 해안 소도시 *(p.193)*
바르셀로나 근교에 있는 해양 휴양지로 성소수자 친화 도시다. 개방적이고 자유로운 분위기에서 시작된 아방가르드한 예술을 소규모로 만날 수 있으며 국제 판타스틱 영화제에 맞춰 방문해도 좋다.

❹ 타라고나 Tarragona
고대 로마를 품은 지중해 도시 *(p.198)*
시체스와 가까운 해변 휴양지이자 카탈루냐 전통문화가 살아있는 지역이다. 원형 경기장과 로마 성벽 등 유네스코 세계 문화유산으로 등재된 고대 로마 유적이 잘 보존되어 있다.

❺ 지로나 Girona
소도시의 미덕을 충족시키는 도시 *(p.206)*
카탈루냐 북동부에 자리한 지로나는 2,000년 역사를 간직한 중세 도시다. 아라곤 왕조가 세운 중세 풍경이 그대로 남아있어 〈왕좌의 게임〉 등 영화와 드라마 배경으로 인기다.

❻ 피게레스 figueres
살바도르 달리의 초현실 도시 *(p.214)*
초현실주의 화가 살바도르 달리의 고향으로 달리의, 달리를 위한, 달리에 의한 도시다. 시내 중심에 있는 달리 극장 박물관은 화가의 예술 세계를 집대성하고 있어 전 세계 팬들이 이곳을 찾는다.

❼ 마드리드 Madrid
문화, 예술, 쇼핑의 성지 *(p.220)*
스페인의 수도다. 카스티야 왕국부터 오늘날까지 중앙 정권으로서 정치·문화·경제의 토대를 마련했다. 마드리드 왕가가 수집한 예술품을 미술관에서 만날 수 있다. 밤에는 루프탑 바에서 현지 문화를 즐겨보자.

⑧ 톨레도 Toledo
스페인 종교 수도 *(p.284)*

고대 로마의 자치 도시로 시작해 서고트 왕국, 이슬람 왕국, 카스티야 왕국의 수도를 거치면서 기독교, 이슬람교, 유대교가 오랜 세월 공존했다. 타호강이 휘감아 흐르는 도시는 유네스코 세계 문화유산으로 지정되어 있다.

⑨ 세고비아 Segovia
눈앞에 기원의 고대 건축을 보는 일 *(p.299)*

마드리드 근교에 있어 당일치기 여행으로 즐겨 찾는다. 도시를 가로지르는 고대 로마 수도교와 '백설 공주의 성'으로 유명한 알카사르가 있다. 무척 부드러워서 접시로도 잘린다는 현지 명물 '코치니요 아사도'도 맛보자.

⑩ 쿠엥카 Cuenca
스페인 공중 도시 *(p.316)*

해발 900m의 깊은 협곡 양옆으로 집들이 아슬아슬하게 매달린 듯 지어져있어 일명 '절벽 위의 도시, 매달린 집의 도시'로 불린다. 레스토랑이나 미술관으로 운영하는 곳도 있어 내부를 관람할 수도 있다.

⑪ 그라나다 Granada
이국적인 아랍 도시 *(p.330)*

안달루시아 지방에 위치한 도시다. 스페인에서 이슬람 세력이 끝까지 버티던 마지막 요새이자 이슬람 건축의 정수로 꼽히는 알람브라가 있다. 플라멩코가 탄생한 사크로몬테와 아랍 문화가 물씬 풍기는 알바이신 지구를 구경해보자.

⑫ 말라가 Malaga
안달루시아 휴양 천국 *(p.370)*

안달루시아 대표 항구 도시다. 교통이 편리해 여행 거점으로 삼으면 좋다. 160km 해안선으로 이어진 '코스타 델 솔'이 중심에 있어 휴양하기 좋고 맛이 괜찮은 식당도 많다. 피카소 생가가 있어 화가의 작품을 관람하려는 팬으로 북적인다.

⑬ 론다 Ronda
협곡 위 천공 도시 *(p.394)*

해발 700m의 깊은 협곡을 연결하는 누에보 다리가 있어 다른 곳에선 보기 힘든 아찔한 풍경을 볼 수 있다. 도시는 절벽에 지어져 광활한 구릉 지대를 보는 풍경이 압도적이다. 투우 발상지로 소꼬리 요리가 유명하다.

⑭ 미하스 Mijas
나와 하얀 마을과 당나귀 *(p.402)*

안달루시아 전통 주택 양식인 '푸에블로 블랑코'로 마을을 이뤄 프리힐리아나처럼 백색 도시다. 좁고 가파른 골목을 오가는 당나귀 택시가 있어 쉽게 마을을 둘러볼 수 있다. 스페인에서 가장 작은 투우장에서 이색적인 전망을 선보인다.

⑮ 프리힐리아나 Frigiliana
스페인에서 가장 예쁜 마을 *(p.406)*

말라가 주에 있는 산악 마을이다. 뜨거운 햇빛을 막기 위해 선조들의 지혜에 따라 외벽에 석회를 칠해온 마을이 하얗다. 구불구불한 골목길을 오르면 멀리 지중해가 펼쳐지는 풍경이 아름답다.

⑯ 네르하 Nerja
유럽의 발코니 *(p.410)*

말라가 근교에 있어 당일치기 여행하기 좋다. 코스타 델 솔의 대표적인 해변 마을이며 이곳을 상징하는 전망대 '유럽의 발코니'가 있다. 규모가 크진 않으니 인근의 거대한 석회 동굴도 함께 둘러보자.

⑰ 세비야 Sevilla
스페인 정열의 도시 *(p.414)*

이슬람과 가톨릭을 품은 문화 도시이자 콜럼버스가 신대륙 탐험을 출발한 역사 도시다. 플라멩코의 본고장이자 예술의 장이다. 세계에서 가장 큰 목조 건축물인 메트로폴 파라솔에서 일몰부터 야경까지 즐겨보자.

⑱ 코르도바 Cordoba
천년의 수도 *(p.456)*

이슬람 세력이 이베리아반도를 지배하고 수도로 삼은 도시다. 이슬람 사원인 모스크에 가톨릭교회가 공존하는 메스키타는 꼭 봐야 할 건축 문화유산이다. 로마와 이슬람, 기독교까지 다문화 특징이 짙게 남아 있다.

Spain Q&A
스페인 여행 전 많이 묻는 질문 10가지

Q1. 스페인 여행은 언제 떠나야 할까요?

A1. 스페인은 덥고 건조한 여름과 온화한 겨울이 특징이며 우리나라처럼 사계절이 뚜렷하다. 영토가 넓고 세로로 길게 뻗은 지형이라 지역에 따라 다양한 기후를 보인다. 여름에는 북부, 겨울에는 남부를 여행하기 좋다. 전국을 여행하고 싶다면 봄인 4~5월, 가을인 9~10월에 떠나는 게 좋고 세마나 산타가 열리는 3~4월을 가장 추천한다. 비가 오거나 바람이 부는 날에는 온도가 급격히 떨어지니 겉옷을 꼭 챙기자. 여름의 안달루시아 지역은 40도를 웃돌아 한낮에는 관광하기 어렵다. 겨울은 중북부 지역에 비 내리는 날이 잦다.

Q2. 여행은 언제부터 준비해야 할까요?

A2. 여행 3~4개월 전부터 준비한다면 더욱 저렴하고 여유롭게 여행할 수 있다. 항공권은 출발일 4개월 전에는 구매하길 추천한다. 항공사 메일이나 플레이윙즈같은 특가 정보 회사의 SNS를 팔로우 하면 프로모션 가격을 제공받을 수 있다. 스카이스캐너와 구글 플라이트는 날짜별 가격을 볼 수 있고 요금 변동 알람 기능이 있어 편리하다.
초고속·고속 기차는 인기 구간의 좌석이 일찍 소진될 수 있고, 미리 구매할수록 저렴해 2개월 전에 예약하길 권한다. 지역 기차는 할인 폭이 크지 않아 일정을 고려해 당일 예약을 해도 괜찮다.
미술관이나 박물관 등 인기 명소는 가능하면 예약하고 방문하길 권한다. 현장 구매는 당일 선착순이 마감되면 취소된 입장권을 대기해야 하는 경우가 있고, 예약 인원이 만석이면 입장이 불가한 곳도 많다.

Q3. 예산은 어느 정도로 잡아야 할까요?

A3. 예산 계산의 정석은 [항공권 + 1일 예산(숙박·식비·입장료) × 여행 날짜 + 기타 비용(액티비티, 교통, 쇼핑, 공연, 용돈 등)]이다. 대략적인 1일 예산은 아래와 같다.

숙박 한인 민박 €60, 호스텔 도미토리 €30~, 에어비앤비 또는 호텔 €100~150, 고급 호텔 €200 + 여유 비용.
다회 이용자에겐 할인 혜택이나 쿠폰을 주는 경우가 많아 숙박 앱은 한 가지만 이용하는 게 좋다. 호텔·호스텔 싱글룸처럼 공용 욕실·화장실이 있는 저렴한 숙소 형태도 고려해보자.
식비 하루 평균 €25~40, 고급 레스토랑 €100 + 여유 비용.
관광지에서 살짝 벗어나 현지인이 자주 가는 식당을 이용하고 점심 특선 메뉴 Menu del Día를 주문하면 식비를 조금 아낄 수 있다.
교통 스페인은 공항과 저비용 항공이 발달해 3~4개월 전에 예약하거나 프로모션을 이용하면 기차보다 저렴하게 이용할 수 있다. 기차나 버스도 50% 이상 할인된 특가 상품이 있으니 미리 계획하는 것이 좋다.
입장료 €10~. 국제 학생증이나 얼리버드 할인 등을 운영하는 여행지도 있으니 참고하자. 유명 관광지는 대기가 길거나 당일 입장이 불가한 곳이

많으니 예약금을 아끼지 말고 사용해야 한다.
※ 스페인 관광세 : 오버투어리즘으로 인해 지역 사회 발전과 지속 가능한 관광을 위한 세금을 부과하고 있다. 숙박당 '광역 관광세'와 '도시 관광세'를 내야 하며 각 2.5~4유로 정도다. 수익은 환경 보존 및 쓰레기 처리, 문화재와 관광 자원을 유지 보수하는 데 사용된다.

Q4. 스페인에서 영어가 잘 통할까요?

A4. 식당이나 관광지에서 영어가 잘 통한다. 스페인은 자국어에 대한 자부심이 크므로 간단한 스페인어는 미리 알아가면 좋다. 현지인들이 한결 부드럽고 친근하게 다가오는 것을 느낄 수 있다.

Q5. 스페인 현지에서 생활 리듬 맞추는 방법

A5. 스페인은 하루가 길어 체력 관리가 중요하다. 쉬는 시간은 식사 시간을 이용하는데, 아침 식사는 7시에 시작하며 10시쯤 간식을 먹고 점심 식사 후 가장 더운 14시부터 17시까지 '시에스타'라는 이름으로 쉰다. 레스토랑과 상점 모두 그 시간에는 문을 닫는다.
매년 200여 개의 크고 작은 축제가 열리는데 이때 관공서와 상점들은 문을 닫는다. 1년 중 가장 더운 7~8월에는 2~4주 정도 쉰다. 특히 8월이면 현지인은 대부분 빠져나가고 관광객으로 가득하다. 성수기라 더 열심히 일할 것 같지만, 1년간 열심히 일했으니 잠시 내려놓고 더위를 피하는 충전의 시간이라고 생각해 휴가 내내 가게 문을 닫아도 손해라고 생각하지 않는다.

Q6. 소매치기는 어떻게 예방하나요?

A6. ❶ 소매치기 예방을 위한 가방 사용법
가방은 '뒤로 메면 남의 가방, 옆으로 메도 남의 가방, 앞으로 메야 내 가방'이라는 말이 있다. 가방이 항상 눈에 보이도록 해야 한다는 뜻이다. 가방에는 당일 필요한 짐만 가볍게 넣거나 자물쇠, 옷핀으로 지퍼를 고정하자. 에스컬레이터에선 소매치기가 뒤에서 붙으니 옆으로 서도록 하자.

❷ '휴몸일체'
휴대 전화는 몸에서 떨어지지 않도록 하자. 우리나라에서처럼 테이블에 무심코 휴대 전화를 놓으면 눈 깜짝할 사이에 사라진다. 튼튼한 소재로 된 스트랩을 이용하면 도난 방지에 유리하다.

❸ 가까이 다가오는 사람을 조심하자.
서류를 들고 와 좋은 일에 기부해달라고 하는 사람들이 있다. 서류로 시선을 차단하고 가방을 뒤지는 중이니 자리를 피하자. 버스나 지하철에서 무리를 지어 미는 사람도 조심!

❹ 나는 네가 소매치기라는 것을 알고 있다!
소매치기로 의심되는 사람이 쳐다본다면 시선을 피하지 말고 같이 쳐다보며 주의를 기울이자.

Q7. 소매치기를 당하면 어떻게 해야 하나요?

A7. 가까운 경찰서로 가서 폴리스 리포트Police Report를 작성해야 한다. 소매치기 범죄가 잦은 바르셀로나는 대기가 길며 온라인(mossos.gencat.cat/ca/inici)으로 방문 예약할 수도 있다. 여권이나 여권 사본이

있다면 들고 가야 한다. 보통 성, 이름, 생일, 국적, 출생지, 여권 번호, 숙소 주소 등 개인 정보를 적고 날짜, 시간, 장소, 사건의 경위, 잃어버린 물품, 핸드폰이나 카메라 기종 등 사건에 관련된 내용을 적는다. 작성한 서류에 경찰관이 사인과 도장을 찍으면 사본을 받은 뒤 한국으로 돌아와 보험사에 제출하면 된다. 물론 그 전에 꼭 해외여행 보험을 들어놔야 한다.

Q8. 패키지와 자유여행 중 어느 쪽이 더 효율적일까요?

A8. 한국에서 출발하는 패키지를 이용하고 싶다면 조금 특별한 패키지를 이용해보자. 여행사에서는 요즘 역사나 음식, 패션 또는 소도시 등 각종 주제로 특화된 패키지를 선보인다. 자유여행을 한다면 취향에 따라 현지 패키지를 이용하는 것도 추천한다. 유적지의 경우 방대한 자료를 바탕으로 한 당일 투어가 많다. 대중교통을 이용하면 오래 걸리는 곳도 투어를 이용하면 전용 버스나 다인승 차량으로 가고 싶은 곳만 빠르게 갈 수 있고 짐을 들고 이동하는 불편과 위험에서도 해방된다.

Q9. 화장실 이용할 때 돈을 내야 하나요?

A9. 스페인 화장실은 대부분 유료로 청소부가 관리하면서 1유로 정도를 받는다. 그래서인지 기차역, 버스 터미널, 맥도널드와 같은 패스트푸드점 등 사람이 많이 이용하는 곳의 화장실도 깨끗한 편이다. 가끔 자판기처럼 생긴 기계에 비용을 내는 곳도 있어 동전을 미리 준비하면 좋다.

Q10. 알아두어야 할 현지 정보가 있나요?

A10. ❶ 가톨릭 국가인 스페인에서 성당에 간다면 어깨와 무릎을 가리는 적절한 복장을 입어야 한다. 경건하게 미사가 진행되는 동안에는 촬영하지 않는 것이 예의다.

❷ 기차나 지하철, 버스와 같이 대중교통 파업이 잦은 편으로 대체 교통수단을 미리 알아두는 편이 좋다. 고속 열차보다 지역 열차의 파업이 많으며 연착도 잦으니 참고하자.

❸ 팁이 필수는 아니다. 기분 좋게 식사했으면 5~10% 정도, 보통은 1~2유로 정도로, 요금을 낸 뒤 남는 잔돈을 적당히 주면 된다. 그 전에 영수증을 잘 살펴봐야 한다. 여행객에게 주문하지 않은 메뉴나 자신이 정한 팁 금액을 요금에 포함하기도 한다. 팁이 필수가 아닌 만큼 인종 차별이나 기분 나쁜 서빙을 받았다면 팁을 내지 않아도 된다.

❹ 에어비앤비나 민박은 간판이 없어 찾기 어렵다. 미리 호스트의 연락처나 메신저 아이디를 알아두자. 지방 도시에선 엘리베이터가 없거나 오래된 경우가 많고 집 열쇠는 무거운 철로 되어있어 들고 다니기 불편하다. 오래된 열쇠 구멍 탓에 열기가 힘들지만, 열쇠를 꾹 넣고 왼쪽으로 여러 번 돌리면 된다. 호스텔 다인실을 이용할 땐 사물함 자물쇠가 필요하다. 규격이 안 맞는 사물함도 있어 와이어로 된 자물쇠가 편하다.

❺ 스페인에선 무단 횡단을 엄격히 금지하므로 꼭 건널목을 이용하자. 신호가 없는 곳에선 보행자에 대한 배려가 잘 되어있다.

Inside 1
스페인 날씨와 옷 입기

스페인은 넓은 국토에 북부 바스크 지방부터 남부 안달루시아 지방까지 길게 이어져있어 지역마다 위도 차이가 크며 다양한 기후를 띈다. 북부 중에서도 대서양 연안에 있는 바스크 지역은 기온이 온난하나 바람이 많고 비가 자주 오는 편이며, 바르셀로나가 있는 지중해 연안은 겨울이 온화하고 여름은 건조하다. 대륙 중앙에 있는 마드리드와 톨레도는 사계절이 뚜렷하고 일교차가 크다. 메세타 고원에 있어 우리나라에 비해 기온이 낮은 편이다. 안달루시아 지역인 남부 내륙은 우기가 거의 없을 정도로 맑은 날이 이어지며 한여름에는 40도 이상 고온으로 덥고 사막도 있다. 프랑스 국경에 있는 피레네산맥과 내륙 중앙 메세타 고원, 남부의 시에라네바다 주변 도시는 위치에 따라 기후가 크게 변동되니 여행 전 미리 확인하면 좋다.

스페인 주요 지역 평균 기온(℃)

*회색은 우기

	마드리드	바르셀로나	세비야	말라가	빌바오	그라나다
1월	6	9	11	12	8	7
2월	8	10	13	13	9	9
3월	11	13	16	15	11	12
4월	13	15	18	17	13	14
5월	17	18	22	20	16	18
6월	23	22	27	24	19	23
7월	27	25	30	26	21	27
8월	27	26	30	27	21	27
9월	23	23	27	25	20	23
10월	17	19	22	20	17	17
11월	11	14	17	16	12	11
12월	7	10	12	13	9	8

계절별 여행 추천

봄(3~5월)
날씨가 점점 따뜻해지며 꽃이 피는 시기로 축제가 많고 스페인 어느 곳을 여행해도 만족스럽다. 북부 지중해에 있는 바르셀로나와 마드리드는 얇은 니트나 긴팔 티셔츠에 아우터를 준비하면 좋다. 남부 안달루시아 지방은 여름처럼 더운 날도 있어 가벼운 옷을 준비해야 한다. 보랏빛 꽃이 아름다운 자카란다 개화 시기도 추천한다. 스페인 북부 바스크 지방은 우기로 춥고 비가 많이 온다.

여름(6~8월)
스페인 여름은 매우 덥고 건조한 날씨가 이어진다. 특히 마드리드와 안달루시아는 40도 이상 올라갈 때도 있어 한낮에는 여행을 멈추고 시에스타를 즐기자. 8월에는 현지인이 대부분 휴가를 떠나므로 문 닫은 레스토랑과 카페가 많다. 햇볕이 강해 시원한 소재의 긴팔, 긴바지를 권한다. 해수욕할 때는 해파리 주의 표시를 확인하고 현지인이 없는 해변이라면 주변에 수영 가능 여부를 확인하는 것이 좋다.

가을(9~11월)
초가을엔 여전히 더운 편이지만, 점점 선선해지면서 여행하기 좋다. 10~11월은 스페인 전국이 우기에 속하지만, 말라가 주 해변인 코스타 델 솔 지역은 시에라네바다산맥을 비롯한 산들이 찬 바람을 막아 기온이 높고 맑은 날이 많다. 긴팔 셔츠에 카디건이나 얇은 재킷을 준비해 날씨·일교차에 따라 조절해서 입자. 활엽수가 많은 스페인의 산을 여행하며 단풍을 즐기거나 풍요로운 식재료로 가득한 미식 여행을 즐겨도 좋다. 특히 포도를 수확하는 가을은 와인의 계절이니 와이너리 방문도 권한다.

겨울(12~2월)
12~1월은 가장 추운 달로 기온이 떨어지고 눈이 오는 곳도 있다. 단, 바르셀로나가 있는 지중해 연안은 해양성 기후로 기온이 10도 아래로 내려가지 않아 여행하기 좋다. 북부 내륙과 마드리드가 있는 중부 내륙 고원 지대는 영하까지 떨어진다. 안달루시아 지방은 비교적 온화해 가벼운 코트를 입고 다녀도 충분하지만, 지대가 높은 그라나다는 추운 편이라 패딩이나 목도리 등 방한복이 필요하다. 겨울 스포츠를 즐기고 싶다면 만년설이 있는 시에라네바다 스키장을 추천한다.

Inside 2
스페인 역사 이야기

유럽의 서쪽 끝, 이베리아반도에 스페인과 포르투갈이 있다. 스페인은 북쪽 대륙으로 피레네산맥을 경계로 프랑스와 면하고, 남쪽으로 유럽과 아프리카 대륙을 나눈 지브롤터 해협을 경계로 아프리카와 마주 본다. 40만 년 전, 아프리카에서 이베리아반도 남동쪽으로 이동한 이주민들로부터 스페인 역사는 시작된다.

선사 시대와 고대(~기원전 218)

구석기 시대에 이베리아반도 원주민은 사냥과 채집 활동을 위해 유목 생활을 했고 주로 동굴에서 지냈다. 풍요를 소원한 알타미라Altamira 동굴 벽화가 이를 보여준다. 신석기에는 도구가 발달해 농경 생활이 시작되고 동부 해안에 이베로, 안달루시아에는 타르테소스, 서쪽 중앙에는 켈트가 원시 부족을 이루고 살았다. 이후 합쳐진 이베로-켈트족은 스페인의 조상 중 정통파로 분류된다. 기원전 1,100년 지중해 패권이 강해지던 시기에 오늘날 레바논 해안에 살던 페니키아인들이 남부 연안에 정착하며 상업 도시 카디스를 건설한다. 이때 알파벳과 화폐, 금속과 섬유, 향료 등 다양한 기술과 올리브, 포도나무를 전파했다. 맞은편 아프리카 북부는 페니키아인이 세운 부자 도시 카르타고가 있었다. 이들은 이베리아반도 북부 바르셀로나까지 진출해 새로운 카르타고, 카르타헤나Cartagena를 세웠다.

알타미라 동굴 벽화

고대 로마 정복과 서고트의 출연(기원전 218~서기 711)

서부 지중해에서 주도권을 잡고 있던 카르타고인들은 로마를 만나 천 년의 다툼, 포에니 전쟁에서 패하고 지중해 패권을 넘겼다. 기원전 19년, 로마는 200여 년 동안 이어진 원주민들의 저항에도 불구하고 이베리아반도를 점령했고 고대 로마 속국인 히스파니아Hispania라 불렀다. 도로망을 갖추고 수로와 다리, 원형 극장 등 인프라를 구축했다. 스페인어의 뿌리인 라틴어를 도입했으며 로마법과 행정을 시행하고 가톨릭 종교를 전파했다. 열흘이나 붉은 꽃은 없다는 화무십일홍처럼 영원할 것 같던 로마의 평화, '팍스 로마나Pax Romana'는 천 년을 채우지 못하고 물러난다. 유럽 북쪽에 살던 서고트족이 틈을 타 반도 중심에 정착했고 톨레도를 수도로 삼았다. 그러나 오래 지나지 않아 왕위 계승과 권력 투쟁으로 인한 내부 갈등으로 인해 서고트 왕국은 붕괴했다.

고대 로마 유적이 그대로 남아있는 타라고나

알 안달루스의 수도, 코르도바

세비야 대성당에 있는 콜럼버스의 묘

이슬람 왕국(711~1492)

711년, 이슬람 제국 우마이야 왕조가 수도에서 있었던 세력 다툼에서 패하면서 학살을 피해 지브롤터 해협 건너 이베리아반도로 넘어왔다. 분열된 서고트 왕국과 싸워 정복한 반도 남부 지역을 알 안달루스Al Andalus라 불렀다. 이베리아반도에 남아있던 가톨릭 세력과 이슬람교도 간에 힘겨루기가 이어지면서 코르도바 칼리프 왕조, 타이파 왕국을 비롯해 여러 왕국이 나타났다 사라졌다. 혼란한 상황 속에서 1232년, 이슬람 마지막 왕국인 나스르 왕조를 세우고 그라나다 왕국을 선포한다. 알람브라 궁전과 알카사르 등이 세워지고 문화 황금기를 보내며 250년간 평화를 누렸다.

당시 스페인 북부에는 가톨릭 왕국인 카스티야와 레온, 나바라와 아라곤이 세력을 키우고 있었는데, 카스티야의 이사벨 여왕과 아라곤의 페르디난드 2세의 결혼으로 통합 왕국이 되었다. 막강해진 가톨릭 부부는 국토 회복 운동을 벌였고 그라나다를 마지막으로 이슬람 세력은 물러났다.

가톨릭으로 통일된 스페인 왕국과 대항해 시대(1492~1700)

스페인 재정복, 즉 레콘키스타Reconquista를 통해 단일 종교를 가진 통일 국가가 되었다. 관료제를 수립하고 절대 왕정을 통한 중앙 집권 체제를 확립했다. 종교화합은 사라지고 재판을 통해 가톨릭 신자를 가려내 개종하지 않은 이교도는 화형Auto-da-fé을 시키거나 추방했다.

레콘키스타가 완료되자마자 여왕은 크리스토퍼 콜럼버스를 후원하고 대항해 시대를 꿈꾼다. 산타페 협약을 맺은 지 4개월 후인 1492년 8월 3일에 핀타, 니냐, 산타 마리아 범선을 타고 신대륙 탐험에 나섰다. 바하마 제도에 도착하고 이어 중앙아메리카까지 발견했으며 신대륙 광산 채굴과 식민지 산업으로 스페인에 막대한 부와 영토를 가져다줬다. 1556년 펠리페 2세가 재위하고 절정기를 맞이하며 사람들은 스페인을 '해가 지지 않는 나라'라고 불렀다. 대문호 세르반테스가 등장했고 왕실의 번영은 궁정 화가 엘 그레코와 벨라스케스를 키워냈다. 그러나 귀족 계급의 사치와 과다한 재정 지출, 무적함대 창설과 계속되는 전쟁으로 1596년 파산을 선언한다. 영국에게 해상 무역권을 넘기고 식민지인 네덜란드는 독립, 포르투갈은 분리했으며 숙적이었던 프랑스는 끊임없이 스페인을 노렸다. 당시 스페인을 통치하던 오스트리아 합스부르크 왕가에 후사가 없자, 프랑스 부르봉 왕가 루이 14세의 손자인 펠리페 5세가 스페인 왕위를 계승해 결국 프랑스의 품에 안겨졌다.

부르봉 왕가와 스페인 제1공화국 (1700~1898)

부르봉 왕가와 같이 절대 왕정으로 바꾼 펠리페 5세는 거센 저항에 부딪혔다. 13년 동안 왕위 계승 전쟁을 했지만, 외국인 왕에 대한 반감은 여전했다. 1788년, 왕위에 오른 카를로스 4세는 무능하기 짝이 없었다. 왕비인 마리아 루이사는 사치스러웠고 그녀와 연

고야의 〈1808년 5월 3일〉 (프랑스군이 스페인 국민을 학살하는 모습이다.)

스페인 내전 당시 프랑코 정권이 시민을 학살했던 바르셀로나의 산 펠리프네리 광장

인 관계인 마누엘 고도이 장교는 부패했다. 스페인 국민은 스페인 혈통인 페르난도 7세를 옹립했으나 당시 포르투갈을 공격하기 위해 스페인에 주둔해 있던 나폴레옹이 모두를 유폐하고 스페인을 점령했다. 나폴레옹의 형, 조제프 보나파르트가 왕으로 임명되어 격렬히 저항한 스페인 민중과 대치해 6년간 통치했다. 다시 왕을 추대하자는 파와 국민 주권을 주장하는 파가 대립했으나 1812년 카디스 의회에서 스페인 최초의 민주 헌법을 제정해 입헌 군주제로 공포했다. 2년 뒤, 퇴위했던 페르난도 7세가 마드리드로 돌아와 다시 왕위에 올라 카디스 헌법을 무시하고 절대 왕정을 강요하려 했지만 잦은 내란으로 결국 인정했다. 1873년 투표로 제1공화국을 선포했으나 11개월 동안 대통령이 4번이나 바뀌는 혼란의 시대를 보낸다. 공화국이 무너짐과 동시에 부르봉 왕가 재건을 목적으로 한 입헌 군주제가 다시 세워졌다. 왕위에 오른 알폰소 12세는 정치 부패와 혼란으로 제대로 왕정을 이어나갈 수 없고, 쿠바 문제로 벌어진 미국과의 전쟁에서 패한 스페인은 1898년 제국 존폐 위기까지 이어졌다.

제2공화국과 내전, 프랑코 독재 (1898~1975)

스페인은 통렬히 반성하고 새롭게 나아가려고 몸부림쳤다. 1차 세계대전 때 중립을 지킨 스페인은 경제가 다시 살아났고 단기간에 부가 축적됐다. 종전으로 산업을 축소하고 일자리가 없어지니 스페인 전역에 반란이 일어났고 1923년, 프리모 데 리베라 장군이 쿠데타를 일으켜 독재 정권을 잡았다. 6년 후 세계 경제 공황이 터지고 스페인 경제 상황도 위기에 몰리자 장군은 결국 사임했다. 이듬해인 1931년 스페인은 공화국 헌법을 공포하고 제2공화국을 선언한다. 공화정은 되었지만, 군주파 세력도 만만치 않아 혼란과 긴장이 끊이지 않았다. 결국 1936년, 우익을 제치고 좌익과 노동 연맹이 힘을 합친 인민 전선이 총선거에서 승리해 프랑코 독재 정권이 시작됐다. 스페인 내전은 2년 8개월간 계속됐고 프랑코 군대가 마드리드를 점령하자 끝이 났다. 그동안 60여만 명이 다치거나 생을 달리했고, 독재는 36년간 지속됐다. 프랑코가 사망한 1975년이 되어서야 스페인은 봄을 맞이했다.

민주주의 회복과 현대 스페인 (1975~현재)

프랑코가 사망한 뒤 후계자로 후안 카를로스 1세가 즉위했다. 국민의 우려와 달리 왕은 입헌 군주제를 수립해 민주주의 국가로 이끌었다. 1976년 아돌포 수아레스를 총리로 지명하면서 통합과 화합을 이끌었으며 이듬해 국회의원 선거가 열리고 헌법도 제정해 민주화를 완성시켰다. 1981년 단 한 번, 군사 쿠데타로 민주주의가 탄압될 뻔했으나 후안 카를로스 1세가 단호한 의지를 표명해 종결되었다. 1986년에는 유럽연합(EU)에 가입해 국제 사회에 당당히 나섰다. 21세기 초반에 경제 호황과 위기를 차례로 겪고 바스크와 카탈루냐가 분리 독립 운동을 하고 있지만, 스페인 국민과 정부가 잘 해결해 나가리라 응원해보자.

Try 1
한국인이 좋아하는 스페인 핵심 코스

스페인 주요 도시인 마드리드와 바르셀로나, 남부 지방인 그라나다와 론다, 세비야까지 둘러보는 핵심 코스로 우리나라 사람들이 가장 많이 이용하는 루트다.

1일 바르셀로나
사그라다 파밀리아 성당, 구엘 공원, 람블라스 거리, 고딕 지구 등 시내 주요 명소 관람

2일 바르셀로나
카사 바트요, 카사 밀라, 바르셀로네타 해변, 피카소 미술관 등 명소 관람
오후 고속 열차 RENFE AVE로 마드리드 이동 (약 3시간)

3일 마드리드
프라도 미술관, 부엔 레티로 공원, 솔 광장, 마요르 광장, 마드리드 왕궁 관람

4일 마드리드 > 그라나다
오전 아침에 그라나다로 이동(버스 이용 추천) 알함브라 궁전(사전 예약 필수), 니콜라스 전망대
오후 알바이신 지구

5일 그라나다 > 론다 > 세비야
오전 론다(누에보 다리, 협곡 전망) 방문
오후 세비야로 이동
※ 론다는 당일치기 또는 짧은 체류 추천

6일 세비야
스페인 광장, 세비야 대성당, 히랄다 탑, 알카사르, 트리아나 지구
※ 플라멩코 공연 관람 추천

7일 세비야
알카사르, 메트로폴 파라솔 일몰과 야경 감상

Try 2
1주 마드리드 + 바르셀로나 코스

스페인을 대표하는 두 도시, 수도 마드리드와 관광 수도 바르셀로나를 둘러보는 코스다. 마드리드와 바르셀로나 모두 우리나라를 오가는 국제공항을 보유하고 있어 동선을 잡기 편하다.

1일 마드리드 도착
호텔 체크인, 시내 산책(솔 광장, 마요르 광장 등)

2일 마드리드
오전 프라도 미술관, 부엔 레티로 공원,
로얄 팰리스, 그란 비아 거리
오후 레이나 소피아 미술관(피카소 〈게르니카〉 관람)
※ 플라멩코 공연 관람 추천

3일 마드리드 근교 당일치기
세고비아(수도교, 알카사르, 코치니요 아사도) 또는
톨레도(대성당, 알카사르, 유대인 지구) 중 한 곳 선택
오후 마드리드 복귀

4일 마드리드 > 바르셀로나
오전 고속 열차AVE로 바르셀로나 이동(약 3시간)
오후 구엘 공원, 람블라스 거리, 고딕 지구 산책

5일 바르셀로나
사그라다 파밀리아 성당(사전 예약 필수),
카사 바트요, 카사 밀라 등 가우디 건축물 투어,
바르셀로네타 해변 산책

6일 바르셀로나
오전 몬주익 언덕(카탈루냐 국립 미술관, 케이블카,
몬주익성), 피카소 미술관, 보른 지구 탐방
오후 현지 해산물 파에야, 타파스 맛집 방문

7일 바르셀로나 근교 당일치기 또는 자유 일정
몬세라트 수도원(기차로 약 1시간, 산 정상 풍경과
검은 성모상), 또는 시체스Sitges 해변 마을,
바달로나 등 소도시 탐방, 쇼핑 및 자유시간

Try 3
1주 마드리드 + 안달루시아 코스

스페인 전국을 여행하려면 오래 머물러야 한다. 짧은 기간 체류한다면 이동 시간을 줄이고 집중해서 보는 일정이 가장 좋다. 마드리드와 교통편이 잘 연결된 안달루시아를 함께 둘러보자.

1일 마드리드 도착
솔 광장, 마요르 광장, 그란 비아 거리,
프라도 미술관, 부엔 레티로 공원 등 시내 중심 관광
오후 현지 타파스 바 방문

2일 마드리드 > 코르도바 > 세비야
오전 고속 열차로 코르도바 이동(약 1시간 40분)
메스키타(대모스크), 유대인 지구, 알카사르 등
주요 명소 관광(반나절)
오후 세비야로 이동(기차 약 45분)
세비야 도착 후 시내 산책

3일 세비야
스페인 광장, 세비야 대성당, 히랄다 탑, 알카사르,
산타 크루스 지구 등 관광
※ 플라멩코 공연 관람 추천

4일 세비야 > 론다 > 말라가
오전 론다로 이동(버스 추천, 약 2시간),
누에보 다리, 협곡 전망, 구시가지 산책(반나절)
오후 말라가로 이동(버스 추천, 약 1.5~2시간)

5일 말라가 > 그라나다
오전 피카소 미술관, 말라게타 해변,
히브랄파로성, 시내 산책
오후 그라나다로 이동(기차/버스, 약 1.5시간)

6일 그라나다
알함브라 궁전 관람(사전 예약 필수)

7일 그라나다
알바이신 지구, 니콜라스 전망대,
시내 산책

Try 4
바르셀로나 집중 코스

온화한 지중해 기후인 바르셀로나에서 머물기에는 일주일도 짧다. 가우디 건축과 모더니즘 예술, 산과 바다, 맛있는 타파스 바, 다양한 매력의 소도시까지 둘러보는데도 숨 가쁘다.

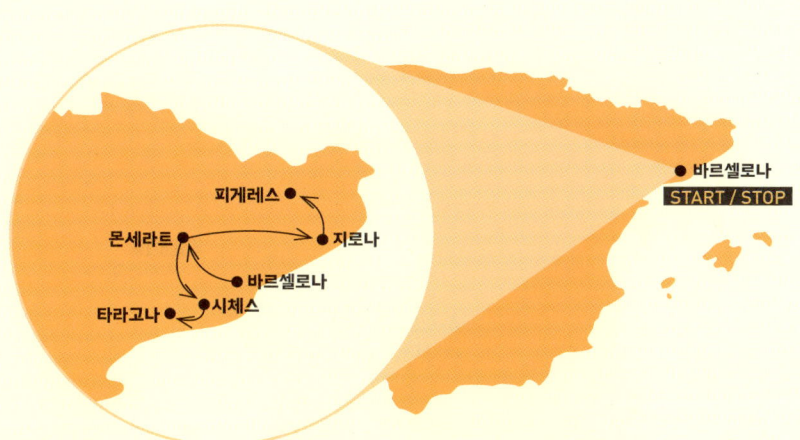

1일 바르셀로나
바르셀로나 도착, 람블라스 거리, 고딕 지구 산책

2일 바르셀로나
오전 사그라다 파밀리아 성당
오후 산 파우 병원, 타파스 맛집 투어

3일 바르셀로나
오전 바르셀로네타에서 해변 수영 및 휴식, 치링키토 즐기기
오후 구엘 공원 관람 후 티비다보 공원에서 일몰 및 야경

4일 바르셀로나
몬세라트 수도원, 수도원의 검은 성모상과 세계 3대 소년 합창단, 에스콜라니아 관람, 산 정상 풍경을 즐기며 하이킹

5일 바르셀로나
오전 카사 바트요(예약 권장)
오후 카사 밀라, 그라시아 거리에서 쇼핑
(출국 2일 전이라 사지 못한 제품을 다시 살 기회가 있고 마음에 안 들면 교환/환불 할 수 있다.)

6일 바르셀로나
지로나(왕좌의 게임 촬영지를 비롯한 시내 관람)
+ 피게레스(달리 극장 미술관)
또는 시체스(한적한 바다 풍경) + 타라고나
(고대 로마 유적 관람)

7일 바르셀로나
오전 몬주익 케이블카로 몬주익 언덕 이동
오후 몬주익성과 올림픽 주 경기장,
호안 미로 미술관, 카탈루냐 국립 미술관 관람,
분수 쇼 관람 또는 포트 벨에서 일몰 및 야경 보기

Try 5
2주 스페인 일주 코스

스페인을 2주 동안 여행한다면 핵심 코스는 대부분 둘러볼 수 있다. 바르셀로나로 입국해 시계 방향으로 안달루시아를 둘러보고 마드리드로 출국하는 일정이다.

more & more 스페인을 장기간 여행할 때 주의할 점

❶ 비행기·철도 파업으로 인해 교통수단 이용이 어려울 수 있다. 도시를 이동하는 날은 공연이나 투어 예약을 하지 말자.
❷ 장기간 여행에는 빨래가 필요하다. 숙소 세탁기나 빨래방에서 사용할 캡슐 세제를 준비하자. 건조대가 없으니 고리가 달린 빨래집게나 빨랫줄이 있으면 좋다.
❸ 우리 입맛에 잘 맞는 스페인 음식이라 해도 한식파는 아쉬울 수 있다. 이럴 때 코인 육수나 된장국 블록, 어묵탕 티백 등 간편 음식을 챙기자. 김치는 캔 포장을 권한다.

1일 바르셀로나
바르셀로나 도착, 람블라스 거리,
고딕 지구 산책

2일 바르셀로나
사그라다 파밀리아, 구엘 공원, 카사 바트요,
카사 밀라

3일 바르셀로나
몬주익 언덕(케이블카, 카탈루냐 국립 미술관),
바르셀로네타 해변, 피카소 미술관

4일 바르셀로나
몬세라트 수도원 또는 시체스 등
근교 당일치기

5일 발렌시아
바르셀로나에서 고속 열차로 이동
(약 3시간)

6일 발렌시아
예술과 과학의 도시, 중앙 시장, 해변,
오션그래픽 수족관

7일 그라나다
알함브라 궁전(사전 예약 필수),
알바이신 지구, 니콜라스 전망대

8일 그라나다
그라나다 대성당, 타파스 거리

9일 론다
그라나다에서 론다로 이동(기차/버스)
누에보 다리, 협곡 전망, 구시가지 산책

10일 세비야
스페인 광장, 세비야 대성당, 히랄다 탑,
알카사르, 산타 크루스 지구

11일 세비야
플라멩코 공연, 트리아나 지구

12일 코르도바
세비야에서 코르도바로 이동(기차 약 45분)
메스키타 대성당, 유대인 지구, 알카사르, 로마 다리

13일 마드리드
프라도 미술관, 부엔 레티로 공원, 솔 광장,
마요르 광장, 로얄 팰리스, 레이나 소피아 미술관,
그란 비아, 쇼핑

14일 마드리드
근교 당일치기: 톨레도 또는 세고비아
(기차 약 30~40분, 중세 도시 탐방)

Mission in
Spain

스페인에서 꼭 해봐야 할 모든 것

Culture 1
스페인에서 놓치지 말아야 할! 플라멩코

스페인에 왔다면 정열적이고 강렬한 플라멩코Flamenco 공연 관람은 필수다. 역동적인 춤과 영혼 밑바닥에서부터 끌어올린 노랫가락, 화려한 기교로 공연을 이끌어가는 기타 연주까지 관객이 숨 쉴 타이밍마저 까먹을 정도로 몰입하게 한다. 유네스코에 등재된 무형 문화유산이자 스페인을 대표하는 문화인 만큼 기본적인 정보를 알고 가면 플라멩코의 매력을 한껏 느낄 수 있다.

1 플라멩코의 유래

플라멩코가 언제부터 시작되었는지 그 기원에 대해서는 여러 가지 설이 분분하다. 분명한 건 안달루시아Andalucía 지방에서 시작된 플라멩코는 이베리아반도가 겪은 굴곡진 역사를 포함한 다문화적 산물이라는 점이다. 8세기, 이베리아반도를 지배한 이슬람, 즉 알 안달루스의 음악에서 음계 체계나 창법, 가사 구조 등 전반적인 영향을 받았다. 12 평균율 음계를 가진 서양의 악보 형식에 미세음을 더한 마캄Maqām 음계로 복잡하고 감정 표현이 가능한 복합 구조를 띠고 있다. 이후 민중과 종교 단체로 퍼지면서 아랍 시조 형식인 무와샤하Muwashshah와 자잘Zajal을 이용해 감정을 호소하고 다양한 정서적 상태를 표현할 수 있게 되었다. 당시 사용하던 현악기, 우드ūd는 플라멩코 기타의 전신이다.

알 안달루스는 이슬람인과 유대인, 스페인 원주민이 공존하는 사회였다. 아랍 음악에 유대 음악의 박자 구조와 애절한 연주 방식이 더해졌고, 15세기 이후 집시Gitano만의 독특한 리듬과 손뼉치기나 발 구르기 같은 즉흥적인 표현으로 춤이 시작되었다. 카스티야와 갈리시아 지방의 민속 음악까지 영향을 받으면서 다양한 문화적 요소가 합쳐진 종합 예술이 되었다.

1492년, 이슬람을 몰아내고 가톨릭 왕국이 되고부터 200여 년 동안 종교 박해가 지속됐고 플라멩코는 산속 동굴에 숨어 살던 집시와 유대교도, 이슬람교도에 의해 전승되었다. 플라멩코 공연을 하는 '카페 칸탄테Café Cantante'가 문을 연 18세기 후반부터 대중화되고 19세기에 예술 형태로 전문화되면서 황금기를 맞았다. 대중음악과 결합하면서 안토니오 마이레나Antonio Mairena와 같은 전설적인 가수들이 등장했다. 플라멩코 기타리스트인 파코 데 루시아Paco de Lucía를 기점으로 재즈와 록, 클래식 음악과 함께 변형된 플라멩코 음악이 탄생했다. 20세기에는 스페인 내전과 프랑코 독재로 예술가들이 해외로 망명하면서 플라멩코가 세계에 알려졌으며 1929년 세비야에서 열린 만국 박람회 때는 플라멩코 공연장도 설치했다.

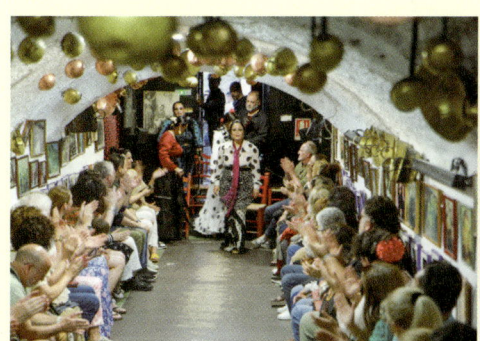 

2 플라멩코의 구성

춤 Baile

불꽃이 타오르듯 격정적으로 춤추는 무용수Bailaor/Bailaora는 플라멩코의 꽃이다. 우아한 손동작인 플로레오Floreo와 흔드는 손동작인 브라세오Braceo, 손뼉 치는 팔마Palma, 손가락을 튕기는 피토Pito, 철심이 박힌 구두를 신고 강하게 발을 구르는 사파테아도zapateado로 구성된다. 팔마와 피토, 사파테아도는 기타가 없을 때부터 타악기처럼 연주해 리듬을 만들었다.

여성은 몸에 꼭 맞는 화려한 드레스에 여러 겹으로 풍성하게 프릴이 장식된 옷Traje de Flamenca을 입어 움직일 때 더욱 아름답다. 공작새의 꼬리처럼 길게 끌리는 주름치마를 바타 데 콜라Bata de Cola라고 하며 무용수는 이 치마를 발로 차고 다루며 역동적인 표현을 한다. 전통 의상은 열정을 상징하는 빨강, 슬픔을 상징하는 검정, 순수와 희망을 상징하는 흰색을 주로 사용한다. 가장 전통적인 무늬인 물방울은 흥이나 여유를, 꽃무늬는 자연, 페이즐리는 아랍 영향을 나타낸다. 남성은 주로 검은색 바지와 흰색 셔츠를 입어 움직임을 강조하며 조끼를 더하기도 한다.

노래 Cante

플라멩코를 구성하는 가장 근본으로 플라멩코에 쓰이는 노래를 '칸테'라고 한다. 고통과 슬픔, 운명, 인생의 역경과 같은 깊은 감정을 담은 노래다. 마치 한탄이나 신음 같은 소리를 내는 창법, 케히오Quejío나 한 음정을 여러 음으로 길게 부르는 창법인 멜리스마Melisma를 유의해서 들어보자.

□ 플라멩코 노래 유형

① 칸테 혼도Cante Jondo
마카 음계에서 비롯된 정통 플라멩코 형식이다. 박자는 비교적 자유로운 편이나 깊고 진지한 주제를 다뤄 애절한 음색과 깊은 감정 표현이 핵심이다. 장례 의식에 부르는 시기리야Siguiriya나 반주 없이 부르는 마르티네테Martinete 등이 포함된다.

② 칸테 치코Cante Chico
경쾌한 알레그리아스Alegrías와 열정적인 불레리아스Bulerías 등 사랑과 기쁨, 일상을 다루며 가볍고 밝은 분위기다. 박자가 빠르고 춤이 화려하다.

③ 칸테 인테르메디오Cante Intermedio
칸테 혼도와 칸테 치코의 중간 형태로 감성적인 주제가 많고 대중적이며 박자가 일정하다. 그라나다 광부들이 부르던 노래에서 유래한 타란타스Tarantas와 서정적인 그라나이나스Granainas가 속한다.

기타 연주 Toque

초기 플라멩코는 박수로 리듬을 맞추고 노래로 구성했으나 훗날 기타가 도입되며 독특한 리듬과 화음으로 춤과 노래를 뒷받침했다. 전설의 기타리스트 파코 데 루시아 이후 손가락을 빠르게 움직여 현을 긁어내는 라스게아도Rasqueado, 빠른 속도의 피카도Picado 등 다양한 주법이 나오면서 독립적인 예술 장르로 인정받고 있다.

③ 지역별 플라멩코

플라멩코는 안달루시아 전역에서 발전했으나, 이슬람의 지배 역사를 바탕으로 한 문화이기에 마드리드까지가 북부 마지노선이라 해도 과언이 아니다. 플라멩코는 장르만 48가지로 리듬이나 감정, 기원에 따라 여러 스타일로 나뉜다. 대표적으로 아랍 문화의 영향을 받은 그라나다의 삼브라Zambra, 세비야에서 시작된 빠른 리듬의 즉흥적인 불레리아스Bulerías, 자유롭고 서정적인 선율이 특징인 말라가의 말라게냐Malagueñas 등이 있다. 마드리드에선 재즈나 록, 팝, 발레와 합쳐진 현대적인 플라멩코 공연을 볼 수 있다.

그라나다 지역 (p.330)

가톨릭 국가가 된 이후 종교 박해로 인해 집시들은 그라나다 산자락인 사크로몬테에 동굴을 파고 숨어 살았다. 이때 서러운 처지를 한탄하듯 발을 구르고 분을 삭이던 춤이다. 그라나다 플라멩코는 무희 중심이며 매우 동적이고 거칠다. 동굴 맨땅에 무릎을 꿇거나 뛰면 아프다 보니 집 앞에 충격을 흡수해줄 수 있는 구름판을 두고 추기 시작했다. 플라멩코 공연장을 '판자를 깔다'라는 뜻의 타블라오라고 하는 이유이다. 이후 대중 공연이 되면서 기교가 더해지고 더욱 화려해졌다.

호세 가르시아 라모스의 작품
<불레리아스 플라멩코 춤>
& <세비야의 플라멩코 댄스커플>

세비야 지역 (p.414)

무희보다 기타 연주와 가수에게 초점이 맞춰지는 경우가 많으며 정적이고 진지한 분위기다. 19세기부터 플라멩코 노래인 칸테가 정립된 주요 도시로 세비야 출신 칸타오라인 라 니냐 데 로스 페이네스La Niña de los Peines를 비롯한 유명 가수와 기타리스트가 탄생하고 있다. 음악 중심인 공연은 카메라 셔터음이 청음에 방해된다며 사진을 못 찍게 하는 경우가 많다. 20세기 후반에는 인구가 많고 규모도 큰 세비야에 무용 중심 체계의 학원과 인프라가 생겨나 플라멩코 문화가 더욱 발달했다.

④ 플라멩코 공연

플라멩코는 공연장 겸 레스토랑인 타블라오에서 볼 수 있다. 공연은 1시간에서 1시간 30분 정도 진행된다. 간단한 음료를 제공하기도 하며 식사가 포함되는 곳도 있다. 공연 관람비는 약 25유로 정도, 식사를 포함하면 50유로 이상이다. 공연이 시작되면 입장이 금지되며 공연 중간 쉬는 시간에 들어올 수 있다. 공연 중 박수는 공연자에게 방해가 되므로 치면 안 된다. 특히 발 구름 기술인 사파테아도를 할 때는 정숙해야 한다. 공연이 끝나면 '올레Olé'를 외치며 감탄과 응원을 보낼 수 있다.

> **Tip | 썸 타기 좋은 플라멩코 부채**
>
> 플라멩코를 출 때 쓰는 부채 AbanicoAbanico는 18세기부터 상류 사회에서 의사 표현 도구로 사용했다. 접은 부채를 왼쪽 볼에 대면 '당신은 별로예요'라는 거절 의사다. 반대로 오른쪽 볼에 대면 '당신이 마음에 들어요'라는 호감 신호다. 부채를 빠르게 접고 펴며 흔들면 화났다는 표현, 얼굴을 가리면 수줍음, 천천히 부채질하면 유혹하는 중이다.

Culture 2
스페인에서 놓치지 말아야 할! 투우

미국 작가 어니스트 헤밍웨이는 1923년 방문한 스페인에서 투우를 보고 가장 열광했다. 그는 투우 Corrida de Toros 안내서와도 같은 책 《오후의 죽음 Death in the afternoon》에서 이렇게 말했다. "투우는 예술가가 죽음의 위험 속에 있는 유일한 예술이며, 완성도는 오직 투우사의 명예에 달려있다." 그는 극적인 충돌이 벌어지는 무대 위에서 가장 깊은 진정성과 예술이 창조된다고 생각했다. 가족과 지인의 회고에 따르면 헤밍웨이는 매 여름 수십 회 이상 투우장을 찾았고 그 기간이 30년 넘게 지속될 만큼 투우광이었다고 한다. 강렬하고 역동적이라 스페인을 상징했다는 투우에 대해 알아보자.

1 투우의 유래

스페인 안달루시아 지방에서 발달한 투우를 코리다 Corrida라고 한다. 투우가 언제부터 시작되었는지는 정확히 알 수 없지만, 고대 로마 시대부터 수소를 바쳐 풍작과 번식을 기원했으며 의식이 끝난 뒤에는 마을에 축제가 열렸다. 이슬람 지배 시대에는 말을 타고 투우 경기를 하는 귀족 스포츠로 자리 잡았고 중세 가톨릭 왕국 시대에는 기마 상태에서 소를 창으로 찌르는 경기를 펼쳐 기사도와 용맹함을 과시했다. 18세기, 스페인 왕실이 기마 투우에 대해 후원을 철회하면서 말을 타지 않고 맨땅에 서서 싸우는 평민 문화가 되었다. 1726년, '근대 투우의 아버지'로 불리는 프란시스코 로메로 Francisco Romero는 붉은 천 Muleta을 흔들어 소가 흥분하면 칼 Espada로 최후의 일격을 가해 경기를 극적으로 이끄는 요소를 추가했고, 오늘날의 투우 형태를 확립하는 데 기여했다.

2 투우 경기 관람

투우는 입장 행진, 파세이요Paseíllo로 시작된다. 투우사 마타도르Matador 3명과 깃발맨 반데리예로Banderilero 9명, 찌르는 사람 피카도르Picador 6명이다. 투우사 3명이 각각 소 2마리씩, 총 6마리의 소를 상대한다. 소 한 마리당 20~30분 정도 진행되어 전체를 다 보려면 한 시간 반 이상 걸린다. 경기는 비슷한 형식으로 진행되므로 원하는 투우사 경기를 선택해서 보거나 조금 늦게 들어가도 괜찮다.

투우 경기 시작 직후, 투우사 조수인 페오네스Peones가 분홍색 망토Capote를 휘두르며 소를 달리게 한다. 24시간 동안 빛이 완전히 차단된 암흑 속에 있다가 햇빛을 본 수소는 흥분하며 날뛰는데 이때 소의 버릇과 성질을 파악한다. 이후부터 프란시스코 로메로가 만든 근대 투우 규칙에 따라 3부로 나누어 진행되며 절차를 엄격히 준수한다.

테르시오 데 바라스 Tercio de Varas

피카도르는 두꺼운 안장과 눈가리개를 한 말을 타고 등장한다. 소가 공격하러 달려오면 말이 도망갈 수 있어서다. 피카도르는 그 틈을 타 소의 목덜미에 창을 꽂고 기운을 뺀다. 너무 깊거나 잘못 찌르면 마지막 순간에 소가 지치므로 강도를 조절해야 하는 것이 관건이다.

테르시오 데 반데리야스 Tercio de Banderillas

반데리예로가 등장해 소의 급소를 살피다가 뛰어올라 장식이 달린 짧은 작살 두 개를 소의 등에 꽂는다.

테르시오 데 무엘레타 Tercio de Muleta

화려한 복장을 한 마타도르가 소를 유인하는 우아한 동작, 파세Paseo와 빨간 천을 휘두르며 정교하게 리드하는 무레타Muleta 기술을 선보인다. 500킬로그램이 넘는 투우복을 입고 움직임을 최소화하며 유연하게 피해 왜 투우를 스포츠보다 예술로 인식하는지 알 수 있다. 검으로 정확히 찌르는 기술, 에스토카다Estocada로 소는 죽고 경기는 끝난다.

> **Tip | 마타도르에게 영광의 순간, 진실의 순간**
>
> 소의 심장에 마타도르의 긴 칼이 단번에 꽂히는 순간을 '진실의 순간El Momento de la Verdad'이라고 한다. 잠시 정적 후 소가 죽음을 맞이하면 관중은 심사위원을 향해 흰 손수건을 흔들며 환호한다. 경기 결과에 따라 죽은 소의 귀 한 쪽una oreja, 양쪽 귀dos orejas, 꼬리orejas y rabo까지 수여해 영예를 준다. 관객은 꽃이나 선물을 던져 투우사에게 화답한다.

3 투우 경기 입장권 구매

투우 경기는 부활절부터 시작해 10월까지 이어지며 성 이시드로 축제 전후로 한 달간은 매일 열린다. 입장권은 투우장 매표소나 공식 홈페이지에서 구매하며 티켓은 QR코드 또는 이메일로 받을 수 있다. 가격은 좌석에 따라 달라지는데 햇빛이 강한 자리가 가장 저렴하다. 경기장과 가장 가까운 1층은 텐디도Tendido라고 하며 특별석인 바레라Barrera는 약 150유로 정도다. 2층 그라다Grada, 3층 안다나다Andanada순으로 가격이 내려간다. 그늘진 자리는 솜브라Sombra, 해가 비친 후에 그늘이 되는 자리는 솔 이 솜브라Sol y Sombra, 경기 내내 해가 비치는 솔Sol로 구분해 금액이 정해진다. 솔 좌석은 10유로 이하로 저렴하다.

콘서트장으로 활용된 투우장

4 점차 사라지는 투우 경기

마타도르(Matador) 의상

겁에 질린 동물을 극한 상황으로 몰아 인간이 목숨을 걸고 힘을 제압하는 잔혹한 경기 과정에 대해 논란이 많았다. 동물 학대로 비난을 받기도 했지만 유네스코에도 등재된 스페인 전통문화로 사랑받아 왔다.
그러나 지난 100년 동안 스페인에서 투우사 33명이 목숨을 잃었고 비교적 최근인 2006년 투우사 빅토르 바리오가 경기 중 사망하면서 투우를 반대하는 목소리가 더욱 커졌다. 바르셀로나가 있는 카탈루냐 지방에선 투우를 금지하는 거센 목소리를 받아들여 2011년 9월 25일 투우 경기를 마지막으로 현재까지 열리지 않고 있다.

투우장 박물관

Culture 3
스페인에서 놓치지 말아야 할! 축구 라리가

축구는 스페인 사람들에게 스포츠 그 이상의 의미다. 카탈루냐와 바스크, 안달루시아 등 지방마다 각기 고유한 언어와 문화가 있어 지역색이 강하며 그들의 정체성과 자부심을 대변한다. 축구 경기는 지역 사회의 중요한 행사로 지역 공동체를 하나로 묶는 역할을 해왔다. 어린 시절부터 누구나 자연스럽게 축구를 접하고 대부분 자신이 살고 있거나 가족과 연고가 있는 지역 축구 클럽의 팬이 되는 경우가 많으며 그들에게 절대적 지지를 보낸다. 구단은 지역의 명예를 걸고 경쟁하는 양보할 수 없는 자존심 싸움을 하는 셈이다. 경제적으로도 큰 비중을 차지해 연간 약 150억 유로의 경제 효과와 수많은 일자리를 창출한다. 경기 결과에 따라 사회 분위기까지 좌우할 정도로 영향력이 크다.

1 라리가 연대기

라리가는 프리미어 리그와 분데스리가, 세리에 A와 함께 유럽 4대 리그로 불리며 독보적인 역사를 자랑한다. 공식적으로 1929년에 스페인 왕립 축구 연맹이 라리가를 출범시켰고 10개 구단이 실력을 겨뤘다. 레알 마드리드와 FC 바르셀로나, 아틀레틱 빌바오와 레알 소시에다드 등 전통을 자랑하는 축구 클럽이 참가했다. 꾸준히 성장해 1987년부터 20개 구단 체제로 확대되었고 승강제 제도를 도입해 경쟁을 강화했다. 한 시즌에 총 38라운드로 하나의 우승 팀이 정해지고 3팀이 2부 리그로 강등, 2부 리그에서 3팀이 승격한다.

1980-1990년대

1929년 리그가 출범했으나 프랑코 독재 때 통제되거나 선전 수단으로 이용되었다. 1975년 민주화 이후 지역 언어와 상징을 공식 사용하면서 축구 클럽도 지역 정체성이 강해지고 운영이 투명해졌으며 지역 사회 참여가 더욱 확대되었다. 1982년에는 스페인 월드컵 개최로 국제적 위상을 높였다. 1980년대 중반, 레알 마드리드의 에밀리오 부트라게뇨, 미첼, 마르틴 바스케스 등 자국 선수들로 구성된 팀이 리그 5연속 우승을 차지해 황금기를 누리면서 '독수리 세대 La Quinta del Buitre'라 불렸다. 그러나 1990년, 바르셀로나에 요한 크루이프 감독이 돌아와 만든 '드림팀'이 4연속 리그 우승과 1992년 유러피언 컵 우승을 차지해 강력한 라이벌이 되었다.

2000-2010년대

1995년 외국인 선수 영입이 자유로워지고 2000년대 초반, 레알 마드리드는 세계 최고의 스타 선수를 영입해 은하수 군단을 만드는 '갈락티코 Galáctico' 정책을 추진했다. 루이스 피구와 지네딘 지단, 호나우두, 데이비드 베컴이 합류했다. 경기력 강화와 함께 글로벌 브랜드 가치와 상업 수익을 극대화하는 데에 목적이 있었다. 실제로 유니폼 판매와 광고, 팬 확대 등 큰 성공을 거뒀으나 기대만큼 꾸준한 성적을 내지 못했다. 2009년에는 크리스티아누 호날두를 당시 세계 최고 이적료인 8,000만 파운드에 영입했고, 이어 카카와 베일도 영입하면서 갈락티코 2기가 시작되었다.
2000년대 중반부터 약 10년간 FC 바르셀로나는 전성기를 맞이한다. 펩 과르디올라 감독 아래 리오넬 메시, 안드레스 이니에스타, 차비 에르난데스 등이 짧은 패스와 점유 중심의 정교한 축구인 '티키타카' 축구를 완성했고, 2008-2009시즌에는 6개 대회 우승이라는 전무후무한 기록을 세웠다. 특히 메시는 바르셀로나에서 활약하며 발롱도르를 6번이나 수상했다. 메시와 호날두는 매 시즌 득점왕을 다투며 메호대전이라고 할 정도로 세계적인 관심을 끌었다. 레알 마드리드는 지네딘 지단 감독과 함께 2016년부터 챔피언스 리그 3연속 우승(2016-2018)이라는 대기록을 세웠다.
1980년대 후반부터 TV 중계권 판매와 스폰서십 도입으로 상업화되었으나 레알 마드리드와 바르셀로나의 TV 중계권 수입이 압도적으로 많아 리그 경쟁력이 약화될 것을 우려해 중앙집중식 중계권 판매 방식이 도입되어 수입 분배가 공평하게 되었다.

2020년대 이후

코로나19로 인해 각 구단은 재정에 타격을 입었다. 특히 FC 바르셀로나는 심각한 재정 위기를 겪으며 2021년 메시를 파리 생제르맹으로 보내 바르셀로나 팬인 쿨레Cule는 물론, 전 세계 팬들이 충격을 받았다. 다행히 바르셀로나의 세계 정상급 아카데미, 라 마시아 La Masia 출신인 페드리와 가비, 알레한드로 발데, '제2의 메시'로 불리는 라민 야말이 클럽을 이끌고 있다. 레알 마드리드는 2022년 챔피언스 리그 우승을 차지하며 유럽 최고의 클럽으로서의 위상을 유지했고, 2022-2023시즌에는 바르셀로나가 리그 우승을 차지했다. 최근에는 사우디아라비아 등 중동 자본의 유입과 유럽 슈퍼리그 창설 시도 등 새로운 변화의 바람이 불고 있다.

2 이 경기 놓치면 안 돼! 라리가 빅매치 경기

고전의 승부, 엘 클라시코 El Clásico

> FC 바르셀로나 (p.172 바르셀로나 > 스포티파이 캄 노우)
> VS
> 레알 마드리드 (p.279 마드리드 > 산티아고 베르나베우 스타디움)

FC 바르셀로나와 레알 마드리드의 대결인 '엘 클라시코'는 단순한 축구 경기를 넘어 스페인의 정치적, 문화적 갈등과도 연관이 있다. 스페인 북부 카탈루냐 지방을 상징하는 바르셀로나와 스페인 중앙 집권인 마드리드의 대립이 축구장에서 표출되는 일이 잦다. 최근에는 카탈루냐 분리 독립을 위해 카탈루냐 깃발을 내걸고 매 경기 17분 14초에 독립 구호Independència를 외친다. 17분 14초는 카탈루냐가 스페인 부르봉 왕조에 패해 자치권을 상실했던 1714년을 상징한다.

more & more 골이 깊은 라이벌, 사건으로 알아보자.

❶ 1936년 스페인 내전 이후 프랑코 정권은 카탈루냐 지역 문화를 탄압했다. 중앙 권력에 의해 FC 바르셀로나 회장 조셉 수뇰이 즉결 처형되었고 카탈루냐어 사용이 금지되었으며, 바르사 엠블럼에 카탈루냐기도 삭제되었다. 카탈루냐식 이름이었던 'Futbol club Barcelona'에서 스페인식 이름인 'Club de Futbol Barcelona'로 바뀌며 감정은 더욱 악화되었다.

❷ 1943년, 코파 델 헤네랄리시모(현 코파 델 레이) 준결승 1차전에서 3-0으로 승리한 FC 바르셀로나가 2차전에서 11-1로 대패했다. 당시 선수들은 스페인 정부 고위층과 경찰로부터 협박받았다고 증언했다. 무효 처리가 되지는 않았지만 논란의 여지가 있는 경기였다.

❸ 1953년, 남미 슈퍼스타 알프레도 디 스테파노의 이적에 관해 FIFA에선 바르셀로나 이적을 승인했고 스페인 축구협회는 레알 마드리드 이적을 주장했다. '깍두기' 마냥 번갈아 가며 출전하자는 타협안이 나왔으나 바르사가 포기하면서 레알 마드리드로 입단했고 곧 레알 마드리드의 황금기로 이어졌다.

❹ 2000년, 바르사 주장이던 루이스 피구가 레알 마드리드로 이적하면서 바르셀로나에선 '배신자'로 낙인찍혔다. 2년 뒤 캄프 누에서 팬이 돼지머리를 던지는 등 루이스 피구를 향한 바르셀로나 팬들의 분노가 극에 달했다.

❺ 2010년대에 리오넬 메시와 크리스티아누 호날두의 대결로 이어지면서 경쟁은 더욱 달아올랐다. 선수들이 직접 상대편을 도발하는 경우는 거의 없었지만, 몇 가지 제스처로 화제가 되기도 했다.

❻ 2017년 4월 23일 산티아고 베르나베우에서 메시가 후반 추가 시간에 극적인 결승골을 넣고 유니폼을 벗어 관중석을 향해 등번호 10번과 이름을 보이며 도발했다. 이에 같은 해 8월 13일 캄프누에서 호날두가 골을 넣고 메시 세리머니를 똑같이 재현했다.

마드리드 더비

> 레알 마드리드
> vs
> 아틀레티코 마드리드
> (p.280 마드리드 > 리야드 에어 메트로폴리타노)

마드리드 더비El Derbi madrileño는 스페인 수도 마드리드를 연고로 하는 두 팀이 맞붙는 대결을 말한다. 엘 클라시코만큼 정치·문화 갈등은 없지만 구단의 정체성이 확연히 달라 비교된다. 1960년대만 해도 레알 마드리드와 라이벌 구도였던 아틀레티코 마드리드가 2000년부터 10년 동안 15번이나 감독 부임과 경질을 반복하면서 혼란기를 겪었다. 2011년, 디에고 파블로 시메오네 감독이 부임하고 아틀레티코 마드리드는 누구도 예상하지 못한 놀라운 결과를 낳았다. 2013년 코파 델 레이 우승, 2014·2021년 리그에서 우승하며 레알 마드리드와 FC 바르셀로나, 그리고 아틀레티코 마드리드로 3강 체제에 이름을 올렸다.

③ 경기 관람 전에 알고 가면 좋은 정보

지역 구단 응원가 미리 듣기
레알 마드리드는 'Hala Madrid y Nada Mas', FC 바르셀로나는 'Cant del Barca'처럼 팀마다 고유의 응원가가 있다. 경기 전이나 선수 입장 때 응원가를 부르는 경우가 많아서 미리 알아가면 현지 분위기를 더욱 깊이 느낄 수 있다.

공식 굿즈 구매
경기장 주변이나 공식 스토어에서 유니폼이나 머플러 등 응원 도구를 구매하자. 머플러는 가장 대중적인 응원 아이템으로 선수 입장이나 골이 들어갔을 때 머리 위로 들어 올려 응원한다.

콜 앤 리스폰스 따라하기
한쪽 관중석에서 구호를 외치면 반대편이 답하는 식의 응원이다. 잘 모르면 주변 현지인에게 물어보자. 간단한 구호라 외우기 쉽다.

경기장 주변 문화 즐기기
경기장 밖에서 팬들이 맥주와 간식을 즐기며 이야기를 나눈다. 경기 전후로 주변 바Bar나 팬 존에서 현지인들과 팬심을 나눠보자.

Food 1
하루 5끼! 미식을 즐기기 딱 좋은 스페인

스페인 사람들이 1일 5끼를 먹게 된 건 뜨거운 한낮에 낮잠을 자는 시에스타 문화와 관련이 있다. 13시쯤 점심을 먹고 더위를 피해 한숨 자고 난 후 저녁 식사 시간인 21시까지 배고픔을 달래기 위해 간식 시간이 생겼다. 저녁 식사가 너무 늦은 게 아닌가 싶을 수 있지만, 신대륙 발견 이후 귀족들은 저녁 늦게 시작해 밤새 연회를 즐긴 데서 이어진 식습관이다. 요즘 스페인 식문화도 약식으로 즐기는 일이 많아졌다곤 하지만, 식당 대부분이 식습관에 따라 영업 시간이 정해져있어 식사 시간에 일정을 맞추면 편하다.

1끼 아침 식사 : 데사유노 Desayuno
보통 아침 7~9시에 간단하게 먹는 식사다. 집이나 카페에서 커피와 빵을 먹기에 일찍부터 문을 연 카페도 많다. 스페인에서는 아침 식사를 '먹는다'기보다 '마신다'로 표현할 만큼 빵은 곁들인다는 개념이다. 토스트나 크루아상, 신선한 토마토를 으깨서 올린 판 콘 토마테 Pan con tomate를 즐겨 먹는다. 일요일은 가족과 시간을 보내는 편으로 스페인 남자들은 가족을 위해 갓 튀긴 추로스를 사오곤 한다.

2끼 아침 간식 : 알무에르소 Almuerzo
주로 오전 10~12시 사이에 먹는 간단한 식사다. 우리나라에서 아침 겸 점심을 먹는 시간대지만, 점심은 따로 먹기에 간식 개념이다. 학교나 회사에서 싸 온 간식을 먹거나 카페테리아에서 샌드위치나 보카디요 Bocadillo, 스페인식 감자 오믈렛인 토르티야 데 파타타스 Tortilla de patatas를 즐긴다. 카페에서 커피나 오렌지 주스 한 잔과 간단한 식사를 세트 메뉴로 제공하니 즐겨보자.

3끼 점심 식사 : 코미다 Comida
우리나라보다 늦은 오후 2~4시에 여유롭게 든든히 즐기는 식사다. '먹는다 Comida'라는 뜻처럼 전채 요리와 메인, 디저트로 구성된 제대로 된 코스를 말한다. 식당 앞에 보면 3가지 코스 요리를 합리적인 가격에 제공하는 '메뉴 델 디아 Menu del Día' 메뉴가 있다. 단, 대부분 평일 점심에 제공되며 주말과 공휴일에는 메뉴 델 디아가 없는 식당도 있다. 보통 코스마다 2~3가지 요리 중 하나를 선택할 수 있다. 매일 다른 메뉴로 구성해 입간판에 요리 이름을 적어 표시하는 경우가 많다.

4끼 오후 간식 : 메리엔다 Merienda
우리나라에선 저녁 식사 시간인 오후 5~7시에 스페인에선 간식을 먹는다. 주로 간단하게 먹을 수 있는 과일이나 보카디요, 달콤한 페이스트리나 케이크를 먹는다. 가까운 바 Bar에 들러 시원한 맥주와 간단한 타파스를 즐기는 사람도 있다. 감바스 알 아히오나 튀김, 스프 등 가벼운 음식을 먹는다. 요즘은 오후 간식을 생략하는 사람도 늘었지만 우리는 여행자이니 시도해보자. 식당 문이 열리는 오후 8시에 저녁 식사를 하거나 유명 관광지에선 오후 내내 운영하는 식당이 있으니 걱정은 말자.

5끼 저녁 식사 : 세나 Cena
식당은 보통 오후 8시 전후에 문을 열어 자정까지 운영하며, 겨울에는 저녁 9시, 여름에는 서머타임이 적용되어 10시 정도에 식사한다. 식사 후에도 자리에서 일어나지 않고 커피와 술을 마시며 편안한 분위기에서 대화를 나누는데, 라 소브레메사 La Sobremesa라고 한다. 일종의 사교 활동이다. 주말에는 밤을 꼬박 새우고 아침까지 이어져서 데사유노 때 추로스로 해장한 다음 귀가하기도 한다.

Food 2
한 입으로 즐기는 스페인 미식, 타파스

타파스Tapas는 작은 접시에 담아 나오는 소량의 음식을 말하며, '덮다'라는 뜻의 타파르Tapar에서 유래되었다. 선술집에서 셰리와 같이 달콤한 와인을 내면 파리가 달려들어 주인장은 잔 위에 빵이나 햄을 올려 뚜껑처럼 내놓았다. 햄이나 초리조(스페인식 소시지)가 짭짤해 음료를 더 시키게 되었고 이 덕분에 매상이 올랐다. 식당마다 다양한 요리를 선보였고 접시에 따로 담아주게 되면서 지금의 타파스로 발전했다.

안달루시아 지방에선 지중해가 베푼 은혜로운 식자재로 본연의 맛을 살린 타파스가 많다. 음료 한 잔에 타파스 한 접시를 무료로 제공하기도 했는데 지금은 그라나다, 알메리아 등 일부 지역 식당에서만 전통을 이어오고 있다. 스페인 북부 바스크 지방에서는 바게트 위에 다양한 재료를 올려 이쑤시개 같은 꼬치를 꽂아 고정한 타파스, 핀초스Pinchos가 유명하다. 오래전부터 유럽 교역을 잇는 무역항이 있어 식재료가 다양하고 풍성했다. 스페인 왕실과 귀족이 즐겨 찾던 피서지였기에 왕실부터 서민까지 다양한 조리법이 발전해 미식 여행하기 좋다.

알고 가면 유용한 타파스 팁

① 스페인 여행 중 저녁 식사 시간인 20~22시가 되면 현지인이 많은 곳을 눈여겨보자. 맛집일 가능성이 높다. 식당 문이 열리는 19~20시에 가면 대부분 대기가 길지 않다.

② 바 자리에서 주문하면 더 좋은 타파스가 나오는 경우가 많다. 어떤 메뉴가 인기 있는지 알 수 있고, 테이블보다 서빙이 빠르다. 때에 따라 테스트용 타파스를 주는 일도 있다.

③ 타파스의 기본은 몬타디토Montadito다. 빵 위에 햄이나 치즈, 생선, 고기 등 다양한 재료를 얹어 간단하게 만든 샌드위치로 지역마다 다른 재료와 구성을 비교해가며 먹어도 재미있다.

④ 지역마다 식재료 특징과 음식 문화가 다양하게 발전해 주요 타파스 종류가 다르다. 예를 들어 안달루시아 지방은 튀긴 해산물과 올리브, 하몬 등이 대표적이고 북부 바스크 지방은 핀초스가 유명하다. 마드리드는 감자와 매콤한 소스를 곁들인 파타타스 브라바스Patatas Bravas와 크로켓, 러시아식 샐러드Ensaladilla Rusa가 대표적이다. 카탈루냐는 판 콘 토마테, 문어 등을 활용한 해산물 타파스가 발달했다.

⑤ 어떤 요리든 타파스로 만들 수 있고 어느 타파스도 메인으로 먹을 수 있다. 맛있어서 더 먹고 싶다면 큰 단위로 주문해보자.

⑥ 술이 아니라도 음료와 함께 즐길 수 있다. 음료는 종류별로 다양하게 맛보길 권한다. 육류는 리베라 델 두에로Ribera del Duero나 리오하Rioja 와인, 해산물은 백포도주나 셰리, 발포성 와인인 카바Cava도 좋다. 맥주, 베르뭇, 상그리아 등 다양하니 입맛에 맞는 음료로 시작해보자.

⑦ 우물쭈물하고 있으면 도와주지 않는다. 바에 자리를 잡은 뒤 바텐더와 눈을 마주치도록 노력하자. 우선 음료부터 주문하고 그동안 메뉴를 선택한다.

⑧ 식당 선정이나 메뉴 주문에 어려움이 있다면 여행 서비스 플랫폼에서 제공하는 타파스 크롤링 투어를 이용해보자. 투어 가이드와 함께 4~5곳 타파스 바에 들러 타파스를 조금씩 맛보는 미식 투어다.

크기	타파스 접시 단위		설명
↓	타파	Tapa	한입 크기 정도로 작은 기본 단위다.
	플라티요	Platillo	타파보다 약간 큰 접시다.
	메디아 라시온	Media ración	1/2인분 정도다.
	라시온	Ración	1인분 식사량이다.
	플라토	Plato	한 끼 식사량의 큰 접시로 주로 메인 요리에 사용한다.
	푸엔테	Fuente	가장 큰 단위로 여러 명이 나눠 먹는 대용량 요리에 사용한다.

Food 3
스페인 대표 음식

하루에 다섯 끼니를 먹는다는 스페인에서 다음 식사 시간까지 시간이 더디게 흐르는 듯한 기분이 드는 까닭은 이 나라 탓이다. 맛있는 음식이 정말 많다. 대서양과 지중해에서 길어올린 다양한 해산물과 햇빛이 잘 기른 과일과 곡물, 채소가 풍요롭다. 북부 산악 지대에서 목재를 구해 만든 숯으로 숯불구이도 발달했다. 다양하고 질 좋은 식재료를 손질 및 보관하는 기술이 뛰어나 별다른 조리법과 특별한 양념이 없더라도 원재료의 맛을 잘 살린 요리가 돋보인다. 자, 이제 스페인 미식의 세계로 모험을 떠나볼까. 다 함께 바모스Vamos!

1 대표적인 타파스 종류

판 콘 토마테 Pan con tomate

스페인 대표 음식으로 카탈루냐 지방이 가장 유명하다. 갓 구운 빵을 매일 먹을 수 없었던 시절, 돌처럼 딱딱해진 빵을 조금이라도 부드럽게 하려고 납작하게 잘라 불에 살짝 구운 뒤 생마늘과 토마토를 문지르고 올리브오일에 소금 간을 해서 먹었다. 조리 방법이 간단하지만, 결코 쉬운 요리는 아니다. 싱그러운 풀 냄새가 나는 최상급 엑스트라 버진 올리브오일과 숙성 저장 토마토인 토마테 데 콜가르Tomate de Colgar 품종을 써야 비로소 스페인의 맛이 제대로 난다.

하몬 Jamón

돼지 뒷다리살을 소금에 절여 6개월 이상 장기 숙성한 햄으로 '식탁 위의 황금'이라고 불릴 만큼 귀한 식재료다. 이베리코 흑돼지로 만든 하몬 이베리코Jamón Ibérico 중 자연 방목으로만 생산되는 벨로타Bellota가 최상급이다. 흰 돼지로 만든 하몬 세라노Jamón Serrano는 가격이 저렴해서 가성비로 즐길 수 있다. 하몬 외에도 소고기를 숙성한 세시나Cecina와 염장한 삼겹살인 판세타Panceta, 스페인식 소시지 초리소Chorizo도 맛이 괜찮다. 멜론과 같이 먹는 하몬 콘 멜론Melón con jamón도 단짠 매력이 있다.

칼라마레스 프리토스 Calamares Fritos

타파스 바에서 흔히 볼 수 있는 메뉴로 프리토스는 튀김, 칼라마레스는 오징어를 뜻한다. 신선한 오징어를 링 모양으로 썰어 바삭하게 튀겼다. 식당에 따라 링이 아닌 다른 형태로 손질하는 곳도 있다. 새우를 튀기면 감바스 프리토스Gambas Fritos, 꼴뚜기를 튀기면 치피로네스 프리토스 Chipirones Fritos, 통멸치를 튀기면 보케로네스 프리토스Boquerones Fritos다. 튀김에는 늘 레몬이 함께 나온다.

파타타스 브라바스 Patatas Bravas
겉은 바삭하고 속은 부드러운 감자튀김 위에 매콤한 브라바소스를 뿌린 요리다. 보통 감자를 깍둑썰기해서 튀기지만, 프렌치프라이처럼 길게 잘라내는 식당도 있다. 소스는 토마토와 파프리카, 고추와 마늘 등을 넣어 감칠맛이 강하고 맵다. 맵부심 강한 우리나라 사람들에겐 크게 무리가 없는 정도니 걱정은 말자. 양이 넉넉하고 포만감이 있어 여럿이 한 접시를 주문해 나눠 먹으면 좋다.

토르티야 에스파뇰라 Tortilla Española
18세기 후반 스페인 북부에서 유래한 음식으로 노동자들을 위한 간단하고 영양가 높은 음식이었다. 지금은 스페인 사람들에게 국민 음식이자 엄마가 만들어 주는 소울 푸드로 여겨지는 음식이다. 감자를 얇게 썰어 올리브오일에 천천히 볶아 익힌 뒤 달걀과 섞어 두껍게 구워낸 스페인식 오믈렛이다. 때론 양파를 넣기도 한다. 폭신하고 부드러운 식감, 고소하고 담백한 맛이 조화롭다. 간단하면서도 든든한 타파스 중 하나로 현지인도 아침 식사 또는 오후 간식으로 즐겨 먹는다. 빵 사이에 끼워 샌드위치처럼 먹을 수도 있다.

크로케타 Croqueta
속은 부드럽고 겉은 바삭한 튀김, 크로켓이다. 스페인에서는 감자 대신 밀가루와 버터, 우유로 만든 베샤멜 크림소스를 사용한다. 여기에 다진 하몬과 치즈, 버섯 등 다양한 재료를 섞어 속을 채운다. 하몬 대신 닭고기 살로 만들면 크로케타 델 포요 Croqueta del pollo, 대구 살로 채우면 크로케타 데 바칼라우 Croqueta de Bacalao, 버섯이 들어가면 크로케타 델 세타 Croqueta de Seta다. 보통 한 접시에 2개가 나온다. 여러 명이 다양한 맛을 주문해 맛보자.

피미엔토 파드론 Pimiento Padrón
스페인 갈라시아 지방의 파드론 마을 특산물인 짧고 통통한 녹색 고추를 활용한 요리다. 16세기경 신대륙 발견 이후 남아메리카에서 들어온 고추를 파드론 지역 수도원에서 재배했고 토양에 맞춰 변이된 품종이다. 상큼하게 입안을 정리해줘 타파스를 주문할 때 아는 사람은 반드시 주문하는 필수 메뉴다. 파드론 고추를 올리브오일에 살짝 튀기거나 구운 뒤 굵은 소금을 뿌려 감칠맛을 더한다.

엔살라다 루사 Ensalada Rusa
러시아식 샐러드라는 뜻이다. 1860년대 모스크바 유명 레스토랑에 셰프 루시앙 올리비에가 처음 만들어 올리비에 샐러드라고도 한다. 이후 유럽에 소개되어 이국적인 샐러드로 유행했고 각국 입맛에 맞게 요리법이 간소화되거나 변형되었다. 스페인에선 감자, 당근, 완두콩, 마요네즈를 기본으로 하며 참치나 삶은 달걀, 올리브 등이 추가된다. 우리나라 '감자사라다'와 비슷해 입맛에 잘 맞는다.

가스파초 Gazpacho
16세기 신대륙 발견 후 안달루시아에 전해진 차가운 토마토수프다. 토마토, 마늘, 올리브오일 등을 갈아 넣었다. 과거 농장 일꾼들의 여름철 보양식으로 비타민과 수분이 풍부해 갈증 해소와 체온 조절에 도움된다. 가스파초와 비슷한 살모레호Salmolejo는 빵이 좀 더 들어가 걸쭉하다.

참피뇨네스 Champiñones
저온 압축된 올리브오일에 마늘, 고추, 화이트 와인이나 셰리 와인 등을 넣고 버섯을 볶아 만들어 풍미가 뛰어난 타파스로 마드리드의 메손 델 참피뇬(p.250)이 가장 유명하다. 마늘 소스가 강한 참피뇨네스 알 아히요 Champiñones al Ajillo와 새우를 올린 참피뇨네스 콘 감바Champiñon con Gamba, 스페인식 버섯볶음 요리로는 세타스 살테아도스Setas Salteados도 있다.

앙굴라 Angula
앙굴라는 뱀장어 치어로 스페인에서 매우 귀한 식재료다. 우리나라에서 게 맛이 나는 어묵인 게맛살이 있는 것처럼 앙굴라도 가격이 너무 비싸서 비슷한 모양으로 맛살을 만들어서 먹으며 앙굴라와 구분하기 위해 굴라Gula라고 부른다. 올리브오일과 마늘, 고추 등과 함께 간단히 볶아서 먹는 경우가 많으며 빵 위에 올려 타파스로도 먹는다.

아세이투나 Aceituna
올리브절임으로 스페인에서 김치처럼 먹는 식탁 고정 메뉴다. 스페인은 올리브 생산 1위로 특히 안달루시아 땅에서 자란 올리브는 기원전 200년 무렵부터 고대 로마 제국에 공급될 정도로 최고 품질의 식재료다. 아세이투나 레예나Aceituna rellena는 올리브 씨앗을 빼고 절인 멸치나 붉은 피망, 치즈, 마늘, 허브 등으로 속을 채운 올리브로 종류가 다양하다. 타파스가 아니라도 식당과 시장에서 쉽게 볼 수 있다.

우에보스 에스트레야 Huevos Estrellados
'터진 달걀'이라는 뜻으로 감자튀김 위에 구운 반숙 달걀을 올린다. 보통 서버가 테이블에서 반숙을 터트려 섞어준다. 하몬이 추가된 우에보스 로토스 콘 하몬Huevos Rotos con Jamón이 유명하다.

보케로네스 엔 비나그레 Boquerones en Vinagre
신선한 멸치를 식초에 절여 만든 요리로 올리브오일과 마늘이 곁들여져 나온다. 신선한 맛이 특징이며, 와인과 맥주에 잘 어울린다.

베렌헤나스 콘 미엘 Berenjenas con Miel
안달루시아 코르도바 전통 타파스로 유대인들이 즐겨 먹던 음식이었다. 튀긴 가지에 꿀을 뿌려 짭조름하고 달다. 가지를 잘 못 먹더라도 쉽게 도전할 수 있는 음식이다.

2 스페인 대표 요리

감바스 알 아히요 Gambas al Ajillo
타파스 메뉴로 유명하지만, 맛이 좋아 요리로도 먹는다. 우리나라 뚝배기처럼 생긴 토기 냄비Cazuela에 올리브오일과 새우, 마늘과 페페론치노(건고추)를 넣어 튀기듯이 끓여낸다. 마늘은 오래 끓여내 단맛이 강하고 새우의 감칠맛과 페페론치노의 깔끔하고 매콤함이 조화롭다. 재료의 풍미가 올리브오일에 배어있어 빵을 찍어 먹으면 더욱 맛이 좋다. 좀 더 맵게 먹고 싶다면 매운 고추가 추가된 감바스 알 필필Gambas al pilpil로 먹어보자.

파에야 Paella
과거 스페인을 지배했던 무어인들이 지중해 연안에 곡창지대를 형성했고 15세기 발렌시아 주민들은 쌀을 주식으로 삼았다. 농부들이 일을 하다가 휘뚜루마뚜루 만들어 먹던 음식이다. 프라이팬처럼 생긴 파에야 전용 팬, 파에야라Paellera에 쌀과 고기, 해산물, 채소를 넣어 익히는 쌀 요리로 우리 입맛에도 잘 맞는다. 일명 '누룽지'로 불리는 소카라트Socarrat 층이 생겨야 진짜 파에야로 긁어먹는 재미가 있다. 파에야는 만드는데 20분 이상 소요되니 참고하자.

뽈뽀 아 라 가예가 Pulpo a la gallega
갈리시아 지방의 전통 문어 요리다. 얇게 저며 올린 삶은 문어 위에 올리브오일과 파프리카 가루를 뿌린 것이 전부인데 맛이 좋다. 올리브의 알싸하고 싱그러운 맛과 우리나라 돌문어와 달리 부드럽고 쫄깃한 문어 식감이 매력이다. 생물 문어를 하룻밤 얼렸다가 해동해 끓는 물에 담갔다 빼기를 4번 정도 반복하는데 이렇게 하면 문어 껍질이 벗겨지는 걸 방지할 수 있다. 다시 끓는 물에 약 한 시간 동안 삶으면 문어의 촘촘한 조직을 천천히 무너뜨려 부드러워진다.

추로스 Churros
바삭하게 튀긴 반죽의 쫄깃하고 부드러운 식감과 달콤함이 우리 입맛을 사로잡았다는 데는 이견이 없다. 기본인 설탕 묻힌 추로스 외에도 초콜릿, 바닐라, 딸기, 크림치즈 등 다양한 소스와 함께 먹는다. 녹인 초콜릿 음료에 찍어 먹는 것이 대표적이다. 몽둥이라는 뜻의 포라스Porras는 남부 지역에서 즐겨 먹는다. 반죽에 이스트를 넣어 추로스보다 크기가 크고 스펀지처럼 푹신한 것이 특징이다. 보통 세트로 먹는데 초콜라테가 남아 2인이 한 잔에 먹으면 양이 알맞다. 전통 도넛 부뉴엘로Buñuelo도 추천!

보카디요 데 칼라마레스
Bocadillo de Calamares

마드리드 대표 음식이다. 플라자 마요르 주변에 식당이 많으며 전통 보카디요 식당인 바 포스타스Bar Postas(p.251)도 이곳에 있다. 튀긴 오징어인 칼라마레스 프리토스Calamares fritos를 바게트에 넣은 샌드위치다. 간단하지만 맛이 좋아 현지인도 여행객도 즐겨 먹는다. 산티아고 베르나베우 경기장에서 축구 경기가 끝나면 보카디요와 맥주를 먹으며 후기를 공유하는 문화가 있다.

코시도 알라 마드릴레냐
Cocido a la madrilène

마드리드 전통 가정식 스튜다. 항아리처럼 생긴 토기 그릇에 병아리콩과 각종 고기, 채소를 넣어 끓인다. 옛날부터 코시도 먹는 법 3단계Tres Vuelcos가 전해 내려오는데, 첫 번째는 국물의 깊고 진한 맛을 느끼고, 두 번째로 삶은 병아리콩과 채소를 먹고, 마지막으로 빵을 곁들여 다양한 고기를 즐긴다.

모르시야 Morcilla

돼지나 양의 내장에 선지, 각종 허브, 채소, 곡물로 채워 만든 스페인 전통 순대다. 우리나라 선지 순대와 비슷하다. 검은 순대, 부티파라 네그라Butifarra negra와 하얀 순대, 부티파라 블랑카Butifarra blanca가 있으며 보통 기름에 구워 빵 위에 올려 먹거나 스튜에 넣어 먹는다.

칼솟타다 Calçotada

카탈루냐 지방에서 겨울에 먹는 별미다. 대파와 비슷하게 생긴 칼솟을 장작불에 새카맣게 탈 때까지 구우면 식감은 부드럽고 단맛이 뛰어난 요리가 된다. 탄 껍질은 벗겨내고 속살만 로메스코Romesco 소스에 찍어 먹는다. 토마토와 아몬드, 마늘, 파프리카 등이 들어가 고소하고 새콤하다.

치피로네스 엔 수 틴타 Chipirones en su tinta
꼴뚜기를 먹물과 함께 조리한 요리다.

수케트 Suquet
어부들이 바다에서 잡힌 생선을 간단히 조리해 먹던 음식으로 생선과 해산물, 감자로 만든 스튜다.

피스토 Pisto
스페인식 라따뚜이로 피망, 양파, 토마토 등을 넣은 스튜다. 달걀프라이를 올린 피스토 콘 우에보 Pisto con huevo도 있다.

코치니요 아사도 Cochinillo asado
세고비아 명물로 구운 새끼 돼지 요리다. 구운 새끼 양고기인 코르데로 아사도 레찰 Cordero asado lechal도 있다.

테르나스코 Ternasco
아라곤 지방에서 즐겨 먹는 양고기 요리다. 6~8주 된 어린 양고기를 사용하며 감자와 함께 오븐에 천천히 구워낸다.

피미엔토 레예노 아툰 Pimiento relleno de atún
'피미엔토스 델 피키요 Pimientos del Piquillo'라는 작고 달콤한 붉은 피망을 통으로 쓰거나 반으로 갈라 참치와 삶은 달걀, 양파 등을 속재료로 채운 가벼운 요리다.

에스케샤다 Esqueixada

카탈루냐 전통 샐러드다. 결대로 찢은 염장 대구에 토마토와 양파, 올리브오일 등을 넣는다.

메히요네스 Mejillones

홍합 요리다. 홍합을 찐 메히요네스 알 파보르Mejillones al vapor, 올리브오일에 양파, 마늘, 파프리카, 토마토 등을 넣은 소스에 먹는 메히요네스 아 라 마리네라 Mejillones a la marinera, 초리소를 넣은 메히요네스 콘 초리소Mejillones con chorizo 등이 있다.

파바다 Fabada

아스투리아스 지방을 대표하는 흰 강낭콩 스튜다. 초리소나 모르시야를 넣어 함께 먹는다. 흰 강낭콩과 고기를 넣어 뭉근하게 끓인 까슐레Cassoulet도 비슷하다.

바칼라오 알 아조아리에로 미엘
Bacalao al Ajoarriero Miel

북부 바스크 지역에서 인기 있는 염장 대구에 꿀을 넣어 만든 '꿀대구' 요리다.

크레마 카탈라나 Crema Catalana

카탈루냐 전통 디저트다. 커스터드 크림 위에 설탕을 녹여 만든 푸딩이다.

멜 이 마토 Mel i Mató

카탈루냐 전통 디저트로, 부드러운 마토 치즈에 꿀을 듬뿍 뿌려 먹는다.

3 스페인 대표 음료

상그리아 Sangria
포도주에 소다수를 넣고 과일과 향신료를 넣어 숙성시킨 뒤 차갑게 즐기는 일종의 칵테일이다. 축제 때 많은 사람이 먹기 위해 품질 낮은 와인에 과일로 풍미를 낸 다음 소다수로 양을 늘려 먹던 음료에서 시작되었다. 식당마다 맛이 달라 비교하는 재미도 있다. 스페인 사람들은 집에서 쉽게 먹을 수 있고 관광객 음료라고 생각해 바르에서는 잘 먹지 않는다. 오렌지와 레몬, 자두 등 새콤한 과일에 민트를 많이 넣어야 상큼하다.

틴토 데 베라노 Tinto de Verano
안달루시아에서 여름에 즐겨 마시는 와인이다. 적포도주에 소다수를 1:1로 섞어 만든 음료로 상그리아보다 달고 가볍다. 틴토 데 베라노에 오렌지 탄산을 섞으면 나랑하Naranja, 레몬 탄산을 넣으면 리몬Rimon이라 부른다.

헤레스 Jerez
일반 포도주에 브랜디를 넣어 알코올 도수를 높인 와인으로 식욕 촉진을 위해 식전에 마신다. 1337년 백년전쟁 당시 남부 헤레스 데 라 프론테라 지역 와인의 카디스 항구를 통한 수출이 급증했다. 가는 동안 숙성되는 걸 막기 위해 브랜디를 섞었고 주정 강화 와인이 탄생했다. 프랑스식 발음은 세레스, 영어식으로 발음하면 셰리다.

베르뭇 Vermut
1890년 이탈리아 페루치라는 사람이 바르셀로나에 가져와 생산을 시작했다. 카탈루냐 타라고나 지방 소도시인 레우스Reus에서 스페인산 베르뭇이 탄생했다. 주정 강화 와인으로 쑥과 계피, 바닐라 등 다양한 향신료를 넣어 향미를 냈다. 보통 얼음과 탄산수를 섞어 마시고 오렌지 조각이나 올리브를 곁들여 먹는다. 현지에선 베르뭇타임La hora del Vermut이 있어서 점심 전에 가볍게 베르뭇테리아에서 한 잔 마시고 식사를 하러 간다.

카바 Cava
스페인 고유의 포도 품종인 마카베오Macabeo, 차렐로Xarel-lo, 파렐야다Parellada를 주로 사용해 만든 스파클링 와인이다. 샴페인과 같이 1차 발효 후 병안에서 2차 발효해 부드러운 탄산과 산미가 특징이다. 사과와 배 같은 시트러스 향이나 견과류, 페이스트리처럼 고소한 풍미가 있다.

클라라 Clara
맥주와 레몬 소다를 1:1 비율로 섞어 만든 레몬 맥주다. 상큼하고 달콤하며 가볍고 청량감이 강해 여름에 특히 인기다.

차콜리 Txacoli
북부 바스크 사람들이 즐겨 먹는 화이트와인이다. 지역 토착 품종의 적포도나 청포도를 그해 수확해 양조한다. 오래 숙성하지 않고 금년에 마시는 게 특징이다. 신선한 풋사과 향, 옅은 스파클링, 그린 와인처럼 옅은 초록빛이 돈다.

비노 나랑하 Vino Naranja
화이트와인에 오렌지 껍질을 함께 우러내어 숙성시키는 방식으로 이 과정에서 와인이 진한 주황색이 된다. 15도 정도로 주정이 강화된 와인이며 달콤하다.

세르베사 Cerveza
보통 세르베사는 병맥주를 의미한다. 지역마다 대표하는 맥주가 있는데 바르셀로나는 에스트레야 담Estrella Damm과 모리츠Moritz, 마드리드는 마오Mahou, 그라나다는 알람브라Alhambra, 세비야는 크루스캄포Cruzcampo가 대표적이다. 생맥주는 200ml은 카냐Caña, 500ml은 핀타Pinta, 1L는 리트로나Litrona라고 한다. "우나 카냐, 뽀르 파보르una Caña, por favor" 하고 주문하면 된다.

초콜라테 Chocolate
16세기 신대륙 발견 후 카카오가 유럽으로 전해졌고 카카오에 설탕, 계피, 바닐라를 넣어 걸쭉하고 풍부한 맛을 내는 스페인식 초콜라테가 탄생했다. 기본인 초콜라테 아 라 타사Chocolate a la taza는 추로스나 멜린드로스Melindros(핑거 쿠키)를 찍어 먹는다. 스위스처럼 휘핑크림이 올라간 초콜라테 수이소Chocolate Suizo와 칠리와 오렌지 껍질을 넣은 초콜라테 콘 에스페시아스Chocolate con especias도 있다. 초콜라테 칼리엔테 리헤로Chocolate caliente ligero는 묽고 덜 진해 핫초코처럼 마시기 편하다.

카페 Café
커피 이름이 우리나라와 달라 주문할 때 어려울 수 있다. 에스프레소는 카페 솔로Café Solo, 2샷은 카페 도블레Café Doble, 에스프레소에 우유가 조금 들어가면 카페 코르타도Café Cortado, 코르타도에 연유를 첨가하면 봄본Bombon, 카페라테는 카페 콘 레체Café con leche, 카페 콘 레체에 우유를 더 많이 넣으면 카페 만차오Café Manchao다.

> **Tip | 아이스 아메리카노 없어요?**
> 대부분 유럽 국가와 마찬가지로 커피의 향과 맛을 음미하는 문화가 있어 에스프레소를 선호한다. 아이스 아메리카노가 먹고 싶을 땐 "카페 솔로 콘 이엘로 이 아구아 델 그리포Café Solo con hielo y agua del grifo"라고 말하자. 에스프레소 1샷, 얼음, 수돗물이 따로 나오니 잘 섞어 먹어야 한다.

Shopping 1
스페인 추천 기념품

잊지 못할 스페인에서의 여행을 기념하기 위해 쇼핑은 빼놓을 수 없는 코스다. 스페인 색깔이 짙게 묻은 기념품부터 우리나라에 입점해 있지만 더욱 저렴한 가격으로 살 수 있는 제품까지 다양하다. 뭘 사야 할지 모르겠다면 아래 목록을 참고해보자. 스페인을 여행할 때 꼭 사야 할 스테디셀러부터 요즘 유행하는 기념품까지 소유욕을 자극하는 아이템을 꼽아봤다.

세라믹 공예품 Cerámica
스페인 여행을 기념하고 싶다면 랜드마크를 표현한 세라믹 공예품을 권한다. 타일로 된 마그넷부터 장식품까지 다양해 선물로도 부담 없고 가져가기도 편하다. 특히 깨진 도자기나 타일 등을 모자이크처럼 이어 붙이는 가우디의 타일 공법, 트렌카디스Trencadís를 활용한 공예품이 예쁘다. 지중해처럼 강렬한 색채에 기분까지 좋아진다. 바르셀로나에서만 볼 수 있는 제품이 많으니 리미티드 에디션으로 골라보자.

카가네르 Caganer
바르셀로나가 포함된 카탈루냐 지방의 전통 인형으로 '똥 싸는 사람'이라는 뜻이다. 크리스마스 시즌에 집 안팎, 도시 공공장소 등에 예수 탄생 장면을 장식하는데 자세히 보면 몰래 숨어서 배변 중인 카가네르를 볼 수 있다. 전통 모자인 빨간 바레티나Barretina를 쓰고 농부 차림을 하고 있으나 요즘에는 연예인과 정치인, 축구 선수 등 다양한 인물의 패러디가 있다. 18세기 경 시작된 민속 문화로 새해를 기념해 선물로 주고받는다. 이런 자연스러운 행위가 비옥한 땅을 만들고 곧 풍요와 번영을 가져다준다고 믿는다.

아랍풍 기념품 Arabesque
스페인 남부 안달루시아 지방은 8세기부터 700여 년 동안 이슬람 세력이 지배했던 곳으로 옛 아랍 문화를 보존하고 있다. 중동과 북아프리카에서 볼 수 있는 예술품과 공예품을 만날 수 있는데, 이슬람 건축과 문양에서 영감을 받은 패턴의 텀블러나 컵, 소품 등이 인기다. 화려한 색감의 조명도 눈에 띈다. 유리 소재라 운반하기 어렵지만, 작은 크기라면 잘 포장해 가져올 만하다. 이슬람 의상에서 빼놓을 수 없는 실크 스카프는 이슬람 지배 시기의 무역 필수 물품으로 비교적 저렴하게 구매할 수 있다.

에스파드리유 Espadrilles

특유의 가볍고 시원한 소재 덕에 스페인은 물론 지중해권에서 사랑받는 여름 신발이다. 에스파르토Esparto라 불리는 벼과의 야생초를 엮어 만든 밑창을 써 튼튼하고 안정감 있다. 13세기, 피레네산맥 인근 농촌에서 만들어져 농부와 노동자, 수도사가 신었던 저렴하고 실용적인 신발이다. 20세기에 피카소와 마티스, 코코 샤넬 등 예술가들이 신으면서 하나의 패션 장르로 발돋움했다. 발을 감싸는 갑피는 리넨을 덧대 통풍이 우수하고 착화감이 좋다. 바르셀로나에선 장인이 수작업으로 제작하는 라 마누알 알파르가테라La Manual Alpargatera(p.177)가 유명하다.

천연 수제 비누
Jabón natural hecho a mano

711년 무어인이 이베리아반도를 지배했을 때 향신료와 허브를 이용한 천연 비누 제조법이 알려졌다. 화학 첨가물 없이 콜드 프로세스를 활용한다. 주로 가내 수공업 방식으로 만들었는데, 바르셀로나의 사바테르 형제 수제 비누 공장Sabaer Hermanos(p.177)도 이렇게 생겨난 많은 소규모 브랜드 중 하나다. 세계 최대의 올리브 생산국답게 100% 올리브오일로 만든 카스티야 천연 비누Jabón de Castilla가 피부에 순하고 보습력이 뛰어나다. 탈모 개선에 도움을 주는 고체 샴푸바, 트리트먼트바도 인기다.

제비꽃 사탕 Caramelos de Violeta

스페인 전통 과자 중 하나로 제비꽃 향을 입힌 보라색 사탕이다. 제비꽃 향이라고 해서 향수처럼 짙거나 거부감이 느껴지는 정도는 아니고 입안에서 은은하게 퍼져 고급스럽다. 1915년 마드리드의 라 비올레타La Violeta에서 만들어 스페인 왕실에 납품하기도 했다. 고급스러운 포장으로 주변에 선물하기에 좋은 기념품이다. 이동할 때 다른 음식이나 향이 나는 제품과 함께 보관하면 본연의 향이 변할 수 있으니 이 점만 유의해서 가져가자.

라리가 축구 유니폼

축구 덕후인 '축덕'만의 전유물이라 생각한다면 오산이다. 요즘 유니폼을 멋스럽게 입는 블록코어룩이 유행하면서 축구 유니폼은 하나의 패션 아이템이 되었다. 유럽 축구를 대표하는 스페인 축구 리그 라리가 유니폼이니 구매를 망설이지 말자. 레알 마드리드와 FC 바르셀로나의 유니폼이 가장 인기다. 구장에 있는 공식 매장에 가면 최신 유니폼부터 클래식 레어템까지 다양한 상품을 만날 수 있다.

벼룩시장 골동품 antigüedades del mercado de pulgas

중세 스페인에선 상인들이 정해진 날짜에만 물건을 팔 수 있어서 도시 외곽에서 비공식 시장이 열렸다. 양털과 가죽, 헌 옷 등을 사고팔던 시장이 지금은 골동품과 잡동사니를 내놓고 파는 벼룩시장이 되었다. 오늘날에도 상점이 문을 닫는 일요일에 시장이 열린다. 도자기와 타일, 고서나 지도, 수공예품이나 LP, 장식품 등이 주를 이룬다. 지역을 드러낸 엽서나 포스터, 작은 크기의 장식품을 권한다. 대부분 상인이 아니기에 현금으로 거래하며 진품 여부, 고장 여부는 꼭 확인해야 한다.

뚜론 Turrón

중세 때 무어인들이 전파한 스페인 전통 과자로 우리나라 엿이나 초콜릿과 비슷한 누가Nougat류다. 크리스마스에 주로 먹는 간식인데 지금은 언제든 쉽게 사서 먹을 수 있다. 각종 견과류에 꿀, 설탕, 달걀흰자 등을 넣어 굳힌 캐러멜로 현지에선 영양 간식이다. 통아몬드로 된 딱딱하고 바삭한 식감의 뚜론 데 알리칸테Turrón de Alicante와 갈아서 부드럽게 만든 아몬드 퓌레를 굳힌 뚜론 데 히호나Turron de Jijona가 있다. 초콜릿과 견과류를 함께 섞은 뚜론 데 초콜릿Turrón de Chocolate은 아이들에게 인기다. 썰어서 먹거나 커피를 곁들여 먹는 게 일반적이다. 시장이나 슈퍼마켓에서 구매할 수 있으며 프리미엄 클래식 뚜론을 판매하는 1880, 비센스Vicens가 유명하다.

약국 미용 제품
Cosméticos de farmacia

우리나라와 달리 유럽은 피부에 자극이 적고 효능이 높은 화장품과 의약을 기반으로 한 스킨 케어 제품을 약국에서 판매한다. 스페인 프랑스처럼 유명 브랜드는 많지 않지만, 성능 좋은 로컬 브랜드가 많고 서유럽 다른 국가보다 가격이 저렴해 인기가 많다. 대표적으로 이스딘 자외선 차단제SDIN Fotoprotector Fusion Water SPF50+, 피부 톤 개선에 좋은 마티덤MartiDerm, 항산화에 좋은 포토에이지 앰플Photo-age Ampoules, 보습에 좋은 프로테오 글리칸Proteoglicanos이 있다. 세스데르마Sesderma의 비타민C 세럼C-Vit Serum과 저자극 레티놀 세럼Retises 0.25%도 놓치면 아쉬운 제품이다.

Shopping 2
스페인 의류와 잡화 브랜드

스페인은 중세부터 양모 산업이 발달했고, 19세기 산업 혁명 때 면직물과 모직물 생산이 기계화되어 섬유 산업이 발달했다. 현대에는 디자인-생산-유통을 한 업체에서 진행하는 SPA가 발달해 빠른 생산, 저렴한 제품을 공급한다. 급변하는 트렌드를 반영한 제품부터 장인의 고집스러운 철학이 담긴 제품까지 다양한 스페인 의류·잡화를 만나보자.

스페인 의류 브랜드

스페인 대표 패션 기업SPA인 인디텍스Inditex는 고급 감성과 실용성을 대표하는 마시모 두띠Massimo Dutti와 패스트 패션 리테일 브랜드 자라Zara, Z세대를 겨냥한 버쉬카Bershka, 홈웨어와 언더웨어 브랜드 오이쇼Oysho 등을 보유하고 있다. 우리나라에도 있지만, 공급하는 제품이 다르고 가격 면에서 10~30% 이득이다. 마시모 두띠는 질이 좋은 가죽 의류와 기본 아이템을 권하며, 그라시아 매장이 종류가 다양하고 신상품 진열이 빠르다. 인디텍스 그룹 외에 망고Mango, 빔바이롤라Bimba Y Lola, 스페인 왕실 디자이너가 이름을 걸고 만든 아돌포 도밍게즈Adolfo Domingues 브랜드도 인기다.

스페인 잡화 브랜드

발이 편하고 착화감이 좋은 캄페르Camper 신발은 여행객 장바구니에 하나씩 들어있는 브랜드다. 국내보다 최대 반값까지 저렴하고 독특한 디자인도 많다. 스페인 명품, 로에베Loewe는 가방과 지갑, 스카프가 유명하며 1846년 마드리드 시내에 있는 가죽 공방에서 시작해 LVMH 그룹에 소속된 지금까지 장인이 직접 제작하며 스페인 왕실에 납품할 정도로 부드러운 송아지 가죽으로 만든 퍼즐백과 게이트백이 유명하다.

> **Tip | 스페인 정기세일을 노리자!**
>
> 매년 2회, 스페인 정기세일이 열린다. 겨울 세일Rebajas de Invierno은 1월 7일, 여름 세일Rebajas de Verano은 7월 초에 열린다. 약 2달 동안 3단계에 거쳐 진행되는데, 초기 할인율은 20~30%, 2~3주 뒤에는 50% 이상, 한 달 뒤부터 70% 이상 할인된다. 인기 있는 제품이나 사이즈는 세일 초반에 판매 완료되므로 마음에 드는 물건이 있다면 바로 구매하자. 정기 세일 외에도 블랙프라이데이(11월 말)도 있다.

의류	여성	한국	XS / 44	S / 55	M / 66	L / 77	XL / 88	–
		스페인	34	36	38	40	42	
	남성	한국	S / 95	M / 100	L / 105	XL / 110	XXL / 115	–
		스페인	46	48	50	52	54	
신발	여성	한국(mm)	220	230	235	240	245	250
		스페인(EU)	35	36	36.5	37	37.5	38
	남성	한국(mm)	255	260	265	270	275	280
		스페인(EU)	40.5	41	41.5	42	42.5	43

Shopping 3
스페인 슈퍼마켓

스페인 여행을 가면 꼭 한 번 들리게 되는 슈퍼마켓. 현지 사람들이 일상에서 먹는 식료품과 간식, 생활용품을 둘러보며 문화를 생생하게 느낄 수 있다. 스페인에서 나는 생산품과 지역 특산품을 품질 대비 저렴한 가격에 살 수 있으니 기념 또는 선물용으로 구매하기 좋다.

1 꼭 사야할 슈퍼마켓 아이템

꿀 국화차 Manzanilla con Miel

스페인 사람들이 식후에 소화를 돕기 위해 즐겨 마시는 국민 차다. 캐모마일에 달콤한 꿀이 더해져 부드럽고 향긋하다. 스페인 꿀은 세계에서 손에 꼽힐 정도로 맛이 좋은데 오렌지꽃 꿀인 미엘 데 아사아르Miel de Azahar가 유명하다. 만자닐라에는 캐모마일 콘 미엘은 진짜 꿀이 들어간 제품이며 꿀 향만 입힌 제품은 사보르 미엘Sabor Miel이라고 표시되어 있다. 티백 형태라 이용하기 편하고 저렴하고 가벼워 직장 동료나 지인에게 선물하기 좋은 기념품이다. 가장 유명한 브랜드는 오르니만스Hornimans로 슈퍼마켓에서 쉽게 볼 수 있다.

이비자 소금 Sal de Ibiza

스페인 발레아레스 제도의 이비자 섬에서 2,700년 전부터 사용한 천연 방식으로 채취한 천일염이다. 염전에서 지중해 바닷물을 천천히 증발시켜 어떠한 화학 처리나 가공 없이 자연 건조해 미네랄이 풍부하다. 간편 포장된 제품도 있지만, 도기로 된 용기나 틴케이스로 포장된 제품은 고급스럽고 오래 사용하기 좋아 선물용으로 딱이다. 참깨나 허브 등이 첨가된 제품도 있어 샐러드에 뿌리기 좋고 달걀이나 스테이크와 함께 먹어도 맛있다. 고기를 구울 때 마지막에 뿌리면 소금이 터지는 풍미가 있다. 한국보다 2~3배 정도 저렴하니 사면 이득이다.

올리브오일 Aceite de Oliva

스페인은 올리브오일을 세계에서 40%나 생산할 정도로 유명하다. 특히 안달루시아 지역이 유명하며 유럽 연합의 원산지 보호 명칭인 D.O.P 제도로 인증받고 있다. 카스티오 데 카네나Castillo de Canena는 품질이 좋고 와인처럼 품종과 연도별로 구분되어 있다. 라 치나타La Chinata는 상대적으로 저렴하면서 포장이 예뻐 선물용으로 구매하기 좋다. 대중적인 카보넬Carbonell은 소포장된 제품이 있어 소풍용으로 좋다. 산도 0.8% 이하인 순수오일, 엑스트라 버진Extra Virgin이 좋으며 변질을 막기 위한 어두운 병을 구입하자. 유통기한보다 수확일을 살펴보길 권하며, 수확일이 가까운 제품이 좋다.

스페인 맥주

지역마다 브루어리가 따로 있어 이동할 때마다 다양한 종류의 맥주를 맛보는 재미가 있다. 그중에서 기념품으로 가져올 만한 제품은 카탈루냐 지역 맥주인 에스트레야 담 이네딧Estrella Damm Inedit이다. 에스트레야 담의 브루마스터와 세계적으로 유명한 셰프 페란 아드리아Ferran Adria가 협업해 탄생한 제품이다. 라거와 밀 맥주를 혼합해 만들었다. 오렌지 껍질이 포함되어 시트러스 향이 뛰어나고 맥아의 단맛과 구수한 맛이 더해져 마시기 좋다. 한국 가격이 스페인보다 6배 이상이라 애주가라면 꼭 챙겨온다는 기념품이다.

사프란 Safrán

크로커스Crocus sativus꽃 암술로 만들어 매우 소량만 생산되는 고급 향신료다. 스페인 요리 중 파에야나 스튜에 빠질 수 없는 향신료로 품질 면에서 세계 최고라 알려져 있다. 라만차 지역이 유명하다. 생산지가 스페인이나 라만차 D.O.P인지 꼭 확인하자. 가루보다 실 형태로 된 사프란을 구매하는 것이 좋다.

리오하 와인 Rioja Wine

스페인 북부, 라 리오하La Rioja 지역에서 난 포도로 만든 와인으로, 자국 최초로 D.O.Ca. (Denominación de Origen Calificada) 등급을 받은 최상급 포도주다. 프랑스에서는 AOC, 이탈리아에선 DOCG에 해당할 만큼 뛰어난 풍미를 지닌 제품이나 가격은 훨씬 저렴해 와인 애호가들에게 사랑받고 있다. 국내 소비가 많아 한국에 수입된다 해도 수량이 적거나 가격이 비싸다. 리오하 와인은 보관 기간에 따라 4단계로 분류되는데 숙성 없이 바로 출시된 호벤Joven은 5~10유로, 2년 숙성(1년 오크통 숙성)한 크리안자Crianza는 8~15유로, 최소 3년 숙성(1년 이상 오크통 숙성)한 리제르바Reserva는 15~30유로, 최소 5년 숙성(2년 오크통, 3년 병속)해 가장 깊은 맛이 나는 그란 리제르바Gran Reserva는 30유로 이상이다. 크리안자 이상으로 구매하길 권하며 한국에 가져올 때는 2L 이하여야 하니 주의하자.

파프리카 가루, 피멘톤 Pimentón

16세기 신대륙에서 들어온 고추, 피미엔토를 19세기에 훈제한 파프리카 가루로 만들었는데 이를 피멘톤이라 한다. 피미엔토를 참나무로 훈제한 뒤 가루를 내는 전통 방식으로 만든다. 스페인 요리나 샐러드, 간단한 음식에 살짝 뿌려 먹어도 별미다. 카세레스Cáceres 골짜기에서 생산되는 '피멘톤 라 베라La Vera'가 유명하다.

2 스페인 슈퍼마켓 종류

구르메 익스피리언스 Gourmet Experience
대형 백화점 체인인 엘 코르테 잉글레스El Corte Inglés의 미식 브랜드다. 백화점 최상층에 위치해 도심 전경을 감상하며 식사나 음료를 즐길 수 있으며 고급 식자재 매장을 함께 운영하고 있다. 트러플과 하몬, 올리브오일 등 스페인을 대표하는 식자재를 예쁘게 포장해 선물 또는 기념품을 구매하기 좋다.

메르카도나 Mercadona
스페인 최대의 슈퍼마켓 체인으로 시장 점유율 1위다. 우리나라 이마트나 편의점처럼 자체 브랜드 Hacendado 제품을 선보이며 맛이 좋고 저렴해서 인기다. 매장이 넓고 동선이 직관적이며 조리 식품 코너가 있어 식사 대용으로 이용하기 좋다.

까르푸 Carrefour
프랑스 유통 브랜드로 대형 슈퍼마켓부터 편의점처럼 작은 익스프레스 매장까지 다양하게 있다. 스페인 현지 식품은 물론, 유럽과 아시아에서 들어온 다양한 수입 식품도 많다. 익스프레스 매장은 관광지나 골목 곳곳에 있어 편의성이 높으며 착즙 오렌지주스 기계가 있어 우리나라 여행객에게 인기다.

> **Tip | 한국에 반입이 금지된 품목**
>
> 스페인 여행 중 먹었던 음식을 한국에도 가져와 추억하거나 가족·지인과 나누고 싶은 여행객이 많다. 식물 및 동물 검역 문제로 반입이 안 되거나 제한되는 물품을 미리 확인해 위법 또는 폐기되지 않도록 유의하자.
> 슈퍼마켓에서 파는 식재료 중 포장된 과자나 초콜릿, 통조림이나 캔은 가능하다. 진공 상태인 커피나 차도 가능하며, 알코올 도수 60도 이하인 주류와 올리브오일도 2L 이하면 가져올 수 있다.
> 기념품으로 가장 많이 알려진 <u>하몬은 육류·육가공품으로 반입할 수 없다.</u> 유제품이나 생과일·채소도 마찬가지. 씨앗도 안 된다. 진공 포장한 볶은 견과류는 가능하다.

Shopping 4
해외 쇼핑 시 세금 환급 받는 법

택스 리펀Tax Refund 또는 택스 프리Tax Free는 물건을 구매할 때 발생하는 부가세를 환급해주는 제도다. EU 이외 국가 거주자는 물건 사용처가 스페인이 아니므로 부가세를 돌려준다. 스페인은 제품 종류에 따라 구매 금액의 최대 21%를 환급해준다. 스페인에서 상점 한 곳 또는 백화점, 아웃렛에서 구매한 금액이 1유로 이상이면 환급을 받을 수 있다. 구매 금액에 대한 하한선이 없는 셈이다. 모든 상점에서 가능한 것은 아니다. 상점 입구에 'Tax Free'라는 로고가 붙어있는지 꼭 확인하자.

❶ 계산할 때 환급 서류TAX Refund를 요청한다. 이때 실물 여권이 꼭 있어야 한다. 환급 방법은 현금 또는 신용카드 중에 선택한다. 트래블월렛처럼 외화 충전식 체크카드는 환급 신용카드 중에 등록하면 오류가 있을 수 있으니 여권 명의자의 일반 신용카드로 등록하자. 글로벌 블루는 앱에서 신용카드 등록이 가능하고, Travel Tax Free와 Taxfee Epay는 키오스크에서 환급 방법을 선택하면 된다.

❷ 환급 서류에 'DINA (전자 세금 환급 시스템)' 표기가 있으면 공항에서 DINA 전용 키오스크로 바코드를 스캔해 신청할 수 있다. '신청 서류의 유효성을 확인' 안내가 있으면 세관원에게 직접 구매 물품을 보여주고 확인 도장을 받아야 한다.
예) TAX FREE FORM (DIVA ELECTRONIC VALIDATION)
Form No.: DIVA987654321
Customer: Song Yunkyoung / Passport: M12345678

❸ DINA 미표기 시, 'Vat Refund'라고 표시된 세관 창구로 가서 서류에 확인 도장을 받는다. 이때 구매한 제품을 보여달라고 하는 경우가 있으므로 제품을 들고 있어야 한다.

❹ 카드로 환급받을 경우, 도장이 찍힌 서류를 봉투에 넣고 해당 세금 환급 대행사의 우체통에 넣는다. 환급은 짧게는 1주일, 길게는 3개월 정도 소요된다.

❺ 현금으로 환급받고 싶다면 'Cash Refund'라고 쓰인 곳에서 현금을 받는다. 시내에 있는 세금 환급 대행사를 이용하면 환급받은 현금을 여행하는 동안 쓸 수 있다. 단, 출국하는 공항에서 21일 이내에 환급 서류를 제출해야 한다.

❻ 수화물을 다시 붙인다.

※ **EU 가입국은 마지막 국가에서 환급받아야 한다.**
예를 들어, 스페인 마드리드 출국 후 이탈리아 로마에서 비행기를 갈아탄다면 이탈리아 로마에서 환급받아야 한다. 만약 스페인 출국 후 스위스나 영국 같은 EU 미가입국에서 환승한다면 스페인에서 해야 한다.

※ **세금 환급 시 꼭 알아두자.**
① 여행자가 많아 대기 시간이 오래 걸리므로 출국 3시간 전, 성수기에는 4시간 전에 도착하자.
② 환급 방법은 현금보다 카드가 수수료가 적게 나가므로 카드를 추천한다. 혹시 미환급을 대비해 환급 서류를 사진(DOC ID가 잘 보이도록)으로 찍어두면 도움이 된다.
③ 현금으로 환급받을 때 유로로 받는 것이 좋다. 원화로 받으면 유로화를 미국 달러로 변환, 다시 원화로 변환해서 수수료가 2번 빠진다.
④ 세금 환급은 '외국인 대상 세금 환급 제도'이므로, 6개월 이상 체류하는 경우에는 환급되지 않는다. 유럽 연합 국가에서 물품 구입일로부터 90일 이내에 귀국해야 한다.

> **Tip | 엘 코르테 잉글레스 백화점에서 신청하기**
> 1 각 브랜드 매장에서 제품 구매 시 직원에게 환급 서류를 요청한다. 이때 여권 필수!
> 2 인터내셔널 데스크에서 여권, 영수증, 결제 시 사용한 신용카드와 함께 환급 서류를 제출한다.
> 3 택스 리펀은 카드 환급 혹은 현금 환급 중 선택하며 담당 직원에게 도장을 받는다.
> 4 출국 전 공항 세관 사무소에 택스 리펀 서류를 제출한다.

more & more 엘 코르테 잉글레스 리워드 카드

세금 환급에 추가로 할인받고 싶다면, 구매 금액의 일부가 적립되어 다음 쇼핑에 바로 사용할 수 있는 리워드 카드 Reward Card를 이용해보자. 엘 코르테 잉글레스 백화점에서 구매하면 금액의 10%를 적립해 주는데, 예를 들어 물품을 1,000유로에 사면 100유로가 적립되고 다음 쇼핑에 적립된 100유로를 이용할 수 있다. 적립금은 구매한 날로부터 5일간 유효하며 엘 코르테 잉글레스 다른 지점에서도 사용할 수 있다. 단, 엘 코르테 잉글레스 내 슈퍼마켓, 약국, 식품관, 식당 등 적립 또는 사용이 불가한 브랜드도 있으니 매장 직원에게 문의하자.

※ **카드 발급 조건**
만 18세 이상의 해외 방문객이라면 누구나 가능하다.

※ **카드 발급 방법**
백화점 내 인터내셔널 데스크 International Desk에 가서 여권을 제시하면 카드를 발급받아 바로 이용할 수 있다. 1인당 1년에 최대 5장의 카드를 발급할 수 있으며, 누적된 금액은 현금으로 교환 할 수 없고, 타인에게 양도할 수 없다.

Enjoy
Spain

스페인을 즐기는 가장 완벽한 방법

01

스페인 우선 순위 바르셀로나
Barcelona

카탈란 현대 문학의 대표적인 작가인 호세프 플라 Josep pla는 1921년에 쓴 책《첫 비행 Primera Volada》에서 바르셀로나는 '멈추지 않는 곳'이라고 했다. 이 도시를 바다와 맞닿은, 변화하는 공간이라 생각한 그의 생각에 동의한다. 기원전 1세기 '바르키노 Barcino'라 불리던 로마 시대 유적 위로 중세 역사를 쌓고, 탄압과 독립으로 카탈루냐 정체성이 자리 잡았다. 섬유 산업과 무역으로 부를 축적한 자본가들은 예술에 후원했고, 카탈루냐 자연환경이 예술가에게 영감을 주면서 모든 것이 유기적으로 흘러갔다. 천재라 불리는 안토니 가우디는 카탈루냐라는 든든한 땅을 딛고 만들어졌으며, 그는 바르셀로나를 건축으로 다시 썼다. 지금의 바르셀로나는 오래된 것과 새로운 것이 섞여있다. 건축과 예술, 미식에서 전통을 고수하거나 재해석하고, 다시 흔적을 쌓는다. 100년을 지어온 사그라다 파밀리아 성당처럼 바르셀로나는 여전히 멈추지 않고 흐르고 있다.

바르셀로나를 여행할 땐 람블라스 거리부터 시작하자. 시냇물이 강을 찾듯 미로처럼 이어진 골목들이 람블라스로 이어진다. 골목을 잡고 거슬러 오르면 된다. 그럴 땐 걷는 행위를 벗어나 우리는 시간을 걷고 있다는 걸 확실히 인지할 수 있다. 바르셀로나는 여러모로 걷는 도시다.

 여행 Tip 바르셀로나에서 꼭 해야 할 일 체크!

✓ 가우디 건축과 모더니즘 예술 만나기
✓ 매일 타파스 바로 떠나는 미식 여행
✓ 오래된 골목을 따라 바르셀로나 역사 탐험

바르셀로나 드나들기

1. 바르셀로나로 이동하기

항공
우리나라 국적기인 대한항공과 아시아나항공, 티웨이항공이 직항 운행한다(13~15시간 소요). 루프트한자, KLM네덜란드, 에어프랑스 등 유럽계 항공사와 카타르, 에미레이트, 에티하드와 같은 중동 항공사는 각국 주요 도시를 1회 경유 운행한다. 2회 경유하는 러시아항공과 중국항공은 운항 시간이 오래 걸리지만 저렴하다.

세계 각국에서 출발한 비행기는 바르셀로나 엘프라트 국제공항 Aeropuerto de Barcelona-El Prat, BCN에 도착한다. 터미널은 제1터미널(T1)과 제2터미널(T2)로 나뉜다. T1은 대한항공과 아시아나항공, 유럽계·중동 국적기, 스페인 이베리아 항공의 저비용 항공사인 부엘링이 이용한다. T2는 T2A·T2B·T2C로 나뉘며 이지젯과 라이언에어 등 저비용 항공사가 이용한다. T1과 T2는 24시간 무료 셔틀버스를 운행한다. 5~10분 간격으로 운행하며 가는 데는 10분 정도 소요된다(T1 입국장 〉 T2B 〉 T2C 〉 T1 출국장).

홈피 www.aena.es/es/josep-tarradellas-barcelona-el-prat.html

☐ 엘프라트 공항에서 시내 이동하기
공항에서 시내까지 약 10km로 공항버스와 국유철도, 메트로를 이용해 도착할 수 있다. 공항버스가 24시간 운영하고 국철은 자정쯤, 메트로도 자정을 넘어서까지 운행하지만, 일행이나 짐이 많거나 늦은 시간에는 택시를 이용하는 방법을 권한다.

> **Tip | 공항 무료 와이파이**
> 기기에서 스페인 공항공사 'Airport Free Wifi AENA'를 지정하면 웹 페이지에 접속된다. 이메일 주소를 입력하면 이메일을 받게 되며 계정을 검증하면 시간제한 없이 인터넷에 접속할 수 있다.

공항버스, 아에로부스

시내로 이동하는 방법 중 가장 대중적인 교통수단이다. T1에서 아에로부스 A1, T2에선 아에로부스 A2를 이용한다. 입국장에서 공항버스 표시를 보고 이동하면 쉽게 찾을 수 있다.

두 노선 모두 카탈루냐 광장Plaça Catalunya에서 출발하고 도착한다. 버스는 10분 간격, 이른 아침이나 밤에는 20분 간격으로 운행한다. 종점인 카탈루냐 광장까지 30분 정도 걸린다. 요금은 편도 7.25유로, 왕복 12.5유로이며 왕복 승차권은 90일간 유효하다. 버스 정류장 옆 자동판매기 또는 부스에서 교통권을 살 수 있으며 20유로 미만의 현금만 가능하다. 4세 미만은 무료다.

바르셀로나 축제로 인해 일부 노선이 정상 운행되지 않는 경우가 있다. 일정에 축제가 포함되어 있다면 홈페이지에서 예외 사항을 꼭 확인하자.

> **Tip | 공항버스 짐칸**
>
> 아에로부스 내부에 캐리어를 놓을 수 있는 짐칸이 있다. 간혹 도난 사고가 발생하니 긴 자물쇠로 캐리어와 짐칸을 함께 묶어두거나 주시하자.
> **홈피** aerobusbarcelona.es

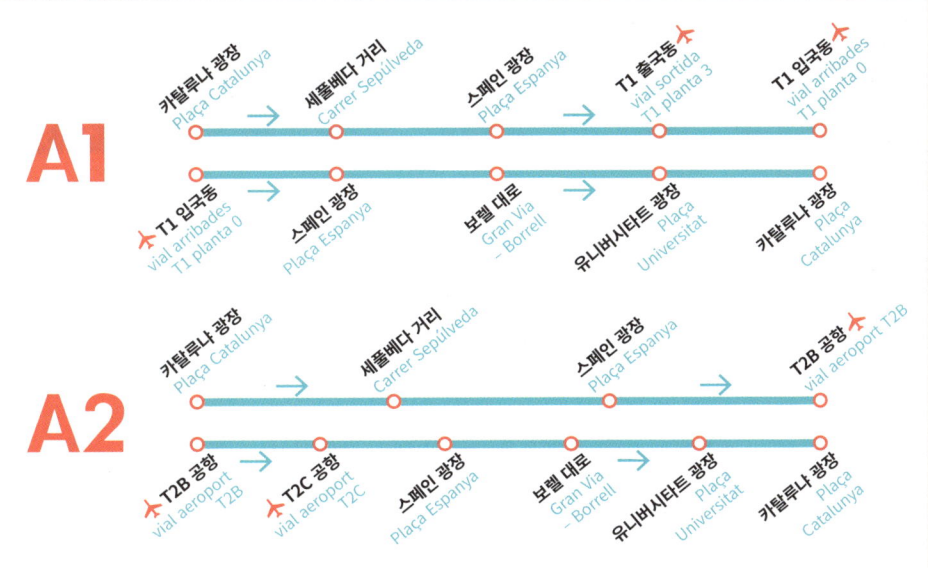

국유철도, 렌페 로달리에스

바르셀로나와 근교를 연결하는 국유철도, 렌페 로달리에스다. 공항과 시내를 연결하는 R2 Nord 노선을 이용하며 역은 T2B에만 있다. T1에 착륙하면 무료 셔틀버스를 타고 이동한다. 공항열차는 공항과 산츠역, 파

운영 04:57~23:49 (매시간 2대 운행)
홈피 rodalies.gencat.cat

세이그 데 그라시아Passeig de Gràcia(카탈루냐 광장 인근)역을 차례로 연결하며 시내까지 30분 이내에 도착한다. 단, 정차 역이 많지 않아 역 인근 숙소가 아니면 환승이 필요하다. 요금은 왕복 1회권(4개 구역) 5.05유로, 10회권(1구역)은 12.5유로다. 10회권T-casual은 1구역Zone에서만 사용할 수 있으나 공항 구간만 예외다. 고로 바르셀로나 여행 중 3회 이상 대중교통을 이용한다면 10회권을 추천한다.

메트로

11개 노선 중 9호선L9 Sud을 이용한다. T1・T2를 모두 경유하며 T1은 메트로까지 도보 5분으로 가깝지만, T2는 걸어서 15분 정도로 멀다. 시내까지 연결되지 않아 다른 노선으로 갈아타야 하며 30분 이상 소요된다. 1구역에서 사용하는 메트로 1회권과 10회권T-casual을 사용할 수 없으며 공항 전용 승차권Bitllet Aeroport을 구매해야 한다(€5.5).

운영 일~목 05:00~익일 00:00,
금 05:00~익일 02:00,
토 24시간

시내버스

46번 시내버스는 T1・T2를 지나 스페인 광장까지 연결한다. 스페인 광장은 메트로 1・3・8호선과 연결되며 여행 중심지인 카탈루냐 광장에 가려면 메트로 3호선으로 갈아타야 한다. 비자Visa나 마스터 카드Master card로 결제할 수 있고 1회권(€2.65)과 10회권도 사용할 수 있다. 목적지가 카탈루냐 광장에 가깝다면 렌페 로달리에스 이용이 빠르고 경제적이다(10회권 이용 시 약 €1.2).
22시 이후에는 심야버스 N16(T2 출발)・N17(T1 출발)을 이용하자. 카탈루냐 광장까지 운행하며 30분 이상 소요된다.

운영 46번 시내버스 04:50~23:50,
N16 심야버스 23:37~04:40,
N17 심야버스 21:55~04:45

택시

인적이 드문 밤이나 새벽에 도착했거나, 짐이 많거나 일행이 여럿이라면 택시를 이용하는 방법도 있다. 입국장에서 Taxi 표지판을 따라 이동하면 택시 승차장이 나온다. 공항에서 시내 중심까지 10여 km로 20분 정도 소요되며 미터기로 35유로 정도 발생한다. 20시에서 익일 6시까지 할증 요금이 적용되고 공항 통행료 3.1유로가 추가된다.

기차

바르셀로나를 연결하는 기차는 국제선과 국내선이 있다. 국제선은 프랑스 파리 노선이 가장 인기다. 떼제베TGV를 타면 6시간 30분 정도 소요된다. 프랑스 니스까지 3~4시간 걸려 프랑스 남부를 여행할 때도 많이 이용한다. 기차는 국제선보다 국내선이 주를 이룬다. 마드리드와 그라나다, 발렌시아, 산 세바스티안 등 장거리 노선과 지로나, 시체스, 타라고나와 같은 바르셀로나 근교를 연결한다. 국영 기업 렌페Renfe에서 운영하는 기차는 우리나라 KTX와 같은 초고속 열차인 AVE, 고속 열차인 ATR, 지역 열차 IR로 나뉜다. 민영 기업 운영 기차는 이탈리아 이르요iryo와 프랑스 위고Ouigo가 있으며 이탈리아 이딸로Italo 자회사인 이르요를 추천한다. 승차권은 수화물 여부와 환승 여부에 따라 금액이 달라지므로 꼭 확인해야 하며 여행일보다 일찍 예매하면 할수록 저렴해진다. 스페인 기차는 승차권 구매와 좌석 예약이 필수이며 역에선 짐 검사를 하므로 30분~1시간 전에 도착하길 권한다. 칼날이 6cm 이상인 가위나 칼, 주머니칼은 소지할 수 없다.

기차표는 현장 또는 렌페 공식사이트(renfe.com)에서 예매할 수 있다. 단, VPN을 스페인으로 변경해야 하는데 'Touch VPN'과 같은 앱을 사용해 바꿀 수 있다. VPN 변경이 어렵다면 오미오Omio와 같은 대행 사이트나 앱을 이용해 예약할 수 있다. 이르요와 위고는 VPN 변경 없이 가능하다.

more & more 바르셀로나 주요 기차역

❶ 산츠역 Estació de Sants
바르셀로나 대표 기차역으로 장거리 열차와 근교 열차 대부분 이곳에서 기·발착한다. 1층에는 매표소와 관광 안내소, 식당과 카페, 코인 로커, 약국, 서점, 상점 등 편의 시설이 있다. 플랫폼은 지하에 있으며 지하철 3·5호선 산츠역과 연결된다. 기차역 밖에는 산츠 버스 터미널과 택시 정류장이 있다.

❷ 프란사역 Estació de França
19세기에 지어진 역은 1929년 바르셀로나 만국 박람회에 맞춰 재건되었다. 알폰소 13세 국왕의 명으로 지어진 역사는 대리석과 청동, 유리로 장식해 유럽 타 도시에서 온 방문객에게 좋은 인상을 심어주고자 했다. 내부에는 카페테리아가 있어 고전적인 인테리어를 감상하기 위해 들러도 좋다.
프랑스에서 오는 기차가 도착하는 역이라 프랑스 역, 프란사로 지었다. 코로나19 전만 해도 야간 열차를 운행하며 붐볐으나 현재 발렌시아나 사라고사 등 일부 구간만 운행한다. 기차역은 메트로 4호선 바르셀로네타Barceloneta역과 가깝다.

주요 도시 이동 시간
- **바르셀로나 ◀▶ 마드리드** 2시간 30분~3시간
- **바르셀로나 ◀▶ 빌바오** 6~7시간
- **바르셀로나 ◀▶ 세비야** 5시간 30분~6시간 30분
- **바르셀로나 ◀▶ 그라나다** 6시간 30분~7시간

버스

버스는 시내 접근성이 좋고 비용이 저렴하나, 운행 시간이 길고 일부 시간대에 교통 체증이 있다. 프랑스, 이탈리아, 포르투갈과 같은 국외 노선이나 스페인 남부 구간은 10시간이 넘는다. 인기 노선은 마드리드다. 8시간 정도 소요되며 야간 버스를 운행해 숙박비와 교통비를 줄일 수 있다. 바르셀로나에서 가장 많이 이용하는 버스 터미널은 2곳으로 북부 버스 터미널과 산츠 버스 터미널이다.

more & more 바르셀로나 주요 버스 터미널

❶ 북부 버스 터미널 Estació d'Autobusos Barcelona Nord

메트로 1호선 아르크 데 트리옴프 Arc de Triomf와 가깝다. 바르셀로나 대표 버스 터미널로 규모가 가장 크며 국제 버스와 스페인 전역을 연결하는 장거리·단거리 버스가 다닌다. 알사 Alsa, 유로라인 Eurolines, 플릭스 Flix와 같은 글로벌 회사와 지역 버스인 모벤티스 Moventis, 타비타 투어 Tabita Tour 등 20여 개 회사가 운행한다. 버스 승차장이 있는 G층(우리나라 1층)에는 식당과 카페, 코인 로커, 관광 안내소 등이 있으며 위층에는 버스 회사별 매표소가 있다. 승차권 구매나 일정 확인은 북부 버스 터미널 홈페이지에서 할 수 있다.

홈피 barcelonanord.barcelona

❷ 산츠 버스 터미널 Estació d'Autobusos Sants

지하철 3·5호선과 산츠 기차역 Estació de Sants에서 가깝다. 주로 국외 구간으로 알사 Alsa, 유로라인 Eurolines, 플릭스 Flix와 같은 글로벌 회사가 운행한다. 산츠 버스 터미널은 홈페이지가 없으며 각 회사 예약 사이트를 이용하거나 오미오 Omio와 같은 대행 사이트로 예약할 수 있다. 일부 스페인 지역 버스가 발착하며 몬세라트행 줄리아 Julia 버스가 가장 인기다.

주요 도시 이동 시간

- 바르셀로나 ◀▶ **몬세라트** 1시간 30분
- 바르셀로나 ◀▶ **마드리드** 7시간~8시간
- 바르셀로나 ◀▶ **빌바오** 9시간~9시간 30분
- 바르셀로나 ◀▶ **말라가** 11시간~12시간
- 바르셀로나 ◀▶ **그라나다** 12시간 30분~16시간

2. 바르셀로나 안에서 이동하기

바르셀로나 관광지는 대부분 시내 중심에 모여있어 도보로 이동할 수 있다. 카탈루냐 광장에서 카사 밀라까지 약 15~20분, 카사 밀라에서 사그라다 파밀리아 성당까지는 20분 정도 걸린다. 문제는 볼거리가 많다는 점이다. 하루 코스를 정해 나누어 둘러보면 좋다. 구엘 공원이나 FC 캄 노우(FC 바르셀로나 홈구장)처럼 중심부에서 떨어진 곳은 버스나 지하철을 이용하는 것이 낫다. 일정이 짧다면 가고 싶은 스폿을 골라 메트로나 버스, 트램으로 연결해 일정을 짜는 방법도 있다. 독특한 교통수단을 이용해 관광지로 이동해보자. 콜세롤라Collserola 언덕 위 티비다보는 푸니쿨라로, 몬주익 언덕은 바르셀로네타 해변 위를 나르는 로프웨이 또는 푸니쿨라로 연결된다.

메트로

메트로는 시내를 이동할 때 가장 빠르고 편리한 교통수단이다. 총 11개 노선으로 바르셀로나 구석구석을 연결한다. L1~L5노선은 시내 중심부를 관통해 여행객이 주로 이용한다. 바르셀로나 교통국 TMB(tmb.cat)에서 운영하며 앱에서 노선도를 한눈에 볼 수 있고 출발지와 목적지를 지정하면 환승 경로도 쉽게 찾을 수 있다. 앱에서 승차권을 구매해 QR코드로 이용하면 편리하다. 승차권은 역 내 자동판매기 또는 매표소에서 구매할 수 있다. VISA나 MASTER CARD, 트래블월렛 등 컨택리스 카드는 사용할 수 없다.

메트로를 이용할 때 우리나라와 크게 다르지 않아 이용하기 쉽다. 단, 몇 가지만 주의하자. ①개찰구 진입 방향이 왼쪽과 오른쪽 둘 다 있어 헷갈린다. 개찰구에 표시된 화살표를 잘 확인해야 한다. ②메트로 내부에는 화장실이 없으니 미리 외부에서 이용해야 한다. ③플랫폼 전광판에는 PROPER TREN(다음 기차) 글씨 옆에 도착까지 남은 시간을 표시한다. ④역 출구에는 번호가 아닌 도로명이 적혀있다. 구글 맵스에서 목적지 방향 도로명을 확인해 이동하자. 메트로에는 또 없는 게 있다. ⑤에스컬레이터가 없거나 하행 에스컬레이터만 없는 역도 있다. 짐이 많으면 메트로 대신 다른 교통수단을 이용하자.

운영 일~목 05:00~익일 00:00,
금 05:00~익일 02:00,
토 24시간

more & more 바르셀로나 교통권

바르셀로나 대중교통권은 구역Zone으로 나뉜다. 구역은 시내 중심이 1구역, 중심에서 벗어나면서 2구역부터 6구역까지 있다. 관광명소는 대부분 1구역에 있어 기본 교통권을 사면 된다. 만약 2~6구역에 간다면 1회권 2~6구역 승차권을 구매해 다녀오는 방법을 권한다.

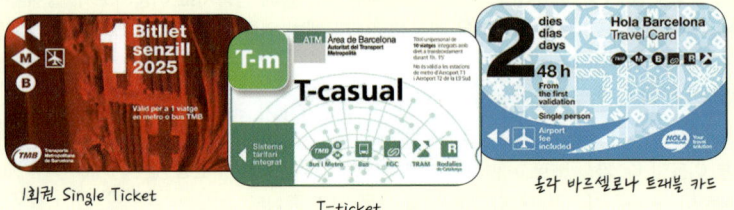

1회권 Single Ticket   T-ticket   올라 바르셀로나 트래블 카드

❶ 1회권 Single Ticket
바르셀로나 기본 교통권이다. 메트로 또는 시내버스, 몬주익 케이블카를 1회 탈 수 있다. 대중교통을 5회 이상 이용한다면 1회권보다 10회권을 구매하는 것이 더 저렴하다.

❷ T-ticket
메트로와 시내버스, 트램, 푸니쿨라, FGC 기차 등 여러 교통수단을 이용할 수 있다. 1인 10회 사용할 수 있는 10회권T-casual, 티켓 하나로 여러 명이 나눠 쓸 수 있는 8회권T-familiar이 있다. 1회 이용료가 10회권이 더 저렴하므로 혼자라면 10회권을 구매하자.

승차 후 75분 이내에는 3회까지 다른 교통편을 무료로 갈아탈 수 있으나 메트로를 연이어 사용하거나 같은 노선의 버스를 다시 이용할 때는 환승 혜택이 없다. 1일권T-dia과 1개월권T-usual은 공항 구간 1회 포함해 대중교통을 무제한으로 사용할 수 있다. 1개월권은 구매 시 여권 번호를 입력해야 하니 미리 복사본 또는 사진을 준비하자.

승차권은 메트로 자동 발매기 또는 매표소에서 구매한다. 처음 구매 시 T-ticket 전용 교통카드T-mobilitat를 구매해야 한다. 발급비 0.5유로가 발생하고 6개월간 유효하다. 사용 횟수는 펀칭할 때 개찰구에 표시되며 추가하고 싶다면 T-ticket 전용 교통카드에 충전할 수 있다.

티켓 종류	1회권(1구역)	T-ticket (T-mobilitat)			
		T-casual 10회권	T-familiar 다인 8회권	T-dia 1일권	T-usual 1개월권
요금(€)	2.65	12.55	11.05	10.5	22
사용 특징	메트로 또는 시내버스 또는 몬주익 케이블카 1회	1인 가능 1년 내 10회 사용	다인 가능 30일 내 8회 사용	1인 가능 24시간 무제한	1인 가능 30일 내 무제한
공항 구간	사용 불가	사용 불가	사용 불가	1회 가능	사용 가능
환승 여부	환승 불가	75분 내 최대 3회 환승 가능	75분 내 최대 3회 환승 가능	무제한	75분 내 최대 3회 환승 가능

❸ 올라 바르셀로나 트래블 카드 Hola Barcelona Travel Card

공항 구간을 포함한 메트로와 시내버스, 트램, 푸니쿨라, FGC 기차 등 여러 교통수단을 무제한으로 이용할 수 있다. 단, 공항버스와 야간 버스는 혜택에 포함되지 않는다. 개시 시간부터 48 · 72 · 96 · 120시간 동안 사용할 수 있으므로 공항 도착부터 내내 사용할 수 있다.

티켓 종류	2일(48시간)	3일(72시간)	4일(96시간)	5일(120시간)
요금(€)	18.1	26.3	34.4	42.1

❹ 바르셀로나 카드 Barcelona Card

바르셀로나 공식 관광 패스다. 교통권과 박물관 패스, 할인 쿠폰이 합쳐져있다. 공항 구간을 포함한 메트로와 시내버스, 트램, FGC 기차, 렌페 로달리에스 등 대중교통을 무제한 이용할 수 있으나 야간 버스와 몬주익 케이블카는 제외다. 25곳 이상 무료/할인 입장할 수 있고 투어나 식당, 플라멩코 공연 등에서 할인받을 수 있다. 종류는 3일권(€57), 4일권(€67), 5일권(€79)이 있다. 바르셀로나에서 가장 유명한 사그라다 파밀리아 성당은 무료/할인 입장이 되지 않고 다른 가우디 유산도 할인율이 낮다. 시간에 비례했을 때 가성비가 좋은 편은 아니다.

버스

플랫폼 및 환승에 이동이 긴 메트로와 달리 버스는 지상에서 쉽게 이용할 수 있다. 바르셀로나 교통국 TMB(www.tmb.cat)에서 운영하며 홈페이지에서 노선도를 한눈에 볼 수 있다. 앱을 이용하면 현재 위치에 오가는 버스와 정류장을 확인할 수 있고 목적지를 입력하면 타야 할 버스 노선과 도착 시간까지 알려준다. 메트로와 마찬가지로 앱에서 승차권을 구매할 수 있으며 VISA나 MASTER CARD, 트래블월렛 등 컨택리스 카드를 사용할 수 있다. 교통수단을 5회 이상 이용한다면 10회권을 사용하는 것이 경제적이다.

운영 일반 05:00~23:00, 야간 23:00~05:00

트램

바르셀로나에는 6개의 트램 노선이 있다. 메트로 노선도에 나와 있는 T1~T6 노선이다. 시내를 대각선으로 나누는 디아고날 대로 Av. Diagonal를 중심으로 외곽을 연결해 여행객은 거의 이용하지 않는다.

운영 월~목 05:00~익일 00:00, 금~토 24시간
(일·공휴일은 홈페이지 확인)

렌페 로달리에스

바르셀로나를 포함한 카탈루냐 지방을 연결하는 국유철도다. 바르셀로나 시내에서 연결된 8개 노선과 타라고나와 시체스 등 외곽을 연결한 11개 노선이 있다. 가장 많이 사용되는 노선은 공항을 연결한 R2 Nord이며 시체스(R2 Sud)와 헤로나(R11), 타라고나(RT2/R17)도 렌페 로달리에스로 도착할 수 있다. 단, 일부 지역은 1구역이 아니므로 해당 구역 승차권을 구매해야 한다. 발매기에서 도착지를 지정하면 구역을 몰라도 쉽게 살 수 있으니 걱정은 말자.

홈피 renfe.com/es/en/cercanias/rodalies-catalunya

FGC 카탈루냐 철도

카탈루냐 자치 정부가 운영하는 철도다. 바르셀로나를 중심으로 메트로 노선보다 넓고 렌페 로달리에스 노선보다 좁은 범위의 근교를 연결한다. 주로 몬세라트(R5)나 콜로니아 구엘(S3/S4/S8) 등 바르셀로나 근교 도시를 잇는다.

홈피 fgc.cat

투어 버스

바르셀로나 대표 명소만 둘러보는 이층 버스로 시간 여유가 없는 여행자라면 고려해보자. 블루 루트와 레드 루트로 구성되어 있으며 시즌별로 루트가 추가된다. 가장 인기 있는 블루 루트는 가우디 유산인 카사 바트요와 사그라다 파밀리아 성당, 구엘 공원, 구엘 별장이 포함되며 티비다보 푸니쿨라 정류장과 캄 노우(FC바르셀로나 경기장)도 함께 둘러본다. 레드 루트는 카이사 포룸과 개선문 등 시내 외곽을 돌아 바르셀로네타 해변을 달린다. 홉 온 홉 오프 Hop on Hop off 서비스로 원하는 곳에 원하는 만큼 타고 내릴 수 있다. 오디오 가이드는 스페인어, 영어, 프랑스어, 일본어 등 16개 언어를 지원하는데 아직 한국어는 준비되어 있지 않다. 24시간권(€33)과 48시간권(€44)이 있고 온라인 구매 시 10% 할인받을 수 있다. 티켓 하나로 2개 루트를 모두 이용할 수 있다. 저렴한 편은 아니지만 주요 관광지를 빠르게 둘러보고 싶은 여행자에게 추천한다.

운영 09:00~19:00 휴무 1월 1일, 12월 25일
홈피 barcelonabusturistic.cat

택시

바르셀로나 택시는 한국에 비해 비싼 편. 유럽 타 도시에 비해 저렴한 편이며 스페인 내에서는 4위로 비싼 편이다. 요금은 기본 요금(€2.4)에 미터 요금(1km당 €1.32)으로 계산된다. 심야(20:00~08:00)와 토요일 및 공휴일에는 미터 요금(1km당 €1.62) 가격이 오른다.

홈피 taxi.amb.cat

☐ 관광 안내소

바르셀로나 국제공항
주소 Josep Tarradellas Barcelona-El Prat Airport, Terminal T1, 08820 El Prat de Llobregat
위치 공항 내 입국장을 나와 오른쪽
운영 08:30~20:30

카탈루냐 광장
바르셀로나 여행 중심인 카탈루냐 광장 내에 있다. 관광 안내소 중 가장 커서 각종 예약 및 정보 안내, 다양한 서비스를 받을 수 있다. 시티 패스·티켓 구매는 물론 글로벌 블루 Global Blue 부스가 있어 공항까지 가지 않아도 세금 환급 신청이 가능하다.

주소 Plaça de Catalunya 17
운영 08:30~20:30 휴무 12월 25일

스페인 광장
주소 Av. del Paral·lel, 298
운영 08:00~22:00

Tip | 관광 안내 부스

관광지 곳곳에 설치한 여행 안내 부스 Cabina d'Informació de Turisme를 이용해보자. 관광 안내소와 같이 정보 안내 및 시티 패스·여행 상품 등을 구매할 수 있다.
주소 Plaça de la Sagrada Família, 2 (사그라다 파밀리아 성당 앞)
운영 08:30~20:00 (부스에 따라 변동 가능)

바르셀로나 추천 일정

한 도시에 머무르기 적당한 기간이 정해져 있을까. 바르셀로나에 오래 머물면 머물수록 도시가 가진 매력 덕에 일정이 늘어난다. 우선순위를 정하자면, 가우디 건축 유산을 보는 여정과 구시가지 산책이 핵심이다. 바르셀로나가 미식 도시임을 잊어서는 안 된다. 이 도시의 부엌이라 불리는 보케리아 시장에서 재료를 구경하고 가볍게 맛을 보고 난 뒤 타파스 바에서 본격적으로 먹어보자.

아래는 지구Area별로 코스를 소개하며 ①+③, ①+④, ④+⑤, ⑥은 하루 일정으로 묶을 수 있다. 바르셀로나 여행 핵심인 ②는 모두 보려면 2일 이상, 1~2곳 선택해서 보려면 하루 일정이 가능하다. 사그라다 파밀리아 성당과 카사 바트요, 카사 밀라, 구엘 공원은 대기 또는 매진될 수 있으니 반드시 예약해야 한다.

외곽은 이동 거리가 있어 일정을 여유롭게 계획하자. 구엘 공원은 오전에 투어 인원이 많아 오히려 오후에 여유롭게 관람할 수 있다. 전망만 보자면 벙커나 티비다보 공원 둘 중 하나만 선택해도 괜찮다. 스포티파이 캄 노우는 축구 팬이라면 꼭 FC 바르셀로나 경기 일정을 확인하자. 콜로니아 구엘 성당은 열차와 도보를 포함해 편도 1시간 정도 예상해 일정을 계획하자.

① 람블라스 지구 (p.96)

카탈루냐 광장 → 람블라스 거리 → 보케리아 시장 → 구엘 저택
→ 산타 모니카 미술관 → 포트 벨

카탈루냐 광장에서 지중해 방향으로 뻗은 람블라스 거리는 구도심 중심에 자리한다. 예부터 찾는 이가 많아 시장과 문화가 발달했다. 즉석 공연을 하는 사람들도 많아 울창한 가로수 사이를 걷는 것만으로 활기찬 바르셀로나를 느낄 수 있다.

② 엑삼플레 & 그라시아 지구 (p.107)

사그라다 파밀리아 성당 → 산 파우 병원 → 카사 비센스 → 카사 바트요 → 카사 밀라

19세기 산업 혁명으로 인구가 기하급수적으로 늘어나자 기존 시가지를 에워싸고 있던 성벽을 해체해 도시를 확장했다. 새로 만든 계획도시, 신시가지는 '확장'이라는 뜻으로 엑삼플레라 정했다. 앞으로 도시 확장을 쉽게 이어가기 위해 길을 수직 교차시켜 바둑판 모양의 '무한한 확장'을 계획한다. 바르셀로나 북쪽 관문이었던 '천사의 문 Portal de l'Angel'에서 시작한 1.5km의 그라시아 대로는 주택 전시장을 방불케 할 정도로 경쟁적으로 고급 저택을 지었고 새로운 문화와 유흥 중심지를 이룬다. 카사 바트요와 카사 밀라, 카사 비센스가 이곳에 있고 필수 여행지인 사그라다 파밀리아 성당이 이곳에 있다. 모두 둘러보려면 하루로 부족하다.

③ 라발 지구 (p.137)

바르셀로나 해양 박물관 → 구 산타 크레우 병원
→ 바르셀로나 현대 미술관 → 바르셀로나 현대 문화 센터

고대 로마 때 라발은 성벽 밖에 있어 백정이나 전농이 살았던 동네였다. 중세에는 해상 강국으로 자리매김하면서 도시가 팽창했고, 성 내 도시에 포함되었다. 이후 이주자와 빈민, 노동자가 차지했다. 경계 밖에 있는 동네는 예술로 경계를 허물었다. 예술가들이 둥지를 튼 이곳에 국립 박물관과 미술관이 들어서고 개성 있고 감각적인 동네가 되었다.

④ 바리 고딕 지구 (p.141)

레이알 광장 → 산 하우메 광장 → 산 펠리프 네리 광장 → 대주교의 집
→ 바르셀로나 대성당 → 프레데릭 마레스 박물관 → 왕의 광장

바르셀로나에서 가장 오래된 지역, 바리 고딕이다. 도시의 역사는 기원전 고대 로마, 그러니까 2000년 고도의 위엄이 느껴진다. 로마 성벽 위에 중세 귀족 저택이 쌓이고 콜럼버스는 신대륙을 발견했으며 예술가들의 아지트가 되면서 피카소는 〈아비뇽의 처녀들〉을 그렸다. 스페인 내전으로 상처받았고, 다음을 짊어진 젊은이들은 상업 지구에서 꿈을 키웠다. 이 도시는 시간이 흐르는 대로 나이테를 그려냈다. 우리는 그저 나이테와 나이테 사이를 걷기만 하면 된다.

⑤ 보른 & 바르셀로네타 지구 (p.148)

카탈루냐 음악당 → 산타 카테리나 시장 → 피카소 미술관 → 산타 마리아 델 마르 성당 → 보른 문화 기념관 → 시우타데야 공원 → 카탈루냐 역사 박물관 → 바르셀로네타 해변 → 올림픽 항구

보른은 바리 고딕과 바르셀로네타를 잇는 다리다. 세월에 닳아 윤이 나는 돌길을 걷다보면, 어느새 눈앞에 바다가 펼쳐진다. 그 사이, 돌이킬 수 없는 과거와 아직 오지 않은 미래를 한데 엮는다. 시간을 초월한 가치로 사랑받는 백년가게와 최신 트렌드를 주도하는 독특한 부티크가 함께 자리한다. 우리는 잠시 걸음을 멈추고 현재에 남아 그저 쉴 수도 있다. 바르셀로나 사람들이 잠시 멈춰 숨을 고르는 시우타데야 공원과 바르셀로네타 해변이 이곳에 있다.

카탈루냐 광장

산 파우 병원

⑥ 몬주익 & 포블레 섹 지구 (p.158)

스페인 광장 → 카탈루냐 국립 미술관 → 카이사 포룸 → 올림픽 주 경기장 → 호안 미로 미술관 → 몬주익성

몬주익은 '신의 범주'에 있다고 믿는 바르셀로나 남서쪽 언덕이다. 1929년 바르셀로나에 만국 박람회를 유치하며 언덕을 대대적으로 정비하고 필요한 건물을 개축했다. 당시 물자와 최신 기술이 이곳으로 모여들었다. 1992년 바르셀로나 올림픽을 개최하며 올림픽 경기장이 건설됐다. 스포츠와 문화 공연이 한데 어우러진 문화 언덕이 되었다. 경사가 있어 걷기는 어렵지만, 하루 내내 여행할 수 있을 정도로 볼거리가 많다. 특히 밤에 열리는 몬주익 마법 분수 쇼는 놓치지 말아야 할 환상적인 공연이다.

올림픽 항구

---

more & more 가우디 건축 투어

바르셀로나에서 안토니 가우디Antoni Gaudí를 빼놓고 말할 수 있을까. 스페인 문화유산 목록 중 단연 돋보이는 항목은 '안토니 가우디의 건축'이다. 건축물 1채가 아닌 가우디가 설계한 모든 건축물이 세계 문화유산으로 지정되었다. 유네스코 사상 최초의 사례다. 10여 채 중 6채를 바르셀로나에서 볼 수 있다니 축복이다. 따라 할 수 없을 만큼 독보적인, 건축가들의 건축가 가우디의 작품 세계를 만나보자.

사그라다 파밀리아 성당 → 카사 바트요 → 카사 밀라 → 구엘 저택 → 카사 비센스 → 구엘 공원

위 코스를 하루 만에 돌아볼 수 없다. 2일 이상 일정을 정하고 하루마다 첫 일정은 각각 사그라다 파밀리아 성당과 구엘 공원을 정하자. 인기가 많아 사전 예약을 권한다. 사그라다 파밀리아 성당은 패스트트랙도 판매하며 성수기에는 구매하는 방법도 고려해보자. 일정이 여유롭다면 FGC를 타고 근교에 있는 콜로니아 구엘 성당도 함께 만나보자.

람블라스 Ramblas

★★☆
카탈루냐 광장 Plaça de Catalunya

GPS 41.387136, 2.170057

공항버스 종착점인 카탈루냐 광장은 여행자의 출발점이다. 관광 안내소와 숙소, 식당, 엘 코르테 잉글레스 백화점과 쇼핑센터 등 바르셀로나를 여행할 때 필요한 거의 모든 것을 광장 주변에서 찾아볼 수 있다. 현지인에겐 시위와 행사가 열리는 아고라Agora다. 카탈루냐 독립운동에 앞장선 프란세스크 마시아를 기리는 기념비Monumento a Francesc Macià가 그 의미를 더한다.

1860년대 바르셀로나는 산업화로 인구가 폭증해 기존 도시의 성벽을 허물고 외곽 지역으로 신도시를 조성했다. 카탈루냐 광장은 구도심과 신도심을 연결하며 FGC 카탈루냐 기차와 메트로, 버스가 지나는 구심점 역할을 맡고 있어 여행 중 한 번 이상은 꼭 지난다.

주소 Pl. Catalunya
위치 메트로 L1·L3 Catalunya

---

more & more 카탈루냐, 독립을 원하다

'이베리아반도 주민들은 결코 하나가 될 수 없다. 나라보다 자기가 속한 지역을 더 우위에 두기 때문' 퓰리처상을 받은 미국 작가 리처드 포드의 말이다.

말 그대로 스페인은 지역 자부심이 대단하다. 카탈루냐인은 사업 수완이 좋고 욕심이 많다고 하고 카스티야인은 긍지가 강하고 고집이 세다고 한다. 안달루시아는 활기차지만 다혈질이라고.

카탈루냐가 스페인 GDP 19%를 차지하는 경제 자치구라는 이유만으로 독립을 원하는 건 아니다. 본래 바르셀로나를 포함한 아라곤 연합 왕국은 독자적인 언어와 문화를 지닌 국가였다. 지중해 해상 무역으로 부유했으나 지난한 왕위 계승 전쟁에 휘말리다가 1714년 9월 11일 카스티야에 합병되었다. 19세기, 스페인 왕권이 실추하고 카스티야 왕국과의 갈등이 커지면서 처음으로 카탈루냐 독립운동이 시작되었다. 민주화 이후 1978년 헌법으로 지방 자치권을 되찾았으며 2017년 카탈루냐 분리 독립 투표를 열고 공화국 수립을 주장했으나 위헌으로 간주되었다.

매년 9월 11일은 카탈루냐 국경일La Diada이다. 이 날은 많은 사람이 도로로 나와 독립을 요구하는 대규모 시위가 열린다. 일부 시장과 식당이 문을 닫고 카탈루냐와 관련된 관광지는 무료다. 평소에도 카탈루냐 깃발을 걸고 카탈루냐어Catalan를 함께 사용하며, 중앙 정부의 잦은 문화 말살 정책을 경계하고 카탈루냐의 오랜 문화와 역사를 지키려는 노력을 이어오고 있다.

 ★★★

람블라스 거리 Les Rambles

GPS 41.382657, 2.171640

주소 La Rambla
위치 메트로 L1·L3 Catalunya, L3 Liceu, L3 Drassanes

카탈루냐 광장부터 지중해안 앞 콜론 동상까지 이어진 가로수 길이다. 가장 오래된 나무가 300년을 넘게 살았다. 람블라스 거리는 14세기 성벽 확장 공사를 하며 물길을 바꾸기 전까지 작은 개천이었다. '람블라'는 아랍어 람라Ramla에서 나온 말로 '물이 흐르는 모래사장'이란 뜻이다. 지역 특성을 남기고자 도보 블록도 물결치는 무늬로 만들었다.

약 1.2km인 길은 크게 5개 구간으로 나뉜다. 고로 복수형인 람블라스 Lambles다. 북쪽으로 첫 번째 구간인 카날레테스 람블라Rambla de Canaletes는 카날레테스 분수가 있어 붙여진 이름이다. 예수회 대학이 있던 에스투디스 람블라Rambla dels Estudis, 야외 꽃 시장이 있던 산트 조세프 람블라Rambla de Sant Josep, 카푸친 수도원이 있던 카푸치스 람블라Rambla dels Caputxins, 산타 모니카 수도원이 있던 산타 모니카 람블라Rambla de Santa Mònica로 이어진다. 상점과 노천 레스토랑, 꽃집 등이 있고 걷는 내내 행위 예술가와 공연 음악가, 화가 들을 만날 수 있다.

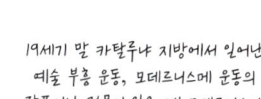
19세기 말 카탈루냐 지방에서 일어난 예술 부흥 운동, 모데르니스메 운동의 작품이나 건물이 있을 때 모데르니스메 길이란 표식이다.

more & more 람블라스 거리 명소

스페인 시인, 페데리코 가르시아 로르카가 '영원히 끝나지 않기를 바라는 유일한 길'이라고 표현한 람블라스 거리다. 한눈팔고 걷다보면 중요한 명소를 놓칠 수 있으니 아래를 참고하자.

❶ 카날레타스 분수 Font de Canaletes

중세 수로였는데 1862년 성벽이 무너지면서 30년 뒤 지금의 분수로 바뀌었다. 주철로 만든 분수는 위로 우아한 가로등이, 아래엔 수도꼭지가 달려있다. 이 샘물을 마시면 바르셀로나와 사랑에 빠져 다시 돌아온다는 속설이 있어 줄 서서 마신다. 석회수라 많이 먹으면 배탈이 날 수 있으니 조금만 마셔보자. 혹, 사람들이 분수에 모여있거나 가로등에 매달린다고 놀라지 말자. 그날은 FC 바르셀로나가 승리한 날이다. 1930년 분수 맞은편에 있는 스포츠 잡지사, 라 람블라 La Rambla는 그날 경기 최종 점수를 칠판에 써서 공개했다. 당시 축구 팬들은 이를 보기 위해 모여들었고 그 광경이 지금까지 전통으로 이어지고 있다.

❷ 보케리아 광장 Plaça de la Boqueria

바르셀로나의 부엌, 보케리아 시장 인근에 있어 붙여진 이름이다. 규모가 크진 않지만, 초현실주의 대가, 호안 미로 Joan Miro의 작품이 있어 유명하다. 지름 8m의 불규칙한 원에 모자이크 타일로 작가 특유의 밝은 색채와 추상적인 형태를 담았다. 1968년 바르셀로나로부터 공항 벽화를 의뢰받았는데 총 3개의 작품을 각각 공항과 호안 미로 공원, 람블라스 거리에 설치했다. 바르셀로나는 모든 방문객을 환영한다는 뜻이다. 견고한 테라조 Terrazo 타일을 써서 수많은 사람이 밟는 작품인데도 손상 없이 유지된다. 2017년 지하디스트 테러 공격이 일어난 장소로 희생자를 추모하는 위로의 공간이기도 하다.

❸ 카사 브루노 쿠아드로스 Casa Bruno Quadros

보케리아 광장에서 가장 독특한 건축물이다. 1883년, 만국 박람회가 열리기 5년 전에 지어졌다. 당시 바르셀로나는 가파른 산업 성장으로 도시가 확장되며 흥미로운 건물이 한 번에 생겨나고 있었다. 아르누보 열풍으로 모더니즘이 두드러졌고 오리엔탈 장식도 주목받았다. 특히 외관 모서리에 있는 용 장식은 지나가는 모든 이의 시선을 사로잡는다. 바로 아래 우산 장식은 이곳이 예전에 우산 가게였음을 보여준다.

❹ 리세우 대극장 Gran Teatre del Liceu

1847년 바르셀로나 부르주아 계급이 지었다. 1861년 화재로 대부분 소실되었고 이후 복원했으나 32년 만에 무정부주의자가 던진 폭탄 테러로 사상자가 발생했다. 100년을 잘 보내는 듯했으나 다시 화재로 거의 전소되었다. 다사다난한 역사 위에 새로 지어진 극장은 밀라노 스칼라 극장 Teatro alla Scala를 참고했다. 5층 건물은 거대한 말굽 형태이며 금색 몰딩과 다색 석고, 황동 조명 기구, 튤립 모양 유리 등을 활용해 고급스럽고 우아하다. 현재 오페라 공연과 콘서트, 연주회가 열리며 홈페이지에서 확인할 수 있다.

주소 La Rambla, 51–59 **위치** 메트로 L3 Liceu
운영 매표소 월~금 10:00~19:00, 토 10:00~14:00
　　휴무 일·공휴일(단, 공연이 있는 날에 한해 공연 2시간 전부터 운영)
요금 공연 €13~
홈피 liceubarcelona.cat (공연·가이드 투어 예매 가능)

❺ 비레이나 저택 Palau de la Virreina

18세기 후반, 화려하기로 유명한 바로크와 로코코 양식의 저택이다. 페루 총독인 마누엘 아마트 Manuel Amat가 지은 건물로 그가 일찍 죽자 미망인 이름으로 불렸다. 아름다운 외관에 눈길이 가지만 입구를 찾기 어렵다. 건물 중앙 복도를 통해 안까지 쭉 들어가자. 14개의 코린트 기둥이 대칭을 이룬 홀과 이중 계단은 복잡한 람블라스 거리와 딴 세상이다. 현재 바르셀로나 문화원 ICUB으로 사용되고 있으며 건물 내부 관람과 함께 이미지 센터 Centre de la Imatge에서 열리는 전시는 무료다. 전시 내용은 홈페이지에서 확인할 수 있다.

주소 La Rambla, 99 **위치** 메트로 L3 Liceu
운영 화~일·공휴일 11:00~20:00
　　휴무 월요일, 1월 1일, 5월 1일, 6월 24일, 12월 25·26일
요금 무료
홈피 ajuntament.barcelona.cat/lavirreina

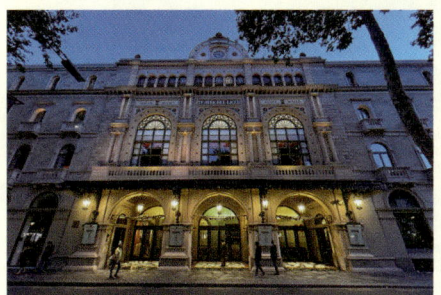 

★★★ 보케리아 시장 Mercat de La Boqueria

GPS 41.381949, 2.171628

보케리아 시장이 바르셀로나 사람들의 식탁을 책임진 건 13세기부터다. 람블라스 거리에 아직 하천이 흐를 때 도시 외곽에 살던 농부와 노동자들이 물건을 팔러 나왔고 시장은 그들의 곯은 배를 채웠다. 원래 이름은 산 호세프(Sant Josef) 시장이지만, 모두 '고기를 파는 곳'이라는 뜻의 보케리아라 불렀다. 구시가지 성문 근처에 고기 장수로 시장이 만들어져서다. 이후 해산물 시장이 생기고 푸성귀를 파는 초식장이 순차적으로 들어오면서 종합 시장으로 성장했다. 괜히 '바르셀로나의 부엌'이 아니다. 식자재를 연구하는 주방장을 흔히 볼 수 있고 시장이 문을 닫는 일요일에는 식당에서 신선도가 중요한 해산물은 메뉴에 없거나 권하지 않는다.

시장은 원재료 외에도 올리브절임, 생햄, 치즈, 베이커리, 아이스크림 같은 가공식품도 판매한다. 포장해서 먹거나 바르(Bar)에 앉아 간단하게 먹을 수도 있다. 일정이 여유롭다면 쿠킹 클래스를 권한다. 시장에서 재료를 맛보고 장을 본 뒤 카탈루냐 음식을 요리해서 맛볼 수 있다. 여행 상품 예약 사이트나 현지 쿠킹 클래스 (barcelonacooking.net) 업체에 예약해도 좋다.

주소 La Rambla, 91
위치 메트로 L1·3 Catalunya, L3 Liceu, L3 Drassanes
운영 월~토 08:00~20:30
 (식당에 따라 변동)
 휴무 일·공휴일
홈피 www.boqueria.barcelona

▶▶ 바르 엘 킴 El Quim

1987년부터 장사한 보케리아 터줏대감이다. 해산물 요리가 유명하며 꼴뚜기와 달걀 요리 Huevos Chipirones가 대표다. 빵과 함께 주문하자.

운영 월 12:00~16:00,
　　　화~목 07:00~16:00,
　　　금~토 07:00~17:00
홈피 www.elquimdelaboqueria.com

▶▶ 바르 보케리아 Bar Boqueria

하몬이 들어간 샤퀴테리와 해산물 요리가 인기 있다. 당일 굴이 신선하다면 스파클링 와인 카바 한 잔과 함께 먹어보자.

운영 월 12:00~16:00,
　　　화~목 07:00~16:00,
　　　금~토 07:00~17:00
홈피 www.elquimdelaboqueria.com

▶▶ 바르 키오스크 모던 Bar Quiosc Modern

해산물과 철판요리, 타파스 등 다양한 메뉴를 선보인다. 가볍게 판 콘 토마테로 시작해보자.

운영 화~토 08:00~16:00
홈피 barquioscmodern.com

보케리아 시장에서 인기 있는 타파스 바르

산타 모니카 미술관 Arts Santa Mònica

★☆☆

GPS 41.377361, 2.175832

람블라스 거리에서 가장 오래된 건물인 산타 모니카 수도원을 개조해 현대 미술관으로 재탄생했다. 오래된 수도원의 흔적과 현대적인 외관이 어우러져 오히려 아방가르드하다. 스페인 국내외 예술가의 현대 작품을 전시하며 카탈루냐 현대 예술에 초점을 맞추고 있다. 전시 주제와 관련된 공연이나 이벤트도 진행한다. 어디서 쉽게 볼 수 없는 파격적이고 신선한 작품들이 있어 흥미롭다. 무료로 전시를 관람할 수 있어 새로운 영감을 받고 싶다면 부담 없이 방문해보자.

주소 La Rambla, 7
위치 메트로 L3 Drassanes
운영 화~일·공휴일 11:00~20:30
　　　휴무 월요일, 1월 1·6일,
　　　성금요일, 5월 1일, 12월 25·26일
요금 무료
홈피 artssantamonica.cat

포트 벨 Port Vell

★★★

GPS 41.375557, 2.180499

포트 벨은 '오래된 항구'라는 뜻으로 고대 로마 군대가 바르셀로나에 도착한 시점부터 항구로 살아왔다. 부두로서 역할이 줄어들자 시(市)는 해변 재개발에 나섰고 종합 쇼핑몰인 마레마그눔Maremagnum과 바르셀로나 수족관L'Aquàrium을 오픈했다.

포트 벨의 시작이자 람블라스 거리 끝에 콜론 동상Monumento a Colón이 있다. 1888년 만국 박람회에 맞춰 지어진 기념비는 군용 고철 저장소에 있던 청동 30톤으로 만들었다. 총 57m의 높이로 탑 맨 위에는 탐험가 콜럼버스가 왼손에는 지도를 들고 오른손으로는 지중해를 가리키고 있다. 하단부에는 콜럼버스가 스페인 왕과 왕비를 알현하는 모습과 신대륙 발견을 포함한 8가지 주요 장면을 부조로 담았다. 엘리베이터를 타고 전망대에 오를 수 있으나 시야가 좋지 않아 권하지 않는다.

포트 벨에서 쇼핑몰로 가려면 람블라 델 마르Rambla del Mar를 건너야 한다. 람블라스 거리 연장선으로 1.2km쯤 되는 바다 위 산책로다. 1994년, 철골과 나무를 사용해 지은 다리로 중앙은 도개교다. 항구에 있는 보트가 지중해로 나갈 때 상판을 양쪽으로 들어 올린다. 넘실대는 파도를 형상화한 물결 조형물은 밤에 불이 켜진다.

바르셀로나 수족관
주소 del Port Vell, Moll d'Espanya
운영 10:00~20:00
요금 성인 €29, 5~10세 €22,
      3~4세 €14
홈피 aquariumbcn.com

콜론 동상
주소 Pl. Portal de la Pau
위치 메트로 L3 Drassanes
운영 08:30~14:30 휴무 1월 1·6일,
      9월 11일, 12월 24·25일
요금 **전망대** 성인 €6,
      4~12세·65세 이상 €4

종합 쇼핑몰 마레마그눔

구엘 저택 Palau Güell ★★★

GPS 41.379070, 2.174250

집주인인 에우세비 구엘Eusebi Güell은 쿠바에서 무역업으로 부를 축적한 아버지와 함께 바르셀로나에서 직물 산업을 독점했다. 19세기 산업 혁명을 맞아 해운과 철강, 시멘트 등으로 분야를 확장했고, 돈을 잘 다룰 줄 아는 구엘은 스페인은 물론 유럽 전역을 통틀어 부호에 속했다. 오늘날의 기준으로 약 700억 정도다. 이후 바르셀로나 시 의원과 카탈루냐 지방 의원, 스페인 상원 의원을 거쳐 백작 작위도 받았다.

구엘은 문화 예술과 사회 복지에도 관심이 많았는데 사회적 지위와 부, 덕망까지 갖춘 인물이다. 스페인 최초로 바르셀로나에서 만국 박람회가 열린다고 결정되자 구엘은 이를 이용해 자신의 업적을 알리기로 마음먹었다. 1886년, 구엘은 건축가 가우디에게 설계를 맡겼고, 가우디는 그의 의도를 읽어 고전적이고 고아하며 위엄 있는 건축물을 내보였다. 1890년 완공 예정이었으나 구엘은 만국 박람회가 열리는 1888년에 입주했다. 결론은 대성공. 스페인 왕비 마리아 크리스티나와 이탈리아 왕 움베르토 1세, 미국 대통령까지 왕·귀족과 실세들이 감탄하며 돌아갔다.

주소 Carrer Nou de la Rambla, 3-5
위치 메트로 L3 Liceu
운영 4~10월 10:00~20:00,
11~3월 10:00~17:30
휴무 월요일, 1월 1·6일,
1월 셋째 주, 12월 25·26일
요금 성인 €12, 18세 이상 학생 €9,
10~17세 €5 (매월 첫째 주
일요일 무료)
홈피 palauguell.cat
(입장권 예매 가능)

> **more & more** 구엘 저택 하이라이트

왕이 거처하는 건물을 궁전 Palau이라고 하지만, 근대에는 화려한 저택에도 명명했다. 얼마나 사치스럽기에 Palau로 불렸을까. 건축 당시 구엘의 회계사가 보고한 내용을 보면 가늠이 간다. 가우디가 자재와 장식에 돈을 흥청망청 써서 예산이 부족하다는 이야기다. 이에 구엘은 이것밖에 쓰지 않았냐며 가우디가 청구하면 예산을 늘리라고 했다. 사실 외관만 보면 가우디 특유의 화려함은 보이지 않는다. 다소 밋밋한 외벽은 카운티 산맥에서 채석한 최고급 석재다. 재료 하나하나가 집주인의 풍요와 품위를 대변한다.

❶ 옥상

옥상에 올라와서야 비로소 우리가 알던 가우디의 건축 느낌이 난다. 구엘 저택은 비교적 가우디 초기 작품으로 철을 활용한 장식이 많고 재료를 조각내 사용하는 트렌카디스 기법을 볼 수 없는데, 방문객이 오지 않는 옥상에는 실험적인 장식물을 구현해냈다. 20개의 굴뚝과 채광 탑이 있으며 십자가 조형물은 이후 가우디 건축의 상징이 된다.

❷ 4층 – 하인 방과 주방

집안 살림을 도맡은 하인들의 거처다. 주방과 세탁실이 있고 대부분 이곳에서 생활한다.

❸ 3층 – 침실

사교 활동에 활용도가 높았던 저택이었기에 3층부터 가족만을 위해 사용되었다. 주요 장식과 가구 모두 가우디가 직접 설계했다. 그림이 그려진 아술레호Azulejo 타일 장식을 볼 수 있다.

❹ 2층 – 서재와 응접실, 중앙 홀

구엘의 서재를 지나 만나는 응접실 천장은 아랍과 페르시아 영향을 받은 무데하르 양식이다. 격자 무늬 천장은 주물에 도금을 입혀 화려하게 치장했다. 하이라이트는 중앙 홀이다. 높이 약 20m 위에 있는 천장은 48개의 구멍을 통해 채광이 들어오는데 낮에도 별을 보듯 반짝인다. 주로 예배당으로 사용되었으며 가우디가 직접 설계한 파이프 오르간은 예배나 연회 때 악사들이 연주했다.

❺ 1층 – 현관과 로비

독창적인 현관부터 살펴보자. 높이 6.6m, 좁고 긴 아치 형태인 정문은 가우디 건축 특징인 사슬형 아치Catenary Arch다. 하중에 강한 방식이며 철제 장식 또한 무게를 분산한다. 마치 종이를 구부러트린 듯 철을 굽히거나 꼬아서 발현했으며 자연스러운 굴

옥상

4층 - 하인 방과 주방

3층 - 침실

2층 - 서재와 응접실, 중앙 홀

곡과 매끄러운 마감 처리가 놀랍다. 대장장이의 아들인 가우디의 능력이 빛을 발하는 작품이다. 2개의 정문 중 왼쪽에는 에우세비의 E, 오른쪽에는 구엘의 G가 디자인되어 있다. 중앙 원통은 4개 띠로 된 카탈루냐 국기이며 그 위에 불사조가 날개를 펼치고 있어 '카탈루냐의 부활'을 상징한다.

❻ 지하 1층 – 마구간

정문을 통과한 마차는 1층 승하차장에서 방문객을 내리고 마구간이 있는 나선형 길을 따라 지하로 내려간다. 궁륭 형태인 천장과 깔때기 모양의 기둥은 건물 전체 하중을 견디기 좋은 구조이며 소음을 줄이는 효과도 있다. 냄새와 환기를 고려해 중앙 안뜰을 만들었다.

가우디는 구엘에게 정문이 2개인 이유를 "당신처럼 '진정한 신사'는 앞만 보고 가세요"라고 설명했다. 왼쪽 문으로 마차가 들어가면 나올 때는 오른쪽 문으로 나오는 구조다. 뒤로 걸을 수 없는 말의 특성을 고려했을 테지만, 클라이언트의 마음은 가우디에게 홀딱 뺏겼을 것이다.

1층 - 현관과 로비

지하 1층 - 마구간

GPS 41.388966, 2.166802

시우다드 콘달 Ciutat Comtal

바르셀로나 여행 중심지인 카탈루냐 광장에 있어 쉽게 방문할 수 있다. 비니투스Vinitus와 쌍두마차를 이루는 타파스 맛집으로 현지인은 물론 여행객도 많아 대기가 길 수 있다. 예약은 받지 않으니 식사 시간대보다 조금 이른 시간에 가는 걸 추천한다. 단짠 조화가 최고라는 꿀대구 Bacalao con miel 요리가 인기다. 푸아그라는 일찍 마감되니 늦지 않게 식사하러 가자. 회전율이 높아 재료가 항상 신선하며 이베리코 하몬과 해산물 타파스, 스페인식 오믈렛인 토르티야Tortilla도 인기다.

주소 Rambla de Catalunya, 18
운영 토~목 09:00~익일 01:00,
　　　금 09:00~익일 01:30
요금 €20~30
홈피 laflautagroup.com

센트폭스 Centfocs
GPS 41.387128, 2.166269

현대적인 감각이 더해진 지중해식 요리와 다양한 타파스를 선보인다. 당일에 선정한 애피타이저와 메인, 디저트, 음료로 구성된 오늘의 메뉴 Menu del Dia로 유명하다. 맛과 가격을 모두 가진 가성비 식당으로 현지인과 여행객이 모두 찾는 식당이다. 저녁 시간대에는 대기가 많아서 예약하길 권한다.

주소 Carrer de Balmes, 16
운영 일~월 13:00~16:00, 화~토 13:00~16:00, 20:30~23:30
요금 €10~20   홈피 centfocs.com

루치아노즈 Lucciano's
GPS 41.388669, 2.166563

아르헨티나의 글로벌 체인 젤라떼리아다. 카탈루냐 광장 근처에 있어 방문하는 이가 많다. 우주 정거장 콘셉트인 내부가 감각적이고 세련되어 인증샷도 많이 찍는다. 젤라또는 28개 맛이 있으며 1~4가지 종류를 담는다. 페레레로쉐와 돌체 데 레체가 시그니처며, 피스타치오와 다크 초콜릿, 과일 종류가 인기다.

주소 Gran Via de les Corts Catalanes, 601
운영 일~목 12:00~익일 01:00, 금~토 12:00~익일 01:30
요금 €3.9~
홈피 luccianos.net

그릴 룸 Grill Room Bar Thonet
GPS 41.379463, 2.176117

1902년 이탈리아 사업가가 바르셀로나에 처음으로 베르뭇 Vermouth을 선보였고, 14년 뒤 다시 문을 열었을 때는 가우디를 비롯한 모더니스트의 사랑방이 되었다. 20세기 아르누보 스타일의 식당이다. 대구나 문어, 맛조개 등 신선한 해산물로 만든 지중해 요리와 전통적인 스페인 음식을 제공한다.

주소 Carrer dels Escudellers, 8
운영 13:00~16:00, 19:30~23:00
요금 €20~40   홈피 grillroom-barthonet.com

아르띠사 ARTiSA Barcelona
GPS 41.379945, 2.174862

맛있는 음식을 좋아하는 자매, 소피아와 마리솔이 운영하는 베이커리 카페다. 모든 빵은 글루텐 프리 밀가루이며 좋은 원산지의 재료로 직접 구워낸다. 따뜻한 커피와 홈메이드 토스트로 하루를 시작해도 좋다. 시중에 판매되는 젤라토보다 설탕을 70% 줄인 아이스크림도 맛이 괜찮다.

주소 Carrer de Colom, 2
운영 월~목 09:00~22:00, 금~일 09:00~23:00
요금 베이커리 €1.7~   홈피 artisa.es

엑삼플레 & 그라시아 Eixample & Gràcia

★★★ 사그라다 파밀리아 성당 La Sagrada Familia (성가정 성당)

GPS 41.403918, 2.174287

'바르셀로나의 상징이자 노력하는 천재 건축가 가우디의 걸작', '빛의 성당' 140여 년 동안 짓고 있지만 아직 공사 중인 사그라다 파밀리아만이 가질 수 있는 수식어다. 그중 빈자를 위한 성당이란 표현은 지금의 동네에서 비롯되었다. 원래 이곳은 바르셀로나 외곽 산 마르티라는 행정 구역으로 엘 포블렛El poblet, 촌구석이라 불렀다. 19세기 바르셀로나는 산업화로 성공 가도를 달리고 있었고 산 마르티에는 노동자가 살았다. 빈부의 격차는 커지고, 노동 시간은 늘어났으며 신앙과 가정에 소홀해졌다. 이 모습을 지켜보던 출판업자이자 자선가인 호세프 마리아 보카벨라Josep Maria Bocabella는 성당, 성가정에 바치는 속죄의 성전Temple Expiatori de la Sagrada Família을 짓기로 한다. 그 성당이 바로 사그라다 파밀리아 성당, 줄여서 성가정 성당이라 한다.

1882년 건축 학교 총장인 프란시스코 데 파울라 델 비아르Francisco de Paula del Villar가 첫 설계를 맡아 공사를 시작했으나 의견 충돌로 사임하고 무명의 건축가, 가우디에게 바통을 넘겼다. 그는 경력을 위해 수락했으나 이후 신앙심이 깊어져 자신의 삶 전체를 성당 건축에 바쳤다. 가우디 스타일의 장엄한 건축 설계로 바뀌었고 사후 건축 설계까지 준비했다. 말년에는 다른 일을 제쳐두고 오직 사그라다 파밀리아에만 매달렸다. 여태 모은 돈을 성당 건축에 모두 기부했고 성당 바로 옆에 숙소를 마련해 건설에만 매진했다. 1926년 가우디가 세상을 떠난 이후 발생하는 공사비는 모두 기부와 입장료로 충당했다. 이는 신자가 직접 돌을 기부해 지은 산타 마리아 델 마르 성당 건축 방식에서 착안했다. 가우디 사후 100주년인 2026년 완공을 목표로 하고 있다.

주소 C/ Mallorca, 401
위치 메트로 L2·L5 Sagrada Familia
운영 **11월~2월** 월~토 09:00~18:00, 일 10:30~18:00
3월·10월 월~금 09:00~19:00, 토 09:00~18:00, 일 10:30~19:00
4월~9월 월~금 09:00~20:00, 토 09:00~18:00, 일 10:30~20:00
(1월 1·6일, 12월 25·26일 09:00~14:00)
요금 p.121 Tip 참고
홈피 sagradafamilia.org

완공 그림

사그라다 파밀리아 성당 건축 과정

사그라다 파밀리아 성당 전망 Point

▶▶ 가우디 공원 Plaça de Gaudí

성당 바로 앞에 있는 공원이다. 인공호수 뒤로 가면 성당 전체 모습과 호수에 반영된 모습까지 함께 담을 수 있다. 오후에는 사람이 많고, 해가 성당 뒤로 넘어가 역광이니 오전 방문을 권한다.

주소 Carrer de Lepant, 278, L'Eixample

▶▶ KFC 2층

성당 인근에 있는 패스트푸드점 KFC 2층에서 파밀리아 성당 뷰를 볼 수 있다. 이곳에서 여유롭고 편하게 즐겨보는 것도 방법이다.

주소 Av. de Gaudí, 2, L'Eixample

▶▶ 세르코텔 로셀론 테라스 바
Bar-Terrassa Sercotel Rossellón (p.135)

도보 5분 거리에 있는 세르코텔 로셀론(구. 아이레 호텔) 루프탑 바다. 숙박 없이 루프탑 바만 이용할 수 있는데 예약이 필수다. 테라스에서 정면으로 보이는 사그라다 파밀리아 덕분에 SNS에 게시할 만한 사진을 얻을 수 있다.

주소 Carrer del Rosselló, 390, Eixample

▶▶ 벙커
Bunkers del Carmel (p.174)

스페인 내전 때 대공포가 있었던 장소다. 엘 Carmel 지구 언덕(해발 250m)에 있어 바르셀로나를 한눈에 볼 수 있는 전망대 역할을 한다. 사그라다 파밀리아는 시내보다 가까이 있어 더 잘 보이는 편.

주소 Carrer de Marià Labèrnia, s/n, Horta-Guinardó

more & more 사그라다 파밀리아 성당에 관한 숨겨진 이야기

❶ 완공된 성당 높이는 해발 172.5m
신의 영역이라 생각한 몬주익 언덕보다 높아선 안 된다고 생각한 가우디가 높이를 정해두었다. 사그라다 파밀리아 성당 외 바르셀로나 어느 건축물도 이보다 높이 짓지 않는다고 한다.

❷ 가우디가 만든 석상은 사람을 본떴다
가우디는 조각품을 만들 때 석고 몰딩을 사용해 만들었는데 당시에는 일반적인 방식이었다. 모든 종류의 식물과 도구는 거푸집으로 만들었고 죽은 동물과 시신을 이용해 만들었다. 탄생의 파사드는 마을 주민들의 도움을 받았는데 자세를 잡으면 석고를 붙였다 떼어냈다. 얼굴도 예외는 아니었다. 눈썹과 수염에는 포마드나 신선한 버터를, 머리와 얼굴에는 기름을 발랐다. 매우 가는 막대를 입과 콧구멍에 넣어 숨을 쉴 수 있게 하고, 머리카락이나 귀에 석고가 들어가지 않도록 수건 한 장을 모델 위에 덮고 석고를 붓으로 발랐다. 생생한 조각 묘사는 진짜를 본떴기에 가능했다.

❸ 중력으로 그린 아치, 다중 현수선
일명 가우디 아치라고 부른다. 쇠사슬을 아래로 늘어뜨려 중력으로 인한 안정적인 모습을 만든 다음 뒤집었다. 기울어진 기둥과 벽이 되고 서로의 하중을 효과적으로 버틸 수 있게 하는 포물선 곡선 덕분에 이상적인 내력 구조를 가질 수 있게 됐다.

❹ 아직 미완성인데 교황이 인정한 대성전
2010년 성당 천장이 완공되고 파이프 오르간을 설치하면서 미사 집전을 시작했다. 같은 해 11월 7일 교황 베네딕트 16세가 바르셀로나에 방문, 사그라다 파밀리아를 대성전으로 승격하는 축성 미사를 봉헌했다. 일반적으로 완공이 된 후 축성을 진행하는데, 사그라다 파밀리아는 특별한 경우다.

❺ 최장기간 무허가 건축물?!
1882년 공사를 시작하고 건축가가 가우디로 바뀐 뒤 1885년, 가우디는 산 마르티 시청(당시 행정 구역)에 건축 허가 신청서를 제출했다. 문제는 접수는 했지만 승인이 나지 않았던 것. 12년 뒤 바르셀로나에 흡수되면서 아무도 모른 채 136년간 무허가 건축이 진행됐다. 2015년 바르셀로나시에서 진행한 행정 점검에서 토지등기부가 확인되지 않았고 결국 136년간 무허가 건축에 대한 벌금으로 1억 2,500만 유로(원화 466억 원)를 내기로 합의했다.

사그라다 파밀리아 성당 자세히 보기

성당은 '돌에 새겨진 성경'으로 건축 자체가 종교를 상징한다. 문맹이 많았던 고대·중세 신도에게 성경 내용을 읽는 대신 보여주기 위해 성당 곳곳에 종교적 색채와 상징적 의미를 숨겨두었다. 가장 중요하다 볼 수 있는 부분은 십자가다. 평면도를 보면 예수의 죽음과 부활을 상징하는 십자가 형태다. 가로는 익랑, 세로는 신랑(身廊)이라 하고 교차하는 부분, 즉 예수 그리스도의 머리가 놓인 부분에 미사를 집전하는 제단이 있다. 제단을 두른 7개 반원 예배당(후진)은 예수의 후광이다. 익랑 가장자리는 예수의 두 손이 못 박힌 부분으로 왼손에 '**탄생의 파사드**Façana'(파사드는 '정면'을 뜻하지만, 건축적 풀이로는 출입구가 있는 외벽을 말한다), 오른손에 '**수난의 파사드**', 발이 못 박힌 부분은 '**영광의 파사드**'가 있다. 십자가 성당 가장자리를 연결해 외부를 둘러싼 사각형은 회랑이다. 보편적으로 회랑은 성전 외부에 있어 예배당과 성구실을 연결하지만, 공간이 부족하여 회랑을 성당 울타리처럼 배치했다. 원래의 기능을 해내는 동시에 외부 소음까지 차단하는 효과까지 얻었다. 바르셀로나 어디에서나 보이는 이유는 **18개의 첨탑** 덕분이다. 가운데 예수 그리스도를 상징하는 탑이 있고 주변을 복음사가 탑이 지킨다. 베들레헴의 별이 있는 성모 마리아 탑이 있고 각 파사드 앞에 4개씩, 12사도를 상징하는 종탑이 있다.

탄생·수난·영광의 파사드 모두 출입문이 있지만 완공 시 주 출입문이 될 영광의 파사드는 공사 중이다. 탄생의 파사드로 입장해 **성당 내부**를 관람하고 수난의 파사드로 퇴장한다.

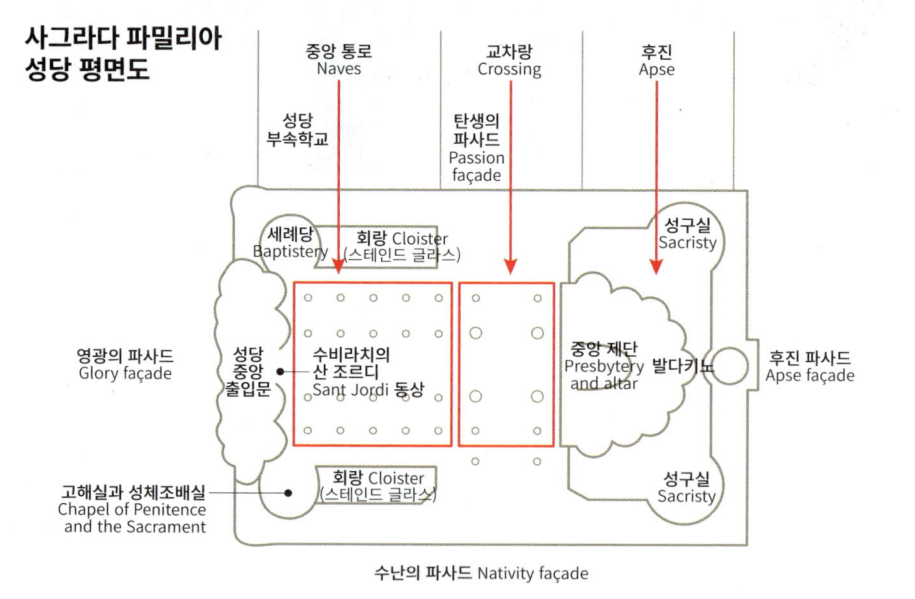

탄생의 파사드 : 예수의 탄생과 유년기

가우디가 생전에 대부분 작업한 파사드다. 건축물을 지을 때 아래에서 위로 뼈대를 세우고 면을 구성하지만, 가우디는 생전에 성당이 완성될 수 없다고 판단해 탄생의 파사드부터 먼저 지었다. 연극 공연 무대 장치처럼 벽만 세워졌지만 이는 후대 건축가가 참고할 수 있도록 한 의도적인 선택이었다. 정면은 예수의 탄생으로 희망과 기쁨을 표현했으며 믿음과 희망과 사랑을 주제로 꾸민 3개의 문이 있다. '그 가운데에서 으뜸은 사랑(코린토서 13장 13절)'이라 가운데 있는 <u>사랑의 문</u>은 예수 그리스도에게 봉헌되었다. 왼쪽은 <u>희망의 문</u>으로 성 요셉에게, 오른쪽 <u>믿음의 문</u>으로 성모 마리아에게 각각 바친다. 희망과 사랑의 문 사이 기둥은 지느러미가 있는 바다거북이(남성), 믿음과 사랑의 문 사이 기둥은 발이 있는 육지거북이(여성)를 받치고 있다.

1. 사랑의 문

❶ 에덴동산의 생명나무(창세기)

생명나무는 영생과 죽음을 의미하는 사이프러스다. 나무 위에는 타우(Tau) 십자가(그리스도)와 날개를 펼친 비둘기(성령), 십자가 중앙에 X(성부와 성자)는 삼위일체를 뜻한다. 나무(피난처)에 앉은 비둘기(구원받은 인간)와 나무 밑동에는 펠리컨(희생)이 있다. 먹이를 못 구하면 자신의 살점까지 새끼에게 내어주는 펠리컨의 모성애를 담았다. 천사들에 둘러싸인 라틴어 JHS(인류의 구세주 예수)는 성령의 핵심을 알린다.

❷ 성모의 대관식

성모 마리아가 세상을 떠나고 승천을 위한 대관식 장면이다. 성 요셉 앞에 있는 성모 마리아에게 예수가 왕관을 씌워 '천상의 모후'가 된다.

❸ 수태고지

대천사 가브리엘이 무릎 꿇은 마리아에게 나타나 성령으로 예수 그리스도를 잉태했다고 알리는 장면이다. 발아래 동방박사의 이정표가 되어준 '베들레헴의 별'이 있다.

❹ 찬양하는 천사들

중앙에는 천사들이 위를 보며 수태고지를 축하하고 성가인 대영광송을 부른다. 양쪽에는 하프와 현악기, 관악기로 연주한다. 스페인 내전으로 가우디가 만든 작품이 파괴되어 일본 조각가 소토오 에츠로Etsuro Sotoo가 복원을 도왔다. 그는 1978년 사그라다 파밀리아를 보고 바르셀로나로 와 성당에서 일했다.

❺ 동방박사의 경배

베들레헴의 별을 보고 온 세 명의 동방박사가 황금, 유약, 몰약을 들고 예수의 탄생을 경배하고 있다.

❻ 목동들의 경배

베들레헴에서 예수가 탄생했을 때 우연히 근처에 있던 목동들이 찾아와 경배를 드리는 장면이다.

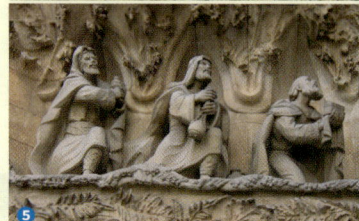

❼ 성가정

베들레헴의 마구간에서 태어난 예수와 성모 마리아, 성 요셉이다. 성가정 양옆에 황소와 나귀 얼굴이 있다. 1223년 구유를 처음 만든 프란치스코 성인은 '소는 주인을 알고 나귀는 주님의 구유를 알고 있건만 이스라엘은 전혀 아는 바가 없다'는 이사야의 예언대로 소와 나귀를 아기 예수 옆에 배치했다. 교황의 허락을 받아 공식처럼 사용되고 있다.
성가정 아래 기둥은 이새의 나무Tree of Jesse다. 이사야서 11장과 마태복음 1장에 나오는 내용에 따라 예수의 족보를 도식화한 나무다. 즉, 성경에 나오는 다윗 왕의 아버지 이새부터 나사렛 예수의 추정 가계도다.

2. 희망의 문

❶ 요셉과 마리아의 약혼식

희망의 문은 마태복음 내용을 바탕으로 만들어졌다. 사랑의 문에서 수태고지를 받고 잉태한 마리아가 요셉과 약혼하는 장면이다. 라틴어 'Salva nos (우리를 구원하소서, Save us)'가 적힌 상단 꼭대기는 몬세라트의 봉우리 카발 베르낫Cavall Bernat을 모티브로 지었다. 옛날, 나무꾼이 악마와 거래해 베르낫이라는 빠른 말을 빌려 부자가 되었는데 10년 뒤 베르낫만큼 빠른 말을 악마에게 돌려줘야 했다. 나무꾼의 아내는 성모 마리아에게 기도했고 그 자리에 악마는 사라지고 하늘을 가리키는 돌이 나타났다는 전설의 봉우리다. 그 아래 종교의 배를 끄는 성 요셉이 있다. 몬세라트 아래에도 성 요셉이 끄는 배가 있다고 한다.

❷ 영아 살해 사건

헤롯 왕이 예수가 태어난 베들레헴으로 로마 병사를 보내 두 살 이하의 사내아이를 모두 죽이게 한 사건이다. 가우디는 성경에 풍채 좋은 로마 병사를 표현하기 위해 석고 거푸집을 뜰 거구를 찾았는데 발가락이 6개였다. 6은 악마의 숫자라 주위에서 모델을 반대했는데 아기를 앞에 놓아 가리자는 타협안이 나와 그대로 진행했다.

❸ 이집트로 피신

성 요셉의 꿈에 주님의 천사가 나타나 헤롯 왕의 군사를 피해 이집트로 피신하는 장면이다. 성모 마리아가 타고 있는 나귀는 살아있는 상태에서 석고 몰딩을 땄다. 배 아래에 슬링을 달고 공중에 띄우면 움직이지 않아 쉽게 만들 수 있었다고 한다. 성가정 위에 연잎과 붓꽃 등 이집트 나일강에서 자라는 동식물로 장식했다.

❹ 요셉과 어린 예수

어린 예수가 성령인 비둘기(희망)를 들고 아버지 요셉에게 보여주는 장면이다. 양쪽에는 조부모인 성 안나Satin Anne(왼쪽)와 성 요아킴Saint Joachim(오른쪽)이 어린 예수를 다정하게 바라보고 있다.

3. 믿음의 문

❶ 아기 예수를 봉헌

믿음의 문은 루가복음 내용을 바탕으로 만들어졌다. 아기 예수가 탄생한 지 40일째 되는 날, 성모 마리아와 성 요셉은 예루살렘 성전에 데려가 예수를 봉헌했다. 꼭대기에는 구원을 뜻하는 오른손이 있고 그 아래 성모 마리아가 두 손을 모으고 믿음으로 서 있다. 주변에 성체성사의 나뭇가지는 원죄 없는 잉태를 상징한다.

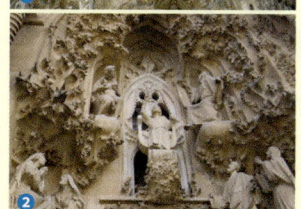

❷ 성전에서 율법을 논하다

예수가 12살 되던 해, 성전에서 율법 학자들과 토론하는 장면이다. 루가복음에는 율법 학자로 나오지만, 믿음의 문에서는 왼쪽에 제사장 스가랴, 오른쪽에는 세례자 요한으로 조각했다.

❸ 수목공실의 예수

아버지를 도와 목수 일을 하는 예수의 모습이다. 예수와 아버지 요셉은 목수 일을 하는 노동자로 노동의 고단함과 가족 부양의 짐을 상징한다. 당시 산업 혁명으로 일에 지친 자와 가족에 소임을 다하지 않는 자가 많아 이를 깨우쳐주는 성당 건축 취지와도 연결된다.

❹ 예수를 잃어버림

성모 마리아와 요셉은 파스카 축제에서 아들을 잃었다가 성전에서 토론하는 모습을 올려다보며 안도하는 모습이다. 이는 루가복음에서 무척 중요한 부분이다. 예수가 하느님의 아들임을 인식하고 사명을 깨달아 영적 여정이 시작됨을 알린다.

❺ 친척 엘리사벳을 방문한 성모 마리아

잉태한 성모 마리아가 친척 엘리사벳을 찾는 장면이다. 엘리사벳은 스가랴와 결혼한 지 꽤 되어 하느님의 계시로 세례자 요한을 잉태한 상태다. 세례자 요한은 예수보다 6개월 일찍 태어나 선구자의 길을 걸었다.

수난의 파사드

최후의 만찬부터 십자가에 못 박혀 죽기까지 3일 동안 예수 그리스도의 고통과 죽음, 희생을 주제로 만들었다. 완벽을 추구한 가우디가 설계도나 모형 대신 스케치만을 남기고 후대 건축가에게 넘겼다. 자세하게 묘사했으나 그는 도움이 되기 위해 여러 말을 덧붙였다. "수난의 파사드는 뼈로 만든 듯 거칠고 잔인해야 한다. 사람들로부터 두려움을 불러일으키려면 명암과 음양각을 많이 사용해야 한다. 아치를 부수거나 기둥을 잘라서라도 희생이 얼마나 피비린내 나는지 보여줘야 한다." 그가 예상한 대로 수난의 파사드는 사후 1954년부터 지어지기 시작해 32년 후 모더니즘 작가인 호세프 마리아 수비라치 Josep Maria Subirachs가 조각했다. '직선은 인간의 선이고 곡선은 신의 선'이라 믿은 가우디는 곡선을 사용한 데 반해 수비라치는 직선과 면, 과장된 볼륨으로 표현해 논란이 많았다. 대칭을 이루는 탄생의 파사드와 달리 하단 왼쪽부터 S자로 사건이 전개된다. 예수가 십자가를 이고 골고다 언덕까지 걸은 고난의 길 Via Dolorosa을 나타낸다.

❶ 최후의 만찬

요한복음 13장, 예수가 열두 제자와 마지막 만찬을 나누는 장면이다. 예수는 제자들과 마주 보며 입체적으로 공간을 구성했다. 마태복음 26장, 예수가 "너희 가운데 한 사람이 나를 배신할 것이다"라고 알리자 제자들이 다양한 반응을 보인다.

❷ 그리스도의 체포

가롯 유다는 예수에게 입을 맞춰 로마 병사에게 신호를 보낸다. 예루살렘에서 남자끼리 입을 맞추는 표현은 존경을 의미하니 스승과 제자 사이에 당연한 일이었다. 베드로는 칼을 뽑아 병사 중 대사제의 종, 말코스의 오른쪽 귀를 잘랐고 병사 오른쪽에 귀가 크게 묘사되어 있다. 가롯 유다 뒤에는 사탄을 상징하는 뱀이 있고 예수 왼쪽에는 마방진이 있다. 숫자판의 숫자를 가로, 세로, 대각선 어느 쪽으로 더해도 33이라는 합이 나오는데 예수의 사망 나이를 나타낸다.

❸ 기둥에 묶인 예수

부러진 기둥에 밧줄로 묶인 예수는 갖은 조롱과 채찍질을 당했다. 뒤에 새겨진 알파(A)와 오메가(Ω)는 예수가 처음과 끝임을 상징한다.

❹ 베드로의 통곡

예수의 예언대로 베드로가 닭이 두 번 울기 전에 예수를 세 번 부인하고 통곡하는 장면이다. 대사제의 하녀 뒤로 닭이 조각되어 있다.

❺ 빌라도의 고뇌

가시 면류관을 쓴 예수가 재판에 나오고 총독 빌라도는 팔을 괴고 고민한다. 예수와 아무 상관도 하지 말라고 한 아내의 말과 성난 백성들의 압박 속에 판결을 미루고 있다.

❻ 빌라도의 책임 회피

예수의 무죄를 알고 있었으나 십자가에 못 박히도록 내어준 총독은 손을 씻어 자신의 책임을 회피했다. 흉몽을 꾼 총독의 아내는 불안과 슬픔에 등을 돌리고 있다.

❼ 십자가를 짊어진 예수

골고다 언덕으로 십자가를 지고 올라가던 예수는 세 명의 마리아(성모 마리아, 클로파의 마리아, 마리아 막달라) 앞에서 쓰러진다. 로마 병사가 지나가던 키레네 사람 시몬에게 십자가를 대신 짊어지게 한다.

❽ 베로니카의 수건

예수가 두 번째 넘어지고 성녀 베로니카가 예수에게 다가가 수건으로 얼굴을 닦자, 예수의 얼굴 모습이 수건에 찍혔다는 장면이다. 그녀의 오른쪽엔 군중이, 왼쪽에는 로마 군사가 서 있다. 병사는 카사 밀라 굴뚝에서 영감을 받아 헬멧을 쓴 모습을 하고 있다. 참관자처럼 서 있는 이는 가우디를 모델로 한 전도사다. 성경을 지어 사람들에게 전하니 인물 설정이 탁월하다.

❾ 롱기누스의 창

십자가에 못 박힌 예수가 죽었는지 확인하기 위해 창으로 옆구리를 찌른 로마 병사다. 그는 예수를 찌른 후 눈이 멀었는데 창에 묻은 피로 눈을 씻었더니 다시 보였다는 성경 이야기가 있다. 롱기누스의 창은 성당 벽을 찌르고 있는데 이는 성당이 곧 예수라는 의미다.

❿ 제비 뽑는 군사들

사형을 집행하는 로마 병사가 예수의 옷을 나눠 가지기 위해 제비를 뽑는 장면이다.

⓫ 십자가에 못 박힌 예수

십자가에 못 박힌 예수가 "다 이루어졌다." 하고 숨을 거둔 장면이다. 아래에는 세 명의 마리아가 통곡하고 있고 해골은 골고다 언덕(해골 언덕)을 뜻한다. 로마 병사에게 옷을 빼앗긴 예수를 나체로 표현한 수비라치는 모든 사람이 수치심과 모욕감을 함께 느끼길 바랐을까. 바티칸 교황청은 확실히 느꼈기에 신성 모독이라 항의했다. 십자가 또한 철제 H빔을 수평으로 사용했다. 수비라치는 예수를 보는 모두가 어느 각도에서든 눈을 마주칠 수 있도록 조각했는데 너무 멀고 음각이라 잘 보이진 않는다.

⓬ 십자가에서 내려온 예수

아리마테아의 요셉이 십자가에서 내려온 예수의 상체를 잡고 몰약과 침향을 가져온 니코데모는 발을 잡고 새 무덤에 눕히는 장면이다. 니코데모는 수비라치가 자신을 모티브로 만들었다. 문 뒤로 성모 마리아가 들어오고 있다.

⓭ 죽은 이들 가운데서 다시 살아난 예수

천사가 무덤 위에 앉아 마리아 막달라와 야고보의 어머니 마리아, 살로메에게 부활을 알린다. 7.5m 높이, 영광의 십자가 아래에는 "LESUS NAZARENUS, REX LUDAEORUM (유대인의 왕 나사렛 예수)"라고 한

자씩 적혀있다. 양쪽 끝에는 유다의 사자와 이삭의 양이다.

⑭ 예수 승천

영광의 십자가 위 성령을 지나 올라가면 바르톨로메오와 토마스 탑 사이에 다리가 놓여있다. 이곳에 부활한 예수 그리스도가 승천하고 있다.

영광의 파사드

1916년 가우디가 만든 모형과 조수 베렝게르가 그린 채색 그림을 참고해 2002년 공사에 들어갔다. 모형은 스페인 내전으로 파괴되었는데 조각을 연결해 참고했다. 영광의 파사드는 예수 그리스도가 승천 후 천상에서의 영광을 주제로 한다. 아담과 하와부터 최후의 심판까지 이어지는 예수의 가르침, 더 나아가 최후의 심판을 위해 재림하는 순간까지 영광이다. 입구는 천국과 지옥으로 나뉘어 입장할 수 있는 점도 지켜볼 포인트다.

완공 후 사용될 성당 주 출입문은 성령의 7가지 선물을 상징하는 기둥 상하로 7가지 미덕과 죄악이 장식된다. 그 뒤로 놓인 8개 기둥은 그리스도가 가르친 8가지 진짜 행복을 상징한다. 16개의 거대한 원뿔형 탑이 생기는데 천지창조와 하느님 영광을 찬미하는 내용이다. 7개의 출입문은 7가지 성체성사를 말하는데 세례, 병자, 성품, 성체, 견진, 혼인, 고해가 있다. 성체를 상징하는 중앙 출입문은 내부에서 임의로 볼 수 있으며 주기도문(카탈루냐어)과 함께 "오늘 우리에게 필요한 양식을 주옵소서"라고 적힌 기도 문구가 한글을 포함한 50가지 언어로 쓰여있다.

18개의 탑

옥수수처럼 생긴 기둥은 종탑이다. 98.5~120m 높이로 파사드 3곳에 각각 4개씩, 12개로 열두 제자를 상징한다. 꼭대기에는 트렌카디스Trencadis(깨진 타일 조각을 이어 붙인 모자이크 장식으로 가우디의 대표 표현 양식) 모자이크로 주교의 묵주, 십자가, 모자, 반지로 꾸미고 제자의 이름 약자와 'Hosanna in Excelsis (하늘에 호산나)' 글귀와 별로 장식했다. 몸체에 적힌 글귀 'Sanctus, Sanctus, Sanctus'는 '성스럽다'는 뜻으로 삼위일체에게 봉헌된 말이다. 노란색은 성부, 빨간색은 성자, 주황색은 성령을 말한다. 84개 종이 울려 몸체 구멍 사이로 퍼져나간다.

나머지 6개 탑은 채광을 맡았다. 135m 높이의 탑 4개는 전도사를 상징한다. 꼭대기에 루가는 황소, 마태는 천사, 마가는 사자, 요한은 독수리 심볼을 올렸다. 85m 높이에서 가운데 있는 예수 그리스도 탑과 연결된다. 172.5m로 성당은 물론 바르셀로나에서 지어진 건축물 중 가장 높다. 꼭대기에는 사방위로 뻗은 거대 십자가가 놓인다. '세상의 빛'인 예수를 찬양하는 'Tu solus Sanctus, Tu solus Dominus, Tu solus Altissimus (당신만이 거룩하시고, 주님이시며 가장 높으신 분)' 글귀로 장식한다. 제단에서 수직으로 솟은 탑은 138m로 성모 마리아를 상징한다.

측면 본당 위 입면도 살펴보자. 가우디의 트렌카디스 모자이크로 된 바구니가 다채롭다. 12개 바구니는 생명나무에서 나오는 수확물(모과, 체리, 자두, 복숭아, 배, 사과, 아몬드, 무화과, 감, 밤, 오렌지, 석류)로 채워져있다. 그리고 포도(포도주)와 밀(빵)은 성찬례에서 예수 그리스도의 몸과 피를 상징하는 핵심 재료로 각각 성혈과 성체를 상징한다.

성당 내부

성당 내부는 영락없는 숲이다. 가우디의 의도와 같다. 엄마 뱃속 아기처럼 포근하고 자연스러운 내부, 숲 사이로 햇빛이 드는 세상에서 가장 밝은 성당이 그가 바라는 바였다. 버팀대와 플라잉 버트리스 없이도 안정감 있는 빛의 성당으로 만들기까지 그는 수없이 많은 고민에 싸였고 총 3번의 설계 끝에 지금의 모습을 구현했다.

강박에 가까울 정도로 디테일을 추구했던 가우디의 성향을 내부 설계에서도 엿볼 수 있다. 높이와 너비를 가장 이상적인 비율이라 생각한 7.5배수로 구상했다. 내부 측면 복도(측랑) 너비는 15m, 중앙 복도는 2배인 30m다. 익랑(탄생·수난 파사드 사이의 내부 복도)은 45m, 중앙 통로의 길이는 90m다. 높이도 그렇다. 측랑은 15m, 중앙 복도는 45m, 중앙 통로와 익랑 교차 지점은 60m, 제단 위(십자가 머리 부분)는 75m다. 원근법에 따라 뒤로 갈수록 작아보일 것을 고려해 점점 높아지게 설정한 값이다. 신자가 영광의 파사드 주 출입구로 들어섰을 때 내부가 한눈에 보이도록 했다.

❶ 발다키노

제단 위에 올리는 지붕 같은 구조물을 말한다. 지름 5m에 칠각형으로 된 지붕은 각 면에 성령의 7가지 선물(wisdom, understanding, counsel, fortitude, knowledge, piety, fear of the Lord)과 글귀 'Gloria in excelsis Deo (지극히 높은 곳의 하느님께 영광)'가 적혀있다. 위로는 나무로 만든 밀, 아래에는 구리로 된 포도 줄기와 잎, 유리로 만든 포도로 장식했다. 모두 성찬에 사용되는 빵(밀)과 포도주(포도)로 성체성사를 상징한다. 아래 예수 그리스도의 십자가상도 실제 사람을 본떠 만들었다. 주위를 밝히는 램프는 성령을 상징한다. 탄생 파사드 방향에 성 요셉, 수난 파사드 방향에 성모 마리아 석상을 세워 성가정을 완성했다.

❷ 후진 예배당

제단 뒤, 십자가 머리에 해당하는 장소를 후진이라 한다. 반원 공간에는 7개의 예배당이 있는데 일반적으로 제단과 제단화 등으로 꾸며지지만 사그라다 파밀리아에는 스테인드글라스만 있다. 천장에 있는 황금 장막은 창조주 하느님을 나타내며 삼각 형태는 삼위일체, 원형은 우주를 상징한다. 모자이크가 신비롭고 경이로워 하느님이 강림하는 느낌을 준다. 지하에는 후진 예배당과 같은 크기와 모양의 예배당이 있다. 성가정 성당 건축을 의뢰한 호세프 마리아 보카벨라와 안토니 가우디의 무덤이 있다.

❸ 나무 기둥

기술과 예술을 모두 잡은 가우디의 천재성을 볼 수 있다. 포물선으로 올라가는 기둥은 매듭을 짓고 다시 여러 곁가지를 뻗어 둥근 천장을 받치고 있다. 기둥 표면에 물결처럼 잡힌 주름은 가우디가 개발한 이중 꼬임 기둥으로 하중을 분산하는 혁신적인 기술이다. 천장 무게를 줄이니 많은 채광창을 설치할 수 있어 성전에 더 많은 빛을 비출 수 있다. 기둥에 비친 햇빛은 굴절되거나 반사되어 은은하게 내부를 비춘다.
기둥 주름은 탑과 천장 무게에 따라 12각에서 6각까지 나뉜다. 예수 그리스도 탑이 올라갈 교차점에는 가장 강한 붉은 화강암 반암으로 기둥을 세웠다. 다음은 검은 현무암, 회색 화강암, 황색 퇴적 사암 순이다. 강도도 중요했지만, 내부에 다양한 색상과 질감으로 숲을 풍성하게 만들었다.

❹ 스테인드글라스

가우디는 햇빛이 최고의 화가라고 했다. 그가 그린 그림은 스테인드글라스다. 탄생의 파사드에서 노란색으로 출발해 녹색과 진한 파란색으로 이어지며 각각 가난, 탄생, 삶을 상징한다. 수난의 파사드는 노란색에서 출발해 주황색과 빨간색으로 물, 부활, 빛을 나타낸다. 하단부는 색을 진하게 써서 방문객이 볼 수 있도록 하고 위로 갈수록 밝게 해 채광에 비중을 뒀다. 장미창은 성당에, 아래에는 성인에게 봉헌되는데 우리나라의 김대건 안드레아 신부A.KIM도 있다. 영광의 파사드 스테인드글라스가 정점을 찍게 되는데 1단은 아담과 하와로 시작된 인류 역사, 2단은 하느님과 인간이 맺은 3가지 약속(노아와의 약속-희망, 모세와의 약속-믿음, 예수와의 약속-영생), 3단은 최후의 심판이 담긴다. 측면이 동북부와 서남쪽에 있어 장시간 해가 들지만, 화려한 내부를 보고 싶다면 해가 천장 위로 있는 정오는 피하자. 흐린 날도 아쉽다.

❺ 성당 부속 학교

지하 전시관을 지나 성당 부속 학교가 있다. 1908년 공사 인부의 자녀들과 빈민가 아이들이 다닐 수 있도록 가우디가 자비를 들여 만들었다. 떨어진 목련 낙엽을 보고 영감을 얻은 지붕은 빗물이 고이지 않고 빠르게 흘러내릴 수 있다.

Tip | 입장권 종류 및 예약 방법

사그라다 파밀리아 성당을 밖에서 보거나 외부만 둘러본다면 바르셀로나를 오지 않은 것과 같다. 최대한 일정과 경비를 마련해 둘러보길 권한다. 입장권은 온라인 예매로만 진행되며 정해진 날짜와 시간 외에 입장할 수 없다. 공식 홈페이지 외에도 여행상품 판매 사이트에서 구매할 수 있다. 예매 후에는 메일로 QR코드가 담긴 바우처를 받는다. 예매는 기본 입장권 외에 가이드 투어나 종탑 입장과 함께 구매할 수 있다.

입장권 종류	성인	학생·30세 이하	65세 이상
사그라다 파밀리아 입장권	€26	€24	€21
사그라다 파밀리아 입장권 + 가이드 투어	€30	€28	€23
사그라다 파밀리아 입장권 + 종탑 입장권 (두 탑 중 1곳 선택)	€36	€34	€28
사그라다 파밀리아 입장권 + 가이드 투어 + 종탑 입장권 (두 탑 중 1곳 선택)	€40	€38	€32

❶ 공식 홈페이지에 접속해 개인과 단체 중 해당하는 것을 선택한다. 9명 이하인 경우, 'Individual(개인)'을 선택한다.
❷ 위의 입장권 표를 참고한 뒤 사그라다 파밀리아 입장과 함께 종탑 입장, 가이드 투어 여부를 결정하고 입장권 종류를 선택한다.
❸ 원하는 날짜와 시간, 인원을 선택한다. 해당 날짜와 시간에만 입장이 가능하므로 일정을 정한 뒤 예매하길 권하며 성수기에는 잔여 시간이 많지 않으므로 예매를 서두르자. 30세 미만 학생이나 시니어, 어린이 등 할인 대상에 해당되는지 여부도 확인해야 한다.
❹ 개인 정보(이름과 연락처, 이메일, 국가)와 결제 정보를 입력한다. 신용카드로만 결제할 수 있고 완료 후 이메일로 QR코드 입장권이 수신된다.
❺ 11세 미만은 입장이 무료다. 16세 미만 방문객은 성인과 동반해야 한다.
❻ 종탑 6세 미만은 입장할 수 없고 6~16세 어린이는 성인과 동반해야 한다.
❼ 종교 건축물에 들어가므로 단정한 옷차림이 필수다. 무릎 아래 반바지는 가능하나 헐렁한 민소매 티셔츠는 안 된다. 내부에선 모자를 벗어야 한다.
❽ 개인 소지품 검사가 있다. 음료·음식은 반입이 금지되며 나이프, 술, 깨진 병, 깃발 등도 소지할 수 없다.
❾ 종탑 예약 시 수난의 파사드와 탄생의 파사드 중 선택할 수 있다. 가우디가 생전에 만든 탄생의 파사드가 경치도 좋아 인기가 더 많다. 엘리베이터를 타고 올라가 계단으로 내려오는 구조다. 계단이 협소해 올라가기 전 제공되는 사물함에 배낭이나 가방을 넣어야 한다. 강풍이나 폭우로 인해 입장이 금지될 경우, 종탑 금액만 자동 환불 된다.
❿ 오디오 가이드(한국어)는 사그라다 파밀리아 앱으로 들을 수 있다. 방문 전 휴대전화 배터리를 충분히 충전하고 이어폰을 챙기자.

※ **예약을 못 했다면 미사 시간을 노려보자.**
예약 자리가 없다면 토요일과 일요일 미사 시간에 참여해보자. 선착순이므로 대기가 길어도 미사 시간보다 2시간 이상 전에 대기해야 한다. 미사 중에는 사진을 찍을 수 없다. 홈페이지에서 미사 시간을 확인하자.
홈피 sagradafamilia.org/en/agenda-de-actividades

카사 바트요 Casa Batlló

★★★

GPS 41.391722, 2.164887

주소 Passeig de Gràcia, 43
위치 메트로 L2·L3·L4 Passeig de Gràcia
운영 09:00~22:30
요금 성인 €25 (12세 이하 무료)
홈피 casabatllo.es/ko
(입장 티켓 예매 가능)

산업 혁명으로 활기를 더하던 1903년, 섬유 사업가 호세프 바트요Josep Batlló는 그라시아 대로에 있는 저택을 구매했다. 건축 학교 교수이자 모더니즘의 선구자인 에밀리 살라Emili Sala가 만들었지만, 바트요는 옆집인 카사 아마트예르가 주목받는 게 신경 쓰였다. 에밀리 살라의 제자이자 당시 건축가로 왕성히 활동 중이던 가우디에게 재건축을 요청했으나 가우디는 개·보수하자며 설득했다. 건물 층을 올려 지붕을 새로 올리고 외관과 내부를 개조하기로 정한 뒤 이듬해 공사가 시작됐다. 총 33m로 지하 1층, 지상 7층, 옥상 테라스로 이루어진 건물이다.

지하에는 석탄 저장고와 와인 저장고가 있었고 1층은 상점과 수위실, 차고로 이용되었다. 출입문은 주인집만 사용할 수 있는 계단과 세입자가 쓸 수 있는 엘리베이터, 계단으로 나뉜다. 주인집은 2층, 3~6층은 층마다 2세대에게 임대했는데 당시에는 흔한 일이었다. 단, 사그라다 파밀리아 때와 마찬가지로 행정에 신경 쓰지 못한 가우디가 허가 전에 공사를 시작해 임대 사업은 완공 6년 후에나 가능했다. 7층 다락 공간은 세탁실과 건조실 같은 가사 공용 공간이자 하인들을 위한 공간이다. 나선형 계단을 오르면 옥상 테라스가 나온다.

1993년까지 바트요 가문이 소유하다가 스페인 막대 사탕 제조 기업, 츄파춥스 창업주인 베르낫Bernat 가문이 인수해 대중에게 개방했다. '자연물 중에 색깔이 없는 것은 없다. 그렇기에 건축물의 모든 요소도 색깔을 지녀야 한다.' 가우디 손에서 완성된 자연을 만나보자.

Tip | 여름엔 시원, 겨울엔 따뜻한 벤치

그라시아 거리에 가우디의 트렌카디스 기법으로 만들어진 벤치다. 타일로 되어 있어 여름에는 시원하고, 겨울엔 의자 아래 화덕이 있어 땔감을 떼서 따뜻하게 앉을 수 있었다.

가로등

more & more 불화의 구역 Manzana

그리스 신화에는 '불화의 사과' 이야기가 있다. 불화의 여신 에리스는 자신만 초대받지 못한 결혼식에 화가 나 '가장 아름다운 자에게'라는 문구가 새겨진 황금 사과Manzana를 던졌다. 세 여신이 다투었고, 트로이의 왕자 파리스가 '가장 아름다운 여성' 헬레나와의 결혼을 약속한 아프로디테를 선택하면서 트로이 전쟁이 시작되었다.

'Manzana'는 스페인어로 사과 외에 구역이란 뜻도 있다. 20세기 초, 도시 개발이 한창이던 엑삼플레에서 신흥 부자들은 저마다 개성 넘치는 건축물을 세우며 서로 경쟁했다. 카사 바트요, 카사 아마트예르, 카사 레오 모레라 세 건물은 최고의 모더니즘 건축물이라는 타이틀을 두고 서로 겨루었고, 이 구역은 '불화의 구역'이라 불리게 되었다.

❶ **카사 아마트예르** Casa Amatller

불화의 구역에 있는 세 건물 중 가장 먼저 지어졌다. 스페인 최초로 초콜릿 제조업체를 운영한 안토니 아마트예르Antoni Amatller의 집으로 호세프 푸츠Josep puig가 설계했다. 계단식 옥상 파사드는 네덜란드 주택에서 영감을 받았다. 가문을 상징하는 아몬드 나뭇가지와 가문 이니셜, 초콜릿 제조 과정을 담은 부조 등 상징성에 중점을 두었다. 1층 카페에서 핫초콜릿을 마실 수 있고 판매하는 전통 초콜릿은 선물용으로 인기다.

❷ **카사 레오 모레라** Casa Lleó Morera

카사 바트요와 카사 아마트예르 블록 모서리에 있다. 집안 대대로 무역 부호였던 프란세스카 모레라Francesca Morera가 당시 건축계 일인자이자 45년간 건축학 교수를 지낸 루이스 도메네크 이 몬타네르Lluís Domènech i Montaner에게 리모델링을 의뢰했다. 완공 전에 세상을 떠난 어머니 대신 아들이 이어 지었다. 그가 지은 산 파우 병원과 카탈루냐 음악당에서 볼 수 있듯 모더니즘과 아르누보 스타일로 실질적이고 아름다운 건축물을 만들었다. 1906년 바르셀로나 시의회로부터 올해의 최고 예술건물상을 수상했다.

카사 바르요 자세히 보기

2층 바르요의 집, 플란타 노블레

주거 공간 중에 유일하게 리모델링한 공간이다. 응접실과 거실, 집무실은 외관에 가까이 두고 침실과 욕실, 식당처럼 개인적인 공간은 건물 안쪽으로 배치했다. 손님이 대기하는 응접실에는 버섯 모양 벽난로가 있다. 온기를 가두는 형식에 마주 보는 의자라 자연스레 이야기를 하도록 유도해 기다리는 시간을 지루하지 않게 했다. 천장과 벽면의 경계가 없는 실내는 용의 비늘 무늬가 분홍색과 하늘색, 금색 등으로 장식되어 있는데 특히 집무실은 핑크빛이 도는 금색을 사용해 고급스럽다. 소용돌이 중심에 샹들리에를 설치하고 물 떨어지는 모양의 천장 장식, 헤엄치는 거북이 모양 창문, 물고기 아가미에서 착안한 환풍구까지 자연 모티브가 이어진다. 손잡이도 유심히 보자. 가우디는 주택 의뢰를 받으면 점토를 가져가 손에 쥐었다 달라고 했다. 손 모양대로 만든 문손잡이로 쉽게 문을 여닫을 수 있도록 한 배려다.

안뜰 정원에서 건축물 후면을 보면 동일 건물이 맞는지 의심할 정도로 단조롭다. 대부분 리모델링을 하지 않아 원형을 유지하고 있으며 철제 발코니와 난방, 온수, 전기 시설만 설치했다.

카사 바르요는 특징에 따라 다른 별명을 가지고 있다. 크게 세 가지 주제로 알아보자.

알람브라 궁전에 있는 '사자의 중정'에서 영감을 받았다.

안뜰정원

▶▶ 용의 집

카사 바트요는 카탈루냐 수호성인, 성 조르디Sant Jordi를 배경으로 지었다. 옛날, 왕국에 사는 사악한 용을 달래기 위해 제비뽑기로 한 사람을 골라 제물로 바쳐왔다. 어느 날 공주가 제물로 정해지고 잡아먹히려는 순간, 용감한 기사가 나타나 커다란 창으로 용의 심장을 찌르고 공주를 구했다. 용의 피가 바닥에 흐르자 그곳에 붉은 장미꽃이 피어났고 기사는 그 꽃을 꺾어 공주에게 바쳤다.

이야기는 ❶옥상에서 구현된다. 구운 도자기로 만든 기와는 용의 비늘을, 가장자리에 울퉁불퉁한 도자기 장식은 용의 등뼈를 떠올리게 한다. 오른쪽에 뚫린 구멍은 용의 눈이다. 하얀 기둥에 입체 십자가는 용의 심장에 꽂힌 성 조르디의 창이고 주위 붉은 타일은 용의 피를 연상케 한다. ❷다락과 연결된 최상단 발코니는 장미 봉우리로 용의 피가 떨어져 핀 장미꽃을 상징한다. 유료 포토존으로 테라스에서 추억을 남길 수 있다. 복도에 있는 사슬형 아치 13개는 용의 갈비뼈 안에 있는 듯한데 구조적으로 건축물의 하중을 분산하는 효과도 있다. ❸1층 바트요 가문 전용 계단은 용의 척추를 상상하게 한다.

매년 4월 23일은 성인의 축일인 '성 조르디의 날'이자 유네스코가 지정한 '세계 책의 날'이다. 카탈루냐의 밸런타인데이라고 불리는 이날은 연인과 가족, 친구 등 사랑하는 사람에게 장미꽃과 책을 선물하는 문화가 있다. 특히 ❹성 조르디 전설을 온몸에 품고 있는 카사 바트요는 약 3일 동안 테라스를 장미꽃으로 장식한다.

성 조르디의 창

▶▶ 뼈의 집

심미적인 장식을 추구해도 모자랄 판에 외관의 적나라한 뼈 장식은 관람객을 적잖이 놀라게 한다. ❺4~6층에 있는 7개 발코니는 조개 형태의 판석을 깔고 해골처럼 생긴 난간을 달았다. 2층 창틀은 골반으로 둘러싸였고 창 사이에 팔다리로 보이는 뼈 모양 기둥을 세웠다. 3층 가장자리 창틀도 같은 형태다. 이는 용에게 희생당한 사람들을 상징한다. 성 조르디 전설에 관련된 모티브지만, 구조적인 기능도 있다. 1층에서 3층까지 사용된 건축 자재는 몬주익 사암이다. 근접성, 강도, 풍화 저항성 측면을 고루 살펴 선택한 이 돌은 규산질 사암으로 카탈루냐 다른 지역에서 발견된 사암보다 훨씬 내구성이 뛰어나다. 게다가 색채도 다양하다. 카사 바트요에는 베이지색을 썼지만, 흰색과 회색 심지어 붉은색과 푸른색도 있다.

유난히 큰 2층 창문은 커다랗게 벌린 '입을 닮아 '하품의 집'이라고도 한다.

▶▶ 바다의 집

❻**파사드 상단**은 사암으로 만든 구간과 달리 천연색으로 멋스럽다. 붉고 노란색, 푸른색과 녹색 타일을 깨서 트렌카디스 기법으로 장식했다. 마치 태양이 반짝이는 바닷빛처럼 보인다. ❼**2층 창 상단**에 고생물 암모나이트를 본뜬 스테인드글라스가 파도의 포말처럼 보인다. 이어진 330개 원형 도자기 조각 또한 빠글거리는 공기 방울 같다. 이곳은 가우디가 몬세라트산만큼 영감을 많이 받았다는 지중해를 그대로 옮겨왔다. 외관에서 시작된 바다는 저택 곳곳에서 나타난다.

바닥 면적의 1/3로 확장한 ❽**중정**(파티오Patio)은 1층부터 옥상까지 이어진 거대한 채광창이다. 최상층부터 짙은 청색, 청색, 하늘색, 옅은 청색, 흰색 다섯 개의 명도 순서대로 타일을 배치해 작업했다. 일조량이 많은 고층은 짙은 명도로 빛을 흡수하고 저층은 빛을 반사해 밝히고자 했다. 타일을 대각선으로 배열해 공간이 더 넓어 보이는 점도 디테일 장인 가우디가 의도했다. 중정 난간은 ❾**어리어리한 간유리**를 세웠는데 푸른 타일이 반사되어 바닷속을 걷는 듯한 착각이 든다. 천장에서 내려온 햇빛을 퍼트리는 역할도 한다. 창의 크기는 아래로 내려갈수록 크게 만들어 햇빛을 많이 받아들이도록 했다. 중정과 연결된 창과 문, 벽을 잘 살펴보자. ❿**개폐되는 환기구**가 있어 여름에는 통풍이 잘되고 겨울에는 열을 가둔다.

Tip | 입장권 종류 및 예약 방법

	블루 BLUE	실버 SILVER	골드 GOLD	플래티넘 PLATINUM
요금	€25	€30	€35	€45
혜택	• 오디오 가이드 • 가우디 큐브(360°)	• 오디오 가이드 • 가우디 큐브(360°) • 용의 탑(옥상)	• 오디오 가이드 • 가우디 큐브(360°) • 용의 탑(옥상) • 증강현실 태블릿 • 가우디 돔(몰입형 전시) • 오리지널 컨시어지 룸 • 바트요 가문 프라이빗 룸	• 오디오 가이드 • 가우디 큐브(360°) • 용의 탑(옥상) • 증강현실 태블릿 • 가우디 돔(몰입형 전시) • 오리지널 컨시어지 룸 • 바트요 가문 프라이빗 룸 • 우선 입장권 • 날짜 변경 가능 • 무료 취소

1. 메일로 받은 입장권은 QR코드로 보여주거나 출력해서 입장할 수 있다.
2. 13~17세는 6유로 할인되고, 65세 이상은 3유로 할인된다. 15세까지는 성인을 동반해야 입장이 가능하다.
3. 12세 이하 어린이는 무료이며 여권을 지참해야 하고 입장권을 예매해야 입장할 수 있다.
4. 아침 방문 티켓을 판매한다. 8시 30분/8시 45분 입장해 일반 입장 시간인 9시까지 적은 인원의 방문객들과 둘러볼 수 있다.
5. 오디오 가이드와 홈페이지에는 한국어 서비스가 있다.
6. 햇빛이 잘 드는 오전 시간에 방문을 권한다.

카사 밀라 Casa Milá (라 페드레라 La Pedrera)

★★★　GPS 41.395312, 2.161934

정치인 페레 밀라Pere Mila와 부유한 미망인 로지어 세지몬Roser Segimon이 1905년 결혼해 그라시아 대로에 신혼집을 구했다. 밀라는 500m 아래에 공사 중이던 카사 바트요에 마음을 뺏겼고, 가우디를 소개받아 의뢰했다. 건축비가 많이 들기로 유명했지만, 든든한 아내의 재정 덕에 문제가 없었다. 결혼 후 이듬해 공사를 시작했고 언론은 혁신적인 건축물의 탄생에 기대를 모았다. 외벽 기둥 하나가 인도를 침범하고 옥상은 고도 제한을 넘기는 등의 문제로 시청과 마찰이 잦으면서 공사는 지지부진했다. 다행히 시의회는 기념물임을 고려해 문제 삼지 않았고 공사는 강행됐다. 카사 밀라는 7층 건물 2채를 붙인 대규모 건물로 2개 중정을 8자 형태로 둬서 채광과 통풍을 원활하게 했다. 2층은 밀라 부부가 살고, 3~6층은 각 층에 아파트를 4채씩 임대하고 7층에 다락과 옥상을 둬서 호화로운 중산층 주거 단지로 태어났다. 그러나 사람들의 생각은 달랐다. 돌덩어리에 구멍이 난 '말벌집'이라 조롱했고 일간지에선 비행기 격납고냐 풍자했다.

건축 과정부터 삐걱댔던 건축가와 건축주는 골이 더 깊어졌다. 1926년 가우디가 사망하자 세지몬은 집안을 루이 16세 양식으로 바꿨고 밀라가 세상을 떠난 6년간 임대를 유지하다가 1946년 2층을 제외한 아파트먼트를 팔았다. 방은 세분됐고 원래 설계와 달라졌다. 내력벽 구조가 아니라 가능했다. 카사 밀라는 16년간 몸살을 앓다가 바르셀로나 예술 유산과 1984년 유네스코 문화유산으로 지정되면서 복원 공사가 이루어졌다. 가우디가 설계한 마지막 저택이라는 상징성이 있으나 현재 입주민이 거주하고 있어 일부 방과 다락, 옥상만 공개하고 있다.

주소 asseig de Gràcia, 92
위치 메트로 L3·L5 Diagonal
운영 **일반** 3월~10월 09:00~20:30, 11월~2월 09:00~18:30
　　　야간 3월~10월 20:40~22:20, 11월~2월 19:00~23:00
　　　휴무 12월 25일
요금 **일반** 성인 €25, 12~17세 €2.5 (12세 미만 무료)
　　　야간 성인 €39, 12~17세 €19 (12세 미만 무료)
홈피 lapedrera.com (티켓 예매 추천)

카사 밀라 자세히 보기

밀라 부인에겐 미움받던 천덕꾸러기 건축물이었지만, 현대에 와서는 가우디 특유의 창의성과 자연주의, 기능성이 집약된 20세기 진보적 현대 건축물이라며 사랑받고 있다. 1984년 유네스코 세계 문화유산으로 지정될 정도로 건축적 가치가 있는 카사 밀라, 알고 보면 더 잘 보인다.

❶ 외벽

카사 밀라를 건축 혁신으로 보는 이유는 하중을 견디는 내력벽 대신 철골 구조를 사용했기 때문이다. 이는 주로 현대 건축에 사용하는 방식으로 철제로 기둥과 보를 대고 석재로 외벽을 세운다. 건물 무게를 외벽 스스로 지탱하니 창문을 크게 낼 수 있고 평면도 자유롭게 구상할 수 있다. 가우디는 철제 빔을 곡선으로 만들고 각 층 구조물과 연결해 골격을 만든 뒤 틀에 맞게 조각하여 깎은 석회암을 퍼즐처럼 끼웠다. 단조로울 수 있는 외벽은 구불거리는 파도나 물결 모양으로 설계해 명암을 만들고 햇빛에 따라 역동적으로 보인다. 꼬임이 있는 연철 발코니는 모두 다른 디자인으로 파도에 휩쓸린 해조류 같다.

건물은 교차로에 있어 2면이 도로와 접해 있는데 모서리를 완만한 곡선으로 처리해 외벽을 3면으로 만들었다. 덕분에 큰 덩치에도 불구하고 해가 뜨고 질 때까지 일조량을 확보할 수 있다. 가우디의 진화된 기술을 뒤로하고 카사 밀라는 채석장이란 뜻의 라 페드레라 La Pedrera라 불렸다. 울퉁불퉁한 외벽이 채석장을 연상케 했기 때문이다.

❷ 현관

현관문은 자동차(중앙 1곳)와 사람(양쪽 2곳)이 모두 드나들 수 있도록 만들었다. 거북이 등껍질을 형상화한 철제 골격 사이에 유리를 넣었는데, 깨지지 않도록 아래는 철제 무늬 간격을 좁게, 위로 갈수록 크게 디자인했다. 현관을 지난 자동차는 유럽 최초로 지어진 지하 주차장으로 내려가는데 요즘 건물의 지하 주차장과 비교해도 손색이 없다. 현관 홀에는 오비디우스의 〈변신 이야기〉에 나오는 계절의 신 베르툼누스와 정원의 여신 포모나의 사랑을 모티브로 한 트롱프뢰유 벽화가 남아있다.

❸ 옥상

현관 관람을 마치면 엘리베이터를 타고 옥상으로 올라가자. 6만여 개 봉우리를 가진 바위산, 몬세라트에서 영감을 받았고 도심으로 옮기고 싶은 마음에서 시작되었다. 소라처럼 나선으로 비틀거나 석고를 바른 계단 출구 6개와 28개의 굴뚝과 환기탑이 있다. 로마 군사 투구에서 착안한 굴뚝 무리를 본 스페인 시인은 '전사의 정원'이라고도 불렀다. 영화 〈스타워즈〉의 조지 루카스 George Lucas 감독은 이 모습에서 착안해 등장인물 다스베이더와 스톰트루퍼 헬멧을 탄생시켰다.

❹ 다락

차양과 단열을 위해 모자와 우산을 쓰는 것처럼 건물에도 이중 지붕을 두어 열 유입과 손실을 막는 거대한 단열층을 만들었다. 더불어 건물 하중을 늘리지 않으려 가우디 아치 270개를 이용했다. 아치의 크기가 불규칙해 지붕은 높낮이가 다른 구릉처럼 되어있으며 이를 계단으로 연결했다. 당시 공동 세탁실과 건조실로 사용되던 다락은 카사 밀라와 가우디의 설계 연구를 위한 박물관으로 사용되고 있다. 가우디 건축물 구조를 알 수 있는 모형물과 영감을 받은 자연 소재를 전시하고 있다. 밀라 부인이 처분해 볼 수 없는 그의 디자인 가구도 복제품으로 만나볼 수 있다.

❺ 아파트 내부

가우디는 건물의 설계뿐 아니라 내부 구조와 장식,

인체 공학적인 가구 같은 세부적인 부분까지 직접 신경 썼다. 아이 방과 하인 방을 가까이 두거나 집무실과 거실, 식당을 연결해 동선과 시간을 아꼈다. 내부 천장은 회반죽을 발라 일렁이는 잔물결을 표현했다. 거실 천장에 십자가(신앙), 깃발(애국), 심장(사랑)을 상징하는 무늬도 있다. 바다 달팽이와 해초 무늬의 도자기 타일로 내부와 바닥을 장식했다. 자연광을 최대한 활용하기 위해 창을 크게 만들고 도르래를 이용한 환풍 시설도 갖췄다.

❻ 카페

내부 입장이 어렵다면 카페 겸 레스토랑인 라 페드레라 Café de La Pedrera에 가보자. 아파트 내부를 장식한 천장이 그대로 남아있다. 밀라 가족이 살았던 2층은 현재 전시관 용도로 사용 중인데 무료 전시회가 열릴 때는 라 페드레라 입장과 별개로 전시관과 1층 내부 일부를 둘러볼 수 있다.

more & more 건축가 가우디 vs. 건축주 세지몬

가우디 & 세지몬

❶ 세지몬은 남편인 밀라와 달리 가우디가 탐탁지 않았다. 건축 비용이 비싸도 너무 비싼데다 면적률이 낮은 곡선 디자인도 눈엣가시였다. 가우디 또한 사소한 부분까지 제재하는 건축주가 마음에 들지 않았다. 어느 날, 세지몬은 평평한 벽이 없는 방에 피아노 둘 곳도 없다고 불평하니 가우디는 이렇게 말했다. "부인, 그러면 바이올린을 연주하세요."

❷ 사그라다 파밀리아 성당과 카사 밀라 건축을 함께 진행하던 가우디는 저택에도 신앙적 상징으로 성모상을 설치하려 했다. 당시 종교 건축물에 방화나 훼손이 심하던 사회 풍조로 건축주는 이를 거절했고 신실했던 가우디는 공사에서 손을 뗐다. 6층과 다락 경계에 성모 마리아의 머리글자 m과 장미(묵주), Ave, Gratia, Plena, Dominus, tecum 등의 단어(성모 마리아, 기뻐하여라. 주님께서 너와 함께 계신다)를 볼 수 있다.

❸ 바르셀로나 시의회에서 건축 조례를 어긴 내용으로 건축주에게 10만 페세타(당시 화폐)의 벌금이 부과되었다. 밀라 부부는 벌금에 대해 가우디와 소송을 벌였고 승소한 가우디는 보상금 전액을 수녀원에 기부했으며 결국 둘의 관계는 무너졌다.

산 파우 병원 Recinte Modernista de Sant Pau

★★★

GPS 41.411916, 2.174232

1401년 지은 산 크레우 병원이 대규모 확장과 현대화에 맞춰 새 병원이 필요했다. 카탈루냐의 부유한 은행가 파우 길Pau Gil이 막대한 재산 중 일부를 기부했고 당시 모더니즘 건축 거장인 루이스 도메네크Lluís Domènech가 산 파우 병원을 설계했다. 의학 분야별 48개 병동을 짓고 싶었으나 건축가가 12개 병동을 짓다 사망했고 아들이 이어 15개 병동을 마저 지었다. 2009년까지 병원으로 운영하다가 새 병동을 지어 옮겼고 8동을 복원 공사 후 4동을 일반인에게 공개했다. 일부 파빌리온은 유엔 대학이나 세계 보건 기구와 같은 국제기관에서 사용하고 있다.

'예술은 환자를 치유하는 힘이 있다'고 믿은 루이스 도메네크는 세상에서 가장 아름다운 병원을 만들었다. 카탈루냐 음악당에 사용한 총천연색 타일 대신 명도가 높은 분홍색이나 파스텔 계열을 선택했다. 큰 창문을 많이 만들어 일조량을 높였고 우울감이 생기지 않도록 신경 썼다. 27개 병동은 모두 선두에 있는 행정동을 향해 지어졌다. 대로 끝에 있는 사그라다 파밀리아 성당을 보며 기도하고 희망을 가질 수 있도록 한 건축가의 배려다. 마치 공원을 산책하듯 환자들은 병원 주변을 걷는다. 오렌지 나무와 라벤더처럼 은은한 향이 나는 식물을 길러 환자의 심신 안정을 돕고자 했다.

주소 C/ Sant Antoni Maria Claret, 167
위치 메트로 L5 Sant Pau
운영 4~10월 09:30~18:30, 11~3월 09:30~17:00 **휴무** 12월 25일
요금 성인 €17, 12~24세·65세 이상 €11.9 (매월 첫째 주 일요일에 65세 이상, 4월 23일, 9월 24일, 12세 미만 무료)
홈피 santpaubarcelona.org (티켓 예매 추천)

산 파우 병원 자세히 보기

산 파우 병원은 카탈루냐 모더니즘과 네오고딕 양식이 조화를 이루는 복합 건축물이다. 요즘은 병원이 한 건물로 되어있는 경우가 많지만 산 파우 병원은 정원 도시처럼 개별 건물이 각각 있는 데다 지하로 연결된 통로도 있어 이러한 건물 특징을 알고 봐야 놓치지 않고 모두 둘러볼 수 있다.

❶ 행정동 Vestibule of the Administration Pavilion

분홍빛 타일로 장식된 9개 아치와 카탈루냐 문장, 완공 해인 1910 등으로 꾸며져 있다. 다른 병동보다 화려한 장식이 많으며 1층 복도와 루이스 도메네크 이 몬타네르 룸, 무네하르 천장 장식으로 꾸민 프란세스크 캄보의 방 Sala Francesc Cambó은 놓치지 말자. 2층 창문으로 사그라다 파밀리아 성당과 산 파우 병원 전체를 조망할 수 있다. 행정동 지하 공간 Hypostyle hall은 하중을 받치는 기둥이 늘어서 있다. 필요한 경우 단지 안팎으로 마차가 드나들 수 있도록 했으며 1990년대에는 응급실로 사용했다.

❷ 성 살바도르 파빌리온
Sant Salvador Pavilion

행정동과 연결되는 병동으로 병원 역사와 건축가 루이스 도메네크, 병원 내부 장식에 관한 전시가 진행 중이다.

❸ 지하 터널

행정동 앞부터 8개 병동 끝부분까지 1km가 넘는 지하 터널이다. 다른 병동과 연결되어 있어 환자와 병원 직원의 이동을 편리하게 하고 의약물과 식사, 세탁, 가스와 전기 등을 공급하는 데에 사용되었다.

❹ 성 라파엘 파빌리온 Sant Rafael Pavilion

대형 라디에이터와 침대 10개가 복원 전시되어 있다. 벽면 타일은 원본으로 보존되어 있으며 병동을 후원한 라파엘 라벨Rafael Rabell의 R 타일로 장식했다. 화려한 패턴의 타일과 디자인, 오랜 시간 역사적 가치를 품은 건축물로 영화 배경에 자주 등장했다. 특히 〈인테르 글로리아〉처럼 1930년대 전쟁 시기를 배경으로 한다. 1918년 지어진 병동은 총 44개 침대를 둔 중증 외상 센터였다. 스페인 내전 때 정형외과 병동으로 사용되었으며 1940년대에는 내과·내분비과 병동으로, 1970년대에는 임상 혈액학 병동으로 활용했다.

❺ 퓨리지마 파빌리온
the Puríssima Pavilion

부인과 진료와 수술을 위한 공간으로 성모 마리아의 보호를 받는다. 이후 혈관 수술이나 이비인후과 관련 부서 등으로 바뀌었다. 내부는 아직 복원 중이다.

❻ 수술 병동 Operation House

8개 병동 중앙에 자리한 수술 병동은 일반인에게 공개되지 않는다. 앞뜰에 십자가상이 있고 정면 상부에 저명한 의사들 이름이 적혀있다. 창이 유난히 큰데 이는 수술에 필요한 조도를 얻기 위해서다.

카사 비센스 Casa Vicens ★★★

GPS 41.403554, 2.150752

1878년, 주식 중개인이자 타일 공장 소유주인 마누엘 비센스Manuel Vicens가 가우디에게 의뢰한 여름 별장이다. 당시 바르셀로나는 산업화로 매연과 소음이 가득했고 사업주들은 아직 도시화되지 않은 그라시아로 건너와 여름을 보내곤 했다. 신인 건축가인 가우디는 2년 동안 설계를 완성했고 1883년에 와서야 공사를 시작했다. 초기 작품인 카사 비센스는 우리가 알고 있는 건축물과 확연히 다른 모습으로 무데하르 양식과 모더니즘을 추구했다. 가장 다른 부분은 직선과 직각으로 이뤄진 외관이다. 1층과 2층은 수평축을 두고 3층과 테라스는 수직축을 이용해 역동성을 부여했다. 특히 상부는 단색 타일로 바둑판과 줄무늬를 넣어 오리엔탈리즘을 더욱 강조했다. 또한 단조로움을 개선하기 위해 대담한 다색 배합 타일을 선택했다. 자연에서 영감을 얻는 가우디는 건축 부지를 보러 왔을 때 노란 만수국과 우거진 종려나무를 보고 건물에 남겨두기로 결심했다. 만수국은 노란 꽃 그림이 그려진 타일을 사용하고 키가 큰 종려나무는 주철 대문과 담에 잎 모양을 반복하며 장식했다. 방문과 창문 격자무늬도 종려나무를 모티브로 삼았다.

저택에서 가장 신경 쓴 부분은 정원 방향의 1층 베란다다. 벽돌과 타일로 쌓은 분수 위에 거미줄 형태의 원형 철제 그릴이 있다. 물이 흐르게 하면 여름 무더위를 식힐 수 있었고 석양이 지면 무지개가 생겼다. 분수 뒤로 배치된 베란다는 나무 격자창을 들면 정원에 포함된다. 흡연실은 이슬람 양식으로 만든 천장과 화려한 패턴의 벽 장식으로 무데하르 양식을 명확히 보여준다.

완공 후 7년 동안 이곳에 머물렀던 비센스는 1895년 세상을 떠나고 이후 미망인이 별장을 팔면서 증·개축이 이뤄졌고 얼마 되지 않아 소유주가 바뀌면서 초기 설계와 모습이 달라졌다. 2014년 안도라의 모라 은행MoraBanc이 저택을 구매하면서 복원에 힘썼고 대중에게 공개되었다.

주소 C/ Carolines, 20-26
위치 메트로 L3 Fontana
운영 4~10월 09:30~20:00, 11~3월 09:30~18:00
휴무 12월 25일
요금 성인 €22, 12~25세·65세 이상 €20, 가이드 투어 성인 €26, 12~25세·65세 이상 €24
홈피 casavicens.org

종려나무 잎 주철 장식

독특한 위치에 있는 수직축 테라스

만수국 노란 타일

GPS 41.404959, 2.172970

세르코텔 로셀론 테라스 바 Terrassa Sercotel Rossellón Bar

사그라다 파밀리아 성당을 전망하는 테라스 바다. 세르코텔 호텔 8층에 위치해 성당을 평행한 시선에서 볼 수 있다. 인기가 많은 데 비해 한적하게 즐길 수 있다. 단, 예약이 필수다.

예약은 방문 14일 전, 자정(바르셀로나 기준)부터 가능하다. 비수기에는 남은 표가 있지만, 그 외에는 5~20분 내 빠르게 매진되니 일정이 정해지면 예약을 서두르자. 13시 30분부터 15시까지, 16시부터 21시까지 30분 간격으로 예약할 수 있다. 일몰 시간대는 비수기에도 금방 매진된다. 예약한 시간으로부터 90분 동안 머물 수 있으며 예약 시간보다 15분 이상 늦으면 예약이 취소된다.

영문 이름과 이메일, 국가 번호(+82), 전화번호를 입력하고 입장료를 결제한다. 입장 48시간 전에 취소하면 입장료를 돌려받을 수 있다. 입장료 외에 음료 또는 음식 주문이 필수다. 음식은 간단한 메뉴가 준비되어 있지만 맛이 좋은 편이 아니어서 미리 먹고 입장하자. 음료는 뜨거운 음료보다 차가운 음료를 시키면 글라스 잔에 담아줘 예쁜 사진을 찍을 수 있다. 커피는 종이컵에 담겨 나온다.

호텔 로비에 도착하면 전용 데스크에서 예약을 확인하고 전용 엘리베이터를 타고 올라간다. 좌석은 정해져 있지 않아 빈자리에 앉으면 된다. 1번 좌석이 가장 좋지만, 테라스 전체를 비워두었기 때문에 어느 자리에 앉아도 성당이 잘 보인다.

주소 Carrer del Rosselló, 390
운영 10:00~12:30, 13:00~22:30
요금 입장료 €7
홈피 sercotelhoteles.com/en/terrace-sercotel-rosellon

GPS 41.405260, 2.173370

라 페드레타 La pedreta

사그라다 파밀리아 성당 인근에서 찾을 수 있는 10유로대 가성비 식당이다. 사그라다 파밀리아 성당을 포함해 엑삼플레와 그라시아 지구는 볼거리가 많아 체력 소모가 심한 편인데 이곳은 메뉴가 다양하며 음식 양도 많아 든든하게 배를 채울 수 있다. 애피타이저와 메인, 디저트, 음료가 포함된 메뉴 델 디아가 유명하며, 타파스도 따로 주문할 수 있다. 방문객이 많아 대기가 있는 편이고, 식사 서브도 다소 느린 편이다.

주소 Carrer de la Marina, 271
운영 월~수 08:30~17:00, 목~금 08:30~23:00, 토 12:00~23:00 휴무 일요일
요금 €10~20   **홈피** lapedreta.es

GPS 41.392429, 2.160883

세르베세리아 카탈라나
Cervecería Catalana

적당한 가격과 맛으로 현지인과 관광객 모두에게 사랑받는 타파스 바다. 메뉴 대부분이 실패 없다고 할 정도. 일단, 식전 빵인 판 콘 토마테Pan con Tomate로 시작해 취향에 맞는 타파스를 주문하자. 꿀대구 요리와 해산물 튀김도 맛이 좋다. 특히 바삭한 빵 위에 소고기 안심 구이를 올린 몬타디토Montadito-Solomillo de Ternera가 인기다. 오늘의 한 입 메뉴로 육류와 해산물을 활용한 새로운 몬타디토 메뉴를 선보인다. 대기가 많아 붐비니 식사 시간대를 피해서 가자.

주소 Carrer de Mallorca, 236
운영 월~금 08:30~익일 01:00, 토~일 09:00~익일 01:00
요금 €20~30
홈피 laflautagroup.com

GPS 41.404814, 2.160931

베르뭇테리아 델 타노
Vermuteria del Tano

관광지 바르셀로나가 우리 동네처럼 변하는 순간은 분명 타노에 앉았을 때다. 동네 사람들이 방앗간처럼 드나들며 이어온 오랜 전통의 진짜배기 스폿이다. 관광지 서비스 대신 익살스럽고 푸근한 로컬의 정으로 손님을 맞이한다. 무엇보다 집에서 담근 베르뭇Vermouth을 맛볼 수 있다. 깊고 진한 풍미를 자랑하며 오렌지 껍질과 올리브를 곁들여 먹으면 특유의 달콤쌉싸름한 맛이 살아난다. 간단한 타파스를 선보이며 안주로는 절인 멸치인 엔초비Anchoas와 하몬Jamón, 러시안 샐러드Ensaladilla Rusa도 좋다.

주소 Carrer de Joan Blanques, 17
운영 화~금 09:00~21:00, 토~일 12:00~16:00 **휴무** 월요일
요금 €1~10

GPS 41.405102, 2.164209

캔 로스 보데가 바 Bar Bodega Can Ros

사그라다 파밀리아 성당에서 조금 떨어져 있어 붐비지 않는다. 1971년 문을 연 가게는 벌써 3대째 이어 운영하며 현지인들이 많이 찾는다. 보데가Bodega는 스페인 전통 선술집을 말한다. 질 좋은 와인을 통째 구비하고 있고, 지중해 음식과 타파스를 함께 낸다. 오늘의 메뉴Menu del dia와 미트볼 샌드위치, 아티초크 오믈렛, 바칼라우 튀김bonuelos de bacalau이 인기다. 타파스는 11시 30분 이후부터 주문 가능하니 참고하자.

주소 Carrer de Roger de Flor, 303
운영 월~화 08:00~16:00, 수~목 08:00~23:00, 금 08:00~익일 00:00, 일 08:00~16:30 **휴무** 토요일
요금 €10~20
홈피 barbodegacanros.es

라발 Raval

  ★★☆

바르셀로나 현대 미술관 Museu d'Art Contemporani de Barcelona (MACBA)

GPS 41.383368, 2.166738

라발은 이제 빈민가라는 악명보다 예술 지구라는 정의에 가깝다. 19세기 산업 혁명으로 섬유 공장이 들어서고 다국적 노동자들이 이곳에 모여 살았다. 저렴한 물가에 아직 알려지지 않은 예술가들이 터를 잡았고 자연스레 문화 도시 재생이 이뤄졌다. 그 중심에 현대 미술관, 막바 MACBA가 있다. '백색의 건축가'로 불리는 미국 건축가 리처드 마이어 Richard Meier가 설계해 1995년 개관했다. 채광을 위한 유리와 반사광을 위한 흰색 건물이 작품을 유지·관람하기 알맞다. 내부 전시는 20세기 현대 미술로 국내외 유명 작가들의 작품을 구성해 선보인다. 잘 포장된 앞뜰은 스케이트 보더 차지다. 요란하지만 묘기에 가까운 실력에 시선이 빼앗긴다.

- **주소** Pl. Àngels, 1
- **위치** 메트로 L1·L3 Catalunya, L1·L2 Universitat
- **운영** 월·수~금 11:00~19:30, 토 10:00~20:00, 일·공휴일 10:00~15:00
- **휴무** 화요일, 1월 1일, 12월 25일
- **요금** 매표소 €12, 온라인 €10.8 (매주 토요일 오후 4시부터, 14세 미만 무료)
- **홈피** macba.cat

Tip | 아트 티켓 Articket BCN

피카소 미술관, 카탈루냐 국립 미술관, 바르셀로나 현대 미술관, 바르셀로나 현대 문화 센터, 호안 미로 미술관, 안토니 타피에스 미술관을 둘러볼 수 있는 통합 입장권이다. 45% 할인된 가격(€38)으로 상설 전시와 기획 전시 모두 관람할 수 있다. 1년간 유효하고 16세 미만의 아이와 동반 입장 할 수 있다. 구매는 홈페이지(articketbcn.org) 또는 해당 미술관, 관광 안내소에서 가능하다.

more & more 키스 해링의 작품을 없애라 vs. 지켜라

그들만큼 주목해야 하는 공공 미술 작품이 있다. 미국 팝 아티스트 키스 해링 Keith Haring(1958~1990)의 그라피티 작품 〈에이즈 벽 Aids Mural〉(1989)이다. 손을 공중에 든 채 공포에 질려 도망가는 인물과 그를 쫓는 거대한 붉은 뱀(HIV와 AIDS를 상징)이 돋보인다. 뱀은 시체 옆 거대한 주사를 움켜쥐고 가위 모양의 두 사람이 뱀을 싹둑 잘랐다. 커플은 뱀에 안겨있고 누군가 뱀의 꼬리에 콘돔을 씌우고 있다. 마지막에 "Todos Juntos Podmos Parer el SIDA", 함께라면 에이즈를 막을 수 있다는 메시지를 새겨 넣었다. 원래 벽화는 빈민가와 매음굴 근처 벽에 있었으나 훼손이 심했다. 매음굴 주인도 손님들이 겁을 먹을까 봐 벽화를 없애는 데 발 벗고 나섰다. 이를 보다 못한 바르셀로나 현대 미술관 보존 전문가 팀은 1992년 원래 사용했던 페인트 샘플을 가져와 작품을 복제해 이곳에 그대로 재현했다.

★☆☆

GPS 41.383897, 2.166733

바르셀로나 현대 문화 센터 Centre de Cultura Contemporània de Barcelona (CCCB)

사진과 영상물을 주로 전시하며, 대중이 좀 더 이해하기 쉬운 현대 미술을 제시하고자 전시에 국한하지 않고 예술을 다양하게 풀이해 흥미로운 문화 프로그램을 선보인다. 영화제와 콘서트, 공연과 마켓 등 다양한 문화 활동도 관심을 받고 있다. 프로그램은 홈페이지에서 확인할 수 있다. 현대 문화 센터에는 과거 전시 목록과 내용을 열람할 수 있는 아카이브Archive와 1000여 편을 보유한 영화 아카이브Xcèntric Archive 공간이 있다. 출판 컬렉션은 라이에Laie 서점에 있으며 쉬어가고 싶다면 야외 테라스가 있는 테라카치타Terracccit 바-레스토랑에 들러보자.

주소 C/ Montalegre, 5
위치 메트로 L1·L3 Catalunya, L1·L2 Universitat
운영 화~일·공휴일 10:00~20:00, 1월 5·6일, 12월 24·26·31일 10:00~15:00
휴무 월요일, 1월 1일, 12월 25일
요금 성인 €6, 25세 미만 €4 (매주 일요일 오후 3시부터, 5월 18일, 9월 24일, 12세 미만 무료)
홈피 cccb.org

★★☆

GPS 41.375721, 2.176621

바르셀로나 해양 박물관 Museu Marítim de Barcelona (MMB)

지중해 연안에 자리한 바르셀로나는 고대 로마 시대부터 자연항이 발달해 무역과 상업의 중심지로 발전했다. 중세에는 스페인 해군이 창설되어 대항해 시대에 무적함대로 불렸으며 신대륙 탐험 이후 해상 경제 활동이 활발했다. 해양과 떼려야 뗄 수 없는 바르셀로나 부흥의 역사를 만나고 싶다면 이곳으로 가자.
박물관은 1283년에 지어진 왕립 조선소 건물 중 일부로 30여 척 갤리를 동시에 건조할 수 있을 정도로 규모가 크다. 내부는 해양 강국 스페인의 해양 역사와 시대별 선박 변천사, 항해 선박 문화에 관한 내용을 다양한 자료로 선보인다. 특히 레판토 해전Lepnato에 출전한 갤리선(노를 저어 움직이는 배)을 실물 크기로 전시하는데 층계를 놓아 선체까지 볼 수 있어 인기다. 박물관 입장과 함께 티켓을 구매하면 몰 데 라 푸스타Moll de la Fusta 부두에 정박한 산타 에우랄리아 범선Pailebot de Santa eulália에도 승선할 수 있다.
박물관 관람이 아니더라도 카페 겸 레스토랑에서 쉬어가길 권한다. 고딕 양식으로 지어진 건물에 층고가 높고 공간이 아름답다. 스타터와 메인, 디저트까지 포함한 '오늘의 메뉴'는 가성비가 좋고 맛도 괜찮은 편.

주소 Av. Drassanes, s/n
위치 메트로 L3 Drassanes
운영 4~10월 10:00~20:00, 11~3월 10:00~18:00 **휴무** 월요일, 1월 1·6일, 12월 25·26일
요금 박물관+산타 에우랄리아 범선 성인 €10, 25세 미만 학생·65세 이상 €5 (17세 미만, 매주 일요일 오후 3시부터, 5월 18일, 9월 24일 무료)
홈피 mmb.cat

나무로 만든 잠수함

구 산타 크레우 병원 Antic Hospital de la Santa Creu

★★☆

GPS 41.380833, 2.170065

1401년, 바르셀로나에 있는 6개 병원을 한곳으로 모은 종합 병원이다. 일반 서민들에게 의료 혜택을 제공하기 위해 상류층에 기부금을 받아 지어졌다. 수도원을 모티브로 중앙 안뜰을 사면으로 둘러싼 2층 건물이다. 도시 인구가 늘어가면서 건물도 증축했다. 17세기에는 장기 입원 환자를 위한 요양원도 건축했다. 1763년에는 외과 대학을 설립했다. 500년이 넘는 기간 시민의 건강 증진과 공공 보건 의료 발전에 힘써왔으나 현대 의학 기술 발전과 도시 성장으로 한계에 부딪혔다. 1926년, 산타 크레우 병원은 산 파우 병원으로 모든 시설을 옮기면서 운영을 종료했다. 당시 폐쇄를 앞두고 있어 빈자들을 치료했는데 신분증 없이 교통사고를 당한 가우디가 산타 크레우 병원으로 이송되었다. 열악한 환경에 있었으나 옮길 수 없을 만큼 위중해 3일간 머물다 영면에 들었다.

같은 해 시의회는 건물을 매입해 복원을 시작했고 카탈루냐 국립 도서관과 카탈루냐 어학회, 카탈루냐 왕립 의학 아카데미가 생겼다. 일반인이 들어갈 수 있는 공간은 현대 미술 갤러리인 라 카펠라 La Capella(구 병원 예배당)와 카탈루냐 국립 도서관 Biblioteca de Catalunya이 있다. 왕립 의학 아카데미 Reial Academia de Medicina는 수요일 12시 30분만 운영하며 홈페이지에서 예약 후 방문할 수 있다. 작은 분수와 오렌지 나무가 있는 정원은 시민들의 휴식처로 사랑받고 있다. 늘 열려 있으나 밤에는 위험하니 이른 시간에 찾길 권한다.

주소 C/ Hospital, 56
위치 메트로 L3 Liceu
운영 카탈루냐 국립 도서관
 월~금 09:00~20:00,
 토 09:00~14:00
 (매년 4월 23일 책의 날 개방)
휴무 일요일
홈피 왕립 의학 아카데미 ramc.cat

회랑

요양원

카탈루냐 도서관

파브리카 모리츠 Fàbrica Moritz Barcelona

GPS 41.382818, 2.163330

1856년 바르셀로나 최초의 맥주 브랜드 모리츠Moritz가 탄생했다. 8년 후, 루이스 모리츠는 이곳에 맥주 공장을 짓고 대대적인 생산을 하기 시작했다. 2011년 프랑스 건축가 장 누벨Jean Nouvel은 기존 건물의 붉은 벽돌과 오래된 양조장 설비를 그대로 노출해 산업 역사를 존중하면서 현대적인 감각까지 더해 세련된 문화 공간으로 거듭났다. 지하에는 맥주 제조 공장이 있고 지상 홀에선 갓 만들어진 신선한 맥주를 맛볼 수 있다. 미슐랭 스타를 받은 셰프 조르디 빌라Jordi Vilà가 이끄는 레스토랑 메뉴도 고려해보자.

주소 Rda. de Sant Antoni, 41
운영 12:00~익일 01:00
요금 모리츠 오리지널 생맥주 €2.65
홈피 fabricamoritzbarcelona.com

그랑하 엠. 비아데르 Granja M. Viader

GPS 41.383198, 2.170857

1870년 문을 열어 61년 뒤 스페인 초콜릿 우유인 카카오랏Cacaolat을 처음 만든 곳이다. 바르셀로나에서 자란 사람이라면 어릴 때부터 마시던 추억의 음료로 경제 위기 시절에도 저렴하고 영양가 있다며 꾸준히 사랑받았다. 슈퍼마켓에서 병입된 카카오랏을 맛볼 수 있는데, 원조 카페에서 먹는 만큼 우유와 코코아 가루를 섞어 만든 걸쭉한 초콜릿 음료에 크림을 듬뿍 올려서 먹어보자. 추로스도 좋지만, 스페인식 레이디핑거, 멜린드로스Melindros를 찍어 먹어도 좋다. 스펀지케이크 같은 빵을 찍어 먹으면 카카오랏을 더 많이 흡수해 입안에서 녹는다.

주소 Carrer d'en Xuclà, 4
운영 09:00~13:30, 17:00~20:30
     휴무 일요일, 월요일
요금 카카오랏 €4.5

바리 고딕 Barri Gòtic

★☆☆

GPS 41.384209, 2.175749

대주교의 집 Casa de l'ardiaca

주소 Carrer de Santa Llúcia, 1, Ciutat Vella
위치 메트로 L4 Jaume I
운영 09:30~14:00, 15:00~19:30 휴무 일요일
요금 무료

12세기, 로마 성벽 일부를 사용해 지은 저택으로 대주교가 살았다. 이후 개인이 소유했다가 1895년 바르셀로나 변호사 협회가 사용했다. 이때 정문 오른쪽에 우편함을 설치했다. 카탈루냐 음악당과 산 파우 병원을 지은 건축가 루이스 도메네크Lluís Domènech의 작품이다. 그는 '정의는 신속해야 하고 자유를 지지해야 한다(제비 다섯 마리). 하지만 행정 및 관료적 절차에 엄청난 얽힘이 있기에(담쟁이덩굴 잎 7개), 정의는 고통스럽게 느린 과정을 거쳐야 한다(거북이)'라며 법률 시스템을 비판했다.

1922년, 바르셀로나 시의회가 인수해 8만 권에 달하는 기록을 보관하는 역사 기록 보관소가 되었다. 그래픽과 구전 자료, 신문 및 정기 간행물 등 아카이브를 구성하고 있다. 안뜰에는 분수대가 있고 야자수 한 그루가 그늘을 만든다. 2층에는 1936년부터 3년간 있었던 스페인 내전 관련 전시를 소개한다.

★★☆

GPS 41.383504, 2.175014

산 펠리프 네리 광장 Plaça de Sant Felip Neri

건축가 안토니 가우디는 매일 오후 5시 30분에 사그라다 파밀리아 성당 공사장을 떠나 산 펠리프 네리 광장을 향해 걸었다. 70분을 걸어 광장에 도착한 뒤 저녁을 먹고 다시 돌아왔다. 1926년 6월 7일, 가우디는 그날도 여느 때와 같이 광장으로 산책을 나섰으나 그란 비아 거리에서 전차 사고를 당한 후 다시 돌아오지 못했다. 광장은 오래전부터 가우디를 비롯한 '아는 사람들의 아지트' 역할을 해왔다. 작지만 아늑하고 편안하며 건물 사이에 있어 비밀스럽다. 같은 이유로 〈향수: 어느 살인자의 이야기〉 외 여러 차례 영화의 배경이 되기도 했다. 1938년은 정치권력으로 혼란한 시대였다. 스페인 내전 당시 프랑코 정권의 우익 정당 군대가 산 펠리프 네리 성당 아래에 숨어있던 어린이 30명을 모아놓고 총기로 난사해 학살했다. 시민들이 생존자를 확인할 때 다시 난발해 12명이 더 사망했다. 광장 건물에는 총탄으로 생긴 참혹한 흔적만이 기록처럼 남았다.

주소 Pl. Sant Felip Neri
위치 메트로 L3 Liceu

바르셀로나 대성당 ★★☆ Catedral de Barcelona (카테드랄)

GPS 41.384033, 2.176225

카테드랄은 교구(가톨릭교에서 지역을 구분하는 단위)의 수장인 주교가 있는 성당을 말한다. 1298년 공사를 시작해 무려 150년 동안 공들인 성당이다. 가장 마지막에 만들어진 정면 파사드는 몬세라트 석재로 정교하고 아름다운 장면을 구현해냈다. 뾰족한 첨탑이 돋보이는 고딕 성당은 스페인에서도 아름답기로 손꼽힌다. 건물 바깥에서 외벽을 지탱해주는 플라잉 버트레스 Flying Buttress가 있어 높은 천장과 넓고 긴 스테인드글라스 창문이 고딕 건축의 특징이다. 천장에는 네 개의 꽃잎을 펼친 듯 우아한 늑골 궁륭이 있어 눈길이 간다. 엘리베이터를 타고 성당 지붕에 올라갈 수 있으며 바르셀로나 시내와 지중해를 조망할 수 있다.

본당 중앙에는 성가대석 El Coro이 있다. 울타리처럼 쌓아 올린 대리석 벽에는 산타 에우랄리아의 일화를 조각했다. 바르셀로나 수호 성녀로 고대 로마 시대에 총독을 찾아가 부당한 상황을 비판해 박해받은 성인이다. 그 후로 성인은 연대와 사회 정의를 상징한다. 당시 13살이었던 소녀는 13번의 고문으로 선종했으며 유해는 주 제단 아래 지하 예배당 Cripta de Santa Eulalia에 모셔져있다.

주소 Pla de la Seu, s/n
위치 메트로 L4 Jaume l
운영 월~금 09:30~18:30,
토 09:30~17:15,
일 14:00~17:00
요금 €16
홈피 catedralbcn.org

중앙 예배당

내부 가장자리 예배당 중 성체 예배당Capilla del Santisimo에는 레판토의 그리스도Santo Cristo de Lepanto 십자가가 있다. 레판토 해전은 1571년 유럽에 진출하려는 오스만 제국을 카톨릭 동맹군이 막은 전투다. 118년 동안 무패 신화를 써낸 오스만 투르크를 격파해 상당한 위상을 자랑하는 전투 선봉에 있던 십자가라 의미가 깊다. 중세 회랑은 바르셀로나 길드를 나타내는 휘장으로 꾸몄다. 종려나무와 오렌지 나무로 꾸며진 정원이 있고 연못에는 거위 13마리가 사는데 성녀의 나이 또는 고문을 나타낸다.

대성당 앞 광장은 바리 고딕을 오가는 사람들로 북적인다. 마켓이 열리거나 축제도 잦다. 매주 목요일에는 벼룩시장이 열리고 매주 토요일 오후 6시, 일요일 오전 11시 15분부터 약 1시까지 카탈루냐의 강강술래인 전통 춤, 사르다나Sardana를 볼 수 있다. 대성당 맞은편 카탈루냐 건축가 협회 COAC 건물 정면 파사드도 유심히 둘러보자. 피카소가 사르다나를 추는 사람들을 검은 모래로 그린 그림이다. 2월 둘째 주에 성인을 위한 축제가 열리고 크리스마스 마켓 시즌에는 음식과 소품 등을 판다. 호텔 콜론Hotel Colon 루프탑 테라스 바에 가면 대성당을 내려다볼 수 있다.

> **Tip | 아우구스투스 사원**
> Temple d'August
>
> 대성당 뒤편이지만, 건물과 건물 사이에 있어 찾기 어렵다. 기원전 1세기에 지어진 로마 유적으로 바리 고딕이 오랫동안 도시 중심 역할을 했음을 증명한다. 고대 로마 황제이자 신격화한 아우구스투스를 위한 사원이며 세 개의 기둥이 남아 건재함을 과시하고 있다.

성가대석

지하 예배당

산타 에우랄리아의 길Baixada de Santa Eulàlia: 성녀 에우랄리아가 칼과 유리 조각이 든 통에 갇혀 굴렀던 내리막길이다.

사르다나

GPS 41.383310, 2.175193

산 하우메 광장 Plaça de Sant Jaume

★☆☆

대성당을 나와 구시가를 찾아 걷다가 무릇 정신을 차리고 보면 광장에 도착한다. 바르셀로나 시청과 카탈루냐 자치 정부 청사를 품은 광장이다. 고대 로마 때부터 정치 중심 광장인 아크로폴리스 역할을 하며 시위나 집회가 열렸다. 지금도 카탈루냐 독립을 위한 목소리를 내고 있다. 현대에는 공공의 광장인 아고라 성격이 강해졌다. 주요 기관이 있는 만큼 각종 행사가 열린다. 특히 매년 9월에는 메르세La Mercè 축제가 열리는데, 그중 유형 문화유산으로 지정된 '인간 탑 쌓기Castell'와 '거인 인형 퍼레이드'를 보기 위해 많은 인파가 모인다.

주소 Plaça de Sant Felip Neri, 2
위치 메트로 L4 Jaume I

인간 탑 쌓기 & 거인 인형 퍼레이드

GPS 41.384204, 2.177350

왕의 광장 Plaça del Rei

★★☆

13세기 번영한 아라곤 연합 왕국은 세 면에 각각 다른 고딕 양식 건물로 왕궁을 지었다. 오늘날 왕의 광장으로 불리는 공간은 궁전 정원에 해당한다. 정면에 보이는 부채꼴 모양의 계단은 14세기 왕의 공식 알현실인 티넬 응접실Saló del Tinell과 연결된다. 엘리자베스 여왕과 페르난도 왕이 이슬람 세력을 완전히 몰아낸 1492년, 첫 항해를 나선 크리스토퍼 콜럼버스Christopher Columbus가 신대륙을 발견하고 돌아와 가톨릭 왕과 왕비를 알현할 때 이 계단을 올랐다.

계단과 면한 오른쪽 건물은 왕실이 사용하던 산타 아가타 예배당Capella de Santa Àgueda이다. 사실 예배당은 고대 로마 때 지은 성벽Muralla Romana에 기대어 지었다고 봐야 맞다. 라몬 베렝게르 광장Plaça de Ramon Berenguer에서 보면 건축물 간 수직층이 보인다. 총 1,350m 길이의 성벽이었으나 지금은 많이 소실되었으며 이곳이 상태가 가장 양호하다.

왼쪽은 총독 저택Palau del Lloctinent으로 현재 문서 보관소로 사용된다. 광장 입구에는 바르셀로나 역사 박물관MUHBA Plaça del Rei이 있다. 왕궁에 포함된 건물로 박물관 관람 시 왕궁 내부를 함께 볼 수 있다. 더불어 지하에서 발견된 로마 시대 성벽과 예배당과 공중 목욕탕, 빨래터 등 도시 흔적을 볼 수 있어 흥미롭다. 매주 일요일은 오후 3시부터, 매월 첫째 주 일요일은 오전부터 무료로 입장할 수 있으니 참고하자.

고대 로마 성벽

산타 아가타 예배당

라몬 베렝게르 광장

바르셀로나 역사 박물관
주소 Pl. Rei **위치** 메트로 L4 Jaume I
운영 화~토 10:00~19:00, 일 10:00~20:00
휴무 월요일, 1월 1일, 5월 1일, 6월 24일, 12월 25일
요금 성인 €7, 16~29세 학생·65세 이상 €5
홈피 ajuntament.barcelona.cat/museuhistoria/en/

★☆☆ 프레데릭 마레스 박물관 Museu Frederic Marès

GPS 41.384437, 2.176803

조각을 전공한 프레데릭 마레스는 복원 및 기념비 작업을 하다가 1911년 파리에서 골동품과 경매에 빠져 수집광이 되었다. 1944년, 나이 55세에 고대에서 근대까지 수집한 수집품을 시에 기부하고 조각품은 아라곤 왕궁 일부에 박물관을 개관했다. 특히 십자가처럼 같은 주제로 모은 전시를 한눈에 볼 수 있어 비교하기 좋다.

주소	Pl. Sant Iu, 5
위치	메트로 L4 Jaume I
운영	화~토 10:00~19:00, 일·공휴일 11:00~20:00 휴무 월요일, 1월 1일, 5월 1일, 6월 24일, 12월 25일
요금	성인 €4.2, 16~29세·65세이상 €2.4 (16세 미만, 매주 일요일 오후 3시부터 무료)
홈피	barcelona.cat/museufredericmares/ca

★★☆ 레이알 광장 Plaça Reial

GPS 41.380164, 2.175349

1835년 철거된 카푸친 수도원 터에 신고전주의 건물로 둘러싼 광장을 지었다. 주로 레스토랑과 카페, 숙소, 클럽 등이 있으며, 중앙에는 그리스 신화 속 삼미신Charites 분수가 있다. 무엇보다 가우디가 대학을 졸업하고 처음 납품한 가스등을 볼 수 있는데, 대리석 주춧돌 위에 청동 지지대로 만들어 건축가적 측면을 엿볼 수 있다. 상단에 6개의 등이 달려있는데 신의 정령, 헤르메스를 상징하는 투구 모양이다. 아래 뱀 두 마리는 땅의 소식을 전한다는 의미다.

주소	Pl. Reial
위치	메트로 L3 Liceu

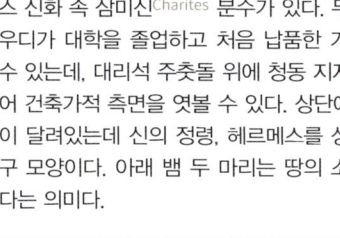

more & more
다시는 바르셀로나시(市)와 일 안 해!

가우디는 대학 졸업 후 자신을 무시했던 총장에게 본때를 보여주기 위해 건축에만 몰입했다. 어느 날 바르셀로나시에서 연 가로등 공모전에 당선되었고 곧 시 전체에 설치될 줄 알았다. 공사 날짜와 대금이 차일피일 미뤄지자 가우디는 담당자를 찾아갔고 가스등이라 예산 과다로 설치할 수 없다며 디자인 비용만 지급하려 했다. 완벽주의에다 고집쟁이였던 그는 항의했으나 결국 1879년 레이알 광장에만 설치되었다. 이후 가우디는 다시는 국가 기관의 일을 하지 않았다고 한다. 가로등은 현재 전깃불이 들어온다.

GPS 41.381328, 2.174416

칸 쿨레레테스 Can Culleretes

1786년 문을 열어 3대째 이어오는, 바르셀로나에서 가장 오래된 식당이다. 여러 차례 보수 작업을 거쳤지만 전통 건축 양식과 대형 그림 장식은 고풍스러운 19세기 초 모습 그대로다. 240년 동안 지켜온 내공으로 만들어온 카탈루냐 음식을 선보이고 있다. 카넬로니Canelons는 대표적인 파스타 요리로 비밀 레시피 소스를 사용한다. 부티파라(카탈란 소시지)와 대구 요리도 맛이 좋은 편. 파에야는 호불호가 갈린다.

주소 Carrer d'en Quintana, 5
운영 화·수·일 13:00~15:45,
      목~토 13:00~15:30, 20:00~22:30 휴무 월요일
요금 €20~30   홈피 culleretes.com

GPS 41.382276, 2.175113

추레리아 마누엘 산 로만
Xurreria Manuel San Román

바르셀로나에서 추로스를 파는 가게, 추레리아는 흔히 볼 수 있다. 1968년 마누엘 산 로만이 고딕 지구에 문을 열어 현재는 아들이 운영 중이다. 가게 안에서 추로스를 직접 튀겨서 파는데 찾는 사람이 많다 보니 늘 갓 튀겨낸 추로스를 먹을 수 있다. 캐러멜 소스Dulce de Leche, 밀크 초콜릿Kinder, 피스타치오Pistacho, 로투스 쿠키Lotus Cookie, 초코 크림Cream Choco, 바닐라Vainilla 필링을 넣은 추로스도 있다. 킨더는 유명한 킨더초콜릿 브랜드와 협업해 만든 특별 버전이다. 테이크아웃 전문점으로 종이봉투에 담아주니 고딕 골목을 걷다 출출할 때 방문해보자.

주소 Carrer dels Banys Nous, 8
운영 09:00~21:00
요금 추로스
      6조각 €2.5

GPS 41.383255, 2.177156

코네사 앤트레판스 Conesa Entrepans

1951년 문을 연 보카디요Bocadillo 가게다. 바게트처럼 바삭하고 긴 빵에 다양한 재료를 넣어 만든 간단한 샌드위치를 판다. 카탈루냐 소시지인 부티파라나 하몬, 육류 등을 채소와 함께 넣고 구워낸다. 전체 메뉴 90%가 글루텐 프리 빵으로 제공된다. 즉석에서 만드니 조금 기다려야 한다. 아침에 일정을 시작하기 전 빠르고 간편하게 즐기자. 매장 벽면에 마늘 마요네즈인 알리올리Alioli와 살짝 매콤한 소스 살사 브라바Salsa Brava, 마요네즈와 케첩 4가지 소스가 준비되어 있으니 취향대로 뿌려 먹을 수 있다.

주소 Carrer de la Llibreteria, 1
운영 08:30~22:15 휴무 일요일
요금 €1~10
홈피 conesaentrepans.com

라 폰다 La Fonda

GPS 41.379419, 2.176211

2층 높이인 건물 전면이 유리창이라 개방감이 있다. 내부는 80명 정도 수용 가능하며 아기자기하고 사랑스럽다. 전채 요리는 크로케타스Croquetas와 판 콘 토마테Pan con Tomate, 메인은 파에야가 인기다. 파에야는 2인부터 주문 가능한데 1인용 파에야 종류가 따로 있으니 참고하자. 예약을 권하며 서비스 속도가 느린 편이라 여유를 가져야 한다.

주소 Carrer dels Escudellers, 10
운영 12:30~23:00   요금 €20~30
홈피 andilana.com/locales/la-fonda

라 파야레사 초콜라테리아 추레리아
La Pallaresa Xocolateria Xurreria

GPS 41.383031, 2.172727

1947년부터 초콜라테Chocolate a la taza에 찍어 먹는 정통 추로스로 현지인에게 사랑받는 가게다. 디저트 골목인 페트리콜Petritxol 거리에서도 단연, 인기 장소다. 바르셀로나 현지인들은 초콜라테에 달지 않은 휘핑크림을 올린 초콜라테 수이소Chocolate Suizo를 많이 찾는다.

주소 Carrer de Petritxol, 11
운영 월~토 09:00~13:00, 16:00~21:00
      일 09:00~13:00, 17:00~21:00
요금 초콜라테 €3.5, 추로스 €2.5

콜롬 레스토랑 Colom Restaurant

GPS 41.379901, 2.176542

오래된 선실 같은 식당은 신선한 해산물이 풍부한 지중해 요리를 선보인다. 파에야 특히 해산물이 인기며, 올리브오일에 마늘과 새우를 넣어 조리한 감바스 알 아히요도 빠지지 않는 메뉴다. 직원 대부분이 무척 유머러스하고 친절하며 에너지 넘친다. 예약은 받지 않고 식당 앞에서 줄을 서서 대기한다. 주말 저녁에는 1시간 이상 대기가 있을 정도로 인기가 많으니 식사 시간대를 피해 가는 것이 좋다.

주소 Carrer dels Escudellers, 33
운영 12:30~익일 00:00   요금 €20~30

보스코 BOSCO Food&Drink

GPS 41.385538, 2.174404

포블레트 수도원의 세탁실로 사용되던 공간으로 길게 뻗은 구조다. 덕분에 북적이지 않아 쾌적하고 아늑하다. 지역의 제철 재료를 사용하며 전통 시장 요리를 현대에 맞게 재해석했다. 오늘의 메뉴는 합리적인 가격으로 가성비 있게 즐길 수 있다. 아름드리 큰 나무를 보며 식사할 수 있는 실외 좌석은 0.5유로의 자릿세가 있다.

주소 Carrer dels Capellans, 9
운영 화~토 12:30~23:30 휴무 일요일, 월요일
요금 €10~20   홈피 restaurantbosco.com

보른 & 바르셀로네타 Born & Barceloneta

📷 ★★☆ 카탈루냐 음악당 Palau de la Música Catalana

GPS 41.387752, 2.175355

19세기 바르셀로나는 와인과 면화, 철강 산업으로 경제 번영을 이루었고, 부르주아 계층이 지원하면서 카탈루냐 문예 부흥 운동이 일어났다. 카탈루냐 음악당은 시민들이 자발적으로 만든 오르페오 카탈라Orfeó Català 합창단을 위해 지어진 건물로 주민들이 나서서 모금해 도왔다. 시민에 의한, 시민을 위한 건축물로 자발적 시민운동을 상징적으로 보여주는 곳이다.
가우디와 함께 당대 최고의 건축가, 루이스 도메네크Lluís Domènech가 설계해 이슬람 무네하르 양식과 곡선이 아름다운 아르누보 양식이 특징이다. 꽃과 잎, 넝쿨 등 자연에 모티브를 둔 상징물이 많은데 산업화로 삭막해진 도시에 생기를 불어넣고자 구상한 부분이다. 붉은 벽돌에 형형색색인 모자이크 타일로 마감하고 천장에는 스테인드글라스로 채광을 확보했다. 콘서트홀 천장 샹들리에는 꿀이 떨어지는 형상을 하고 있다. 당시 세라믹과 타일을 많이 사용했는데 특히 발코니는 깨진 타일을 모자이크해 만든 트렌카디스 기법으로 만들었다. 가우디 기법과는 달리 패턴이 정돈된 모습이다. 발코니 난간은 유리를 덧씌워 색감 표현이 더욱 풍부하다. 콘서트홀에 유독 타일이 많은 이유는 타일이 소리 반사판으로 사용되어서다. 관객 의자도 특별하다. 의자 하단이 접히면 구멍이 파인 패턴이 나오는데 소음을 흡수하는 기능형이다.
음악당에는 오페라를 제외한 다양한 음악회가 열린다. 규모가 작아서인데 덕분에 공연과 하나 되는 느낌을 받을 수 있다. 1층 앞, 2층, 3층 좌석을 차례로 추천한다. 1층 뒤쪽은 저렴하지만, 시야가 답답한 편이다. 맨 뒤쪽은 일어서서 봐도 제지가 없으니 참고하자. 가이드 투어를 통해서도 관람할 수 있다. 영어는 9시부터 15시까지 매시간 정시에 시작해 50분간 진행된다. 여유가 없다면 카페에 들러 일부 구간이라도 들여다보자.

주소 C/ Palau de la Música, 4-6
위치 메트로 L1·L4 Urquinaona
운영 가이드 투어 09:00~15:30, 티켓 판매소 09:30~15:30
요금 가이드 투어 €22
홈피 palaumusica.cat (투어와 공연 티켓 예매 가능)

발코니 난간

GPS 41.387988, 2.198420

올림픽 항구 Port Olímpic ★★☆

과거 포블레노우 El Poblenou 지역에 있다. 19세기 산업 혁명 당시 방직 산업이 발달한 공업 단지로 노동자 계층의 주거 단지가 있었다. 1960년 중반 이후 쇠퇴기에 접어들면서 점점 방치되더니 빈민가가 자리했다. 바르셀로나는 1992년 올림픽을 준비하며 판자촌을 철거하고 참가 선수들의 공식 숙소를 지었다. 항구는 올림픽 요트 세일링 Yacht Sailing 경기를 위해 지어졌다. 포블레노우 지구는 이름처럼 '새로운 마을'이 되었다. 레스토랑과 바, 클럽 등 레저와 엔터테인먼트로 채워지면서 활기찬 분위기로 바뀌었다. 포트 올림픽의 스카이라인은 쌍둥이 빌딩이 맡는다. 호텔 아츠 Hotel Arts 와 마프레 타워 Mapfre Tower 다. 그 아래 청동 조형물 〈물고기 Peix〉는 빌바오의 구겐하임 미술관을 설계한 프랭크 게리 Frank Gehry 의 작품이다. 높이 35m, 길이 56m인 거대한 물고기 동상은 빛을 받으면 비늘처럼 반짝인다. 특히 일출과 일몰에 오묘한 무지개색을 띠어 가장 아름다운 모습을 보여준다.

주소 Carrer de Ramon Trias Fargas, 2
위치 메트로 L4 Ciutadella Vila Olímpica

▶▶ 글로리스 타워 Torre Glòries

포블레노우 지역의 재정비 사업에 긍정적인 신호탄을 쏜 건 2008년 지어진 악바르 타워 Torre Agbar 다. 건축계의 노벨상, 프리츠커상을 수상한 프랑스 건축가인 장 누벨 Jean Nouvel 이 설계했다. 미래 지향적인 디자인의 건축물로 지역 이미지가 크게 달라졌고 디자인과 미디어, 에너지 관련 기업이 이주해 혁신적인 분위기를 조성했다. 2017년 소유주가 멀린 Merlin 으로 바뀌면서 주변 광장의 이름을 붙여 글로리스 타워라 부른다. 건물은 144m 높이로 바르셀로나에선 아츠 호텔과 마프레 타워 다음으로 높다. 사그라다 파밀리아 성당이 완공되면 네 번째로 밀려난다. 장 누벨은 사그라다 파밀리아 성당 기둥, 특히 종탑의 길쭉하고 원통형 모양에 영감을 받았는데 카탈루냐 수호성인인 몬세라트의 성모 마리아 이미지도 고려해 설계했다. 마치 공중으로 솟아오르는 듯한 간헐천 형태로 '총알' 또는 '좌약' 등 여러 재미있는 별명이 생겼다.

건축물은 유리 패널 59,619개로 구성된 이중 외피로 이루어져 있어 온도와 빛을 조절할 수 있다. 밤에는 4,500개의 LED 조명을 밝혀 도시에서 가장 화려하다. 조명은 애니메이션 패턴을 만들도록 설계되어 있어 최대 1,600만 가지 색상으로 만들 수 있다. 건물 전체를 밝히자면 엄청난 비용이 들 것 같지만, 에너지 효율 절약 기술 Diffraction 로 한 시간 전기세가 6유로 정도에 그친다. 30층(125m)에 있는 전망대에 오르면 바르셀로나를 360도로 둘러볼 수 있다.

주소 Mirador Torre Glòries
위치 메트로 L1 Glòries
운영 수~월 10:00~18:30
요금 €18 (12세 이하 무료)
홈피 miradortorreglories.com

피카소 미술관 Museu Picasso

★★☆

GPS 41.385439, 2.180904

피카소의 어머니는 어린 피카소에게 말했다. "네가 군인이 된다면 장군이 될 것이고, 신부가 된다면 교황이 될 것이다." 사람들은 이 말에 덧붙였다. "그는 화가가 되었고, 피카소가 되었다." 그만큼 피카소는 예술계의 정점에 선 인물이 되었다. 바르셀로나에 있는 피카소 미술관에선 정점을 찍기 전 유년기와 청년기 때의 피카소 작품을 만날 수 있다.

미술관은 피카소의 오랜 친구이자 비서였던 하이메 사바르테스Jaume Sabartes의 소장품 574점에서 시작되었다. 이후 피카소의 7번째 연인 재클린 로크Jacqueline Roque와 호안 미로, 살바도르 달리 등이 소장 작품을 기부했으며 생전에 만들어진 미술관이었기에 피카소도 다수의 작품을 기증했다. 5천여 점의 작품은 14세기 지어진 아길라르 궁전Palau Aguilar을 개조해 소장·전시하고 있다.

피카소의 입체파 작품만 보고 그림을 쉽게 그리는 화가로만 알고 있다면 이곳에서 그런 오해는 싹 사라질 것이다. 9살에 소묘를 시작해 회화와 초상화, 풍경화를 섭렵하고 14살에 미술 대학에 들어갔다. 〈첫 영성체〉와 〈과학과 자애〉 등 유년기 작품을 보면 그의 천재성을 새삼 느낄 수 있다. 이후 푸른 물감만 사용한 청색 시대Blue Period, 안정을 되찾은 장밋빛 시대Pink Period를 거치면서 전성기로 이어진다. 그의 성장 과정과 화풍의 변천사를 함께 지나는 셈이다.

주소 C/ Montcada, 15-23
위치 메트로 L4 Jaume I
운영 4월 중~10월 중
　화·수·일 09:00~20:00
　목·금·토 09:00~21:00
　10월 중~4월 중 10:00~17:00
휴무 월요일, 1월 1일, 5월 1일, 6월 24일, 12월 25일
요금 성인 €15,
　18~25세 미만·65세 이상 €7.5
　(18세 미만, 대학생, 4월 중~10월 중 목·금·토 19시부터,
　10월 중~4월 중 목 16시부터,
　매월 첫째 주 일요일 무료)
홈피 museupicasso.bcn.cat

> **Tip | 피카소 미술관은 온라인 예약 필수!**
> 시간대별로 관람객 수가 정해져 있어 티켓 판매가 마감될 수 있다. 성수기에는 반드시 예약하길 권하며 온라인 예약 혜택인 1유로 할인도 받자. 무료 입장 기간 또는 해당하는 관람도 관람 4일 전부터 홈페이지에서 예약해야 한다.

> **more & more** 피카소 미술관 작품 소개

❶ 〈첫 영성체La Primera Comunion〉
피카소의 아버지는 친구이자 종교를 주제로 작품 활동을 하는 호세프 가르넬로 알다의 아틀리에에 피카소를 보냈다. 이 작품은 여동생 롤라Lola의 세례 장면으로 인물 구성과 균형을 스승이 지도했다. 그러나 주변 인물의 세심한 표정과 사물의 세세한 디테일, 광원, 대조 등 기술적인 부분에 대해서는 단 한마디도 할 수 없었다.

❷ 〈과학과 자애Ciencia y Caridad〉
19세기 후반에 유행한 사실주의 작품이다. 죽음을 앞둔 여인 왼쪽에는 현대 의학을 뜻하는 의사가, 오른쪽엔 자비를 상징하는 수녀가 있고 수녀의 품에 환자의 어린 딸이 안겨있다. 마드리드 미술 대전에서 가작을 수상한 작품으로 사실 기본 구도와 주제를 화가인 아버지가 만들어줬다고 한다. 직접 의사 모델로 나섰으며 집과 학교 사이 스튜디오를 빌려 그림에 집중할 수 있도록 환경을 조성했다. 아버지의 노력과 달리 피카소는 학교를 그만두고 새로운 화풍에 접어들었다. 〈과학과 자애〉는 학술주의 원칙과 기법으로 그린 마지막 작품이다.

❸ 〈시녀들Las Meninas〉
피카소는 엘 그레코, 벨라스케스와 같은 거장의 작품을 모작하며 자신만의 화풍을 만들어갔다. 1957년 칸에서 개작한 벨라스케스의 작품 〈시녀들Las Meninas〉은 총 58점의 연작을 남겼으며 그중 46점이 이곳에 전시돼 있다. 특히 흑백의 시녀들은 수직으로 그린 원작과 달리 수평으로 바꾸면서 화가를 액자 밖으로 빼내 크게 그렸다.

❹ 〈세바스티아 주니엔트 이 산스Sebastià Junyent i Sans〉
1901년부터 1904년까지를 피카소의 '청색 시대'라고 한다. 그의 절친인 카를로스 카사헤마스Carles Casagemas와 함께 몽마르트에 살면서 다양한 예술 세계를 수용하며 영감에 찬 시기였다. 그러나 실연한 카사헤마스가 권총으로 생을 마감하자 피카소는 혼란과 우울감에 빠져 파란색 계열의 차가운 느낌을 주는 그림만 그리게 된다. 이때 초상화를 많이 그렸는데 가장 유명한 작품이 친구이자 후원자인 세바스티아의 초상화다. 우울한 표정과 달리 상기된 뺨과 입술에 생명력이 느껴진다. 간결하지만 짙은 윤곽과 머리카락, 수염의 섬세하고 미묘한 표현이 돋보인다.

보른 문화 센터 El Born Centre de Cultura i Memòria (CCM)

GPS 41.385863, 2.183761

1876년, 건축가 주셉 폰사레Josep Fontserè가 바르셀로나에서 처음으로 주철을 사용해 지은 시장이다. 당시 철강 산업이 호황을 누리던 시기였기에 경제 부흥을 상징하기도 했다. 정문에 꾸며진 철제 장식만 봐도 뛰어난 주조·주형 기술을 엿볼 수 있다. 시장 특성에 맞게 통풍이 잘되는 지붕과 벽도 눈여겨볼 부분이다. 95년 동안 재래시장으로 사용되었고 이후 농산물 도매 시장이었다가 1971년, 인근에 새로운 중앙 시장이 들어서면서 문을 닫았다.

재건축을 위해 공사하던 중, 지하에 묻혀있던 고고학 유적이 발견되면서 문화 센터로 방향을 바꾸었다. 유적을 살펴보면 1714년 왕위 계승 전쟁 패배로 스페인에 병합되기 전, 카탈루냐 주거 문화를 확인할 수 있다. 주택 구획과 내부 구성, 살았던 가족의 이름을 비롯해 도자기와 염료, 가재도구 등이 발견되었다. 안내판 설명과 함께 둘러보거나 가이드 투어(영어 가능, 1시간 소요)를 통해 유료 전시관까지 관람할 수도 있다.

주소 Pl. Comercial, 12
위치 메트로 L4 Jaume I
운영 3~10월 화~일·공휴일 10:00~20:00
11~2월 화~토 10:00~19:00, 일·공휴일 10:00~20:00
(12월 26일 ~14:30)
휴무 월요일, 1월 1일, 5월 1일, 6월 24일, 12월 25일
요금 무료
홈피 elbornculturaimemoria.barcelona.cat
(가이드 투어 예약 가능)

카탈루냐 역사 박물관 Museu d'Història de Catalunya

GPS 41.380948, 2.185787

1881년 무역품을 저장하기 위해 지은 창고, 바다 저택Palau de Mar 건물에 있다. 1800년대 영국 항구 건물에서 영감을 받았으나 저장고 역할만 하다 보니 장식을 배제한 단순한 건축물이다. 이후 1992년 바르셀로나 올림픽을 유치하면서 디자인 정책의 일환으로 박물관과 레스토랑으로 사용된다.

선사 시대부터 1980년 근대에 이르기까지 카탈루냐 지방의 역사를 살펴볼 수 있다. 유물과 문서, 디오라마와 시청각 자료로 전시해 관람객의 이해를 돕는다. 특히 어디에도 잘 다루지 않는 도시 형성 변천사와 생활사, 스페인 내전, 프랑코 독재 정권과 같은 내용을 알아볼 수 있다.

0층에는 해산물과 파에야 전문 레스토랑과 박물관 출입구가 있고 1층에는 특별 전시, 2~3층에는 상설 전시를 진행 중이다. 4층에는 도서관과 전망 좋은 옥상 레스토랑이 있다.

주소 Pl. Pau Vila, 3
위치 메트로 L4 Barceloneta
운영 화~토 10:00~19:00, 일·공휴일 10:00~14:30
휴무 월요일(공휴일 제외)
요금 통합권 €8, 상설 전시 €6, 특별 전시 €4
(16세 미만, 매월 첫째 주 일요일 무료)
홈피 mhcat.cat

★★☆

시우타데야 공원 Parque de la Ciutadella

GPS 41.388267, 2.186090

시우타데야는 성채라는 뜻으로, 스페인 왕위 계승 전쟁에서 승리한 부르봉 왕가가 1715년 자신에게 반기를 들었던 카탈루냐를 통제하려 지은 요새다. 1,200채 가옥을 부수고 4,500여 명을 강제 이주시켜 만든 성곽으로 카탈루냐에겐 치욕이자 억압의 상징이었다. 1868년 혁명으로 이듬해 요새를 허물고 공원으로 재조성했다. 1888년에는 만국 박람회장으로 사용되었고 개선문은 입구로 사용되었다. 공원 내에는 바르셀로나 동물원과 철제 온실이 있는 식물원이 있다. 온실은 박람회 때 파티 공간으로 사용되었으며 지금은 24개국의 식물종이 살고 있다. 가장 인기 있는 곳은 카스카다 Cascada 분수대다. 공원 공모전에 당선된 주셉 폰사레 Josep Fontserè가 건축학도 2학년생인 가우디와 함께 1874년에 만들었다. 가우디는 17.5m 높이의 저수조를 고안했고 낙차를 이용해 분수대 물을 댈 수 있었다. 인근 호수에서는 보트를 탈 수 있으며 요금은 30분에 7유로(2인 기준/30분)다. 연인·친구·가족 단위 이용객이 많다. 공원에서 낮잠을 자거나 휴식을 취할 땐 소매치기를 조심해야 한다.

주소 Passeig Picasso, 21
위치 메트로 L1 Arc de Triunfo
운영 07:00~22:30
(보트 10:00~18:00)

박쥐 문양

> **Tip** 카탈루냐 영웅을 위한 개선문 Arc de Triomf
>
> 오랜 기간 이슬람의 지배를 받은 스페인이 13세기 발렌시아에서 무어족을 몰아낸 영웅, 자우메 1세 Jaume 1를 기리기 위해 세웠다. 농업과 산업, 상업과 예술을 나타내는 부조와 영웅의 상징인 박쥐 조각이 눈에 띈다.

바르셀로네타 해변 Platja de Barceloneta

★★☆

GPS 41.378472, 2.192417

놀랍게도 인공 해변이다. 원래 산타 크루스 델 마르 성당 앞까지 바다였는데 점점 석호를 드러내며 해안선이 물러났고 18세기에 매축해 산업 부두로 활용되었다. 1992년 바르셀로나 올림픽 개최가 결정되면서 국제적인 관광지로 도약하기 위해 모래를 부어 만든 해변이 지금의 백사장이다. 돛대 모양의 W 호텔을 시작으로 산 세바스티아Sant Sebastià, 바르셀로네타Barceloneta, 소모로스트로Somorrostro 해변으로 이어지며 통틀어 바르셀로네타 해변이라 부르고 있다. 해변에 편의 시설이 없어 불편하다면 산 세바스티아 해변으로 가자. 국립 수영장Club Natació Atlètic-Barceloneta이 있어 편하다. 실내외 수영장과 헬스장, 샤워장 등이 있다. 바르셀로네타와 소모로스트로 해변 사이에는 요즘 인기 있는 머슬 비치Barceloneta barras가 있다. 헬스 운동 기구를 조성해 운동 후 입수할 수 있어 일석이조다. 올림픽 항구 너머로 걸으면 보가텔Bogatell, 마르 벨라Mar Bella 해변이 있다. 마르 벨라는 누드 해변으로 이용하려면 수영복을 입지 않은 나

주소 Playa de la Barceloneta
위치 메트로 L4 Barceloneta

국립 수영장
주소 Plaça del Mar
운영 월~금 06:30~23:00,
토 07:00~23:00,
일·공휴일 08:00~17:00
(수용 인원을 초과하면 입장이 거절될 수 있다.)
요금 €16.11
전화 932-210-010
홈피 cnab.cat

인공 해변을 만드는 모습

몰 델라 푸스타

체 상태로 들어가길 권하며 서로 거리를 두는 것이 좋다. 사진을 찍거나 시선을 두는 일은 삼가자.
온화한 지중해성 기후 덕분에 해변은 일 년 내내 사람들로 북적여 활기찬 분위기다. 수영 시즌은 보통 3월부터 시작되며 5월 말쯤 성수기에 돌입해 9월 중순까지 이어진다. 이때 해변에서 임시로 여는 바르Bar, 치링기토 Chiringuito가 문을 여는데 음료와 타파스를 판매한다. 해변을 즐기다가 쉽게 간식을 먹을 수 있어 좋으나 화장실이 많지 않아 곤란할 수 있으니 해변을 찾기 전 미리 다녀오자. 10월부터 3월까진 비수기지만 기온은 우리나라 가을 정도라 수영하는 사람도 종종 찾아볼 수 있다. 파도가 좋은 날에는 서핑이나 패들 보트를 타는 사람이 있으며 일광욕을 즐기기도 한다. 총 5km의 해변은 산책로가 잘 조성되어 있어 러너들이 사랑하는 코스다. 자전거나 스케이트보드를 타는 사람도 쉽게 볼 수 있다. 가볍게 뛰고 싶다면 약 1km로 포트 벨까지 이어지는 몰 델라 푸스타Moll de la Fusta를 권한다.

more & more 해변의 공공미술 작품 소개

1992년 바르셀로나 올림픽 때 만든 공공미술 작품을 쉽게 볼 수 있다. 몰 델라 푸스타에는 ❶바르셀로나 올림픽 마스코트 '코비'를 디자인한 하비에르 마리스칼Javier Mariscal의 〈새우La Gamba〉(1989)가 있다. 바르셀로네타 방향으로 걸으면 ❷미국의 팝 아트 미술가 로이 리히텐슈타인Roy Lichtenstein의 작품 〈바르셀로나의 얼굴Cap de Barcelona〉(1991)을 만날 수 있다. 가우디를 기리기 위해 타일로 제작한 이 작품은 피카소의 입체적인 얼굴 표현 방식을 이용했으며 얼굴 반을 채운 벤데이 점Benday Dot이라고 하는 망점이 특징이다. 바르셀로네타 해변에는 ❸독일 예술가 레베카 호른Rebecca Horn의 작품 〈상처받은 별L'estel Ferit〉(1992)이 세워져 있다. 4개의 강철 블록을 쌓은 10m 높이의 이 작품은 쉽게 큐브els Cubs로 부른다. 올림픽 개최 전 작고 오래된 해변 바르Xiringuito를 표현했다고 한다.

❶ 하비에르 마리스칼의 〈새우〉
❸ 레베카 호른의 작품 〈상처받은 별〉
❷ 로이 리히텐슈타인의 작품 〈바르셀로나의 얼굴〉

산타 마리아 델 마르 성당 Església de Santa María del Mar

★☆☆

GPS 41.384128, 2.182156

바르셀로나 사람들에겐 대성당만큼 중요한 성당이다. 대성당이 옛날부터 왕족과 귀족이 미사를 드리는 상류층의 성당이었다면, 산타 마리아 델 마르 성당은 항구 근처에 있어 대부분 어부나 선원, 그들의 가족이 신자였다. 성당은 '바다의 성모 마리아'에게 내 가족의 안위를 기원하는 사람들로 북적였다. 부유한 후원자가 없어 성당을 지을 때도 길드와 상인들이 십시일반 기금을 냈고 아무것도 낼 수 없던 자들은 건축에 필요한 큰 돌을 몬주익에서 직접 짊어와 봉헌했다. 성당 문 위에 그들을 기리기 위한 부조가 있다. 큰 장식 없이 지어진 데다 사람들의 염원까지 더해져 성당은 결국 55년 만에 지어졌다.

성당 앞에는 포사르 데 레스 모레레스 광장Fossar de les Moreres이 있다. 휘어진 철제 구조물은 1714년 스페인 왕위 계승 전쟁의 희생자를 위한 기념비로 공동묘지 위에 세워졌다.

주소 Pl. Santa María, 1
위치 메트로 L4 Jaume
운영 10:00~20:30
요금 기부금 €5,
가이드 투어(성당+지붕) €10
홈피 santamariadelmarbarcelona.org

포사르 데 레스 모레레스 광장

파스텔레리아 호프만 Pastelería Hofmann

GPS 41.385166, 2.182721

미슐랭 레스토랑을 운영하는 호프만이 세운 호텔 학교와 연계된 파스텔레리아다. 고급 미식을 지향하는 반면, 가격은 합리적인 편이라 대기가 길다. 속은 부드럽고 겉은 바삭한 크루아상 맛집으로 고소한 마스카르포네 치즈 크림을 가득 채운 크루아상이 시그니처 메뉴다. 포장만 가능한데, 도보 5분 거리에 시우타데야 공원이 있고 조금 더 걸으면 바르셀로네타 해변이 나온다. 월드 바리스타 챔피언이 운영하는 카페 엘 마그니피코Cafes el Magnifico가 근처에 있으니 커피를 함께 사서 이동하자.

주소 Carrer dels Flassaders, 44
운영 월~토 09:00~20:00,
일 09:00~19:00
요금 크루아상 €2.5~
홈피 hofmannpasteleria.com

 센시 타파스 Sensi Tapas

GPS 41.380400, 2.179914

'Come, bebe, la vida es breve (먹고, 마시자, 인생은 짧다)'라는 모토로 2006년 문을 연 타파스 레스토랑이다. 트러플과 염소 치즈 크로켓, 파타스 브라바스, 트러플 버거 등 전통 타파스에 현대적인 감각을 더한 실험적인 메뉴를 제공하려 노력한다. 음식도 먹음직스럽게 보이도록 잘 담아 눈도 즐겁다. 음식의 양이 많은 편이나 먹고 나면 적게 느껴질 수 있다. 들어가기 전에는 가격이 비싸다 느껴지지만, 나올 때는 합리적이라고 생각하게 된다. 아마도 직원이 친절해서 더 그럴지도 모른다.

주소 Carrer Ample, 24
운영 일~목 17:45~익일 00:30, 금~토 17:45~익일 00:45
요금 €20~40
홈피 sensi.es/tapas

 산타 카테리나 시장 Mercat Santa Caterina

GPS 41.386546, 2.178156

1835년, 산타 카테리나 수도원이 불에 탄 뒤 13년간 공터에서 가난한 사람들에게 음식을 나눠준 데서 시작하여 철제 지붕과 벽을 갖춘 바르셀로나 최초의 시장으로 문을 열었다. 1936년 스페인 내전과 2차 세계대전을 차례로 겪으며 식량을 공급하는 주요 시장으로 자리 잡았다. 2005년에는 스페인 유명 건축가 엔리크 미랄레스Enric Miralles가 설계를 맡아 재건축했다. 지중해의 파도처럼 물결치는 지붕이 인상적이다. 채소와 과일의 다채로운 색감을 육각형 타일로 이미지화한 지붕은 생기 넘치는 시장의 모습을 그대로 보여준다. 내부에는 식재료 점포를 줄이고 레스토랑을 늘렸다. 보케리아 시장이 '바르셀로나의 부엌'이라면 산타 카테리나는 '바르셀로나의 미식'인 셈이다.

주소 Av. Francesc Cambó, 16
위치 메트로 L4 Jaume I
운영 월·수·토 07:30~15:30, 화·목·금 07:30~20:30
　　　휴무 일요일
홈피 mercatsantacaterina.com

몬주익 & 포블레 섹 Montjuïc & Poble Sec

스페인 광장 Plaça d'Espanya ★★☆

GPS 41.375060, 2.149112

바르셀로나의 주요 도로가 광장으로 모이듯 정치·문화 행사가 열리면 사람들은 이곳으로 향한다. 카탈루냐 독립 시위행진이나 새해 불꽃놀이, 동방박사 퍼레이드 등 각종 이벤트가 열린다. 광장은 1929년 바르셀로나 만국 박람회에 맞춰 지었다. 몬주익 일대는 박람회 전시장 개발이 한창이었고, 광장 회전 교차로에 박람회 관문으로 분수 기념비를 세웠다. 가우디의 동료 건축가 호세프 마리아 후홀Josep Maria Jujol의 작품으로 이베리아반도를 둘러싼 바다, 지중해와 대서양, 지브롤터 해협을 상징하며 주요 강인 에브로, 타구스, 과달키비르를 조각해 물에 대한 찬사의 메세지를 담았다.

아레나스Las Arenas 쇼핑몰의 테라스에 오르면 스페인 광장이 한눈에 들어온다. 1900년에 무어 양식의 투우 경기장을 종합 쇼핑센터로 개·보수했다. 외벽은 그대로 살리고 지름 76m의 지붕을 얹었다. 경기장과 지붕 사이에 지름 100m의 원형 테라스Acceso Terraza를 설치해 바르셀로나 시내를 360도로 조망할 수 있다. 현대적인 리모델링을 해낸 사람은 파리의 퐁피두 센터를 설계해 유명해진 리처드 로저스Richard Rogers다. 2007년 건축계의 노벨상으로 불리는 프리츠커상을 수상했고 서울 여의도의 더현대 서울, 파크원 타워로 우리에게 친숙한 건축가다. 밖으로 내장 설비나 기둥을 내놓는 작업으로 유명한데 이는 아레나스에서도 확인할 수 있다. 기존의 연약한 지지벽을 보강하기 위해 새로 추가된 구조 부분을 노출했다. 구조용 강철은 빨간색, 지붕을 지탱하는 거대한 구조물은 노란색, 화장실 칸막이는 주황색, 비상 탈출구는 보라색, 환기구는 분홍색이다. 재건된 내부에는 의류·잡화 매장과 멀티플렉스 극장, 피트니스 등이 입점해 있다. 지하에 대형 슈퍼마켓 메르카도나가 있어 일정 후에 장을 보기 좋다. 테라스와 지하 매장에 식당도 있다.

주소 Gran Via de les Corts Catalanes, 373-385
위치 메트로 L1·L3·L8 Pl. Espanya [원형 전망대는 외부 엘리베이터(€1.5)와 내부 엘리베이터·에스컬레이터 (무료)로 도착할 수 있다.]
운영 상점 6~9월 10:00~22:00, 10~5월 09:00~21:00
레스토랑 10:00~익일 01:00
(금·토·공휴일 ~익일 03:00) 휴무 일요일
홈피 arenasdebarcelona.com

아레나스

아레나스

아레나스

테라스

★★☆　　　　　　　　　　　　　　　　　　GPS 41.368617, 2.153580

카탈루냐 국립 미술관 Museu Nacional d'Art de Catalunya (MNAC)

20세기 초 피레네산맥 일대의 로마네스크 성당에서 중세 벽화와 유물이 대거 발견되었는데, 사제와 미술상에 의한 약탈이 잦았다. 1931년, 카탈루냐 연구소와 박물관 위원회는 미술품 분실과 훼손에 대한 경각심이 높아져 몬주익에 있는 국립 궁전 Palau Nacional을 카탈루냐 국립 미술관으로 설립하고 복원과 보존에 힘쓰고 있다. 당시 타울의 산 클리멘트 성당 Sant Climent de Taüll에서 발견된 프레스코화 〈영광의 그리스도 Christ in Majesty〉는 카탈루냐 국립 미술관에서 가장 유명한 작품이다. '나는 세상의 빛이다'라고 쓰인 책을 든 예수가 눈을 동그랗게 뜨고 있는데 두려움을 전혀 찾아볼 수 없다. 후진 벽면 전체를 옮겨온 험난했던 과정을 미디어로 전시하고 있다. 그 외 11세기 로마네스크부터 현대에 이르기까지 카탈루냐 예술품 위주로 전시한다. 방대한 작품들이 많아 찬찬히 둘러본다면 4시간 이상 소요될 수 있다.

미술관 앞 테라스 카페에서 쉬어가며 여유롭게 관람해도 좋다. 이탈리아 베네치아의 산마르코 종탑을 닮은 두 개의 탑(47m)도 함께 둘러보자.

주소 Palau Nacional, Parque de Montjuïc
위치 메트로 L1·L3 Espanya
운영 화~토 5~9월 10:00~20:00, 10~4월 10:00~18:00
　　　 일·공휴일 10:00~15:00
　　　 휴무 월요일(공휴일 제외), 1월 1일, 5월 1일, 12월 25일
요금 성인 €12, 학생 €8.4
　　　 (매주 토요일 오후 3시부터, 매월 첫째 주 일요일, 5월 18일, 9월 11일, 16세 미만 무료)
홈피 museunacional.cat

작품 〈영광의 그리스도〉

---

more & more 몬주익 마법의 분수 쇼 La Font Mágica de Montjuïc

1929년 바르셀로나 만국 박람회 때 만든 분수에선 쇼가 열린다. 길이 65m, 너비 59m인 타원형 분수에 30여 개의 워터 제트가 초당 2,600L의 물을 최대 55m로 쏘아 올린다. 120개 스테인드글라스 프리즘으로 빛과 음악이 함께 춤춘다. 특히 여름밤이면 노을과 함께 낭만적인 분위기를 자아내고 더위를 식혀줘서 인기다. 쇼는 30분 간격으로 2번 진행되며 미술관 앞 계단에서 가장 잘 보인다. 쇼가 시작되기 전에 일찍 자리를 맡아야 하며, 소매치기가 많으니 주의하자.

1955년 스페인 내전 때 가동이 중단되었다가 1992년 바르셀로나 올림픽 때 현대화되었다. 2023년부터 가뭄으로 장기간 운영이 중단된 상태지만, 축제가 있을 때 분수 쇼를 임시로 개장하므로 여행 기간에 홈페이지를 참고하자.

주소 Pl. Carles Buïgas
위치 메트로 L1·L3 Espanya
운영 11~3월 목~토 20:00~21:00,
　　　 4~5·10월 목~토 21:00~22:00,
　　　 6~9월 수~일 21:30~22:30 (변동 가능)
휴무 1~2월(유지·관리 기간)
홈피 barcelona.cat/ca/que-pots-fer-a-bcn/font-magica

 ★★☆ GPS 41.368896, 2.159968

호안 미로 미술관 Fundació Joan Miró

'그림으로 시를 쓰는' 초현실주의 화가, 호안 미로Joan Miró(1893~1983)의 작품을 전시한 미술관이다. 1968년, 호안 미로는 작품을 전시하고 젊은 예술가들을 지원하려 본인의 주머니를 털어 재단을 설립했다. 바르셀로나 시내가 내려다보이는 몬주익 중턱에 터를 잡고, 친구이자 아방가르드 건축가인 호세프 루이스 셀트Josep Lluis Sert와 함께 미술관의 구조를 디자인했다. "모든 것은 자연의 리듬처럼 저절로 일어납니다. 자연스럽게, 아무것도 강요하지 않고요." 미술관을 보면 그의 말을 이해할 수 있다. 캔버스처럼 새하얀 건물에 올리브나무가 있는 안뜰, 사이프러스와 아몬드 나무, 캐롭 나무가 유기적으로 어울린다. 미술관 내부는 풍부한 채광과 전시 형태에 따른 편안한 동선으로 유명하다. 곳곳에서 완전히 원형이 아닌 반구 형태 또는 무늬를 볼 수 있는데, 이는 틀을 깨는 그의 생각을 비유적으로 표현한다. 호안 미로 화풍을 오토마티즘automatism이라고 하는데 생각이 흘러가는 대로 그림을 그리는 화법을 말한다. 전통적인 회화 작법을 뛰어넘어 어린아이처럼 창의적이며 자유분방하다. 그림에는 화가가 정한 기호와 상징이 들어가는데 이를 두고 '미로의 수화'라고 한다. 기호를 미리 공부해가면 그림과 대화하는 재미가 있다. 또는 기호의 언어 전시장에서 작가의 언어를 배울 수도 있다.

주소 Parc de Montjuïc
위치 메트로 L1·L3 Espanya 하차 후 150번 버스 Fira Barcelona 정류장
운영 11~3월 10:00~19:00, 4~10월 10:00~20:00 (일 ~19:00)
휴무 월요일(공휴일 제외)
요금 성인 €15, 15~30세 학생·65세 이상 €9 (14세 미만 무료)
유료 사물함 €1 (백팩은 입장 불가)
홈피 fmirobcn.org (한국어 가이드 가능)

Tip | 미술관 밖에서 미로의 작품 만나기

❶ 리세우 극장 앞 람블라스 거리에서 찾을 수 있는 호안 미로 타일 장식이다. 바르셀로나에 온 여행자들을 환영하기 위해 만들었다 (p.98 참고).

❷ 쇼핑몰 아레나 뒤편 호안 미로 공원Parc de Joan Miró에서 작품 〈여자와 새Dona i Osel〉를 볼 수 있다. 새에게 왕관을 씌운 여성 거인이다.

❸ 카이샤la Caixa 저축 은행 로고는 사람이 저금통에 돈을 넣는 모습이다. 우리나라에선 2018년에 오뚜기 진라면이 탄생 30주년을 맞아 호안 미로와 협업했다.

more & more 호안 미로 미술관 작품 설명

전시는 호안 미로가 대부분 기증한 소장 작품으로 회화 217점, 조각 178점, 스케치 8천여 점 등 약 15,000점의 예술 작품을 보유하고 있다. 다른 현대 미술 작가들의 작품도 조금씩 만나볼 수 있으며 신진 작가들의 기획 전시가 정기적으로 열린다. 미술관 야외에는 조각품과 설치 미술품들이 전시되어 있다.

❶ 〈자화상Self-portrait〉(1960)
흑연으로 그린 자화상은 확대경으로 비춘 것처럼 부위 하나하나를 꼼꼼하게 그렸다. 여기에 별과 해, 무지개, 불꽃 등 그의 세계를 나타내는 상징물을 더했다. 프랑스에 있을 때 그렸으나 2차 세계대전 때 파리에 두고 온 그림이다. 사본을 요청해 그 위에 검고 두껍고 강렬한 획으로 빠르게 두 번째 자화상을 그렸다.

❷ 〈푸른 빛의 금The gold of the azure〉(1967)
1940년대에 사용했던 상징인 별, 행성, 여성, 물결선 등이 다시 등장한다. 호안 미로가 어렸을 때 일본 판화에 관심이 있었고 물 한 방울, 자갈, 모래 한 줌 등 아무 의미가 없는 것에 반응하는 방식이 인상적이었다고 한다. 덕분에 우리는 틀렸다는 의심 없이 다양한 해석을 논할 수 있으니 상상력을 총동원해보자.

❸ 〈재단 태피스트리Tapestry of the Fundació〉(1979)
직물 예술가인 호세프 로요josep Royo와 협업한 작품이다. 회화와 콜라주, 태피스트리를 혼합한 오버텍스처로 직물에 실을 엮어 그림을 그리거나 특이한 소재를 결합하는 등 실험적인 작업이 두드러지는 직물 작품이다. 양모와 황마, 대마, 면으로 만들어 기본색인 흰색과 검은색, 파란색, 빨간색, 노란색을 쓰고 2차 색으로 라일락, 초록, 주황, 갈색을 섞었다. 다산과 생명을 뜻하는 여성 상징물, 지상과 천상을 잇는 새, 푸른 달과 별이 함께 등장한다.

❹ 〈배설물 더미 앞에 선 남자와 여자〉(1935)
구리 조각에 유화로 그린 작품이다. 1936년 스페인 내전, 쿠데타와 좌파의 총선 패배, 가톨릭교와의 갈등 등 스페인 국가의 정치 상황과 대중 폭동을 겪으면서 어수선해진 사회 분위기를 작품에 담아냈다. 강한 명암 대비를 사용해 비극적인 상황을 표현했다. 서로를 향해 팔을 뻗었으나 다가가지 않는 모습이 첨예한 대립을 나타낸다. 인물 모두 이기주의를 바탕으로 한 사치스러운 모습이며 확대된 성기는 혐오스러운 감정을 대변한다.

❺ 〈아몬드꽃을 가지고 노는 연인들〉
파리 라데팡스에 설치했던 높이 12m, 무게 8톤의 공공 설치 미술이다. 호안 미로 미술관에 전시한 이 작품은 원본의 1/4 크기다. 강화 폴리에스테르로 만든 두 개의 인형은 초승달이 달린 여성과 구를 이고 있는 남성이다. 아몬드는 남녀의 화합을 뜻하며 다산을 상징한다.

★★☆

몬주익성 Castell de Montjuïc

GPS 41.363079, 2.165095

몬은 산, 주익은 유대인을 뜻한다. 1945년, 언덕 북동쪽에서 11~14세기에 만들어진 유대인 무덤 700여 기가 발견되어 붙여진 이름이다. 몬주익 정상은 도시와 항구가 한눈에 들어오는 군사 전략 요충지였다. 1073년 등대를 설치해 도시를 감시했고 1640년 펠리페 4세에 대항하는 반란군이 요새를 건설하고 수도를 방어했다. 18세기 스페인 왕위 계승 전쟁에선 카탈루냐를 지키기 위해 끝까지 버텨낸 요새였고 스페인 내란 후에는 정치범 수용소로 사용되었다. 지금은 이 모든 군사 역사를 망라하는 군사 박물관이 들어서 있다. 일몰쯤 가장 아름답지만, 늦은 시간에는 인적이 드문 곳을 피하자.

주소 Carretera de Montjuïc, 66
운영 11~2월 10:00~18:00, 3~10월 10:00~20:00
휴무 1월 1일, 12월 25일
요금 성인 €12, 8~12세 €8
(매주 일요일 오후 3시부터, 매월 첫째 주 일요일, 8세 미만 무료)
홈피 ajuntament.barcelona.cat/castelldemontjuic

▶▶ 알칼데 전망대 Mirador del'Alcalde

몬주익 언덕 중턱에 있는 전망대로 바르셀로나 시내와 포트 벨 방향을 조망할 수 있다. 전망대는 공원 내에 있으며 매점에서 간단한 음료나 스낵을 살 수 있다. 몬주익 소형 케이블카 Teleféric de Montjuïc를 이용하면 쉽게 도착한다.

주소 Ctra. de Montjuïc, 43
위치 몬주익 케이블카 이용 Mirador 정류장에서 하차

▶▶ 미라마르 전망대 Mirador de Miramar

미라Mira는 보다, 마르Mar는 바다라는 뜻으로 바다를 전망하기 가장 좋은 장소다. 미라마르 호텔 앞 아르마다 광장Plaça de l'Armada 내에 있어 쉬어가기 좋다. 항구 케이블카Teleféric del Puerto가 출발·도착하는 승차장과 카페테리아도 있다.

주소 Ctra. de Miramar, 38

Tip | 몬주익 가는 방법

몬주익은 언덕이라 부르지만, 산이라 하기엔 낮고 언덕이라 하기엔 높다. 카탈루냐 국립 미술관과 카이사 포룸에는 에스컬레이터가 있어 쉽게 도착할 수 있으나 올림픽 주 경기장과 몬주익성은 걸어가는 길이 내내 오르막길이라 숨이 차오른다. 늦은 봄과 여름에 더위까지 겹치면 여행을 온 건지, 올림픽 하계 훈련을 온 건지 착각이 들 수도 있다.
다행히 우리의 수고로움을 도와줄 여러 가지 방법으로 몬주익에 오를 수 있다. 바르셀로나 대중교통 홈페이지(tmb.cat)나 TMB 앱에서 출발지와 목적지를 입력하면 정류장, 노선, 환승 등 정보를 확인할 수 있다.

추천 코스
스페인 광장에서 150번 버스를 이용해 몬주익 명소 관람 후 몬주익성Castell 정류장 도착 → 150번 버스를 이용해 미라마르 전망대Av Miramar-Pl.Carlos Ibáñez 정류장 도착 → ③ 항구 케이블카Teleféric del Puerto를 이용해 바르셀로나 항구에 있는 세바스티아 탑Torre de St. Sebastiá 도착 → 시내 이동

❶ 대중교통
- **카탈루냐 광장** Plaça de Catalunya ↔ **몬주익 미라마르 길** Av. Miramar (**몬주익 중턱**)

55번 버스를 이용하면 바르셀로나 시내 중심인 카탈루냐 광장에서 몬주익성 아래 미라마르 푸니쿨라 정류장Av.Miramar-Estació del Funicular까지 한 번에 이동한다(1시간 소요). 몬주익성까지 가는 길은 경사가 심하며 도보로 20분 정도 소요된다. 150번 버스를 타거나 몬주익 소형 케이블카를 이용하면 편하다.

- **스페인 광장** Plaça d'Espanya ↔ **몬주익성** Castell de Montjuïc

바르셀로나 시내 · 외 어디에 있던 메트로를 타고 스페인 광장역L1·L3 Espanya에 도착하면 150번 버스를 타고 몬주익성 앞 카스텔Castell 정류장에서 하차한다(35분 소요). 올림픽 주 경기장, 호안 미로 미술관에도 정차하니 몬주익을 여행할 때 유용하다.

❷ 몬주익 푸니쿨라 Funicular de Montjuïc
- **메트로 파랄렐역**L2·L3 Paral·lel
  ↔ **미라마르 길** Av. Miramar (**몬주익 중턱**)

개찰구를 나가지 않고 파랄렐역 내에서 Funicular de Montjuïc 표지판을 따라 이동한다. 푸니쿨라는 몬주익 중턱 미라마르 길에 있는 몬주익 푸니쿨라 상부 정류장에 하차한다(2분 소요). 메트로 · 버스와 같이 교통권 사용이 가능하며 환승은 무료다.
운영 11~3월 월~금 07:30~20:00, 토~일 · 공휴일 09:00~20:00 **4~10월** 월~금 07:30~22:00, 토~일 · 공휴일 09:00~22:00

❹ 몬주익 케이블카 Teleféric de Montjuïc
- **미라마르 길** Av. Miramar (**몬주익 중턱**)
  ↔ **알칼데 전망대** Mirador del'Alcalde
  ↔ **몬주익성** Castell de Montjuïc

55번 버스나 몬주익 푸니쿨라를 이용하면 미라마르 길이 있는 언덕 중턱에 도착한다. 몬주익성까지 가려면 도보 또는 150번 버스, 그리고 몬주익 케이블카를 이용해 이동한다. 그중 케이블카는 주위 풍경을 전망하기 좋아 인기다.
운영 3~5 · 10월 10:00~19:00, 6~9월 10:00~21:00, 11~2월 10:00~18:00
요금 왕복 성인 €17, 4~12세 €12 (4세 미만 무료)
홈피 telefericdemontjuic.cat

❸ 항구 케이블카 Teleféric del Puerto
- **세바스티아 탑** Torre de St. Sebastiá
  ↔ **미라마르 전망대** Mirador de Miramar

바르셀로나 항구에 있는 세바스티아 탑과 몬주익을 연결하며, 바다 위를 지나는 케이블카다. 1929년 만국 박람회 때 시내와 전시관이 있는 몬주익 언덕을 쉽게 오갈 수 있도록 만들었다. 거기다 바다 위 70m 상공을 아찔하게 지나오며 바르셀로나 시내와 부두를 함께 조망할 수 있다. 20인승 케이블카로 10분 정도 소요된다.
주소 Passeig Joan de Borbó, 88
운영 11~2월 11:00~17:30, 3~5월 · 9월 중순~10월 10:30~19:00, 6~9월 중순 10:30~20:00
휴무 12월 25일
요금 편도 €12.5, 왕복 €20
홈피 telefericodebarcelona.com

카이사 포룸 Caixa Forum

★☆☆

GPS 41.371428, 2.149499

우아하고 고전적인 외관 때문에 과거 방직 공장이었다는 사실이 믿어지지 않는다. 그라시아 거리의 카사 아마트예르를 만든 모더니스트 건축가, 호세프 푸이치 Josep Puig가 1911년에 지은 건물이다. 회사 사정이 좋지 않아 파산하고 1919년 문을 닫았고 만국 박람회 때는 창고로 사용됐다. 이후 스페인 대표 은행 그룹, 카이사 저축 은행이 공장을 구매해 옛 모습을 최대한 복원·보수한 뒤 2002년 문화 센터로 다시 문을 열었다. 규모가 큰 현대 미술관으로 다양한 기획 전시와 공연은 물론, 어린이를 위한 예술 교육 프로그램도 운영한다. 카페와 레스토랑은 가성비와 맛이 모두 좋은 편. 붉은 벽돌로 된 건물이나 옥상에서 이국적인 분위기의 인물 사진을 찍기에도 좋다. 현대 미술에 관심이 있다면 홈페이지에서 전시 일정을 확인하고 방문해보자.

주소 Av. de Francesc Ferrer i Guàrdia, 6-8
위치 메트로 L1·L3 Espanya
운영 10:00~20:00
요금 €6~ (카이사 은행 고객, 16세 미만 무료)
홈피 caixaforum.org

올림픽 주 경기장 Estadi Olímpic de Montjuïc Lluís Companys

★☆☆

GPS 41.365507, 2.156049

바르셀로나는 1888년에 개최된 만국 박람회로 산업을 근대화하고 경제를 활성화했다. 1929년, 두 번째 만국 박람회를 유치하며 스페인 경제의 중심 도시로 부상했다. 비약적 성장을 이룬 데는 몬주익의 역할이 적지 않다. 만국 박람회에 맞춰 대대적인 정비와 건축, 다양한 계층 인사들의 참여로 성공적인 개최를 이뤄냈다. 올림픽 주 경기장도 같은 해에 개관했다. 1936년 하계 올림픽 개최지로 베를린과 바르셀로나가 경합을 벌였고 그 결과 개최지는 독일로 선정됐다. 개최 3년 전 아돌프 히틀러의 독재 정권이 시작되면서 1936년 '인민의 올림피아드'를 스페인 바르셀로나에서 개최하기로 했다. 그해 7월 전 세계에서 선수들이 도착할 즈음 스페인 내전이 터져 올림픽은 취소되었다. 이후 경기장을 재정비하고 최대 60,000명 관중을 수용하는 육상 월드컵 경기장으로 개장했다. 우리나라로서는 잊지 못할 장소인데, 1992년 하계 올림픽 때 마라톤 선수 황영조가 일본 선수와 선두 경쟁을 벌이다 결승점인 올림픽 주 경기장에 1등으로 들어와 금메달을 차지했다. 일제 강점기에 일장기를 가슴에 달고 나라 잃은 설움 속에 금메달을 딴 손기정 선수가 그 자리에 함께 있었다. 입구 맞은편에는 우리나라 돌을 공수해 만든 마라톤 선수 황영조의 기념물이 세워져 있다. 올림픽 이후에 축구, 럭비 경기장으로 사용됐고 마이클 잭슨과 롤링 스톤즈, 콜드플레이 등 유명 뮤지션이 공연하기도 했다.

불붙은 화살이 날아가 점화되었던 성화대

주소 Passeig Olímpic, 15-17
위치 메트로 L1·L3 Espanya
운영 4월~10월 10:00~19:00, 11월~3월 10:00~17:00
요금 무료
홈피 estadiolimpic.cat

외곽

구엘 공원 Park Güell ★★★

GPS 41.414837, 2.152652

19세기 산업 혁명으로 신흥 부자들이 늘어났고, 촌구석이었던 엑삼플레와 그라시아 지역은 도시 계획으로 대규모 저택이 들어섰다. 중산층은 도심 가까이 살기 위해 집을 빌려 생활했는데 그로 인해 주택 임대업이 성행했다. 당시 구엘은 영국에서 진행하는 '전원도시 건설에 관한 실험'에 관심이 있었고, 중산층이 내 집을 마련하고자 하는 소비 욕구와 맞물렸다고 판단해 바르셀로나 교외에 사유 주택 단지를 구상하기에 이르렀다. 공장과 매연, 소음으로 괴로운 도심을 벗어나 자연에 가까이 살 수 있도록 펠라다 산Muntanya Pelada(현재 Carmel Hill, 358m) 남쪽 기슭에 야산을 매입했다. 가우디에게 집 60채가 있는 전원도시를 설계해 달라고 부탁하고 영국식이니 이름도 영어, '파크Park'를 그대로 사용했다.

분양은 입주자들이 공원 내 땅을 구매한 뒤 원하는 건축가에게 집을 의뢰하는 방식으로 진행되었다. 결과는 대실패였다. 바르셀로나 시내까지 출퇴근 시간이 너무 오래 걸리는 데다 비포장도로는 마차 바퀴가 고장이 날 정도였고 경사도 가팔랐다. 펠라다 산은 벌거숭이 산으로 불릴 만큼 바위투성이에 물도 없는 척박한 땅이란 인식이 주요 요인이었다. 착공한 지 14년 만에 2채만 분양되고 끝내 중단됐다. 처음 토지를 구입한 사람은 구엘의 친구이자 변호사인 마르티 트리아스Marti Trias였다. 나머지 1채는 가우디가 아버지, 조카와 함께 살기 위해 이사했다. 구엘의 집은 원래 있던 농가를 개조해 거주했다. 미분양된 땅은 가우디가 정원으로 조성했는데 새로운 식재를 심을 때에는 물을 많이 필요로 하지 않는 지중해 식물을 선택했다.

1918년 구엘이 세상을 떠난 지 4년 후, 바르셀로나 시의회는 공원을 매수해 1926년 시립 공원으로 개방하였고 구엘의 집은 초등학교로 개조해 오늘날까지 운영되고 있다.

주소 C/ Olot, 5
운영 10월 말~2월 중 09:30~17:30, 2월 중~3월 09:30~18:00, 4~6·9~10월 말 09:30~19:30, 7~8월 09:00~19:30
요금 성인 €18, 7~12세·65세 이상 €13.5 (6세 이하 무료)
홈피 parkguell.barcelona

Tip | 구엘 공원 가는 방법

❶ 24번 버스 카탈루냐 광장의 엘 코르테 잉글레스 백화점 앞에서 승차, 동쪽 입구 Carretera del Carmel-Park Güell 정류장에서 하차(30~40분 소요)
❷ 메트로 L3 Lesseps역 하차 후 도보 15분(오르막)
❸ 메트로+버스 L4 Alfons X역에서 V19번 버스를 타고 Ctra del Carmel-Albert Llanas 정류장에서 하차(약 15분 소요)

more & more
가우디- 구엘=생각 안 됨

가우디는 1878년 파리 만국박람회에서 영원한 벗이자 열렬한 후원자인 에우세비 구엘Eusebi Güell을 만났다. 구엘은 철골 뼈대에 6면은 유리를 끼우고 덩굴처럼 생긴 철제 장식을 한 가죽 장갑 장식장을 보고 단번에 마음을 뺏겼다. 이후 가우디는 구엘 농장과 저택, 공원, 콜로니아 성당까지 가문 전속 건축가가 되었고, 구엘이 72세에 생을 마칠 때까지 약 40년 동안 우정과 믿음을 교류했다.

구엘 공원 자세히 보기

구엘 공원은 출입구가 두 곳이다. ❶ <u>관리사무실과 관리인의 집</u>이 있는 정문과 가우디의 집이 있는 후문이다. 후문은 오르막에 있지만, 버스 정류장이 근처에 있어 출입하기 편하다. 유명한 ❷ <u>조각상 계단</u>은 내려올 수만 있고 다시 역행할 수 없어 동선을 고려하여 후문에서 정문 방향으로 이동하는 것을 권한다. 다시 버스를 타려면 오르막길을 올라야 하지만, 정문으로 나가 내리막길을 따라 조금만 걸으면 대중교통을 이용할 수 있다.

공원 안에는 카페테리아를 제외하고 음식을 사 먹을 만한 곳이 없다. 카페테리아 음식은 가격이 비싸고 맛도 뛰어난 편은 아니니 미리 간식이나 도시락을 준비하는 것이 좋다.

❶ 관리사무실과 관리인의 집 Conserjería La & Casa del Guarda

종려나무 잎 모양으로 디자인된 정문은 1965년에 카사 비센스에서 가져온 철문이다. 정문을 통해 마차가 들어오면 정면에 마차가 유턴할 수 있는 장소도 만들어뒀다. 양옆 건물은 가우디가 리세우 오페라에서 본 공연 〈헨젤과 그레텔〉에서 영감을 받아 동화 속 과자집을 닮도록 설계했다. 경비원의 집은 머랭을 올린 듯한 지붕과 잘 익은 쿠키로 쌓은 벽 같다. 굴뚝은 커피를 사랑한 가우디답게 커피잔을 거꾸로 붙인 게 아니냐는 설이 있다. 내부가 협소해 늘 대기 인원이 있지만 창문에서 기념사진을 찍기 위해 기다리는 사람이 많다. 입체 십자가가 달린 경비실은 기념품 상점으로 운영되어 내부를 쉽게 관람할 수 있다.

분수 계단 오른쪽 동굴은 마차가 유턴하는 장소다.

뱀 분수와 용 분수

용 분수

천장 모자이크

구엘의 집

❷ 조각상 계단 Escalera de estatuas

맨 아래 분수는 몬세라트의 암벽 폭포를 재현해 놓았다. 자연과의 조화를 중시한 가우디의 철학을 반영한 부분으로 카탈루냐 자연을 감상하는 경험까지 의도했다. 중앙 분수는 카탈루냐 깃발에 뱀의 머리가 튀어나와 있다. 이 뱀은 성경 출애굽기 이야기에 나온다. 이스라엘 백성이 광야에서 우상을 숭배하다가 불뱀에게 물리고 병에 걸리는 벌을 받게 된다. 모세가 기도를 드리자 '뱀의 형상을 만들어 사람들에게 보여주어라.' 하고 말씀을 받은 뒤 놋(구리)으로 뱀을 만들어 십자가 위에 얹어 보여줬더니 치유되었다. 구엘은 이 물을 '치유의 물'이라는 스토리텔링을 입혀 판매하려고 했다. 최상단 분수는 구엘 공원의 마스코트인 도마뱀이다. 동물의 정체가 정의되지는 않았지만, 가우디 작품에 꼭 등장하는 용을 공식적으로 보고 있다. 혹은 불을 자유자재로 다스리는 정령, 샐러맨더나 그리스 신화에 나오는 피톤이라는 이야기도 있다. 모든 걸 차치하고 아름다운 트렌카디스 표현만은 극찬이 아깝지 않다.

❸ 열주 홀 Sala hipóstila

나투라 광장을 떠받치고 있는 기둥 홀이다. 지름 1.2m 도리스 양식 기둥으로 86개가 서 있다. 돌과 타일의 경계선은 원근법에 따라 앞 기둥은 더 높게, 뒷 기둥은 더 낮게 보여야 하는데 모든 경계선 높이를 다르게 해 원근법을 무시하도록 만들었다. 소나기를 형상화한 기둥은 안에 수로가 있어 실제로 물이 흐른다. 천장은 떠 있는 구름처럼 오목하게 만들어 동화적 상상을 불러일으킨다. 지름 3m의 원판 4개는 사계절 태양을, 지름 1m의 원판 14개는 달이 변화하는 모습을 담았다. 트렌카디스 기법으로 아름다운 천장 모자이크는 소음을 차단하기 위해 만들었는데 본래 시장으로 사용하려 했다. 열주 홀 옆에 위치한 붉은색 집은 구엘의 집이다.

> **Tip | 주민 식수 해결! 가우디의 정수 시스템**
>
> 주택 단지에 물이 부족하지 않도록 가우디는 정수 시스템을 만들었다. 나투라 광장에 내린 비는 모래 광장을 지나 자갈과 점토를 통과해 86개 기둥 속 수도관을 따라 이동한다. 주랑 지하에 있는 정수조에 모여 중앙 계단의 분수로 배수된다. 정수된 물은 고이지 않고 계속해서 흐를 수 있도록 했다.

❹ 나투라 광장 Plaça de la Natura

설계상 '그리스 극장'이라고도 불렸던 광장은 대규모 공연을 위한 야외 공간으로 계획되었다. 공연을 보거나 휴식하러 온 주민들이 친분을 쌓을 수 있는 장소로 구상했다. 관람석을 광장 가장자리에 만든 벤치다. 석고 반죽 위에 인부를 바른 자세로 앉히고 신체 형태와 부위마다 가해지는 하중을 계산해 인체 공학적으로 만들었다. 중간중간 뚫린 구멍은 빗물이 고이지 않고 벤치 뒤 수로로 흐를 수 있게 하고 사자의 입으로 배수된다. 벤치 뒷면이자 난간에는 12개 별자리가 조각되어 있다. 뱀의 모습을 본뜬 벤치는 세상에서 가장 긴 벤치라는 주제로 기네스북에 등재되어 있다.

살바도르 달리처럼 사진 찍기

배수로와 12개 별자리

❺ 빨래하는 여인의 현관
El Pòrtic de la Bugadera

가우디는 야산을 함부로 깎거나 메우지 않고 최대한 본래의 등고선을 따라 공사했다. 높이를 맞추기 위해 만든 복도는 홍해를 가르는 '모세의 기적'에서 영감을 받았다. 산에서 나온 돌을 쌓아 만든 기둥은 마치 파도처럼 비스듬히 기울어졌으며 바깥쪽에 수직 보조 기둥을 만들어 중심을 잡았다. 하중을 덜 받는 보조 기둥에는 빨래하는 여인 조각상이 있다. 가우디는 지반 공사를 할 때 발견한 어린나무를 뽑는 대신 도면을 수정했는데, 기둥 사이에 휘어 자란 나무가 그 어린나무다. 주위에는 소나무와 종려나무, 로즈메리와 백리향 같은 자생 식물을 심었다.

❻ 가우디 박물관(가우디의 집)
Casa Museu Gaudi

60채 부지 중 2채가 분양되었는데 하나는 변호사 마르티 트리아스, 하나는 가우디가 살았다. 분홍색 벽에 녹색 지붕을 얹은 집은 가우디의 고향 친구이자 건축가인 프란세스크 베렝게르 Francesc Berenguer가 지었다. 원래 구엘 공원 모델 하우스였으나 분양에 실패하자 1906년 이사 왔다. 19년 후 사그라다 파밀리아 성당으로 옮기기 전까지 이곳에 살았으며 사후에는 매각해 성당 공사 비용으로 쓰라던 유언에 따라 개인에게 매매했다가 현재 사그라다 파밀리아 소유의 가우디 박물관으로 운영하고 있다.

어린나무 / 빨래하는 여인 조각상

티비다보 공원 Parc d'Atraccions Tibidabo

★★☆

GPS 41.421837, 2.119444

주소 Pl. Tibidabo, 3-4
운영 11:00~20:00
(잦은 변동으로 홈페이지 참고)
요금 p.170 표 참고
홈피 tibidabo.cat

카탈루냐 해안의 콜세롤라산맥Serra de Collserola에서 가장 높은 봉우리가 티비다보산(512m)이다. 정상에는 예수 성심의 속죄 성당이 있다. 바르셀로나에서 가장 높은 언덕에 있어 시내 어디서도 팔 벌린 예수가 어렴풋이 보인다. 16세기 몬세라트의 산 헤로니Sant Jeroni 수도원에 거주하는 수도사들이 이 산을 티비다보Tibidabo라 부르기 시작했다. 마태복음에 있는 라틴어, Ti-Bi-Dabo에서 가져온 말로 '내가 너에게 주노라'는 뜻이다. 악마가 예수를 가장 높은 곳에 데리고 가 모든 권위와 영광을 주겠노라 유혹하는 내용이다. 바르셀로나에서 가장 매혹적인 장소는 아마도 티비다보 공원인 듯하다. 성당 꼭대기에 있는 예수를 눈앞에서 볼 수 있으니 말이다.

1901년 문을 연 티비다보 공원은 스페인에서 가장 오래된 놀이공원이다. 유럽에서는 덴마크의 바켄Bakken(1583)과 오스트리아의 프라터 공원Prater(1766), 덴마크의 티볼리 공원(1843) 다음이다. 모두 평지에 있지만, 티비다보는 산 정상에 있어 가장 멋진 전망을 자랑한다. 일몰 때 대관람차를 타고 내려다보이는 바르셀로나 시내의 모습은 낭만 그 자체다. 실제로 영화같은 풍경을 담기 위해 감독 우디 앨런의 〈내 남자의 아내도 좋아Vicky Christina Barcelona〉(2009)가 이곳에서 촬영되었다. 우리나라에선 뉴진스의 〈Hype Boy〉 뮤직비디오에 나와 낯익다.

대형 테마파크에 비하면 규모가 작고 기구 수도 적지만 얕보면 큰코다친다. 산 위에 있어 고소는 더 크게 느껴져서다. 대관람차나 회전 전망대는 유리로 막지 않고 뻥 뚫려있다. 비행 기구 Avió는 1927년 바르셀로나

콜세롤라 타워(1992년 바르셀로나 올림픽을 위해 지어진 안테나 타워)

에서 마드리드까지 최초로 날아간 비행기를 복제했다. 이듬해부터 놀이공원에 설치해 자체 프로펠러로 뱅글뱅글 돌고 있다.

싱글 티켓(€3)을 구매해 한 가지씩 탈 수도 있지만 놀이기구를 좋아한다면 통합 이용권을 고려해보자. 이용권은 크게 두 가지로 나뉜다. 놀이동산 전체 기구를 모두 이용할 수 있는 놀이공원Amusement park 이용권과 전망을 즐기는 파노라마 지역Panoramic Area 이용권이다. 각 이용권은 산 아래에서 티비다보까지 연결하는 반딧불이 푸니쿨라 승차권과 함께 판매하고 있다. 반딧불이 푸니쿨라Cuca de Llum는 오래된 케이블카를 철거하고 2021년 6월에 문을 연 새로운 푸니쿨라다. 하부 정류장에서 티비다보 상부 정류장까지 4분 만에 연결한다.

운영 시간 및 입장권 요금과 혜택(※개장 여부는 홈페이지에서 미리 확인)

	놀이공원 Amusement park		파노라마 지역 Panoramic Area	
요금	성인	신장 90~120cm	성인	신장 90~120cm
	€39	€15.5	€21.5	€11.8
운영	3월~6월23일·9~11월 주말·공휴일 6월24일~8월 수~일·공휴일 12월 주말·22~24,29~1월5일		2월 주말 3~12월 매일 (12월 25,26일 제외) 1월 2~5일	
혜택	유료 입장권 필요		누구나 무료로 입장 가능	
	롤러코스터, 바이킹, 후룸라이드, 범퍼카, 꼬마기차 등 25가지의 놀이기구		이용 불가	
	대관람차Giradabo, 회전 전망대Talaia, 비행기구Avió 회전목마Carrusel, 오토마타 박물관Museum of Automatons		대관람차Giradabo, 회전 전망대Talaia, 비행기구Avió 회전목마Carrusel, 오토마타 박물관Museum of Automatons	
	반딧불이 푸니쿨라 승차권		반딧불이 푸니쿨라 승차권	

▶▶ 예수 성심의 속죄 성당 Temple Expiatori del Sagrat Cor de Jesús

지하 예배당

티비다보 정상에 개신교회와 호텔 카지노가 지어진다는 소문이 퍼지자 1886년 가톨릭 의회는 얼른 땅을 사서 성전을 지었다. 여러 이유로 진척이 늦어져 1902년 초석을 놓고 약 60년 동안 지어져 신비잔틴, 신로마네스크, 신고딕 양식이 혼재되어 있다. 지하 예배당은 건물 아래에 있어 지하라곤 했지만, 놀이공원에서 계단을 올라가야 하기에 1층 같다. 정면 외관에는 삼위일체 모자이크로 장식했고 내부에는 반원형 후진이 화려하다. 왼쪽에는 파도바의 성 안토니오와 성모 마리아, 오른쪽에는 몬세라트의 성 요셉과 성모 마리아에게 봉헌된 예배당이다. 지하 예배당에서 시작해 사원을 거쳐 성당 맨 위, 거대한 그리스도 상까지 가는 과정은 희생과 속죄를 통해 승천하고 정화되는 것을 의미한다. 승천을 돕기 위해 엘리베이터가 있으니 걱정은 말자. 바르셀로나에서 가장 높은 곳. 전망대에서 시내를 내려다보는 기회도 놓치지 말자.

주소 Serra de Collserola Natural Park, Cumbre del Tibidabo
운영 1~3·10~12월 09:00~20:00, 4~5·9월 09:00~21:00, 6~8월 09:00~21:30
요금 성당 무료, 전망대(엘리베이터) €5, 오디오 가이드(한국어) €6
홈피 tibidabo.salesianos.edu

Tip | 티비다보 가는 법

❶ 카탈루냐 광장 Plaça de Catalunya → **티비다보 푸니쿨라역** Tibidabo Funicular → **반딧불이 푸니쿨라** Cuca de Llum **이용**

- FGC 열차(L7) 카탈루냐 Catalunya역에서 승차 후 Av. Tibidabo역에서 하차, 4분 걸어서 Av Tibidabo-La Rotonda 정류장에서 196번 버스를 이용 Pl del Doctor Andreu - Funicular 정류장에서 하차
- V13 버스 Pl Catalunya - Bergara 정류장에서 승차, Adrià Margarit - Av Tibidabo 정류장에서 하차(도보 12분)
- V15 버스 Pg de Gràcia - Casp 정류장에서 승차, Josep Garí - Av Tibidabo 정류장에서 하차(도보 14분)

반딧불이 푸니쿨라 Cuca de Llum
운영 Amusement Park 영업일 10:30~폐장 후 30분, Panoramic Area 영업일 11:00~폐장 후 15분
 (1월 2~5일, 2월 주말, 3~12월 매일, 12월 25~26일·1월 1일 10:00~14:00)
요금 왕복 €13.5

❷ 카탈루냐 광장 Plaça de Catalunya → **발비드레라 푸니쿨라** Vallvidrera Funicular → **111번 버스 이용(50분 소요)**

- FGC 열차(S1 또는 S2 이용) 카탈루냐 Catalunya 역에서 승차 후 Peu del Funicular역에서 하차(맨 앞·맨 뒤 객차 문 안 열림) 도보 2분 거리에 Vallvidrera Inferior 승차장에서 푸니쿨라(배차 간격 6분) 타고 Vallvidrera Superior에서 하차, Funicular de Vallvidrera 정류장에서 111번 버스를 타고 Ctra de Vallvidrera al Tibidabo 정류장에서 하차

스포티파이 캄 노우 Spotify Camp Nou

★★☆

GPS 41.381089, 2.122819

1899년 스위스 사업가 한스 캄페르는 바르셀로나 축구클럽을 창단했다. 열성 축구 팬들과 함께했던 클럽은 100년이 넘는 역사를 써 오며 스포츠 클럽 이상으로 진보했다. 경기장 관객석에 적혀 있는 "Mes Que un club (클럽, 그 이상의 클럽)"은 현실이 되었다. 1909년부터 사용하던 첫 홈구장, 캄프 데 라 인더스트리아 Camp de la Indústria를 떠나 1922년, 캄프 데 레스 코르츠 Camp de Les Corts로 이전했다. 6,000명을 수용할 수 있는 경기장이었으나 헝가리 스타 선수, 라슬로 쿠발라 Kubala László를 보러온 수많은 사람들을 모두 수용할 수 없었다. 그는 FC 바르셀로나에서 뛰며 리그 우승컵을 4번이나 들어 올렸다. 입장권은 매회 매진, 관람석이 모자라 담벼락에 매달리거나 담장에 앉았고 이를 보는 사람들은 엉덩이만 보인다고 해서 카탈루냐어로 쿨레 Culés라 불렀다. 지금도 바르샤 Barça라는 팬 애칭으로 불린다. 축구 인기는 시들 줄 몰랐다. 1957년 9월 24일, 이전 구장과 다른 '새로운 구장'이란 뜻으로 캄 노우를 개장했다. 99,354명을 수용할 수 있으며 유럽에서 가장 큰 경기장이다. FC 바르셀로나는 창단 이래 시민 후원으로 운영되다가 2022년 스웨덴의 세계 최대 음원 스트리밍 플랫폼인 스포티파이가 스폰서십 협약을 체결하면서 정식 명칭이 바뀌었다.

스페인 축구 리그 프리메라리가 La Liga 팬이라면 캄 노우는 성지다. 라리가 27회 우승을 차지했고, UEFA 챔피언스 리그에서 5회 우승한 전통 강호 축구클럽의 홈구장이다. 호나우지뉴 Ronaldinho와 리오넬 메시 Lionel Messi, 네이마르 Neymar, 안드레 이니에스타 Andres Iniesta, 사비 에르난데스 Xavi Hernandez와 같은 최정상 선수들이 FC 바르셀로나의 황금기를 이끌었다. 로베르트 레반도프스키 Robert Lewandowski와 라민 야말 Lamine Yamal 등 역량 있는 선수들이 역사를 이어가고 있다. 캄 노우를 관람한다는 것은 축구 팬이라면 이루고 싶은 버킷리스트다. 관람 방법은 경기 관람과 박물관 투어 두 가지다.

주소 Les Corts
운영 p.173 Tip 참고

▶▶ FC 바르셀로나 박물관, 플레이어스 익스피리언스 Players Experience

여행 일정 중 경기가 없거나 일정이 안 된다면 경기장 안에 있는 FC 바르셀로나 박물관 Barça Stadium Tour & Museum을 둘러보자. 시청각 자료를 통해 축구팀의 역사와 경기 하이라이트를 한눈에 볼 수 있고 실제 선수들이 사용하는 로커 룸과 스포츠 의학센터, 기자실, 경기 입장 통로, 예배당 등도 직접 살펴볼 수 있어 흥미롭다. FC 바르셀로나 매장인 메가 스토어에서 유니폼이나 기념품을 구매할 수 있다.

주소 Av. Arístides Maillol
(캄 노우는 개·보수 공사가 끝날 때까지 몬주익 올림픽 경기장 Estadi Olímpic Lluís Companys에서 진행한다.)
위치 메트로 L3 Les Corts 또는 Maria Cristina, L5 Collblanc
운영 4월 중~10월 중 09:30~19:00
10월 중~4월 중
월~토 10:00~18:00,
일 10:00~15:00
휴무 1월 1일, 12월 25일
요금 박물관 투어 성인 €28~,
4~10세·65세 이상 €21~
(4세 미만 무료)
홈피 fcbarcelona.es

메가스토어

리오넬 메시가 받은 발롱도르

Tip | FC 바르셀로나 경기 예약 및 관람

스페인 축구 리그 라리가는 매년 8월 말부터 이듬해 6월까지 열린다. 여행 일정이 리그 시즌과 겹치는 축구 팬이라면 경기 직관에 도전해보자. 공식 홈페이지에서 경기 일정 확인 및 입장권 예약을 할 수 있다. 입장권은 Basic (축구 경기 관람)과 Basic Plus (축구 경기 관람+박물관 투어), VIP Premium (VIP 좌석과 라운지 이용권)이 있다. 경기 날짜와 시간은 경기 14일 전에 최종 확정되므로 일주일 전까지 홈페이지에서 계속 확인하고, 바르셀로나에 머무는 일정도 여유롭게 계획해야 한다.
미리 홈페이지에서 예약하지 못했더라도 포기하지 말자. 당일 현장 판매 티켓이 있다. 구장 밖 매표소나 바르셀로나 시내 곳곳에 있는 축구 경기 티켓 판매소에서 구매할 수 있다. 엘 클라시코(리그 라이벌인 FC 바르셀로나와 레알 마드리드 경기)나 빅매치 경기는 당일 현장 구매가 어려울 수 있으며 웹에서도 일찍 매진되므로 구매를 서두르자.

벙커 Bunkers del Carmel

★★☆

GPS 41.419429, 2.161800

해발 262m인 투로 데 라 로비라Turó de la Rovira 언덕 꼭대기에 있는 전망대다. 영어로는 벙커, 스페인어로 분케라라 부른다. 실제론 땅을 파서 만든 구덩이, 벙커는 없고 대공전과 시설만 있었다. 1937년, 스페인 내전 당시 프랑코 독재 정권과 손잡은 독일과 이탈리아 파시스트 군의 전투기 공격으로부터 도시를 방어하기 위해 만들어진 대공포 기지다. 지금도 소총과 대공포를 설치했던 흔적과 참호가 그대로 남아있다. 도시보다 높은 위치에서 360도로 시야를 확보할 수 있었던 벙커는 이제 평화로운 도시를 내려다보는 전망대가 되었다. 조망만 보고자 한다면 티비다보 공원의 대안으로 고려해볼 만하다. 시내와 멀지 않아 이동 시간이 짧고 주요 관광지가 가까이 보여서다. 특히 일몰과 야경이 아름다워 음료와 간식을 챙겨 여유롭게 즐기는 코스가 됐다. 점차 찾는 이가 많아지다 보니 문제도 생겼다. 늦은 시간에 소음이 잦고 쓰레기가 증가하며 우범지역이 되었다. 내전 후 이곳은 빈민들이 모여 사는 마을로 판잣집을 짓고 살았다. 1992년 바르셀로나 올림픽 때 재개발될 예정이었으나 반대로 무산되었다. 코로나19를 거치면서 주민들의 항의가 빗발치자 일몰 시간쯤에 경찰이 투입해 강제 해산을 결정했다. 일몰 시간은 동절기에는 17:30, 하절기에는 19:30이다. 언덕 꼭대기라 날씨에 유의해서 방한·방서에 대비하고 혼자가는 것보다 동행을 구해서 가는 편이 낫다.

주소 Carrer de Marià Labèrnia, 55
운영 일출~일몰쯤

Tip | 벙커 가는 법

❶ 카탈루냐 광장 Pg de Gràcia-Casp 정류장에서 22번 버스 승차 Gran Vista-Doctor Bové 정류장에서 하차, 산 방향에 있는 계단 이용해 도보 10분

❷ 카탈루냐 광장 앞 엘코르테 잉글레스 앞에서 24번 버스 이용 후 Doctor Bove-Gran Vista 정류장에서 하차 후 도보 15분 (22번 버스를 이용하면 걷는 코스가 더 짧다.)

콜로니아 구엘 성당 Cripta de la Colònia Güell

★★☆ GPS 41.364055, 2.027892

콜로니아 구엘은 바르셀로나에서 약 20km 떨어진 산타 콜로마 데 세르벨요Santa coloma de Cervelló에 있다. 19세기 산업 혁명 시기에 공장과 마을을 합친 공동체를 '콜로니아'라고 불렀으며, 공장을 중심으로 노동자 거주지, 학교, 병원, 종교 시설이 함께 조성되었다. 콜로니아 구엘은 '구엘이 만든 산업 단지'를 말한다. 넓고 저렴한 외곽에 방직 공장을 짓고 노동자 삶의 질을 고려한 복지 환경을 조성했다. 1898년 구엘은 가우디에게 노동자를 위한 콜로니아 구엘 성당을 의뢰했다. 하지만 가우디는 15년 전부터 사그라다 파밀리아 성당의 건축을 담당하면서 구엘 성당에 온 힘을 쏟을 수가 없었고 구엘 사망 후 공사 자금 문제도 있었다. 6년 만에 지하 예배당은 완공되었지만, 본당은 미완성으로 남았다. 그럼에도 콜로니아 구엘 성당은 2005년 유네스코 세계 문화유산에 등재되었다. 독창적인 기술과 디자인, 문화적 가치가 더해진 결과였다.

주소 Claudi Guell
위치 스페인 광장에서 FGC (S3·S4·S8·S9) 기차를 이용해 Colonia Güell역 하차(도보 7분)
운영 10:00~17:00 (토~일·공휴일 ~15:00)
휴무 1월 1·6일, 종려주일, 성금요일, 12월 25·26일
요금 €10, 가이드 투어 €13
홈피 gaudicoloniaguell.org

---

more & more 가우디의 건축 실험실, 콜로니아 구엘 성당

콜로니아 구엘 성당은 사그라다 파밀리아 성당 건축과 시기가 겹쳐 다양한 건축 기술을 고민하는 실험의 장이 되었다. 자연주의와 신앙 철학, 혁신적인 건축 구조, 경계 없는 재료 선정까지 가우디가 가진 모든 개념이 시작된 곳이다.

❶ 혁신적인 건축 기법과 구조

건축물은 기울어진 기둥 탓에 언뜻 다리를 뻗고 중심을 잡은 거미처럼 보인다. 건물의 기둥이 똑바로 서 있지 않고 바깥쪽으로 기울어져 있는 경사 기둥이다. 파라볼라 곡선Parabolic Arch을 활용한 일명 '가우디 아치' 요소 중 하나다. 가우디는 중력을 효율적으로 분산시키기 위해 천장에 늘어지는 체인을 만들고 거꾸로 뒤집어서 설계하는 방식을 선택했다. 건물의 하중을 자연스럽게 분산시켜 더 안정적인 구조인 동시에 쌍곡선 포물면 형태로 외벽이 하중을 버티게 한다. 고딕 양식에 주로 사용하던 버팀목(부축벽)을 사용하지 않아 자유로운 변형이 가능해졌다.

❷ 자연을 닮은 건축

기울어진 기둥은 내부에서도 사용했다. 건축물을 '자연의 일부'처럼 만들고 싶었던 가우디는 기둥을 자연스럽게 휜 나무 형상으로 만들고 외부 기둥은 작은 현무암을 다다귀다다귀 붙였다. 토양과 식물 등 자연과 유사한 색상과 질감을 사용해 유기적인 형태로 만들었다. 경사진 땅을 해치지 않고 그대로 살려 성당을 설계한 부분도 같은 이유다.

예배당이 아늑하고 편안한 느낌이 든다면 아마 스테인드글라스 때문일지도 모른다. 햇빛이 나뭇잎을 통과하듯 간접적이고 따뜻한 느낌을 주려는 의도로 만들어졌다. 모양도 나뭇잎과 솔방울에서 영감을 받았다. 나비 모양 창문은 쇠줄을 당겨 열릴 때 나비의 날개가 움직이는 것처럼 보인다. 자연에서 직접 가져온 자연 구조물도 있다. 태평양에서 직접 가져온 조개로 성수반을 만들었다. 조개껍데기는 순례를 상징하며 물을 담을 수 있어 세례 역할도 한다.

신자석은 인체 구조에 맞춘 의자로 특히 등이 닿는 부분이 부드럽게 휘어져 편안하다.

❸ 재료 활용

벽돌과 현무암, 도자기, 돌 등 다양한 소재를 조합하여 질감과 색의 대비가 살아나는 미적 건축물을 만들었다. 특히 벽과 기둥에 도자기와 타일을 깨서 붙인 트렌카디스 기법이 만들어지던 초기여서 이후 작품들과 비교해보는 재미가 있다. 노동자를 위한 성당이라 사치스럽지 않도록 성경 구절을 상징한 천장 등 일부 구간만 사용했다.

콜로니아 구엘 성당만 봐도 만족도가 높지만, 산업 단지였던 만큼 개인 주택인 카 레스피날Ca l'Espinal과 카 로르달Ca L'Ordal, 숙소, 방직 공장과 학교를 함께 둘러봐도 좋다. 인적이 드문 동네라 해가 지기 전에 방문하자.

카 레스피날

카 로르달

관광 안내소

방직 공장

라 마누알 알파르가테라 La Manual Alpargatera

GPS 41.381611, 2.176121

'스페인 짚신'으로 불리는 에스파드리유는 식물 섬유인 에스파드릴이라는 천연 소재로 밑창을 만들어 무게가 가벼운 신발이다. 이곳은 농민들이 신던 신발이 상업화되던 1940년 문을 연 가게다. 오늘날까지 장인들이 한땀 한땀 직접 제작해 품질과 전통을 인정받아 시에서 '백년 가게' 간판을 받았다. 발이 편안하고 시원하며 내구성이 뛰어나 살바도르 달리와 파블로 피카소, 프랑스 패션 디자이너 장 폴 고티에, 독일 총리였던 앙겔라 메르켈도 이곳 단골이다.

주소 Carrer d'Avinyó, 7
운영 월~토 10:00~20:00, 일 12:30~17:30
요금 €50~
홈피 lamanual.com

GPS 41.383221, 2.175164

 ## 사바테르 Sabater - Fàbrica de sabons

영화 <향수: 어느 살인자의 이야기>의 배경이었던 산 펠리프 네리 광장 모퉁이에 있는 수제 비누 가게다. 1940년에 시작해 3대째 이어온 가업이다. 바르셀로나의 오래된 섬유 공장을 개조해 이곳을 지었고 모든 제품을 수작업으로 만든다. 자연 유래 성분을 기반으로 하며 화학 성분을 최소화하기 위해 노력한다. 대부분 비건 및 생분해성 제품이며 동물 실험을 하지 않는 제품들이다. 샴푸바나 헤어 비누는 모발 건강에 유익한 성분이 많아 탈모 예방에 도움을 줘서 인기다. 선물용으로 구매하기 좋고 짐에 넣으면 냄새가 배어 여행 내내 상쾌하다.

주소 Plaça de Sant Felip Neri, 1
운영 월~토 10:30~20:30, 일 12:00~18:00
요금 수제 비누 100g €8~
홈피 sabaterhnos.com

바르셀로나의 숙소

바르셀로나는 지역마다 독특한 분위기와 특징을 지닌 숙소들이 있어, 여행 스타일과 취향에 맞는 숙소를 선택하는 것이 중요하다. 예산과 교통 접근성, 치안, 주변 환경을 고려해 지역별 숙소의 장점, 단점을 소개한다.

볼거리 많은 바르셀로나, 관광이 주목적이라면 람블라스 또는 바리 고딕 지구가 도보 이동이 가능한 지역이라 편하다. 예산이 좀 들더라도 안전하고 세련된, 컨디션이 좋은 숙소에 머물고 싶다면 엑삼플레를 추천한다. 로컬 느낌이 중요하다면 라발이나 보른 지역도 괜찮으며 저렴한 편이다. 관광과 휴양 두 마리 토끼를 잡으려면 해변이 가까운 바르셀로네타나 언덕 위에 있는 몬주익이 답이다.

지하철 L1, L3, L5 노선 근처에 있는 숙소를 정한다면 관광명소로 연결된 교통 접근성이 좋다. 여행객에게 도시 이동은 가장 피곤한 일이다. 공항버스 정류장 근처에 묵어 이동 시간을 줄이는 편이 가장 좋다. 바르셀로나는 소매치기가 많은 도시라 낯선 곳에 도착해 짐도 많은 상태에서 이동 시간이 오래 지속되면 매우 피곤하다. 카탈루냐 광장 주변은 도로 정비가 잘 되어 있어 캐리어를 끌고 다니기도 편하다.

여름에 바르셀로나는 무척 더워서 에어컨이 필수이며 방음 여부도 추가로 고려하자. 비행 도착 시간이 늦은 밤일 때는 야간 체크인이 가능한지 확인해야 한다. 바르셀로나는 대도시여서 야간 체크인이 가능한 곳이 많지만, 일부 부티크 호텔이나 에어비앤비는 안 되는 곳도 있다. 체크아웃 후 짐 보관이 가능한지도 확인하자.

> **Tip | 도시세는 별도**
>
> 바르셀로나 숙소에는 1인 1박 기준으로 1~3.5유로 정도 도시세를 부과한다. 체크인할 때 별도로 내야 하는 경우가 많으며 현금 지불을 요청하기도 한다.

지역	주변 여행지	장점	단점
람블라스	카탈루냐 광장, 람블라스 거리, 보케리아 시장	❶ 공항버스가 카탈루냐 광장까지 이동해 접근성이 좋다. ❷ 대중교통 중심지라 구시가지는 걸어서, 외곽은 메트로 1회 이용으로 대부분 도착할 수 있다. ❸ 도로 포장이 잘 되어있어 걷기 편하고 캐리어 이동도 쉽다. ❹ 라 보케리아 시장이 가까워 신선한 과일과 음식을 즐기기 좋다. ❺ 여행객 편의 시설이 모여있는 위치이며 저렴한 호스텔부터 고급 호텔까지 다양하다. ❻ 유명 레스토랑과 바가 많고 현대적인 쇼핑몰과 상점이 많다.	❶ 관광객이 너무 많아 붐비고 복잡하며 다소 시끄럽다. ❷ 바르셀로나에서 소매치기가 가장 많은 곳이라 할 수 있다. ❸ 행사가 많은 지역에 있어 여름이나 연말에는 숙소 가격이 급등한다. ❹ 나이트라이프가 활발해 밤늦게까지 음악이나 소음이 들려올 수 있다. ❺ 여행자들이 많이 찾는 위치라 관광객용 식당이나 호객 행위가 있다.
바리고딕	바르셀로나 대성당, 산 펠리프 네리 광장, 왕의 광장	❶ 중세 시대 건물과 골목을 머무는 내내 느낄 수 있다. ❷ 주요 관광지와 가까워 걸어서 여행하기 좋다. ❸ 오랜 전통을 가진 레스토랑과 타파스 바, 추로스 가게가 많다. ❹ 로컬 디자이너와 수제 공방 등 독특한 상점과 부티크가 많다. ❺ 길거리 공연이 많아 숙소에 돌아가는 길이 낭만적이다. ❻ 숙소에 가는 길 또는 숙소에 있다가도 쉽게 야경을 구경할 수 있다.	❶ 중세 시대 돌길이 그대로 남아있어 바닥이 울퉁불퉁하고 좁은 골목길이 많다. 캐리어를 이용하기 어렵고 오래 걸으면 피로도가 높아진다. ❷ 미로 같은 구조라서 길을 잃기 쉽다. 구글 지도에 찍힌 숙소 위치가 정확하지 않아 길을 찾기 어렵다. ❸ 거리 공연도 많고 늦게까지 하는 식당이 많지만, 밤에 어두운 골목이 많아 조금 위험하게 느껴질 수 있다. ❹ 관광객이 많은 지역이라 소매치기가 많다. ❺ 오래된 건물이 많아 내부 리모델링을 해도 방음이 약한 경우가 많다. ❻ 골목이 많고 차가 다닐 수 없는 길도 있어 차량 접근이 어렵다. 택시나 우버도 숙소 앞으로 오기 어려운 경우가 있다.
엑삼플레	사그라다 파밀리아 성당, 산 파우 병원	❶ 19세기 산업 혁명이 요람한 곳으로 계획도시라 도로가 넓고 블록형 건물 구조라 숙소 찾기가 쉽고 걷기도 편하다. ❷ 사그라다 파밀리아와 카사 바트요, 카사 밀라 등 가우디 건축물과 고급 건축물이 많다. ❸ 현대적이고 세련된 분위기의 고급 호텔과 부티크 호텔이 많아 숙소 컨디션이 좋은 편이다. ❹ 소매치기가 적고 비교적 안전한 지역이다. ❺ 밤에도 소음이 없는 편이다. ❻ 바르셀로나의 상업 중심지로 럭셔리 브랜드와 미슐랭 같은 고급 레스토랑이 밀집해 있다.	❶ 숙소 가격이 비싸다. ❷ 스페인 현지 분위기는 덜한 편이다. ❸ 가우디 투어를 하기엔 좋지만, 다른 여행지는 대부분 람블라스 아래쪽에 있어 이동하기 번거롭다.
그라시아	카사 바트요, 카사 밀라	❶ 로컬 감성이 가득한 매력적인 동네. 동네 타파스 바, 작은 선술집, 동네 슈퍼마켓과 이웃의 상점 같은 곳이 많다. ❷ 숙소 가격이 합리적이다. ❸ 밤에도 조용하고 한적해서 휴식하기 좋다.	❶ 구엘 공원과 가까운 거리로 중심지까지 대중교통을 이용해 이동해야 한다. ❷ 길이 좁고 일부 도로 정비가 안 되어있거나 언덕이 있는 지역도 있어 캐리어를 끌고 걷기 힘들다. ❸ 오래된 숙소도 섞여있어 검색을 많이 해서 숙소를 잘 선택해야 한다.

지역	주변 여행지	장점	단점
라발	바르셀로나 현대 미술관, 현대 문화 센터, 해양 박물관	❶ 가장 다문화적인 지역으로 이민자들이 많고 개성 넘치는 분위기다. ❷ 예부터 예술가들이 살았던 지역으로 미술관, 갤러리, 스트리트 아트가 많아서 힙스터 감성이 강하다. ❸ 빈티지 숍이나 개성 있는 카페, 독립 서점, 비건 식당 등 독특한 아이덴티티를 가진 상점이나 식당이 많다. ❹ 람블라스 거리와 바로 연결되어 관광지로 이동하기 쉽다. ❺ 가격이 저렴한 숙소나 로컬 느낌의 아파트먼트가 많다.	❶ 소매치기가 많은 지역 중 하나이며 늦게까지 하는 타파스 바가 많지만, 어두운 골목이 많아 밤에는 조심해야 한다. ❷ 일부 지역은 쓰레기가 방치되어 위생 상태가 좋지 않고 노숙자나 마약 문제가 있는 곳도 있다. ❸ 오래된 건물이 많아 숙소 시설이 깔끔하지 않을 수 있다. ❹ 바, 클럽, 라이브 공연장이 많아 밤에 시끄러울 수 있다.
보른 & 바르셀로네타	카탈루냐 음악당, 피카소 미술관, 바르셀로네타 해변	❶ 바르셀로나 중심지와 적당한 거리를 둘 수 있으며 쉴 수 있는 공원과 해변이 근처에 있어 도심 속 휴양지에 온 느낌이 든다. ❷ 해변과 연결된 동네로 여름에는 수영, 일광욕, 서핑 등 해변 활동을 하기 쉽다. ❸ 유명한 해산물 레스토랑이 많아 미식가들에게 천국이다. ❹ 보른 지구는 산타 카타리나와 같은 전통 시장이 있어 신선한 채소와 과일, 음식을 먹을 수 있다.	❶ 바르셀로네타 지구는 메트로와 같은 대중교통이 원활하지 못해 시내와 명소로 이동하기 어렵다. ❷ 여름철에는 현지인과 관광객으로 가득하며, 소매치기범까지 몰려들어 혼잡하다. ❸ 해변 근처에 있어 숙소 가격이 비싸다. 가성비 좋은 숙소는 빨리 예약해야 한다. ❹ 해변 가까이에 있는 클럽이나 바에서 밤 늦게까지 파티를 즐기는 사람들로 소음이 있을 수 있다.
몬주익 & 포블레 섹	스페인 광장, 올림픽 주 경기장, 몬주익성	❶ 바르셀로나 올림픽 경기장이 있는 몬주익 언덕 공원에서 산책하거나 러닝하기 좋다. ❷ 공항버스, 렌페 로달리에스, 시외버스 등 대중교통 중심인 스페인 광장이 있어 바르셀로나 근교 여행이 쉽다. ❸ 자연과 역사를 즐길 수 있는 여유로운 분위기로 관광객이 많지 않아 조용하고 한적한 분위기다. ❹ 포블레 섹은 타파스 성지로 Carrer de Blai는 바르셀로나에서 가장 유명한 핀초스 Pinchos바 거리다. ❺ 호텔뿐만 아니라 에어비앤비나 아파트 숙소 옵션이 많아 인원이 많은 가족이 이용하기 좋다.	❶ 중심지에서 20분 정도 떨어져 있어 도보 이동 외에도 대중교통을 이용해야 한다. ❷ 몬주익 지역은 언덕이 많아 걸어 다니기 힘들다. 푸니쿨라와 케이블카, 에스컬레이터 등 다양한 이동 수단이 있지만 접근성이 떨어진다. ❸ 치안은 비교적 안전하지만 저녁에 다소 한산한 분위기라서 활기찬 밤 문화를 좋아한다면 맞지 않다. ❹ 슈퍼마켓이나 상업 시설이 부족해 급하게 사야할 물건이 생기면 불편할 수 있다.

Special Area 1. 바르셀로나 근교

그곳에는 카탈루냐 영혼이 산다 **몬세라트**
Monserrat

몬세라트는 카탈루냐의 영혼이 깃든 신성한 땅이며, 시대의 격랑 속에서도 꺾이지 않는 정신의 증거다. 1936년 프랑코 독재 정권이 승리하면서 카탈루냐 문화는 탄압받아왔다. 말과 글, 문화와 정체성을 말살시키는 정책이었다. 카탈루냐어를 쓰면 체포되었고 국기를 사용할 수 없었으며 역사를 왜곡하고 학교에서도 배울 수 없었다. 민족주의자들은 피난처, 몬세라트 수도원으로 향했다. 그들은 몰래 카탈루냐어로 미사를 드리고, 출판물로 기록해 문화와 역사를 지켜나갔다. 자유를 향한 저항의 불씨는 타올라 1970년, 카탈루냐인 300여 명이 수도원에 모여 카탈루냐 자유 선언을 발표했다. 바람에 실린 의지는 1971년 대규모 민주화 시위로 퍼졌고 프랑코 사망 후 민주주의 국가로 전환하면서 카탈루냐는 독립과 자유를 되찾았다.

> **여행 Tip** 몬세라트에서 꼭 해야 할 일 체크!
> - ✓ 검은 성모 마리아상, 라 모레네타 La Moreneta 알현하기
> - ✓ 세계 3대 소년 합창단, 몬세라트 에스콜라니아가 부르는 천상의 노래 듣기
> - ✓ 신성한 산, 몬세라트 하이킹하기

몬세라트 수도원
관광 안내소
우체국
기념품점
쉼터
기념비
놀이공간
화장실
전망 포인트
성당 정면
파사드
검은 성모 마리아상,
라 모레네타
성모 마리아 성당
수바라치의 〈성 조르디〉
성당 앞 광장
훌리아
버스 정류장
수비라치의
〈라몬 룰 기념비〉
산악열차
몬세라트 수도원-
아에리 데 몬세라트역
케이블카 승하차장
산타 코바 트레일 코스
케이블카
푸니쿨라
몬세라트 수도원
-산타 코바
푸니쿨라
상부 승차장
산 미겔 십자가 코스
산트 조안 푸니쿨라
하부 승하차장
푸니쿨라
산 헤로니
트레킹 코스
십자가의 길

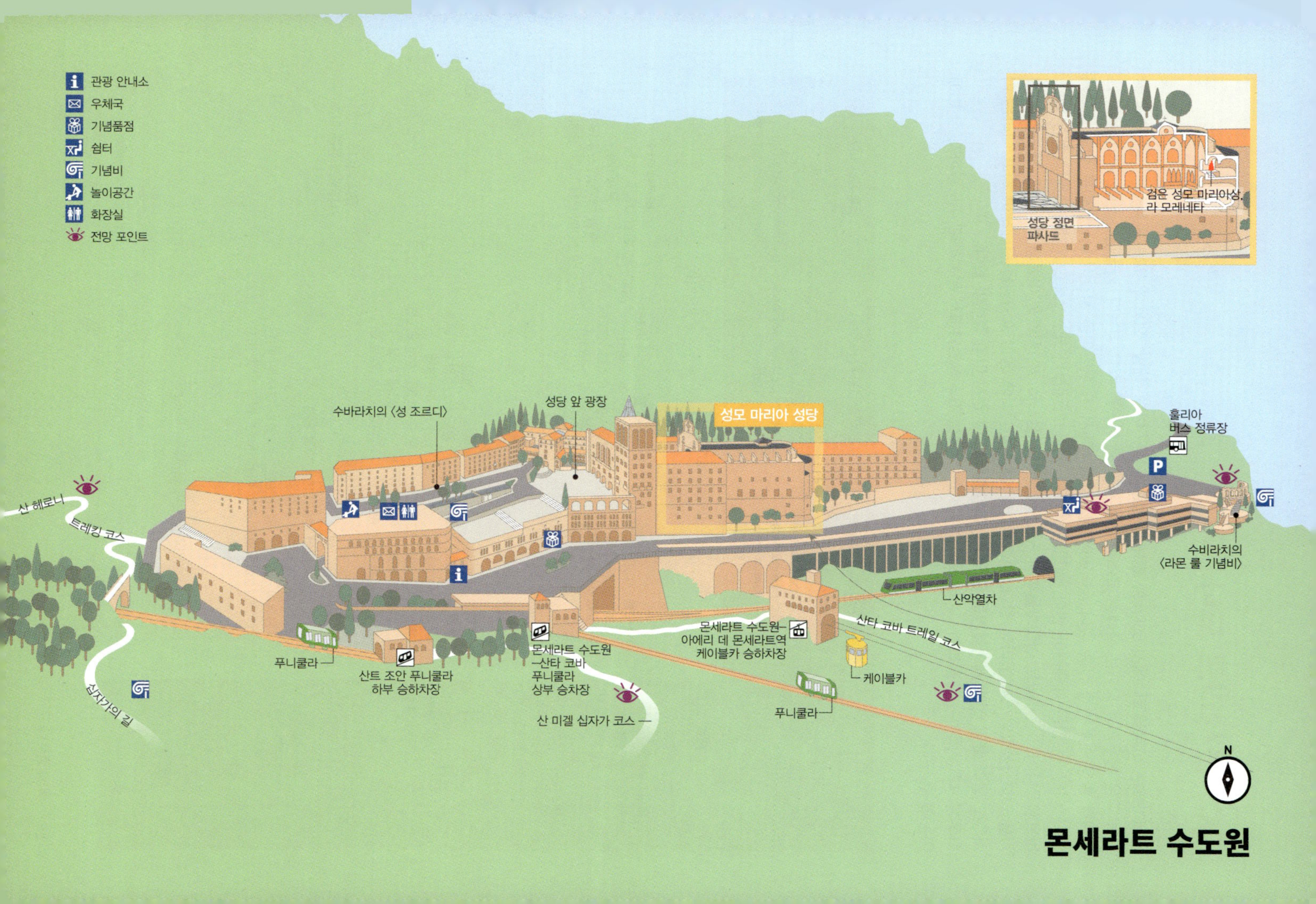

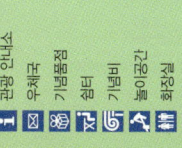

몬세라트 드나들기

몬세라트는 바르셀로나에서 55km쯤 떨어진 험준한 산군이다. 해발 720m에 있는 몬세라트 수도원과 돌기둥 같은 봉우리를 오가는 트레킹 코스를 즐기기 위해 이곳을 주로 찾는다. 카탈루냐 민족주의자들이 은신처로 활용했을 만큼 산속 깊이 숨어있어 바르셀로나에서 가려면 이동 시간이 1시간 30분 정도 소요되며, 넉넉히 2시간은 계획해야 한다. 방법은 ①FGC 기차+케이블카 또는 ②FGC 기차+산악열차가 있다. 바르셀로나에서 몬세라트 아랫마을까지 FGC 카탈루냐 철도로 약 1시간을 이동해 케이블카 또는 산악열차를 타고 산 중턱까지 올라야 한다. 바르셀로나에서 출발할 때 통합 승차권을 구매해야 하고 내리는 기차역도 달라 **출발 전에 케이블카로 갈 건지, 산악열차로 갈 건지 미리 정해야 한다.**
하루에 1대 운행하는 ③훌리아Julia 버스를 이용하면 바르셀로나 산츠역에서 몬세라트 수도원까지 한 번에 이동할 수 있다.

		①FGC기차+케이블카	②FGC기차+산악열차	③훌리아 버스
노선		Pl. Espanya ↔ Aeri de Montserrat ↔ Montserrat	Pl. Espanya ↔ Monistrol de Montserrat ↔ Montserrat	Estació d'autobusos de Barcelona Sants↔Montserrat
운행 시간	FGC 기차	05:16~22:30		바르셀로나 출발 09:15, 도착 10:40 몬세라트 출발 18:00, 도착 19:15 (10~3월 17:00 출발)
	케이블카/ 산악열차	11~2월 09:30~17:15 (토·일 ~18:15) 3~10월 08:45~19:00	10~2월 08:35~18:15 (토·일 ~19:15) 3~9월 08:35~20:15 (6~7월 ~19:15)	
요금	FGC 기차	편도 €6.15		
	케이블카/ 산악열차	성인 편도 €9.3, 왕복 €14 4~13세 편도 €4.9, 왕복 €7 65세 이상 편도 €8.15, 왕복 €11.65	성인 편도 €8.7, 왕복 €14.5 4~13세 편도 €4.35, 왕복 €7.25 65세 이상 편도 €7.8, 왕복 €13	편도 €6.15 (버스 기사에게 현금 결제)
	Montserrat combined ticket	성인 편도 €15.1, 왕복 €29.3 4~13세 편도 €11.1, 왕복 €24.3 (왕복할 경우 케이블카 또는 산악열차 1가지만 이용, 케이블카/산악열차 교차 이용하려면 편도 티켓 이용)		
	Trans Montserrat	성인과 어린이 상관없이 €46.45		
홈페이지		aeridemontserrat.com	aeridemontserrat.com	autocaresjulia.com

FGC 기차+케이블카

바르셀로나 스페인 광장역Pl. Espanya에서 FGC R5 (Manresa 방향)를 이용한다. 아에리 데 몬세라트 Aeri de Montserrat역에 하차, 기차역과 연결된 케이블카 승차장을 이용하면 5분 만에 산 중턱에 다다르며 5분 정도 오르막을 걸어 수도원에 도착한다(매시 1~2대 배차). 공중에서 바라보는 몬세라트와 마을 풍경이 아름다워 케이블카를 선택하는 여행객이 많다. 단, 성수기나 탑승객이 많은 시간에는 케이블카 수용 인원이 제한되어 있어 대기가 있을 수 있다. 점검 기간 또는 이상 기후에는 운행이 중지된다. (홈페이지 공지 또는 스페인 광장에 있는 몬세라트 승차권 판매원 안내를 참고하자.)

FGC 기차+산악열차

바르셀로나 스페인 광장역Pl. Espanya에서 FGC R5 (Manresa 방향)를 이용한다. 케이블카역 다음인 모니스트롤 데 몬세라트Monistrol de Montserrat역에 하차, 산악열차를 이용하면 20분 정도 달려 몬세라트 수도원에 도착한다(매시 15분 출발). 케이블카보다 수용 인원이 많고 날씨에 크게 영향을 받지 않아 안전하며 운행이 보장되어 있다. 몬세라트로 갈 때는 선두 객차 왼쪽에 앉으면 전망이 좋다.

Tip | 몬세라트 승차권 구매

❶ Montserrat combined ticket
FGC 기차와 케이블카/산악열차 승차권을 각각 구매해도 되지만, 통합권을 구매하면 약간의 할인을 받을 수 있고 번거로운 구매 횟수를 줄일 수 있어 편하다. 스페인 광장역에 있는 승차권 발매기(노란색)에서 구매한다. Montserrat combined ticket을 누르고 Single/Return Ticket combined train + Rack Railway/Cable car를 선택한다. 모르겠다면 옆에 있는 직원에게 물어보자.

❷ Trans Montserrat
메트로 2회와 FGC 기차 왕복, 산악열차/케이블카 왕복(택1), 몬세라트 내 푸니쿨라 왕복(산트 조안Sant Joan, 산타 코바Santa Cova)를 포함한 통합 승차권이다. 산악열차 왕복 또는 케이블카 왕복으로 구매하며 편도로 교차 이용은 안 된다. 가격은 성인과 어린이 상관없이 €46.45다.

❸ Tot Montserrat
Tot Montserrat는 기존 Trans Montserrat에 몬세라트 박물관 입장권과 수도원 내 뷔페 레스토랑 이용권이 포함된다. 뷔페 레스토랑은 가성비가 좋은 편이 아니라서 권하지 않는다. 가격은 성인과 어린이 상관없이 €68.25다.

훌리아 버스

훌리아 버스는 스페인 전역과 일부 국경 국가를 연결하는 스페인 버스 회사다. 몬세라트행 버스는 산츠역Sants 옆 산츠 버스 터미널Estació d'autobusos de Barcelona Sants에서 출발한다. 1일 1대 배차인데 인터넷 예약이 되지 않아 좌석이 없으면 못 탈 수도 있다. 만석일 경우 회사에 연락해 1대를 더 배차해 주기도 하지만, 30분 이상 지연되거나 인원수, 배차 상황에 따라 유무가 달라져 출발 시간 20~30분 전에 대기하자.

몬세라트 추천 일정

몬세라트는 바르셀로나에서 출발하는 당일치기 여행지 중 가장 인기가 많다. FGC 기차는 이용객이 많아 좌석이 없으면 1시간 내내 서서 가야 하는 경우도 생기니 일찍 출발하길 권한다. 바르셀로나로 돌아오는 훌리아 버스는 좌석 확보가 어려울 수 있으므로 시간을 유동적으로 사용할 수 있는 다른 교통수단을 권한다.

1. 바르셀로나 스페인 광장역에서 FGC 기차로 출발
→ 아에리 데 몬세라트역에 하차 후 케이블카 이용
→ 몬세라트 수도원 → 13시 에스콜라니아 성가 관람
→ 산악열차 이용 후
→ 모니스트롤 데 몬세라트역에서 FGC 기차 승차
→ 바르셀로나 스페인 광장역 도착

케이블카를 탈 수 있는 FGC 기차역이 산악열차보다 전에 있고 오전 일찍 이용하면 이용객이 적다. 필수 관람지인 몬세라트 수도원과 에스콜라니아 성가 공연을 관람하고 일정에 따라 산타 코바(왕복 1시간), 산 미겔 십자가(왕복 1시간 30분), 산 헤로니(왕복 2시간 30분) 트레킹을 추가해 보자. 산악열차를 타고 산 아래로 내려오면 케이블카 이용객보다 FGC 기차를 먼저 타므로 대부분 좌석을 확보할 수 있다.

2. 바르셀로나 산츠역에서 훌리아 버스로 9시 15분 출발
→ 몬세라트 수도원 → 13시 에스콜라니아 성가 관람
→ 산타 코바(왕복 1시간), 산 미겔 십자가(왕복 1시간 30분), 산 헤로니(왕복 2시간 30분) 트레킹
→ 몬세라트 수도원에서 17시 출발
→ 바르셀로나 산츠역 도착

훌리아 버스로 출발해 몬세라트 곳곳을 둘러보고 올 수 있는 코스다. 일정이 17시보다 전에 끝난다면 케이블카/산악열차+FGC 기차를 이용해 바르셀로나에 돌아오면 된다.

몬세라트 성모 마리아 수도원 Santa María de Montserrat Abbey

★★★

GPS 41.593506, 1.837624

카탈루냐어로 '몬Mont'은 산, '세라트Serrat'는 톱니 모양으로 '톱니 모양의 산'이다. 6만여 개의 기암봉은 신화 하나쯤은 거뜬히 만들어낼 법한 성스러운 자태로 앉아있다. 고대 로마 시대, 이곳에 비너스 신전이 있었다고 하니 터무니없는 이야기만은 아니다. 이후 1025년 성모 마리아를 기념하기 위해 올리바Oliba 수도원장이 베네딕토회 수도원을 세웠다. 1811년에 나폴레옹 군대에 의해 파괴되었지만, 33년 뒤부터 복원을 시작했고 20세기 초에 재건이 완료되었다.

수도원은 성당 앞 광장Plaza de Santa María이 중심이다. 순례자와 관광객을 가장 먼저 맞이한다. 몬세라트를 전망할 수 있는 아치형 회랑이 수도원 건물과 이어져있고 검은 성모 마리아를 모신 성당과도 연결된다. 달리와 피카소, 엘 그레코, 카라바조의 작품을 볼 수 있는 미술관과 외부인 출입이 금지된 수도사들의 거처도 있다. 광장에 카페가 있고 야외 상점에는 특산품인 꿀을 판매하고 있다.

이곳은 스페인 3대 카톨릭 성지다. 순례하는 마음으로 방문하자. 민소매나 짧은 하의처럼 노출이 심한 옷차림은 피하고 기도와 명상을 하는 사람들을 위해 큰소리로 대화하거나 웃는 건 자제하자.

운영 성당 07:00~20:00
검은 성모 마리아상 월~금 08:00~10:30, 12:00~17:45, 토~일 ~18:25
요금 본문 내용 참고
홈피 abadiamontserrat.cat

성당 앞 광장

일명 '천국의 계단'으로 불리는 수비라치의 <라몬 룰 기념비>

어느 곳에서 바라보아도 눈이 마주치는 수비라치의 <성 조르디>

Tip | 몬세라트 수도원 입장권

검은 성모 마리아상 알현과 소년 합창단 공연은 미리 입장권을 예약해야 한다. 현장 예매도 가능하지만, 인원 제한이 있어 성수기에는 마감될 수 있으니 일정이 정해졌다면 1~2개월 전에 예약하길 권한다. 두 가지 모두 보고 싶다면 각각 예매하는 것보다 통합권을 구매하면 훨씬 저렴하다. 공식 홈페이지가 아닌 예약 사이트(tickets.montserratvisita.com)에서 구매한다.

티켓 종류	포함 내용	요금
Ticket to the Throne of Our Lady and to the Boys' Choir	검은 성모 마리아상 + 소년 합창단 공연	매표소 €16, 온라인 €15
Ticket to the Throne of Our Lady	검은 성모 마리아상	매표소 €12, 온라인 €11
Ticket to the Boys' Choir (Escolania)	소년 합창단 공연	매표소 €12, 온라인 €11
Ticket to the Basilica	성당 내부	매표소 €9, 온라인 €8
Museum of Montserrat	박물관	매표소 €12, 온라인 €11
Visit Montserrat	검은 성모 마리아상 + 오디오 비주얼 갤러리 + 박물관	매표소 €22, 온라인 €20
Visit Montserrat and Escolania	검은 성모 마리아상 + 소년 합창단 공연 + 오디오 비주얼 갤러리 + 박물관	매표소 €27, 온라인 €25

more & more | 성모 마리아 성당 하이라이트

수도원 내 성당은 16세기에 지어졌다. 수도원과 함께 파괴되었다가 1811년 재건되었다. 70년 뒤에 교황으로부터 소 바실리카Basílica menor로 승격되는데 교황이 특별한 의미를 인정한 성당에 부여하는 명칭이다. 오랜 시간 인정받지 못한 이유는 전쟁과 혼란한 정치 상황으로 수도원 역할을 못 했기 때문. 1881년 검은 성모 마리아가 카탈루냐 수호 성모로 선포되고 수도원이 안정되면서 교황청이 중요성을 인정하게 됐다. 아트리움Atrium을 통해 본당으로 연결된다. 본당 파사드는 19세기 후반 새로 유행한 플라테레스코Plateresque 양식이다. 중앙에 예수와 열두 제자 조각상이 있으며 은세공처럼 세밀한 장식과 조각으로 화려하고 웅장하게 만들었다. 예배당에 들어가면 꼭 봐야 할 2가지가 있다. 검은 성모 마리아 알현과 세계 3대 소년 합창단, 몬세라트 에스콜라니아Escolania de Montserrat 공연이다.

본당 파사드

❶ 검은 성모 마리아상, 라 모레네타 La Moreneta

검은 성모 마리아상은 의사이자 복음사가인 사도 누가가 예루살렘에서 만든 나무 성모상이라는 전설이 있다. 예수의 치유 기적을 가장 많이 기록한 누가복음을 쓴 성인이기에, 사람들은 그가 만든 성모상에도 병을 고치는 신비로운 힘이 있을 거라 믿었다. 성모상을 스페인으로 가져온 이는 사도 베드로다. 8세기 무어인이 스페인을 침략하자

기독교인이 몬세라트의 동굴 안에 성모상을 숨겼다. 스페인 국토 회복 운동인 레콩키스타Reconquista가 활발하게 진행되던 880년, 양 치는 목동이 성스러운 빛을 따라 동굴에 들어갔다가 검은 성모 마리아상을 발견했다. 인근 마을인 말레사Manresa의 주교가 검은 성모 마리아상을 옮기려 했으나 꼼짝도 하지 않아 동굴 근처에 '산타 마리아'라는 작은 예배당을 지었고, 그것이 몬세라트 수도원의 시작점이 되었다.

사실, 검은 성모 마리아상에 대한 수도원의 공식 배경은 12세기에 몬세라트 수도사들이 만들었다는 설이다. 아기 예수와 성모 마리아는 밝은색 목조였으나 수백 년에 걸쳐 색이 검게 바랬다. 촛불 그을음이나 조각상에 바른 바니쉬가 화학적 변형을 일으켜 검게 바뀌었다고 보지만, 카탈루냐 사람들은 이를 기적이라 부른다. 중세부터 성모 마리아 손을 대고 기도한 이는 병이 나았다는 증언이 이를 뒷받침했다. 검은 성모는 오랫동안 순례자들을 품어왔다. 아라곤의 페르난도 2세를 비롯한 유럽 왕족들과 국토 회복 운동에 앞장선 백성, 독재 정치에 맞서 자유를 위해 싸운 민족주의자들까지 이곳에서 안식과 축복을 받았다. 오늘날에도 검은 성모 마리아에게 소원을 빌면 이루어진다고 하여 많은 사람이 긴 줄도 마다치 않고 서 있다. 중앙 제단과 돔 사이에 모셔져 있는데 예배당 입구 오른쪽에 있는 문을 통해 일반 방문자들도 그 앞까지 갈 수 있다. 아기 예수를 안은 성모 마리아가 오른손에 든 둥근 구체Orbe는 세상을 보호하는 존재인 어머니 즉, 성모 마리아를 의미한다. 예수가 오른손에 쥔 솔방울은 죄를 씻어주고 영원한 생명으로 구원하는 예수를 상징한다. 성모가 쥔 구체는 유리관 밖으로 나와있는데 이곳에 손을 대고 기도한다.

❷ 세계 3대 소년 합창단, 몬세라트 에스콜라니아Escolania de Montserrat

몬세라트는 가톨릭 종교 음악의 발상지로 알려져 있으며 1223년에 창설된 에스콜라니아Escolania는 세계에서 가장 오래된 소년 합창단이다. 카탈루냐 전역에서 온 9~14세 소년 48명으로 구성되어 있다. 대부분 초등학교 4학년에 시작해 변성기가 오기 전까지 활동한다. 합창단이 부르는 곡, 살베 레지나Salve Regina는 성모 마리아를 찬양하는 전통 가톨릭 성가다. 비롤라이El Virolai는 검은 성모 마리아를 찬양하는 카탈루냐 노래다. 절로 두 손이 모아지는 성스러운 음색에 음반을 구매하는 이도 적지 않다.

수도원에서 함께 생활하는 소년들은 오전에는 일반 학교에서 교육받고 오후에는 음악 활동에 집중한다. 월요일부터 금요일까지 13시에는 예배당에서 그레고리오 성가 및 합창곡 공연이 있다. 방학을 비롯해 쉬는 일정이 있으니 미리 공연 일정을 확인하고 예약하자(escolania.cat/quan-cantem).

일요일 오전 미사(11시)에도 소년 합창단이 참여한다. 미사에 참여하고 싶다면 입장료는 따로 없으나 사전 예약을 해야 한다. 신자가 아니라면 모를 수 있는 종교 예절도 미리 알고 가서 지키도록 하자. 미사 중에는 사진 촬영을 할 수 없고 자리 이동도 자제해야 한다. 미사 중 영성체를 받는 성찬례에는 신자가 아니라면 받지 않는다.

몬세라트 트레킹 코스 Senderos en la montaña de Montserrat

★★☆

몬세라트는 톱니처럼 들쭉날쭉한 산세와 수직으로 뻗은 암봉으로 세워진 거대한 바위 숲으로 예술가들에게 영감을 준 장소다. 익히 알고 있듯 가우디의 사그라다 파밀리아 성당과 카사 밀라, 장 누벨의 글로리에스 타워가 대표적이다. 바르셀로나 주변은 대부분 석회암과 화강암으로 이루어져 있는데 몬세라트만 특이하게 사암과 자갈이 섞인 퇴적암이다.

약 4,500만~5,000만 년 전 이 지역은 거대한 강이 흐르고 있었다. 강물은 카탈루냐 내륙에서 시작해 바다로 흘러들며 삼각주를 형성했는데, 바다와 강어귀에 쌓이며 퇴적층이 만들어졌다. 강과 바다가 운반한 자갈과 모래, 진흙이 쌓이고 단단하게 다져져 거대한 암석층이 되었는데, 이후 지각 변동으로 땅이 융기했고 바다가 물러나면서 몬세라트가 솟아올라 거대한 바위산이 되었다. 바람이 치고 물이 깎으며 수백만 년 동안 다듬어진 바위는 몬세라트 특유의 둥글고 기묘한 모양의 봉우리를 빚어냈다.

가우디는 카사 밀라를 건축할 때 몬세라트 석재를 고집했는데, 높은 강도 외에 색감 탓도 있다. 암석은 붉은색, 갈색, 회색, 노란색 등 다양한데 퇴적될 때 포함된 구성 성분과 산화 과정 때문이다. 붉은색과 갈색은 철(Fe) 성분이 많이 포함되어서다. 공기와 물에 노출된 정도에 따라 산화해 녹이 슬 듯이 암석에 붉은빛을 띠게 만든다. 누런색은 점토와 석영, 석회질 성분, 옅은 노란색은 모래와 석회 성분이 많은 사암이다. 강물이 흘러들 때 자갈과 모래가 많아 밝은색을 띤다. 말하자면, 몬세라트는 거대한 색 조합의 모자이크인 셈이다.

more & more 몬세라트 트레킹 코스 소개

예술적 영감과 종교적 사색을 모두 즐길 수 있는 몬세라트를 걸어보자. 산 중턱에 있는 수도원까지 왔으니 최고봉인 산 헤로니Sant Jeroni(1,236m)까지도 멀지 않은 데다, 임도가 잘 닦여있어 걷기 쉽다.

그래도 산은 만만하게 보면 안 된다. 편한 등산화와 활동하기 좋은 옷을 입고 충분한 물과 간식, 도시락을 준비하자. 수림이 우거진 곳이 아니므로 그늘이 없다. 여름에는 차양이 가능한 물품을 챙기고 아침 일찍 시작하는 것이 좋다.

❶ 자연동굴과 가파른 구간
❷ 산트 조안 코스
❸ 산 미겔 십자가 코스
━ 산 헤로니로 가는 옛길
━ 산 헤로니로 가는 새로운 길

❶ **산타 코바 코스** Camí de la Santa Cova **(난이도 쉬움, 왕복 약 1시간)**
880년, 성모 발현 기적이 일어났다는 동굴 예배당, 산타 코바로 가는 길이다. 푸니쿨라를 이용해 하부 승차장에서 출발할 수 있고 수도원에서 출발해 2km 길을 온전히 걸을 수도 있다. 신비의 묵주기도Rosario de los Misterios 길이라고도 하는데 예수 그리스도와 성모 마리아의 삶에서 중요한 순간을 묵상하며 바치는 기도의 길이다. 예수의 탄생과 어린 시절을 나타내는 기쁨의 신비 5단, 수난을 나타내는 고통의 신비 5단, 예수의 부활과 승천을 나타내는 영광의 신비 5단으로 총 15개 조각상이 있다. 호셉 푸이그Josep Puig와 호셉 르리모나Josep Llimona와 같이 당대 유명한 예술가들이 참여했는데 그중 가우디가 설계에 참여한 〈예수의 부활La Resurrección〉이 가장 유명하다. 반구에 적힌 글은 요한복음 내용으로 '나는 부활이요, 생명이다. 그리스도께서 부활하셨다. 알렐루야'다. 하늘로 승천하는 예수 옆에는 카탈루냐 깃발이 그려져 있다. 예수의 부활은 곧 카탈루냐의 독립과 부활을 상징한다. 15번째 조각은 성모대관으로 예배당 앞에 있다. 내부에는 검은 성모상이 발견된 동굴을 그대로 연결해 두었고 발견된 모습 그대로 검은 성모상 복제품을 모시고 있다.

산타 코바 푸니쿨라
운영 상부 승차장 10:00~17:00, 하부 승차장 10:10~17:30 (배차 간격 20분)
요금 편도 €4.1, 왕복 €6.3

예수의 부활

❷ 산 미겔 십자가 코스 Via Crucis de Sant Miquel (난이도 쉬움, 왕복 약 1시간)

산 미겔 십자가에 서면 몬세라트 암봉과 수도원의 모습을 볼 수 있다. 코스는 두 가지다. 첫째, 수도원에서 산트 조안 Sant Joan 푸니쿨라를 타고 상부 승차장에 내린 뒤 왼쪽 내리막길로 걷는다. 산 미겔 성당이 나오면 오른쪽으로 살짝 빠지는 길에서 곧 십자가가 나온다. 푸니쿨라 상부 승차장으로 다시 가려면 가파른 오르막을 40분 정도 걸어야 한다. 십자가 길에서 나와 수도원 방향으로 내리막길을 따라가자. 둘째, 수도원부터 걸어 푸니쿨라 옆 오르막길로 걸어간다. 경사가 가파르지 않고 잘 정비되어 있어 오르막이라도 걷기 쉽다. 대신 갈림길에서 산 미겔 십자가로 가는 표지판을 잘 확인하자.

산트 조안 푸니쿨라
운영 상부 승차장 10:15~18:00, 하부 승차장 10:00~17:30 (배차 간격 20분)
요금 편도 €10.7, 왕복 €16.5

❸ 산트 조안 코스 Camí de Sant Joan
(난이도 중간, 왕복 약 1~2시간)

수도원에서 도보 50분, 산트 조안 푸니쿨라를 타고 상부 승차장에 내린 뒤 10~15분 정도 직진해서 걸으면 산트 조안 Sant Joan 예배당에 도착한다. 코스가 짧고 난이도 하 수준이다. 단, 예배당에 다다를 즈음부터 갑자기 절벽 옆 좁은 길로 바뀐다. 걷기 힘들진 않으나 1,230m에 있는 기암절벽 옆을 걸을 때는 손에 땀이 난다. 산 호안 예배당과 산트 오노프레 Sant Onofre 예배당 근처에는 과거 수도사들이 명상과 기도를 위해 은둔 생활을 했던 자연 동굴이 있다. 이를 지나면 산타 막달레나 Santa Magdalena 예배당까지 이어진다. 예배당은 길지 않지만 긴 돌계단 끝에 있다.

❹ 산 헤로니 코스 Camí de Sant Jeroni
(난이도 어려움, 왕복 약 3~4시간)

몬세라트 최고봉인 산 헤로니 Sant Jeroni(1,236m)에 서면 장엄한 바위 봉우리들이 파도처럼 밀려온다. 맑은 날에는 바르셀로나와 지중해도 보인다.
산트 조안 푸니쿨라를 이용해 상부 승차장에 내린 뒤 오른쪽으로 걸으면 '산 헤로니로 가는 새로운 길 Camí nou de Sant Jeroni'이다. 수도원부터 시작하는 과거 험한 길을 대신해 새롭게 만든 경로다. 이 길로 걸어 산 헤로니 전망대까지 갔다가 내려올 때는 수도원으로 향하는 '산 헤로니로 가는 옛길 Camí Vell de Sant Jeroni'을 따라 하산해도 된다. 단, 수도사들이 이용하던 자연 그대로의 순례길이라 길이 좁고 가파르며 돌이 많아 걷기 힘들다.

Special Area 2. 바르셀로나 근교

올타임 레전드 해안 소도시 **시체스**
Sitges

바르셀로나에서 기차로 30분이면 닿을 수 있는 아담한 해안 마을이다. 외딴 어촌 풍경을 생각하겠지만, 아니다. 스페인과 유럽 부유층이 선택한 지역이라, 고급 빌라와 별장, 부티크 호텔이 곳곳에 자리한다. 고급 휴양지로 보이겠지만, 그와 동시에 19세기 말, 카탈루냐 모더니즘 예술 사조가 태동한 요람이다. 화가이자 작가였던 산티아고 루시뇰 Santiago Rusiñol이 그의 집 카우 페라트 Cau Ferrat를 예술가들의 모임 장소로 열었고, 문학과 회화, 건축 등 다양한 예술적 담론을 펼쳐냈다. 피카소와 살바도르 달리 같은 예술가들이 그곳에 머물며 영감을 얻었으며, 세계적인 영화감독들이 찾는 보석 같은 마을이다.

> **여행 Tip**
> **시체스에서 꼭 해야 할 일 체크!**
> ✓ 한적하고 여유로운 지중해 해변 즐기기
> ✓ 드라마 〈푸른 바다의 전설〉 촬영지인 성당 구경하기
> ✓ 2월 카니발, 10월 국제 판타스틱 영화제 즐기기

✈️ 시체스 드나들기

바르셀로나에서 남서쪽으로 30여km 떨어진 해안 마을이다. 기차로 40분 거리라 가볍게 떠나기 좋다. 찾아오는 관광객이 많지 않아 여름 휴가철을 제외하고는 한적하고 여유롭게 둘러볼 수 있다.

기차

버스보다 기차를 이용하는 것이 편리하다. 고속 열차는 운행하지 않고 렌페 로달리에스 기차만 오간다. 산츠Sants역 또는 파세치 데 그라시아Passeig de Gràcia역에서 R2 Sud 노선(Sant Vicenç de Calders행)을 타고 시체스Sitges역에서 하차한다.
4구역4 Zonas에 해당하며 요금은 편도 5.05유로다. 승차권은 현장에서 구매할 수 있으며 홈페이지(rodalies.gencat.cat)에서 시간표를 확인할 수 있다. 수시 운행하지만, 연착이 잦고 플랫폼이 변경되는 일이 많아 승차객이 타는 곳을 찾아 갑자기 몰려 다니는 모습도 자주 연출된다.

버스

스페인 광장Plaça Espanya 정류장을 비롯한 10곳에서 시체스행 가라프Garraf 버스가 출발한다. 시체스 정류장은 총 5곳으로 칸 로베르트Can Robert 정류장에서 하차한다. 중간 기착지가 있으니 내리는 정류장을 잘 확인하자. 시체스에서 하차한 뒤 철도 아래 터널을 가로질러 10분 정도 해변 방향으로 직진한다.
배차 간격은 30분 정도로 정확한 운행 시간과 정류장 위치는 홈페이지(busgarraf.cat)에서 확인할 수 있다. 요금은 4.95유로다. 야간에는 엠프레사 플라나Empresa Plana에서 운행하는 N30번 버스를 탄다. 23시에서 익일 4시까지 4회 정도 운행하며 시간표는 홈페이지(empresaplana.cat)에서 확인할 수 있다.

☐ 관광 안내소

위치 Pl. Eduard Maristany, 2
(기차역 정문 앞)
운영 월~토 10:00~14:00,
16:00~20:00,
일 10:00~22:00
홈피 visitsitges.com
(영화제 및 프로그램 확인)

★★☆

시체스 해변 Platja de Sitges

GPS 41.234279, 1.803965

시체스는 바르셀로나에서 타라고나까지 이어지는 약 100km의 황금 해안Costa Dorada에 속한다. 바르셀로나에서도 걸어서 갈 수 있는 해변이 있지만, 시체스는 분위기가 전혀 다르다. 바르셀로네타는 도심과 가까워 관광객들로 북적이고 활기찬 분위기라면, 시체스는 아늑하고 감성적인 휴양지 같은 느낌이다. 해안을 따라 낮은 바위 절벽이 자연스럽게 구획을 나누며, 개성 있는 해변들이 여럿 자리하고 있다.

시체스는 맑고 푸른 바닷빛으로 유명하다. 늦은 봄부터 더위가 시작돼 피서객으로 붐비며 여름엔 비치 베드와 파라솔을 빌릴 수 있다. 겨울에도 영상 10도 안팎이라 수영하는 사람들이 있으나 샤워장이나 편의 시설이 없어 권하진 않는다. 해수욕이 아니라도 해안 풍경을 보기 위해 이곳을 찾는 여행객이 많다. 하얀 마을 건물 너머로 지중해를 품은 이국적인 풍경에 SBS 드라마 〈푸른 바다의 전설〉 배경으로도 등장했다. 특히 해 질 무렵에 해변의 모든 존재가 붉게 물드는데, 신성한 기분이 들 정도로 아름답다.

주소 Pl. de Sitges

Tip | 시체스 축제 Festival de Sitges

시체스는 '축제 도시'라 불릴 정도로 크고 작은 행사가 많다. 2~3월에 시작하는 시체스 카니발Carnaval de Sitges은 오는 봄을 축하하는 사순절을 맞아 열리는 페스티벌이다. '카르네스톨테스 왕의 도착' 퍼레이드를 시작으로 일주일 동안 행사가 열린다. 매년 25만 명이 모이는 규모가 큰 축제다. 보통 토요일에 열리는 분장 침대 경주는 이기기보다 웃기려는 참가자가 더 많다. 일요일 밤에는 코스튬 퍼레이드가 열려 가장 화려하다.

8월에는 페스타 마조르Festa Major가 열리는데 시체스의 수호성인 성 바톨로마우 축제로 성대한 불꽃놀이가 벌어진다. 시체스는 성소수자를 위한 가이드가 따로 있을 정도로 친화 정책을 펼치는데 매년 여름 5일간 게이 시체스 프라이드도 개최된다.

시체스 국제 판타스틱 영화제Sitges Film Festival는 포르투갈 판타스포르토 국제 영화제와 벨기에 브뤼셀 국제 판타스틱 영화제와 함께 세계 3대 판타스틱 영화제로 꼽힌다. 공포, 판타지, SF 장르 팬들에게는 꿈의 페스티벌이다.

1968년 시작된 이 영화제는 기괴하면서도 혁신적인 작품들을 소개하며 쿠엔틴 타란티노, 기예르모 델 토로 같은 거장도 거쳐갔다. 영화제가 열리는 10월이면 마을 전체가 비현실적인 영화 속 세계로 변신하고, 거리 곳곳에서 좀비 행렬이나 기괴한 퍼포먼스를 만날 수도 있다.

우리나라 영화로는 〈올드보이〉(2003), 〈좋은 놈, 나쁜 놈, 이상한 놈〉(2008), 〈황해〉(2010)에 이어 2016년에는 〈부산행〉, 〈곡성〉, 〈아가씨〉가 수상해 영예를 안았다.

홈피 시체스 축제 visitsitges.com
　　　시체스 국제 판타스틱 영화제 sitgesfilmfestival.com

1968년부터 시작된 시체스 국제 영화제의 40주년 기념 조형물

성소수자를 상징하는 무지개

> more & more **취향별로 선택하는 시체스 중심부 해변**

❶ 프라가타 해변 Platja de la Fragata

시체스 중심에 자리해 가장 활기 넘치는 해변이다. 모래사장에는 배구 코트가 있어 젊은 여행객들에게 인기다. 해변 근처에는 요트와 소형 보트들이 많이 정박해 있는데 여름철이면 거의 매일 배를 띄운다. 시체스 요트 클럽Club Nàutic Sitges에서 주관하는 요트 레이스도 열리는데 해변에 하얀 돛을 올린 배가 출항하는 모습이 장관이다. 방파제를 면한 El Nàutic 레스토랑은 바다 위에 떠 있어 마치 배를 탄 기분이다. 해변을 즐기다 배가 고프다면 해변 바인 치링기토에서 가벼운 식사를 즐겨도 좋다. 이구아나 비치 바Iguana Beach Bar가 유명하다.

드라마 〈푸른 바다의 전설〉 배경이 된 산 바르토메우 성당Esglesia de Sant Bartomeul 전망은 여행객이라면 무조건 담아가는 풍경이다. 바다 앞에 있는 성당과 계단이 낭만적인 분위기를 더한다. 계단 입구에 있는 인어공주와 손뼉을 마주치는 것도 잊지 말자.

주소 de l'Ajuntament, 20

❷ 리베라 해변 Platja de la Ribera

시체스 메인 해변으로 진입이 쉽고 편의 시설이 잘 갖춰져있다. 가장 먼저 여름을 맞이하는 해변으로 선베드와 파라솔이 모래사장에 깔려 다채로운 풍경을 만든다. 해양 스포츠를 할 수도 있지만, 그보다 해수욕을 즐기는 분위기다. 야자수로 만든 가로수 길에는 레스토랑과 카페가 줄지어 있어 어디서든 쉬어가기 좋다. 아기자기한 상점도 곳곳에 있으니 마을 구경도 함께 즐기자. 해변에 있는 레스토랑은 비싼 편이라 꼭 바다 전망이 필요한 게 아니라면 마을 안에 있는 식당에서 식사도 고려해보자.

❸ 산 세바스티안 해변 Platja de Sant Sebastià

현지인이 사랑하는 해변으로 아이 친화적이다. 산 바르토메우 성당 너머에 있으며 가는 길에 모더니즘 정신을 태동시킨 산티아고 루시뇰Santiago Rusiñol의 집 카우 페라트Cau Ferrat를 만날 수 있다. 현재 박물관으로 운영되며 시체스 전통 가옥과 그의 작품을 함께 관람할 수 있다. 반대쪽에는 바위 절벽 위로 놀이터가 있다. 바위 절벽 아래로 크고 작은 동굴Cala Fonda이 있어 모래사장과는 다른 해변 풍경을 선물한다. 바위 절벽 위 전망 좋은 레스토랑·카페 비베로 비치 클럽Vivero beach club에서 식사나 음료를 즐겨보자. 일몰에는 성당 뒤로 지는 해를 볼 수 있어 특히 아름답다.
매년 10월이면 시체스 국제 판타스틱 영화제가 열리는 곳이다.

❹ 발민스 해변 Platja dels Balmins

시체스 중심지에서 도보 10분 정도 거리에 있다. 나체주의자를 위한 해변으로 선택적 누드로 즐길 수 있다. 우리나라 여행객에게는 익숙하지 않은 문화이지만, 스페인은 나체주의가 보편화되어 있으며 이는 신체를 해방하는 데에 목적이 있다. 해변에는 아담한 3개의 만(灣)이 있어 자연스럽게 서로 거리를 둘 수 있으며 사진을 찍거나 시선을 두는 일은 절대 삼가야 한다.
발민스 해변에서 서쪽으로 조금 더 가면 아이구아돌츠Aiguadolç 누드 해변이 나오는데 기차역과 매우 가까우니 이곳을 찾는 여행자라면 참고하자.

❺ 무에르토 해변 Playa del Muerto

1930년 생긴 세계 최초의 게이 비치이자 누드 비치다. 절벽으로 둘러싸인 작은 해변은 중심부에서 서쪽으로 많이 떨어져 있어 물색이 청록빛으로 맑다. 시체스에는 성소수자(LGBTQ+)가 많이 거주하는 개방적인 도시로 6~7월에는 그들을 위한 행사도 열린다.
바사 로도나Bassa Rodona 해변은 비공식적 게이 비치다. 요즘 해변에 모래가 줄어들고 있어 뾰족한 자갈이 많으니 발을 보호할 수 있는 신발을 이용하는 걸 추천한다.

Special Area 3. 바르셀로나 근교

고대 로마를 품은 지중해 도시 **타라고나**
Tarragona

고대 로마인들은 기원전 218년, 이베리아반도를 정복하면서 이곳을 '타라코Tarraco'라 불렀다. 이후 로마 제국의 주요 거점으로 성장하며 원형 경기장, 원형 극장, 수도교 등 다양한 유적이 남았다. 특히, 타라고나 원형 경기장은 지중해를 배경으로 자리 잡고 있어 이색적인 풍경을 연출한다. 로마 시대의 흔적을 따라 걷고 싶다면, 유네스코 세계 문화유산으로 지정된 타라고나 고고학 유적군을 둘러보자. 구시가지에 들어서면 마치 시간을 걷듯 중세 대성당을 만난다. 배꼽시계가 울리면 항구가 있는 세랄로Serrallo로 가자. 신선한 해산물이 가득한 이 도시에서 해산물 파에야와 스페인식 해물 스튜 수케트Suquet는 꼭 맛봐야 할 요리다. 그리곤 황금 해안Costa Dorada 끝자락인 미라클 해변에 앉아 뭐든 나 몰라라 해도 좋겠다.

> **여행 Tip** 타라고나에서 꼭 해야 할 일 체크!
> - ✓ 타라고나 원형 경기장와 지중해를 한눈에 담기
> - ✓ 유네스코 세계 문화유산, 타라고나 고고학 유적군 만나기
> - ✓ 1~3월에 여행한다면 구운 칼솟Calçot 요리 맛보기

타라고나 드나들기

바르셀로나에서 시체스를 지나 남서쪽으로 약 100km 떨어진 해안 마을이다. 기차로 30~1시간 내외, 버스로 약 2시간 거리로 소요 시간이 많이 차이 나는데, 가격도 비슷해 기차를 이용하는 편이 빠르고 편리하여 추천한다.

기차

바르셀로나 산츠역Sants에서 출발한 고속 열차는 시내에서 10km 이상 떨어진 캄프 데 타라고나Camp de Tarragona역에 정차해 시내버스 또는 택시를 타고 시내로 와야 한다. 30분 정도 소요되며 요금은 14유로부터. 고속 열차는 렌페 홈페이지(renfe.com)에서 확인 및 예약할 수 있으며 유럽 기차·버스 예약 앱 오미오Omio에서도 가능하다. 오미오를 사용할 때는 약간의 수수료가 발생한다.
일반 열차는 산츠역Sants, 그라시아역Passeig de Gràcia, 프란사역Estació de França에서 출발해 도심과 해안에 더 가까운 타라고나Tarragona역에 정차한다. 로달리에스Rodalies R14, R15, R16, R17 노선을 이용하며 약 1시간 10~30분 소요된다. 승차권은 현장에서 구매할 수 있으며 시간표 확인은 홈페이지(rodalies.gencat.cat)에서 가능하다.
고속 열차가 바르셀로나에서 타라고나까지 소요 시간은 짧지만, 시내로 들어오는 시간과 환승까지 해야 하는 번거로움이 있어 일반 열차를 추천한다.

버스

바르셀로나 북부 버스 터미널Estació d'Autobusos Barcelona Nord에서 출발하는 사갈레스 회사의 버스를 이용한다. 2시간 정도 소요되며 중간 기착지가 있으면 이보다 더 오래 걸린다. 타라고나 버스 터미널Estació Municipal d'Autobusos de Tarragona은 시내 중심에 있으나 관광지와는 1km 정도, 도보 20분으로 약간 거리가 있다. 승차권과 시간표는 터미널 홈페이지(barcelonanord.cat), 사갈레스 홈페이지(sagales.com) 또는 오미오 앱에서 확인할 수 있다.

타라고나 추천 일정

타라고나 기차역에 내리면 '지중해의 발코니'로 불리는 언덕이 있다. 이곳에서 기차 노선과 미라클 해변을 함께 조망할 수 있다. 도심에서 가까운 타라고나의 대표 해변으로, 깨끗한 모래사장과 푸른 바다가 매력적이다. 휴식을 취하거나 해변가 레스토랑에서 식사를 즐기기에 좋다. 해안을 따라 바르셀로나 방향으로 걸으면 타라고나 원형 경기장이 나온다. 이곳에서 시내 방향으로 걸으면 타라고나 고고학 유적군이 연이어 보인다. 구시가지 내에 대성당까지 관람한 후 시내버스를 타고 수도교로 가자. 수도교는 숲에 있어 너무 이르거나 늦은 시간 방문은 자제해야 한다.

□ 관광 안내소

위치 Carrer Major, 37
운영 월~토 10:00~14:00, 15:00~18:00 (일 ~14:00)
홈피 tarragonaturisme.cat

Tip | 산타 테클라 축제

매년 9월에는 산타 테클라 축제Festa Major de Santa Tecla가 열려 전통적인 카스텔스Castells(인간 탑 쌓기)를 볼 수 있다.

타라고나 대성당 Catedral de Tarragona

★☆☆

GPS 41.118914, 1.257774

대성당은 12세기에 만들어졌지만, 고대 로마 유적과 관련이 깊다. 고대 로마 시대에도 종교 중심지로 유서 깊은 신전과 종교 건축물이 있었고 그 위에 세워졌다. 중세에 기독교 영향이 커지면서 교회에선 토지와 세금을, 스페인 왕실과 귀족의 기부, 지역 사회의 후원까지 모두 모아 고딕 대성당을 지었다. 왕실은 과거 로마 제국의 주요 도시이자 이슬람 세력으로부터 탈환한 기독교 신앙을 확립하기 위해 적극 지원했다. 물론, 순례자와 상인이 몰려 지역 경제가 활성화되고 세금 수입이 늘어날 것이라는 예측과 교회에 대한 영향력을 행사하기 위한 이유도 포함되어 있었다. 종교, 경제, 정치와 맞물린 대성당은 높이, 또 넓게 올라갔다.

가장 유명한 주 제단은 예수 그리스도와 성모 마리아, 성인들의 삶을 묘사한 조각과 회화가 합쳐진 형태로 만들어졌다. 세밀한 금박 세공 장식이 어우러져 더욱 신성하고 웅장하다. 중앙 패널은 타라고사 수호성인인 성 테클라 Santa Tecla로 사도 바울을 따르며 기독교 신앙을 전파한 인물이다. 대성당 내 박물관에서는 중세 시대 유물을 감상할 수 있다.

주소 Pla de la Seu, Tarragona
운영 3·6·9·10월 월 11:00~19:00,
화~토 09:30~19:00,
일 14:00~19:00
7~8월 월 11:00~20:00,
화~토 09:30~20:00,
일 14:00~20:00
11~2월 월 11:00~17:00,
화~금 09:30~17:00,
토 09:30~18:00,
일 14:00~18:00
요금 성인 €12, 18세 미만·65세 이상 €8.5, 7~12세 €5.5 (7세 미만 무료)
홈피 catedraldetarragona.com

미라클 해변 Platja del Miracle

★☆☆

GPS 41.110739, 1.254086

바르셀로나에서 기차를 타고 출발하면 100km의 황금 해안 Costa Dorada을 내내 보며 달린다. 그중 15km 해안이 미라클 해변이다. 황금빛 모래가 매우 곱고 부드러우며 피부에 잘 달라붙지 않아 일광욕하기 딱이다. 수심이 얕아 여름에는 아이와 물놀이하기도 좋다. 고대 로마 유적인 원형 경기장 너머로 해변이 보여 이색적이며 도심과 무척 가깝다. 마을 사람들은 기차 노선이 해변으로 가는 길을 막고 있어 밉상이라 하지만, 여행객에겐 색다른 풍경을 볼 수 있어 사진으로 찍어가는 포인트다. '지중해의 발코니'라 부르는 언덕 위에 서면 철로와 해변이 한눈에 보인다.

주소 미라클 해변 Platja del Miracle
지중해의 발코니 Passeig de les Palmeres, s/n, 43004

★★★
타라고나 고고학 유적군 Conjunto Arqueológico de Tarraco

GPS 41.114645, 1.258862

'타라코(현재 타라고나)는 스키피오 가문이 만들었다^{Tarraco Scipionum Opus}'는 문구를 볼 수 있다. 기원전 218년 로마와 카르타고 사이에 제2차 포에니 전쟁이 발발하고 스키피오 가문의 장군들이 이베리아반도로 진군하면서 타라고나를 군사 거점으로 삼았다. 이후 카르타고의 명장 한니발을 꺾고 로마를 승리로 이끌면서 가문은 영광을 얻었고, 타라고나는 중요한 행정 · 상업 도시로 성장했다.

이후 로마 제국은 프랑스 국경부터 지중해 연안을 따라 바르셀로나, 타라고나를 거쳐 카디스까지 비아 아우구스타^{Via Augusta}를 건설했다. 제국 건설을 위한 교통망으로 주요 로마 도로 중 가장 길다. 이후 원형 경기장과 수도교 등 대규모 공공 건축물이 건설되고 도시의 위상은 높아졌다.

주소 Parc de l'Amfiteatre Tarragona
운영 **4~9월** 화~토 09:30~20:45, 일 09:00~14:30
10~3월 화~금 09:00~18:30, 토 09:30~18:30, 일 09:30~14:30
휴무 월요일(공휴일 제외)
요금 €5, 고고학 통합권(Passeig arqueològic, Circ-Pretori, Fòrum de la Colònia, Amfiteatre, Casa Canals) €15 (12세 이하 무료)

타라고나 고고학 유적군에서 꼭 봐야 할 장소

도시 북쪽에 비아 아우구스타 분기점에 해당하는 로마 개선문(베라 아치Arc de Berà) 유적부터 수도교까지 로마 유적을 다수 보유해 2000년, 타라고나 고고학 유적군으로 유네스코 세계 문화유산에 등재되었다. 매년 5월, 고대 로마를 배경으로 한 타라코 비바 축제도 열린다.

❶ 타라고나 원형 경기장 Amfiteatre de Tarragona

검투사

2세기에 건설된 고대 로마 원형 경기장은 공공 엔터테인먼트이자 황제 찬양 선동을 위한 도구였다. 검투사 경기와 야생 동물 사냥, 공개 처형 등이 열렸다. 3세기경, 로마 황제 데키우스Decius 치하에서 기독교 박해가 심해지면서, 이곳에서 기독교 신자들이 처형당했다. 특히, 타라고나의 주교였던 성 프루투오소Saint Fructuosus와 두 부제Deacon가 259년경 화형을 당해 타라고나 가톨릭교회로선 가슴 아픈 장소다. 로마 제국이 쇠퇴하면서 경기장은 방치되었고, 중세 시대에는 경기장 위에 성 프루투오소 주교를 위한 산타 마리아 델 미라클 성당을 세웠다. 지금도 경기장 한가운데에 성당 유적을 볼 수 있다. 18세기 이후 발굴과 복원이 이루어져 내부에 입장해 관람할 수 있다. 매년 로마 재현 축제Tarraco Viva도 열리는데 축제 기간에는 검투사 공연도 볼 수 있다. 관객석에 앉으면 고대 로마 검투사들이 싸웠던 무대 너머로 푸른 지중해가 펼쳐진다. 일몰 때 붉게 물드는 경기장 풍경도 장관이다.

❷ 타라고나 로마 서커스 Circo Romano

지하 터널

프레토리오

서기 1세기, 고대 로마 전성기에 만들어진 건축물로 당시 가장 인기 있는 스포츠였던 전차 경주가 열렸다. 길이 325m, 너비 115m로 최대 3만 명을 수용할 수 있는 대규모 경기장이었다. 중앙 분리대인 스피나Spina가 길게 있고, 가장자리는 전차가 회전할 수 있게 반원형 구조로 설계했다. 전차 경주를 묘사한 부조와 벽화 유물도 발견되었다. 전차 경주 시작을 알리는 출발문인 카르체레스Carceres 수에 따라 경기장 규모를 파악할 수 있는데, 타라고나는 평균인 12개 이상으로 추측하고 있다.

로마 서커스는 지상과 지하로 나뉜다. 지상에는 실제 전차 경주가 열린 경기장과 관람석이 있었다. 석재로 만든 3층 구조로 앞좌석은 귀족과 고위 관료, 상류층, 일반 시민들이 차례로 앉았다. 지하는 전차 보관소와 마구간, 이동 터널 등이 있어 선수와 말이 경기를 준비하고 운영하는 공간이었다. 현재 지하 갤러리와 터널을 걸어볼 수 있어 당시의 경기장 구조를 직접 느껴볼 수 있다. 로마 시대 행정 및 군사 시설이었던 프레토리오Pretorio Romano로 입장하면 로마 서커스 지하와 연결된다.

주소 Plaça del Rei
운영 **4~9월** 화~토 09:30~20:45, 일 09:00~14:30
10~3월 화~금 09:00~18:30, 토 09:30~18:30, 일 09:30~14:30
휴무 월요일(공휴일 제외)
요금 €5, 고고학 통합권(Passeig arqueològic, Circ-Pretori, Fòrum de la Colònia, Amfiteatre, Casa Canals) €15 (12세 이하 무료)

> **more & more** 로마 서커스 관람석 유적 Circo Romano Graderies

세다소스 광장Pça. dels Sedassos에 로마 서커스 관람석 유적이 있다. 앞서 이야기한 로마 서커스와 연결된 오른쪽 관람석이다. 실제로 걸으면 200m 남짓 되는데 경기장이 얼마나 거대했는지 알 수 있다. 광장에 갈 때 Carrer del Trinquet Vell 거리를 이용하면 고대 로마 경기장을 따라 걸을 수 있으며 유적 위에 도시가 들어선 과정을 자세히 들여다볼 수 있다.

세다소스 광장에서 가장 눈길을 끄는 건 거대한 거리 벽화Gran Mural Callejero다. 마치 타라고나 사람들이 테라스에 나오거나 창문에서 내다보는 듯한 그림이다. 카탈루냐 예술가 카를레스 아롤라Carles Arola의 작품으로 1990년 구시가지 활성화 정책의 일환으로 지역 문화와 역사를 벽화로 만들었던 프로젝트다. 착시 기법인 트롱프뢰유Trompe-l'œil를 이용해 멀리서 보면 진짜처럼 보인다.

거대한 거리 벽화

❸ 로마 성벽 Murallas Romanas

기원전 218년, 스키피오 로마 장군이 타라고나를 점령한 후 카르타고와의 전쟁에 대비하기 위해 지었다. 이베리아반도에서 가장 오래된 성벽으로 기원전 27년에는 아우구스투스 황제가 타라고사에서 겨울을 보내면서 직접 도시 정비를 지휘하기도 했다. 성벽 길이는 원래 4km 이상이었으나 현재는 약 1km 정도 남았다. 1m쯤 되는 석재를 쌓아 높이 최대 12m, 폭은 4~6m로 매우 두껍다.

성벽을 둘러보려면 과거 로마 병사들이 출입한 로마 성문Portal del Roser에서 출발하자. 바로 옆 성벽길 Passeig Arqueològic은 고대 로마 성벽과 중세 시대 성벽이 합쳐진 과정을 볼 수 있어 흥미롭다. 10분(600m) 정도 걸으면 미네르바 탑Torre de Minerva을 만난다. 이곳에 새겨진 미네르바 여신 부조는 이베리아반도에서 가장 오래된 로마 조각 중 하나다. 전쟁의 신인 미네르바에게 빌어 카르타고와의 전쟁에서의 승리를 염원했을 것이다.

주소 Via de l'Imperi Romà
운영 **4~9월** 화~토 09:30~20:45, 일 09:00~14:30
10~3월 화~금 09:00~18:30, 토 09:30~18:30, 일 09:30~14:30 **휴무** 월요일(공휴일 제외)
요금 €5, 고고학 통합권(Passeig arqueològic, Circ-Pretori, Fòrum de la Colònia, Amfiteatre, Casa Canals) €15 (12세 이하 무료)

❹ 로마 포룸 Fòrum de la Colònia

로마 제국은 영토 정벌 후에 도시 건설을 할 때 반드시 3가지를 세운다. 포룸과 바실리카, 신전이다. 포룸은 서기 1세기, 로마 제국이 타라고나(고대 타라코)를 이베리아반도의 행정 중심지로 삼았을 때 조성되었다. 정치, 종교, 상업 활동이 이루어지는 중심지로, 로마 제국에서 가장 중요한 공간이었다. 타라고나의 포룸도 공공 광장과 주변 건물로 구성되었으며, 행정 및 사법 기능을 수행하는 장소였다. 지방 행정관들이 모여 도시 운영에 대해 논의했고, 시민들은 법정에서 재판받거나 시장에서 물건을 사고팔았다.

포룸 중앙에는 신전이 있었고 법정, 행정 역할을 하던 큰 건물 바실리카Basilica는 기둥과 넓은 바닥 면적으로 확인할 수 있다. 주거지와 상점 일대에는 고대 로마의 배수 시설과 건물 기초가 남아있다. 로마 제국이 쇠퇴하면서 이곳은 점차 민간 건물과 시장으로 변모했으며, 중세 시대에는 주거지와 수도원으로 활용되기도 했다.

주소 Carrer de Lleida
운영 화~일 09:00~14:30 휴무 월요일(공휴일 제외)
요금 €5, 고고학 통합권(Passeig arqueològic, Circ-Pretori, Fòrum de la Colònia, Amfiteatre, Casa Canals) €15 (12세 이하 무료)

❺ 악마의 다리 Pont del Diable

서기 1세기에 건설된 고대 로마 수도교로 약 15km 떨어진 프랑콜리Francolí 강에서 타라고나로 깨끗한 물을 공급했다. 원래 이름은 페레레스 수도교The Ferreres Aqueduct다. 수도교를 설계하던 건축가가 고군분투하던 중, 악마만이 가능한 설계라고 한 데에서 비롯되었다. 악마가 나타나 다리가 완성되면 가장 먼저 물을 마시는 생명을 앗아가겠다고 했고, 건축가는 완공 후 당나귀에게 먼저 물을 마시도록 했다는 전설이 있다. 출발점에서 도착점까지 물을 일정량으로 보내기 위해서는 엄청난 수학 계산이 필요하다. 고대 로마의 공학 건축 기술을 선전하기 위해 그만큼 어렵게 지었다는 이야기도 있다. 현재는 물길이 끊겼으며 덕분에 수도교 가장 윗길을 걸을 수 있다. 고대 로마인이 만든 건축물을 직접 경험할 수 있으니 방문한다면 꼭 걸어보자.

버스 터미널 근처에 있는 Pl. Generalitat에서 85번 시내버스를 이용하면 수도교에서 가장 가까운 Pont del Diable 정류장에서 내릴 수 있다. 울창하진 않지만, 숲속에 있어 너무 이른 시간이나 늦은 시간에는 방문을 자제하자.

Special Area 4. 바르셀로나 근교

소도시의 미덕을 충족시키는 도시 **지로나**
Girona

소도시의 필수 조건이 '지도 없이 여행'이라면 지로나는 통과다. 오냐르강 변에 어깨를 맞댄 건물과 무어인 성벽, 유대인 계단을 지나다보면 금세 중세의 골목 속으로 들어선다.

처음 이 땅을 다진 건 고대 로마인이다. 제국 건설을 위한 고속도로, 비아 아우구스타Via Augusta가 지나는 전략 도시로 게룬다Gerunda라 불렀다. 언덕 위에 요새를 세우고 성벽을 쌓은 후 서고트족과 이슬람 세력이 터를 잡고 건축과 문화를 겹겹이 포갰다. 지로나는 수많은 흔적을 품으며 옛 풍경을 고스란히 간직한 도시가 되었다. 이러한 독특한 분위기는 많은 예술가와 창작자 들에게 영감을 주었고 영화 〈향수: 어느 살인자의 이야기〉, 미국 드라마 〈왕좌의 게임〉, 한국 드라마 〈푸른 바다의 전설〉과 〈알함브라 궁전의 추억〉 등의 배경으로 등장했다.

> **여행 Tip** — 지로나에서 꼭 해야 할 일 체크!
> - ✓ 〈왕좌의 게임〉 팬이라면 영화 배경이 된 장소 가보기
> - ✓ 서기 1세기에 만들어진 고대 로마 성벽 걷기
> - ✓ 크림이 들어간 스페인식 도넛, 슈슈Xuixo 맛보기

✈ 지로나 드나들기

바르셀로나에서 지로나까지 86km로 주로 기차와 버스로 이동하며 항공은 잘 이용하지 않는다. 바르셀로나에서 출발하는 기차는 스페인 광장 인근에 있는 산츠역Sants에서 출발하며 일반 열차는 산츠역 외에 시내 중심, 카탈루냐 광장에 있는 그라시아역Passeig de Gràcia에서 탈 수 있다. 버스는 개선문 인근에 있는 북부 터미널에서 이용한다. 지로나 기차역 인근에 버스 터미널이 있어 바르셀로나에서 편한 위치에 있는 교통수단을 이용하면 된다. 단, 버스는 기차보다 비싸고 1일 배차가 4대로 한정되어 있어 기차로 이동하길 권한다.

기차

바르셀로나에서 지로나로 이동할 때 가장 많이 이용하는 교통수단이다. 산츠역이나 파세치 데 그라시아역에서 기차를 타면 고속 열차는 대략 38~39분, 일반 열차는 1시간 11분~1시간 38분 걸린다. 고속 열차는 렌페 홈페이지(renfe.com)에서 확인 및 예약할 수 있으며 유럽 기차·버스 예약 앱 오미오Omio에서도 가능하다. 오미오를 사용할 때는 약간의 수수료가 발생한다. 일반 열차(MD, Regional) 표는 현장에서 구매할 수 있으며 시간표는 홈페이지(rodalies.gencat.cat)에서 확인할 수 있다.

버스

바르셀로나 북부 버스 터미널Estació d'Autobusos Barcelona Nord에서 출발하는 사갈레스 회사의 버스를 이용한다. 1시간 50분이 소요되며 중간 기착지가 있으면 이보다 더 오래 걸린다. 터미널 홈페이지(barcelonanord.cat) 또는 사갈레스 홈페이지(sagales.com), 오미오 앱에서 확인할 수 있다.

	고속 열차		일반 열차		시외버스
	AVE	AVANT	MD	Regional	
출발역	산츠역(Sants)		산츠역(Sants), 그라시아역(Passeig de Gràcia)		북부 터미널 (Estacion nord)
운영 시간	08:19~17:13	06:45~17:05	산츠역 출발 평일 05:56~21:46 주말 09:46~21:46	산츠역 출발 평일 06:16~19:16 주말 06:46~19:16	10:00/14:30 (3~4회)
소요 시간	40분		약 1시간 19분	약 1시간 30분	1시간 50분~
요금	€20.7	€17.4	€11.25	€8.65	€17~
좌석 지정	가능		불가		불가
사전 예약	가능		불가		가능

항공

타 국가나 도시에서 라이언에어를 이용한다면 지로나-코스타 브라바 공항Aeropuerto de Girona-Costa Brava이 있다. 저비용 항공사 라이언에어의 허브 공항으로 라이언에어의 일부 항공편들은 바르셀로나 공항이 아닌 지로나 공항에서 발착한다.
시내에서 11km 떨어진 공항에서 택시나 사갈레스Sagalés에서 운영하는 공항버스를 이용하면 시내에 쉽게 갈 수 있다. 공항버스는 지로나 버스 터미널Estació d'Autobusos de Girona에 도착하며 04:30~23:30 동안 운행한다. 배차는 1시간에 1대이며 요금은 2.85유로다.

> **Tip | 도시 이름은 지로나? 헤로나?**
>
> 스페인어로는 헤로나Gerona라 불리지만, 카탈루냐어로는 지로나Girona로 발음한다. 카탈루냐 사람들은 독립적인 언어에 자부심이 있어 현지에선 '지로나'라고 불러주면 좋다.

지로나 추천 일정

지로나 기차역·버스 터미널에서 시내 중심까지 도보 10분 정도 걸린다. 큰 짐만 없다면 걸을 만하다. 중세 분위기를 물씬 풍기는 도시를 한눈에 보려면 고대 로마 성벽 위로 올라가자. 지로나 성벽 시작점(Carrer de Banyoles, 17)에서 오를 수 있다. 지로나 대성당 뒤로 있는 프란체사 공원Jardins de La Francesa까지는 약 1km로 걸으면 20~30분 정도 소요된다. 공원에서 올라가는 계단을 못 찾겠다면 지로넬라 탑Torre Gironella을 찾아가자.
성벽을 오르지 않는다면 오냐르강을 건너야 한다. 페드라 다리Pont de Pedra가 가장 가깝지만, 이왕이면 구스타브 에펠이 만든 페이사테리 벨레스 다리Pont de les Peixateries Velles로 건너자. 대성당을 중심으로 아랍식 목욕탕, 유대인 거주 지역El Call의 작은 골목길들을 누벼볼 수 있다.
식당은 구시가지와 오냐르강 건너편 인데펜덴시아 광장Plaça de la Independència에 많다. 특히 오냐르강이 보이는 레스토랑에서 강변 풍경을 즐기는 것도 좋다. 주말이면 광장에서 마켓이 열리니 함께 둘러봐도 좋다.

□ 관광 안내소

- **주소** Rambla de la Llibertat 1
- **위치** 오냐르강에서 다리를 건너 구시가지 초입의 왼편
- **운영** 월~금 09:00~19:00, 토 09:00~14:00, 15:00~19:00, 일 09:00~14:00
- **홈피** girona.cat/turisme

오냐르강 Riu Onyar

GPS 41.943594, 2.824191

오냐르강은 카탈루냐의 길리에Guilleries산맥에서 발원한 테르Ter강의 지류다. 시내를 관통하며 흐르는 강은 도시를 두 개의 얼굴로 나눈다. 중세 흔적이 짙게 밴 구시가지와 현대적인 감각이 더해진 신시가지다. 둘의 연결 고리는 다리다. 총 4개의 다리가 있는데 페이사테리 벨레스 다리Pont de les Peixateries Velles가 유명하다. 옛 어시장 옆에 있어 붙여진 이름인데 지금은 '에펠 다리'로 알려져있다. 프랑스 파리 에펠 탑을 설계한 구스타브 에펠Gustave Eiffel이 만들어서다. 12년 먼저 만들었으니 에펠 탑을 만드는 데에 일조했다고 해야 할까. 붉은 철골 구조가 강렬한 인상을 남긴다. 사실 다리보다 그 위에서 보는 풍경이 압권이다. 강을 따라 늘어선 알록달록한 집들이 거울처럼 물 위에 비치고, 시간에 따라 색을 달리하는 풍경은 한 폭의 그림같다. 지로나 대성당과 강변을 한눈에 담고 싶다면 산트 펠리우 다리Pont de Sant Feliu로 가자. 우리가 익히 아는 지로나의 풍경이 이곳에 있다.

다음 방문을 기약하는 소도시는 많지 않지만, 지로나는 예외다. 맨들맨들해진 사자 엉덩이만 봐도 그렇다. 산트 펠리우 다리 근처에 있는 사자상La Lleona 엉덩이에 키스하면 다시 지로나로 돌아온다는 전설 탓이다. 이 전통은 중세 시대 시민권과 충성 서약에서 비롯되었다. 당시에는 요새 안에 도시가 만들어지고 시민권을 가진 사람만 토지 소유나, 세금 혜택 등 다양한 권리를 누릴 수 있었다. 지로나에서는 사자 엉덩이에 하는 키스가 공동체의 일원임을 인정받는 행위였다. 중세부터 키스를 받아온 사자 원본은 지로나 박물관Museu d'Art de Girona에서 볼 수 있다.

미국 HBO 드라마 〈왕좌의 게임〉 팬이라면 로깜볼레스크Rocambolesc 젤라테리아를 권한다. 지로나에는 세계 1위로 선정된 적 있는 미슐랭 3스타의 엘 셀러 데 칸 로카El Celler de Can Roca가 유명한데 로카 삼 형제 중 파티시에를 맡던 막내 조르디가 연 가게다. 〈왕좌의 게임〉 제이미 라니스터의 황금 의수 모양Ma Daurada과 다스베이더 헬멧 등 독특한 모양의 팝시클 아이스크림을 가장 많이 찾는다.

로깜볼레스크 젤라테리아
주소 Carrer de Sta. Clara, 50
운영 월~목 11:30~21:30, 금~토 11:00~22:30, 일 11:00~21:30
홈피 rocambolesc.com

★★★

지로나 대성당 Catedral de Girona

GPS 41.987587, 2.825882

로마네스크와 고딕, 바로크 양식이 섞인 대성당의 장엄한 외관이 86개의 바로크식 계단을 만나 더욱 극적으로 보인다. 성당은 원래 언덕 위에 위치하지만, 오르막길이 아닌 높은 계단으로 가려서 세속에서 신성으로 가는 직관적인 풍경을 만들었다. 계단을 오르면서 신을 향해 나아가는 느낌을 들게 하는 일종의 장치인 셈이다. 계단의 역할은 이뿐만이 아니다. 요새 도시인 지로나는 나폴레옹 전쟁을 비롯하여 여러 차례 전투를 겪었는데 높은 계단이 적의 진입을 어렵게 만들어 방어 역할을 했다. 선인들의 지혜가 힌트를 준 걸까. 〈왕좌의 게임Game of Thrones〉 시즌 6에서 제이미 라니스터와 종교 집단 하이 스패로우가 대치하는 장면에서 등장하며, 실제로 팬들이 성지를 방문하듯 찾는 명소가 되었다.

양쪽 건물이 그린 평행선으로 소실점 위치에 있는 성당은 몰입감을 자아낸다. 시선 그대로 정면 외관으로 이어진다. 전형적인 고딕 양식으로 장미창 아래 아기 예수를 든 성모 마리아와 예수 그리스도, 선지자들로만 장식했다. 내부는 22m의 단일 신랑Single Nave 구조라 바티칸의 산 피에트로 대성당 다음으로 크다. 하나의 신랑만 존재하여 더욱 웅장하고 압도적인 분위기를 풍긴다.

대성당인데도 종교 미술품과 화려한 성물이 많이 보이지 않는데 따로 보관하는 박물관Museu de la Catedral de Girona이 있어서다. 11세기 중세 걸작품인 〈창조의 태피스트리Tapiz de la Creación〉도 이곳에 보관하고 있다. 성서 속 천지창조 이야기로 직물의 중앙에는 예수 그리스도가 앉아 있으며, 주변에는 창조주가 세상을 창조하는 과정이 순환적으로 표현되어 있다. 이는 중세 시대 기독교 우주관을 반영한 예술품으로, 현재까지도 원형이 비교적 잘 보존되어 있어 역사적 가치가 높다.

주소 Plaça de la Catedral
운영 **11월~3월 중** 월~토
10:00~17:00, 일 12:00~17:00
3월 중~6월 중・9월 중~10월
월~금 10:00~18:00,
토 10:00~19:00, 일 12:00~18:00
6월 중~9월 중 월~금
10:00~19:00, 토 10:00~20:00,
일 12:00~19:00
휴무 1월 1일, 12월 25일,
성금요일, 특별 예배 시간
요금 성인 €7.5, 학생 €5 (8세 미만 무료)
홈피 catedraldegirona.org

창조의 태피스트리

아랍 목욕탕 Banys Àrabs

★★☆

GPS 41.988346, 2.825714

1194년 지어진 건물은 로마 목욕탕처럼 보이지만 천장에 새겨진 별 장식이나 건물의 구조를 고려할 때 무어인이 설계했을 가능성이 크다. 1285년 프랑스군의 공격으로 일부가 파괴되었으나, 9년 뒤 부르주아인 라몬 타이알라Ramon Taialà가 재건했다. 그로부터 50년 후, 왕립 의사 아르나우 사리Arnau Sarri는 이곳을 치료하는 공간으로 활용했으며, 유대인 공동체는 특정한 종교 의식 전 정화 의례를 위해 미크베Mikveh로 사용했다. 1618년부터는 카푸친 수녀 공동체가 3개 방을 사용하다가, 1929년 지자체에서 복원하여 대중에게 개방했다.

목욕탕에 들어섰을 때 가장 먼저 만나는 공간은 아포디테리움Apodyterium(탈의실)이다. 중앙에 팔각형 모양의 욕조가 있으며, 8개의 기둥과 연결된 돔 천장을 통해 자연 채광이 이루어진다. 그 다음은 프리지다리움Frigidarium(냉탕)으로 이어지는데, 낮은 온도를 유지하기 위해 이중문 구조로 설계되었으며, 빗물을 저장한 물탱크를 이용해 냉각했다. 이후 테피다리움Tepidarium(온탕)에서는 음식을 즐기며 대화를 나누거나 마사지를 받으며 휴식을 취했다. 마지막으로 칼다리움Caldarium(열탕)은 온도가 40~50°C 이상 유지되었으며, 오늘날의 사우나처럼 수증기로 가득했다. 옆방의 용광로Furnace와 연결된 지하 온돌을 통해 열탕으로 공기가 전달되었다. 이곳은 〈왕좌의 게임〉에서 아리아가 암살자 웨이프를 피해 도망치는 장면의 배경으로 촬영되기도 했다. 당시 예상되는 모습을 볼 수 있어 더욱 흥미로운 경험을 만들 수 있다.

아포디테리움

옥상

주소 Carrer del Rei Ferran el Catòlic
운영 월~토 10:00~18:00, 일 10:00~14:00
휴무 1월 1·6일, 12월 24~26일
요금 €3, 65세 이상 €2 (8세 미만 무료)
홈피 banysarabs.cat

카탈루냐 고고학 박물관 Museu d'Arqueologia de Catalunya (MAC)

★☆☆

GPS 41.369946, 2.157628

12세기 로마네스크 건축을 대표하는 가르리간츠 수도원Claustre de Sant Pere de Galligants이다. 이제 수도사들은 머물지 않지만, 신성한 자태는 여전하다. 8각형 종탑은 망루로 쓰였다. 석회암 외벽은 두껍고 창문이 작아 수도원이 단순한 신앙의 공간을 넘어 방어 기능까지 겸했음을 보여준다. 1846년, 수도원은 카탈루냐 고고학 박물관으로 새롭게 태어나며 카탈루냐에서 가장 오래된 박물관이 되었다. 선사 시대 유물부터 고대 로마 모자이크, 초기 기독교 및 중세 유물까지, 이곳을 둘러보면 카탈루냐 역사의 흐름이 한눈에 펼쳐진다. 고풍스러운 분위기를 그대로 간직한 회랑도 관람할 수 있으며 기둥마다 성경과 신화를 담은 정교한 조각이 새겨져 있다. 이곳 또한 〈왕좌의 게임〉 촬영지로 등장했다. 샘웰탈리가 마에스터가 되기 위해 도착한 시타델 수도원이 바로 이곳이다.

주소 PCarrer de Santa Llúcia, 8
운영 화~토 09:30~19:00, 일 10:00~14:30 **휴무** 월요일, 1월 1·6일, 12월 25·26일
요금 €7, 65세 이상 €6 (16세 미만 무료)

 ★★☆ GPS 41.986716, 2.828377

지로나 성벽 Muralles de Girona

구시가지 동쪽을 둘러싸고 있는 성벽은 기원전 1세기 고대 로마 시대에 건설된 군사 건축물이다. 지로나는 피레네산맥Pirineos과 지중해 연안 사이, 내륙으로 이어지는 교차로에 위치해 수많은 전쟁과 공방전이 벌어진 전략적 요충지였다. 중세에는 이슬람 세력과 프랑크 왕국이 분쟁을 반복했고, 근대에는 스페인과 프랑스의 전쟁터였다. 성벽은 고쳐지고 재건되고 또 무너졌다. 현재 남은 성벽은 3km 정도. 대부분 도시에 흡수되어 걸을 수 있는 길은 1km쯤이다. 카탈루냐 광장Plaça de Catalunya 인근에서 시작해 지로나 대성당 뒤에 있는 프란체사 공원Jardins de La Francesa까지 걸을 수 있다. 19세기 나폴레옹 전쟁 때 독일군 막사로 사용했던 독일인 정원Jardins dels Alemanys 내 지로넬라 탑Torre Gironella까지 걸어도 좋다. 대성당과 구시가 전망이 한눈에 펼쳐지며 일출 · 일몰 때 더 아름답다.

주소 카탈루냐 광장 Carrer de Banyoles, 17
　　 프란체사 공원 Carrer dels Alemanys, 20

★☆☆ GPS 41.987577, 2.825256

지로나 꽃의 향연 Temps de Flors

지로나가 꽃의 도시로 변한 건 1954년. 시립 극장 라운지Saló de Descans에서 꽃 전시 경연 대회를 열면서부터다. 다음 해에는 공간이 협소해 공공 도서관의 보관소로 옮겨졌고 가르리간츠 수도원, 산 도메네크 수도원과 회랑, 구시가지 관광지로 넓혀갔다. 1979년 협회가 조직되고 축제 규모가 확장되면서 개인 안뜰과 정원을 개방했다. 1992년 지로나 시의회가 참여하면서 지로나의 대표 행사로 자리 잡았다.

매년 5월마다 열리는 꽃 축제 기간에는 말 그대로 온 도시가 꽃으로 덮인다. 다양한 주제와 데마로 장식된 꽃은 축제가 열리는 5월 중순쯤에 열흘 정도 감상할 수 있다. 운영 날짜와 시간, 축제 지도는 홈페이지에서 확인할 수 있다.

홈피 tempsdeflors.girona.cat

Special Area 5. 바르셀로나 근교

살바도르 달리의 초현실 도시 피게레스
Figueres

"나는 피게레스에서 태어났고, 피게레스에서 죽을 것이다."
20세기 스페인 초현실주의 화가, 살바도르 달리 Salvador Dali(1904~1919)는 피게레스에 태어났다. 젊은 날에는 고향을 떠나있었고 생의 끝자락에 다시 피게레스로 돌아왔다. 그것은 단순한 귀향이 아니라, 그의 예술과 영혼이 마지막으로 안식을 찾는 여정이었다. 그는 평생 피게레스를 '자신의 세계'로 여겼으며, 작품을 보존하고 전시할 수 있는 달리 극장 박물관을 지었다. 엉뚱하고 기발한, 시대를 앞서간 상상력으로 가득한 작품으로 채워 넣었다. 1989년, 사후엔 자신까지 무대 밑 지하 전시관으로 들어가 그의 예술 세계를 완성했다.

 여행 Tip 피게레스에서 꼭 해야 할 일 체크!
✓ 달리 극장 박물관에서 독특한 예술 세계 탐험하기

✈ 피게레스 드나들기

바르셀로나에서 지로나를 지나 위치한 피게레스는 북동쪽으로 약 140km 떨어져 있다. 보통 지로나와 피게레스를 함께 둘러보는 여행자가 많은데 당일치기로 둘러보기엔 시간이 부족하다. 달리에 관심이 없는 여행자라면 아예 피게레스를 고려하지 않을 만큼 피게레스는 오직 달리만을 위한 도시다. 달리 극장 박물관은 세계 곳곳에 있는 달리 박물관 중에서도 규모가 가장 크고 전시 작품도 다양해 반나절 이상 머물게 된다. 바르셀로나에서 가장 빠른 기차를 타도 약 1시간 거리, 오고 가는 시간만 2시간은 계획해야 하니 여유롭게 일정을 계획하자. 박물관에서 여유로운 시간을 갖고 싶다면 오후 2시 전에는 피게레스에 도착하는 것이 좋다.

기차

바르셀로나에서 피게레스로 이동할 때 가장 많이 이용하는 교통수단이다. 바르셀로나에서 출발한 고속 열차는 피게레스 빌라판트Estacio de Figueres-Vilafant역, 일반 열차는 박물관과 조금 더 가까운 피게레스Estacio de Figueres역에 정차한다. 각각 박물관까지 도보 20분, 15분 거리다. 고속 열차는 렌페 홈페이지(renfe.com)에서 확인 및 예약할 수 있으며 유럽 기차·버스 예약 앱 오미오Omio에서도 가능하다. 오미오를 사용할 때는 약간의 수수료가 발생한다. 일반 열차(MD, Regional)는 현장에서 구매할 수 있으며 시간표 확인은 홈페이지(rodalies.gencat.cat)에서 가능하다.

버스

바르셀로나 북부 버스 터미널Estació d'Autobusos Barcelona Nord에서 출발하는 사갈레스 회사의 버스를 이용한다. 약 2시간 30분 정도 소요되며 중간 기착지가 있으면 이보다 더 오래 걸린다. 피게레스 기차역 옆 피게레스 버스 터미널에 도착하며 박물관까지는 도보 12분 정도 걸린다. 시간표는 터미널 홈페이지(barcelonanord.cat) 또는 사갈레스 홈페이지(sagales.com), 오미오 앱에서 확인할 수 있다.

	고속 열차		일반 열차		시외버스
	AVE	AVANT	MD	Regional	
출발 역	산츠역(Sants)		산츠역(Sants), 그라시아역(Passeig de Gràcia)		북부 터미널 (Estacion nord)
운영 시간	08:19~21:40	06:50~21:40	05:56~20:46	06:16~19:55	10:00~14:30 (1일 3~4회)
소요 시간	약 1시간		약 1시간 50분	약 2시간 20분	약 2시간 45분~
요금	€12~	€23~	€16.5	€12.35	€25~
좌석 지정	가능		불가		불가
사전 예약	가능		불가		가능

달리 극장 박물관 Teatre-Museu Dalí ★★★

GPS 42.268194, 2.959662

피게레스의 중심부, Pujada del Castell 길을 따라가다 보면 한눈에 들어오는 유쾌한 건축물이 있다. 붉은색 벽 위로 금빛 동상과 거대한 달걀 모양으로 장식된 달리 극장 박물관이다. 원래 스페인 내전 때 폭격으로 부서진 시립 극장이었으나, 1974년, 달리가 직접 디자인해 초현실주의 그 자체를 담아낸 무대로 만들었다. 살바도르 피게레스 석양처럼 강렬한 색감의 벽에는 전통 빵 모양 장식이 곳곳에 붙어있다. 살바도르 달리에게 빵은 단순한 음식이 아닌, 어머니와 어린 시절의 향수, 생명의 원천을 상징한다. 달걀은 달리가 즐겨 사용하는 매개체다. 창조와 생명의 탄생, 무한한 가능성을 상상하게 한다.

박물관에는 회화 작품뿐만 아니라 설치 미술품까지 그의 작품 3분의 1에 해당하는 1,400여 점이 전시되어 있다. 엘 그레코와 마르셀 뒤샹, 존 드 안드레아 등 살바도르 달리가 수집한 예술가의 작품들도 있다.

박물관에 표시된 루트를 따라 둘러보길 권한다. 건물을 디자인한 달리가 최상층부터 작품을 배치해 순서를 직접 정해두었다. 입장권에는 달리 극장 박물관과 함께 그가 디자인한 보석 전시 Dalí Joies도 포함되어 있다. 살바도르 달리는 전 세계에 팬을 보유하고 있을 정도로 인기가 많다. 달리의 피게레스를 보기 위한 방문객이 무척 많은 편. 근교 여행인 만큼 입장권을 예약해두자.

주소 Pl. Gala-Salvador Dalí, 5
운영 1·3·6·10~12월 10:30~18:00,
4~5월 09:30~18:00,
6월 10:30~18:00,
7~8월 09:00~20:00
휴무 월요일(7~8월 제외, 잦은 변동으로 홈페이지 참고)
요금 성인 €18, 학생 €15
홈피 salvador-dali.org

Tip 막대사탕 츄파춥스 포장 로고 디자인(1986)

우리가 아는 츄파춥스에서 달리에게 브랜드 로고 디자인을 의뢰했다. 빨간색과 노란색의 꽃 모양으로, 꼭 막대사탕 윗면에 넣어달라고 했다. 스스로 만족한 달리는 '하나의 예술작품'이라고 자찬했다고 한다.

살바도르 달리의 무덤

more & more 뮤즈, 갈라 Gala Dali**를 위하여**

달리의 삶에서 가장 중요한 인물은 그의 부인, 갈라다. 사실 갈라는 파리의 시인 폴 엘뤼아르의 아내였으며 남편의 친구인 화가 에른스트의 정부였다. 달리보다 열두 살 연상이며 유부녀였지만, 둘은 금세 사랑에 빠졌고 엘뤼아르가 죽은 후에는 정식으로 부부가 됐다. 갈라는 달리의 뮤즈이자 영원한 사랑의 대상이었고 달리는 세기의 로맨티스트를 자칭했다. 그녀의 이름(갈라Gala, '축제'라는 뜻) 또한 달리가 직접 지어 준 것이다. 그러나 1982년, 갈라가 세상을 떠나면서 그는 깊은 슬픔에 빠졌고, 점점 세상과 거리를 두기 시작했다. 매우 낙심한 그는 갈라와 함께 살던 푸볼 성Castell de Púbol에서 은둔 생활을 하기도 했다. 갈라를 주제로 한 작품이 수십 점이지만, 주요 작품만 알아보자.

❶ 〈어깨 위에 양고기 두 점을 얹은 갈라의 초상
Portrait of Gala with Two Lamb Chops Balanced on Her Shoulder〉(1933)

초현실주의 초기 작품으로 사실적인 초상화 기법을 사용했지만, 생고기라는 요소가 추가되어 달리 특유의 강렬한 상징성을 드러낸다. 달리는 종종 식욕과 사랑, 희생이라는 주제를 결합하곤 했다. 이 작품에 갈라를 향한 강렬한 욕망과 소유하고 싶은 충동이 담겨있다. 그는 그녀를 먹어 치우는 대신, 욕망의 대체물인 고기 조각을 희생 제물처럼 바친다. 이는 성경 속 아브라함이 아들을 대신해 바친 숫양, 그리고 윌리엄 텔의 사과처럼, 희생과 대체의 개념을 반영한 것이다. 달리는 이 시기에 음식과 소비의 개념을 예술적 상징으로 은유하게 표현했는데 주로 빵과 달걀, 고기 같은 요소들을 사용했다. 이는 단순한 음식이 아니라 인간의 욕망, 본능, 그리고 생명력의 상징이다.

❷ 〈갈라리나Galarina〉(1944~1945)

달리는 1945년 뉴욕 비그누Bignou 갤러리에서 열린 전시회에서 이 작품을 이렇게 소개했다. "지난해부터 하루 3시간씩 작업해 6개월 만에 완성했다. 나는 이 작품을 'Galarina'라고 불렀다. 왜냐하면 갈라는 내게 라파엘로Raphael의 연인 '라 포르나리나La Fornarina'와 같은 존재이기 때문이다." 달리는 그녀가 자신에게 예술적 영감을 주는 뮤즈라 선언했다. 갈라의 팔에 빵 바구니의 엮인 등나무, 가슴을 빵에 비유하며 욕망을 넘어 예술적·정신적 생명력을 불어넣는 숭고한 존재라는 의미를 담았다.

❸ 〈18m 떨어진 곳에서 보면 링컨 대통령이 나타나는 바다를 보는 갈라의 누드
Gala Nude Looking at the Sea Which at 18 Metres Appears the President Lincoln〉(1975)

매이 웨스트의 방에서도 보았듯이 달리는 이중 이미지에 대한 개념을 이용해 새로운 작품 세계를 창출해냈다. 달리의 그림에서 갈라는 나체로 많이 등장하는데 이는 여성성을 기본으로 하며, 달리에게 신성한 존재였기에 신격화하고 이상화하려는 의도도 숨어있다. 무의식이나 자유로운 감정 표현을 중시하는 초현실주의적 접근이라는 이야기도 있다. 이 작품에서 나체인 갈라는 18m 가량 떨어진 곳에서 보면 미국 링컨 대통령이 나타난다. 픽셀 중에는 링컨 대통령의 초상도 있다. 링컨과 갈라는 역사와 정치, 개인을 아우르는 상징인 셈이다.

달리 극장 박물관 자세히 보기

살바도르 달리의 작품은 그의 무의식과 꿈, 본능과 편집증에 가까운 상상력을 바탕으로 표현되었다. 직관적이지 않아 해석하기는 쉽지 않다. 화가가 작품을 만들게 된 시기와 배경, 당시 내면세계를 다각화해 살펴보면 달리가 말하고자 한 의도와 메시지를 알 수 있다.

❶ 해군 자동차, 비 오는 택시 Car Naval. Rainy taxi (1938)

중앙 정원에 있는 설치 미술로 입장과 동시에 눈길을 사로잡을 만큼 강렬하다. 작품을 제작했던 당시의 1938년형 캐딜락Cadillac 안에 비가 내리는 모습의 구조물이다. 자동차 내부에 인공 강우 장치를 설치해 날씨는 맑아도 택시 안은 비가 내리도록 비논리적인 상황을 연출했다. 같은 해 파리 초현실주의 전시에서 〈비 오는 택시〉를 선보였는데 이를 더 발전시켜 다시 제작했다.

해군 자동차는 캐딜락 위 설치한 선박으로 육지에서 바다까지 확장하는 의미다. 정박한 배 같지만 움직이는 공간인 바다에서의 항해를 상징한다. 달리는 시간, 공간, 현실의 모순적인 관계를 탐구했는데 두 오브제가 결합해 '멈춰있지만 변화하는 택시'와 '항해처럼 이동을 상징하지만 정지된 상태'로 대비를 이룬다.

❷ 빵 바구니 The Basket of Bread (1945)

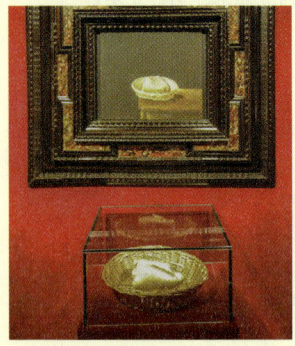

1926년에 그렸던 정물화 〈빵 바구니〉를 다시 탐구했다. 빵의 질감, 빛과 그림자, 바구니 결까지 사진처럼 정교한 극사실주의 작품이다. 이 작품은 제2차 세계대전이 끝나기 직전에 완성되었다. 전쟁으로 인해 수많은 사람들이 기아와 공포에 시달렸고, 빵은 그 자체로 생존과 희망을 상징했다. 달리는 이 작품을 본인의 상상력을 가장 만족시킨 작품이라 평가했는데, 극도로 사실적인 빵을 통해 전쟁의 상처를 지닌 인류가 다시 생존하고 재건할 것이라는 철학적 메시지를 전달했기 때문이다.

❸ 아파트로 쓰일 수 있는 메이 웨스트의 얼굴
Face of Mae West Which Can Be Used as an Apartment **(1934~1935)**

소파와 액자, 벽난로가 있는 아파트 내부처럼 보이지만, 앞에 있는 계단 위에서 렌즈로 보면 할리우드 여배우인 메이 웨스트 Mae West의 얼굴이 나타난다. 현실과 환상의 경계를 허무는 상상, 달리만이 가능한 게 아닐까. 두 개의 액자는 눈, 난로는 코, 소파는 입, 커튼은 머리카락을 의미한다. 1930년대에는 관능미의 대가인 메이 웨스트에게 열광했었는데 그녀의 빨간 입술에 영감을 받아 1937년, 세상에서 가장 요염한 입술 소파가 탄생했다. 이후 마릴린 먼로의 이미지를 투영한 La Bocca, Kiss 소파를 비롯해 오마주 제품이 연이어 나왔다.

❹ 바람의 궁전 천장화 Central Panel of the Wind Palace Ceiling **(20세기 후반)**

카탈루냐 시인 주안 마라갈 Joan Maragall의 시 〈엠포르다 L'Emporda〉에서 영감을 받아 그린 천장화다. 엠포르다 지역의 자연과 신화적 요소를 우화적 표현인 알레고리 Allegory로 나타냈다. 관객이 아래에서 올려다볼 때 천장이 끝없이 확장된 듯한 착각을 주도록 극적인 원근법을 사용했다. 붉은 옷을 입은 여성은 갈라, 수염이 돋보이는 남성은 달리이며 두 사람이 함께한 순간들을 초현실적으로 표현했다. 동전이 비처럼 관객 위로 떨어지는 듯한데, 달리가 말하길 그중 하나는 진짜 동전을 넣었다고 한다. 천장 가장자리에는 달리와 갈라가 '운명의 배'를 바라보는데 이는 삶과 죽음, 영원을 상징한다.
그의 유명한 작품 중 하나인 〈기억의 지속〉은 뉴욕 현대 미술관에 소장되어 있지만 피게레스에선 태피스트리 Tapestry로 제작된 것을 볼 수 있다. 바람의 궁전 Palace of the Wind 벽면에 걸려있다.

Tip | 달리 보석 박물관 Dali-Joies

달리는 자신의 예술이 단순히 회화에 국한되지 않고 과학적·철학적 메시지를 담았으며 심지어 보석 디자인까지 포괄한다는 의미에서 1941년, 상업 목적의 장신구를 선보인다. 당시 보석은 희귀성과 물질적 가치에 초점이 맞춰져 있었지만, 달리는 정교한 디자인과 장인의 기술이 더 중요한 요소임을 강조했다. 별관에 있는 보석 박물관은 건축과 수학을 반영한 철학적 작품 39개를 디자인 스케치 원본과 함께 볼 수 있다.
달리의 대표작인 〈녹아내리는 시계 The Persistence of Memory〉처럼 시간과 공간의 개념을 자유롭게 탐구하고 보석에서도 그런 유동성을 표현하려 했다. 또한 〈눈물의 귀걸이〉처럼 감정을 표현하거나 나무, 잎, 동물을 인간의 한 부분과 유기적으로 연결해 인간과 자연이 융합되는 초현실적인 작품을 만들었다.

<녹아내리는 시계>

<눈물의 귀걸이>

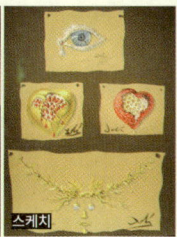
스케치

심장 박동 수에 반응하는 액세서리

관 보석 전시관

02

예술, 문화, 쇼핑의 성지 마드리드
Madrid

태양이 지지 않는 제국의 수도, 마드리드. 1561년 펠리페 2세가 스페인의 수도로 정한 후 17세기, 스페인은 가장 찬란한 전성기인 팍스 에스파냐Pax Hispana를 맞이했다. 스페인과 신대륙을 연결하며 거대한 권력과 부를 이뤘다. 평화와 번영, 그 모든 영광을 손에 쥐었던 도시다. 화려한 왕궁과 진귀한 보석, 빼어난 예술이 도시로 모이면서 마드리드는 정치·경제·문화의 중심이 되었다.

스페인의 대문호, 세르반테스는 그의 대표작 《돈키호테》에서 스페인의 황금기와 자유·정의에 대한 이상 사이의 괴리를 논했다. '스페인의 셰익스피어'라 불리는 로페 데 베가Lope de Vega는 제국의 강대함 이면에 도사린 갈등과 불평등을 날카롭게 그려냈으며 〈돈 후안Don Juan〉의 극작가 티르소 데 몰리나Tirso de Molina, 스페인 현대 문학을 대표하는 하비에르 마리아스Javier Marías까지 시대를 대변하며 중심을 세우는 데에 일조했다. 다른 도시에 비해 짧은 시간이지만, 순탄한 역사를 보낸 건 이 도시를 살아가는 사람들의 깨어있는 의식과 문화 덕분일지도 모른다. 어쩌면 높은 지대에 있어 강수량이 적고 날씨가 온화한 덕분인지도. 과거의 영광이 아닌 현재를 살아가는 도시, 마드리드의 진짜 얼굴이다.

> **마드리드에서 꼭 해야 할 일 체크!**
>
> ✓ 스페인 수도 마드리드, 그 중심인 왕실 관람하기
> ✓ 유럽 3대 미술관인 프라도 미술관부터 스페인 현대 미술을 대표하는 레이나 소피아 미술관까지 예술 산책하기
> ✓ 타파스 바 천국인 마드리드에서 미식 경험하기

마드리드 드나들기

1. 마드리드로 이동하기

항공

우리나라에서 출발하는 대한항공이 마드리드까지 직항 운행하며 13시간 정도 걸린다. 루프트한자, KLM네덜란드, 에어프랑스 등 유럽계 항공사와 카타르, 에미레이트, 에티하드와 같은 중동 항공사는 각국 주요 도시를 1회 경유 운행하며 15시간 이상 소요된다. 2회 경유하는 러시아항공과 중국항공은 운항 시간이 오래 걸리지만 가격은 비교적 저렴하다.

마드리드 바라하스 공항 Aeropuerto Adolfo Suárez Madrid-Barajas (MAD)은 스페인에서 가장 규모가 큰 국제 공항이다. 스페인 국영 항공사인 이베리아 항공이 60% 이상 운행하는 거점 공항이며 유럽 주요 항공사는 물론 저비용 항공사들도 대부분 취항하고 있다.

4개 터미널 중 제4 터미널을 제외하고는 터미널끼리 서로 모여있어 도보 이동이 쉽다. 대한항공과 터키항공, 저비용 항공사인 라이언에어와 이지젯이 제1 터미널, 에어프랑스, KLM과 루프트한자, 스위스항공, ITA(알이탈리아) 등 셍겐 협약에 속한 유럽 항공사, 스페인 국내선은 제2 터미널, 스페인 국적기인 이베리아항공과 에미레이트항공, 핀에어, 카타르항공, 저비용 항공사인 부엘링 등 제4 터미널을 이용한다. 제3 터미널은 탑승동으로만 이용된다.

> **Tip | 터미널간 무료 셔틀버스**
>
> 통근 열차인 렌페 세르카니아스를 이용하거나 빌바오, 산 세바스티안 등 북부로 가는 장거리 버스 알사ALSA를 타려면 제4 터미널로 가야 한다. 이른 새벽이나 늦은 밤에 도착했어도 무료 셔틀버스를 타고 이동할 수 있다. 24시간 운영하는 맥도날드가 있어 안전하고 쾌적하게 밤을 보낼 수 있다.
>
> **운영** 06:00~22:00 (배차 간격 5분), 22:00~06:00 (배차 간격 20분)
>
> **노선** 제1 터미널(출국장) → 제2 터미널(출국장) → 제4 터미널(출국장) → 제4 터미널(입국장) → 제3 터미널(입국장) → 제2 터미널(입국장) → 제1 터미널(출국장)

more & more 영국의 건축상을 받은 바라하스 공항 제4 터미널

영국 건축가 리처드 로저스Richard G. Rogers와 스페인 건축가 안토니오 라멜라Antonio Lamela가 설계해 2006년 지어졌다. 리처드 로저스는 프랑스 파리의 퐁피두 센터나 우리나라 서울 여의도의 더현대 서울 등을 설계했는데 원색과 뛰어난 채광, 간결한 디자인으로 유명하다. 가장 중요한 구조에 주요 컬러 코드를 사용하는데 바라하스 공항은 터미널 전체를 덮는 천장 부분에 노란색을 택했다. 대나무 소재를 사용해 물결치듯 나열한 천장은 뜨거운 마드리드 햇빛을 조절해 빛의 골짜기를 이룬다. V자 강철 골조를 받쳐 안정적이며 퐁피두 센터의 관람 동선처럼 색을 조절해 탑승구까지 안내한다. 구조와 심미성, 편의성을 모두 갖춘 건축물로 영국의 권위 있는 건축상, 스털링상을 수상했다.

홈피 www.aena.es

  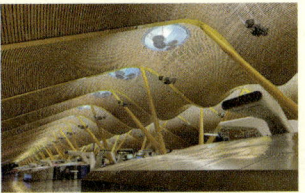

□ 주요 도시 이동 시간

- 바르셀로나 ▶ 마드리드 1시간
- 파리 ▶ 마드리드 2시간
- 로마 ▶ 마드리드 2시간 40분
- 런던 ▶ 마드리드 2시간 20분
- 리스본 ▶ 마드리드 1시간 10분

□ 바라하스 공항에서 시내로 이동하기

대부분 외곽에 위치한 유럽 공항과 달리 마드리드 공항은 시내에서 13km 정도 떨어져 있어 시내와 가까운 편이다. 시내까지 메트로와 공항버스, 통근 열차, 렌페 세르카니아스 또는 택시로 이동한다.

	렌페 세르카니아스	공항버스	메트로	택시
출발지	제4 터미널 지하 1층	제1·2·4 터미널 입국장 앞 공항버스 정류장	제1·2·3 터미널 2층 제4 터미널 지하 1층	제1·2·4 터미널 입국장 앞 택시 정류장
운영 시간	월~금 05:55~익일 00:01 토~일 06:02~익일 00:01	203번 버스 06:00~23:30 N27 버스 23:30~06:00	06:00~익일 01:30	24시간
주요 목적지	차마르틴역, 아토차역	시벨레스 광장, 아토차역	누에보스 미니스테리오스에서 환승 후 목적지	목적지
소요 시간	차마르틴: 10분 아토차: 25분 프린시페 피오: 40분	약 40분 (시내 정체에 따라 변동)	30~40분	30~40분 (시내 정체에 따라 변동)
요금	편도 €2.6 (+전용카드 €0.5)	편도 €5	단일 티켓 €4.5~5, 10회권 €9.1 (+멀티카드 €2.5)	시내까지 €33 (고정 요금) 무제한

통근 열차, 렌페 세르카니아스

스페인 철도 회사인 렌페Renfe에서 운영하는 기차로 통근 열차 또는 국철, 근교 기차로 불린다. 터미널 4곳 중 제4 터미널(T4)에서만 출발해 1·2 터미널 도착 시 무료로 운영하는 공항 셔틀버스를 타고 T4로 이동해야 한다. 빨간색 렌페 표시를 따라 지하 1층에 가면 역이 나오는데 총 10개 노선 중 C1과 C10 노선이 공항을 연결한다. 주요 정차지로는 차마르틴Chamartin역과 아토차Atocha역, 왕궁이 있는 프린시페 피오Principe Pio역이 있다. 각 10분, 25분, 40분 정도 소요되며 메트로보다 빠르지만, 배차간격이 길다. 숙소가 많은 솔 광장은 C1 노선을 이용해 누에보스 미니스테리오스Nuevos Ministerios역에 하차, C3·C4 노선으로 갈아타면 도착할 수 있다. 메트로와 운영 회사가 달라 역 근처 매표기에서 세르카니아스 전용 승차권을 사야 한다. 세르카니아스는 전용카드(Renfe y tu, TSC)가 있어야 하므로 없으면 함께 구매해야 한다.

운영 월~금 05:55~익일 00:00,
      토~일 06:00~익일 00:00
요금 €2.6,
      전용카드(Renfe y tu) €0.5
홈피 renfe.com/viajeros/cercanias/madrid

공항버스

목적지가 시벨레스 광장이나 아토차역 근처라면 공항버스를 추천한다. 제4 터미널을 출발해 제2·1 터미널을 차례로 거쳐 오도넬O'Donnell과 시벨레스 광장에서 지나 아토차역으로 간다. 40분 정도 소요되고 환승 없이 도착할 수 있어 쉽고 편하다. 심야 버스는 아토차역 전 정류장인 시벨레스 광장까지만 운행한다. 요금은 컨택리스 신용·체크카드로 결제할 수 있고 현금은 버스 기사에게 직접 내며, 20유로 미만만 가능하다.

운영 203번 버스 06:00~23:30
      (배차 간격 15~20분),
      N27 심야버스
      23:30~06:00 (배차 간격 35분)
요금 편도 €5
홈피 esmadrid.com/en/airport-express

메트로

목적지가 렌페 세르카니아스역이나 공항버스 정류장과 가깝지 않다면 메트로를 고려해보자. 메트로는 마드리드 시내 구석구석을 연결해 걷는 동선을 줄여준다. 제1·2·3 터미널은 2층에서, 제4 터미널은 지하 1층에서 메트로 8호선과 연결된다. 제1·2·3 터미널은 메트로 역까지 도보 5분 정도로 떨어져 있으니 참고하자. 메트로는 이른 아침과 늦은 밤을 제외하고 배차 간격이 5~10분으로 자주 오간다. 공항에서 시내까지 30~40분 정도로 걸리는 시간은 다른 교통수단과 비슷하며, 목적지에 따라 누에보스 미니스떼리오스Nuevos Ministerios 역에서 1~2회 정도 갈아타야 한다. 메트로는 멀티카드를 구매해 이용한다. 4세 미만은 무료다.

운영 06:00~익일 01:30
요금 단일 티켓 €4.5~5 (메트로 A구역 €1.5~2+공항 €3), 10회권 €9.1 (메트로 A구역 €6.1+공항 €3), 멀티카드 €2.5
홈피 metromadrid.es

택시

짐이 많거나 동행이 있다면 택시를 타는 방법도 있다. 각 터미널 입국장에 택시 승강장이 있다. 공항에서 10km 이내 지역은 23유로, 마드리드 시내까지는 33유로로 요금이 정해져 있다. 짐 요금은 추가로 발생하지 않는다. 시내까지 30~40분 정도 소요되며 출퇴근 시간에는 도로가 혼잡하니 참고하자. 콜택시 전용인 라디오 택시Radio Taxi, 차량 공유 서비스인 우버Uber와 볼트Bolt, 프리나우Free now, 캐비파이Cabify 등은 터미널마다 픽업 스팟이 다르다. T1은 2번 출구 길 건너 주차장 P1 끝, T2는 입국장 내에서 터미널 1 방향으로 이동, 관광 안내소에서 건물 밖으로 나가 길을 건너면 express 주차장(Arrivals express car park T2) 안에 있다. T4는 주차장 B동 4층(Module D. Floor 4)에서 승차할 수 있다.

기차

바르셀로나와 발렌시아, 사라고사, 세비야, 말라가 등 장거리 노선과 톨레도, 쿠엥카 같은 마드리드 근교를 연결한다. 마드리드의 기차역은 아토차역과 차마르틴역, 프린시페 피오역이 있으며 메트로와 바로 연결되어 있어 편리하다. 국영 기업 렌페Renfe에서 운영하는 기차는 우리나라 KTX와 같은 초고속 열차인 AVE, Avlo가 있고 고속 열차인 Avant, Alvia와 지역 열차 IR로 나뉜다. 민영 기업에서 운영하는 기차는 이탈리아 이르요iryo와 프랑스 위고Ouigo가 있으며 이 중 이탈리아 이딸로Italo 자회사인 이르요를 추천한다. 승차권은 수화물 여부와 환승 여부에 따라 금액이 달라지므로 꼭 확인해야 하며 여행일보다 일찍 예매하면 할수록 저렴해진다. 초고속·고속 열차는 승차권 구매와 좌석 예약이 필수다. 객실 상단 짐칸이 좁고 짐 검사(승차 90분 전)는 대기가 길어 적어도 30분~1시간 전에 도착하는 것이 좋다. 칼날이 6cm 이상인 가위나 칼은 소지할 수 없다. 기차표는 현장 또는 렌페 공식 홈페이지(renfe.com)에서 예매할 수 있다. 단, VPN을 스페인으로 변경해야 하는데 'Touch VPN'과 같은 앱을 사용해 바꿀 수 있다. 오미오Omio와 같은 대행 사이트나 앱을 이용해 예약할 수 있으며, 이르요와 위고는 VPN 변경 없이 가능하다.

more & more 마드리드 주요 기차역

① 아토차역 Estación de Atocha

1851년 문을 연 아토차역은 매일 빠르게 증가하는 승객 수로 인해 확장 공사를 진행하던 중 1865년 대규모 화재가 발생했다. 목재로 지어져 특히 피해가 컸던 역사는 1892년 산업 혁명으로 대량 생산된 철강과 유리를 사용해 복원되었다. 19세기 모더니즘 건축 양식에 이탈리아 로마 판테온을 재해석한 돔 형식과 대형 기둥을 더해, 현재까지도 '세계에서 가장 아름다운 기차역'으로 손꼽힌다. 기차를 타지 않더라도 역사를 관람하기 위해 방문하는 여행객도 많다. 실내에는 식물원이 꾸며져 있으며 2m 이상인 열대 식물들이 자란다. 식당과 카페, 상점이 모여있어 쉬어가기 좋다.

아토차 기차역은 옛 역사 남쪽에 따로 건물이 있다. 프랑스 남부로 가는 국제선 기차와 바르셀로나와 발렌시아, 사라고사 등 서부행, 그라나다와 세비야 등 안달루시아행, 톨레도와 쿠엥카처럼 근교로 가는 기차 등을 이용하기 위해 방문한다. 근교 기차 세르카니아스는 승차장이 조금 멀어 여유롭게 도착하자.

Tip | 테러 희생자를 위한 아토차역 추모관 Memorial de Atocha

2004년 3월 11일 사람들로 붐비는 출근 시간, 마드리드 아토차역을 포함한 세 개의 기차역에서 연쇄 폭탄 테러가 발생했다. 이슬람 국제 테러 단체인 알카에다의 소행으로 스페인의 이라크 전쟁 참전에 대한 보복으로 발생했다. 1,800여 명이 부상을 입었고, 191명이 현장에서 생을 마감했다. 스페인 역사상 가장 비극적인 이 사건은 3·11 테러라고 부른다.

이 참사를 기억하고 희생된 사람들을 추모하기 위해 아토차역 내에 테러 추모관이 지어졌다. 높이 11m 원통형 유리로 조성되어 마치 대형 실린더처럼 보인다. 내부에는 희생자들의 이름과 수천 개의 추모 글이 새겨져 있으며 바닥에는 추모객들이 바친 화환들이 놓여있다.

'빗나간 분노를 이유라고 할 수 없다'라는 추모 내용처럼 폭력과 테러의 무의미함과 비극을 잊지 않고, 앞으로 이런 일이 다시 일어나지 않도록 경각심을 일깨워주기 위한 상징이다.

위치 아토차역 내 2층
운영 10:00~15:00

자비에 바르자의 작품 <아이툰>이다. 아기의 머리는 미래를 상징, 새로운 세대가 만들어갈 세계와 희망을 나타낸다.

---

② 차마르틴역 Estación de Chamartín

마드리드 시내 북부에 있다. 주변이 상업·금융 지구여서 출장을 오가는 사람과 근교 열차를 이용하려는 당일치기 여행객이 많다. 바르셀로나와 사라고사, 빌바오와 산 세바스티안 등 스페인 북부와 서부를 연결하는 국내선 기차와 세고비아행 고속 기차가 출발한다. 역사는 크지 않으며 1층에 매표소와 승차장이 있다. 역 내부에 식당과 카페, 편의 시설이 있으니 참고하자. 메트로 1·10호선, 렌페 세르카니아스 C3·C4 노선이 있어 공항과 아토차역, 솔 광장까지 쉽게 이동할 수 있다.

③ 프린시페 피오역 Estación Príncipe Pío

마드리드 시내 서쪽에 있다. 마드리드 왕궁과 가까이 있어 이용하기 편리하지만, 연결된 노선이 살라망카 정도라 이용 빈도가 낮다. 살라망카에 갈 때는 버스가 더 빠르고 저렴해 유레일패스가 있는 여행객이 아니라면 거의 이용하지 않는다. 쇼핑몰이 함께 있어 근교 여행 후 식사를 하거나 장을 보기 편리하다.

주요 도시 이동 시간
마드리드 ◀▶ 바르셀로나
2시간 30분~3시간 20분
마드리드 ◀▶ 빌바오 4시간 40분
마드리드 ◀▶ 세비야
2시간 30분~3시간 10분
마드리드 ◀▶ 그라나다 3시간 30분

버스

스페인은 산악 지형이 많고 고원이 넓어 기차선로를 건설하기 어렵고 비용도 많이 든다. 대신 고대 로마부터 구축한 도로와 높은 확장성으로 장·단거리 버스 노선이 발달했다. 요금이 저렴하고 접근성이 좋아 시민들도 기차보다 버스를 더 선호한다. 목적지에 따라 시외 버스 터미널이 다르므로 미리 파악해두자. 장거리 버스는 내부에 화장실이 있고 휴게소에서 20분 정도 쉬는 시간을 가진다.

□ 마드리드 주요 버스 터미널

터미널	남부 터미널 Estación Sur	플라사 에립티카 터미널 Estación de Plaza Elíptica	몽클로아 터미널 Intercambiador de Moncloa	아메리카대로 터미널 Intercambiador de Avenida de América	바라하스 공항 제4 터미널 Aeropuerto Barajas, T4
주요 목적지	북동부 (바르셀로나, 빌바오, 산 세바스티안, 사라고사), 안달루시아(코르도바, 그라나다, 세비야, 말라가), 근교(쿠엥카, 살망카, 라 그란하), 국제선(포르투갈, 프랑스)	근교 (톨레도)	근교 (세고비아, 살라망카)	북동부 (바르셀로나, 빌바오, 산 세바스티안, 사라고사), 안달루시아 (그라나다)	북동부 (바르셀로나, 빌바오, 산 세바스티안, 사라고사), 안달루시아 (그라나다), 근교(살라망카)
연결	메트로 6호선, 세르카니아스 C1·C5·C7·C10 멘데스 알바로 Méndez Álvaro역	메트로 6·11호선 엘립티카 광장 Plaza Elíptica역	메트로 3·6호선 몽클로아 Moncloa역	메트로 4·6· 7·9호선 아메리카 대로 Avenida de America역	바라하스 공항메트로 8호선, 세르카니아스 C1 제4 터미널 Aeropuerto Barajas, T4역

① 남부 터미널 Estación de Autobuses Madrid Sur

마드리드에서 규모가 가장 큰 버스 터미널로 근교인 세고비아와 톨레도를 빼고 스페인 전역 대부분을 연결한다. 유로라인 Eurolines, 플릭스 Flix와 같은 글로벌 회사에서 포르투갈 리스본과 프랑스 남부 도시를 연결하는 국제선도 있다. 터미널 입구와 연결된 지상층은 버스 회사별 매표소와 안내소, 식당과 카페, 코인 로커 Consigna, 화장실(유료)이 있고 지하 1층에는 승차장과 화장실(무료)이 있다. 지하 2층은 메트로와 세르카니아스 역이다.

② 플라사 엘립티카 버스 터미널 Intercambiador de Plaza Elíptica

마드리드 근교를 연결하는 터미널로 톨레도 여행을 위해 많이 찾는다. 톨레도행 버스는 알사 ALSA 회사에서 운행하며 6시부터 24시까지 매시간 4대 정도 배차된다. 미리 홈페이지에서 예매하려 해도 시간이나 좌석 예약을 할 수 없는 승차권이라 탑승구에서 줄을 서야 한다. 오전 일찍 이

동하길 권하며, 일행이 있다면 현장 승차권 구매자와 승차 대기자를 나눠 이동하자. 톨레도행 버스 승차장은 지하 1층에 있으며, 같은 층에 있는 파란색 알사 구매 기계에서 승차권을 구매할 수 있다.

③ 몽클로아 버스 터미널 Intercambiador de Moncloa
마드리드 북서쪽 근교를 연결하는 터미널로 주로 세고비아행 아반사 Avanza 버스가 다닌다. 세고비아행 버스는 6시 30분부터 23시까지 매시 2대 정도 배차된다. 지하 2층에는 아반사 버스 매표소와 화장실(무료), 지하 1층에는 승차장이 있다. 터미널 입구는 2곳으로 Placa en homenaje al Pueblo de Madrid 방향 지하 입구[Darsena 8 y 9 (SEGOVIA) ISLA 1 Intercambiador de Moncloa]로 내려가면 좀 더 빠르게 갈 수 있다.

④ 아메리카대로 버스 터미널 Estación de Avenida de América
마드리드 북부에 위치해 주로 바르셀로나와 빌바오, 산 세바스티안 등 북부 도시로 가는 버스가 다닌다. 터미널 승차장은 지하로 이어진다. 안내받은 탑승구 앞에 줄을 서면 일정 시간에 표를 검사하고 문이 열린다. 소매치기를 방지할 수 있는 안전 시스템이라 걱정이 덜하다.

□ 주요 도시 이동 시간
마드리드 ◀▶ 바르셀로나 7시간 20분
마드리드 ◀▶ 빌바오 4시간
마드리드 ◀▶ 말라가 6시간 15분
마드리드 ◀▶ 그라나다 4시간 30분

2. 마드리드 안에서 이동하기

마드리드 여행지는 크게 센트로 Centro 지구와 레티로 Retiro 지구로 나뉜다. 센트로 지구에는 여행 중심인 솔 광장과 왕궁, 마요르 광장이 있고, 레티로 지구에는 프라도를 비롯한 미술관 지구와 부엔 레티로 공원이 있다. 한 지역만 둘러본다면 걸어서 이동할 수 있지만, 두 지역을 이동하기엔 부담이 있어 버스나 메트로를 타는 편이 낫다. 라스 벤타스(투우 경기장)나 산티아고 베르나베우 경기장처럼 중심부에서 떨어진 곳도 마찬가지. 일정이 짧다면 가고 싶은 스폿을 골라 대중교통으로 연결해 일정을 짜는 방법도 있다. 마드리드 근교 여행을 한다면 기차역이나 버스 터미널에 가야 하는데, 이때도 메트로나 통근 열차, 렌페 세르카니아스를 이용해야 한다.

메트로

마드리드를 포함한 광역 지역을 연결하는 지하철이다. 1919년 개통 후 12개 노선과 R 노선, 3개 경전철 노선이 있다. 300개 이상의 역을 운영할 정도로 마드리드 곳곳을 촘촘히 연결하고 있다. 노선이 많아 복잡해 보이지만, 여행객이 이용하는 노선은 한정적이다. 바라하스 공항과 연결된 8호선과 솔 광장을 잇는 1·2·3호선, 시내 주변(A구역)과 기차역, 버스 터미널을 연결하는 노선 정도다. 메트로 앱 Metro de Madrid Oficial 을 이용하면 노선도를 한눈에 볼 수 있고 출발지와 목적지를 지정하면 환승 경로도 쉽게 찾을 수 있다. 구글 맵스를 이용해도 된다.
교통권을 구매해야 하며 VISA나 MASTER CARD, 트래블월렛 등 컨택리스 카드는 사용할 수 없다. 메트로 이용 방법은 우리나라와 크게 다르지 않아 이용하기 쉽다. 단, 화장실이 없으니 참고하자. 마드리드 메트로는 운행 시간이 길며 출퇴근 시간(07:00~09:00, 18:30~20:30)에는 혼잡한 편이니 객차 외 메트로 출입구에서도 소매치기를 조심해야 한다.

운영 06:00~익일 01:30
(노선 따라 변동)

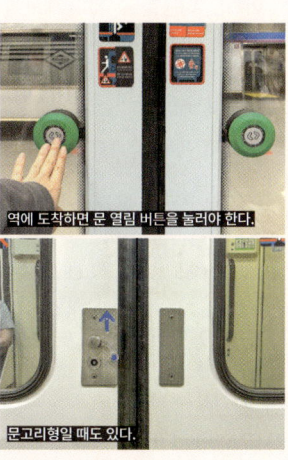

역에 도착하면 문 열림 버튼을 눌러야 한다.

문고리형일 때도 있다.

---

more & more 마드리드 교통권

마드리드는 교통편마다 운영 회사가 달라 승차권을 각각 따로 구매해야 한다. 메트로와 시내버스 간 환승에도 할인이나 무료 혜택이 없다. 대신 환승을 하지 않아도 될 만큼 메트로가 관광명소 곳곳을 어디든 연결한다.

교통권은 멀티카드와 투어리스트 트래블 패스가 있다. 우리나라와 사용 방법이 같아 개찰기에 카드를 대면 된다. 투어리스트 트래블 패스는 메트로와 시내버스, 렌페 세르카니아스를 무제한 탈 수 있으나 사용 횟수가 많지 않고 1인만 사용할 수 있어 효율적이지 않다.

❶ 멀티카드 Tarjeta Multi/Multi Card

메트로를 이용할 때 사용하는 교통카드다. 카드를 구매한 후 1회권 또는 10회권을 충전해 사용한다. 카드 하나로 여러 명이 사용할 수 있으며 카드 발급비는 환급되지 않는다. 1회권 1 Viaje은 같은 구역 Zona에서도 이동 구간에 따라 요금이 다르다. 5개 역까지는 1.5유로, 역마다 0.1유로가 추가되며 최대 2유로가 부과된다. 반면 10회권은 공항(3유로 추가)을 제외한 A구역 Zona A 내 요금이 같으며 시내버스도 사용할 수 있다. 1명 또는 여러 명이 이용할 수 있어 마드리드에서 메트로를 8회 이상 이용한다면 10회권이 낫다. 시기·정책에 따라 50% 할인할 때도 있으니 참고하자.

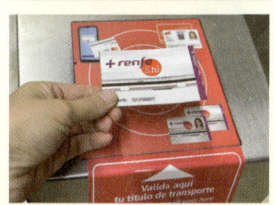

❷ 투어리스트 트래블 패스

메트로와 시내버스, 렌페 세르카니아스를 무제한 탈 수 있다. 카드 하나에 1명만 사용할 수 있고 카드 발급비는 패스 금액에 포함되어 있다. A구역 Zona A 패스와 그 외 구역까지 포함하는 T구역 Zona T 패스가 있다. A구역 패스를 구매해도 공항과 시내로 가는 메트로를 이용할 수 있으며 공항버스나 렌페 세르카니아스는 이용할 수 없다. T구역 패스는 공항에서 시내까지 렌페 세르카니아스를 이용할 수 있고, 톨레도행 시외버스를 탈 때도 쓸 수 있다. 다만 대중교통 이용 횟수를 고려하면 오히려 비싸서 권하지 않는다. 1~5·7일권으로 다양하며 유효기간 다음날 5시까지 쓸 수 있다. 유효 기간이 지나면 충전해 멀티카드로 사용할 수 있다.

멀티카드 Tarjeta Multi			투어리스트 트래블 패스 Tourist Travel Pass					
카드 발급비	1회권	10회권	1일권	2일권	3일권	4일권	5일권	7일권
–	Zona A		Zona A					
€2.5	€1.5~2.0	€12.2	€8.4	€14.2	€18.4	€22.6	€26.8	€35.4

시내버스

EMT Madrid (Empresa Municipal de Transportes de Madrid)에서 운영하며 노선 및 시간은 EMT Madrid 앱과 구글 맵스로 확인할 수 있다. 지하철이 다니지 않는 지역까지 다닐 수 있지만, 노선이 많고 복잡해 지하철에 비교하면 여행자가 이용하기 어렵다. 짐이 있는데 엘리베이터가 없는 메트로 역을 간다거나 이동 중에도 마드리드 시내 풍경을 즐기고 싶다면 시내버스를 이용하자. 23시 30분 이후에는 'Buhos (올빼미)'라고 불리는 'N'이 붙은 야간 버스가 운행한다. 시벨레스 광장 Plaza de Cibeles과 솔 광장 Plaza de Sol에서 출발한다.

메트로에서 사용하는 멀티카드 1회권을 사용할 수 없고 환승 할인도 없다. 멀티카드 10회권 또는 버스 기사에게 직접 1회권을 구매한다. 단, 5유로 이하 지폐·동전만 가능하다. 결제 단말기를 설치하는 버스가 많아지고 있으며 VISA나 MASTER CARD, 트래블월렛 등 컨택리스 카드를 사용할 수 있다. 우리나라와 같이 앞문으로 타서 뒷문으로 내린다.

운영 06:00~23:30
　　　 야간 23:30~익일 06:00
요금 1회권 1.5€

Tip | 무료 시내버스 001

아토차역과 프라도 미술관, 시벨레스 광장, 그란 비아 대로, 에스파냐 광장, 몽클로아역을 운행하는 버스다. 7시부터 23시까지 운행하며 무료로 이용할 수 있다.

택시

기차역이나 버스 터미널, 대표 광장 앞에 정차되어 있는 택시가 많으며 비교적 쉽게 택시를 잡을 수 있다. 요금은 미터기로 계산하며 심야(21:00~06:00)에는 적용되는 요금 기준이 다르다. 기차역이나 버스 터미널(€3), 공항(€5.5)은 추가 요금이 붙는다.
택시보다 차량 공유 서비스인 우버Uber와 볼트Bolt, 프리나우Free now, 캐비파이Cabify 등을 이용하면 더욱 편리하다. 요금을 확인할 수 있고 영어 소통이 어려운 기사라도 앱에서 목적지를 지정하니 편리하다.

□ 관광 안내소

바라하스 공항 T2·T4
운영 09:30~20:30

마요르 광장
주소 Plaza Mayor 27
운영 09:30~20:30

솔 광장
주소 Plaza del Sol 5
운영 09:00~20:00 (일 ~14:00)

아토차역
주소 Plaza del Emperador Carlos V
운영 08:00~20:00 (토 ~15:30)
　　 일 09:00~14:00

렌페 세르카니아스

스페인 국영 철도 회사 렌페가 운영하는 마드리드 근교 열차다. 바라하스 공항 제4 터미널과 왕실 별궁이 있는 아란후에스, 전몰자의 계곡Valle de Cuelgamuros으로 갈 수 있는 엘 에스코리알 등 시내 외곽과 연결한다. 시내 주요 역에도 정차하는데 우리나라 급행 지하철처럼 유용하다. 메트로 역 또는 기차역과 바로 붙어있어 갈아타기 편리하다.
멀티카드는 사용할 수 없고, 투어리스트 트래블 카드는 가능하다. 렌페 세르카니아스 승차권Renfe & Tú Card은 이용하는 구역 개수대로 계산한다. 세르카니아스 전용 자동 판매기에서 구매하며 2022년부터 점진적으로 컨택리스 결제 시스템을 도입해 일부 역은 VISA나 MASTER CARD, 트래블월렛 등 컨택리스 카드를 사용할 수 있다.

운영　05:30~00:30
요금　1~2구역 €1.7, 3구역 €1.85, 4구역 €2.6, 5구역 €3.4, 6구역 €4.05

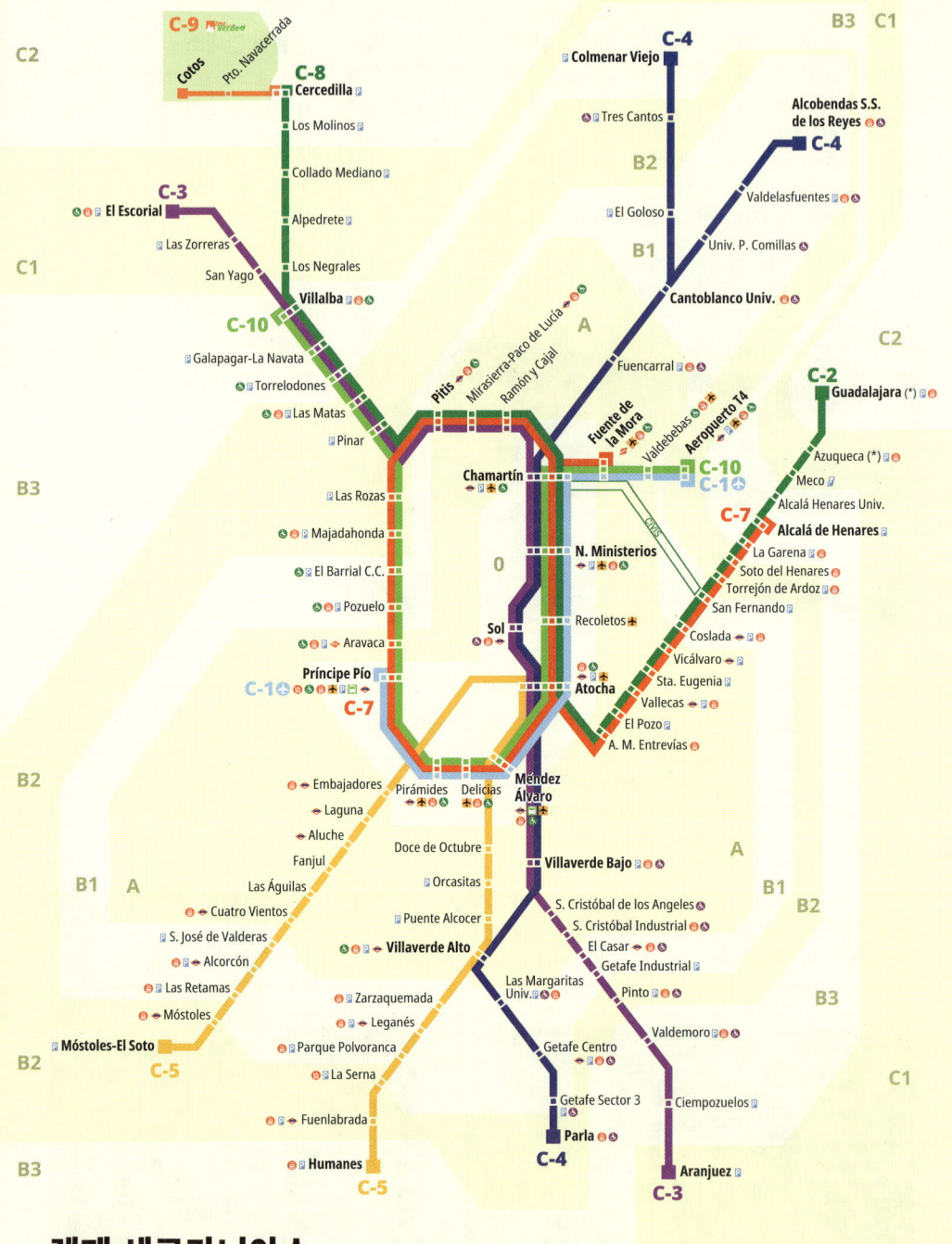

마드리드 추천 일정

마드리드는 크게 센트로Centro 지구와 레티로Retiro 지구로 나눌 수 있다. 센트로 지구는 마드리드 왕궁과 마요르 광장을 포함한 역사·문화 중심지다. 레티로 지구는 옛 왕실 별궁이 있던 자리로 부엔 레티로 공원과 마드리드 왕립 식물원, 산 헤로니모 엘 레알 수도원과 같은 역사 흔적을 만날 수 있으나, 예술이 주를 이룬다. 왕실 수집품에서 시작해 방대한 양의 작품을 전시하고 있는 프라도 미술관, 세계에서 두 번째로 수집을 많이 한 개인이 세운 티센 보르네미사 미술관, 스페인 현대 미술을 대표하는 레이나 소피아 미술관까지 있다. 빛의 화가 소로야의 미술관Museo Sorolla과 카이사 포룸까지 작은 미술관과 문화 센터를 포함하면 엄청난 수준의 미술관을 다수 보유하고 있다. 각 두 지역의 주요 관광명소인 마드리드 왕궁과 프라도 미술관은 하루 종일로 일정을 잡아도 될 정도로 시간이 오래 걸리며, 방문객이 많으니 반드시 예약해야 한다. 프라도 미술관과 티센 브리네미사 미술관, 레이나 소피아 미술관을 모두 둘러볼 예정이라면, 파세오 델 아르테 카드를 구매하면 효율적이다.
마드리드에는 2개의 축구 클럽이 있고, 홈구장은 산티아고 베르나베우와 리야드 에어 메트로폴리타노에 각각 있다. 모두 외곽에 위치하며 거리가 있으니 여유롭게 계획하자. 경기를 관람한다면 센트로나 레티로 지구 여행 후 저녁 일정으로 추가할 수 있다.
마드리드에 숙소를 두고 당일치기 여행도 권한다. 종교 수도, 톨레도와 수도교가 아름다운 세고비아가 인기다. 두 곳 모두 하루 이상으로 일정을 계획해야 한다.

① 센트로 지구

솔 광장 → 도보 5분 → **마요르 광장** → 도보 1분
→ **산 미겔 시장** → 도보 5분 → **마드리드 왕궁** → 도보 1분
→ **알무데나 대성당** → 도보 10분 → **스페인 광장**
→ 도보 5분 → **데보드 신전**

마드리드 왕궁은 입장권을 구매하기 위한 대기 인원도 많아 방문 예약이 필수다. 관람 시간도 오래 걸려 미리 든든하게 식사하길 권한다. 보카디요를 포장해 왕궁 주변 공원에서 도시락으로 먹어도 좋다.

② 레티로 지구

레이나 소피아 미술관 → 도보 5분 → **카이사 포룸**
→ 도보 5분 → **프라도 미술관** → 도보 5분
→ **티센 보르네미사 미술관** → 도보 10분
→ **시벨레스 광장** → 도보 10분 → **부엔 레티로 공원**

미술관이 주를 이루는 레티로 지구를 여행할 때는 하루 만에 모두 보려는 욕심은 넣어두자. 아우르는 시대와 화가, 작품이 방대하다. 우선 보고 싶은 작품을 선별해 동선을 정하고, 다른 작품은 가볍게 관람하면서 마음에 쏙 드는 작품을 발굴하는 방법을 권한다.

센트로 지구 Centro

솔 광장 Puerta del Sol
★★★

GPS 40.416973, -3.703530

마드리드는 이슬람 지배 시기에 세워진 요새를 빼면 여느 시골과 다르지 않았다. 중세 수도인 톨레도와 가까이 있고, 강이 흐르고 숲이 우거져 왕실 사냥터이자 귀족 휴양지 역할을 했다. 14세기 카스티야 왕궁이 지어지고 1561년, 펠리페 2세가 수도로 지정하면서 마드리드는 격동했다. 가톨릭교 영향 아래 있던 정치 체제에서 왕권 중심 통치로 바뀌었고 '대항해 시대'를 맞아 대제국으로 성장했다. 솔 광장은 태양의 문Puerta del Sol으로 불리는데, 마드리드로 들어오는 주요 관문인 옛 성벽 동문이 일출 방향에 있어서다.

태양의 문은 없어졌지만, 광장은 스페인 영광의 역사를 꾹꾹 눌러 새겼다. 1808년 나폴레옹 침공 때, 시민들은 광장에 모여 반란을 일으켰고 공화국 선포 이후 1981년 스페인 쿠데타에 맞서 광장으로 뛰어나와 민주주의를 외쳤다. 2011년 스페인을 강타한 금융 위기에 분노한 대규모 시민집회를 비롯해 때때로 각종 시위가 벌어지는 민중을 위한 광장이다. 현대에는 마드리드 사람들에게 만남의 장소이자 여행자에겐 여행의 출발점이다. 밤낮없이 사람들로 붐비며 매년 12월 31일이 되면 포도 12알을 들고 새해를 맞이하려는 인파로 넘쳐난다. 마드리드 정부청사 시계탑에서 새해를 알리는 타종이 시작되면 12번에 맞춰 포도알을 삼키며 복을 기원한다.

광장의 마스코트는 마드리드 문장에도 나오는 곰과 마드로뇨Madroño다. 곰은 실제로 중세 마드리드에 살았던 동물이고, 철쭉과(科) 딸기나무에 속하는 마드로뇨는 열매로 리큐어로 만들어 마드리드 초기 경제 자원이었다. 일부 전통 주점Taverna에서 마드리드 특산주, 리쿠르 데 마드로뇨Licor de Madroño(25%)를 판매하고 있으니 궁금하다면 맛볼 수 있다. 나무에 코를 비비는 곰 동상 발뒤꿈치를 만지면 소원이 이루어진다고 하니 밑져야 본전! 도전해보자.

기마상은 마드리드를 수도로 천도한 펠리페 2세가 아니다. 18세기에 마드리드를 근대화로 이끈 '가장 훌륭한 시장El Mejor Alcalde'인 카를로스 3세다. 도로와 가로등, 하수도 정비, 병원과 미술관 설비 등 인프라를 개선하고 경제 개혁을 시행해 지금까지도 존경받는 왕이다.

마드리드 정부청사와 시계탑

MADRID 1967 - 2017

Tip | 스페인 중심인 도로 원표 Kilómetro Cero

마드리드 정부청사Real Casa de Correos 입구에 사람들이 바닥을 보며 옹기종기 모여있다. 지역 간 거리를 계산하는 기준점인 Km 0 (제로 포인트) 안내판이 있어서다. 거미줄처럼 스페인 각지로 통하는 방사형 도로 9개가 이곳에서 시작된다. 석판 위에 발을 올리고 간절히 기도하면 마드리드에 돌아온다는 속설이 있다.

주소 Plaza Puerta del Sol
위치 메트로 L1·L2·L3 Sol

마요르 광장 Plaza Mayor

★★★

GPS 40.415563, -3.707400

마요르 광장은 16세기 초 '아라발 광장Plaza del Arrabal'이라는 야외 장터였다. 상업 활동이 활발해지자 임시 건물이 생기기 시작했고, 마드리드를 스페인 수도로 지정한 후 1620년 지금의 모습을 갖추었다. 상인과 손님을 날씨로부터 보호하고 치안을 유지하기 위해 설계한 중정형 구조다. 세 차례 대화재를 겪었지만, 신고전주의 건축가 후안 데 비야누에바Juan de Villanueva가 좌우대칭의 장방형 구조에 석재로 건물을 지어 화재 안전을 기했다. 시내와 광장을 연결한 아치문 9개를 설치해 오가기 쉬웠다. 19세기까지 매일 시장이 서던 이곳 1층에는 푸줏간과 청과점, 제과점과 상점, 선술집이 한데 모여있었다. 중세부터 꾸준히 상업 중심지 역할을 한 광장은 길드가 경제를 이끌었다. 그리스 신화를 프레스코화로 채운 제빵사의 집Casa de la Panadería은 마지막 화재를 피해 재건축 때 참고 자료로 사용되었다. 237개의 발코니는 19세기 후반까지 열린 왕실 결혼식과 투우 등 주요 행사를 보기 위해 광장을 향해 있다. 현재는 매년 3월 세마나 산타Semana Santa와 5월 마드리드 수호성인인 산 이시드로 축제Fiestas de San Isidro Labrador, 크리스마스 마켓이 들어서고 일요일에는 골동품 시장이 열린다.

주소 Plaza Mayor
위치 메트로 L1·L2·L3 Sol

more & more 스페인 종교 재판

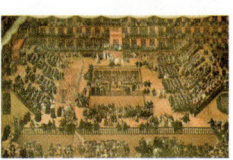

1478년, 신실한 가톨릭 신자인 페르난도 2세와 이사벨 1세가 종교 재판을 시작했다. 당시 종교 개혁이 일었던 유럽과 달리 스페인은 탄압으로 가톨릭을 유지했다. 유대교, 기독교, 이슬람교를 묶어 이단자 집단으로 간주했고, 마요르 광장에선 공개 화형인 아우토 다 페Auto-da-fe가 자행되었다. 후대까지 4만 4천 명 이상이 재판을 받고 수백 명이 처형당했다. 프란시스코 리치가 그린 〈마요르 광장에서 열린 종교 재판〉이나 〈아우토 다 페를 주재하는 성 도미니크〉를 보면 당시의 참혹한 상황을 엿볼 수 있다. 두 작품 모두 프라도 미술관에 전시되어 있다. 종교 재판은 앞에선 종교 통합을 외쳤으나 뒤에선 정적을 없애거나 권력을 강화하기 위한 수단으로 악용되었고 1834년에 이르러 금지되었다.

Tip | 마요르 광장의 왕실 결혼식

후안 데 라 코르테의 〈마요르 광장의 왕실 결혼식〉은 1623년, 마요르 광장에서 열린 대규모 왕실 결혼식을 기념하는 작품이다. 당시 마드리드는 유럽에서도 중요한 도시로 떠오르고 있었는데, 펠리페 4세의 결혼식과 같은 중요한 의식을 열어 광장의 공식적인 역할을 강조했다. 작품은 마드리드 역사 박물관에서 볼 수 있다.

 ★★★
마드리드 왕궁 Palacio Real de Madrid

이슬람 왕조의 요새, 알카사르에서 카스티야 왕국의 왕실 거처로 사용되다 1734년 크리스마스이브에 발생한 대화재로 소실되었다. 스페인 왕위 계승 전쟁 후 즉위한 부르봉 왕가의 펠리페 5세는 1738년, 이탈리아 건축가 필리포 주바라Filippo Juvarra와 후안 바우티스타 사케티Juan Bautista Sacchetti에게 왕궁 설계를 맡겼다. 건축가들은 프랑스 루브르 왕궁에서 어린 시절을 지낸 왕이 익숙하도록 대칭과 균형이 잡힌 정면 구조와 신고전주의 양식을 선택했다. 이탈리아 건축가인 만큼 바로크 요소를 추가하고 화려한 로코코와 무데하르(무어인 양식)를 혼합해 프랑스와 이탈리아, 스페인의 건축 양상을 합친 독창적인 왕궁을 탄생시켰다.

궁전은 축구장 19개 크기에 해당하는 135,000㎡로 건물 면적 기준, 유럽에서 가장 크다. 영국의 버킹엄 궁전(77,000㎡), 프랑스의 베르사유 궁전(63,154㎡)보다 큰 건축물이다. 건물은 화재에 대비해 화강암으로 지어 밝고 깔끔하다. 외관에 왕과 가톨릭 성인 조각상이 있었으나 이를 제거해 더욱 간결해졌다. 왕을 상징하는 태양과 왕가 문장이 새겨져 있고 종탑에는 알카사르 당시 종과 1761년 새로 만든 종이 함께 있다.

왕궁 전면에 있는 아르메리아 광장Plaza de la Armería은 16세기부터 군사 행사 및 퍼레이드가 열리던 장소로 매월 첫 번째 수요일 오후 12시에 왕실 근위병 교대식이 열린다. 광장 양옆에 회랑, 정면에 왕궁 입구가 있다. 1931년까지 역대 국왕 거처였던 왕궁은 왕실의 공식 행사나 국빈을 영접할 때 가끔 사용되고 실제 스페인 국왕과 왕실 사람들은 마드리드 교외에 사르수엘라 궁전Palacio de la Zarzuela에 머문다.

GPS 40.418142, -3.714301

주소 Calle de Bailén
위치 메트로 L2·L5·R Ópera
운영 4~9월 10:00~19:00(일 ~16:00), 10~3월 10:00~18:00(일 ~16:00)
휴무 1월 1·6일, 5월 1일, 12월 25일
요금 성인 €18, 25세 이하 학생·5~16세·65세 이상 €9, (5세 미만, 월~목 종료 2시간 전 무료)
홈피 patrimonionacional.es (왕실 행사로 인한 휴무·단축 운영 확인)

마드리드 대표 여행지다 보니 입장 대기 줄이 길다. 홈페이지 예약을 권장한다.

> **more & more** **마드리드 왕궁 하이라이트**

내부는 3,418개의 방으로 이루어져 있으며 일부를 일반인에게 공개하고 있다. 기간에 따라 공개되는 방이 바뀌기도 하니 참고하자. 아래 나열한 장소 외에도 금실과 은실로 자수를 놓은 가스파리니 방Salón de Gasparini, 120명이 앉을 수 있는 만찬회장Comedor de Gala과 왕궁 도서관Biblioteca Real, 왕실 예배당Capilla Real 등이 있으며 전 세계에서 유일하게 소장하고 있는 '스트라디바리우스 현악 5중주Stradivarius Quintet'는 스트라디바리우스의 방Sala Stradivarius에 있다. 이탈리아 현악기 장인 스트라디바리가 제작한 세계 최고의 악기로 콘서트가 열리면 사용되기도 한다.

❶ 대계단 Escalera Principal

왕궁 정면에는 5개 출입구가 있다. 양쪽 끝은 차량이 오가는 통로이며 중앙에 있는 3개 문이 왕과 귀빈들이 이용했던 출입구다. 동선대로 들어서면 마차에서 내린 왕족과 귀빈들을 환영하던 카를로스 3세 동상을 만난다. 맞은편에는 빨려들 듯 몰입되는 웅장한 대계단이 있다. 과거 나폴레옹이 대계단을 오르다 말고 당시 스페인 왕이었던 형José Bonaparte에게 자기 집보다 좋다며 질투했다고 한다. 계단 끝에 있는 두 마리의 정교한 사자 조각상은 왕이 가진 힘과 권위를 상징한다. 커다란 화병 4개도 유심히 살펴보자. 색이 아름답기로 유명한 이탈리아 카라라의 대리석으로 만들었다. 천장화는 이탈리아 로코코 화가, 코라도 지아퀸토Corrado Giaquinto가 그렸다.

❷ 왕좌의 방 Salón del Trono

외교 사절을 맞이하는 중요한 방으로 공을 많이 들인 공간이다. 벽면은 이탈리아 제노바에서 생산된 붉은 벨벳으로 덮고 자수로 장식해 고급스럽다. 이탈리아 베네치아 화가, 지암바티스타 티에폴로Giambattista Tiepolo가 그린 천장화 〈스페인 왕실의 승리El triunfo de la Monarquía Española〉는 당시 유럽 최강이었던 스페인 왕실의 영광을 표현했다. 왕좌도 카를로스 3세의 것을 본뜬 복제품으로 놓았다. 황금 장식으로 꾸며진 거울은 라 그란하La Granja는 왕립 유리 공장에서 제작한 것으로, 당시만 해도 이 정도 크기의 정교한 거울은 혁신적인 제품이었다. 그 외에도 스페인 궁정화가 디에고 벨라스케스Diego Velázquez가 이탈리아에서 사 온 청동 조각상, 프랑스 시계 장인의 괘종시계 등 왕실 보물을 볼 수 있다.

❸ 기둥의 홀 Salón de Columnas

왕실의 중요한 의식과 국가 행사가 진행된 장소다. 매년 성목요일Jueves Santo에 왕과 왕비가 직접 빈민 12명의 발을 씻겨주는 '왕실 세족식Lavatorio de Pies'을 열었다. 현대에는 스페인이 유럽 연합 가입 조약에 서명하는 순간을 맞았으며, 1991년 마드리드 평화 회담 개최지다. 최근에는 후안 카를로스 2세의 퇴위식이 열린 장소로 현, 국왕인 펠리페 6세가 이곳에서 즉위했다. 프랑스에서 제작된 크리스털 샹들리에 위로 지아퀸토의 천장화가 눈에 띈다. 왕실을 상징하는 태양이 자연과 계절을 불러일으키듯 번영을 이루는 내용이다. 벨라스케스가 수집한 조각과 17세기 플랑드르 태피스트리도 놓치지 말고 감상해보자.

❹ 왕립 무기고 Real Armería

왕궁 회랑 끝에 있는 왕립 무기고도 함께 둘러보자. 화려한 의장용 갑옷부터 무기까지 펠리페 2세가 소중히 간직하다 유산으로 남겼다. 가장 유명한 유물은 신성 로마 제국 황제이자 스페인 왕이었던 카를로스 5세의 화려한 전투 갑옷과 무기 컬렉션이다. 당시 유럽 최고의 무기 제작소였던 독일 남부와 이탈리아 북부에서 제작된 장인 작품이다. 스페인 최고의 검으로 유명한 톨레도 명검 컬렉션도 놓칠 수 없다.

마드리드 왕궁과 함께 둘러보기 좋은 여행지

1734년 옛 알카사르가 화재로 소실되기 전부터 마드리드 왕궁 주변은 오래된 성곽과 요새, 종교 건물과 너른 들판이 있는 중요한 공간이었다. 왕궁만 보기 아쉽다면 아래 스폿들과 함께 둘러보자.

▶▶ 엔카르나시온 수도원 Convento de la Encarnación

1611년, 펠리페 3세의 왕비 마르가리타 Margarita가 지은 왕실 수도원으로 왕족과 귀족 가문 여성들만 수도 생활을 했다. 일반적으로 수녀원은 금욕적인 생활과 영적 경건을 실천하는 삶을 지향하는데 왕실에서 후원하는 수녀원은 조금 달랐다. 왕족이나 귀족 여성이 종교에 귀의하기도 했지만, 결혼하지 않은 공주나 나이가 든 왕족 여성들은 수도원에 머물면서 품위 있는 삶을 유지하거나 왕위 계승 문제나 권력 다툼이 생기면 은신처로 삼기도 했다.

현재 수녀원은 청빈한 삶을 살며 가톨릭 규율에 따라 수행하는 공간이다. 오스트리아 합스부르크 왕국 출신인 왕비가 소장한 초상화와 성화, 중세 프레스코화 등 다양한 종교 유물과 예술품을 볼 수 있다. 왕실 예배당의 제단은 화려하고 풍부한 표현력으로 바로크 예술을 잘 보여준다. 수도원이 유명한 이유는 기적의 성유물을 보관하고 있어서다. 성혈 유물 Relicario de la Sagrada Sangre로 4세기에 순교한 산 판타레온 San Pantaleón의 피다. 보통 굳어있지만 매년 성인의 축일인 7월 27일에 액체로 변하는 기적이 일어난다고 한다. 역대 스페인 왕들은 중요한 순간마다 이곳을 찾아 기도했는데, 축일에 피가 녹지 않으면 나라에 큰일이 일어났다고 한다. 이 유물은 평소에는 공개되지 않으며, 매년 3월 27일(성주간) 또는 종교 행사 기간에만 공개된다. 일반 내부 관람은 50분 동안 진행되는 가이드 투어로만 입장이 가능하며 스페인어로 진행된다.

주소 Plaza de la Encarnación, 1
운영 화~토 10:00~14:00, 16:00~18:30, 일 10:00~15:00
휴무 월요일
요금 €9 (5세 미만 무료)

▶▶ 왕립 극장 Teatro Real

32년 동안 공사 후 1850년 문을 연 마드리드 대표 오페라 극장이다. 도니체티Donizetti 오페라 〈La Favorita〉를 초연으로 올렸는데 왕족과 귀족들이 참석해 성대하게 시작했으나 당시에도 공사가 완전히 끝나지 않아 먼지가 풀풀 날리고 좌석이 불편했다고 한다. 1925년 구조 결함 문제로 오페라는 열리지 못했고 72년 동안 내부를 보수하고 현대화해서 재개장했다. 고전적인 유럽식 말굽형 극장 구조로 1,746석의 좌석을 보유하고 있다. 수준 높은 음향 시설과 무대 장비로 오페라와 발레, 콘서트 등 다양한 공연을 아우르고 있다.

왕궁과 극장 사이에 있는 오리엔테 광장Plaza de Oriente은 '스페인의 베르사유'라 불린다. 나폴레옹이 스페인을 점령하면서 왕위에 오른 형, 조제프 보나파르트는 마드리드를 프랑스처럼 개조하려고 했다. 1808년 즉위 후 왕궁 앞 건물 80채를 철거하고 오리엔테 광장을 만들었다. 이때 극장이 생길 수 있는 공간이 만들어졌고 비대칭 육각형인 독특한 외형의 극장이 지어졌다. 광장은 정원으로 꾸며 왕궁 방문객이나 공연을 보기까지 대기하는 사람들이 쉬어갈 수 있는 공간을 조성했다.

광장 분수에는 펠리페 4세 기마상이 있다. 스페인 영광을 상징하는 사자를 거느리고 있지만, 역사적으로 고단했던 왕이다. 스페인 왕조가 속한 합스부르크 가문을 지키기 위해 30년 전쟁에 참여해 경제가 파탄났다. 네덜란드와 포르투갈이 독립했으며 카탈루냐 지방 반란이 있었고 프랑스와의 전쟁으로 스페인 영토를 잃었다. 그러나 스페인 국민화가, 디에고 벨라스케스를 후원하며 스페인은 회화의 황금기를 이끌었으며 연극과 문학에도 발전을 도모했다. 스페인의 예술 왕인 셈이다.

주소 Plaza de Isabel II

일반 가이드 투어
운영 **스페인어** 월~일 10:00, 12:00, 13:30 **영어** 월·수~일 10:15 **프랑스어** 화 10:15 (1시간 15분 소요)
요금 성인 €13, 65세 이상·26세 미만 €11

오디오 가이드 투어
운영 **스페인어·영어·프랑스어** 10:30~14:30 (50분~1시간 소요)
요금 성인 €10, 65세 이상·26세 미만 €9
홈피 teatroreal.es (공연 예매 가능)

▶▶ 사바티니 정원 Jardines de Sabatini

원래는 18세기 이탈리아 건축가 프란체스코 사바티니가 마드리드 왕궁을 확장하면서 만든 왕궁 마구간 자리였다. 사바티니 마구간이라 불렸는데 1933년에 공화국 정부가 철거하고 왕궁 정원으로 조성하며 건축가의 이름을 그대로 가져와 사바티니 정원이라 불렀다. 정원을 걸으면 질서 있고 정갈하다는 느낌을 받을 수 있는데 프랑스식 대칭을 기본으로 한 네오클래식 양식이라 그렇다. 왕실 정원이 개방된 지는 오래되지 않았다. 독재자 프랑코가 사망하고 왕위에 오른 후안 카를로스 1세가 1978년, 정원을 마드리드 시민이 쉴 수 있는 휴식처로 개방했다. 특히 일몰이 아름다운데, 왕궁 발코니에서 보는 위치와 같고 붉게 물든 왕궁까지 볼 수 있어서 인기다.

주소 Calle de Bailén, 2
운영 09:00~22:00 (계절마다 변동)
요금 무료

▶▶ 캄포 델 모로 Campo del moro

'무어인의 들판'이라는 뜻의 캄포 델 모로는 1109년 이슬람 군대가 야영해서 붙여진 이름이다. 이슬람군 장군인 알리 벤 유수프 Ali ben Yusuf가 톨레도를 점령하고 마드리드로 입성했는데 이곳에 진을 치고 마드리드 성을 공격했으나 결과는 실패였다. 이후 18세기 초 태양왕 루이 14세의 아들이자 프랑스 부르봉 왕조 출신인 펠리페 5세가 자신이 태어난 베르사유 궁전처럼 이곳을 왕실 정원으로 꾸미려고 했다. 마드리드 왕궁이 불에 타면서 실행에 옮기지 못했고 이사벨 2세 여왕이 영국식 정원으로 조성했다. 넓은 잔디밭과 산책로, 다양한 수목과 꾸미지 않은 모습이 사바티니 정원과 달리 자유로운 분위기다. 한적하고 인위적이지 않아 오히려 사바티니 정원보다 시민들이 더 자주 찾는 공원이다.

주소 Paseo de la Virgen del Puerto, 1
운영 10:00~18:00
요금 무료

데보드 신전 Templo de Debod ★★☆

GPS 40.424176, -3.717790

마드리드 한복판에 있는 진짜 이집트 신전이다. 데보드 신전은 기원전 2세기에 이집트 남부 누비아에 지어졌다. 고대 이집트 신화에 나오는 어머니 여신, 이시스Isis와 신들의 왕, 아문Amun에게 바쳐진 신전이다. 1960년, 이집트 정부가 나일강에 대규모 아스완 댐을 건설하면서 24개 신전과 고대 유적이 물에 잠길 위기에 처하자, 유네스코가 주도해 인류 역사상 가장 큰 문화유산 구조 프로젝트가 발동했다. 스페인은 이에 적극 참여해 아부 심벨 신전을 이전했고 이집트 정부는 감사 표시로 스페인에게 데보드 신전을 선물했다. 1968년 신전 석재를 하나씩 분해해 운송했고 몬타냐 공원Parque de la Montaña에서 재조립했다.

내부에는 아문이 머문 가장 신성한 공간, 나오스Naos가 있다. 내실인 나오스는 고위 사제만 출입할 수 있었는데 현재는 스페인 여행자가 방문하니 감회가 남다르다. 침입이나 손상을 방지하기 위해 단단한 화강암으로 지었는데, 양각한 벽화가 선명해 놀랍다. 두 개의 기둥 장식을 쓴 아문은 태양신 라와 결합하면서 강력한 신으로 여겨졌다. 이집트 전통에 따라 데보드 신전 입구는 동쪽이다. 입구 반대쪽인 서쪽에는 몬타냐 공원 테라스가 있다. 일몰 명소로 대성당과 왕궁을 함께 볼 수 있는 전망이 포인트다.

주소	Calle de Ferraz, 1
위치	메트로 L3·L10 Plaza de España
운영	6월 중~9월 중 10:00~19:00 9월 중~6월 중 10:00~20:00 휴무 월요일, 1월 1·6일, 5월 1일, 12월 24·25·31일
요금	무료

아문의 나오스

나일강 변에 있던 데보드 신전 모형

일몰 명소 몬타냐 공원 테라스

데보드 신전 인근에 있는 산비센테 문 (Puerta de San Vicente) 마드리드 성벽 서문

알무데나 대성당 Catedral de la Almudena

★★☆

GPS 40.415822, -3.714552

마드리드 왕궁 맞은편에 있는 대성당이다. 마드리드는 1561년 수도로 지정된 후 대성당을 건립하려 했으나 정치·경제·종교적 등 복합적 요인으로 인해 오랫동안 이뤄지지 않았다. 원래 대주교가 있는 톨레도가 종교 중심지였고, 수도를 천도한 펠리페 2세마저 근교, 엘 에스코리알(El Escorial)에 수도원 겸 왕립 궁전을 짓고 그곳에서 통치했다. 1883년 본격적으로 공사가 시작되었으나 메스키타를 허물고, 여러 차례 설계가 바뀌면서 재정 문제로 지연되었다. 이후 나폴레옹 전쟁과 스페인 내전까지 겹치면서 부담은 더 가중되었다. 그러나 도시가 확장되고 대성당의 필요성이 높아지면서 1993년 6월 15일, 교황 요한 바오로 2세 방문에 맞춰 완공하여 봉헌할 수 있었다. 2004년에는 펠리페 6세 국왕과 레티시아 왕비의 결혼식이 거행되면서 왕실과도 깊은 인연을 맺었다.

주소 Calle de Bailén, 10
위치 메트로 L2·L5·R Ópera
운영 **성당** 9~6월 10:00~20:30, 7·8월 10:00~21:00, **박물관** 월~토 10:00~14:30
요금 **성당** 기부금 €1 (권장) **박물관** 성인 €7, 학생 €5
홈피 catedraldelaalmudena.es

> **more & more** 알무데나 대성당 하이라이트

성당 내부는 지금까지 본 고전적인 분위기와 달리 화려한 색감과 모던한 장식을 활용하여 신선하고 참신해 보인다. 건축 특징이나 오랜 역사를 내세우기 어렵지만, 스페인 왕실과 마드리드 시민에게 중요한 의미를 갖는 대성당 포인트를 살펴보자.

❶ 마드리드 수호 성모, 알무데나 성모 Virgen de la Almudena 제단

알무데나는 아랍어로 성벽이라는 뜻이다. 4세기, 초기 기독교 때 성모 마리아 성상이 있었는데 무어인이 이베리아반도를 정복하자 신자들이 이를 성벽 안에 숨겼다. 이후 1085년 국토를 탈환한 알폰소 6세 행렬이 지나갈 때 성벽 일부가 무너지면서 발견되었다고 한다. 복원한 성모상을 제단에 봉헌했고 11월 9일 알무데나 성모 축일에는 대규모 행렬과 꽃 기부를 하며 전통 과자인 로사킬라 Rosquillas를 먹는다.

알무데나 성모 축일

❷ 산 이시드로의 유해를 옮긴 은제 상자
Arca de plata de San Isidro

'산 이시드로의 우물 Pozo de San Isidro' 기적을 통해 존경받게 된 마드리드 수호성인으로 샘물을 마시면 병이 낫는다는 설이 있어 오늘날에도 이곳을 찾는 사람들이 많다. 성인의 유해는 알무데나 대성당이 완공되기 전, 대성당 역할을 한 산 이시드로 왕립 성당에 안치되어 있다. 이때 유해를 옮긴 은제 상자가 알무데나 대성당에 보관되어 있다.

❸ 교황 요한 바오로 2세 예배당

알무데나 대성당을 축성한 가톨릭 교황, 요한 바오로 2세를 기념하는 예배당이다. 신앙과 희망을 상징하는 바위에 "No temáis! Abrid, más todavía, abrid de par en par las puertas a Cristo! (두려워하지 마라! 더욱 활짝, 그리스도를 향해 문을 열어라)"라고 적혀있다. 이 메시지는 1978년 교황 즉위 때 연설에서 나온 말이다. 어려움 속에서도 신앙을 지키고 용기를 가지며, 단순히 교리를 아는 것을 넘어 모든 이에게 마음을 열고 사랑과 용서, 자비를 실천하라는 의미로 해석할 수 있다.

스페인 광장 Plaza de Espana

★★☆

GPS 37.377305, -5.986885

스페인 광장은 레티로 공원까지 이어지는 1.5km의 큰길, 그란 비아^{Gran Via}가 시작되는 장소다. 마드리드에서 5번째로 높은 토레 데 마드리드^{Torre de Madrid}(142m)와 리우 호텔 360도 루프탑 바(p.249)가 있는 에스파냐 빌딩^{Edificio España} 등 스페인 경제 부흥을 상징하는 건물들이 있어 오늘날의 마드리드를 보여준다. 20세기 초, 도시 정비와 재건축이 활발하던 그란 비아 일대는 시민 교류의 장이자 도시 미관을 위한 공공 공간으로 스페인 광장을 조성했다. 여기에 스페인 문학을 대표하는 《돈키호테^{Don Quijote}》와 국민 작가, 세르반테스를 기억하기 위한 기념비를 세웠다. 세르반테스는 의자에 앉은 채 소설 《돈키호테》 속 인물들을 바라보고 있다. 늙고 말라빠진 말, 로시난테를 탄 돈키호테 옆에는 통통한 몸집의 시종 산초 판사^{Sancho Panza}가 당나귀를 타고 따른다. 청동상 양옆으로 주인공의 환상 속에 존재하는 이상형, 둘시네아^{Dulcinea}와 실제 이웃집 아낙네, 알돈자^{Aldonza}를 배치해 소설 내내 펼쳐지는 이상과 현실 사이의 갈등을 암시한다. 꼭대기에 여신은 오대륙을 상징하며 세계적인 명작 소설임을 형상화한 모습이다. 기념비 주변에 심은 올리브나무 역시 소설 배경인 라만차에서 가져왔다.

주소 Plaza de España
위치 메트로 L2 Santo Domingo

둘시네아

알돈자

more & more 스페인 대문호, 미겔 데 세르반테스 Miguel de Cervantes (1547~1616)

1605년 발표한 소설 《돈키호테》는 그의 삶을 투영한 걸까. 책상 위에 글씨만 썼을 것 같은 그는 사실 돈키호테처럼 모험과 역경으로 가득한 일생을 보냈다. 유년 시절, 아버지는 외과 의사였지만 집안 형편은 어려웠다. 22세에 추기경을 따라 이탈리아로 넘어갔지만, 그곳에 주둔한 스페인군에 합류했다. 2년 뒤 레판토 해전에서 왼손을 잃었고 1575년에는 알제리 해적에게 잡혀 5년간 포로 생활을 했다. 마드리드로 돌아와 작가로 활동했으나 성공하지 못했고, 세금 공무원으로 일했으나 횡령 혐의로 투옥됐다. 힘거운 현실을 살면서 《돈키호테》를 구상했고 1605년 1부를 출간해 대성공을 거뒀다. 꽃길을 걸으리라 기대했으나 출판업자에게 1부 판권을 넘겨버려 수익은 많지 않았다. 가짜 돈키호테 소설까지 나와 속을 끓였는데, 이듬해 2부를 출간하며 일축시켰다. 그리고 다음 해에 세르반테스는 생을 마감했다. 유네스코는 세르반테스와 셰익스피어가 사망한 날인 4월 23일을 '책의 날'로 지정했다.

리우 호텔 360도 루프탑 바 Hotel Riu 360º Rooftop Bar

그란 비아가 시작되는 스페인 광장Plaza España에 있는 리우 호텔의 루프탑 바다. 마드리드에서 손에 꼽히는 고층 빌딩인데다 27층에 위치해 전망을 보기에 더없이 좋다. 건물 옥상에 360도 테라스가 설치되어 있어 마드리드 사방을 한눈에 볼 수 있다. 특히 스페인 광장과 데보드 신전, 왕궁으로 이어지는 스카이라인이 뚫려있고, 숲으로 이뤄져있어 눈이 시원하다. 전망이 펼쳐진 위치에 바닥이 훤히 보이는 테라스가 있어 공중에서 사진을 찍으려는 사람들로 붐빈다. 무섭지 않다면 호텔 건물 사이를 연결한 유리 다리도 건너보자. 북측 방향에 있다. 스카이 바를 방문할 때는 스마트 캐주얼한 복장을 준비하자. 옷에 신경을 많이 쓰는 스페인인 데다 5성급 호텔이니 슬리퍼나 운동복은 피하는 것이 좋다. 칵테일이나 와인, 맥주와 같은 주류와 타파스, 카페 메뉴도 있다.

주소 Calle del Maestro Guerrero
운영 11:00~익일 01:00
요금 **입장료** 월~금 11:00~17:00 €5,
　　월~금 17:00~익일 01:00, 토~일·공휴일 €10
홈피 riu360rooftopbar.com

보틴 레스토랑 Botín Restaurant

1725년에 문을 열어 세계에서 가장 오래된 레스토랑으로 기네스북에 올랐다. 당시 마요르 광장은 상업 활동이 활발한 시장이었고 상인과 노새 몰이꾼이 많이 찾아와 1590년, 이곳에 여관을 열었다. 장거리 여행을 마치고 쉬어가는 사람들이 식사를 찾아다니 1725년 지금 건물로 개조하면서 본격적으로 레스토랑을 시작했다. 300년을 운영하니 이곳을 방문한 역사적인 인물도 많았다. 그중 미국 유명 소설가, 어니스트 헤밍웨이는 소설《태양은 다시 떠오른다》에서 '우리는 보틴에서 식사했다. 이곳은 세상에서 훌륭한 레스토랑 중 하나다'라고 극찬을 남기기도 했다. 그가 먹었다는 리오하를 곁들여 구운 코치니요 아사도Cochinillo Asado는 이곳 대표 메뉴다. 새끼 돼지를 통째로 구운 요리로 바삭한 껍질과 부드러운 속살이 특징이다. 식당을 시작할 때 사용한 300년 된 오븐으로 구웠으니 과장을 조금 보태 헤밍웨이가 먹은 것과 같은 음식을 먹는 셈이다.
식당 지하는 16세기 지어진 동굴 형태로 내전 때 프랑코 정권에 반대한 사람들이 피신해 있었다. 지금은 레알 마드리드 선수 및 유명 인사들이 방문하면 즐겨 앉는 자리다. 인기가 많아 예약하길 추천한다.

주소 Calle de Cuchilleros, 17
운영 13:00~16:00, 20:00~23:30
요금 코치니요 아사도 €32
홈피 botin.es

메손 델 참피뇬 Mesón del Champiñón

마요르 광장이 있는 카바 데 산 미겔Cava de San Miguel 지역은 16~17세기에 지어진 석조 건물이 많다. 내부는 아치형 천장으로 과거 식료품 창고나 와인 저장고로 사용했을 가능성이 높다. 1964년 문을 연 '메손 델 참피뇬'은 건물 하중을 지탱하는 석재를 그대로 노출시켜 고풍스럽고 전통적인 분위기를 연출했다. 목재 빔으로 구조를 짜고 조명을 더해 식당으로 개조했다. 메손은 주점 겸 식당을 뜻하고, 참피뇬은 식당 대표 메뉴인 버섯구이를 말한다. 양송이버섯에 채소와 스페인식 소시지인 초리소를 올리고 올리브오일을 뿌려 구워내는데 향긋하고 짭조름해서 와인이나 맥주 안주로 잘 어울린다. 마드리드에 왔다면 꼭 먹어야 하는 튀긴 오징어, 칼라마레스 프리토스Calamares Fritos도 맛볼 수 있다. 조금 느끼하다면 파드론 고추Pimientos de Padrón로 균형을 잡아주자. 부드러운 반죽이 들어간 크로케타도 맛이 좋다.

tvN 예능 〈꽃보다 할배〉에서 소개되어 한국어 메뉴판이 있을 정도로 우리나라 여행객에게 인기다. 날씨가 좋다면 거리에 테이블을 두고 먹는 테라스석에 자리를 잡아도 괜찮다.

주소 Cava de San Miguel, 17
운영 일~목 11:00~익일 01:00, 금~토 11:00~익일 02:00
요금 버섯구이 €8.9, 고추튀김 €9.9   **홈피** mesondelchampinon.com

 ## 무세오 델 하몬 Museo del Jamón

하몬은 소금에 절여 자연에서 6개월 이상 장기 숙성한 돼지의 다리다. 1970년 마르셀로 무뇨스Marcelo Muñoz가 생햄을 선별하고 유통하는 도매 창고를 시작했고, 8년 뒤 생햄을 바로 얇게 썰어 먹을 수 있는 식당을 열었다. 하몬부터 초리조, 모르칠라 등 지역과 재료, 방식에 따라 다양한 햄을 보관하고 있어 마치 생햄 박물관 같다. 바르와 레스토랑, 상점을 함께 운영하며 포장 및 매장 내 식사가 가능하다. 이베리코 흑돼지로 만든 하몬Jamón Ibérico을 바로 썰어 먹거나, 다양한 종류의 햄과 치즈를 맛볼 수 있는 엠부티도 모둠Tabla de Embutidos으로 본래의 맛을 탐구해보자. 하몬만 먹기 부담스럽다면 바삭한 빵 사이에 끼워 먹는 보카디요 데 하몬Bocadillo de Jamón, 감자튀김 위에 반숙 달걀과 하몬을 올린 웨보스 로토스 콘 하몬Huevos Rotos con Jamón도 괜찮다. 오전 일찍 문을 열어 여행객의 아침 식사를 책임지고 있다. 마드리드에는 본점을 포함한 가게 7곳이 있으니 숙소와 가까운 매장을 확인해보자.

주소 Cra de S. Jerónimo, 6
운영 일~목 09:00~23:30, 금~토 09:00~익일 00:30
요금 €10~20
홈피 museodeljamon.com

바 포스타스 Bar Postas

GPS 40.415925, -3.705766

튀긴 오징어를 바삭한 빵 사이에 넣어 먹는 칼라마리 보카디요Bocadillo de Calamares로 유명한 식당이다. 과거와 같은 단순한 조리법을 유지하며 오징어 본연의 맛을 살리기 위해 불필요한 소스를 사용하지 않는다. 짭짤하고 담백한 맛으로 맥주와 마시면 잘 어울린다. 마드리드 명물로 여행자에게 간단하고 든든한 한 끼 식사가 된다. 내부는 바 형태로 되어있어 내부에서 앉아서 먹기 어렵다. 포장해서 광장 또는 왕궁 정원에서 먹으면 된다.

주소 Calle de Postas, 13
운영 08:30~23:30
  휴무 수요일, 목요일
요금 칼라마리 보카디요 €5

GPS 40.416122, -3.701602

벤타 엘 부스콘 Venta El Buscón

벤타는 스페인 전통 여관 겸 식당을 말한다. 식당 문을 열고 들어서면 17세기 스페인 문학 작품 《엘 부스콘El Buscón》을 담은 벽화가 시선을 사로잡는다. 기회를 찾아다니는 소설 속 인물처럼 지난한 하루 끝마친 사람들에게 따뜻하고 맛있는 음식을 제공하는 식당이다. 친근하고 푸근한 분위기를 풍기는 타파스 바로 현지인이 더 많이 찾는다. 감바스 알 아히요Gambas al Ajillo, 스크램블 에그와 하몬, 감자가 함께 나오는 레부엘토Revuelto 등 스페인 전통 음식을 제대로 맛볼 수 있다.

주소 Calle de la Victoria, 5
운영 일~목 13:00~익일 00:00,
  금~토 13:00~익일 01:00
요금 €10~20

초콜라테리아 산 히네스 Chocolateria San Gines

1894년에 문을 연 초콜라테리아로 마드리드에서 가장 유명한 추로스 맛집이다. 클래식한 옛 모습을 그대로 간직하고 있어 헤밍웨이를 비롯한 수많은 작가와 예술가, 유명인 들이 찾았던 그때를 상상해볼 수 있다. 24시간 운영하는 이곳은 개업 당시에도 밤늦게까지 문을 열어 새벽까지 놀던 사람들이 마지막으로 찾는 가게였다. 초콜라테와 추로스는 당분과 에너지를 빠르게 보충해주고 몸을 따뜻하게 해 스페인 사람들의 해장을 책임졌다. 걸쭉하고 진한 초콜라테 칼리엔테Chocolate Caliente에 바삭한 추로스나 그보다 두툼하고 쫄깃한 포라스Porras와 함께 먹어보자.

GPS 40.416961, -3.706953

주소 Pasadizo de San Ginés, 5
운영 24시간
요금 초콜라테 €3.7, 추로스 €2.5
홈피 chocolateriasangines.com

 ## 라 볼라 La Bola

1870년부터 4대째 가업을 이어오는 가족 경영 레스토랑이다. 소고기와 닭고기, 병아리콩, 감자, 채소 등을 넣어 오랜 시간 푹 끓여서 만드는 마드리드식 전통 스튜, 코시도 마드릴레뇨Cocido Madrileño를 전문으로 한다. 우리나라 뚝배기처럼 열을 고루 전달하고 오래 유지하는 점토 항아리, 푸체로Puchero에 1인분씩 담아 화덕에 조리한다. 국물을 먼저 먹고 병아리콩과 채소를 곁들여 먹은 뒤, 고기와 소시지를 즐기면 배에 불을 지핀 듯 뜨듯하고 든든하다. 감자튀김에 계란을 깨뜨려 먹는 후에보스 에스트레야도스Huevos Estrellados와 함께 먹어도 좋다.

GPS 40.420017, -3.710473

주소 Calle de la Bola, 5
운영 일~수 13:00~16:00, 목~토 12:00~20:30
요금 코시도 마드릴레뇨 €26
홈피 labola.es

GPS 40.427296, -3.695362

비엔나 카페야네스 Viena Capellanes

마드리드 곳곳에 지점이 있어 스페인 '파리바게트'처럼 보이겠지만, 아니다. 1873년 문을 열어 도시에서 가장 오래된 전통 베이커리로 왕실과 귀족들에게도 사랑받았다. 오스트리아 비엔나에서 가져온 베이킹 기법을 바탕으로 마드리드 최초로 '비엔나식 빵Pan de Viena'을 선보였다. 바게트보다 속이 더 촉촉하고 부드러우며 표현이 바삭하지만 단단하지 않다. 보카디요에 주로 사용하는 빵이다. 시민들이 아침 식사를 즐겨 하는 곳이라 출근 시간에는 붐비는 편이다. 현지인처럼 커피와 페이스트리를 사서 여행지로 출근해보자.

주소 Calle de Génova, 4
운영 월~금 07:30~21:30,
      토~일 09:00~21:30
요금 베이커리 €1~

GPS 40.418457, -3.705186

엘 코르테 잉글레스 칼라오점 El Corte Inglés Callao

엘 코르테 잉글레스는 1935년 마드리드 중심부에 있던 맞춤 재단사 상점에서 시작해 스페인과 포르투갈에 지점을 둔 백화점 체인이다. 명품관과 다양한 패션 상점이 입점해 있으며 고급 식품관이 있어 선물하기 좋은 스페인 특산품을 구매할 수 있다. 가격대도 다양해 선택의 폭이 넓다. 백화점 9층에 고급 식자재를 이용해 음식을 만드는 구르메 익스피리언스Gourmet Experience도 있어 특별한 미식 경험을 즐길 수 있다. 그란 비아에 가까운 칼라오점은 전망이 좋아 마드리드가 가진 고풍스러운 빌딩 거리를 볼 수 있다. 외부 테라스 좌석과 실내 좌석이 있으며 실내에서도 전망이 잘 보이니 서두르지 않아도 된다. 해 질 녘에 가서 노을과 야경을 함께 즐기거나 식사 후 가볍게 음료 한 잔을 즐기기에도 좋다.

주소 Pl. del Callao, 2
운영 월~토 10:00~22:00, 일 11:00~21:00
요금 이마놀Imanol 타파스 €6~
홈피 elcorteingles.es

산 미겔 시장 Mercado de San Miguel

GPS 40.415390, -3.708970

1916년, 신선한 식자재로 동네 사람들의 부엌을 책임지는 재래시장이었다. 점차 전통 시장이 쇠퇴하자 2009년, 산 미겔 시장은 사는 시장에서 먹는 시장으로 태세를 바꾸었다. 과일과 하몬, 올리브를 파는 몇몇 가게를 제외하고 타파스와 음료를 내놓는 바가 대부분이다. 가격이 저렴한 편은 아니지만, 마드리드 전역에서 엄선한 다양한 음식을 한곳에서 즐기는 미식 경험을 제공한다.

노천 시장이었던 산 미겔은 개장 당시 유행하던 철골 프레임을 씌워 실내로 만들었다. 전면 유리인 개방적인 구조로 주변만 가도 활기찬 시장 분위기가 전해져 식욕이 왕성해진다. 세련되고 깔끔한 내부는 타파스와 음료를 먹는 사람들로 항상 붐빈다. 테이블과 의자가 있지만 주로 서서 먹고, 여러 타파스를 맛보기 위해 자주 이동한다. 포장도 가능하니 숙소에서 먹어도 좋다.

주소	Plaza de San Miguel
위치	메트로 L2·L5·R Ópera, L1·L2·L3 Sol
운영	일~목 10:00~익일 00:00, 금~토 10:00~익일 01:00
홈피	mercadodesanmiguel.es

Tip 대표 맛집 & 추천 메뉴

① 라 오라 델 베르뭇 La Hora del Vermut – 스페인 전통 주류 베르뭇 Vermut

② 라 카사 데 바칼라오 La Casa de Bacalao – 통조림 생선 타파스

산 안톤 시장 Mercado San Antón

GPS 40.422259, -3.697709

주소 Calle de Augusto Figueroa, 24
위치 메트로 L5 Chueca
운영 **시장 노점** 월~토 09:30~21:30
　　미식 노점 12:00~익일 00:00
　　식당 13:00~익일 01:00
홈피 mercadosananton.com

산 미겔 시장이 관광객을 위한 대중적인 미식을 선보인다면, 요즘 뜨고 있는 시장 미식은 산 안톤이다. 19세기 노천 시장이었던 곳에 1945년, 지역 주민들을 위한 시장 건물이 들어섰다. 주말이면 신선한 재료를 구매하고 2층 타파스 바에서 점심을 먹고 돌아가는 일상이 이어지는 곳이었다. 2011년 낡은 건물이 현대적인 레스토랑과 감각적인 루프탑 바로 재단장해 지역민과 여행객 모두의 마음을 홀렸다. 1층은 육가공품과 청과물, 해산물 등 식자재를 판매하고 2층은 다양한 타파스와 요리를 즐길 수 있는 푸드 스탠드, 3층은 루프탑 레스토랑과 바(El restaurante 11 Nudos)가 있다.

산 안톤 시장이 자리한 추에카Chueca 지역은 개방적인 다문화를 지향하는 곳으로 예술가, 젊은 층, 성소수자(LGBTQ+)가 즐겨 찾는다. 다양한 라이프스타일에 예술적인 분위기까지 갖춘 시장은 커뮤니티를 형성하고 정기적인 예술 전시, 요리 워크숍, 음악 공연 등 행사가 열리면서 문화의 장이 되었다. 매년 6~7월에 열리는 마드리드 프라이드Madrid Pride 때에는 시장에서도 관련된 특별 메뉴를 내놓거나 행사가 열린다.

레티로 지구 Retiro

★☆☆
콜론 광장 Plaza de Colón

GPS 40.424874, -3.689140

1814년 나폴레옹 전쟁은 끝났지만, 스페인은 국력이 쇠퇴하고 라틴아메리카 식민지 대부분이 독립했다. 과거 대항해 시대의 영광을 다시 찾고 싶었던 스페인은 1885년 마드리드 산티아고 광장에 콜럼버스 기념비를 세우고 콜럼버스를 스페인어로 발음한 콜론 광장이라 불렀다. 인근 시벨레스 광장이 마드리드 정치·행정·경제 중심부였다면 콜론 광장은 문화 중심지다. 고대 이베리아 문명과 고대 로마 유물 등을 전시하는 고고학 박물관과 스페인 국립 도서관, 페르난 고메스 극장·문화 센터가 있다. 명품 상점이 모여 있는 세라노 거리도 광장과 이어져 있다.

주소 Plaza de Colón　**위치** 메트로 L4 Colón

more & more 콜론 광장 하이라이트

❶ 콜럼버스 기념비 Monumento a Colón
최상단에 탐험가, 콜럼버스 대리석상이 있다. 동쪽을 향해 선 콜럼버스는 오른손으로 신대륙 항해를 떠난 방향을 가리키고 왼손에는 깃발을 들고 있다. 기둥에는 신대륙 발견과 관련된 부조와 카스티야·아라곤 왕국 문장, 콜럼버스를 지원한 이사벨 1세 조각이 있다.

❷ 호아킨 바케로 투르시오스 Joaquín Vaquero Turcios **의 작품 〈아메리카 발견 기념비** Monumento al Descubrimiento de América**〉**
1977년, 왕립 조폐국이 있던 자리에 아메리카 발견 기념비와 정원을 만들었다. 프랑코 독재 정권이 끝나가는 시기에 스페인 정체성을 되찾고 국민을 한마음으로 모으는데 신대륙 발견이란 상징성이 필요했다. 화가는 아메리카 신대륙의 붉은 흙에서 영감을 받아 특수 콘크리트 구조물 3개를 설치했다. 붉은색은 신대륙 개척과 희생을 비롯한 식민 지배, 원주민의 희생 등 부정적인 영향도 함축해 의미한다. 세월이 지나면서 자연스럽게 변색되고 부식되도록 설계했는데 이는 역사의 흐름과 의미를 강조하는 뜻을 담았다.

❸ 자우메 플란자 Jaume Plensa **의 작품 〈줄리아** Julia**〉**
반투명한 흰색 유리 섬유(FRP)로 만든 거대한 여성의 얼굴이다. 평온한 표정의 그녀는 원래 콜럼버스 동상이 있던 자리에 설치되었다. 한때 위대한 탐험가로 평가받았던 콜럼버스는 원주민 지배와 학살로 인해 오늘날에는 식민제국주의의 상징으로 재조명되는데 이런 가치관의 변화를 반영한 작품이라 평가받고 있다. 2018년 설치된 12m 높

이의 작품은 매해 전시 기간이 연장되고 있어 철거 시점은 확실하지 않다.

④ 벨 보르바Bel Borba의 작품
〈이민자들에게 바치는 마드리드의 헌사Madrid a los Refugiados〉

광장 옆 레콜레토스Paseo de Recoletos 거리에 있는 작품은 구명조끼를 입고 배 위에 있는 난민의 모습이다. 유럽 난민 위기가 절정에 달했던 2015년, 스페인은 난민 수용과 지원을 논의했고 마드리드는 난민 · 이민자들을 환영한다는 포용적 메시지를 전달하고자 이 작품을 제작했다.

 ★★☆ GPS 40.419486, -3.693088

시벨레스 광장 Plaza de Cibeles

시벨레스 광장은 마드리드 4개 주요 도로인 알칼라, 레콜레토스, 프라도, 카스텔라나가 만나는 지점에 있다. 마드리드에서 차량이 가장 많이 왕래하는 교차로이며 출퇴근 시간에는 심한 교통 정체로 몸살을 앓는 장소다. 도로만의 문제는 아니다. 시벨레스 광장은 마드리드 정치 · 행정 · 경제 중심부로 도시의 핵심 역할을 하고 있다. 스페인 중앙 은행Banco de España 본사와 옛 우체국 건물인 시청사Palacio de Cibeles, 스페인군 본부인 부에나비스타 궁전Palacio de Buenavista 등 18세기부터 지은 아름다운 건축물이 광장을 둘러싸고 있어 관광객을 불러 모은다. 시청사 옥상에는 광장을 한눈에 볼 수 있는 전망대가 있으며, 특히 일몰이 아름다우니 참고하자.

교차로 중앙에는 1782년 만들어진 시벨레스 분수가 있다. 시벨레스는 로마 신화에 나오는 대지와 풍요의 여신이다. 전차를 끄는 사자 두 마리는 신화 속 아탈란테(자유와 독립을 상징)와 히포메네스(지혜와 사랑을 상징)다. 사자들을 조화롭게 통제해 스페인을 풍요롭게 한다는 의미를 담았다. 또한 프리메라리가 축구팀, 레알 마드리드Real Madrid가 승리를 축하했던 장소로 알려져 있다. 팀이 우승하면 레알 마드리드 공식 팬클럽 마드리디스타들이 수천 명 모여 광장을 채우고 주장이 분수 위로 올라가 시벨레스 여신에게 팀 스카프를 두르고 우승컵을 들어 올린다.

광장 한쪽에는 코로나 19 팬데믹으로 희생된 사람들을 추모하기 위한 불꽃En homenaje a los fallecidos durante la pandemia del COVID-19을 설치했다.

주소 Plaza de Cibeles
운영 전망대 10:30~14:00, 16:00~19:30 **휴무** 월요일
요금 전망대 €3

COVID-19 희생자 추모 불꽃

스페인 중앙 은행

📷 부엔 레티로 공원 Parque del Buen Retiro ★★☆

GPS 40.415429, -3.683476

펠리페 4세는 마드리드 왕궁 동쪽에 별궁. 부엔 레티로 궁전Plalcio del Buen Retiro을 짓고 휴식 공간을 만들었다. 부엔 레티로, 좋은 안식처라는 뜻이다. 당시 마드리드 외곽이었던 이 지역에서는 왕족과 귀족이 숲에서 사냥을 즐기거나 예술 활동을 했다. 1808년부터 6년간 나폴레옹이 별궁을 군사 요새로 사용해 파괴되고 1868년 스페인 혁명으로 왕정이 붕괴하면서 공원은 대중에게 개방됐다.

부엔 레티로 공원은 서울숲보다 약 1.2배 크며 2만 종에 달하는 나무가 우거져 있다. 도심 정원과 피크닉을 즐길 수 있는 잔디밭이 있고 카페 플로리다 레티로Florida Retiro에서 브런치나 카페를 맛보면서 여유를 부려도 좋다. 아침에는 한적하게 시간을 보내고, 오후에는 소풍을 즐기기 좋다. 일몰 시간에는 더없이 고운 하늘을 볼 수 있다.

주소 Plaza de Independencia, 7
위치 메트로 L2 Retiro, L2 Príncipe de Vergara, L1 Atocha, L9 Ibiza
운영 4~9월 06:00~익일 00:00, 10~3월 06:00~22:00

Tip | 별궁 공원 대공개! 그런데 입장 제한?

공원은 1868년 스페인 혁명 이후 대중에게 공개되었으나 누구나 들어올 수 없었다. 당시 귀족과 상류층은 공원을 단순한 휴식 공간이 아닌 사회적 지위와 교양을 보여주는 장소로 여겼고 허름한 차림이면 드나들 수 없도록 복장을 규정했다. 남자는 무릎 길이 코트에 중절모, 장갑을 껴야 하고 더운 여름에도 긴소매 옷을 입어야 했다. 여자는 긴 드레스 차림에 모자와 장갑을 착용하고 우산이나 부채를 갖춰야 했다. 농민이나 노동자는 이런 복장을 갖출 수 없어 사실상 공원 출입이 제한된 셈이다. 부르주아 계층은 공원 산책Paseo público 행사로 저녁이나 주말마다 공원을 거닐며 최신 패션을 뽐내고, 귀족들은 화려한 마차를 타고 공원 내 Paseo de Coches를 돌며 부를 과시했다. 음악 공연과 문학 행사를 열어 인맥을 쌓기도 했다. 1890년대부터 대중문화와 민주화가 확산하면서 공원은 점점 더 많은 계층에게 개방되었다. 20세기 산업 근대화가 진행되면서 노동 계층도 권리를 찾았으며 실용적이고 편한 옷차림이 대중화되면서 1920년대 이후 귀족과 상류층의 전유물이었던 부엔 레티로 공원은 진정 모두에게 공개되었다.

more & more 부엔 레티로 공원 하이라이트

① 알폰소 12세 기념비 Monumento a Alfonso XII
정방형 레티로 호수Estanque Grande는 대형 인공 연못이다. 17세기에는 작은 군함과 폭죽으로 해상 전투 시뮬레이션이나 해군 퍼레이드를 열기도 했다. 왕실과 귀족이 뱃놀이하던 공간이 지금은 연인들의 데이트 장소, 가족끼리 즐기는 소풍 장소가 되었다. 일몰 때 보트를 타며 사진을 찍으면 낭만 수치가 최대치다. 호수 측면에 있는 알폰소 12세 기념비는 1902년 알폰소 13세가 즉위하면서 건립했다. 알폰소 12세는 왕정이 폐지되었다가 다시 복원된 인물로 스페인 국민을 통합시키고 안정시키는 데에 일조했다. 그러나 28세에 요절해 재위가 짧았고 아들인 알폰소 13세는 왕권을 강화하는 목적으로 기념비를 세웠다.

② 크리스털 궁전 Palacio de Cristal
1887년 당시 식민지였던 필리핀 식물 전시회를 위해 지어졌다. 철과 유리로 만든 모더니즘 건축물은 주변 자연 경관과 어우러져 독특한 분위기를 자아낸다. 궁전 앞 연못에는 검은 백조와 거위 등 다양한 조류를 만날 수 있다. 현재 레이나 소피아 미술관의 특별 전시관으로 사용되고 있다.

③ 벨라스케스 궁전 Palacio de Velazquez
1883년 재위한 알폰소 12세가 미네랄 엑스포Minería Exposición를 위해 급히 지었다. 붉은 벽돌 건물에 타일 장식, 철과 유리를 사용한 건축 양식이 눈에 띈다. 오늘날, 크리스털 궁전과 함께 레이나 소피아 미술관 소장 작품을 나눠 무료 전시하고 있다.

④ 장미 정원 La Rosaleda
20세기 초 프랑스 분위기로 조성된 장미 정원이다. 매해 봄과 초여름에 4,000여 종의 장미가 피어난다. 오랜 기간 가꿔 웃자란 장미 넝쿨이 구획을 나누고, 중세 스타일 분수도 곳곳에 있어 로맨틱한 무드가 가득하다.

⑤ 어부의 작은 집 Casita del Pescador
작은 연못 앞에 빨간 벽돌로 지은 아기자기한 건물이다. 19세기 초 만들어진 왕실 정원의 일부로, 왕과 귀족들이 쉴 수 있도록 만든 장식용 별채다. 연못에서 배를 타고 낚시를 즐기거나 사색에 잠길 수 있도록 했다. 분위기를 즐기는 일종의 전원생활 체험 공간인 셈이다.

⑥ 왕의 정원 Jardines del Parterre
프랑스 스타일의 대칭적인 정원으로, 잘 다듬어진 나무와 화려한 꽃들이 조화를 이룬다. 이곳에는 1630년대 멕시코에서 '신성한 나무'로 여겨졌던 아후에후에테Ahuehuete 나무가 심어져 있는데, 마드리드에서 가장 오래된 나무다.

마드리드 왕립 식물원 Real Jardín Botánico (레알 보타니코 정원)

GPS 40.411310, -3.691137

1755년 페르난도 6세가 아란후에스Aranjuez에 식물원을 지었으나 마드리드로 옮기기로 했다. 4년 뒤 후대 왕이 왕궁을 지은 사바티니에게 설계를 맡겨 식물원을 지었다. 단순한 정원이 아닌 식민지(남미·필리핀 등)에서 들여온 희귀한 식물을 연구·전시하는 데에 이용했다. 나폴레옹 전쟁과 스페인 내전으로 상당 부분 손상되었고 1942년 국가 문화재로 지정되면서 본격적으로 식물학 연구와 보전 활동을 이어갈 수 있었다. 입구부터 약초와 약용 식물이 자라는 쿠아드로스Cuadros(1781) 구역, 식물 진화 유사성에 따라 분류한 에스쿠엘라스 보타니카스Escuelas Botánicas(1781) 구역, 화려한 꽃과 고목, 희귀 나무들로 인기가 많은 라 플로라La Flor(1858) 구역, 1996년 스페인 전 총리, 펠리페 곤잘레스Felipe González가 기증한 분재 컬렉션의 본사이스Bonsáis(2004) 구역으로 나뉜다. 19세기에 지어진 빅토리아 유리 온실에서는 희귀 난초나 열대 식물을 볼 수 있다.

주소 Plaza Murillo, 2
위치 프라도 미술관 인근 Puerta de Murillo로 입장할 수 있다. 연구동과 헷갈리지 말 것.
운영 3·10월 10:00~19:00,
4·9월 10:00~20:00,
5~8월 10:00~21:00,
11~2월 10:00~18:00
요금 €4 (화요일 10:00~13:30 무료)

프라도 미술관 Museo del Prado

★★★

GPS 40.413994, -3.692116

본래 자연사 박물관으로 지어졌으나 1819년 페르난도 7세가 왕실에서 수집한 미술품을 보관하고 전시하기 위한 왕립 미술관으로 사용되었다. 1868년 스페인 혁명으로 왕실 소유 예술품이 국가 재산으로 귀속된 뒤 스페인 문화유산으로 관리되고 있다. 1936년 스페인 내전 동안 프라도 미술관은 안전상의 이유로 잠시 문을 닫았다. 훼손 위험이 있어 고야의 〈1808년 5월 3일〉과 벨라스케스의 〈시녀들〉 등 주요 작품들을 보호하기 위해 중립국인 스위스의 제네바 미술관으로 잠시 옮겨지기도 했다. 1939년 프랑코 독재 정권 때 프라도 미술관으로 돌아왔다. 미술관 중앙에는 프라도 미술관이 있게 한 카를로스 5세와 이사벨 1세 동상이 있다. 스페인 황금기를 이룩한 카를로스 5세는 문화 예술에 적극 후원하고 예술품을 수집했다. 스페인 통일을 이룬 이사벨 1세는 본격적으로 왕실이 예술에 후원한 인물로 스페인은 물론 식민지와 해외에서 공수한 여러 수집품을 남겼다.

주소 Calle Ruiz de Alarcon, 23
위치 메트로 L2 Banco de Espanad
운영 월~토 10:00~20:00,
일 10:00~19:00
휴무 1월1일, 5월1일, 12월25일
요금 €15, 65세 이상 €7.5,
한국어 오디오 가이드 €5 추가,
가이드 투어 €10 추가
(18세 미만 무료)
홈피 museodelprado.es

Tip | 프라도 미술관 관람 방법

프라도 미술관은 보수 공사나 전시 목적에 따라 작품 위치가 변동될 수 있다. 유명한 작품은 대여하거나 일부 작품은 다른 소장관으로 변경될 수 있으니 꼭 보고 싶은 작품이 있다면 방문 전에 홈페이지를 참고하자. 유명 작품은 1층에 다수 전시되어 있어 한가한 시간대에 둘러보고 0층·2층을 여유롭게 관람하면 좋다.
프라도 미술관은 유럽 3대 미술관인 만큼 관람객이 많으니 홈페이지에서 미리 입장권을 예매하자. 마드리드 대표 미술관인 프라도, 티센 보르네미사, 레이나 소피아 3곳을 모두 방문한다면, 파세오 델 아르테 카드 Paseo del Arte Card가 효율적이다. 3곳 입장료를 합한 금액보다 20% 정도 저렴하며 각 미술관 매표소마다 줄을 서지 않고 바로 입장 가능하다. 현장에서 구매한다면 줄이 가장 짧은 티센 보르네미사 매표소를 이용하자. 마감 2시간 전부터 무료로 입장하지만, 줄이 긴 편이니 3시간 전에 가서 대기하자. 구매일로부터 1년간 각 미술관을 한 번씩 입장할 수 있으며 가격은 32.8유로이다. 홈페이지에서 구매했다면 해당 미술관 매표소에서 입장권으로 교환해야 다른 미술관에서도 이용할 수 있다.

프라도 미술관 작품 설명

지하 1층은 프라도 미술관 역사를 안내하고, 0층(우리나라 1층)부터 소장품 전시를 볼 수 있다. 0층은 이탈리아 르네상스 작품과 스페인 지배를 받았던 플랑드르(현 벨기에, 프랑스 북부, 네덜란드 남부) 회화, 12~20세기 스페인 회화가 있다. 1층에는 르네상스 후기부터 바로크, 근현대로 이어지는 스페인, 독일, 프랑스 회화가 전시되어 있어 유럽 미술사가 한눈에 들어온다. 스페인 3대 거장으로 알려진 엘 그레코, 벨라스케스, 고야의 작품이 이곳에 있다. 2층에는 고야와 그의 영향을 받은 루벤스, 렘브란트의 작품을 볼 수 있다.

개관 당시 왕실 소장품 1,510점으로 시작했으나 흩어져있던 소장품을 모으고 기증받거나 구매한 작품으로 갯수가 늘어나 현재는 3만여 점이 넘었다. 그중 3천 점을 전시하니 방대한 양으로 하루 만에 모두 둘러보기 어렵다. 좋아하는 화가 작품 또는 시대가 있다면, 미리 작품 위치를 확인하고 집중해서 관람해도 좋다. 남는 시간에는 마음에 드는 작품 앞에서 시간을 보내자.

프라도 미술관 평면도

- ⓘ 관람 안내소
- 로커룸
- 오디오 가이드
- Ⓔ 교육실
- 엘리베이터
- 에스컬레이터
- 계단
- 화장실
- 장애인 화장실
- 수유실
- 쉼터
- 카페테리아
- 기념품점
- 자원봉사실
- 만남의 광장
- 충전 센터
- 가이드 투어 리스닝 시스템

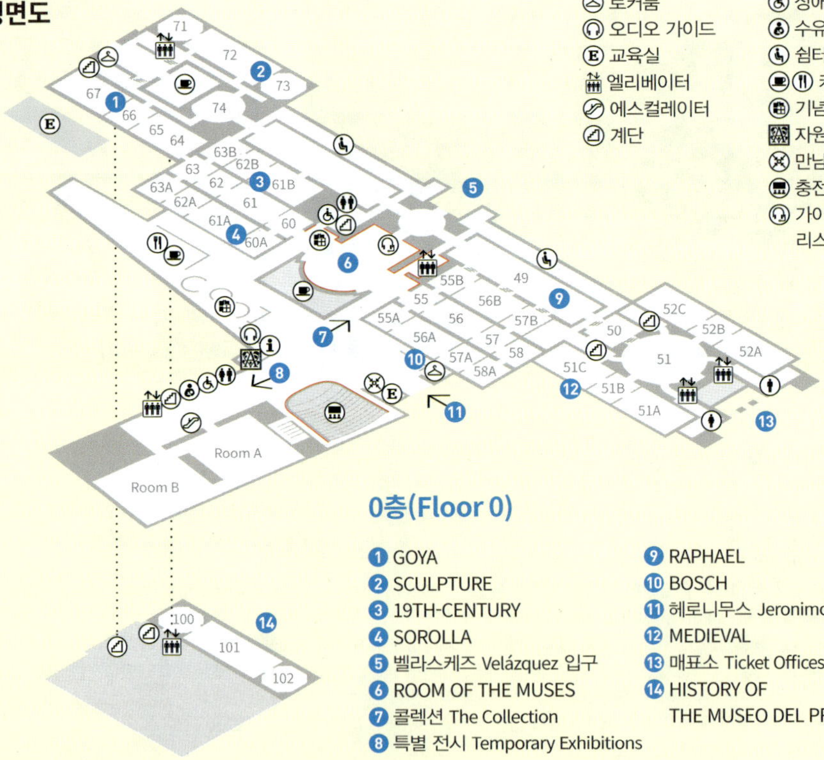

0층(Floor 0)

1. GOYA
2. SCULPTURE
3. 19TH-CENTURY
4. SOROLLA
5. 벨라스케스 Velázquez 입구
6. ROOM OF THE MUSES
7. 콜렉션 The Collection
8. 특별 전시 Temporary Exhibitions
9. RAPHAEL
10. BOSCH
11. 헤로니무스 Jeronimos 입구
12. MEDIEVAL
13. 매표소 Ticket Offices
14. HISTORY OF THE MUSEO DEL PRADO

1층(Floor 1)

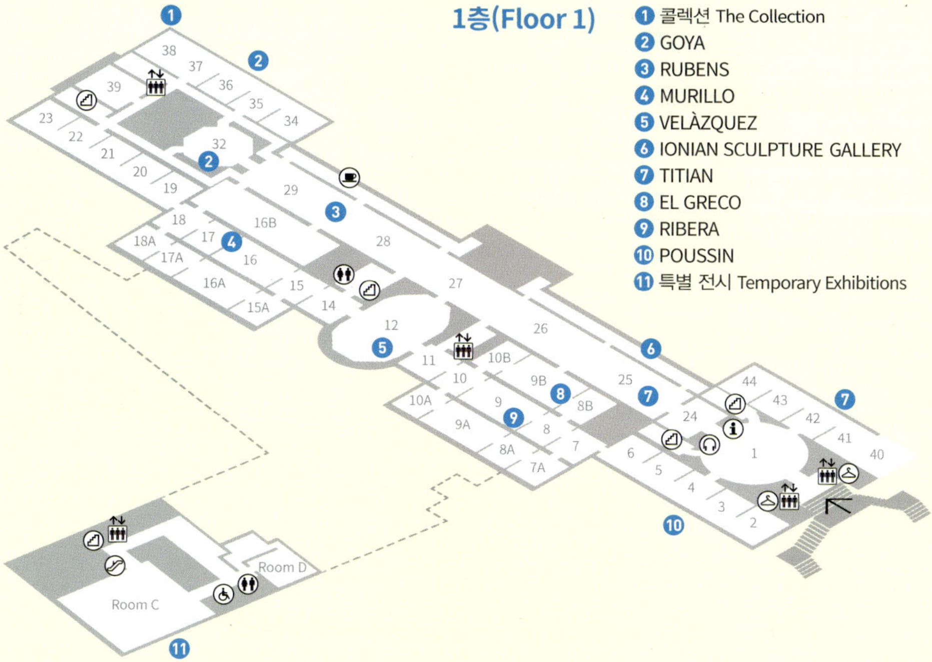

1. 콜렉션 The Collection
2. GOYA
3. RUBENS
4. MURILLO
5. VELÀZQUEZ
6. IONIAN SCULPTURE GALLERY
7. TITIAN
8. EL GRECO
9. RIBERA
10. POUSSIN
11. 특별 전시 Temporary Exhibitions

2층(Floor 2)

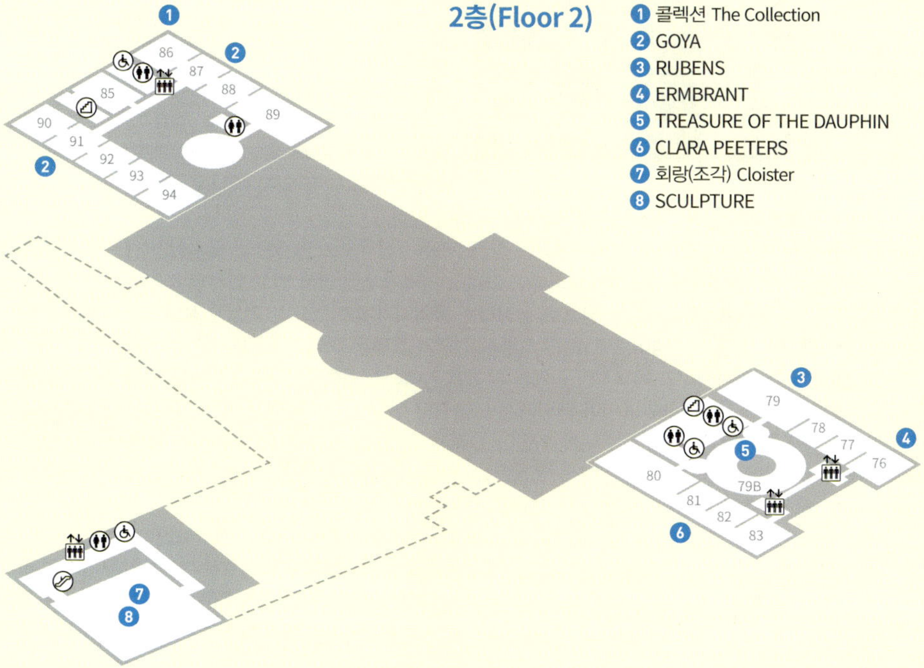

1. 콜렉션 The Collection
2. GOYA
3. RUBENS
4. ERMBRANT
5. TREASURE OF THE DAUPHIN
6. CLARA PEETERS
7. 회랑(조각) Cloister
8. SCULPTURE

263

0층

▶▶ Room 49 : 라파엘로 산치오 Raffaello Sanzio 의 <추기경 Portrait of a Cardinal>

미술 사학자들이 오랜 기간 초상화의 인물이 누구인지 알아내려 노력했으나 결국, 알아내지 못했다. 조반니 알리도시 추기경과 유사하게 보이지만, 정확히 그 인물이라고 단정할 수 없었다. 이에 '추기경'이라는 제목처럼 르네상스 시대 추기경의 보편적인 이미지로 완성했다고 평가받고 있다. 라파엘로는 플랑드르 회화에서 실제보다 더 생생하게 사람을 그리는 묘사 기법과 명암법에 영향을 받은 것으로 보인다.

인물의 익숙한 자세는 레오나르도 다빈치의 <모나리자>와 비슷하다. 실제로 눈·코·입·피부 등 윤곽선을 흐릿하게 처리해 상상력을 자극하는 스푸마토 기법을 사용했다. 의자 팔걸이에 올린 듯 가까운 팔은 관객과 거리를 가깝게 느끼게 한다. 라파엘로 특유의 부드러운 색채와 명암이 분명한 붉은 실크 망토는 추기경의 존재감을 더욱 강렬하게 표현한다. 추기경의 왼쪽 눈을 유심히 바라보자. 라파엘로는 왼쪽 눈 위치를 수정하였는데 이는 머리 방향과 대비를 이루며 더욱 깊은 시선을 만들어냈다. 추기경의 내면과 권위를 동시에 표현한 작품으로 평가받는다.

▶▶ Room 56A : 히에로니무스 보쉬 Hieronymus Bosch 의 <쾌락의 정원 Tuin der Lusten>

엄숙한 종교화가 주를 이루던 16세기 초, 기독교 윤리에서 죄악이라 여겼던 쾌락을 그린 그림이다. 이 그림을 보고 성직자는 이단이라고 부정했고, 세간에는 나체 인물이 가득해 야하다며 파격이라 불렀다. 대체 어떤 그림이기에?

르네상스를 맞이한 플랑드르는 천국과 지옥, 선과 악, 죄와 구원이라는 주제를 주로 다뤘고, 네덜란드 화가인 보쉬도 세 폭 제단화인 '쾌락의 정원'을 그렸다. 창문을 닫듯 양쪽 패널을 닫으면 창세기 3일째, 물과 땅이 분리되고 에덴동산이 창조되는 장면이 묘사되어 있다.

다시 연 상태로 보면 왼쪽부터 지상 낙원, 쾌락의 정원, 지옥이 죄악으로 연결된다. ❶**지상 낙원**은 하느님이 아담에게 하와를 소개하는 장면이다. 단순한 축복이 아니라 하와가 선악과를 먹고 인류의 죄악이 시작되는 순간을 암시하고 있다. 샘 뒤로 악마, 어둠, 유혹을 상징하는 올빼미가 숨어있으며 괴상한 생물들로 불안한 분위기가 감돈다. ❷**쾌락의 정원**으로 넘어오면, 하단 오른쪽 선악과를 먹은 아담과 하와가 땅 밑에 숨어있고 모든 사람이 벌거벗고 있다. 관능적이고 육욕적인 관계들 사이에 거대해진 동물들, 유혹과 죄악을 상징하는 과일이 나뒹군다. 낙원의 분수에 있던 올빼미는 이 패널에서 노골적인 여성으로 묘사되고 악을 상징하는 올빼미는 2마리로 늘었다. 마지막 ❸**지옥**은 대죄에 대한 처벌이 그려져있다. 인간이 괴물에게 삼켜진 후 배설되는 모습은 탐욕, 두꺼비 같은 생물을 먹는 사람은 대식, 얼음물에 잠기는 처벌은 질투를 의미한다. 하단 오른쪽, 수녀복을 입은 돼지가 남성을 껴안는 장면은 성직자의 타락을 상징한다.

종교 재판을 적극적으로 시행한 군주, 펠리페 2세는 세 패널 중 지옥을 가장 좋아했다. 죄인이 벌을 받는 모습을 보며 스스로를 경건하게 다잡았기 때문이다. 당대 가장 복잡하고 난해한 작품으로, 현실의 쾌락이 결국 죄악을 낳는다는 이야기를 담고 있다. 독창적인 상상력과 세밀한 표현력은 20세기 초현실주의 화가들에게 영향을 주었고 나르시시스트인 달리도 보쉬의 그림을 지날 때면 질투로 눈을 가렸다고 한다.

▶▶ Room 55B : 알브레히트 뒤러Albrecht Dürer의 <아담Adam>, <이브Eve>

독일 화가인 뒤러가 1505년 두 번째 이탈리아 여행에서 돌아와 그린 그림이다. 인체 비례와 원근법에 대해 논문을 저술할 정도로 이탈리아 르네상스의 영향을 받았으며 배운 것을 시도하기 위해 그린 그림이라 볼 수 있다. 실물 크기로 그린 누드 작품을 선택한 이유도 그 때문이다. 고전적인 누드 표현에 대한 이해를 바탕으로 색채, 세밀한 묘사, 자연스러운 표현 등 인물에 집중했다. 아담은 황갈색 피부에 완벽한 비율로, 독일 비너스와 같은 이브는 분홍빛이 감도는 하얀 피부에 넓은 이마, 처진 어깨선을 가지도록 그려냈다. 두 작품은 스웨덴 크리스티나 여왕이 펠리페 4세에게 준 선물로 이브 옆 나뭇가지에 '알브레히트 뒤러가 1507년 완성했다'라고 서명한 명판이 달려있다.

▶▶ Room 64 : 프란시스코 고야Francisco Goya의 <1808년 5월 2일El Dos de Mayo de>(1808)

카를로스 4세와 아들 페르난도 7세가 왕위를 놓고 다투던 1808년, 나폴레옹은 바요나 사건Abdicaciones de Bayona으로 두 왕을 모두 퇴위시켰다. 왕위에 나폴레옹의 형, 조제프 보나파르트를 올렸고 스페인 국민은 대규모 항쟁을 일으켰다. 이것이 바로 이 작품이 보여주는 장면이다. 총을 들고 군복을 입은 프랑스 군대와 이집트 아랍 용병, 단검과 몽둥이를 들고 맞서는 마드리드 시민이 폭력과 저항의 극적인 순간을 표현하고 있다. 시민들의 다양한 옷차림은 신분과 지위, 지역을 아우르는 단합을 보여준다.
1814년 나폴레옹 군대를 몰아내고 페르난도 7세가 왕으로 복귀하면서 고야에게 요청한 그림이다. 그는 '스페인을 구한 왕'이며 국민이 왕을 위해 싸웠다는 인식을 심어주기 위해 그림을 정치적으로 이용했다. 아래 <1808년 5월 3일> 작품과 함께 두 점으로 제작되었으며, 한 편의 연속된 서사처럼 연결되어 있다.

▶▶ Room 64 : 프란시스코 고야Francisco Goya의 <1808년 5월 3일El Tres de Mayo de>(1808)

마드리드 시민이 나폴레옹 군대에 저항한 다음 날, 프랑스군은 스페인 시민들을 무차별 처형했다. 희생자와 프랑스군을 일렬로 배치하면서 극적인 대비를 조성했다. 공포와 절망이 극대화된 민중 사이에 손을 든 시민은 마치 십자가에 못 박힌 예수 그리스도처럼 희생과 연결했고, 얼굴조차 보이지 않는 프랑스군은 인간성을 상실한 기계적 살인을 의미했다.
작품은 전쟁의 참혹함을 알리는 반전(反戰) 회화의 시초로 평가받으며 에두아르 마네의 <막시밀리안 황제의 처형>, 파블로 피카소의 <게르니카> 등에 영향을 미쳤다.

1층

▶▶ Room 7A : 카라바조 Carravaggio 의 <다윗과 골리앗 Davide e Golia>

일반적으로 성경 속 다윗과 골리앗 주제를 다룰 때는 다윗이 골리앗을 무찌르는 순간이나 이기고 난 뒤 머리를 들고 있는 모습을 그렸다. 카라바조는 쓰러진 골리앗 위로 올라가 잘린 머리를 밧줄로 묶으려는 다윗을 그려 긴장감이 고조되는 찰나를 표현했다. 다윗의 표정을 보면 환희보다 조심스럽고 묘한 망설임이 엿보이는데, 그가 아직 어리고 경험이 부족하다는 사실을 알 수 있다. 우여곡절 많은 인생만큼 극적인 작품을 그린 천재 화가, 카라바조였기에 단순히 영웅담이 아닌 인간적 고뇌를 담을 수 있었다. 2023년 복원 과정에서 골리앗이 입을 벌리고 비명을 지르는 모습과 다윗의 오른쪽 발목에 관절을 보호하던 방식의 천이 감겨 있었다는 사실을 확인했다. 후원자의 요청이거나 자신의 변심으로 바꿨을 텐데 카라바조가 즐겨 사용했던 극적인 표정이 궁금해진다.

▶▶ Room 9B : 엘 그레코 El Greco 의 <가슴에 손을 얹은 기사 El caballero de la mano en el pecho>

주로 종교화를 그린 엘 그레코지만, 초상화도 많이 남겼다. 이 작품은 스페인 귀족의 기사도 정신과 명예, 신앙심을 담은 이상적인 인물을 담고 있어 엘 그레코의 초상화 중에서 가장 유명하다. 한 개인의 초상화가 아니라 스페인 귀족이 지녀야 할 이상적인 이미지를 그렸다. 가슴 위에 손을 얹은 자세는 기사 계층의 귀족이 명예와 충성을 맹세하는 서약을 할 때 사용하는 제스처다. 엘 그레코는 종교화에서 신앙심을 강조할 때 주로 사용하는 기법이라 종교적 의미도 반영했다고 볼 수 있다. 엘 그레코의 다른 작품, 특히 종교화를 보면 세로로 길게 신체를 왜곡하는 특징을 볼 수 있다. 손이 몸보다 비율이 크다거나 목 부분을 흰색 주름으로 장식해 상체를 더 길게 보이는 착시 효과를 일으킨다. 이 덕분에 성스럽고 초월적인 존재처럼 보이는 효과를 줬다.

▶▶ Room 12 : 디에고 벨라스케스 Diego Velázquez <시녀들 Las Meninas>

스페인 바로크 회화의 정점으로 평가받으며, 프라도 미술관의 하이라이트다. 이 그림이 유명한 이유는 현실과 환상의 경계를 허문 혁신적인 구성 때문이다. 벨라스케스는 자신이 그림을 그리고 있는 장면을 그림 속에 포함시켰다. 관객은 캔버스 앞에 서 있는 화가를 보지만, 그가 왕과 왕비를 그리는지 관람자를 그리고 있는지 알 수 없다. 또한, 그림 속 인물 대부분이 정면을 응시하고 있어, 거울 속 왕과 왕비를 보지 못했다면 관객을 바라보고 있다고 착각할 수도 있다. 반대로, 우리가 그림 속 장면을 직접 목격하는 듯한 느낌을 주는 걸작이다. 이 작품은 위기가 많았으나 다행히 오늘날까지 보호된 그림이다. 1734년 크리스마스이브에 마드리드 왕궁이 4일간 지속된 대화재로 불타던 중, 창문 밖으로 던져져 구출되었다. 스페인 내전 때는 스위스로 잠시 피신을 떠나있었다. 그만큼 애지중지한 작품이다.

> **more & more** 작품 〈시녀들〉 속 주요 인물

❶ **마르가리타** 중앙에 흰 드레스를 입은 아이가 펠리페 4세의 딸, 마르가리타 테레사Margarita Teresa다. 벨라스케스는 그녀가 성장하는 모습을 초상화로 그려 약혼자인 오스트리아 합스부르크 왕가의 레오폴트 1세에게 보냈다.

❷ **시녀들** 시녀라고 하지만, 중세에는 공주의 놀이 친구이자 말동무로 삼기 위해 비슷한 연령의 귀족을 선출했다. 귀족 출신 시녀를 메니나스Meninas라 불렀고 공주 양옆에 있는 두 명이다.

❸ **벨라스케스** 왼쪽에 서서 팔레트에 붓을 찍고 있는 화가다. 훈장이 박혀있는 의상으로 보아 궁정 화가이며 가슴에 산티아고 기사단에 가입한 귀족만 달 수 있는 십자가 표시가 있다. 이 그림을 그릴 당시에는 없었는데 완성 후 왕으로부터 귀족 작위를 받고 정식 입단되자 십자가를 덧그렸다.

❹ **국왕 펠리페 4세와 왕비** 뒤쪽 거울에 비치고 있어 방에 있다는 걸 암시하지만 관객은 그들을 직접 볼 수 없다. 오히려 관객의 시선이 곧 왕과 왕비의 시선이라는 착각을 부른다.

❺ **난쟁이와 어릿광대** 하단 오른쪽에 보이는 인물 두 명이다. 난쟁이나 장애가 있는 인물을 왕실의 광대 또는 시종으로 고용하는 문화가 있었다. 보통 왕과 귀족의 오락을 담당했지만, 마냥 희극적인 존재는 아니었으며 사회 일부로 존중받기도 했다. 벨라스케스는 이런 다양한 인물을 함께 담았는데 이 작품에서도 희화화하지 않고 인격체가 가진 개성을 부각했다. 개를 발로 살짝 건드리는 움직임으로 생동감을 더하고 분위기를 가볍게 끌어내고 있다.

❻ **궁정 시녀와 호위병**은 뒤쪽에서 속삭이는 듯 보이는데 마치 왕과 왕비의 행동에 반응을 보이는 듯한 모습이다. 관객은 내 얘기를 하는 것처럼 보이기도 하다.

❼ 문 앞에 있는 **왕실 시종장**은 들어오려는 듯한 자세를 취하고 있어 시간이라는 개념을 추가하고 있다.

▶▶ Room 26 : 엘 그레코El Greco의 <성 삼위일체La Trinidad>

화가는 그리스 크레타섬에서 태어나 '그리스 사람'이라는 뜻으로 엘 그레코라고 불렸다. 이 작품은 베네치아와 로마에서 그림을 배우고 마드리드로 건너와 처음 의뢰받은 작품이다. 스페인 종교 수도였던 톨레도의 산토 토메 성당 제단화다. 첫 작품부터 수도사들의 높은 평가를 받은 그는 이후 톨레도 대표 화가로 자리 잡았다.
〈성 삼위일체〉는 중앙에 쓰러지듯 묘사한 예수와 그를 받치고 있는 하느님, 예수의 머리 위로 날아간 성령으로 구성되어 있다. 강한 명암 대비와 인체 왜곡이 발전하기 전 초기 화풍이지만, 극적인 표정 묘사는 그만의 정체성을 보여준다. 다이내믹한 신체로 묘사된 예수는 이탈리아에 머물 때 미켈란젤로 조각에서 배운 인체 표현을 구현했다. 미켈란젤로 회화에서 보던 강렬한 색감도 영향을 받은 모습이다.
엘 그레코는 고집스러운 면이 있었는데, 이 작품의 일화에서 엿볼 수 있다. 당시 스페인은 로마 가톨릭이 절대적인 권위에 있으며 종교 재판으로 이단을 심문하는 사회였다. 그리스 출신 엘 그레코는 동방 정교회 신앙에서 성장했기에 하느님(성부)이 그리스 정교회식 사제관을 쓰고 있어 논란이 됐다. 추기경은 로마 가톨릭식으로 수정해달라고 요구했고, 엘 그레코는 단호히 거절했다고 한다.

▶▶ Room 29 : 루벤스 Peter Paul Rubens 의 <삼미신 Die Drei Grazien>

그리스 신화에 나오는 미의 여신 세 명, 아글라이아 Aglaia, 에우프로쉬네 Euphrosyne, 탈리아 Thalia 를 그렸다. 각각 빛, 기쁨, 번영을 상징하며 삼미신으로 인해 사랑과 축복, 풍요가 함께한다는 뜻을 가진다. 발동작이 우아한 춤을 추듯 그려져 생명력을 더한다.

삼미신은 라틴어로 Gratiae (감사), 스페인어로 Gracias (감사합니다)로 표기한다. 사랑과 기쁨, 우정 그리고 '감사의 미덕'이라는 어원을 가지며 이를 상징하는 존재였다. 고대 그리스로마 시대에는 공공장소나 분수대 근처에 삼미신 조각상을 세우는 전통이 있었는데 사람이 많은 곳에서 상호 호혜의 메시지를 전하는 캠페인 성격으로 활용했다. 르네상스 이후 귀족들은 결혼 선물이나 감사 선물용으로 삼미신 그림을 많이 주문했는데, 루벤스도 같은 이유에서였다. 루벤스가 53세일 때 16세인 헬렌 푸르망과 결혼했다. 37세 연하지만, 10년 동안 아이를 5명 낳을 만큼 사랑으로 채운 결혼 생활이었다. 화가는 삼미신 중 맨 왼쪽 여신 모델을 아내로 그려 감사한 마음을 전했다.

▶▶ Room 64 : 프란시스코 고야 Francisco Goya 의 <1808년 5월 2일 El Dos de Mayo de>(1808)

스페인 회화 역사에서 가장 논란이 많았던 작품이다. 스페인 종교 재판소에서는 이 그림을 음란물로 규정하고 1814년 고야를 소환했다. '옷 벗은 마하'가 전통적인 여신 묘사 즉, 큐피드, 조개와 같은 상징 요소 없이 관능적인 표정을 한 현실 인물처럼 표현해서다. 비너스처럼 누워있으나 팔을 머리 위로 올리고 당당하게 몸을 드러낸 자세는 당시 보기 드문 매우 도발적인 자세였다. 관객은 그림 속 인물이 도대체 누구인지가 궁금해졌고 추측만 있을 뿐 밝혀지지 않았다. 마하는 평민 여성을 가리키는 말이다. '옷 입은 마하'는 '옷 벗은 마하'와 함께 한 쌍으로 그려졌다. 구도와 자세는 같지만, 세밀한 표현과 색조에서 차이가 있으며, 자세도 조금씩 다르다. '옷 벗은 마하'보다 빠르고 즉흥적으로 그려져 완성도가 낮다. 고야는 이 작품으로 종교 재판에 넘겨졌지만, 왕

실 화가라는 신분과 벨라스케스와 티치아노의 누드화 전통을 계승한 작품이라 반박해 풀려났다. 당시 스페인 총리이자 그림을 의뢰한 마누엘 고도이 Manuel Godoy 의 재산이 몰수되자 그림들은 스페인 왕실이 소장했고 1901년까지 대중에게 공개하지 않았다. 작품은 스페인 사회와 예술의 경계를 흔들었고 이후 서양 회화에는 현실 여성 누드 표현에 새로운 장이 열렸다. 1969년 우리나라에서 유엔 성냥갑 디자인에 이 그림을 사용하면서 논란이 되었다. 성냥갑은 큰 인기를 끌었지만, 결국 제조 회사가 음화(淫畵) 제조 및 판매 혐의로 기소되었다. 당시 한국 사회의 보수적인 분위기와 검열 기준을 확인할 수 있는 사건이다.

▶▶ Room 44 : 티치아노 Tiziano 의 <황금비를 맞는 다나에 Danae Recibiendo la Lluvia de Oro>

다나에는 그리스 신화 속 인물로, 제우스가 황금비로 변해 그녀를 만나는 장면을 묘사한 작품이다. 티치아노는 이 주제로 여러 시리즈의 그림을 그렸는데, 그중 프라도 미술관에 있는 '다나에'가 가장 섬세하고 아름답다는 평을 받고 있다. 1634년 궁정 화가 벨라스케스가 스페인 왕실을 위해 구매했다. 티치아노가 처음 그린 다나에

는 큐피트를 그렸으나 스페인 펠리페 2세를 위한 버전에는 노파가 등장한다. 왕에게 더욱 성숙하고 철학적인 사유나 해석을 기대했을 수도 있다. 노파는 다나에와 함께 배치되면서 극명한 대비를 보인다. 우선 젊고 아름다운 데에 비해 늙고 추한 시녀로 시각적인 대비가 눈에 띈다. 다나에에겐 사랑의 의미인 황금비가 시녀에게는 돈을 상징해 순수한 다나에와 탐욕적인 시녀가 대립한다.

2층

▶▶ Room 83 : 루벤스 Rubens 와 브뤼헬 Brueghel 의 <오감 시리즈 Serie Los Sentidos>

가성비가 넘치는 작품이 있다면 이 그림이라고 할 수 있다. 작품 속에 작품 속에 작품이 있다. 루벤스와 브뤼헬이 공동 작업한 이 작품은 시각과 청각, 후각과 미각, 촉각을 주제로 그린 그림이다. 두 화가는 서로 다른 스타일을 가지고 있었으나 작업 후 결과물은 완벽한 조화를 이뤘다. 루벤스는 화려하고 생동감 있는 인물화를, 브뤼헬은 섬세하고 정교한 정물화와 풍경화를 맡았다.

시각에 나오는 인물은 비너스와 큐피드로 '눈먼 자의 치유'를 주제로 한다. 청각에선 비너스가 악기를 연주하고 큐피드는 악보를 들고 있으며 음악이 영혼을 풍요롭게 한다는 의미를 담았다. 후각은 야외 정원에서 펼쳐진다. 비너스와 큐피드 주위로 아름다운 꽃과 나무, 동물들이 등장해 우아하고 평화로운 분위기를 자아낸다. 미각은 테이블에 여인과 사티로스가 함께 있으며 주변에는 사냥감과 과일, 생선 등 식자재가 쌓여 있어 풍요롭고 사치스러운 연회를 강조한다. 촉각은 그리스 로마 신화에 나오는 대장장이 신 불카누스의 대장간처럼 보인다. 비너스와 큐피드만이 온기 가득하고 오브제는 철제로 차가운 느낌이 든다.

레이나 소피아 미술관 Museo Nacional Centro de Arte Reina Sofía

GPS 40.408067, -3.694546

1756년 마드리드 왕궁을 지은 프란체스코 사바티니가 설계한 왕립 병원이다. 당시 마드리드에서 손에 꼽는 의료 시설이었으며 19세기에는 정신 질환자나 가난한 환자, 만성 질환자를 위한 병원이자 요양원으로 사용되다 1960년대에 문을 닫았다. 1986년, 소피아 여왕(현 국왕 어머니)은 독재 정권으로 침체된 스페인 예술의 부흥을 위해 병원 건물을 개조하고 국립 예술 센터를 열었다. 두꺼운 석조 벽이 온도 차를 줄여 작품을 보관하기 좋고, 높은 천장 덕분에 다양하게 전시를 구성할 수 있다. 환자들이 산책하고 휴식을 취하던 중정Patio은 조각 전시 공간으로 활용하고 있다. 현대 미술관 분위기로 전환시킨 방탄유리 엘리베이터는 1988년 새롭게 추가되었다. 병원 건물인 사바티니관이 작품 규모와 관람객을 감당하기 버거워지자 2005년 누벨관을 추가했다. 프랑스 건축가인 장 누벨Jean Nouvel이 설계한 현대적인 건축물로 강철과 유리, 콘크리트를 사용했으며 붉은색 알루미늄 지붕을 덮어 시간의 흐름을 느낄 수 있다. 신진 현대 미술 작가의 기획 전시를 위한 넓은 공간으로 사바티니관에서는 할 수 없던 큰 작품이나 설치 미술 전시가 가능해졌다. 10만 권의 책을 보유한 도서관과 레스토랑, 카페도 함께 즐겨보자.

주소 Calle de Santa Isabel, 52
위치 메트로 L1 Atocha
운영 10:00~21:00 (일 ~14:30) **휴무** 화요일, 1월 1·6일, 5월 1·15일, 11월 10일, 12월 24·25·31일
요금 €12, 한국어 오디오 가이드 €16.5 (19~21시, 일 12:30~14:30, 4월 18일, 5월 18·23일, 10월 12일, 12월 6일, 18세 미만·65세 이상 무료)
홈피 museoreinasofia.es

Special Tour 10 레이나 소피아 미술관 작품 설명

18세기 병원을 개조해 복도가 길고 방이 많아 자칫하면 길을 잃기 쉽다. 미리 지도를 확인하고 안내 표지판을 참고하자. 현대 미술은 해석이 필요한 부분이 많아 투어 프로그램을 활용해도 좋다. 피카소의 작품 〈게르니카〉만 보려면 무료 입장 시간을 활용하자. 단, 대기 줄이 길다.

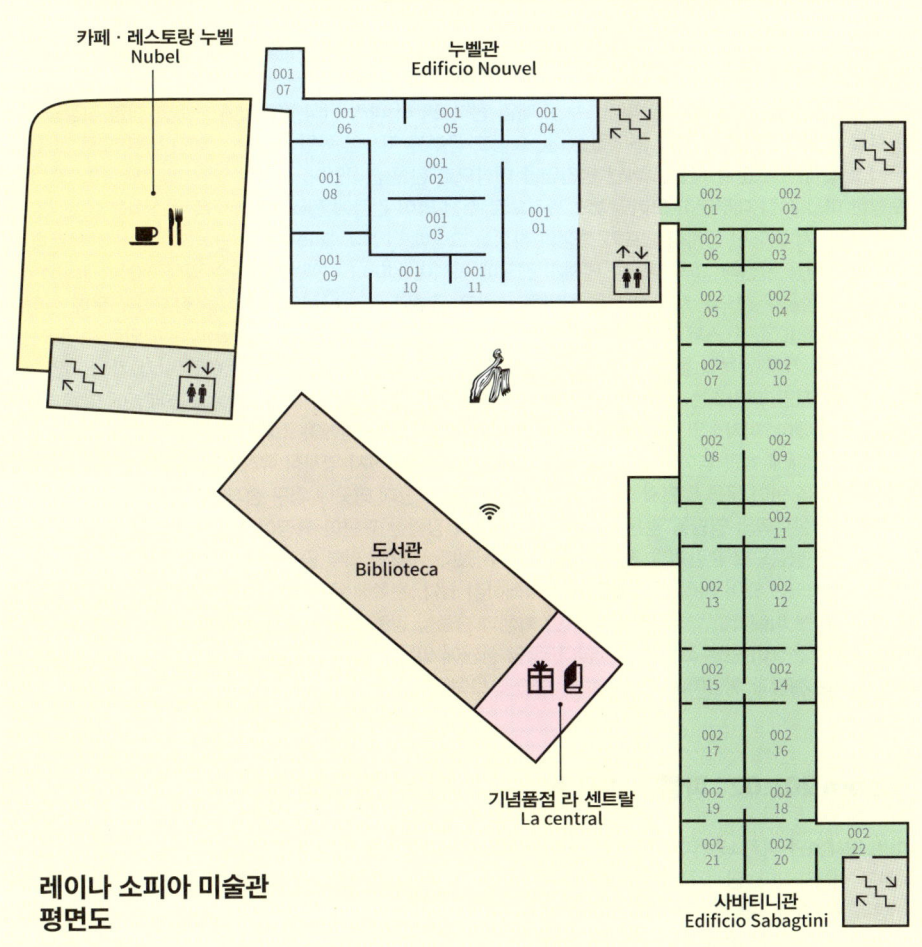

레이나 소피아 미술관 평면도

❶ Room 205.10 : 파블로 피카소 Pablo Picasso 의 <게르니카 Guernica>

피카소 개인의 역작이자 스페인 최고의 미술품이라 평가받는 작품이다. <게르니카>는 단순한 예술 작품이 아니라 전쟁과 폭력에 대한 강력한 고발이자, 스페인 민주주의를 함께한 역사의 상징물이다.

스페인 내전 중이었던 1937년 초, 피카소는 스페인 정부로부터 파리 만국 박람회에 출품할 대형 작품을 의뢰받아 회화 작품을 구상했다. 같은 해 4월 26일, 프랑코 군부를 지지한 독일 공군은 스페인 북부 도시 게르니카를 무차별 폭격한다. 군사 시설이 아닌 민간인을 대상으로 한 공습이었다. 시장이 열린 광장에는 여자와 아이를 포함한 마을 사람 대부분이 모여있었고 폭격으로 수천 명이 건물에 깔려 죽었다. 폭격 소식을 들은 피카소는 게르니카에서 벌어진 정치적 횡포와 전쟁의 참상을 그림에 담았다. 불과 1달 반 만에 가로 7.8m, 세로 3.5m의 거대한 그림을 완성해 그의 분노와 메시지 전달에 목적이 얼마나 강했는지 알 수 있다. 50여 개의 스케치와 드로잉, 수정을 거쳤으며 제작 과정을 촬영해 프랑코 군부와 독일 나치의 잔혹성을 잡지와 신문에 실어 더욱 널리 알렸다. 1939년, 스페인 내전에서 프랑코가 승리하면서 <게르니카>는 전쟁을 피해 해외로 보내졌는데, 여러 전시관을 거쳐 뉴욕의 현대 미술관(MoMA)에 장기 전시됐다. 프랑코 정부는 <게르니카>가 스페인 정부 소유라 주장했지만, 피카소는 스페인이 진정한 자유 국가가 되기 전에는 자신도, 작품도 스페인에 발을 들이지 않겠다고 선언했다. 피카소의 유언에 따라 민주주의를 회복한 1981년에야 스페인으로 돌아왔고, 프라도 미술관에 전시된 첫해에 백만 명이 넘는 관람객이 방문했다. 스페인 전시 역사상 유례없는 기록이었다. 1992년 레이나 소피아 미술관이 문을 열면서 다른 현대 미술 작품들과 함께 이곳에 영구 정착했다.

입체파와 초현실주의의 영향을 받은 작품은 난해하면서 강렬한 표현이 특징이다. 전체적으로 흑백의 강렬한 대비와 왜곡된 형상으로 혼란과 고통, 절망을 느낄 수 있다. 내부와 외부 공간이 섞여 혼란스러운 구도 속에 상징 요소가 배치되어 있어 미리 알아보고 가면 이해하기 쉽다. 왼쪽에 폭력적인 황소 아래 죽은 아이를 안고 절규하는 어머니는 피에타를 연상시키며 무고한 희생과 슬픔을 강조한다. 오른쪽에 불타는 건물과 손을 들고 도망치는 여성은 전쟁이 만든 고통을 상징한다. 중앙 상단에 있는 전등은 진실을 비추고, 부러진 칼과 꽃을 쥐고 쓰러진 병사는 절망과 희망이 함께 공존하는 모습을 보여준다.

❷ Room 201.02 : 파블로 피카소 Pablo Picasso 의 <푸른 옷의 여인 Mujer en Azul>

1901년, 19세였던 피카소는 파리에서 마드리드로 넘어와 잠시 머물면서 다양한 화풍의 구도와 기법을 빠르게 습득하고 적용해갔다. 당시 청색 시대 Período Azul로 넘어가는 과도기에 남긴 작품이다. 강렬한 색채와 개성 있는 인물 표현, 거친 붓놀림이 프랑스 화가인 툴루즈 로트레크 Toulouse Lautrec를 닮았다. 구도는 벨라스케스의 초상화 <오스트리아의 마리아나 Mariana de Austria>를 참고했다. 파란색 드레스를 입은 마드리드 매춘부로 차갑지만 슬픔이 담긴 표정으로 먼 곳을 응시하고 있다. 고단한 삶과 복잡미묘한 감정 표현이 돋보이는 작품이다.

❸ Room 205.06 : 살바도르 달리Salvador Dalí의 <창가의 소녀Figura en una finestra>

달리의 초현실주의 작품만 알고 있던 관람객이라면 '내가 알던 달리?' 하고 의심할 수도 있다. 달리 나이 21살인 1925년에 여동생 안나 마리아 달리를 그린 사실주의 작품이다. 안나 마리아를 모델로 한 그림이 12점 이상일 정도로 여동생에 대한 애정이 각별했다. 그중 '창가의 소녀'는 피카소가 극찬할 정도로 완성도가 높고 섬세한 감성이 돋보이는 작품으로 평가받는다.

창문 앞에 선 여동생 앞에 고향인 카다케스Cadaqués 바닷가 풍경이 펼쳐진다. 19세기 독일 낭만주의 화가인 카스파르 프리드리히Caspar Friedrich의 <안개 바다 위의 방랑자>처럼 인물이 풍경을 등지고 바라보는 구도를 담았다. 덕분에 관객은 여동생과 함께 창문 너머 바다를 바라보는 기분이 든다. 그림에 왼쪽 창문이 없다는 사실을 눈치챘는지. 여동생의 시선을 따라 넓은 공간을 만들어 개방감을 주고 자연광을 더 묘사해 균형 잡힌 명암을 표현했다.

❹ Room 206.02 : 호안 미로Joan Miro의 <파이프를 문 남자Hombre con Pipa>

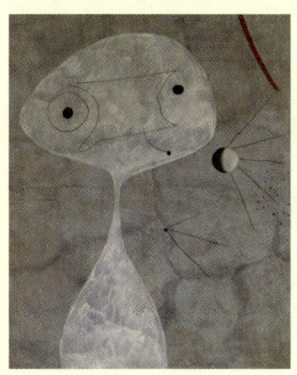

프랑스 미술사가인 자크 뒤팽은 1920년대 미로의 작품을 '꿈의 그림Pinturas Oníricas'이라 불렀다. 꿈처럼 자유롭고 상상력이 가득한 초현실주의 작품이기 때문이다. <파이프를 문 남자>는 인물화라기보다 점, 선, 도형들이 나열된 기호 형태의 추상화라 고개를 갸웃하는 관람객도 많다. 미로는 '회화를 죽이고 싶다Quiero asesinar la pintura'라고 했을 정도로 새로운 방식을 고민했고 단순한 선과 모양만으로 인물을 표현했다. 남자는 '사람 같은 느낌'만 나게 했고, 재와 연기처럼 보이는 기호로 파이프를 그렸다. 파이프는 예술가나 철학자처럼 지식인을 상징해 '생각하는 사람' 또는 '꿈꾸는 예술가'로 해석할 수 있다.

티센 보르네미사 미술관 Museo Thyssen Bornemisza

★★☆

GPS 40.416252, -3.694925

철강 산업으로 부를 축적한 아우구스트 티센August Thyssen이 1905년 오귀스트 로댕에게 조각품을 의뢰하며 예술품 수집을 시작했다. 아들 하인리히 티센Heinrich Thyssen은 고전 명작을 수집하며 본격적으로 컬렉션을 구축했고 카라바조와 뒤러, 홀바인 등 거장들의 작품을 대거 확보했다. 손자 한스 하인리히 티센이 독일 표현주의 작품과 피카소, 달리, 호퍼 등 20세기 아방가르드 미술 작품을 추가하며 컬렉션을 확장했다. 또한 현대 인상주의부터 팝 아트까지 스펙트럼을 넓혀가며 서양 미술의 고전과 현대를 모두 품은 미술관으로 성장했다. 여기에 그치지 않고 후대인 프란체스카 티센의 아트 컨템포러리 TBA21과 협력해 연 2회 현대 미술 전시를 열어 재단과의 연결고리를 단단히 하고 있다.

전시는 3개 층에서 진행되며 맨 위층부터 시작해 연대순으로 내려오는 관람 동선을 추천한다. 2층은 르네상스, 1층은 네델란드 회화에서 영국, 프랑스까지 인상파 화가 작품, 0층(우리나라 1층)은 입체파, 팝 아트 등 근현대 미술 작품이 있다.

주소 Paseo del Prado, 8
위치 메트로 L2 Banco de España
운영 월 12:00~16:00,
화~일 10:00~19:00
휴무 1월 1일, 5월 1일, 12월 25일
요금 성인 €14, 학생·65세 이상 €10
(월요일, 18세 미만 무료)
홈피 museothyssen.org

모네의 <바렝쥐빌의 썰물(Marea baja en Varengeville)>

몬드리안의 <뉴욕 시티3(New York City 3)>

티센 보르네미사 미술관 작품 설명

Special Tour 11

유럽 미술사의 흐름에 따라 전시하고 있어 시간이 부족하다면 취향에 맞춰 원하는 작품을 집중해서 관람해보자. 여유롭게 둘러볼 때는 한국어 오디오 가이드를 현장 대여하여 관람하길 추천한다. 또는 미리 앱을 받아 오디오 파일을 받아두면 데이터가 없어도 들을 수 있다.

❶ Room 5 : 한스 홀바인 Hans Holbein 의 <영국 헨리 8세 Portrait of Henry VIII of England>

1534년 헨리 8세가 영국 성공회를 창설하면서 종교화는 급격히 줄어들었고, 초상화의 인기가 급부상했다. 헨리 8세는 사실적인 인물을 그리는 한스 홀바인을 높이 평가해 궁정 화가로 임명했고 이 작품을 남겼다. 정면을 향한 꼿꼿한 자세로 강한 존재감을 강조하고, 주먹쥔 손을 가운데 모아 왕의 권위와 품위를 드러냈다. 화려한 의상과 장신구는 부와 권력을 상징한다. 누구보다 초상화를 가장 잘 활용한 그는 작품을 정부 기관과 왕궁, 귀족들 저택에 배치해 '강력한 군주' 이미지를 심어줬다. 새로운 왕비를 찾을 때도 초상화를 이용했는데, 유럽 공주와 귀족 여성의 초상화를 받아 신붓감을 골랐다. 국왕은 한스 홀바인이 그린 클리브 공국 공주, 앤의 초상화를 보고 결혼을 결심했으나 실물과 달라 실망이 이만저만이 아니었다고 한다. 결국 6개월 뒤에 결혼은 무효가 되고, 홀바인의 초상화는 너무 이상적이라는 평을 받게 되었다. 그렇다면 헨리 8세도?!

❷ Room 7 : 비토레 카르파초 Vittore Carpaccio <풍경 속 젊은 기사 Young Knight in a Landscape>

1510년에 그려진 이 작품은 400년이 넘도록 알브레히트 뒤러 Albrecht Dürer 작품으로 알려졌다. 풍경 디테일이 정교하고 섬세해 누가 봐도 뒤러의 화풍이고 떡하니 서명이 있었으니 당연한 이야기일 수 있다. 1919년, 크리스티 경매장에 나온 작품은 논란이 일었다. 몇몇 미술학자들이 베네치아 화파 구도로 뒤러와 다르고, 기사 복장이나 색감 등이 카르파초 방식과 유사하다고 의견을 제기했다. 미국 금융가에게 팔렸다가 티센 가문이 매입했고 작품 상태가 나빠져 복원을 진행하던 1958년, 숨겨져있던 문구를 발견했다. 오른쪽 나무 기둥을 자세히 보자. certellino (서명이 적힌 쪽지)에 'VICTOR CARPATHIUS / FINXIT / M.D.X (비토레 카르파초가 1510년에 제작)'이라고 적혀있다. 페인트 층 아래 숨겨져있던 카르파초 서명과 제작 연도다. 유명 화가의 이름이 붙으면 가격이 크게 상승하다 보니 뒤러 서명을 조작해 넣은 경우다.
인물화는 기사가 누구인지 알 수 없으나 전신 초상화가 나온지 얼

마 되지 않은 시점이라 주목할 만하다. 왼쪽 식물들 사이에는 'MALO MORI QUAM FOEDARI (차라리 죽을지 언정 더럽혀지지 않겠다)'라는 문구가 인물을 유추할 수 있는 단서로 알려져 있다. 이 글은 담비 기사단Order of the Ermine의 좌우명으로 담비 옆에 있어 더욱 신빙성을 얻고 있다.

❸ Room 33 : 에드가 드가Edgar Degas의 <흔들리는 무희Bailarina basculando>

드가는 발레를 주제로 한 작품을 많이 남겼다. 파리 오페라 극장을 자주 방문했고, 무대와 무대 뒤 연습하는 무용수들의 모습을 관찰하여 작품에 남겼다. 미국인 수집가가 드가에게 왜 발레리나를 그리냐고 묻자, 그는 발레리나의 몸짓에서 마치 그리스 조각이 역동적이고 우아하게 춤추는 듯한 움직임을 발견할 수 있다고 말했다. 인상주의 작가로 분류된 그였지만, 사실주의 작가라 불리길 원했다. 빛에 주목하는 인상파와 달리 움직임에 집중해서였다. 눈이 좋지 않아 야외 작업이 어려웠던 이유도 한몫했다.

<흔들리는 무희>는 빠르게 회전하는 무희 한 명 외에 나머지 무용수들을 화면 밖으로 내보내면서 무희의 움직임에 집중하게 한다. 빠른 붓질과 부드러운 파스텔 질감을 이용해 더욱 생동감 있게 표현했다. 위에서 아래로 내려다보는 구도는 일본 판화와 사진의 영향을 받은 기법이다.

❹ Room 45 : 에드워드 호퍼Edward Hopper의 <호텔 룸Hotel room>

쓸쓸하고 어두운 느낌인데도 작품 앞에 발길을 묶어둔다. 현대 도시 속 인간의 고독과 소외감을 극적으로 표현한 작품으로, 자신을 투영해서 한 번쯤 경험했을 법한 감정을 느끼고 몰입하도록 유도하기 때문이다.

그림 속 한 여성은 호텔 방 침대에 앉아 깊은 생각에 잠겨있다. 모자와 드레스, 신발을 벗어놓고 가방은 풀어보지도 않은 채 열차 시간표를 확인하고 있다. 전경을 차지하는 벽과 오른쪽 서랍장이 공간을 제한하고 있어 인물에 더욱 집중된다. 침대의 대각선 구도와 살짝 열린 창문은 시선을 당겨 마치 보는 사람이 방을 몰래 들여다보는 듯한 느낌을 준다. 지친 어깨와 호텔 조명이 만든 음영 대비로 현대인의 단절과 외로움을 강렬하게 전달한다.

구도는 드가의 영향을 받았다. 여성의 발이 그림 밖으로 사라지고 여성을 바라보는 시선도 위에서 내려다보고 있다. 어니스트 헤밍웨이와 로버트 프로스트와 같은 당시 문학가들이 사용하던 간결한 문체와 함축적인 표현 방식이 작품에도 반영되었다. 여성이 어디에서 왔고, 어디로 가는지, 무슨 생각을 하는지 그림에선 직접 묘사되어 있지 않다. 하지만 우리는 그녀가 느끼는 감정과 상황을 공감하고 해석할 수 있다.

❺ Room 44 :
살바도르 달리Salvador Dalí의 <잠에서 깨기 직전 석류 주위를 벌이 날아다니는 꿈
Sueño causado por el vuelo de una abeja alrededor de una granada un segundo antes del despertar>

달리를 보러 피게레스까지 갈 수 없다면 이 작품으로 아쉬움을 달래보자. 달리의 아내이자 뮤즈인 갈라Gala가 몽환적인 풍경 속에서 잠든 모습을 중심으로 구성된다. 그녀가 꾸는 꿈으로 석류가 터지면서 물고기가 튀어나오고, 입에서 사나운 호랑이 두 마리와 총검이 튀어나오는 장면이다. 총검은 1초 뒤 갈라의 팔을 찌르면서 그녀의 잠을 깨우게 될 것이다.

달리는 철학적 개념과 심리학, 과학, 종교적 사유를 회화에 녹여내는 초현실주의 작가이자 사상가였다. 다양한 철학자에게 영향을 받았는데, 이 작품은 1899년 지그문트 프로이트Sigmund Freud가 출간한 《꿈의 해석》에 깊은 영감을 받아 제작했다. 프로이트는 초현실주의자들을 탐탁지 않아 했지만, 이 작품을 보고 초현실주의자들 중에서 드디어 진정한 천재를 만났다며 반가워했다. 프로이트는 꿈이 순간적인 외부 자극으로 만들어질 수 있다고 설명했는데, 달리는 이 부분을 꿈의 연쇄적인 이미지 변환으로 표현하며 꿈과 현실이 교차하는 순간을 포착하고 있다.

❺ 로이 리히텐슈타인Roy Lichtenstein의 <욕조 속의 여인Woman in Bath>

로이 리히텐슈타인은 1960년대 미술 시류를 추상 표현주의에서 팝 아트로 이끈 대표 화가 중 한 명이다. 이 작품은 고전 회화에서 자주 다뤘던 '비너스의 목욕'을 현대적으로 재해석했다. 마치 기계로 찍어낸 듯한 만화 이미지처럼 보이지만, 화가의 대표 표현법인 벤데이 점Benday dots 기법으로 세밀하게 점을 찍어 제작되었다. 대량 인쇄되는 코믹 스트립을 수작업으로 재현해 기존 회화의 개념을 흔들었다. 작가는 1960년대 현대 여성상을 다양한 모습으로 표현했는데 <욕조 속의 여인>이 사회적으로 어떻게 규정되고 소비되는지 보여준다. 복잡한 내면이 무시된 채, 여성이 미디어에서 이상적인 이미지로만 소비되는 현실을 비판한 작품이다.

카이사 포룸 Caixa Forum

★★☆

GPS 40.411189, -3.693566

메디오디아 화력 발전소는 1900년에 지어져 40년간 운영되다가 상류층이 즐겨 찾던 프라도 거리와 어울리지 않다는 이유로 폐쇄되었다. 2002년 스페인의 대형 금융 기업인 라 카이사La Caixa 재단이 세계적인 건축가 그룹 헤르조그Herzog & 드 뫼롱de Meuron과 함께 대대적인 개조 작업을 거쳐 6년 뒤 문화 센터로 개관했다.

가장 눈길을 끄는 요소는 24m 높이 벽에 설치한 수직 정원Jardín Colgante이다. 프랑스 조경 디자이너인 패트릭 블랑Patrick Blanc이 설계한 작품으로 땅이 없는 수경 재배 기술을 사용했다. 5개의 파이프 구조가 뿌리를 지탱하고 영양분을 공급하며 3단계 관개 시스템으로 물을 순환시켜 절반은 재활용하는 구조다. 20세기 초, 화재로 그을린 건물에 설치해 도심 속 오아시스 역할을 한다.

산업 건축물의 건축 자재였던 붉은 벽돌을 그대로 유지해 전통을 이어가면서 건물 하단은 현대적인 요소를 더했다. 하부는 어두운 색상으로 덮어 마치 공중에 부유한 느낌을 준다. 건물의 무게감을 줄이고 주변 도시 경관과 자연스럽게 연결되도록 설계했다. 내부에는 유료 전시와 서점, 카페테리아 등 편의 시설이 있으며 누구나 이용할 수 있다.

주소 Paseo del Prado, 36
위치 메트로 L1 Atocha
운영 10:00~20:00
(1월 5일, 12월 24·31일 ~18:00)
휴무 1월 1·6일, 12월 25일
요금 €6 (5월 15·17·18일, 11월 9일 무료)
홈피 caixaforum.org/es/madrid

외곽

산티아고 베르나베우 스타디움 Estadio Santiago Bernabéu
★★★

GPS 40.453104, -3.688333

1902년 마드리드 CF (Madrid Club de Fútbol)로 출범한 뒤 당시 스페인에서 가장 뛰어난 팀으로 성장했다. 이때쯤 왕실은 다양한 스포츠를 후원하며 적극 장려했는데 1920년, 알폰소 13세 국왕이 구단의 실력과 위상을 인정해 레알Real 칭호를 내렸다. 왕의 구단이라는 뜻의 레알 마드리드 CF (Real Madrid Club de Futbol)로 명칭을 변경하고 구단 로고에도 왕관이 추가되었다. 2000년부터 레알 마드리드는 갈락티코Galáctico(은하수) 정책을 펼치며 전 세계에서 최고의 선수들을 영입했다. 프랑스의 지네딘 지단Zinedine Zidane, 브라질의 호나우두Ronaldo Nazário, 영국의 데이비드 베컴David Beckham, 포르투갈 루이스 피구Luis Figo, 스페인의 라울 곤살레스Raúl González와 이케르 카시야스Iker Casillas까지 수많은 축구 스타들이 산티아고 베르나베우 스타디움에서 전설을 만들어갔다.

주소 Av. de Concha Espina, 1
운영 월~토 09:00~19:00,
일 09:30~18:30
(레알 마드리드 경기장은 개·보수 공사로 내부 관람이 제한되고 있어 경기장 투어 클래식을 이용해도 충분하다.)
요금 경기장 투어 클래식 €35
홈피 bernabeu.realmadrid.com

Tip | 레알 마드리드 경기 예약 및 관람 방법

스페인 축구 리그 라리가는 매년 8월 말부터 이듬해 6월까지 열린다. 여행 일정이 리그 시즌과 겹치는 축구 팬이라면 경기 직관에 도전해보자. 공식 홈페이지에서 경기 일정 확인 및 입장권 예약을 할 수 있다. 입장권은 일반 티켓과 VIP 티켓인 Hospitality ticket이 있다. 잔여 좌석을 확인하고 선택하면 3D로 좌석 뷰를 보여주니 미리 참고해서 구매하자. 만약 홈페이지에서 예약하지 못했더라도 포기하지 말자. 경기일이 다가오면 취소한 입장권이 생기기도 하니 홈페이지에서 수시로 확인해야 한다. 또는 당일 현장 판매 티켓도 고려해보자. 엘 클라시코(리그 라이벌인 FC 바르셀로나와 레알 마드리드 경기)나 빅 매치 경기는 당일 현장 구매가 어려울 수 있으며 웹에서도 일찍 매진되므로 구매를 서두르자. 챔피언스 리그는 115유로부터, 라리가는 75유로부터 시작하며 예약금 10유로가 추가로 발생한다.

more & more 경기가 없는 날에는 베르나베우 투어 Bernabéu Tour

경기가 없는 날에는 경기장 안에 있는 레알 마드리드 박물관을 관람해보자. 시청각 자료를 통해 축구팀의 역사와 경기 장면 하이라이트를 한눈에 볼 수 있고 실제 선수들이 사용하는 로커룸과 기자 회견장, 경기장과 입장 통로 등을 직접 살펴볼 수 있어 흥미롭다. 최상위 리그인 프리메라리가 최다 우승, 국왕컵 토너먼트 경기인 코파 델 레이Copa del Rey 우승, 두 리그 우승 팀이 대결하는 수페르코파Supercopa de Espana del Futbol 우승까지 트로피를 볼 수 있는 갤러리도 있다. 크리스티아누 호날두가 받은 발롱도르, 베컴의 축구화, 지단의 사인 볼까지 팬심을 흔들 전시가 가득하다. 킬리안 음바페Kylian Mbappé와 현역 선수들 영상과 기념사진도 잊지 말자. 투어가 끝나면 경기장 내 레알 마드리드 공식 기념품점, 메가 스토어에서 유니폼이나 기념품을 구매할 수 있다. 줄이 너무 길어서 못 샀다면 시내에 매장이 2곳 더 있으니 걱정하지 말자. 투어는 시간별 입장 가능 인원이 정해져있어 공식 홈페이지에서 미리 구매하길 권한다. 경기장 입장 시 소지품 검사가 진행되며 캔 음료는 반입할 수 없다.

리야드 에어 메트로폴리타노 Riyadh Air Metropolitano (아틀레티코 마드리드 홈구장)

GPS 40.436403, -3.599481

1903년 창단한 아틀레티코는 본래 바스크 지방 빌바오에서 시작해 1921년 독립하면서 아틀레티코 마드리드 Club Atlético de Madrid가 되었다. 스페인 공군과 합병한 아틀레티코 아비아시온 Atlético Aviación 시절 실력이 늘기 시작해 2010년대부터 강팀으로 자리 잡고, 2013-14, 2020-21 시즌에는 레알 마드리드와 FC 바르셀로나를 이겨 라리가 우승까지 차지했다. 아틀레티코 마드리드 팬들은 디에고 시메오네 감독을 영웅처럼 여기는데, 강한 압박과 끈질긴 수비, 빠른 역습을 활용한 훌륭한 축구 전술을 펼쳐서다. 일명 '칠링가 Cholismo' 정신이라고 하는데 절대 포기하지 않는 근성 있는 플레이를 말한다. 아틀레티코의 아이콘인 페르난도 토레스 Fernando Torres, 2010 유로파 리그 우승을 이끈 디에고 포를란 Diego Forlán, 맨시티로 이적하기 전까지 득점을 책임진 세르히오 아궤로 Sergio Agüero에 이어 지금의 앙투안 그리즈만 Antoine Griezmann까지 대표 선수들의 흔적을 만나볼 수 있다. 수도 마드리드를 연고지로 하는 레알 마드리드와 아틀레티코 마드리드는 지역 라이벌이다. 스페인 왕실의 칭호를 받고 부유한 귀족층이 지지한 레알 마드리드와 노동자·중산층 팬들이 지지한 아틀레티코 마드리드이기에 좀 더 사회적인 공감을 얻기도 한다. 그래서 '마드리드 더비'로 불리는 두 클럽 경기에서는 불꽃 튀기는 경기와 응원전을 볼 수 있다. 레알 마드리드와 FC 바르셀로나 경기가 열리면 아틀레티코 마드리드 팬들은 FC 바르셀로나를 응원한다고 할 정도다.

홈구장은 2023년 사우디아라비아의 리야드 에어 항공사와 계약을 맺으면서 리야드 에어 메트로폴리타노라 이름 지어졌다. 경기가 없는 날에는 경기장 및 박물관 투어를 진행하며 홈페이지에서 예약하면 2유로를 할인받을 수 있다. 경기 예매도 홈페이지에서 가능하다. 경기나 좌석에 따라 다르지만, 같은 마드리드 더비 경기라도 산티아고 베르나베우 경기장보다 저렴한 편이다. 40유로부터 시작하며 예약금 2유로가 추가로 발생한다.

주소 Av. de Luis Aragonés, 4
위치 메트로 L7 Estadio Metropolitan
운영 3월 중~10월 중 11:00~20:00
　　　　10월 중~3월 중 11:00~19:00
요금 경기장 및 박물관 투어 성인 €24, 4~13세 €18
홈피 en.atleticodemadrid.com

라스 벤타스 Las Ventas

★★☆

GPS 40.432153, -3.663292

1931년 지어졌고 약 2만 4천 명을 수용할 수 있으며 스페인에서 가장 큰 투우장이다. 스페인 역사상 가장 위대한 투우사로 평가받는 호세 고메스 오르테가 José Gómez Ortega, 일명 호셀리토 Joselito가 주도해 지었다. 경기장 밖에 헹가래를 타고 있는 그의 조각상이 있다. 투어 경기는 3월부터 10월 중순까지 정해진 날, 주로 주말에 진행된다. 투우에 대한 논란과 동물 보호 운동으로 관심이 예전만큼 크지 않지만, 매년 5월 중순부터 6월 초까지 열리는 세계 최대 투우 축제, 산 이시드로 Feria de San Isidro에는 만석이 될 정도다. 경기는 4살 이상인 소와 노련한 투우사가 결투를 벌이는 Corrida de Tores, 그보다 어린 소와 경기하는 Novillada가 있다. 오후 6시부터 2시간 정도 진행하는데 처음부터 본다면 엉덩이가 아플 수 있으니 방석이나 대용할 물건을 가져가면 좋다. 경기가 없는 날에는 경기장 내부와 관중석, 투우사들 대기 장소 등을 둘러볼 수 있는 투어와 박물관 관람을 할 수 있다. 박물관에는 투우 의상과 경기 때 사용하는 칼, 소 관련 전시품이 있으며 VR 가상 체험도 할 수 있다.
(※ 투우는 p.46~48 참고)

주소 Calle de Alcalá, 237 **위치** 메트로 L2·L5 Ventas
운영 투어 10:00~15:00
요금 투우 경기 €25~ (좌석에 따라 상이)
 투어 성인 €16, 13~18세 학생·65세 이상 €13
홈피 las-ventas.com

차마르틴 시장 Mercado de Chamartín

GPS 40.457647, -3.678301

산티아고 베르나베우 경기장 근처에 있다. 고급 식재료를 파는 시장으로 스페인 왕실이나 고급 레스토랑에서도 여기서 구매할 정도다. Quesería에서 파는 스페인 각 지역 전통 치즈나 Vinoteca에서 리오하, 리베라 델 두에로 등 대표 와인도 있다. 2층에는 타파스 바가 있어 식사도 가능하다. 시장 내 신선한 재료로 바로 조리해 맛이 보장된다. La barra de Juan은 바로 앞 카포초 팩토리에서 사서 만든 카초포 Cachopo가 인기 메뉴다. 스페인 북부 아스투리아스 지역 전통 요리로, 두 장의 송아지 고기 사이에 하몬과 치즈를 넣고 튀겼다.

주소 Calle de Bolivia, 9
운영 월~금 09:00~14:00, 17:30~20:00, 토 09:00~14:00
 휴무 일·공휴일
요금 타파스 바 €10~20

마드리드의 숙소

마드리드는 관광지가 센트로Centro 지구와 레티로Retiro 지구에 집중되어 있다. 센트로는 왕궁을 비롯한 역사적인 장소가 많고, 레티로는 미술관이 대표적이다. 규모가 큰 프라도 미술관은 숙소에서 쉬었다가 재방문하는 등 여행 스타일과 취향에 맞는 숙소를 선택하자. 예산과 교통 접근성, 치안, 주변 환경을 고려해 지역별 숙소의 장점, 단점을 소개한다.
숙소를 정할 때는 에어컨과 엘리베이터 여부, 야간 체크인과 체크아웃 및 짐 보관이 가능한지도 확인하자.

> **Tip | 도시세는 별도**
>
> 마드리드 숙소에는 1인 1박 기준으로 1~3.5유로 정도 도시세를 부과한다. 체크인할 때 별도로 내야 하는 경우도 있으며 현금 지불을 요청하기도 한다.

지역		주변 여행지	장점	단점
센트로 지구	센트로	마요르 광장, 솔 광장, 마드리드 왕궁	❶ 대중교통 중심지다. ❷ 관광명소 대부분이 도보 거리에 위치해 있다. ❸ 여행객 편의 시설이 모여있는 위치다. ❹ 저렴한 호스텔부터 고급 호텔까지 가격 폭이 다양하다.	❶ 관광객이 많아서 붐비고 혼잡하다. ❷ 마드리드에서 소매치기가 가장 많은 곳이다. ❸ 유동 인구가 많아 소음이 발생할 수 있다.
	추에카	산 안톤 시장, 그란 비아 거리	❶ 가장 다문화적인 지역으로 성소수자(LGBTQ+) 친화적이고 개성 넘치는 분위기다. ❷ 감각적인 디자인 호텔이 많다. ❸ 개성 있는 카페나 상점 등 핫 플레이스가 많다.	❶ 바, 클럽, 라이브 공연장이 많아 밤에 소음으로 시끄러울 수 있다. ❷ 관광지와 거리가 있어 이동하기 번거롭다. ❸ 숙소 가격이 비싼 편이다.
	말라사냐	스페인 광장	❶ 힙한 카페나 바, 빈티지숍이 밀집해 있다. 다른 지역과 비교할 때 트렌디한 감성이 돋보인다. ❷ 개성 있는 부티크 호텔과 에어비앤비가 많다.	❶ 나이트 라이프가 활발해 밤에 소음으로 시끄러울 수 있다. ❷ 관광지와 거리가 있어 이동하기 번거롭다. ❸ 숙소 가격이 비싼 편이다.
레티로 지구	우레르타스	부엔 레티로 공원	❶ 스페인 유명 작가들이 살던 문학 지구다. 역사적인 건물이 많아 전통 스페인을 느낄 수 있다. ❷ 센트로 지구와 레티로 지구를 도보로 다닐 수 있다. ❸ 부티크 호텔이나 가성비 숙소가 많다.	❶ 밤에는 조금 시끄러울 수 있다. ❷ 골목이 좁고 담이 높아 밤에는 치안이 걱정될 수 있다.
	라바피에스	레이나 소피아 미술관, 마드리드 대미술관	❶ 이민자들이 많은 다문화 지역으로 음식이 다양하다. ❷ 현대 미술관이 있는 동네로 예술가들이 많아서 힙스터 감성이 강하다. ❸ 가격이 저렴한 숙소나 로컬 아파트먼트가 많다.	❶ 어두운 골목이 많아 밤에는 조심해야 한다. ❷ 관광지와 거리가 있어 이동하기 번거롭다.
	살라망카	콜론 광장, 라스 벤타스	❶ 컨디션이 좋은 고급 호텔과 부티크 호텔이 많다. ❷ 안전하고 조용한 지역이다. ❸ 행정·상업 중심지로 럭셔리 브랜드와 세련된 레스토랑이 많다.	❶ 숙소 가격이 비싸다. ❷ 스페인 현지 분위기는 덜한 편이다. ❸ 현지인 중심 지역이라 밤에는 한산하다.

GPS 40.414622, -3.705510

호텔 플라자 마요르 B&B HOTEL Madrid Centro Plaza Mayor

간단한 아침 식사와 객실을 제공하는 B&B 호텔이다. 마드리드 중심부에 있어 도보로 마요르 광장과 3분, 솔 광장과 6분 거리다. 주변에 유명한 식당이 많고 늦은 시간에 돌아다녀도 치안 걱정이 없다.
24시간 내내 체크인이 가능해 마드리드에 늦게 도착해도 입실할 수 있다. 엘리베이터가 있으나 반층은 계단을 올라가야 한다. 위치가 좋고 가격이 합리적이지만, 객실이 좁은 편이다. 킹사이즈 침대와 욕실, 에어컨, 스마트TV, 냉장고, 옷걸이, 작은 테이블이 있다. 아침 식사는 빵과 물을 제공하며 공용 커피 바에 과일과 음료가 추가로 비치되어 있다.

주소 Calle de Atocha 2
운영 체크인 14:00, 체크아웃 12:00
요금 €110~

GPS 40.415918, -3.700090

손더 산타 아나 Sonder Santa Ana

솔 광장까지 도보 5분, 레티로 지구에 있는 티센 보르네미사 미술관까지 10분 거리에 있다. 여행지 대부분을 걸어서 이동할 수 있어 편리하다. 단독으로 사용하는 스튜디오 아파트로 객실이 좁은 편이지만, 대형 더블 침대와 욕실, TV와 에어컨이 있다. 1구 전기 레인지와 전자레인지, 커피 머신이 있어 간단한 음식은 조리할 수 있는 주방도 있다. 위치, 시설, 조리까지 되는 숙소라는 점을 고려하면 가성비가 좋다. 프런트가 없이 숙소 앱으로 비대면 체크인 할 수 있으며 앱으로 문을 열고 잠글 수 있다. 체크아웃 시 수화물은 보관 로커에 맡겼다가 다시 찾을 수 있으며 앱 비밀번호를 기억해둬야 한다.

주소 Calle del Príncipe, 11
운영 체크인 16:00, 체크아웃 11:00
요금 €150~

GPS 40.410932, -3.705972

더 센트럴 하우스 라파피에스 The Central House Lavapiés

마요르 광장까지 걸어서 10분 걸린다. A동과 B동이 있으며 A동은 체크인 프런트와 로비가 있고 B동은 조식 공간과 커피 바, 지하에 세탁실이 있다. 조식을 신청해서 먹을 수 있지만, 숙소 가까운 거리에 빵이 맛있는 Panifiesto Lavapiés가 있으니 이곳을 이용해도 좋다. 도미토리는 구성이 깔끔하고 침대마다 조명과 콘센트가 있으며 암막 커튼이 있어 개인 생활이 보장된다. 숙소 골목으로 들어오기 전 공원(Plaza Tirso de Molina)까지 유동 인구가 있어 안전한 느낌이지만, 좁은 골목으로 돌아오면 밤에는 불안할 수 있다.

주소 C. de la Encomienda, 16
운영 체크인 15:00, 체크아웃 11:00
요금 도미토리 €17.7~,
      더블룸 €65.9~
홈피 thecentralhousehostels.
      com/madrid-lavapies

Special Area 1. 마드리드 근교

스페인 종교 수도 톨레도
Toledo

기원전 192년, 로마 제국이 톨레도 지역을 점령할 당시 도시의 저항이 워낙 거세 '참고 견디며 항복하지 않는 도시'라는 의미를 담아 '톨레툼Toletum'이라 불렸다. 로마와 서고트 왕국, 이슬람까지 침략과 지배의 시간을 거치며 각 시대의 흔적이 쌓이고 단단해졌다. 스페인 정치와 문화 중심이었던 톨레도는 1561년 펠리페 2세가 마드리드로 수도를 옮기고 종교 수도로의 역할을 맡았다. 새로운 세력이 지배하면 흔히 지난 과거를 지우려 하지만, 톨레도는 오히려 어느 문화의 흔적도 지우려 하지 않았다. 화합과 관용으로 다양한 종교와 문화를 융합했고, 철학과 과학을 연구했다. 특히 12세기에는 아랍어로 남아있던 고대 지식이 라틴어로 번역되면서 유럽 전역으로 퍼졌고 르네상스가 태동하는 데에 중요한 역할을 했다.

> **여행 Tip** — 톨레도에서 꼭 해야 할 일 체크!
> - 스페인 가톨릭 중심이자 고딕 건축의 정점인 톨레도 대성당 둘러보기
> - 도시 곳곳에 있는 엘 그레코 작품 찾아보기
> - 계곡 전망대나 파라도르에서 톨레도 구시가지 전체 조망하기

톨레도 드나들기

톨레도는 마드리드에서 남쪽으로 약 70km 떨어져 있다. 기차로 35분, 버스는 1시간 정도로 기차가 더 빠르지만, 요금이 2배 정도 비싸다. 마드리드에서 출발하는 여행객은 보통 시외버스를 이용한다.

기차

마드리드 아토차역 Estación de Atocha에서 출발한 렌페 아반트 Renfe Avant 직행 기차는 톨레도역 Estación de Toledo에 도착한다. 6시 45분부터 20시 45분까지 운영하며 매시간 1대씩 배차되어 있다. 승차권은 렌페 홈페이지(renfe.com)에서 확인 및 예약할 수 있으며 유럽 기차·버스 예약 앱 오미오 Omio나 롬투리오 Rome2Rio에서도 가능하다. 예약 앱을 사용할 때 약간의 수수료가 발생한다. 요금은 편도 14유로다. 톨레도역에서 시내 중심인 소코도베르 광장까지 20분 정도 걸어야 하며 61·62번 시내버스를 이용하면 10분 정도 소요된다. 시내버스 요금은 1.5유로이며 버스 기사에게 결제한다.

버스

마드리드 플라사 엘립티카 버스 터미널 Intercambiador Plaza Elíptica(메트로 L6·L11 Plaza Elíptica)에서 출발하는 알사 Alsa 버스를 가장 많이 이용한다. 승차권은 알사 홈페이지(alsa.com)에서 예매하거나 지하 3층에 있는 알사 자동판매기에서 구매하자. 요금은 편도 7유로다. 30분마다 배차되어 있지만, 승객이 많은 일부 시간대는 버스를 놓칠 수도 있다. 선착순 승차이므로 지하 1층 7번 승차장 앞에서 미리 대기하자. 직행 버스는 50분, 완행 버스는 1시간 30분 정도 소요된다. 6시부터 24시까지 운행해 톨레도에서 일몰과 야경까지 여유롭게 둘러보고 돌아올 수 있다. 성수기에는 왕복 승차권을 구매해두는 편이 좋다. 소코도베르 광장과 약 1km 떨어진 톨레도 버스 터미널 Estación de Autobuses de Toledo은 톨레도 기차역보다 시내와 가깝다. 5번 시내버스를 타면 5분 정도 소요된다. 버스 터미널에서 시내가 있는 언덕 위까지 에스컬레이터를 이용해 오를 수 있다.

톨레도 추천 일정

톨레도 기차역/버스 터미널은 구시가지 언덕 아래, 성벽 밖에 있다. 10분 정도 구시가지 방향으로 걸으면 신(新)에스컬레이터가 있어 언덕 위까지 쉽게 오를 수 있으며, 톨레도 여행 시작점인 소코도베르 광장까지 걸어서 15~20분이면 닿을 수 있다. 톨레도에서 가장 유명한 장소는 톨레도 대성당이다. 이후 엘 그레코 작품을 찾아 산타 크루스 미술관과 산토 토메 성당, 엘 그레코 미술관 등을 둘러보자. 언덕이지만, 경사가 심하지 않아 충분히 걸어서 둘러볼 수 있다. 강 건너 계곡 전망대와 파라도르 호텔은 걷기엔 무리가 있으니 L71 시내버스나 관광열차 소코트랜을 이용하자.

관광 안내소
주소 C. Sillería, 16
운영 10:00~13:00, 17:00~20:00
홈피 paseartetoledo.es

비사그라 문 근처 에스컬레이터

소코도베르 광장 → 도보 2분 → **산타 크루스 미술관** → 도보 5분 → **톨레도 알카사르** → 도보 10분 → **톨레도 대성당** → 도보 10분 → **산토 토메 성당** → 도보 5분 → **엘 그레코 미술관** → 시내버스 20분, 소코트랜 50분 → **계곡 전망대**

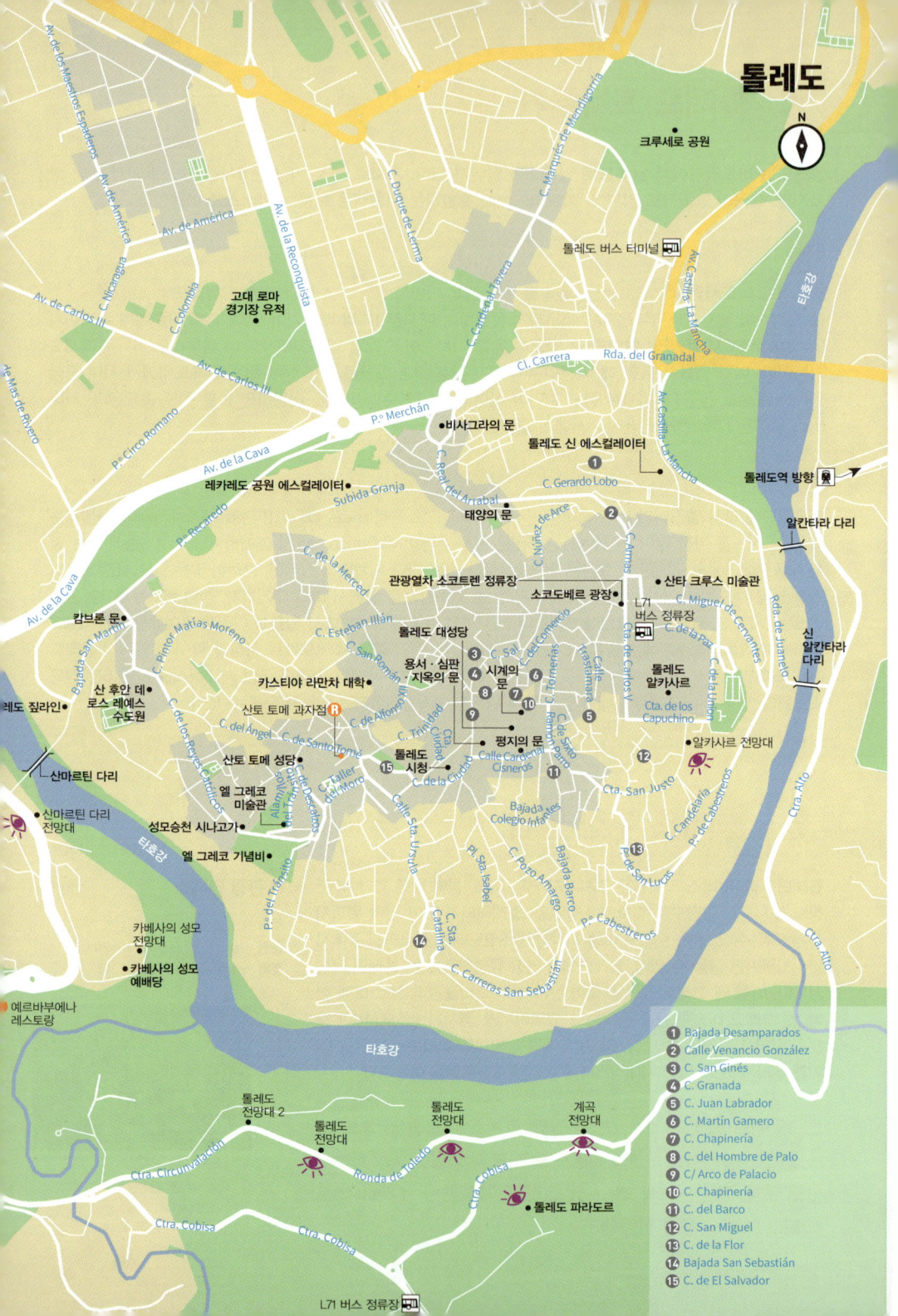

소코도베르 광장 Plaza de Zocodover ★★☆

GPS 39.859464, -4.021495

톨레도는 스페인 중심부에 있는 교통의 요지다. 카스티야 평원과 안달루시아로 이어지는 길목에 있어 물자와 가축을 교환하기 좋았다. 서고트 왕국부터 이슬람 통치 시대까지 톨레도가 수도였고 군대도 주둔했기에 군마와 노새 같은 가축에 대한 수요가 많아 가축 시장이 생겨났다. 소코도베르는 아랍어로 가축 시장을 뜻하는 수끄 앗 다왑Sūq ad-dawābb에서 지어진 이름이다.

중세에 와서는 상인과 장인이 광장의 중심 역할을 했다. 장인이 고품질 철로 만든 검과 갑옷은 유럽에서도 알아주는 명품이었다. 장인들은 광장 주변에 길드Guild를 형성하고 상인에게 팔았다. 톨레도산 검이나 고급 직물 등을 사기 위해 왕실과 귀족, 기사들이 모였고, 사람이 많이 모이는 곳이다 보니 무데하르 양식 도자기와 장식 등 생활용품도 더불어 장사가 잘됐다. 오랜 기간 톨레도의 중심 광장으로 자리매김해 공식 행사와 축제가 이뤄졌고, 오늘날 카페와 상점, 역사적인 건축물로 둘러싸인 톨레도 여행의 시작점이 되었다.

주소 Plaza de Zocodover
위치 기차역/버스 터미널 방향 에스컬레이터에서 도보 20분

Tip 산토 토메 과자점
Obrador Santo Tome

1856년 문을 연 산토 토메 과자점에서 판매하는 마사판mazapán de Toledo은 아몬드 함량이 50%를 넘고, 100% 천연 재료를 사용해 인기가 많다. 마사판은 수녀원에서 만들어진 톨레도 전통 과자다. 12세기 국토를 회복한 후 기근이 발생했는데 밀가루가 부족해 빵을 만들 수 없자 아몬드와 꿀이 많았던 톨레도에서 마사판을 만들어 보급했다. 과자는 아몬드 가루와 설탕, 달걀흰자를 넣은 반죽을 반달처럼 빚어 굽는다. 모양에 따라 기본Clásico, 동물Figuritas, 과일Frutas이 있고 스페인식 소시지를 넣은 소브라사다Sobrasada가 있다. 단맛이 강해 홍차나 커피와 함께 먹기 좋으며 유통 기한이 한 달 정도로 길어 선물용으로 구매하는 여행객도 있다.

주소 Calle de Santo Tomé, 3
운영 09:00~21:00
요금 마사판 200g €8.25

★★☆   GPS 알칸타라 다리 39.860465, -4.017410 산마르틴 다리 39.856722, -4.034172

알칸타라 다리 & 산마르틴 다리 Puente de Alcántara y Puente de San Martín

톨레도는 타호강 Río Tajo이 휘돌아 흐르는 천연 요새다. 육지와 연결된 북쪽만 방어하면 외부 공격을 막기 쉬웠다. 반대로, 톨레도에서 나가려면 강을 건널 교량이 필요했다. 구시가지와 강 건너편을 잇는 알칸타라 다리와 산마르틴 다리를 지었다.

이 중 알칸타라 다리는 서기 104년쯤 고대 로마인이 세운 석조 다리로, 타호강에 놓인 다리 중 가장 오래되었다. 이슬람 지배 시기와 국토 회복 때도 무너지지 않고 개보수해 2,000년 가까이 이어져왔다. 톨레도 기차역에서 마을로 들어오는 길을 에둘러 가면 다리를 건널 수 있다. 다리 위를 걸을 때면 단순히 강을 건너기보다 어제와 오늘, 2000년에 가까운 시간이 공존하고 있음을 깨닫게 된다.

산마르틴 다리는 1280년경 국토를 회복한 뒤 도시를 확장하면서 세워졌다. 5개 아치 중 40m 길이의 중앙 아치는 당시 최첨단 기술로 만들었다고 한다. 벼랑 위에 지어진 구시가지 성벽과 탑들이 보이고, 반대쪽 파라도르를 잇고 있어 알칸타라보다 풍경이 좋다. 여유가 된다면 전망을 두루 볼 수 있는 예르바부에나 레스토랑 Restaurante Hierbabuena에서 식사를 즐겨보자.

주소 알칸타라 다리 Puente Romano de Alcántara
     산마르틴 다리 Bajada San Martín

알칸타라 다리

알칸타라 다리

알칸타라 다리

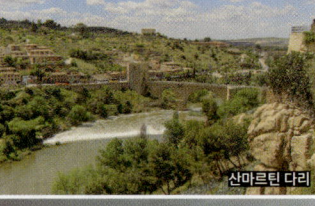
산마르틴 다리

산마르틴 다리

산타 크루즈 미술관 Museo de Santa Cruz

★★☆ GPS 39.859732, -4.020411

중정

1504년 톨레도 대주교가 가난한 사람들과 고아를 위해 지은 병원을 미술관으로 개조해 지었다. 당시 의료 시스템의 중심은 교회와 수도원이었다. 병원은 단순한 치료 공간을 넘어 신의 자비를 실천하는 장소였기에 수도원과 비슷한 구조였다. 수도사나 수녀들이 직접 병자를 돌보는 경우도 많았다. 수도원 중정은 병원에 꼭 적용되었는데 환기가 잘되고 자연 채광이 좋아 병원 환경이 개선되었다. 병자가 산책 겸 운동을 할 수 있는 공간도 중정의 역할이었다.

미술관으로 변경된 후 톨레도 지역에서 출토된 유물과 지역 전통 도자기, 탈라베라 Talavera Pottery를 전시하고 있다. 파란색과 노란색, 초록색을 주로 사용하며 꽃과 동물, 종교 장식이 많은 게 특징이다. 이슬람과 기독교 문화가 섞인 무데하르 양식 도자기도 볼 수 있다. 푸른색과 황토색 유약을 사용하며 기하학적인 패턴이 특징이다. 소코도베르 광장에서 종교 재판까지 한 톨레도에서 무데하르 양식이라니 의아할 수 있다. 당시 기독교와 귀족들은 무데하르 예술을 인정하고 선호했기에 무슬림 장인들에게 기독교 개종을 강요했고, 모리스코 Morisco가 되었다. 무데하르 도자기나 건축은 이슬람 문양을 쓰더라도 기독교 성인 초상화나 십자가 문양을 추가하는 방식으로 바뀌었다. 종교 미술품이 많으며 톨레도 대표 화가인 엘 그레코 El Greco와 고야의 작품도 감상할 수 있다.

주소 Calle Miguel de Cervantes, 3
위치 소코도베르 광장에서 도보 2분
운영 월~토 10:00~18:00, 일 09:00~15:00
　　　휴무 1월 1·6·23일, 5월 1일, 12월 24·25·31일
요금 €4 (18세 미만, 65세 이상, 수요일 오후 4시부터, 일요일, 5월 18·31일 무료)

more & more 산타 크루즈 미술관 대표 작품

엘 그레코의 〈성모 승천 La Asunción de la Virgen〉이다. 그림 상단은 천상의 영역, 그림 하단은 지상의 영역으로 구분할 수 있다. 성령을 상징하는 비둘기 아래 천상으로 승천하는 성모 마리아가 있다. 붉은색과 푸른색 옷을 입고 손을 가슴에 모으며 경건한 모습을 보인다. 천사들은 악기를 연주하며 성스러운 분위기를 연출한다. 하단에는 장미꽃을 두어 성모의 순결과 신성을 상징한다. 엘 그레코는 모든 인물을 위아래로 길게 그림으로서 상승감을 극대화했다.

톨레도 알카사르 Alcázar de Toledo

★☆☆ GPS 39.857773, -4.020497

톨레도의 가장 높은 세르반테스 언덕(548m)에 자리한 건물이다. 전략적인 위치에 있어 1세기경, 고대 로마인들은 이곳에 요새를 건설했다. 5세기경, 서고트족이 톨레도를 수도로 삼으면서 원래 있던 요새를 바탕으로 확장했다. 현재 남아있는 요새의 성벽 흔적은 서고트 왕국 유적으로 볼 수 있다. 무어인이 점령했을 때 궁전과 요새 역할을 하는 방어용 성채, 알카사르로 발전했다. 일부 출입구와 창문에서 볼 수 있는 말굽 모양 아치와 다중 아치는 이슬람 모스크나 궁전에서 흔히 볼 수 있는 무데하르 양식이다. 기하학적 패턴과 다채색 타일, 아주레호Azulejo는 이슬람 성채였을 때 남긴 흔적이다. 1085년 카스티야 왕국이 점령하고, 16세기 르네상스 양식을 적용한 왕궁으로 개조되면서 4개 방어 탑을 가진 지금의 모습을 갖췄다. 1561년 마드리드로 수도가 옮겨지면서 역할이 줄어들었으나, 왕족 거주지이자 행정 공간으로 이용되며 1774년, 군사 학교로 개조되었다. 1936년 스페인 내전 당시, 프랑코 진영 세력이 70일간 격전을 벌인 최후 저항 지점으로 끝내 승리했다. 현재는 스페인 군사 박물관Museo del Ejército으로 사용되고 있으며 내전 당시 파괴된 흔적과 총탄을 볼 수 있다.

사방이 막힌 요새 건물로 들어서면 마당처럼 뚫린 중정이 있고 16세기 '위대한 스페인'을 만든 카를로스 5세의 동상이 중심에 있다. 고대 로마부터 내전까지 전쟁 역사 흔적을 고스란히 담고 있어 역사를 알아가면 전시를 보기 편하다. 도서관이나 카페에 들르며 여유롭게 즐겨도 좋다.

주소 C. de la Union　**위치** 소코도베르 광장에서 도보 6분
운영 10:00~17:00 **휴무** 월요일
요금 군사 박물관 €5 (18세 미만 무료)

more & more 중세 유럽의 명검, 톨레도 검

알카사르에는 6세기 무술과 전술이 뛰어난 기사, 엘시드El Cid의 검과 갑옷을 전시한다. 그가 가진 전설의 검, 티소나Tizona와 콜라다Colada를 전시한 건 아니지만, 두 검을 모두 포함해 톨레도산이라고 한다. 기원전 2세기부터 강한 탄성과 내구성을 가진 강철로 만든 명검이다. 이슬람식 다마스쿠스Damascus 강철 기술이 도입되었고, 가톨릭 시대에는 금은 상감 세공이 더해졌다. 유럽 최고의 검 생산지에서 만든 톨레도 검을 받으면 영광으로 여기기까지 했다. 오늘날 할리우드 영화 〈반지의 제왕〉과 〈글래디에이터〉, 〈왕좌의 게임〉 등에 등장하는 검들도 톨레도에서 제작했다. 검은 기념품으로 살 수 있으며 우리나라 여행객은 식칼을 즐겨 찾는다.

톨레도 대성당 Catedral de Santa María de Toledo

★★★

GPS 39.857111, -4.023568

중세에는 칼과 성경, 두 가지 무기가 있었다. 그만큼 종교가 위력을 가졌고 톨레도는 스페인 가톨릭의 중심지였다. 이슬람 지배기에는 사원인 모스크가 있었고 알폰소 6세가 국토를 회복한 뒤 이슬람 지도자들에게 모스크를 보호하겠다 약속했다. 사원은 이슬람교와 기독교 신자들이 공동으로 사용하는 평화로운 상태였다. 그러던 어느 날, 왕이 자리를 비운 사이 대주교와 왕비가 사원을 강제로 가톨릭 성당으로 바꾸었다. 왕은 격노했으나 무슬림이 한발 물러섰고, 가톨릭교의 압박도 있었기에 이를 받아들였다. 1226년, 페르난도 3세는 가톨릭 정체성을 강화하기 위해 새로운 대성당을 짓기 시작했다. 공사는 267년 동안 계속되었다. 원래 모스크를 허물고 새로 짓기도 했지만, 전쟁이나 전염병, 정치·경제 문제도 있었다. 대성당 대부분이 장인들의 정교한 수작업으로 만들어졌기에 시간이 오래 걸렸다. 대신 건물 자체가 종교 예술의 보고라는 평을 받고 있다. 거기에 엘 그레코와 벨라스케스, 고야 등 스페인 대표 화가의 그림으로 내부를 장식했으니 성당이 건축과 예술이 집약된 걸작이라 할 수 있다. 첨탑은 90m 높이로 하느님과 연결하는 '신의 손가락'이라 부른다. 원래 쌍둥이 첨탑을 계획했지만 다른 한쪽은 완성되지 않아 둥근 지붕 형태로 하나의 탑이 남아있다.

주소 Calle Cardenal Cisneros, 1
위치 소코도베르 광장에서 도보 6분
운영 월~토 10:00~18:30,
일 14:00~18:30
휴무 1월 1일, 12월 25일
요금 성인 €12, 18세 이하·65세 이상 €8, 8~14세 €6
홈피 catedralprimada.es

성모 마리아 발현 때 밟고 서 있었다는 전설의 돌이다. 물을 뿌리지 않아도 늘 젖어있다는 신서한 돌을 만지면 소원을 이뤄준다고 한다.

Special Tour 12 톨레도 대성당 자세히 보기

톨레도 대성당은 입장한 순간부터 독특한 건축 양식과 화려한 장식에 눈이 휘둥그레진다. 자칫 꼭 봐야 할 포인트를 놓칠 수 있으니 아래 설명한 하이라이트를 기억해두고 챙겨보자.

❶ 용서·심판·지옥의 문

대성당 서쪽에 있는 정문으로 왼쪽부터 차례로 지옥, 용서, 심판의 문이 있다. 14세기에 고딕 양식으로 지어진 문으로 중요한 종교 행사가 있을 때만 개방된다. 중앙에 있는 용서의 문 Puerta del Perdón은 왕과 귀족만 사용할 수 있었지만, 중세에는 기사들이 전쟁 후 참회 의식으로 이 문을 통과하며 속죄했다고 한다. 교황이 특별히 정한 해인 성년 Jubileo에 톨레도 대성당을 찾은 순례자들도 문을 지나갈 수 있었는데 무릎으로 기어서 들어가야 했다. 심판의 문 Puerta del Juicio Final에는 예수 그리스도와 최후의 심판 장면이 묘사되어 있다. 천사와 성인에 둘러싸여 천국으로 가는 자와 지옥으로 떨어지는 자들의 고통스러운 모습이 정교하게 조각되어 있다. 중세에는 사형 선고를 받은 죄인들이 처형되기 전 이 문 앞에서 마지막으로 기도할 수 있었는데 영혼을 구원받을 수 있다고 믿어서다. 지옥의 문 Puerta del Infierno은 끝내 용서받지 못한 영혼이 지옥으로 향하는 문으로 지금은 폐쇄되어 있다.

❷ 평지의 문 Puerta Llana

대성당과 결이 다른 느낌이 든다면 맞다. 18세기 바로크 양식으로 가장 늦게 지어졌다. 대성당에는 정문처럼 용도가 있거나 대주교만 이용하는 문이 따로 있었으나 평지의 문은 누구에게나 열려있었다. 19세기 초 페르난도 7세가 톨레도를 방문했을 때 왕이므로 용서의 문을 통해 입장했어야 하는데, 그는 평지의 문으로 대성당에 들어갔다. 그러면서 "나는 왕이므로 용서를 구할 필요가 없다"라고 말했는데, 이는 왕권을 신보다 우선으로 여겼다는 의미로 해석되어 당시 종교와 왕실 간의 긴장감을 보여주는 상징적인 사건으로 남았다. 나폴레옹 전쟁 때는 약탈을 막기 위해 문을 검게 칠했다가 2003년에 복원되었다. 현재 대성당 입구이며 맞은편에 매표소가 있다.

❸ 시계의 문 Puerta del Reloj

대성당에서 가장 오래된 문으로 북쪽 면에 있다. 시장 문 Puerta de la Feria으로 불리다가 18세기 추가된 커다란 시계가 있어 이름 붙여졌다. 성직자가 사용했던 문으로 안티구아 예배당 Nuestra Señora de la Antigua과 연결된다. 본

당으로 들어갈 수 없어 따로 입장료가 없고 지역민을 위한 미사가 진행되는 곳이다.

❹ 성가대석 Coro

내부 중심에 있는 성가대석은 주교와 성직자들이 미사를 드리는 장소로 일반 신자들은 주 제단 앞에서 소리를 들으며 참여할 수 있다. 성가대석은 벽면인 상부와 좌석이 있는 하부로 나뉜다. 벽면은 성경 속 인물과 성인들을 조각했다. 대주교 좌석 위에는 〈그리스도의 변모Transfiguración del Señor〉 조각을 두어 그리스도의 가르침을 따르는 대주교를 강조한다. 54개의 좌석에는 기독교 세력이 무어인들이 지배한 그라나다를 되찾는 장면이 새겨져있다. 좌석 조각에 탐욕스럽거나 우스꽝스러운 표정을 한 성직자의 모습도 넣어 풍자했다.

성가대석 입구, 프리마 제단Altar de Prima에는 '미소 짓는 성모La Virgen Blanca' 조각상이 있다. 중세 당시, 전쟁과 기근, 전염병까지 사람들이 고통받는 일이 많았다. 성모상은 엄숙하거나 경건한 표정을 버리고 부드러운 미소를 지은 표정으로 희망과 사랑을 전했다. 아기 예수는 성모의 턱을 만지는데 이는 깊은 교감을 상징한다. 일부 보수적인 성직자들은 '너무 감성적'이라며 논란을 일으켰으나 신자들은 더욱 많은 기도를 바쳤고 가장 사랑받는 성모상이 되었다.

❺ 주 제단 Altar Mayor

제단 뒤 장식 구조물인 레타블로Retablo가 있어 대성당 내에서 가장 화려한 공간이다. 5개 층과 3개의 수직 섹션으로 나눠 예수 그리스도의 생애를 조각했다. 조각가 4명이 7년을 꼬박 작품에 몰두했다. 상단에는 큰 십자가가 있고 하단에는 왕의 무덤이 있었는데 이는 세속 권력보다 신성한 힘이 우위에 있음을 상징했다. 16세기 중반 이후 무덤은 대성당 내 왕들의 새로운 예배당Capilla de los Reyes Nuevos으로 옮겨졌다.

❻ 트란스파렌테 El Transparente

고딕 건축은 하중을 받치는 힘이 부족해 창을 좁게 만들다보니 내부가 어둡다. 주 제단도 화려한 금을 써서 빛이 반사되도록 만들었다. 그래도 어두워서 주 제단 뒤쪽 돔에 채광창을 만들었고, 조각으로 꾸민 트란스파렌테를 설치했다. 1732년, 건축가이자 조각가, 나르시소 토메Narciso Tomé와 아들들의 작품이다. 오후 2시

에 빛이 가장 많이 들어와 아름다우며 성체성사, 구약과 신약의 장면들, 천사와 성인들을 조각해 빛과 함께 천국이 열리는 듯한 장관을 연출했다. 빛은 가장 신성한 장소인 성체 안치소를 비춰 신자들의 신앙심을 고취시킨다.

❼ 성체 안치소 El Sagrario

예수 그리스도의 몸으로 여겨지는 성체로 성찬례, 즉 미사에 사용되는 축성된 밀떡을 보관하는 장소다. 트란스파렌테 아래에는 십자가와 그리스도 조각상이 있어 예수의 희생과 부활을 뜻하는 성체성사를 상징한다. 중앙에는 태양의 금빛 광선을 형상화한 오쿨루스가 성체를 보관하고 있다. 하단에는 성모 마리아와 아기 예수 조각상이 있다.

❽ 성체 고리 Custodia de Toledo

16세기, 성체를 보관하기 위해 만들어진 성물이다. 처음에는 은 183kg, 5,000여 개의 부품으로 구성된 성체 고리였다. 이후 이사벨 여왕이 신대륙인 아메리카에서 가져온 순금 18kg을 덮어 더욱 화려하게 만들었다. 매년 거행되는 코르푸스 크리스티 Corpus Christi 축제 때 성체고리를 밖으로 가져와 행렬에 세운다. 현재는 성구 보관실에 전시하고 있다.

❾ 성구 보관실 Sacristia

엘 그레코의 첫 대형 종교화 〈그리스도의 옷을 벗김 El Expolio〉을 볼 수 있다. 붉은색 튜닉을 입은 예수가 십자가에 못 박히기 직전, 병사들이 그의 옷을 벗기는 모욕적인 순간을 그린 작품이다. 예수 얼굴에 슬픔을 초월한 평온함이 담겨있다. 황금빛 후광과 다른 인물에 비해 길게 표현한 신체는 예수가 신성한 존재임을 강조한다. 예수를 둘러싼 병사와 군중들이 격렬한 감정을 쏟아내는 모습이 극적인 긴장감을 형성한다. 처음 이 작품이 공개되었을 때 대성당 성직자들은 불만이 있었다. 예수는 가장 높은 위치에 있어야 하는데 병사들과 같은 선에 놓여있고 태도도 너무 거칠며 현실적이라는 이유였다. 그래서 보수를 줄이겠다고 하자 엘 그레코는 작품 가치를 위해 몇 년간 법적 분쟁에 들어갔다. 결국 원래의 1/4도 안 되는 보수만 받았으나 지금은 엘 그레코의 걸작 중 하나로 평가받고 있다.

 ★★☆

GPS 39.856713, -4.028347

산토 토메 성당 Iglesia de Santo Tomé

알폰소 6세가 톨레도를 점령하면서 톨레도 대성당과 마찬가지로 도시 내 모스크 건물이 가톨릭 성당으로 개조되었다. 점차 노후화되어 개축이 필요하던 14세기 초, 톨레도 귀족인 세르다 백작Count Juan de la Cerda이 성당 재건을 후원했다. 이때 이슬람 건축에 영향을 받은 무데하르 양식의 종탑이 세워졌다. 아치형 창문과 붉은 벽돌로 만든 장식 문양이 특징이다.

산토 토메 성당은 톨레도 귀족이자 신앙심이 깊었던 오르가스 백작Gonzalo Ruiz의 후원으로 유명해졌다. 백작은 생전에도 기부를 많이 했는데, 1323년 세상을 떠난 그는 성당 유지·보수를 위해 유산까지 기부했다. 후손들은 법적 소송을 제기했고, 법원은 성당 측에 손을 들어줬다. 오르가스 백작이 사망한 지 250년쯤 지난 1586년, 산토 토메 성당 사제가 엘 그레코에게 작품을 의뢰했다. 백작 장례식을 그림으로 남겨 희미해진 그의 선행을 다시 알리고 싶어서다. 사제의 생각은 옳았다. 오늘날, 엘 그레코의 대표작 〈오르가스 백작의 매장El Entierro del Conde de Orgaz〉을 보기 위해, 신자가 아니라도 많은 사람이 산토 토메 성당을 찾는다.

주소 Plaza del Conde, 4
위치 소코도베르 광장에서 도보 13분
운영 3~10월 중 10:00~18:45, 10월 중~2월 10:00~17:45 **휴무** 1월 1일, 12월 25일
요금 성인 €4, 11~16세 €3
홈피 toledomonumental.com

more & more 산토 토메 성당 대표 작품

엘 그레코의 〈오르가스 백작의 매장El Entierro del Conde de Orgaz〉이다. 1323년 세상을 떠난 오르가스 백작을 성 아우구스티누스San Agustín와 성 스테파노San Esteban가 나타나 묘지에 안치했다는 전설을 그린 그림이다. 장면은 상단 천상계와 하단 지상계로 나뉜다. 상단에는 백작의 영혼이 천사의 품에 안겨 천국으로 승천하고 성모 마리아와 요한 세례자가 예수를 맞이한다. 열쇠를 든 사람은 천국의 문을 지키는 성 베드로다. 하단은 금빛 망토를 입은 성 아우구스티누스와 붉은 의복을 입은 성 스테파노가 백작의 시신을 직접 안치하는 장례식 장면이다. 화가가 자신을 그림에 그리는 경우가 많은데, 하단 왼쪽에 손가락으로 백작을 가리키는 아이는 엘 그레코의 아들이다. 특유의 길게 늘어진 인물 표현과 신비로운 색감이 돋보이는 걸작이다.

★★☆

GPS 39.855769, -4.028698

엘 그레코 미술관 Museo del Greco

19세기 후반, 유럽에 낭만주의 운동이 일어나면서 엘 그레코의 작품이 재조명받았다. 그에게 영감을 받은 베가 인클란 후작Marqués de la Vega Inclán은 1911년, 엘 그레코의 집터를 매입한 뒤 복원해 박물관을 열었다. 안타깝게도 생가는 건너편 마르케스 데 비예나Marquis de Villena 저택으로 밝혀져 엉뚱한 곳에 개관한 셈이지만, 한때 두 저택이 통로로 연결되어 있었고 하나의 건물군으로 인정되었다. 1585년부터 4년 동안 입구와 마구간, 주거 공간 3채를 임대했고 톨레도에 다시 돌아온 1604년 24개 방을 다시 임대해 생을 다할 때까지 거주했다.

박물관은 크게 톨레도 생활 재현 공간과 회화 전시관으로 나뉜다. 톨레도 생활 재현 공간은 작업실과 거실, 전형적인 스페인 저택을 재현해 당시 화가의 삶과 문화를 체험해볼 수 있는 공간이다. 부엌에는 찬장과 지지대, 선반 등 부엌 모습과 톨레도 특산물, 탈라베라 도자기와 금속 용기가 전시되어 있다. 임대한 방과 정원도 재현했다.

회화 전시관은 엘 그레코의 작품 외에도 그에게 영향을 받은 작가의 작품, 그중에서도 19세기 중반까지 제작된 회화 위주로 전시하고 있다.

주소 Paseo del Tránsito, s/n, 45002
위치 소코도베르 광장에서 도보 15분
운영 3~10월 09:30~19:30,
11~2월 09:30~18:00
(일·공휴일 10:00~15:00)
휴무 월요일, 1월 1·6일, 5월 1일,
12월 24·25·31일
요금 €3 (토요일 오후 2시부터, 일요일,
18세 미만·65세 이상 무료)
홈피 cultura.gob.es/mgreco/inicio.html

부엌

정원

톨레도 생활 재현 공간

more & more 그리스에서 온 화가, 엘 그레코

본명은 도메니코스 테오토코풀로스Theotocópuli. 엘 그레코는 그리스 사람이라는 뜻이다. 그리스 크레타섬에서 태어나 정교회 성화를 그리던 그가 톨레도로 왔을 때 독창적인 화풍을 지니고 있었다. 엘 그레코가 그리스에서 이탈리아 베네치아로 이주한 후, 티치아노와 틴토레토의 색 창조와 대비, 명암을 배우며 단 3년 만에 유화 기법을 습득하고 색채 사용도 놀랄 수준으로 발전했다. 그는 로마로 거처를 옮겨 다수의 초상화와 종교화를 제작했으며 미켈란젤로에서 비롯된 매너리즘 화풍을 배웠다. 거대한 인체 비율을 강조하는 표현 방식이 원근법과 함께 구현되면서 그만의 화풍이 만들어졌다.

1577년 톨레도로 이주했는데 아들이 태어나면서 완전히 정착했다. 톨레도에선 예술가와 장인을 구별하지 않아 그가 기대했던 만큼 보수를 받지 못했다. 이후 공공 프로젝트보다 초상화와 개인의 후원을 받는 종교화에 집중했다. 일이 많아 작업실도 운영했다. 자기 작품을 복제·변형할 수 있었고 직접 개입한 정도에 따라 가격을 다르게 책정해서 판매했다.

more & more 엘 그레코 미술관 대표 작품

❶ 엘 그레코의 〈사도들 El Apostolado〉

엘 그레코는 '사도들' 연작을 여럿 그렸으나 현재 완전한 형태로 남은 세 작품 중 미술관이 보관하는 작품이 가장 뛰어나다고 평가받고 있다. 작품은 총 13점으로 구성된 그림 세트. 정면을 바라보고 축복하는 모습의 예수 그리스도 그림을 중앙에, 사도들을 양옆에 배치했다.

배경을 단순한 중립 색으로 처리해 시간과 공간의 개념 없이, 오직 사도 개개인의 존재감과 특징만이 부각된다. 인간적인 면모가 강하면서도 품위와 존엄성이 넘치는 인물 표현이 돋보이는 이유도 여기에 있다. 특히 마른 얼굴, 강렬한 눈빛, 섬세한 표정 묘사가 흥미롭다. 육중한 옷을 활용해 인물들에게 거대한 느낌을 부여한 부분도 눈에 띈다. 길고 가느다란 얼굴과 뾰족한 수염은 엘 그레코의 초기 화풍인 비잔틴 회화의 특징을 반영하고 있다.

❷ 호르헤 마누엘 테오토코풀리 Jorge Manuel Theotocópuli**의 〈그리스도의 옷을 벗김**El Expolio〉

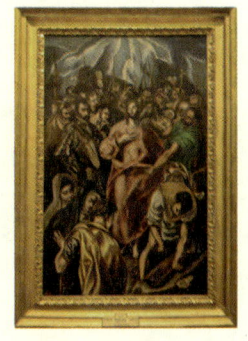

엘 그레코의 아들이 유일하게 서명한 작품이다. 그림 속 인물들의 세부 묘사를 보면, 톨레도 대성당에 있는 엘 그레코의 작품을 참고한 것이 아니라, 산토 토메 성당에 있는 작품을 참고했음을 알 수 있다. 원작 이후 제작된 여러 변형 작품 중 하나다. 등장인물들의 기하학적인 배열을 보여준다.

엘 그레코가 사망한 후, 보조 화가로 일한 그의 아들은 아버지의 화실을 계속 운영했다. 남아있는 주문 작품들을 모두 완성한 후에야 화실 문을 닫고 건축가로서 살았다. 많은 조수들이 엘 그레코 회화의 주요 요소였던 투명한 색조와 명암 표현을 구현하지 못했고, 호르헤 마누엘도 그러했기에 화실을 폐쇄하는 결정을 했을지도 모른다.

❸ 엘 그레코의 〈성 베르나르디노 제단화 El Retablo de San Bernardino〉

성 베르나르디노 성당에서 의뢰받고 그린 제단화다. 엘 그레코는 그림뿐만 아니라 제단의 전체적인 디자인도 맡았다. 제단화를 높은 기단 위에 배치해 전체적으로 길고 우아한 느낌을 줬다. 단순하고 고전적인 선을 살린 기둥 위에는 삼각형의 포르티코를 올렸다. 고대 그리스나 로마 건축에서 많이 사용되는 구조로 건물의 웅장함을 강조하는 역할을 한다. 제단에서는 아치의 곡선과 상부 구조의 수평성을 조화롭게 배치해 균형감을 이뤘다. 건축 구조를 가져와 제단을 성소처럼 신성한 공간처럼 보이게 하는 효과도 더했다.

그림 속 성인은 깊은 영성을 지닌 인물로 묘사되었으며, 그의 얼굴에서 몽환적이고도 애잔한 표정을 볼 수 있다.

계곡 전망대 Mirador del Valle

★★★

GPS 39.850386, -4.021881

주소 Ctra. Circunvalación, s/n, 45004

언덕 위 톨레도 구시가지는 U자로 굽이치는 타호강 품에 있다. 엘 그레코는 톨레도에 살면서 '영혼이 깃든 곳'이라 여겼고, 톨레도의 여러 풍경을 조합해 하나의 이상적인 도시를 작품 〈톨레도 풍경과 지도 La vista y plano de Toledo〉에 담았다. 그가 영감을 받은 장소 중 하나인 계곡 전망대는 그림과 위치는 살짝 다르지만, 강조된 랜드마크를 모두 볼 수 있으며 역동적인 하늘을 보는 것만으로도 만족스럽다. 전망대는 산마르틴 다리 건너편 언덕에 있다. 도로를 따라 전망대가 여럿 있어 꼭 계곡 전망대가 아니라도 군데군데 멈춰 조망할 수 있다. 일몰부터 알카사르와 대성당에 조명이 켜지는 야경까지 모든 시간대가 하이라이트다.

가능하다면, 전망대가 있는 언덕 상부에 위치한 톨레도 파라도르 Parador de Toledo에서 묵어보길 권한다. 파라도르는 고성과 수도원, 귀족 저택을 개조해 스페인 정부가 숙소로 운영하는 국영 호텔 체인이다. 옛 건축물에 유물을 그대로 보존하면서 현대적인 리모델링을 거쳤다. 호텔 테라스나 객실에서 전망대와 같은 풍경을 하루 내내 즐길 수 있다. 호텔에서 묵지 않더라도 톨레도 레스토랑에서 전통 요리 카르카무사 Carcamusa(돼지고기와 토마토를 넣어 만든 요리)를 맛봐도 좋다. 우리나라 배우 지성·이보영 부부가 프러포즈 사진을 찍은 테라스 카페에서 상그리아 한 잔과 함께 망중한을 보내보자.

Tip | 전망대까지 이동 방법

❶ 도보
산마르틴 다리 또는 알칸타라 다리를 건너 30~40분 정도 걷는다. 산마르틴 다리는 거리상 가깝지만, 가파른 구간이 있어 편한 신발이 필요하다. 알칸타라 다리는 강을 건너 남쪽 도로를 따라 올라간다. 더운 여름이나 궂은 날씨에는 권하지 않는다.

❷ L71번 버스
소코도베르 광장 Calle de la Paz 정류장 승차 후 Ctra. Circunvalación에서 하차. 계곡 전망대까지 10분 정도 걸어서 이동한다. 가는 동안 여러 전망대가 있어 톨레도 구시가지를 다양한 방향에서 볼 수 있다.
운영 07:45~21:45
　　　(배차 간격 30분)
요금 €1.5

❸ 관광열차 소코트렌 Zocotren
소코도베르 광장 분홍색 부스에서 승차권 구매 후 Pl. de Zocodover, 7에서 승차한다. 약 50분 정도 소요되며, 한국어 오디오 가이드가 있어 주요 명소에 대한 안내를 들을 수 있다.
운영 월~목 10:00~18:30,
　　　금·일 10:00~19:00,
　　　토 10:00~20:00
요금 €9

Special Area 2. 마드리드 근교

눈앞에 기원의 고대 건축을 보는 일 세고비아
Segovia

세고비아에 도착하면 건축 유적보다 도시 뒤로 펼쳐진 과다라마산맥Sierra de Guadarrama에 먼저 감동한다. 마드리드에서 1시간 남짓 이동했을 뿐인데 꼭 다른 세계처럼 느껴져서다.
80km 길이의 산맥을 따라 '고대 로마의 길'이 이어졌고 마을이 생겼으며 수도교를 세워 도시로 물을 공급했다. 세고비아는 험준한 산맥을 방어벽 삼아 전략적 요충지로 발전했고 역대 왕들은 이곳을 찾아 정치·군사적 번영을 도모했다.
가장 높은 봉우리인 피냐라라Penalara(2,428m) 아래로 열차가 지나고 상수도 시설이 갖춰졌지만, 과다라마산맥은 여전히 세고비아 사람들에게 중요한 존재다. 산에서 불어오는 시원한 공기로 여름에는 온화해 마드리드 사람들이 피서를 온다. 겨울에는 눈이 많이 내려 스키장을 찾는 사람들로 붐빈다.

> **여행 Tip**
> **세고비아에서 꼭 해야 할 일 체크!**
> ✓ 고대 로마 시대에 세워진 수도교에 압도되기
> ✓ 디즈니 애니메이션에 등장할 정도로 아름다운 알카사르 보기
> ✓ 새끼 돼지 요리 코치니요 아사도 맛보기

✈️ 세고비아 드나들기

세고비아는 마드리드에서 북쪽으로 약 90km 떨어져 있다. 기차로 30분, 버스는 1시간 20분 정도 걸려 기차가 더 빠르지만, 세고비아 기차역은 구시가지와 떨어져 있어 여행객은 시외버스를 더 선호한다.

기차

마드리드 차마르틴역 Estación de Chamartín에서 출발한 렌페 초고속·고속 열차와 위고 Ouigo 고속 열차는 세고비아 기오마르역 Estación de Guiomar에 도착한다. 6시 15분부터 21시 30분까지 운영하며 매시간 1~3대씩 배차되어 있다. 승차권은 렌페 홈페이지(renfe.com)에서 확인 및 예약할 수 있으며 유럽 기차·버스 예약 앱 오미오 Omio나 롬투리오 Rome2Rio에서도 가능하다. 예약 앱을 사용할 때 약간의 수수료가 발생한다. 요금은 편도 9유로부터 부과된다. 세고비아 기오마르역은 외곽에 있어 시내 중심인 수도교까지 11번 시내버스를 이용해야 한다. 역 앞 Estación Ave 정류장에서 승차 후 Acueducto 3 정류장에서 하차하며 20분 정도 소요된다. 시내버스 요금은 2유로이며 버스 기사에게 현금으로 결제한다.

버스

마드리드 몽클로아 버스 터미널에서 출발하는 아반사 Avanza 버스를 탄다. 6시 30분부터 23시까지 운행하며 매시간 1~3대씩 배치되어 있다. 승차권은 아반사 홈페이지(avanzabus.com)에서 예매하거나 지하 2층 매표소나 자동 판매기에서 구매하자. 직행 버스 Directo를 선택해야 하며 요금은 편도 4.6유로다. 매표소에서 시간대를 바꿀 수 있어 주말이나 성수기에는 이용객이 많아 왕복 승차권을 구매하자. 지정 좌석 없이 선착순 승차이므로 지하 1층 9번 승차장 앞에서 미리 대기해야 한다. 세고비아 버스 터미널 Estación de Autobuses de Segovia은 입구가 잘 보이지 않으니 주소(Pl. de la Estación de Autobuses, 3)를 확인하고 찾아가자. 건물 1층에 매표소와 대합실이 있다. 시내 중심인 수도교와 500m 정도(도보 10분) 떨어져 있다.

세고비아 추천 일정

세고비아 여행은 수도교에서 시작된다. 버스로는 도보 10분, 기차역에선 시내버스를 타고 20분 이동해야 한다. 열차를 타고 세고비아에 도착하면 이동이 번거롭지만, 기차역이 평원에 있어 웅장한 과다라마산맥이 한눈에 들어온다.

수도교부터 마을 서쪽 끝에 있는 알카사르까진 걸어서 20분 정도 소요된다. 수도교와 대성당, 알카사르를 차례로 만날 수 있다. 아소게호 광장에서 수도교를 한눈에 담고 남북으로 난 계단을 올라 전망도 즐기자. 출출하다면 새끼 돼지 요리 코치니요 아사도를 맛보고, 아니라면 노천카페에서 쉬며 수도교를 오래 즐겨도 좋다. 알카사르는 내부까지 둘러보길 권한다. 스페인, 카스티야 역사의 큰 역할을 한 건축물로 요새와 궁전으로 사용했기에 볼거리가 많다. 탑 옥상에서 보는 세고비아 평원 풍경도 감동이다. 일정이 여유롭다면 기사단이 지은 베라 크루스 성당도 추천한다. 알카사르에서 절벽을 따라 비탈길을 내려가야 하지만, 쉽게 볼 수 없는 형태인 성당이라 이채롭다. 가는 길에 에레스마강이 흐르는 공원과 현지 동네를 만나며, 디즈니 애니메이션 〈백설공주〉에 나온 절벽 위 알카사르를 조망할 수 있다.

관광 안내소

주소 Plaza Aroguejo, 1
운영 10:00~14:00, 16:00~18:00
(일 10:00~15:00)
홈피 turismodesegovia.com

세고비아 수도교 → 도보 5분 → **산 미얀 성당** → 도보 15분 → **세고비아 대성당** → 도보 5분 → **산 에스테반 성당** → 도보 10분 → **세고비아 알카사르** → 도보 20분 → **베라 크루스 성당**

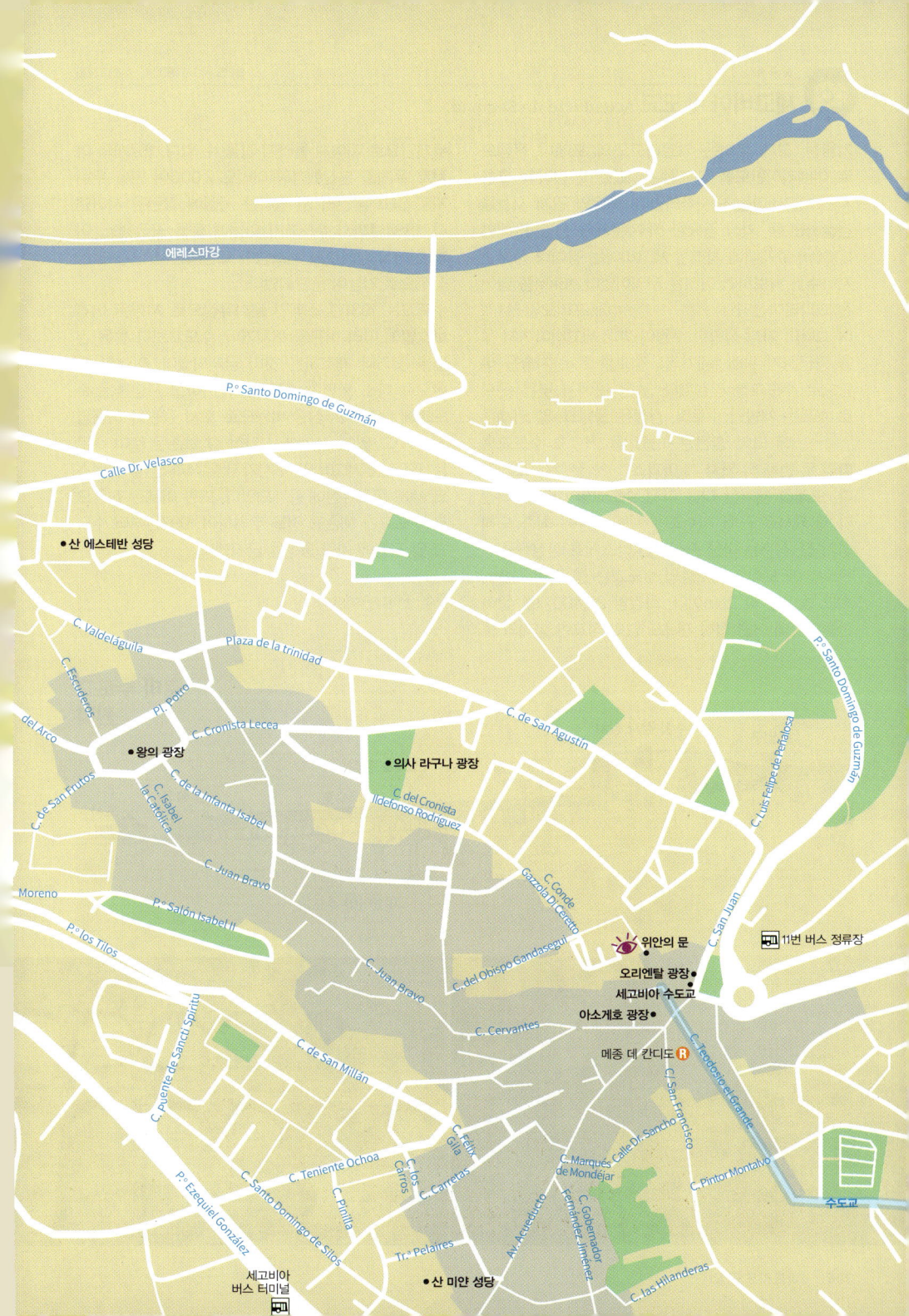

세고비아 수도교 Acueducto de Segovia

★★★ GPS 40.948074, -4.117896

기원전, 고대 로마는 카르타고와의 포에니 전쟁으로 이베리아반도를 지배할 수 있었고, 전략적 요충지인 세고비아는 도시화되었다. 도로와 관개 시설을 건설하던 중, 가장 중요한 식수 문제가 생겼다. 해발 1,000m 고지대에 자리한 세고비아는 강이나 풍부한 지하수를 확보하기 어려운 지역이었다. 16km쯤 떨어진 과다라마산맥 Sierra de Guadarrama의 프리오강 Río Frío이 그나마 가장 적합한 수원이었다. 세고비아까지 물을 공급하기 위해 1세기 말, 정교한 토목 기술을 바탕으로 수도교를 건설했다. 높은 곳에서 낮은 곳으로 흐르는 개방형 수로다. 강물은 물탱크, 엘 카세론 El Caserón에 모여 침전된 이물질을 거르고 수도교를 따라 두 번째 탑 카사 데 아과스 casa de Aguas에 도착한다. 모래를 제거한 다음 다시 수도교를 따라 흘러간다. 알카사르 근처 저수조 Depósito Mayor에 최종 도착하기 전, 식수는 마을 중심부인 아소게호 광장 Plaza del Azoguejo에 도착한다. 2층의 수도교는 총 길이 728m, 최고 높이는 약 28m이다. 화강암 20,400개를 쌓아 만들었는데 어떤 접착 재료도 없이 정교한 설계와 돌 무게만으로 지어져 놀라지 않을 수 없다. 167개의 아치로 무게를 분산했다 하더라도 2,000여 년을 무너지지 않고 굳건히 서 있다는 사실에 감탄을 자아낸다. 1884년까지 수도교가 마을에 물을 공급했고, 이후 현대식 상하수도 시스템이 도입되면서 1973년 공식적으로 기능이 중단되었다.

수도교는 1931년 스페인 문화유산으로 지정된 이후 보호법에 따라 미관을 해치거나, 수도교보다 높은 건물을 짓거나 개조하는 것이 금지되었다. 이러한 제한으로 다소 불편할 수도 있지만, 마을 사람들은 수도교에 대한 자부심을 바탕으로 도시 경관을 아름답게 가꾸고 있다. 세계에서 가장 잘 보존된 로마 수로는 1985년, 세고비아 구시가지 유적과 함께 유네스코 세계 문화유산에 등재되었다. 또한 미세한 진동으로 수도교가 훼손될 것을 우려하여 1997년부터 수도교 앞 광장에 차량 통행을 금지했다.

주소 Plaza Azoguejo, 1

로마 수도교 원리

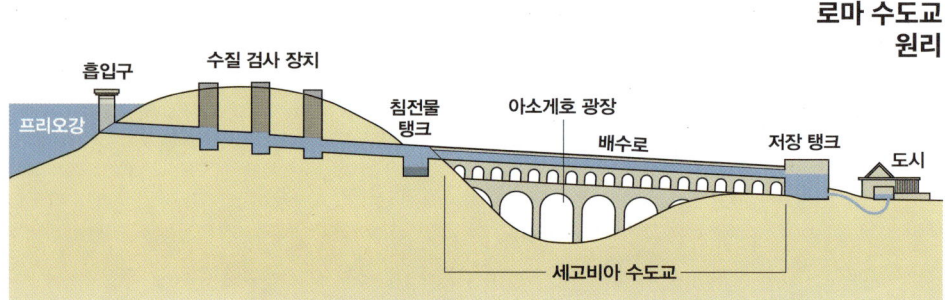

수도교 끝 계단을 오르면 전망이 좋으며 구시가지와 연결된다.

수도교 중앙에 아기 예수를 안고 있는 성모 마리아 조각상이 있다.

> **more & more** 스페인 국왕도 좋아한 새끼 돼지 통구이, 코치니요 아사도 Cochinillo Asado
>
> 수도교 앞 마요르 광장은 식당과 상점이 밀집해있어 여행객으로 늘 붐빈다. 그중 메손 데 칸디도^{Mesón de Cándido}는 코치니요 아사도 요리 전문점으로 미슐랭이 추천한 레스토랑이다. 1905년부터 운영되었고 과거 스페인 왕실과 유명 인사들이 방문해 알려졌다.
> 평균 기온이 낮은 편인 세고비아 지역은 고기를 활용한 고열량 음식들이 발달했다. 고대 로마 시대부터 돼지 사육이 활발했으며 전통 화덕^{Asador}에 천천히 구워 먹는 방식도 이때부터 이어져왔다. 청정한 환경과 곡물 생산지로 육질이 부드럽고 맛있는 돼지고기가 생산되어 지금도 유명하다. 코치니요 아사도는 생후 2~3주 된 새끼 돼지^{Lechón}를 소금과 올리브오일만 발라 참나무 장작불로 천천히 굽는다. 겉은 바삭하고 속은 고소하다. 육질이 얼마나 부드러운지 칼이 아니라 접시로 자를 정도다. 자른 접시는 바닥에 던지고 깨뜨려 굽기 장인의 솜씨를 과시하는데, 여기까지가 전통적인 서빙 퍼포먼스다. 혼자 가더라도 맛볼 수 있으며 고기만 먹으면 느끼하니 샐러드와 함께 주문하자.
>
> **메손 데 칸디도**
> 주소 Plaza Azoguejo, 5
> 운영 13:00~16:30,
>   20:00~23:00
> 요금 코치니요 아사도 €31
> 홈피 mesondecandido.es

★★★

세고비아 알카사르 Alcázar de Segovia

GPS 40.952657, -4.132554

에레스마강Río Eresma과 클라모레스강Río Clamores이 만나는 지점에 바위 절벽, 페냐플로르Peñaflor가 있다. 스페인어로 페냐는 절벽, 플로르는 꽃을 의미한다. 한 송이 꽃처럼 자리한 알카사르는 미국 만화 영화 제작자, 월트 디즈니Walt Disney에게 영감을 주었다. 그가 직접 언급한 적은 없지만, 우리는 알카사르가 1937년에 개봉한 디즈니의 첫 장편 애니메이션 <백설공주>의 성이라는 걸 단박에 알 수 있다. 배의 뱃머리처럼 생긴 성은 가파른 절벽 위에 있다는 것 외에도 뾰족한 탑과 둥근 테라스, 우아한 외관까지 매우 유사하다.

성의 역사를 살펴보면 그렇게 낭만적이지만은 않다. 시작은 고대 로마부터다. 세고비아 수도교와 유사한 화강암 석재가 발견되어 당시 요새가 있었다고 확인되었다. 세고비아는 스페인 내륙을 연결하는 중요한

주소 Plaza Reina Victoria Eugenia
운영 4~10월 10:00~20:00,
11~3월 10:00~18:00
(12월 24·31일 ~14:30)
휴무 12월 25일
요금 **성+박물관+탑** 성인 €10,
6~16세 학생·65세 이상 €8
성+박물관 성인 €7,
6~16세 학생·65세 이상 €5
홈피 alcazardesegovia.com

5월 2일 영웅들의 기념비다. 1808년 5월 2일에 나폴레옹의 무력 진압에 맞서 일어난 시민 봉기로 스페인 독립운동의 시발점이 됐다.

길목에 있어 방어 시설이 필수였다. 세고비아는 광활한 평원에 자리해 공격을 막기 어려웠으나, 강이 합류하는 협곡 위는 천연 요새였다. 8세기경 이슬람 무어인이 요새를 차지하고, 12세기 기독교 세력에 자리를 내주면서 카스티야 왕국 주요 성채로 발전했다. 1256년, 알폰소 10세는 알카사르에서 최초로 의회Cortes를 소집해 단순한 요새를 넘어, 정치적 중심지가 되었다. 1474년에는 스페인 통일 기틀을 마련하고 콜럼버스 신대륙 탐험을 후원한 이사벨 1세가 즉위식을 열어 왕권 중심지로 부상했다. 또 스페인의 황금기를 이끈 펠리페 2세는 이곳에서 결혼식을 올렸다. 수도인 마드리드에 왕궁을 지으면서 이곳은 용도가 바뀌었다. 왕립 포병 학교Artillería Academy로 개조했고 포병과 장병들을 훈련했다. 1862년 큰 화재로 상당 부분 소실되었고 복원 후 박물관으로 운영하고 있다. 알카사르 탑에서 세고비아 전경을 한눈에 볼 수 있으며, 반대로 산 마르코스 전망대Mirador de la Pradera de San Marcos에 가면 〈백설공주〉에 나온 성의 모습을 제대로 감상할 수 있다.

more & more 왕관은 내 거야! 오빠가 나 준댔어, 이사벨 1세 vs. 아빠가 나 준댔어, 후아나 공주

1474년 12월 11일 엔리케 4세가 세상을 떠난 이틀 뒤, 이사벨 1세는 세고비아에서 즉위했다. 이사벨은 엔리케 4세의 이복동생으로 사이가 나쁘지 않았다. 1468년 이사벨을 왕위 계승자로 인정한다는 토로 협정 Tratado de los Toros de Guisando을 맺으며 후계 문제는 일단락되었다. 이사벨은 왕이 승인한 사람과 결혼해야 했는데, 1469년 이사벨이 결혼한 아라곤 왕국의 페르난도는 왕이 정한 사람이 아니었다. 이에 격분한 왕은 협정을 파기하고 딸 후아나La Beltraneja를 후계자로 삼으려 했다. 그러나 후아나 공주가 왕의 친딸이 아니라는 소문이 돌았다. 톨레도 귀족들은 여전히 후아나를 지지했으나 다수의 귀족이 반대했다. 이사벨은 왕권을 안전하게 확보하고 자신이 통제할 수 있는 세고비아를 즉위 장소로 선택했다. 이듬해 후아나는 포르투갈과 연합해 왕위 계승을 주장하며 전쟁이 났고 1479년까지 이어졌다. 남편인 페르난도 2세와 함께한 이사벨이 결국 왕관을 차지했고, 같은 해 페르난도가 아라곤 왕위도 물려받아 두 왕국이 통일했다.

Special Tour 13 세고비아 알카사르 자세히 보기

디즈니 애니메이션 〈백설공주〉에 나온 성의 모티브가 된 알카사르는 동화 같은 외관과 전경부터 궁전 내부, 요새 풍경까지 즐길 수 있다. 내부는 넓지 않으나 탑까지 오르려면 체력을 아껴놓자.

① 해자와 성 입구 El foso y la entrada al castillo

성에 들어가려면 깊이 26m인 해자를 건너야 한다. 절벽을 확장하며 만든 해자로 그 과정에서 나온 돌들은 성 건축에 사용되었다. 원래 도개교로 연결되었으나, 현재는 펠리페 2세 때 세운 석조 다리와 철제 보행로로 건널 수 있다.

② 무기 광장 Patio de Armas

알카사르 중심 광장으로 병사들이 집결하고 무기를 정비하던 장소였다. 군사적 기능 외에도 이사벨 1세 즉위 선언과 같이 왕실 공식 행사가 진행되기도 했다. 엔리케 4세가 사망했다는 소식을 들은 이사벨 1세는 백마를 타고 무기 광장으로 나와 카스티야의 합법적 군주임을 선포했다. 수도교를 따라 이동한 식수가 알카사르 근처 저수조에 쌓이고 광장 우물로 이어져 물을 공급했다.

③ 옛 궁전의 방 Sala del Palacio Viejo

알카사르에서 가장 오래된 공간으로 알폰소 8세와 왕비 엘레노어 등 카스티야 왕족들의 중요한 정치 회의나 연회가 열렸던 공간이다. 중세 원형 구조와 석재 아치, 두꺼운 벽과 창문이 초기 궁전의 모습 그대로 보존되어 있다. 현재 이 방에는 갑옷을 갖춘 기사들의 동상과 다양한 유형의 무기들이 전시되어 있다.

④ 왕좌의 방 Sala del Trono

왕실 공식 행사와 의식을 진행하던 방으로 이사벨 1세와 페르난도 2세 왕좌가 있다. 왕좌 뒤로 카스티야와 레온 왕국 문장이 있으며 위의 글씨로 "Tanto monta, monta tanto, Isabel como Fernando (한쪽이 다른 쪽만큼 중요하다)"라는 내용이 적혀있다. 카스티야 여왕인 이사벨 1세와 아라곤 왕국 왕인 페르난도 2세의 권력은 동등하다는 의미다.
1456년 제작된 팔각형의 천장은 기하학적인 문양의 무데하르 양식으로 장식했고 금색과 붉은색을 써서 왕실 권위를 강조했다. 맞은편 벽에는 '가톨릭 군주'로 불리는 이사벨과 페르난도 부부의 초상화가 있다. 무기 광장에서 즉위를 선언한 후 이곳에서 공식적인 즉위식을 진행했다.

❺ 갤리선의 방 Sala de la Galera

천장이 거꾸로 뒤집힌 갤리선(고대 범선)처럼 생겼다 하여 붙여진 이름이다. 무데하르 문양으로 된 목조 공예 기술이 돋보인다.

이곳은 왕좌의 방에 들어가기 전, 국빈들이 이곳에서 대기하며 예법을 숙지하고 접견 절차를 밟는 일종의 대기실이었다. 대형 벽화는 1474년 12월 13일 이사벨 1세가 세고비아에서 즉위한 순간을 묘사한 작품이다. 왕관을 쓴 이사벨 1세 주위로 그녀를 지지했던 귀족과 성직자, 기사가 축하 인사를 건네고 있다. 반대했던 일부 귀족들은 상대적으로 작게 그렸으며 불만스러운 표정을 하고 있다. 마을을 가득 채운 군중들은 여왕을 지지한 세고비아 사람들이다.

❻ 파인애플 방 Sala de Pinas

천장에 튀어나온 조각이 번영과 왕권을 상징하는 파인애플 모양이라 붙여진 이름이다. 금박을 입힌 나무 패널로 벽면을 장식해 웅장하고 화려한 분위기다. 이 방은 '가톨릭 군주 부부'가 국정 회의를 하던 장소다. 스페인 통일과 무어인에게 빼긴 그라나다를 되찾기 위한 전쟁 전략 회의가 열렸던 곳이기도 하다. 여러 귀족 및 외국 사절단을 맞이해 외교 문제를 논의하기도 했다.

❼ 왕들의 방 Sala de Reyes

카를로스 3세는 프랑스 부르봉 왕조 출신으로 1700년 스페인 왕위 계승 전쟁 이후 왕위에 올랐다. 역대 합스부르크 왕조가 아니다 보니 정통성이 약해 귀족과 국민의 지지를 유도하기에 어려움이 있었다. 더군다나 그는 행정·경제·사회 전반에 걸쳐 변화를 추진한 개혁 왕이다. '새로운 개혁을 하지만, 동시에 전통도 계승하는 군주다'라는 메시지를 전달하기 위해 18세기, '왕들의 방'을 만들었다. 방에는 카스티야 왕국 역대 군주 52명의 두상 조각을 담아 자신도 정통 군주의 계보를 이어받았음을 강조했다.

❽ 여왕의 분장실 Tocador de Reina

여왕의 개인 공간으로 몸을 단장하는 데에 사용했던 방이다. 무데하르 양식이 가미된 화려한 타일과 문양으로 벽면과 천장이 장식되어 있고, 필리프 2세가 아내에게 선물했다는 장식 거울과 화장대가 복원되어 있다. 사적인 장소로 주로 여왕이 신뢰하는 측근들과 비밀 회담을 열었으며, 특히 남편인 페르난도 2세와 정책 논의를 한 장소다. 이 방으로 들어가기 전, 테라스에서 보이는 세고비아 풍경을 놓치지 말자.

❾ 예배당 Capilla

스페인 왕실의 개인적인 기도 공간이다. 이사벨 1세와 페르난도 2세는 '가톨릭 군주 부부'라고 불릴 정도로 강한 신앙심과 종교 업적을 남겼다. 중요한 결정을 내리기 전, 예배당에서 미사를 드렸고 업적을 남긴 후에는 감사 의식을 진행했다. 15세기 플랑드르 예술가들이 제작한 제단화에는 그리스도의 수난과 부활 장면이 담겼다. 중앙 패널은 '이슬람 군대를 무찌르는 산티아고 성인'을 묘사한 작품이다. 백마 탄 산티아고 성인 아래에는 무어인들의 머리가 보이는데 승리를 상징한다. 측면 패널에 있는 인물은 성인과 후원한 귀족을 담고 있다.

❿ 무기의 방 Sala de Armas

엔리케 4세는 반란을 우려해 이곳을 요새화하면서 무기를 모았다. 이사벨 1세가 즉위하고 자신의 정적들과의 전투에서 이곳의 무기를 사용했는데, 다름 아닌 엔리케 4세의 딸과 전쟁할 때 이 무기들을 사용했으니 아이러니하다.
무기의 방은 전쟁 시 무기를 신속하게 지급할 수 있는 위치에 있으며, 현재도 용도에 맞게 무기와 방어 장비를 보관·전시하고 있다. 스페인 기사의 갑옷과 검, 창과 도끼가 결합된 무기인 알라바르다Halberd, 대항해시대 이후 사용한 화승총과 대포 등이 있다. 천장을 높이고 장식하지 않은 석벽을 그대로 노출해 무기를 더욱 강조하고 있다.

⓫ 후안 2세 탑 Torre de Joan II

1440년대에 지은 탑은 국가 체제를 위협하는 정치범이나 반체제 귀족들을 가두는 감옥으로 사용되었다. 당시 엔리케 4세는 귀족들의 반대로 권력을 잃어갔고, 왕권 강화를 위한 도구로 탑을 세웠다. 높이 80m의 탑은 152개 나선형 계단을 오르면 세고비아 전경을 한눈에 담을 수 있는 정상에 도착한다. 가는 길에 무어인이 남긴 무데하르 양식 창문도 구경하고 가자.

★★☆

세고비아 대성당 Catedral de Segovia

GPS 40.950344, -4.125213

세고비아 대성당은 수난의 역사가 길다. 고대 로마 시대, 에레스마 강변에 지어진 대성당은 서고트족이 침략하면서 516년 파괴되었다. 로마 제국의 국교인 기독교는 정통 삼위일체설을 교리로 하는데, 서고트족은 기독교에서 이단이라 규정한 아리우스파를 믿었기에 기독교 박해 과정에서 부서졌다. 1117년 다시, 알카사르 근처에 대성당을 지었으나 1519년 '공동체 반란Revuelta de los Comuneros'으로 파괴되었다. 스페인 왕위 계승자로 태어났지만, 플랑드르(현 벨기에) 출신인 카를로스 1세가 외국인처럼 느껴진 데다 과도한 세금을 징수해 지방 귀족들이 반란을 일으킨 사건이다. 1525년 왕실은 반란 진압 후 새로운 대성당을 건축하기 시작했으나 243년에 걸쳐서 완성했다. 공사가 오래 진행되다 보니 고딕 양식 대신 르네상스가 유행했지만, 설계대로 진행했다. 고딕 건축의 우아함과 세련미를 극대화하고 있지만, 높은 첨탑, 회랑과 왕실 예배당 등에 르네상스 양식을 가미했다. 우아한 실루엣의 외관은 귀부인이 입은 드레스처럼 풍성하게 펼쳐지는데 스페인 후기 고딕 양식으로 첨탑을 장식한 피나클Pináculos을 사용해 더욱 기품 있어 보인다. 스페인 제1공화국 대통령이었던 에밀리오 카스텔라Emilio Castelar는 이 모습을 보고 '대성당의 귀부인'이라 명명했다.

- **주소** C/ Marqués del Arco, 1
- **운영** 월~토 09:30~18:30, 일 12:30~18:30
  휴무 1월 1·5·6일, 성금요일, 12월 24·25·31일
- **요금** 성인 €4, 65세 이상 €3 (8세 미만, 4~9월 일요일 09:00~10:00, 10~3월 일요일 09:30~10:30 무료)
- **홈피** catedralsegovia.es

Special Tour 14 세고비아 대성당 자세히 보기

유럽 고딕 건축의 정수로 불리는 세고비아 대성당은 점진적으로 솟아오르는 천장과 유려한 궁륭이 압도적이다. 왕실에서 지은 대성당답게 20개가 넘는 예배당이 있을 만큼 내부가 넓어 한국어 오디오 가이드를 이용하면 편리하다. 일몰쯤 방문해 붉게 물드는 외관도 놓치지 말자.

❶ 주 제단 Retablo Mayor

18세기 후반, 화려하기로 유명한 르네상스와 바로크 양식으로 만든 제단이다. 중앙에는 아기 예수를 안고 있는 성모 마리아, 측면에는 세고비아 수호성인인 성 프로토 San Frutos와 세고비아 최초의 주교인 성 히에로테오 San Hieroteo가 있다.
주 제단임에도 불구하고 예배당처럼 철제문 안에 있는 것이 낯설 수 있다. 고딕 건축 요소 중 하나로 신자들과 물리적 거리감을 두어 제단이 신성한 공간이라는 점을 강조했다.

❷ 성가대 Coro

대성당에서 가장 중요한 의식 공간으로 주 제단 앞, 본당 중심에 자리한다. 왕족과 고위 성직자, 성가대만이 이곳에서 미사를 드릴 수 있다. 호두나무로 만든 목조 좌석 Sillería은 신화적 인물이나 종교 상징들로 장식되어 있으며 엔리케 4세와 왕비를 위한 특별석도 마련되어 있다. 성가대는 옛 대성당에 있었는데, 공동체 반란으로 손상될 것을 우려해 숨겨두었다가 새로 지은 대성당으로 옮겨왔다.

❸ 원죄 없는 잉태 예배당
Capilla de la Inmaculada Concepción

17세기 당시 가톨릭에는 '원죄 없이 잉태된 마리아'에 대한 교리 논쟁이 있었다. 15세기 교황 식스토 4세가 공표했고 세고비아는 교리를 공식적으로 지지하며 예배당을 만들었다. 중앙의 성모 마리아 조각상은 과달루페의 성모라 불린다. 별이 있는 푸른 망토에 황금빛 후광을 띠고 있어 요한 묵시록 12장 1

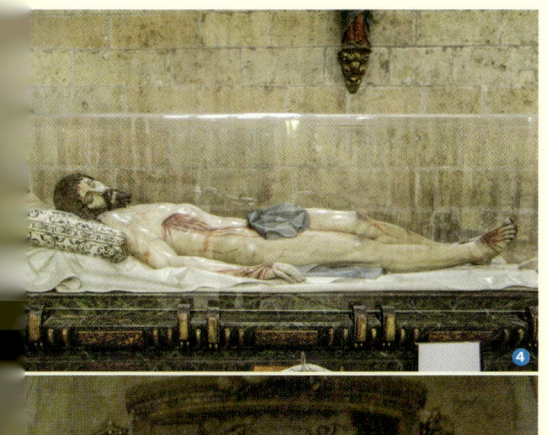

절, '태양을 입고 달을 밟은 여인'을 나타낸다. 주위에 21점의 그림과 프레스코화가 있다. 상부 벽화는 성모 마리아의 부모인 성 요아킴과 성 안나 이야기이며, 그림은 예수 그리스도의 세례 장면이나 인간의 죄로 지은 생명의 나무를 악마가 베려고 하는 장면, 다윗 왕의 회개 장면 등이 있다.

❹ 누워있는 그리스도 예배당
Capilla del Cristo Yacente

1636년, 당시 대성당 주교가 기증한 작품이다. 예수 그리스도가 십자가에서 내려진 후 무덤에 누운 모습으로, 죽음과 구원의 의미를 강조하는 바로크 조각이다. 핏줄과 피의 흔적, 상처를 비롯해 눈, 이, 손톱과 발톱까지 극사실적 표현으로 알려져있다. 평소 유리 덮개로 보관해 예수 그리스도의 성스러운 몸을 보호하다가, 성금요일 행렬에 참여한다.

❺ 위로의 그리스도 예배당
Capilla del Cristo del Consuelo

세고비아 도시 풍경을 배경으로 십자가에 못 박힌 예수 그리스도 조각상이 있다. 스페인 선교사들이 아메리카 대륙에서 가져온 그리스도 델 콘수엘로Cristo del Consuelo 조각상이다. 옥수수 반죽과 종이로 만들어져 조각 내부는 비어있다. 팔을 움직일 수 있도록 설계해 성금요일 예식 때 십자가에서 내려지는 장면을 연출하기도 한다. 예수의 수난과 부활과 관련된 행사에선 조각상 허리에 희생과 순교를 상징하는 붉은 천paño de pureza을 감는다.

❻ 회랑 Cloister

이사벨 1세 여왕이 후원한 옛 대성당 건물에서 옮겨왔으며, 입구에 왕실 문양이 있다. 고딕 양식의 우아한 아치와 정원이 인상적인 곳으로 조용한 분위기 속에서 쉬어갈 수 있다. 회랑과 이어진 산타 카타리나의 방을 놓치지 말자. 각종 회화 작품, 보물 등과 함께 유아의 묘비가 있다. 유모의 실수로 창문에서 떨어져 죽은 엔리케 2세 아들의 묘비다. 왕자를 실수로 죽게 한 유모도 즉시 그 창문에서 뛰어내려 목숨을 끊었다고 한다.

베라 크루스 성당 Iglesia de la Vera Cruz

★★☆

GPS 40.955803, -4.132325

예루살렘에서 예수가 짊어진 십자가 조각을 보관하고 있던 성당으로 '참된 십자가'라는 뜻이다. 1208년 4월 13일에 봉헌되었다고 적혀있지만, 누가 만들었는지 정확히 알 수 없다. 공식 문서에는 성 요한 기사단Hospitallers이 관리한다고 되어있지만, 건축 양식이 성전 기사단Templars의 것과 매우 유사하다. 12세기 국토 회복 운동 때, 유럽에서 십자군 원정으로 활약한 성전 기사단이 성지를 보호하고 순례자를 지원하기 위해 지었다고 한다.

본당 건물은 12각형으로 기독교에서 볼 수 없던 독특한 구조다. 로마네스크 건축을 바탕으로 하지만, 예루살렘의 성묘 교회holy Sepulchre를 모방했으며 일부 창문과 문양은 고딕 양식을 띈다. 1951년에 성 요한 기사단에서 유래한 몰타 기사단Orden de Malta이 인수해 보존·관리하고 있다. 2층으로 된 중앙 사원Edículo 위층에선 기사 작위 수여식 전날 무기를 들고 밤을 새우는 의식Vela de armas을 진행하고, 아래층에선 참회와 속죄 의식을 거행한다. 현재는 몰타 기사단의 종교 의식을 재현하는 장소다. 원형 사원 가장자리를 둘러싼 예배당에는 12세기 십자가가 걸린 주 제단과 14칸 제단화, 로마네스크 양식으로 조각한 '평화의 성모상Vergen de la Paz'이 있다. 벽면에는 왕가 문장 깃발이 걸려있다.

주소 Tr.ª Zamarramala
운영 10:30~13:30, 16:30~18:00
휴무 월요일, 화요일
요금 €3 (10세 미만, 화요일 오후 4시 30분부터무료)

평화의 성모상

주 제단

부활의 제단화

산 에스테반 성당 Iglesia de San Esteban

★☆☆

GPS 40.951962, -4.124805

12세기에 지어진 성당은 질서정연하고 반듯한 외관과 견고한 석조 구조로 로마네스크 건축의 정수를 보여준다. 종탑은 높이 53m로 당시 스페인에서 가장 높았으나 1759년, 번개가 내리쳐 대부분 소실되었고 몇 차례 복원을 시도했으나 원래보다 낮아졌다.

꼭대기에 있는 수탉 풍향계는 농경 사회에서 날씨를 예측했던 중요한 요소였고, 종탑은 마을 가장 높은 곳에 있어 누구나 쉽게 볼 수 있었다. 수탉으로 한 이유는 여러 가지다. 마태복음에 따르면 예수가 십자가형을 당하기 전에 베드로가 예수를 세 번 부인한 후 닭이 울었다는 내용처럼 신앙의 약함을 경고하고 올바른 길로 인도하는 역할을 한다. 또한 새벽을 알리는 존재이기에 수탉이 영적 감시자로서 빛으로 어둠을 이기는 의미를 담았다.

성당 내부는 단조롭지만, 중세 프레스코화는 볼 만하다. 아치형 기둥으로 둘러싸인 로마네스크 회랑도 둘러보자. 성경, 신화, 중세 상징물 등이 조각된 기둥머리가 재미있다.

주소 Plaza San Esteban, 14
운영 12:00~14:00, 16:30~18:30

산 미얀 성당 Iglesia de San Millán

★☆☆

GPS 40.945945, -4.120683

산 에스테반 성당과 같이 12세기에 지어져 로마네스크 건축을 대표하고 있다. 중세부터 산티아고 데 콤포스텔라 순례길을 걷던 순례자들이 성당에 머물며 기도를 드리고 쉬었다는 기록이 남아있다. 전통은 이어져 오늘날에도 이곳을 지나는 순례자들의 기도처로 사용되고 있다. 산티아고 데 콤포스텔라 대성당의 옛 로마네스크 건축과 구조가 유사하며 스페인 북부 나바라 왕국과 리오하 지방 건축 양식도 반영되어 있어 편안함을 느끼는지도 모른다.

로마네스크 성당은 보통 라틴 십자가 형태로 평면을 만들지만, 산 미얀 성당은 십자 3개의 둥근 탑과 3개의 반원형 후진이 수직 대칭 되어있어 독특하다. 이는 전략적인 요새 역할을 하기 위해 방어 기능을 강화하는 요소다. 더불어 대칭으로 균형을 맞춰 웅장하고 안정적인 느낌을 준다.

주소 Av. Acueducto
운영 09:30~11:00, 19:30~20:30

Special Area 3. 마드리드 근교

스페인 공중 도시 **쿠엥카**
Cuenca

기원전 고대 로마부터 서고트족, 무어인, 카스티야까지 숱한 전쟁을 경험한 사람들에게 방어 기제를 심어줬다. 넓은 평지는 많았으나 적이 쉽게 쳐들어올 수 있으니, 절벽이나 구릉 위에 마을을 이루고 살았다. 쿠엥카는 후에카르강 Río Huécar과 후카르강 Río Júcar이 만든 깊은 협곡에 집을 지은 도시다. 귀족과 부유층이 살았던 절벽 위 구시가지는 협곡 위에 성벽을 두르고 있어 가장 안전했다. 평민은 절벽 아래 계곡에 살았다. 하층민은 외곽에 모여 살았으며 19세기 이후 공장이 들어서면서 노동자 계층이 신시가지를 형성했다. 주차도 어렵고 생활 편의 시설이 없는 구시가지는 선호도가 떨어져 화석처럼 그대로 유지되었고, 1996년 유네스코 세계 문화유산으로 지정되었다.

> **여행 Tip** 쿠엥카에서 꼭 해야 할 일 체크!
> - 절벽 위에 아슬아슬하게 세워진 건물, 카사스 콜가다스 보기
> - 협곡 바람에 출렁이는 산 파블로 다리 건너기
> - 전망대에서 카르스트 지형과 절벽 마을 풍경 즐기기

쿠엥카 드나들기

쿠엥카는 마드리드에서 동쪽으로 약 140km 떨어져 있다. 기차로 1시간 정도, 버스는 2시간 이상 걸려 기차가 더 빠르지만, 세고비아 기차역은 구시가지와 떨어져 있어 여행객은 시외버스를 더 선호한다.

기차
마드리드 차마르틴역 Estación de Chamartín에서 6시 15분부터 21시 15분까지 운영하며 13·18시를 제외한 매시간 1~2대씩 배차되어 있다. 아토차역 Estación de Atocha은 배차 간격이 2~3시간으로 길며 하루에 5대가 운행된다. 승차권은 렌페(renfe.com), 위고(ouigo.com), 이르요(iryo.eu) 홈페이지에서 확인 및 예약할 수 있으며 유럽 기차·버스 예약 앱 오미오 Omio나 롬투리오 Rome2Rio를 이용하면 약간의 수수료가 발생한다. 요금은 편도 20유로부터. 쿠엥카 페르난도 소벨역은 외곽에 있어 시내 중심인 마요르 광장 Plaza de Mayor까지 L1번 시내버스를 이용해야 한다. 역 앞 정류장에서 승차 후 Plaza Mayor (I) 정류장에서 하차하며 25분 정도 소요된다. 시내버스 요금은 1.2유로이며 버스 기사에게 현금으로 결제한다.

버스
마드리드 남부 터미널 Estación Sur에서 아반사 Avanza 버스를 이용한다. 7시 30분부터 22시까지 운행하며 1시간~2시간 30분 배차다. 승차권은 아반사 홈페이지(avanzabus.com) 또는 터미널 매표소나 자동 판매기에서 구매하자. 모두 직행이지만, 버스에 따라 소요 시간이 최대 30분 차이나니 확인이 필요하다. 요금은 편도 21유로. 쿠엥카 버스 터미널 Estación de Autobuses de Cuenca은 시내 중심인 마요르 광장까지 도보 30분 정도 소요되며 오르막길이라 시내버스를 권한다. 터미널 길 건너 Fermin Caballero 버스 정류장에서 L1번 버스를 타고 Plaza Mayor (I)에 하차한다. 약 15분 소요된다.

 # 쿠엥카 추천 일정

쿠엥카는 마드리드에서 출발하는 톨레도나 세고비아보다 거리가 먼 근교 여행지다. 깊은 협곡 마을이라 늦은 오후가 되면 구시가지에 그늘이 져서 아침 일찍 출발하길 권한다. 기차역과 버스 터미널이 구시가지와 떨어져 있어 L1 버스를 타고 쿠엥카 대성당까지 이동한다. 오르막길이라 버스를 이용하는 편이 낫다. 마요르 광장에 있는 대성당까지 오면 관광명소 대부분이 10분 거리에 있어 여유롭게 마을을 둘러볼 수 있다.
쿠엥카 박물관과 카사스 콜가다스에 있는 스페인 추상 미술 박물관은 14시부터 17시까지 운영하지 않으니 고려하자. 점심이나 저녁 식사는 쿠엥카 파라도르가 고성에서 한 끼를 먹는 경험에 비해 가격이 저렴하다. 미슐랭 레스토랑이자 문화유산인 카사스 콜가다스에서 식사하고 싶다면 꼭 예약하자. 특히 테라스 자리는 늘 인기가 많다. 산 파블로 다리에서 베수도 성문까지 가는 길에 전망대가 많으며, 성문 아랫길을 따라 걸으면 구시가지를 정면에서 볼 수 있는 전망 명소가 나온다. 하이킹을 좋아한다면 쿠엥카를 360도로 볼 수 있는 소코로 언덕 전망대도 추천한다.

쿠엥카 대성당 → 도보 2분 → 쿠엥카 박물관 → 도보 1분 → 카사스 콜가다스 → 도보 1분 → 산 파블로 다리 → 도보 50분 → 소코로 언덕 전망대 → 도보 50분 (대성당에서 L2버스 5분) → 베수도 성문

□ **관광 안내소**
주소 Calle Alfonso VIII, 2
운영 10:00~14:00, 17:00~20:00
(일 ~19:00)
홈피 visitacuenca.es

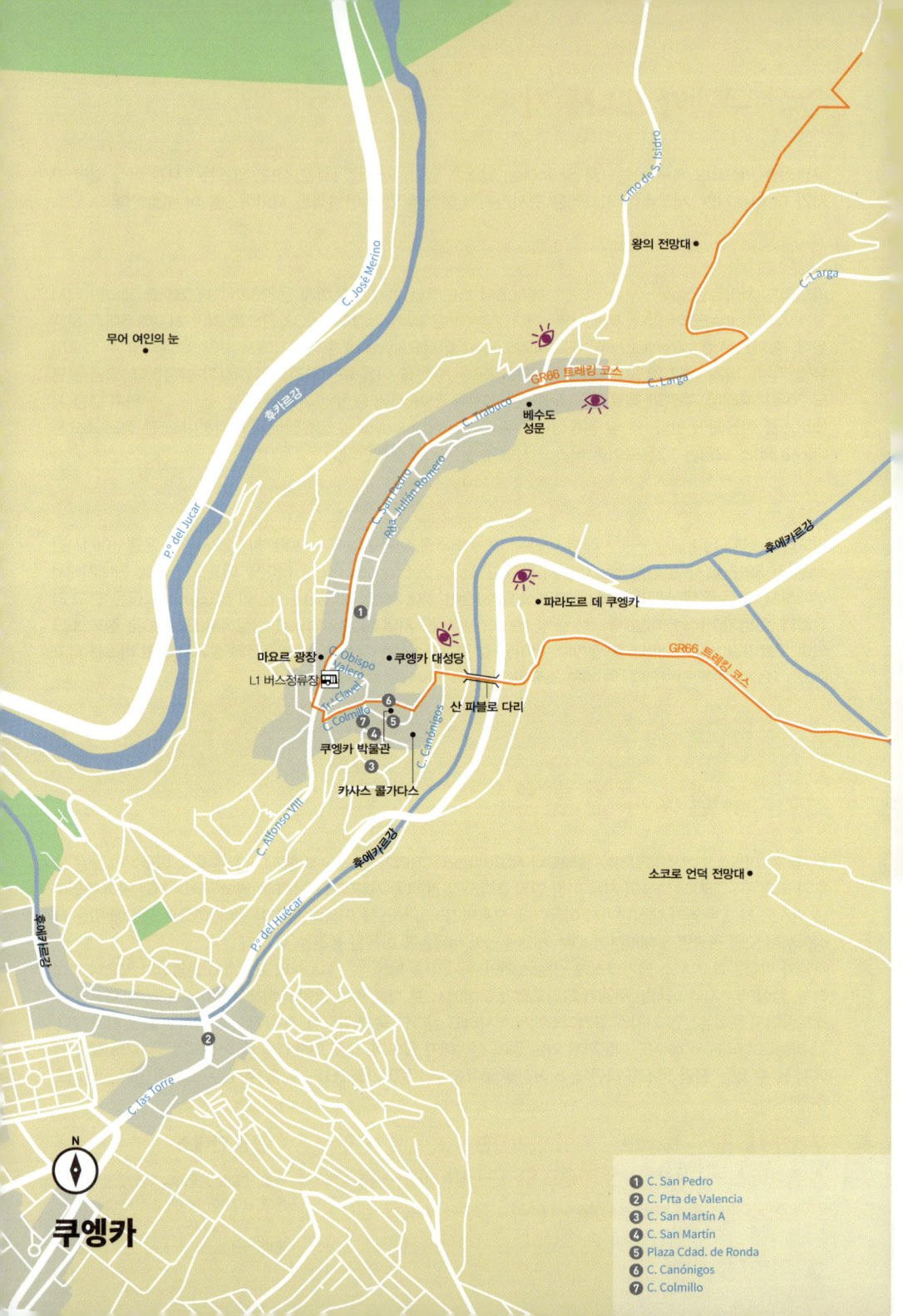

★★☆ GPS 40.078631, -2.129441

쿠엥카 대성당 Catedral de Cuenca

1177년, 알폰소 8세가 무어인이 지배하고 있던 쿠엥카 요새를 함락하고 도시를 탈환했다. 왕은 정복지마다 이슬람 모스크를 기독교 성당으로 바꿔 가톨릭 왕국으로 완전히 편입시켰다. 쿠엥카 대성당은 왕비 레오노르 플랑타주네트 Eleanor Plantagenet가 원하는 대로 프랑스 고딕 건축 양식으로 지었다. 그녀는 영국 헨리 2세와 아키텐의 엘레오노르 공작의 딸이다. 프랑스 여왕이었던 어머니에게 프랑스 문화와 시, 문학 등의 영향을 받아 카스티야에 전파했다. 1182년 프랑스 노르망디 출신 석공들을 불러와 건축을 시작했고 이듬해 로마 교황청으로부터 대성당 축성을 받았다.

쿠엥카 대성당은 당시 유행하던 로마네스크 양식 대신 유럽에서 고딕 건축을 선도한 프랑스 노르망디 스타일로 지어졌다. 카스티야에선 최초로 지어진 고딕 대성당이다. 보통 고딕 대성당은 1층 대형 아케이드 Nave Arcade, 2층 트리포리움 Triforium, 3층 클러스토리 Clerestory 구조지만, 초기 단계였던 터라 2층 갤러리 구조인 트리포리움까지만 구성되어 있어 천장이 낮게 느껴진다. 1층은 팀파눔 Tympanum은 없지만, 세 개의 문 구조를 따르고 2층 중앙에는 큰 장미창이 있다. 고딕 타워 2개가 있을 때는 루앙 대성당을 닮았으나 1902년 벼락으로 무너진 뒤에는 파리 노트르담 대성당처럼 첨탑이 없는 네오고딕 양식으로 재건됐다.

주소 Plaza Mayor
운영 4~6월 일~금 10:00~18:30, 토 10:00~19:30
7~10월 10:00~19:30
11~3월 일~금 10:00~17:30, 토 10:00~19:30
요금 **성당** 성인 €5.5, 25세 미만 학생·65세 이상 €4.5
박물관 성인 €4, 25세 미만 학생·65세 이상 €3.5 (8세 미만 무료)
홈피 catedralcuenca.es

---

more & more 가기 힘든 협곡 마을에 바실리카? 교황청과 카스티야 왕국 간 속내 밝혀져!

협곡 지형을 따라 형성된 쿠엥카는 접근성이 떨어지다 보니 스페인(당시 카스티야)을 구성하는 핵심 도시가 아니었다. 그러나 이슬람과 국경 지대에 있어 기독교 세력 확장을 위한 전략적 요충지였다. 알폰소 8세는 무어인을 몰아내는 이슬람 세력의 위협을 견제하기 위해 교황청에 지원을 요청했다. 쿠엥카 대성당을 바실리카로 승격해달라는 내용이었다. 이는 로마 교황청이 카스티야를 지지한다는 선언과 같은 메시지다. 교황청은 기독교 세력을 확장하는 카스티야 왕국을 적극적으로 후원했다. 더불어 중세 기독교는 은둔하며 수행하는 수도사들이 많았는데 쿠엥카는 이에 적합한 장소였다. 바실리카와 수도사를 뒤따른 순례자들이 방문하면서 지역 경제를 활성화하는 효과까지 가져왔으니 알폰소 8세도 흐뭇하게 웃고 있을 듯하다.

쿠엥카 대성당 자세히 보기

쿠엥카 대성당 앞에서 기차역이나 버스 터미널로 가는 시내버스를 탈 수 있어 쿠엥카 여행을 마치고 난 뒤 운행 시간을 기다리는 동안 잠시 방문해도 괜찮다. 재미있는 요소가 많으니 아래 소개된 스폿을 참고해서 둘러보자.

❶ 주 제단 Altar Mayor

내부는 주 제단과 성가대, 최후의 만찬 실물 크기 조각상이 일렬로 자리하고 있다. 주 제단은 예배당처럼 56개 창살로 된 철제문 안에 있다. 쉽게 접할 수 없는 신성한 공간임을 강조하는 고딕 건축 방식을 따랐다. 대성당이 지어졌을 때는 고딕 제단이 있었으나 이후 화려한 바로크 양식으로 재건되었다. 대성당이 성모 마리아에게 봉헌된 만큼 주 제단은 성모를 위한 부조로 장식되어 있다.

❷ 성가대 Coro

본당 2층 후면에 있는 요즘 성당과 달리, 스페인 대성당에서 흔히 볼 수 있는 전통 방식으로 중앙 회중석에 따로 있다. 호두나무로 제작된 성가대는 르네상스와 바로크 양식을 띠고 있다. 주 제단처럼 1902년 번개로 인한 붕괴로 손상되어 재건했다. 성경이나 성인 부조로 꾸며진 좌석 중에서 주교 좌석은 특히 더 화려하고 장식이 많은데 한때 환영받지 못한 주교가 있어 신도들이 의자를 바꿔치기한 사건도 있었다.

❸ 성구 보관실 Sacristía Mayor

성직자들이 미사를 준비하는 공간이자 귀중한 성물과 예술품을 보관하는 장소다. 16세기 증축되면서 르네상스와 바로크 양식으로 장식했다. 두 개의 아치가 뾰족하게 상승한 첨두아치형 리브 볼트에 화려한 천장 장식이 특징이다.

하단 중앙에 성모 마리아의 약혼이 부조되어 있고 그 위로 비탄에 잠긴 마리아 상반신 조각이 있다. 최상단에는 아기 예수를 안고 있는 성모 마리아 조각상이 있다.

❹ 성체의 성모 예배당
Capilla de Nuestra Senora del Sagrario

쿠엥카 수호성인이자 2대 주교였던 성 훌리안(San Julián)의 성체를 모시는 성광함(Sagrario)과 성모상이 있는 예배당이다. 한번은 쿠엥카에 심한 가뭄이 들었는데 신자들이 성모상 앞에서 간절히 기도를 드리니 얼마 지나지 않아 비가 내렸다고 한다. 나폴레옹 전쟁 때는 성모상을 몰래 숨겨두었고, 대지진 때도 이 예배당은 거의 손상이 없어 기적이라고 했다. 성모 마리아는 특별한 축일이나 미사 때 화려한 옷으로 갈아입혀진다.

❺ 움브라쿨룸 Umbraculum

가톨릭 교회의 교황 우산(Papal Umbrella)으로, 고대 로마 시대부터 교황이 야외 행사나 행진을 할 때 햇빛과 비를 막는 용도로 사용되었다. 교황이 성당을 방문할 때 이 우산을 펼쳐서 맞이하는 전통이 있어 바실리카 지위를 가진 성당에서만 볼 수 있는 상징물이다. 붉은색과 흰색(보통 금색) 줄무늬는 교황권과 바실리카를 상징하며 교황 문장이 있다.

❻ 테레사 루나의 장례석
Lauda Funeraria de Teresa de Luna

이베리아반도에서 가장 오래된 고딕 양식 장례석이다. 톨레도 대주교인 Gil de Albornoz가 돌아가신 어머니를 모셨다. 일반적으로 석관이 바닥 높이와 같게 설치하는 데 반해, 바닥보다 약 30cm 낮은 위치에 위아래는 목재로, 옆에는 흰 조약돌로 둘러쌌다. 바닥 높이로 유리 덮개를 씌워 보호하고 있다. 석관 위에는 평온한 표정으로 눈을 감고 누운 생전 모습을 조각했다.

❼ 최후의 만찬 조각상
La escultura de la Última Cena

부활절에 열리는 스페인 전통 종교 행렬, 세마나 산타(Semana Santa)에서 사용되는 파소(Paso) 중 하나이다. 예수와 열두 제자가 최후의 만찬을 보내는 장면을 실물 크기로 만들었다. 좌우 나란히 일렬로 앉는 구조가 아니라 역동적으로 구성해 제자들이 다양한 동작과 표정으로 반응하는 모습이 사실적으로 표현되어 있다. 가룟 유다는 테이블에서 몸을 돌리고 왼손을 주머니에 가져다 대고 있는데 아마 은화 주머니를 만지고 있는 듯하다.

★★★ GPS 40.078300, -2.127523

산 파블로 다리 Puente de San Pablo

카사스 콜가다스가 있는 절벽과 파라도르가 있는 절벽 사이, 후에카르 협곡을 잇는 다리다. 쿠엥카를 여행하다 산 파블로 다리를 만나면 적잖이 당황하게 된다. 협곡이 매우 깊은 데 비해 산 파블로 다리는 위태로워 보여서다.

16세기 후반에 지어질 당시, 산 파블로 수도원(현 파라도르)과 마을을 연결하는 석조 다리였다. 습한 기후와 침식으로 인해 약해진 지반, 관리 부실과 노후화 등의 이유로 1895년 무너졌다. 산업 혁명 시기로 1902년, 기술자 구스타보 길Gustavo Gill이 철제 구조로 다시 설계했다. 길이 60m로 걷는 발판은 목재로 되어있다. 대부분 명소는 카사스 콜가다스 절벽에 있어 건널 일이 많지 않지만, 파라도르에 가거나 '꽃의 길Flor de Senderos'을 걸어 소코로 정상Cerro del Socorro까지 간다면 돌아가는 길이 멀어 다리를 건너야 한다.

주소 Río Huécar

Tip | 쿠엥카 파라도르 Parador de Cuenca

파라도르는 중세 고성이나 수도원, 귀족 저택 등 역사적인 건물을 복원 및 개조해 운영하는 국영 호텔이다. 쿠엥카 파라도르는 16세기에 지어진 산 파블로 수도원Convento de San Pablo(현 파라도르)을 1993년 개조했다. 일정상 숙박이 어렵다면 레스토랑을 이용해보길 권한다. 도미니크 수도회 수도사들이 공동 식사를 하던 식당Refectorio을 개조해 만들었다. 보통 명상하며 식사했기에 창문이 작거나 없었는데 1993년 개조될 때 전망 좋은 창문을 설치했다. 푹 익혀서 부드러운 만체고식 양고기와 DOP 인증을 받은 치즈, 구운 고추 등 라만차 지역 전통 음식을 선보인다. 염소 치즈 아이스크림은 호불호가 있는 디저트이니 참고하자. 호텔 숙박 및 레스토랑 테이블 예약은 홈페이지에서 할 수 있다.

주소 Parador de Turismo, Subida a San Pablo
운영 호텔 체크인 14:00, 체크아웃 12:00 **레스토랑** 13:30~16:00, 20:30~23:00
요금 호텔 €80~ **레스토랑** 만체고식 양고기 €26, DOP 인증 치즈 플레이트 €18
홈피 paradores.es

★★☆

GPS 40.081764, -2.126749

베수도 성문 Muralla y Arco de Bezudo Cuenca

쿠엥카 서쪽과 남쪽은 깊은 협곡과 절벽으로 이뤄져 있어 천연 요새였으나 북쪽은 카스티야 평원에서 오는 적을 방어하기 위해 성벽을 쌓았다. 베수도 성문은 북쪽 성벽 문이다. 도시로 접근하기 가장 쉬운 경로로 북쪽에서 시작한 성벽이 협곡을 따라 연결되어 있다. 성벽은 이슬람이 지배하던 10세기에 세웠고, 카스티야 왕국이 점령한 뒤 성벽을 보강하고 베수도 성문을 설치했다. 16세기 이후에는 전쟁의 위험이 줄어들면서 일부 성벽은 철거되었다.

베수도 성문 계단을 오르면 소코로 언덕Cerro del Socorro과 산 크리스토발 언덕Cerro de San Cristóbal 사이에 형성된 후에카르 협곡을 전망할 수 있다. 성문 위는 쿠엥카 주립 역사 기록 보관소Archivo Histórico Provincial de Cuenca가 시야를 막고 있어 보관소 앞 테라스로 가면 경관이 더 좋다. 협곡을 따라 아래로 내려가면 파라도르와 카사스 콜가다스 구시가지 전체를 전망할 수 있다. 마요르 광장에서 걸어서 15분 정도 걸린다. 구시가지에서도 높은 곳에 있어 오르막길을 걸어야 한다. 마요르 광장에서 L2번 버스를 타고 가면 5분 만에 도착한다.

주소 C. Trabuco, 4

성문 앞 구시가지

협곡 절경

more & more 무어 여인의 눈 Los Ojos de Mora

배경은 12세기, 알폰소 8세가 무어인을 몰아내고 쿠엥카가 기독교 마을로 바뀐 때다. 아름다운 무어인 여성Mora이 기독교 병사와 사랑에 빠졌다. 두 종교 간 접촉이 엄격히 금지되었기에 이 사랑은 비밀에 부쳤다. 어느 날, 무어인 여성은 아버지의 뜻에 따라 무어인 남자와 결혼해야 했고, 이 사실을 안 군인은 여인을 기독교로 개종시키려 사제를 찾아다녔다. 개종하기로 한 날 구혼자는 무어인 무리 공격을 받아 군인은 생을 마감했고, 여인은 기독교로 개종한 뒤 매일 절벽에 올라 마을을 내려봤다고 한다. 비극적인 사랑 이야기를 기억하기 위해 익명의 예술가는 산등성이에 두 개의 눈을 그려놓았고, 매년 쿠엥카 예술 학교에서 덧칠하고 있다.

소코로 언덕 전망대 Mirador Cerro del Socorro

★★☆　　　　　　　　　　　　　GPS 40.075866, -2.123091

베수도 성문 맞은편 소코로 언덕 정상을 보면 거대한 예수상El Cristo del Socorro이 보인다. 구원이라는 뜻인 소코로에 있어서인지, 구시가지를 품에 안은 듯 두 팔을 벌리고 도시를 축복하는 모습이다. 1939년 스페인 내전에서 프랑코 정권이 승리하면서 1957년에 세운 종교와 이념적 상징물이다. 당시 반프랑코 성향인 쿠엥카에 '공화파를 이긴 성스러운 전쟁'이라는 내전 정당성을 강조하기 위해 세웠다. 신실한 가톨릭 신자인 프랑코가 독재 정권을 '신이 내린 새로운 국가'로 포장하기 위한 상징이기도 했다. 프랑코 독재 정권의 억압과 검열 속에서 힘든 시기를 보낸 쿠엥카는 1975년 프랑코가 사망하고 민주화로 바뀌었다. 내전의 상처가 깊은 소코로 언덕도 가톨릭 신자를 위한 순례길로 자리 잡았다.

쿠엥카 구시가지 전망

쿠엥카 신시가지 전망

베수도 성문 전망

비아 크루시스 표지석

석회암 침식으로 생성된 독특한 지형

GR66 트레일 표시

산 파블로 다리 전망

> **more & more** **소코로 언덕 전망대 하이킹 코스**
>
> ❶ 코스: 쿠엥카 파라도르 ~ 소코로 언덕 정상 (난이도 중간)
> ❷ 거리: 왕복 약 3km (고도 차이 169m)
> ❸ 소요 시간: 왕복 약 1시간 30분
>
> 소코로 언덕 전망대에 가려면 쿠엥카 파라도르에서 GR66 길을 일부 구간 걸어야 한다. GR66에서 GR은 Gran Recorrido의 약자로 50km 이상인 장거리 하이킹 코스다. 66번은 쿠엥카 왕의 전망대 Mirador del Rey에서 시작해 우클레스 수도원 Monasterio de Uclés으로 이어지는 코스를 말한다.
> 파라도르에서 출발해 5분 정도 걸으면 갈림길이 나오는데 우측으로 가야 한다. 'Mirador Cerro del Socorro' 표지판 또는 비아 크루시스 Vía Crucis(십자가의 길) 표지석을 따라간다. 예수가 십자가를 지고 골고다 언덕까지 가는 동안 겪은 14개 주요 장면을 묵상하며 걷는 순례 코스다. 현재는 순례 목적 외에도 쿠엥카의 독특한 자연환경과 전망을 즐기기 위해 이 길을 걷는 사람이 많다. 후에카르 협곡을 따라 형성된 카르스트 Karst 지형을 관람할 수 있다. 약 9천만 년 전(백악기 후기) 얕은 바다였던 이곳은 바다 생물이 퇴적되어 만들어진 석회암과 돌로마이트가 포함된 퇴적암으로 이뤄져있다. 바다가 물러가고 강이 흐른 흔적에 따라 협곡이 만들어졌고 주변 절벽도 비와 바람에 불규칙하게 깎이고 구멍이 뚫리면서 버섯이나 기둥 모양 바위가 형성되었다. 정상에선 쿠엥카 신시가와 구시가를 360도 파노라마로 즐길 수 있다.
> 비교적 짧은 코스라 가볍게 하이킹하기 좋으나 산책 수준으로 쉽지는 않다. 미끄러지지 않는 신발과 편한 복장을 갖추자. 표지판은 잘 되어있지만, 우리나라처럼 안내가 잦은 편은 아닌데다 인적이 드물어 2인 이상으로 움직이길 권한다. 언덕이라 해가 일찍 져서 금세 어두워진다. 소요 시간을 여유롭게 계산해서 일정을 짜도록 하자.

★☆☆

쿠엥카 박물관 Museo de Cuenca

GPS 40.077879, -2.128846

로마 시대 유물을 수집하던 쿠엥카 시장이 1974년 고고학 박물관을 개관했다. 유물과 미술, 민족학에 관한 상설 전시를 통해 쿠엥카 지역의 풍부한 역사와 문화를 볼 수 있다. 0층은 선사 시대, 1층은 고대 로마, 2층은 중세 및 근대 유물을 전시한다. 건물 후면에 적힌 'Omnia mortalium opera mortalitate damnata sunt'는 1981년, 박물관 외관을 재설계한 화가 미겔 사파타Miguel Zapata의 작품이다. 고대 로마 철학자, 세네카가 쓴 구절로 '모든 인간의 작품은 죽는다'라는 뜻이다. 허무주의처럼 보이지만, 어차피 모든 것은 사라질 운명이니 현재를 충실히 살라는 가르침이다. 고고학 유물을 관람하고 보기에 훌륭한 지혜가 아닐 수 없다.

주소 C/ Obispo Valero, 12
운영 6월 중~9월 중 화~토 10:00~14:00, 17:00~19:00 일 10:00~14:00 ,
9월 중~6월 중 화~토 10:00~14:00, 16:00~19:00, 일 10:00~14:00
휴무 월요일, 1월 1·6일, 9월 21일, 성금요일, 12월 24·25·31일
요금 성인 €3, 18세 미만·65세 이상 €1.5 (수요일 오후, 토요일, 일요일 오전 무료)

★★☆

카사스 콜가다스 Casas Colgadas

GPS 40.077754, -2.128493

'매달린 집들'이란 뜻이다. 협곡은 강에 의해 석회암이 침식된 카르스트로, 오랜 기간 산성비를 맞아 침식될 위험이 있다. 공중 저택 또한 붕괴에 대한 우려가 있지만 반세기 동안 굳건한 이유는, 석회암보다 단단하고 내구성이 강한 암반층 위에 지어서다. 그럼에도 8채 이상 있던 저택이 관리 소홀로 무너졌는데 1966년, 남은 3채에 대해 대대적인 복원 작업이 이뤄졌다. 철근과 콘크리트로 보강하고 뒤쪽 암반층과 견고하게 연결했다. 건물과 절벽 사이에 방수 처리를 하고 빗물이 고이지 않도록 배수 시설도 완비했다. 개보수 이후 2016년 스페인 추상 미술 박물관을 열고, 안토니 타피에스Antoni Tàpies와 에두아르도 칠리다Eduardo Chillida 같은 스페인 현대 미술 작가들의 작품을 전시하고 있다.

기회가 된다면, 2025년 미슐랭 스타 레스토랑인 카사스 콜가다스 레스토랑도 함께 경험해보자. 쿠엥카 출신 셰프인 헤수스 세구라Jesús Segura가 운영하며 지역 재료와 전통 요리를 재해석한 코스 요리(€70~)를 선보인다.

스페인 추상 미술 박물관
주소 Casas Colgadas
운영 화~금 10:00~14:00, 16:00~18:00, 토 10:00~14:00, 16:00~20:00, 일 10:00~14:30 **휴무** 월요일, 1월 1·6일, 성목·금요일, 9월 18~21일, 12월 24·25·31일
요금 무료

관용과 공존이 숨 쉬는 스페인 남부
안달루시아 Andalusia

스페인 중부 과달키비르강을 기준으로 이베리아반도 남쪽을 '안달루시아'라고 부른다. 남쪽 끝, 대서양과 지중해를 잇는 지브롤터 해협은 스페인과 아프리카 모로코 간 평화를 도모하는 장벽처럼 흐른다. 겨우 14.9킬로미터, 배로 한 시간 거리인 해협은 711년에 무어인이 반도로 진입하면서 무너졌다. 무어 왕국은 한 문명이 지배하는 세계 정복의 역사와는 결이 달랐다. 대립보다 공존을 선택하고, 갈등을 거쳐 화해를 거쳐 융합하는 복합 문명지로 발전했다.

01
이국적인 아랍 도시 그라나다
Granada

가톨릭 군대가 9개월 동안 그라나다를 포위하자, 식량과 물이 부족해졌고 이슬람 시민들은 굶주림에 시달렸다. 이슬람 왕, 보압딜Boabdil은 그라나다를 잃는 슬픔보다 백성들을 지켜야 한다는 책임감이 앞섰다. 1492년 1월 2일, 780여 년 동안 이베리아반도를 지배했던 술탄은 항복하며 말했다.
"이 땅을 잃었으니, 이제 나에겐 한 줌의 먼지도 없다."
도시와 자신을 동일시한 이슬람 왕의 심정은 처절했다. 도시를 떠날 때도 자주 그라나다를 바라보며 한숨을 쉬었다. 그 뒤를 따르던 어머니는 남자답게 도시를 지키지 못했으니 이제 여인처럼 울라며 그를 탓했다. 보압딜은 알람브라 궁전과 아랍인들의 생활 방식을 보존해달라는 그라나다 협약을 요청했고, 스페인 가톨릭 군주 부부도 이를 받아들였다. 1년도 채우지 못하고 깨져버린 계약이지만, 알람브라만은 살아남았다. 만년설로 뒤덮인 네바다산맥 아래 동화처럼 자리한 궁전에 가톨릭 왕들도 어찌할 도리 없이 홀려버린 이유에서다. 알람브라의 진기한 매력에 대해서야 워싱턴 어빙이 〈알람브라 이야기Cuentos de la Alhambra〉에서 말하지 않았던가. 알람브라 궁전에 한 계절을 머문다 해도 자신을 원망치 않을 것이라고 말이다.

> **여행 Tip** 그라나다에서 꼭 해야 할 일 체크!
>
> ✓ 이슬람 건축의 정수, 알람브라 관람하기
> ✓ 사크로몬테와 알바이신, 아랍 시장에 들러 유럽 속 이슬람 문화 맛보기
> ✓ 그라나다 플라멩코 즐기기

✈ 그라나다 드나들기

1. 그라나다로 이동하기

항공
우리나라에서 출발하는 직항 항공은 없다. 유럽 국영 항공사 등을 이용해 각국 주요 도시에서 1회 갈아탄 뒤 도착할 수 있다. 주로 마드리드나 바르셀로나에서 기차·버스를 타고 긴 시간 이동하기 부담스러운 여행객이 이용한다. 바르셀로나에선 1시간 35분, 마드리드에선 1시간 10분 정도 걸린다.
그라나다 대표 문학가 이름을 따서 페데리코 가르시아 로르카 그라나다-하엔 공항Federico García Lorca Granada-Jaén Airport이다. 그라나다에 있어 그라나다 공항Aeropuerto de Granada으로 불리지만, 근교 도시 하엔과 협력 협정을 맺어 공항 검색 시에는 그라나다 하엔 공항Aeropuerto Granada-Jaén으로 입력해야 한다. 스페인 국영 항공사인 이베리아 항공Iberia Airlines과 스페인 저비용 항공사인 부엘링Vueling이 주로 취항하고 유럽 각국 저비용 항공사가 오간다.

▢ 그라나다 공항에서 시내 이동하기
그라나다 공항에서 시내까지 17km 정도 떨어져 있다. 공항 규모가 작고, 정류장도 출국장 바로 앞에 있어 찾기 쉽다. 알사ALSA에서 운영하는 공항버스 또는 245번 시내버스, 택시를 이용한다. 공항버스와 245번 시내버스 모두 알사에서 진행하며 요금은 같고 소요 시간(약 40분)은 비슷하다. 정류장에 도착해서 먼저 오는 버스를 이용하면 된다. 단, 숙소가 그라나다 대성당 근처가 아니라면 노선도를 보고 가까운 정류장을 잘 확인하자.

공항버스
스페인 전역 및 유럽을 연결하는 글로벌 버스 회사, 알사ALSA에서 운영하는 공항버스다. 그라나다 공항을 출발해 버스 터미널과 기차역을 지나 그라나다 대성당 근처 정류장에 정차한다. 요금은 컨택리스 신용·체크 카드로 결제할 수 있고 현금은 버스 기사에게 직접 내며, 20유로 미만의 현금만 가능하다. 홈페이지에서 예약하면 예약비 0.3유로가 추가된다.

운영 09:00~22:40 (요일마다 변동해 홈페이지 확인 필수)
요금 편도 €3.1
홈피 asla.com

□ **노선도 1**

Aeropuerto(Airport) ▶ Santa Fe ▶ Period Eugenio Selles ▶ Plaza de Europa– José Mª Carulla ▶ Granada Bus Station (그라나다 버스 터미널) ▶ C/Pintor Fco Pradilla, N3 ▶ Av Constitución.Habba (그라나다 기차역 근처) ▶ Gran Via Colon. Catedral (그라나다 대성당)

※ 시내버스 245번
245번은 공항(3 Zonas)과 시내를 오가는 시내버스다. CTAGR (그라나다 대중교통 컨소시엄, Consorcio de Transporte Metropolitano del Área de Granada)에서 운영하며 알사에서 운행해 버스에 ALSA 로고가 붙어있고 전광판에 245번이라고 표시된다.

운영 아래 시간표 참고
요금 편도 €3.1
홈피 siu.ctagr.es/es/movil/horarios_lineas_tabla.php?lang=es&from=1&linea=918

□ **노선도 2**

Aeropuerto (Airport) ▶ Avda. Palos de la Frontera 2 ▶ Periodista Eugenio Selles ▶ Plaza de Europa ▶ Estacion de Autobuses ▶ Francisco Pradilla ▶ Constitución 3 ▶ Constitución 4 ▶ Catedral (주소 C. Gran Vía de Colón, 12) ▶ Acera del Darro ▶ Palacio de Congresos

□ **시간표**

그라나다 시내 출발

요일	출발 시간 (※시간 변동될 수 있어 홈페이지 확인 필수)
월	04:00, 07:00, 09:00, 10:00, 12:15, 14:00, 15:20, 17:00, 20:00, 20:01
화	04:00, 07:00, 09:00, 10:00, 10:15, 12:15, 12:16, 14:00, 15:20, 17:00, 18:46
수	07:00, 08:01, 09:00, 10:00, 10:15, 12:15, 14:00, 15:20, 17:00, 18:46
목	07:00, 08:01, 09:00, 10:00, 10:15, 12:15, 14:00, 17:00, 18:46
금	07:00, 08:01, 09:00, 10:00, 10:01, 10:15, 12:15, 12:16, 14:00, 17:00, 20:00
토	06:30, 06:31, 07:00, 10:00, 10:15, 10:16, 15:20, 15:21, 17:01
일	08:15, 08:01, 10:01, 12:00, 17:00, 18:00, 19:00, 20:00, 20:01

그라나다 공항 출발

요일	출발 시간 (※시간 변동될 수 있어 홈페이지 확인 필수)
월	09:20, 12:45, 13:45, 14:40, 18:35, 19:40, 21:30, 22:20
화	09:20, 12:30, 12:45, 14:40, 18:35, 19:30, 21:00, 21:30
수	09:20, 12:30, 12:45, 14:40, 18:35, 19:30, 21:00, 21:30
목	09:20, 10:15, 12:30, 12:45, 14:15, 14:40, 19:30, 21:00
금	09:20, 12:30, 12:45, 14:40, 19:30, 21:00, 21:45
토	09:00, 09:10, 09:20, 11:35, 13:08, 14:15, 19:00
일	09:20, 10:00, 12:00, 13:15, 14:15, 14:40, 17:50, 20:05, 21:15

택시

짐이 많거나 동행이 있다면 택시를 타는 방법도 있다. 공항에서 시내까지 35유로 정도로 요금이 정해져있다. 짐 요금은 추가로 받지 않는다. 공항이 작고 편수도 많지 않아 비행기가 착륙하고 30분 정도 지나면 대기하는 택시가 거의 없다. 택시를 이용하려고 서두를 필요는 없지만, 늑장을 부려도 안 된다. 시내까지 30~40분 정도 소요된다.

우버Uber와 볼트Bolt 같은 차량 공유 서비스는 택시보다 가격이 저렴한 경우가 많다. 입국장 앞 택시 정류장에서 승차할 수 있다.

기차

기차는 스페인 전역을 연결하지만, 북부 도시는 노선이 잘 없고 바르셀로나로 오가는 직행 열차는 소요 시간이 길고 배차도 많지 않다. 말라가·세비야 등 근교 도시도 배차가 1일 3~4편 정도로 한정되어 있어 버스보다 선호도가 낮다.

마드리드에서 출발한다면 버스보다 기차를 추천한다. 초고속 직행 열차를 타면 3시간 17분 만에 도착한다. 기차는 일찍 예매할수록 가격이 낮아지니 일정이 정해지면 우선 예매부터 해두자. 초고속·고속 열차는 승차권 구매와 좌석 예약이 필수다. 마드리드와 그라나다 사이에 있는 코르도바에 들러 여행하고 이동하는 동선도 추천한다.

그라나다역Estación de Granada이 시내 중심에서 2km 정도 떨어져 있어 도심으로 들어오려면 시내버스(4번)를 타야 한다.

◻ **주요 도시 이동 시간**

그라나다 ◀▶ 바르셀로나 6시간 26분~
그라나다 ◀▶ 마드리드 3시간 17분~
그라나다 ◀▶ 세비야 2시간 35분~
그라나다 ◀▶ 말라가 1시간 17분~

버스

안달루시아는 산맥과 구릉이 많은 지역이라 철도가 발달하지 못했다. 북쪽으로 모레나산맥Sierra Morena, 서쪽에는 베티코산맥Sistema Bético, 그라나다 동쪽으로 네바다산맥Sierra Nevada까지 험준한 산들이 모여있어 철도 건설이 어려웠다. 대신 도로를 정비해 장·단거리 버스 노선이 발달했다. 안달루시아 지역을 여행할 때 버스 선호도가 높은 이유다. 세비야와 말라가, 코르도바, 네르하 등 소도시를 연결한다. 단, 론다는 직행 버스가 없고 말라가에서 갈아탄 뒤 도착할 수 있다.

그라나다 버스 터미널Estación de Autobuses de Granada은 시내에서 3km 정도 떨어져 있어 도보로 이동하기 어렵다. 버스 터미널 앞 정류장에서 33번 버스를 타고 그라나다 대성당 인근Gran via Catedral 정류장에서 하차한다.

◻ **주요 도시 이동 시간**

그라나다 ◀▶ 바르셀로나 12시간
그라나다 ◀▶ 마드리드 4시간 30분
그라나다 ◀▶ 세비야 3시간
그라나다 ◀▶ 말라가 1시간 30분

알사버스 승차권 자동매표기

2. 그라나다 안에서 이동하기

그라나다는 공항과 기차역, 버스 터미널이 도심과 떨어져 있어 시내버스를 타야 한다. 공항에선 알사ALSA 공항버스나 245번 버스, 기차역에선 4번, 버스 터미널에선 33번 버스를 타면 된다.
명소가 모여있는 구시가지는 알람브라 · 알바이신 지구와 센트로 지구로 나뉜다. 비교적 평지에 있는 센트로 지구는 걸어서 이동할 수 있지만, 언덕 위에 있는 알람브라와 알바이신 지구는 오래 걷기에 부담이 되니 버스를 타는 편이 낫다. 역사적인 동네라 언덕길이 좁아 10~12인승 미니버스가 운행한다. 일명 알람브라 버스로 번호 앞에 C, 야간 버스는 N(night)가 붙는다. 알람브라 궁전으로 가는 C30, C32번 버스는 늘 혼잡한 편이며 소매치기를 조심해야 한다.

□ 알람브라 버스 주요 노선

버스	운영 시간	출발 지점	주요 정차지
C30	07:12~23:00	이사벨 라 카톨리카 광장 (Plaza Isabel la Católica)	알람브라 궁전(Alhambra)
C31	월~목 06:55~23:00 금~일 06:55~익일 01:00	누에바 광장(Plaza Nueva)	니콜라스 전망대(Plaza San Nicolás) 대성당(Gran Via 5)
C32	07:00~23:00	이사벨 라 카톨리카 광장 (Plaza Isabel la Católica 4)	알람브라 궁전(Alhambra) 니콜라스 전망대(Plaza San Nicolás) 대성당(Gran Via 5)
C34	월~목 07:30~22:00 금~일 07:30~23:00	누에바 광장(Plaza Nueva)	대성당(Gran Via 5) 사크로몬테(Camino del Sacromonte)

운영 06:30~익일 01:00 (노선/요일 따라 변동)   홈피 movilidadgranada.com

일반 시내버스 | 시내버스 승차권 자동 판매기
알함브라 버스 정류장 | 누에바 광장 알함브라 버스 정류장

Tip | 그라나다 교통권과 카드

1. 그라나다 교통권

승차권은 버스 기사에게 직접 현금으로 내거나 주요 정류장에 있는 승차권 자동 발매기를 이용한다. 그라나다 충전식 교통카드인 크레디부스 Credibús도 버스 기사에게 구매할 수 있지만, 재고가 없을 때가 있으니 발매기를 이용하는 편이 낫다. 교통카드는 최초에 카드를 구매해야 하지만, 1회 요금이 50% 정도 저렴하고 여럿이 쓸 수 있다. 유가를 비롯한 스페인 정책에 따라 추가 할인 혜택도 있다. 단, 충전된 금액은 환불이 되지 않아 이용 횟수를 잘 확인해서 충전해야 한다. 모든 승차권은 1시간 이내에 무료로 갈아탈 수 있으며, 반드시 개찰기에 태깅해야 한다. 우리나라와 사용 방법이 같아 개찰기에 카드를 대면 된다. 또한 같은 노선은 환승할 수 없다. 내릴 때는 하차 벨을 누르고 교통카드는 다시 태깅할 필요 없다.

승차권 종류		구매 요금	1회 요금
단일 승차권	1회 승차권(Billete ordinario)	€1.6	€1.6
	1회 야간버스(Bus-búho)	€1.7	€1.7
크레디부스 (Credibús)	카드 구매	€2	
	€5 충전	€5	€0.9
	€10 충전	€10	€0.89
	€20 충전	€20	€0.88

2. 그라나다 카드 Granada Card

그라나다 주요 관광지 무료 입장 및 할인 혜택과 교통 패스를 더한 여행자 카드다. 알람브라 궁전과 그라나다 대성당, 왕실 예배당, 사크로몬테 수도원 등 주요 여행지를 포함하며, 시내버스 9회, 시티투어버스 1회 무료 승차할 수 있다. 알람브라 궁전 입장권은 개별 구매하면 매진된 경우가 많은데 그라나다 카드를 구매하면 비교적 쉽게 입장권을 확보할 수 있다. 카드를 구매할 때 알람브라 입장 날짜와 나스르 궁전 입장 시각을 지정해야 하며, 만약 알람브라 궁전 입장권이 여행 일정에 남아 있지 않다면 그라나다 카드를 살 필요가 없다.

요금 48시간권 €51.06, 72시간권 €59.57　　**홈피** granada-card.com

그라나다 시티투어버스

알람브라와 알바이신, 사크로몬테, 그라나다 대성당까지 주요 명소만 운행하는 버스다. 버스라기보다 차량을 2개 이어 붙인 꼬마 기차 형태다. 그라나다 교통권은 사용할 수 없고, 전용 시티투어버스 승차권을 구매해야 한다. 1회권은 한 번 하차하면 다시 탈 수 없으므로 전체를 둘러보고 싶은 여행객에게 추천한다. 1일권과 2일권은 원하는 곳에 내렸다가 다시 탈 수 있는 홉 온 홉 오프 Hop on Hop off 승차권이다. 한국어 오디오 가이드도 제공하지만, 설명이 짧아 아쉽다.

운영 4~10월 09:30~21:00, 11~3월 09:30~19:30
요금 1회권 €7.2, 1일권 €9.6, 2일권 €14.4 (8세 이하 무료)
홈피 granada.city-tour.com

택시

기차역이나 버스 터미널, 대표 광장 앞에 정차된 택시가 많으며 비교적 쉽게 택시를 잡을 수 있다. 요금은 미터기로 계산하며 요일·시간에 따라 적용되는 요금 기준이 다르다.

택시보다 차량 공유 서비스인 우버Uber와 볼트Bolt를 이용하면 더욱 편리하고 저렴하다. 요금을 확인할 수 있고 영어 소통이 어려운 기사라도 앱에서 목적지를 지정해 정확하다.

요금제(Tarifa)	운영 시간	기본 요금	추가 요금 (1km당)	대기 요금 (시간당)	최소 요금
일반 요금	월~목 07:00~21:00/금 ~22:00	€1.60	€0.99	€21.84	€4.25
야간·공휴일 요금	월~목 22:00~익일 07:00/금 21:00~ 주말 및 공휴일 06:00~익일 01:00	€2.02	€1.18	€34.15	€5.28
심야 특별 요금	주말 및 공휴일 01:00~06:00	€2.47	€1.33	€2.02	€6.50

☐ 관광 안내소

시청 앞 관광 안내소 Centro Municipal de Recepción Turística
주소 Pl. de Sta. Ana, Centro
시간 09:00~19:30

 ## 그라나다 추천 일정

그라나다는 스페인어로 석류라는 뜻으로 가로등도 석류 모양이다.

그라나다는 시내 중심인 센트로Centro 지구와 두 개의 언덕, 알람브라와 알바이신Alhambra & Albaicín 지구로 나뉜다. 센트로 지구는 가톨릭 왕국을 대표하는 그라나다 대성당과 왕실 예배당, 이슬람 문화를 즐길 수 있는 아랍 시장이 있다. 그라나다에서 꼭 관람해야 하는 알람브라는 공간이 넓고 볼거리가 많아 하루 전체 일정으로 계획해야 한다. 저녁에는 타파스 바를 돌아다니거나 그라나다 플라멩코 공연을 관람하자. 이슬람식 목욕탕인 하맘에 들러 하루를 마감하는 것도 좋다.

1일차

이사벨 라 카톨리카 광장 → 버스 5분 → 알람브라 → 도보 15분 → 바뇨엘로 → 도보 15분 → 니콜라스 전망대

2일차

그라나다 대성당 → 도보 1분 → 그라나다 왕실 예배당 → 도보 3분 → 아랍 시장 → 도보 20분/버스 10분 → 빅토리아 카르멘 → 도보 10분 → 사크로몬테 → 도보 5분 → 플라멩코 공연 관람

알람브라와 알바이신 지구

 ★★★
알람브라 Alhambra

GPS 37.176149, -3.588138

13세기 이슬람 왕국이 그라나다를 지배하고 세운 요새 도시다. 네바다산맥이 유럽 대륙에서 오는 적을 방어해주고 가파른 협곡 위에 도시를 세워 이름 그대로 난공불락인 성이다. 알람브라를 궁전이라 하지 않는 이유는 궁전 여러 채와 요새, 정원 등으로 구성된 거대한 복합 단지여서다. 모스크와 목욕탕, 공방과 주택 등 주거와 공공시설이 갖춰져 있으며 시에라산맥에서 발원한 물을 끌어 만든 수로 시스템이 있어 그라나다를 포위하더라도 버틸 수 있었다. 1492년 이사벨 여왕과 페르난도 2세가 이끄는 가톨릭 군대가 공격했을 때도 이슬람 왕권에 내부 분열이 없었다면 항복을 받아내기 어려웠을지도 모른다. 이슬람 마지막 왕인 보압딜^{Boabdil, Abu}

Abdullah은 그라나다 항복 협정을 쓰며 알람브라를 포함한 이슬람 문화유산을 부수지 말아 달라는 조항을 넣었다. 협정에는 무슬림 문화와 종교 유지에 대한 조건도 있었으나 10년 뒤 무산되었다. 기독교로 개종하지 않으면 추방했고, 개종한 무슬림인 모리스코Moriscos도 탄압받았다. 스페인에서 이슬람 문화는 찾아볼 수 없었고 알람브라도 황폐해졌다.

300여 년이 지난 1830년, 미국 공사관 비서였던 워싱턴 어빙Washington Irving이 그라나다에서 생활하며 〈알람브라 이야기Tales of the Alhambra〉(1832)를 출간, 세계적인 관심을 받았다. 고증을 통해 복구하고 관리해 지금은 유네스코 세계 문화유산으로 등재되었다. 1896년 스페인 기타리스트 프란시스코 타레가Francisco Tárrega의 곡 '알람브라 궁전의 추억Recuerdos de la Alhambra'으로 유명세를 탔고, 우리나라에선 tvN 드라마 〈알함브라 궁전의 추억〉(2016)으로 널리 알려졌다.

주소 C. Real de la Alhambra
운영 4~10월 중 08:30~20:00, 10월 중~3월 08:30~18:00
휴무 1월 1일, 12월 25일 (카를로스 5세 궁전 미술관과 박물관 월요일 휴무)
요금 p.342 Tip 참고
홈피 alhambra-patronato.es

---

more & more 알람브라 물 관리 시스템, 왕의 수로 Acequia Real

해발 750m 고원에 알람브라를 건설한 무함마드 1세Muhammad I는 도시에 물을 공급하기 위해 골머리를 앓았다. 가장 가까운 다로강Río Darro이 고원 아래로 흘러서다. 6.4km 떨어진 헤수스 델 바예Jesús del Valle 지역에서 강 상류를 발견했고 작은 댐assúdd을 세웠다. 사크로몬테 언덕 경사를 따라 수로와 도관을 놓아 관개 시스템, '왕의 수로'를 만들었다. 낮은 구간에선 나선형 물레방아Noria를 사용해 물을 길어 올렸다. 이 수로는 궁전과 정원에 물을 공급하는 중요한 역할을 했다. 수로는 알람브라 물의 탑Torre del Agua에 도착한다. 수압을 조절하는 중요 시설로 적이 수로를 파괴하지 못하도록 성벽과 연결되어 있다. 이곳에서 헤네랄리페와 나스르 궁전으로 물길이 나뉜다. 헤네랄리페는 정원과 농경지에, 나스르 궁전은 지금은 알히베스 광장Plaza de los Aljibes인 지하 저수조Albercas에 모였다가 분수와 목욕탕으로 공급되었다. 물은 다시 언덕 아래 누에바 광장에 모여 다로강에 흘러 들어갔다.

물의 탑

지하 저수조였던 알히베스 광장

Tip | 알람브라 입장권 구매

그라나다를 여행하는 이유라고 할 정도로 알람브라는 주요 명소다. 현장에서 입장권을 구매할 수 있지만, 여행객이 전 세계에서 오는 만큼 원하는 일자·시간에 보려면 반드시 예약하고 방문하자. 알람브라에서 입장권이 필요한 공간은 이슬람 왕궁인 나스르 궁전, 요새 알카사바, 여름 별장인 헤네랄리페다. 입장 시 입장권 또는 QR코드와 여권을 함께 확인한다. 그중 하이라이트인 나스르 궁전은 30분마다 300명씩 입장 인원을 제한해 예매 시 입장 시간을 지정해야 한다. 10시 이후부터 단체·개별 투어가 모이는 시간대로 붐비기에 9시 30분 이전 입장을 추천한다. 늦은 봄부터 가을 초까지는 한낮 무더위에 관람이 힘들어 오후 3시 이후 입장도 예매율이 높다.

파라도르 레스토랑을 빼면 알람브라에 간이매점만 있어 미리 도시락을 준비하는 것이 좋다.

입장권 구매 방법

공식 홈페이지에서 방문 일자와 시간, 인원, 개인 정보를 입력하고 결제하면 입력한 메일로 예약 번호를 포함한 QR코드가 전송된다. 온라인 구매 시 예약비 6%가 추가된다. 예약은 방문 당일부터 1년 후까지 입장권 예약이 가능하나 빠르게 매진되므로, 성수기가 아니라도 원하는 일정에 하려면 방문일 2달 전에는 예약하길 권한다. 11세 이하는 무료 입장이나 입장권은 홈페이지에서 예약해야 한다.

홈피 tickets.alhambra-patronato.es

티켓 종류	가격	포함 내용
알람브라 일반 Alhambra General	€22.27	나스르 궁전, 헤네랄리페, 알카사바
정원, 헤네랄리페, 알카사바 Gardens, Generalife, and Alcazab	€12.73	헤네랄리페, 알카사바
도블라 데 오로 일반 Dobla de Oro General	€30.48	2일 내 방문 : 알람브라 일반 + 안달루시아 기념물 (대중목욕탕, 다르알 호라 궁전, 마리스탄 등)
야간 방문: 나스르 궁전 Night Visit to Nasrid Palaces	€12.73	나스르 궁전 야간 방문
야간 방문: 정원 & 헤네랄리페 Night Visit to Gardens & Generalife	€8.48	정원과 헤네랄리페 야간 방문

※ 입장권을 구매하지 못했다면?

❶ 방문일이 가까워지면 취소된 입장권이 생기기도 한다. 공식 홈페이지에 자주 들어가서 새로고침을 눌러보자. 생겨도 금세 예약되는 경우가 많으니 빠르게 구매해야 한다.
❷ 그라나다 카드를 구매하자. 나스르 궁전 예약이 포함되는데 미리 확보된 입장권 수량이 있어 공식 홈페이지에 매진되었더라도 남은 입장 시간대가 있을 수 있다. 나스르 궁전만 되므로 헤네랄리페나 알카사바는 따로 입장권을 예약해야 한다.
❸ 온라인 대행사에 입장권을 알아보자. 미리 확보된 입장권 수량이 있어 공식 홈페이지에 매진된 입장권도 남아있다. 수량이 여유롭진 않아서 빠르게 구매해야 한다.

※ 알람브라 입장 시 주의 사항

❶ 알람브라 입장권 구매 후 시간 변경이나 취소가 되지 않는다.
❷ 입장권은 양도할 수 없으며 입장권과 함께 여권 원본을 반드시 제시해야 한다.
❸ 알람브라 투어는 대부분 입장권을 포함하지 않으므로 투어를 진행하는 날과 시간을 확인한 뒤 입장권을 예매해야 한다.
❹ 지정한 시간보다 30분 전에 나스르 궁전 입구 앞에서 대기해야 한다. 예약 시간 1시간 전까지 미리 알람브라에 도착하자.
❺ 40x40cm보다 작은 가방만 허용되므로 그보다 큰 가방은 무료 사물함에 넣고 입장하자.
❻ 겨울이 아니라면 선글라스나 모자 등 차양 제품이 필요하다. 매점이나 식당이 많지 않아 물, 도시락, 주전부리를 미리 준비하는 것이 좋다.

Special Tour 16 알람브라 자세히 보기

알람브라는 붉은 성(Al-Hamrā, الحمراء)이라는 뜻이다. 붉은 철이 많이 섞인 벽돌로 쌓아 해가 뜨고 질 때 더욱 빛난다. 그러니 알람브라를 제대로 보려면 하루를 온종일 써야 한다. 먼저 내부를 둘러본 뒤 알바이신Albaicín 언덕으로 이동해 알람브라 일몰부터 야경까지 둘러보자.

알람브라는 사비카 언덕Cerro de Sabika에 자리해 경사가 있다. 가장 높은 곳에 여름 별장인 헤네랄리페가 있고 내리막길을 따라 걸으면 그라나다 파라도르와 아벤세라헤스 궁전, 카를로스 5세 궁전, 나스르 궁전, 알카사바가 차례로 나타난다.

추천 일정

☐ **체력이 우선순위라면?**

시내에서 C30 · C32번 버스 이용, **알람브라 헤네랄리페 2**Alhambra-Generalife 2 **정류장 하차** ▶ 헤네랄리페 ▶ 그라나다 파라도르 ▶ 아벤세라헤스 궁전 ▶ 카를로스 5세 궁전 ▶ 나스르 궁전 ▶ 알카사바 순으로 내리막길을 따라 이동하는 동선을 이용하자.

☐ **한적하게 둘러보고 싶다면?**

시내에서 C30 · C32번 버스 이용, **정의의 문**Puerta de la Justicia **정류장 하차** ▶ 9시 전 나스르 궁전 입장 ▶ 카를로스 5세 궁전 ▶ 알카사바 ▶ 아벤세라헤스 궁전 ▶ 그라나다 파라도르 ▶ 헤네랄리페 순으로 관람 후 **어린 왕의 오르막길**Cuesta del Rey Chico를 따라 내려온다. 마지막 이슬람 술탄, 보압딜이 알람브라를 떠날 때 사용한 경사진 길이다. 헤네랄리페도 인기가 많아 한적하게 둘러보고 싶다면 버스를 이용해 헤네랄리페 2 정류장에서 하차한 뒤 내리막길을 걸어오며 관람하자.

어린 왕의 오르막길

헤네랄리페 Generalife

14세기, 나스르 왕조의 초대 술탄인 무하마드 1세는 알람브라를 강력한 방어 요새로 만들고자 했다. 안정적인 식수 공급을 위해 관개 시설을 정비하고, 헤네랄리페 주변에 농장을 만들어 자급자족할 수 있었다. 왕조가 안정기에 접어든 무함마드 3세에 와서야 왕가를 위한 여름 별궁을 지었다.

❶ 수로 정원 Patio de la Acequia

헤네랄리페가 나스르 궁전보다 고도가 높긴 하지만, 한여름 무더위를 식히기엔 부족했다. 네바다산맥에서 발원한 물이 왕의 수로를 타고 헤네랄리페 곳곳에 흐르도록 만들었다. 가장 먼저 도착하는 곳이 수로 정원이다. 직사각형 뜰에 수로처럼 기다란 연못을 설치해 물이 흐르게 했다. 물이 증발하면서 공기를 식히는 역할이다. 북쪽 끝에는 수플라토리오Soplatorio라는 공간을 만들었는데, 산맥에서 불어오는 시원한 바람을 내부로 가져와 냉각효과를 극대화했다. 풍향을 맞추기 위해 닫힌 공간이었으나 후대에 개조되면서 경관을 감상할 수 있는 테라스가 생겨났다. 왕은 이곳에서 쉬면서 알람브라와 그라나다 시내를 내려다보곤 했다. 무슬림은 좌식 생활을 해서 앉아서 전망할 수 있도록 난간을 낮췄다. 12개의 교차하는 물줄기 분수는 1958년 발굴 때 발견해 재현했다.

❷ 술타나의 사이프러스 정원
Patio del Ciprés de la Sultana

16세기 가톨릭 세력이 개조할 당시에는 단순한 연못이었으나 1920년, 기하학 구조와 대칭, 패턴 등 무어 양식을 연구하던 프랑스 조경가에 의해 유럽에 유행되기도 했다.
1565년 소설 〈그라나다 전쟁〉에서 보압딜의 부인, 술타나가 유력 귀족 가문인 아벤세라헤의 젊은 기사와 불륜해 몰락하는 내용이 있다. 호사가들은 정원의 고사한 사이프러스 나무에 이들의 금지된 사랑을 지켜보다 저주받았다는 이야기와 이름을 붙였다.

❸ 물의 계단 Escalera del Agua

헤네랄리페는 물의 궁전이다. 수로와 연못, 계단 난간에도 시냇물이 흐른다. 무더운 날 뜨거워진 공기를 흡수해 기온을 낮추는 역할을 했다. 흐르는 물소리가 명상하기 좋고, 음악 소리처럼 경쾌한 분위기를 더한다. 실제로 예술과 철학을 사랑한 나스르 왕조는 이곳에서 시와 음악을 즐겼다. 물의 계단 위 정자나 전망 공간에서 음악을 감상했고 물소리는 악기 반주처럼 음률을 더했다.

그라나다 파라도르 Parador de Granada

국영 호텔로 운영 중이지만, 원래 이슬람 무함마드 3세 때 왕자를 위해 지은 궁전이었다. 1492년 이사벨 여왕과 페르난도 왕이 그라나다를 장악하고 2년 뒤, 산 프란시스코 수도원 Convento de San Francisco 으로 바뀌었다. 알람브라에 마음을 뺏긴 '가톨릭 부부'는 이슬람 건축물을 부수지 못하고 가톨릭 상징을 추가하는 형태로 개조했으며 종탑도 이때 지어졌다. 그라나다에 묻히고 싶다고 유언을 남긴 이사벨 1세와 페르난도 2세는 왕실 예배당이 완공될 때까지 수도원 건물(옛 이슬람 기도실 Mirhab 자리)에 안치했다. 현재는 바닥에 대리석 명판으로 표시해 이를 기념하고 있다.

국영 호텔 파라도르는 꼭 숙박하지 않아도 미슐랭 추천 레스토랑을 이용하거나 수도원 건물 일부와 정원을 관람할 수 있다. 옛 이슬람 궁전에 있던 기하학 패턴과 색채 모자이크를 볼 수 있으며 수도원 회랑은 무어식 바닥 수로가 그대로 남아있어 이채롭다.

이사벨 여왕 대리석 명판

수도원 건물

아벤세라헤스 저택 Palacio de Abencerrajes

13세기 말 무함마드 2세가 술탄이 되며 위세를 떨치기 시작한 귀족 가문, 에벤세라헤스의 저택이다. 도시 중심부와 가까이 자리하고 있어 얼마나 유세한 가문인지 알 수 있다. 저택은 중앙 안뜰에 방 3개 건물과 연못이 있는 전형적인 이슬람 주택 구조로 지어졌다. 동쪽에는 아랍식 목욕탕 하맘 Hammam 2개가 있다. 저택 터는 20세기 후반에 발굴되었으며 1501년 저택 양도 문서를 통해 집주인이 누구인지 확인되었다.

카를로스 5세 궁전 Palacio de Carlos V

스페인 왕 카를로스 5세는 포르투갈 이사벨 공주와 결혼 후 왕권 강화를 위해 스페인 전역을 다녔다. 1526년 여름, 이사벨 여왕이 전국 통일에 마침표를 찍은 그라나다에 도착했다. 카스티야 귀족들이 반란을 일으킨 뒤라 스페인 왕조의 상징적 도시인 그라나다에서 왕권을 공고히 하기 위함이었다. 이때 그라나다 대성당을 포함한 기독교 건축물을 여럿 세우고, 르네상스 양식 궁전도 지었다. 문제는 궁전이 알람브라에 있다는 점이었다. 이슬람 궁전 일부를 철거하자 알람브라의 영혼을 훼손한다며 그라나다 시민들 사이에서 반발이 일었다. 건축비를 위해 무슬림 후예인 모리스코 Morisco에게 세금을 부과했고 결국 1568년 알푸하라스 Alpujarras 반란이 일어났다. 카를로스 5세 궁전은 예산 부족과 후대 왕들의 무관심으로 오랜 기간 방치되다 1957년에야 완공되었다.

건축 면에서 보자면, 스페인 르네상스 양식 중 유일한 건축물이다. 이탈리아 건축가, 페드로 마치카 Pedro Machuca가 설계한 궁전은 정사각형 건물 안에 지름 30m 원형으로 된 중앙 안뜰 Patio Circular이 있다. 울림이 좋아 1883년 심포니 콘서트가 열렸으며 이후 매년 여름에는 그라나다 국제 음악회가 열린다. 1층은 간결한 도리아식 기둥, 2층은 유려한 이오니아식 기둥을 사용했다. 외벽도 1층은 거친 석조를 사용해 강한 느낌이라면 2층은 매끄럽게 마감하고 창문에 부조나 조각으로 꾸며 화려하다. 1층은 알람브라 박물관, 2층은 그라나다 미술관으로 운영되고 있다.

카를로스 5세 궁전 외벽

> **more & more** **이명동인, 카를로스 5세는 카를로스 1세다**
>
> 카를로스 5세는 국토 회복 운동으로 전국을 통일한 이사벨 여왕과 페르난도 왕의 손자다. 아버지 펠리페 1세를 일찍 여의고 어머니 후아나 1세는 정신 이상이어서, 카를로스 5세가 외할아버지 페르난도 2세에 이어 스페인 국왕으로 즉위했다. 외할아버지가 돌아가시고 3년 뒤 할아버지인 신성 로마 제국 황제, 막시밀리안 1세가 세상을 떠나면서 선거를 통해 신성 로마 제국 황제까지 즉위하게 되었다. 따라서 스페인에서는 카를로스 1세, 신성 로마 제국에서는 카를로스 5세로 불린다. 스페인을 포함해 독일, 이탈리아, 플랑드르, 아메리카 대륙까지 아우르는 초강대국인 신성 로마 제곡의 황제이므로 카를로스 5세로 더 널리 불린다.

나스르 궁전 Palacios Nazaríes

나스르 궁전은 알람브라 핵심 왕궁으로 네 구역으로 나뉜다. 메수아르 궁전과 코마레스 궁전, 사자 궁전을 지나 파르탈 궁전까지다. 건축 양식은 이슬람 전통을 따른다. 분수나 연못이 있는 안뜰을 중심으로 가장자리에 회랑을 만들고 방을 배치하는 구조다. 곳곳에 수로를 두고 바람이 잘 통하도록 만들어 여름에 시원할 수 있도록 지었다. 방에는 전망대를 두어 정원이나 도시를 내려다볼 수 있게 했다. 방마다 정교한 아라베스크 문양과 기하학적인 장식이 압도적이다.

1. 메수아르 궁전 Palacio de Mexuar

메수아르 궁전은 나스르 왕조 때 행정과 사법 업무를 수행하던 공간으로 왕실 문서실과 재무부 등 수행 공간이 있다. 나스르 궁전에 입장하면 3개의 안뜰이 이어지는데 첫 번째와 두 번째 안뜰은 가톨릭 세력이 그라나다를 지배했을 때 개조·개축하여 파괴되었다. 이후 계속 사용되던 세 번째 안뜰은 비교적 보존이 잘 되어있으며 중정과 연결된 메수아르 방과 황금의 방을 볼 수 있다. 다른 궁전에 비해 이슬람 장식을 자세히 관람할 수 있는데, 업무를 보던 장소라 비교적 내구성 좋은 재료가 사용되었다. 일부 기독교 양식으로 바뀌었지만, 건물 안쪽에 있어 침식과 풍화 영향을 덜 받았다.
앉아서 전망할 수 있도록 난간을 낮췄다. 12개의 교차하는 물줄기 분수는 1958년 발굴 때 발견해 재현되었다.

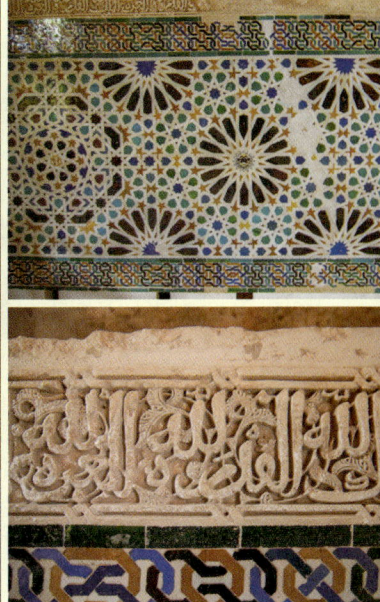

❹ 메수아르 방 Sala de Mexuar

나스르 궁전에서 가장 오래된 구역으로 술탄의 정치 집무실이면서 회의실이다. 이곳에서 신하들과 회의하고 백성들의 청원을 받았으며 재판을 열기도 했다. 가톨릭 세력에 의해 기독교 예배당으로 개조되었다가 19세기 때 이슬람 양식으로 복구되었다.

기하학 패턴과 식물 문양, 코란 구절을 딴 아랍어 명문이 적힌 석고 장식을 볼 수 있다. 색 타일로 만든 아줄레호(Azulejo) 장식이 특징이다. 가톨릭 요소도 곳곳에서 발견할 수 있는데 대표적으로 카를로스 5세 문장이 있다. 중앙에 고대 그리스 로마 신화인 헤라클레스 기둥이 그려진 문장은 이베리아반도와 아프리카를 가르는 지브롤터 해협을 지배한 스페인 왕권을 내세우는 표시다.

❺ 황금의 방
Cuarto Dorado

왕을 알현하기 위해 대기하던 공간이다. 당시 천장에 금박 장식이 있었기에 황금의 방으로 불렸다. 지금은 가톨릭 왕조가 무데하르 양식으로 복원한 나무 천장이다. 벽면은 석고를 이용한 장식. 스투코(Stucco)가 있다. 보통 코란 문구나 시를 적는데, 이곳에는 나스르 왕조 이념인 '오직 알라만이 승리자다(ولا غالب إلا الله)'가 적혀있다.

2. 코마레스 궁전 Palacio de Comares

14세기 초 함께 지어진 메수아르 궁전과 연결되어 있다. 공식 왕궁 및 국가의 중심으로 최고 권력인 술탄이 국가를 통치하던 곳이자 공식 거처다. '코마레스 파사드Comares Façade'를 지나 연결된다. 술탄이 오래 머무는 장소인 만큼 어느 궁전보다 화려하고 아름답게 꾸몄으나 석고로 장식했기에 마모된 곳이 많다.

❻ 아라야네스 안뜰 Patio de los Arrayanes

이슬람 경전인 코란에 따르면 물은 모든 생명의 근원이며 신이 내린 선물이자 풍요와 번영의 상징이다. 이슬람 천국에 물과 젖, 꿀, 포도주가 흐르는 강이 있다고 해서 이슬람 건축에는 반사 연못이나 분수로 이를 구현했다. 길이 34m, 너비 7.1m의 긴 연못은 하늘과 코마레스 탑Torre de Comares이 반사되어 마치 낙원에 당도한 것 같은 착각이 든다. 양옆 나무 울타리는 머틀Myrtle 나무로 우리나라에선 은매화, 스페인어로 아라야네스라 부른다. 향기롭다는 뜻인데 여름에 피는 흰 꽃보다 잎이나 열매에 향기가 나서 사계절 내내 냄새가 좋고, 고대 로마 시대에는 목욕탕 입욕제로도 사용되었다. 벽면에는 당대 유명 시인 븐 잠라크Ibn Zamrak가 지은 11편 중 8편의 시가 남아있다. 아라야네스 안뜰을 걷는다는 건 천국을 걷는 바와 다르지 않다.

❼ 바르카의 방 Sala de la Barca

방문자는 대사관의 방에 들어서기 전에 바르카의 방Sala de la Barca에서 기다렸다. 천장이 작은 배 밑바닥처럼 길고 움푹 들어가 있어 붙여진 이름이다. Barca는 스페인어로 배를 의미하는데, 원래 아랍어인 바라카Baraka, 신의 축복에서 유래됐다는 이야기도 있다. 석고 장식에 푸른 물감이 칠해진 흔적을 볼 수 있는데, 푸른색은 하늘과 물을 상징해 신의 보호와 축복을 의미한다.

❽ 대사관의 방 Sala de los Embajadores

코마레스 탑 내에 있는 11.3m 정사각형인 방으로 알람브라에서 가장 크게 지어 술탄의 위엄을 강조했다. 이름처럼 술탄이 외국 대사들과 회담을 나누던 장소로 부와 권력을 드러내는 건축 장식이 화려하다. 천장은 이슬람 건축에서 사용하는 무카르나스Muqarnas 장식 기법이 돋보인다. 무카르나스는 기하학적으로 조각된 작은 구조물을 벌집처럼 층층이 쌓아 만든 구조물로 아치나 천장에 사용한다. 삼나무 조각 8,017개를 맞춰 7단계로 이뤄진 우주를 나타낸다. 벽면은 정교한 스투코 장식과 코란 구절을 새긴 아라베스크 문양으로 장식했다. 3면에는 아치형 창문이 있어 햇살이 스며든다. 하루 관람을 온 여행객도 두고 가기 아까운 방인데 그라나다를 뺏긴 나스르 왕조 마지막 술탄 보압딜은 마지막까지 이 방을 눈에 담고 싶었던 것 같다. 1492년 가톨릭 군주 이사벨 1세와 페르난도 2세에게 그라나다를 넘겨주며 협상을 했던 곳이 대사관의 방이다.

3. 사자 궁전 Palacio de los Leones

이슬람 건축의 절정인 14세기 나스르 왕조 궁전이다. 궁전 중심인 사자의 안뜰 Patio de los Leones에는 유대인이 술탄에게 선물한 12마리 대리석 사자상 분수가 있다. 이슬람은 우상 숭배를 금지해 궁전 안에 둘 수 없었지만, 나스르 왕조의 권력과 용맹을 나타내 사적인 궁전에 둘 수 있었다. 12마리는 시간을 나타내는데, 1시간마다 1마리씩 입에서 물이 나오는 물시계다. 분수에서 나온 물은 사방으로 흘러가도록 수로를 두어 왕궁 내부를 시원하게 유지했다. 안뜰 가장자리는 종려나무를 상징하는 기둥이 삼중으로 번갈아 배열되는 독특한 구조다. 총 124개로 1과 2, 4를 더하면 행운의 숫자인 7을 나타낸다. 안뜰 회랑을 따라 아벤세라헤스의 방, 술탄의 방, 두 자매의 방이 연결된다.

❾ 아벤세라헤스의 방 Sala de los Abencerrajes

술탄의 침실이다. 침실 문 앞에는 2층으로 올라가는 계단이 있는데 술탄 외의 남자는 출입할 수 없는 하렘 Harem이었다. 현재는 비공개다. 술탄의 방임에도 아벤세라헤스 가문의 이름이 붙은 이유는 전설 탓이다. 가문의 기사 한 명이 후궁과 사랑에 빠졌다가 마지막 술탄 보압딜에게 들켰고, 보압딥은 가문 청년 36명을 초대해 모두 살해했다고 한다. 당시 왕권에 비교될 만큼 위력이 있던 가문으로 정치 음모에 휘말려 이런 이야기가 구전으로 내려왔을 수도 있다.

❿ 술탄의 방 Sala de los Reys

술탄이 공식적인 의례나 회의를 열었던 장소다. 술탄의 방에 작은 방 세 개가 나란히 붙은 구조다. 작은 방에는 천장에 14세기 무슬림 궁정 화가들이 그린 프레스코화가 남아있다. 이슬람 교리에 따라 사람 형상을 그리는 것이 금기였음에도 불구하고 왕과 귀족들의 초상이 담겨있다. 현재는 아쉽게도 복원 작업을 진행 중이다.

⓫ 두 자매의 방 Sala de las Dos Hermanas

왕실 여성들이 거주하는 공간이다. 외부인이 쉽게 접근할 수 없는 폐쇄적인 공간이지만, 린다라하 전망대와 연결되어 있어 답답하지 않도록 했다. 정원에서 시간을 보내거나 자수를 놓거나 시 낭송을 하며 일상을 보냈다고 한다. 중앙 돔 천장은 5,000여 개 조각으로 만든 무카르나스 장식으로 꾸며졌다. 해가 뜨면 불규칙하게 반사되는 햇빛이 장관이다. 사자 궁전을 지은 무함마드 5세가 아들의 할례를 기념하기 위해 궁정 시인인 이븐 자므라크 Ibn Zamrak가 지은 146구절 시에서 24구절을 발췌해 벽을 장식했다. 1인칭으로 작성되어 마치 건물이 스스로 말을 거는 것처럼 새겨져있다.

⑫ 린다라하 전망대 Mirador de Lindaraja

왕비와 후궁들이 궁전 밖을 자유롭게 다닐 수 없어 지내던 생활 공간이다. 린다라하 정원은 가톨릭 세력에 의해 르네상스 양식으로 변경되었다. 그러나 조경수로 심은 오렌지 나무에서 이슬람 정원의 특징을 엿볼 수 있다. 오렌지 나무는 상록수로 사계절 푸른데다 꽃향기가 나고 오렌지색이 화사하다. 건조한 지중해성 기후에도 적합해 조경용으로 적합했다. 이슬람 천국의 상징이기도 했다. 가톨릭 시대에는 사원을 성당으로 개조한 경우가 많아 오렌지 정원을 쉽게 찾아볼 수 있다.

4. 파르탈 궁전 Palacio de Partal

14세기 초 무함마드 3세 때, 나스르 궁전에서 가장 먼저 지어졌다. 그러나 스페인 왕조가 사용한 다른 궁전과 달리 개인 소유가 되었던 탓에, 개조가 많이 되어 원형 보존 및 복원 과정을 거치고 있다. 계단식 파르탈 정원과 일부 남아있는 포티코 궁전 건물이 옛 영광을 전하고 있다. 궁전으로 가는 길에 〈알람브라 이야기〉를 집필한 워싱턴 어빙 Washington Irving의 방과 아랍식 목욕탕 박물관 Museo legado Angel Barrios을 지나치니 참고하자.

⑬ 알카사바 Alcazaba

사비카 언덕 서쪽 끝 절벽에 있는 거대한 요새다. 고대 로마 시대에 쌓은 성채에 9세기, 무어인이 덧쌓아 알람브라에서 가장 오래된 곳이다. 전망대와 군사 훈련장, 지하 감옥 등 군사기지 시설을 갖추고 있으며 병사들과 경비대가 생활할 수 있는 주거 공간과 곡물 저장소도 있다. 아르마스 광장 Plaza de Armas에 우물처럼 생긴 구멍은 지하로 내려가는 원형 계단으로 원래 곡물 저장소였으나 이후 포로를 가두는 지하 감옥으로 사용되었다. tvN 드라마 〈알함브라 궁전의 추억〉에서 유진우(현빈 분)가 서비서(민진웅 분)를 구하기 위해 들어간 장소로 실제인데 입장할 수는 없다.

알카사바에는 7개 탑이 있는데 그중 가장 높은 탑은 26m로 오메나헤 탑 Torre del Homenaje이다. 나스르 왕조는 군사 명령 및 행정을 내리는 군사 지휘소 역할을 했다. 그보다 1m 낮은 벨라 탑 Torre de la Vela은 알카사바

감시탑으로 그라나다 도시 문장에 나올 정도로 중요한 상징이다. 1492년 1월 2일 가톨릭 군대가 이슬람 왕국을 정복한 후 승리의 깃발을 처음 건 곳도 이 탑이다. 매년 1월 2일이 되면 그라나다에서는 알람브라 탈환 기념일 행사가 열리며 탑에 있는 종을 울리는 전통이 있다.

알카사바와 나스르 궁전 사이에 알히베스 광장Plaza de los Aljibes이 있다. 원래 협곡이었으나 1494년 건설된 대형 저수조(알히베스)에서 유래되었다. 광장에 있는 박태기나무는 4월이면 자줏빛 꽃이 피는데 잎이 하트 모양이라 사랑 나무라고 한다. 예수를 배신한 유다가 목을 맨 나무 종으로 유다 나무라는 이름도 있다. 배신과 죽음, 죄와 구속을 나타내는 기독교 상징물 중 하나다.

⓮ 포도주 문 Puerta del Vino

알히베스 광장과 연결된 문이다. 원래 알람브라로 가는 주요 문이란 뜻의 Bib al-hamra라고 불렸는데 이후 h가 j와 혼동되면서 와인의 문 Bib al-jamra라고 불렸다. 1556년부터 알람브라 근처에 거주하던 주민들이 세금이 부과되지 않은 와인을 문 앞에서 팔았다고 전해져 이름이 굳어졌다. 문에서 북쪽 면에 궁전과 귀족 저택이 있었고 남쪽 면은 거주 구역이 있어 사람이 모여 살았다. 아치 위에 석고 장식이 있으며 열쇠 문양은 믿음을 상징한다. 이곳에서 '어린 왕의 오르막길'이 시작되어 헤네랄리페까지 이어진다.

⓯ 정의의 문 Puerta de la Justicia

알람브라 남쪽 성벽 문이다. 소규모 분쟁이나 경미한 사건은 문 앞에 이슬람 법관Qadi이 있어 즉결 심판이 이루어졌기에 정의의 문이라 불렸다. 거대한 말굽형 아치로 된 문은 90도씩 두 번 꺾어지는 구조로 적군이 침입하면 성벽 위에서 투석 공격을 할 수 있는 구조다. 성문 입구에 다섯 손가락을 편 장식이 있는데 파티마의 손이라고도 부른다. 신에게 이르는 다섯 가지(신앙, 자비, 기도, 순례, 금식) 길을 나타낸다. 길 아래에 카를로스 5세가 만든 기둥 분수와 벤치가 있어 쉬어가기 좋다. 내리막길을 그대로 걸어오면 〈알람브라 이야기〉를 쓴 워싱턴 어빙의 청동 상이 있으며 곧 시내와 이어진다.

정의의 문과 카를로스 5세 기둥 분수

90도로 두 번 꺾인 길

알바이신 Albaicín

★★★

GPS 37.192112, -3.580681

알바이신은 알람브라가 있는 사비카 언덕과 마주한 구릉이다. 711년, 이슬람 군대가 이베리아반도를 정복하고 무어인과 유대인이 함께 살았다. 11세기 초에는 지리Ziri 왕조가 왕궁과 요새를 짓고 도시 성벽을 세웠으며 13세기 나스르 왕조가 알람브라를 짓기 전까지 오히려 융성했다. 가톨릭 국가가 된 후에도 이슬람 사람들은 살던 대로 종교와 문화가 자유로웠으나 16세기 반란과 추방이 반복되며 알바이신은 급격히 쇠퇴하며 황폐해졌다. 근대에 들어 알람브라가 세계적인 인기를 얻고 그라나다 도심이 개발되면서 알바이신에도 여행객들이 많이 찾아왔다. 특히 알람브라를 내려다볼 수 있는 전망대가 가장 인기다.

주소 **산 니콜라스 전망대**
Plaza Mirador de San Nicolás, 2
산 미겔 알토 전망대
C. Patio de la Alberca, 36

Tip | 알람브라 인생 사진 포인트

늦은 시간이 아니라면, 산 미겔 예배당 앞 경사로Carril de San Miguel를 따라 걸어 내려가보자. 알람브라 궁전과 함께 사진을 담을 수 있는 포인트가 여럿 있다.
좁은 오솔길에 표지판이 잘 없어 헷갈릴 수 있지만, 구글 맵스에 Cuesta del Chapiz 60를 검색해서 방향만 잘 잡고 내려오면 길을 잃어버릴 염려는 없다. 단, 신발이 불편하거나 늦은 시간, 길 찾는 데에 자신이 없다면 왔던 길로 다시 내려오길 권한다.

more & more 알람브라를 볼 수 있는 전망대

❶ 산 니콜라스 전망대 Mirador de San Nicolás

알람브라 궁전에서 알바이신을 바라보면 언덕 정상 부근에 큰 건물이 있다. 16세기 모스크 유적 위에 세워진 산 니콜라스 성당이다. 성당 앞뜰에 산 니콜라스 전망대가 있다. 네바다산맥을 배경으로 알람브라 궁전을 정면에서 마주 볼 수 있어 가장 인기있다. '알람브라 궁전의 추억'을 연주하는 버스킹이나 플라멩코를 추는 공연도 자주 열려 활기찬 분위기다. 알람브라가 붉게 물드는 해 질 녘에는 방문객이 많아 북적인다. 토마사스 식당Las Tomasas과 같이 전망 좋은 레스토랑을 방문하거나 토마사스 저수조 유적Aljibe de las Tomasas 난간에도 앉아 전망할 수 있으니 참고하자. 산 니콜라스 전망대는 찾는 사람이 많아 안전한 편이지만, 알바이신 골목이 좁고 높으니 한적해지는 늦은 시간을 피하고 일행과 함께 방문하길 권한다.

산 니콜라스 성당 뒤로 가면 알바이신에서 가장 큰 알히베Aljibe를 볼 수 있다. 빗물이나 지하수를 저장하기 위한 저수조다. 내부는 석회로 방수 처리해 물을 오랫동안 깨끗하게 유지할 수 있었다. 우리나라에서 우물에 물을 긷는 것처럼 도르래를 이용하거나 계단을 만들어 뒀었다.

❷ 산 미겔 알토 전망대 Ermita de San Miguel Alto

언덕 꼭대기, 산 미겔 예배당 앞뜰에 있어 그라나다 시내와 알바이신, 알람브라까지 내려다볼 수 있을 만큼 전망이 좋다. 대신 경사가 있어 도보 대신 버스·택시를 이용하자. C31번 버스를 타고 Cuesta del Chapiz 60 정류장에서 내려 걷는 코스는 길이 외지고 경사가 가팔라 권하지 않는다. 시내 중심에서 4번(Turiunfo 정류장 하차), 8번(Plaza San Isidro 정류장 하차) 버스를 이용해 N9번 노선으로 갈아탄 뒤 Andarax 35-San Miguel Alto 정류장에서 하차한다. 일행이 있다면 택시(€6~8)를 이용하는 편이 낫다.

전망대 옆에는 13세기 나스르 왕조가 쌓은 나사리 성벽Muralla Nazari이 있다. 알람브라와 이슬람 주거 지역인 알바이신, 유대인 거주 지역인 레알레호까지 약 10km 이상 이어졌다. 훼손된 곳이 많지만, 알바이신 방향으로 내려가면 약 40m의 성벽을 복원한 건축 명소도 있다. 전망대 주차장에는 캠퍼와 캠핑카를 쉽게 볼 수 있을 정도로 아웃도어 명소다. 시에라 산맥을 전망하고 하이킹을 즐긴다. 그러나 집시나 히피가 많고 외진 곳이라 밤에는 방문을 삼가자.

산 니콜라스 전망대와 알바이신 지역

산 니콜라스 전망대와 알바이신 지역

산 니콜라스 전망대에서 보는 알람브라

알람브라에서 보는 산 미겔 알토 전망대

바뇨엘로 El Bañuelo ★★☆

GPS 37.178464, -3.592898

작은 목욕탕이란 뜻의 바뇨엘로는 알바이신이 번성한 11세기에 지어졌다. 중세 유럽은 전염병 탓에 물을 멀리하고 잘 씻지 않았으나, 당시 무어인이 정복한 안달루시아 전역에는 목욕탕이 많이 만들어졌다. 이슬람 사회에서 목욕탕은 모스크에서 예배를 드리기 전 몸을 정결하게 하는 신성한 장소로, 이는 무슬림에게 물이 얼마나 중요했는지를 보여주는 예다. 이슬람교에서 물은 몸과 마음을 정화하는 기능을 넘어 코란의 가르침을 어긴 죄를 씻어내는 의미를 갖는다. 대부분 공중목욕탕은 이슬람 사원 소유였으며 유지·보수를 위한 기부금으로 운영되었다. 주민들은 이곳에서 목욕은 물론 머리카락을 다듬거나 제모를 하고 마사지를 받으며 사회적 교류를 나누었다. 남성과 여성의 이용 시간이 구분되었고 여성들은 한 달에 한두 번 외출해 목욕탕을 방문했다. 결혼식 날에는 신부가 몸단장하도록 공간을 비우기도 했다. 1492년, 가톨릭 세력이 그라나다를 정복하면서 목욕탕 문화는 점차 쇠퇴했고 이후 방치되어 결국 사라졌다. 바뇨엘로도 공공 빨래터로 사용되다가 1927년 복원, 스페인 문화재로 지정되어 보호받고 있다.

그라나다에서 가장 오래된 목욕탕인 바뇨엘로는 현재까지 남아있는 안달루시아 공중목욕탕 중 가장 온전한 형태로 보존되어 있다. 벽은 두꺼운 석회 모르타르(석회, 모래, 작은 돌 혼합재)로 만들어져 단열 효과가 뛰어났다. 일부 벽에는 에로틱한 장면이 그려져 있고, 돔 천장에는 별 모양의 창을 내어 색유리를 끼우고 은은하게 채광할 수 있도록 했다. 창은 증기 배출, 구조물의 무게를 줄이는 역할도 했다. 물은 알람브라 언덕과 알바이신 언덕 사이에 흐르는 다르 강물을 길어와 사용했다. 증기 배출 시스템은 도자기 배관을 연결하여 만들었으며, 물은 수로와 저장 탱크(저수조)를 통해 이동했다.

입구 및 안뜰

주소 Carrera del Darro, 31
운영 5~9월 중 09:00~14:30, 17:00~20:30
9월 중~4월 10:00~17:00
요금 안달루시아 기념물 통합권 €8.48
(다르 알 오라 궁전 Palacio de Dar al-Horra,
코랄 델 카르본 Corral del Carbón, 바뇨엘로 Bañuelo,
모리스카의 집 Casa Morisca)
홈피 alhambra-patronato.es/descubrir/monumentos-andalusies/el-banuelo

알 바이트 알 와스타니

Tip | 이슬람식 목욕탕, 하맘 Hammam

바뇨엘로의 실제 모습이 궁금하다면 이슬람식 목욕탕, 하맘 Hammam을 방문하자. 체온과 비슷한 수온의 유럽식 온천과 달리 이슬람식 목욕탕은 수온이 40℃ 안팎으로 뜨끈뜨끈해 여독을 풀기에 좋다.

가장 인기가 많은 목욕탕은 알 안달루스 Hammam Al Ándalus다. 실내에 탕이 여러 개 있는 우리나라 목욕탕과 달리 방마다 온도가 다른 탕이 있다. 알람브라 궁전을 옮겨놓은 듯 꾸며진 아라베스크 타일과 장식으로 화려해 이국적인 온천욕을 할 수 있다. 수영장처럼 성별 구분 없이 탕을 즐기기에 수영복을 지참해야 한다. 탈의실과 샤워실은 성별을 나눠 사용하며 개인 탈의실이 아니라서 숙소에서 미리 입고 오는 방법도 있다. 사용 인원은 시간마다 10명 이하로 제한해 공간이 여유롭다. 사우나와 마사지 받는 방이 따로 있으며 저렴한 릴렉싱 마사지부터 전통 각질 제거 마사지, 케사 Kessa까지 다양한 서비스를 고를 수 있다.

주소 C. Sta. Ana, 16   **운영** 10:00∼익일 00:00
요금 MIMMA15 (아랍식 목욕탕 90분+릴렉싱 마사지 15분) €65∼
홈피 granada.hammamalandalus.com

---

more & more 바뇨엘로 공간 구성

❶ **입구 및 안뜰** Vestibule & Courtyard 입구 홀을 지나면 작은 연못이 있는 안뜰이 나온다. 한쪽 벽은 말굽 모양의 이중 아치로 장식된 작은 방으로 연결된다.

❷ **알 바이트 알 마슬라j** Al-bayt al-maslaj 현관 또는 대기실로 입구에 위치한다. 옷을 벗고 쉬는 공간과 화장실도 함께 있다.

❸ **알 바이트 알 바리드** Al-bayt al-barid 냉탕.

❹ **알 바이트 알 와스타니** Al-bayt al-wastani 온탕.

❺ **알 바이트 알 사쿤** Al-bayt al-sakhun 열탕. 옆에는 화덕이 있는 보일러실 al Burma이 있어 열탕 바닥 비어 있는 공간에 뜨거운 공기를 순환시켜 바닥을 따뜻하게 유지하는 지하 난방 시스템이 있다.

알 바이트 알 마슬라j | 알 바이트 알 바리드

빅토리아 카르멘 Carmen de la Victoria

★★☆

GPS 37.180971, -3.588943

주소 Cta. del Chapiz, 9
운영 10:00~13:00, 17:00~19:00
휴무 토요일, 일요일
요금 입장 무료 (음료/음식 주문 시 비용 발생)
홈피 carmendelavictoria.ugr.es

알바이신이 유네스코 세계 문화유산으로 등재된 이유는 중세 이슬람과 가톨릭 문화를 잘 보존하고 있어서다. 특히 전통 가옥인 카르멘Carmen이 남아있어 당시 주거 특징을 엿볼 수 있다. 아랍어 karm (포도밭)에서 유래했는데, 주택과 정원 혹은 작은 과수원이 함께 있는 형태를 말한다. 16세기 개종한 이슬람인, 모리스코Morisco가 추방된 후 기독교인들은 빈집을 연결해 넓은 정원을 가진 저택으로 개조했다. 빅토리아 카르멘은 원래 미니모스Minimos 수도원의 일부였고 1575년, 안투네스Antúnez 신부가 매입해 집을 지었다. 1808년 나폴레옹 전쟁 당시 야전 병원으로 사용되다가 정치범 감옥으로 사용되기도 했다. 1944년 새로 지어 옛 모습이 많이 남아있지 않지만, 과실나무와 관상식물, 작은 분수가 어우러진 정원과 사이프러스 길은 옛 모습을 그대로 간직하고 있다.

알바이신에 있는 카르멘에는 이슬람 건축 특징인 높은 벽을 볼 수 있다. 알람브라에서도 볼 수 있듯이 이슬람 건축은 외관이 단순하다. 과시하지 않고 겸손과 내면의 덕을 중요하게 여기는 이슬람 문화의 영향으로 외부에서 보이지 않도록 담을 높게 쌓았다. 가톨릭 세력이 그라나다를 정복한 뒤에는 개종한 무슬림이 의심받지 않기 위한 배경도 있다. 골목 모퉁이마다 한 가족만 거주하는 방식도 무슬림 관습인 사생활 보호가 이유다.

오늘날에는 그라나다 대학교가 소유해 숙소와 카페, 레스토랑으로 운영하고 있으며, 무료로 입장해 관람할 수 있다. 알람브라가 보이는 저택 테라스나 정원에서 음료를 즐기며 여유롭게 시간을 보내길 권한다.

 ★☆☆

사크로몬테 Sacromonte

GPS 37.182363, -3.584301

사크로몬테는 '신성한 산'이라는 뜻으로 그라나다의 수호성인인 산 세실리오의 유해가 발견되어 붙여진 이름이다. 종교적인 이유가 아니라도 박해받던 집시와 무어인, 모리스코를 비롯해 이민자까지 언덕 벼랑에 집터를 내어준 고마운 산이다. 사크로몬테에 가장 먼저 동굴집, 카베르나스Cuevas를 짓고 정착한 민족은 집시다. 인도 라자스탄에서 여러 세기에 걸쳐 유럽으로 이동하다 15세기 그라나다에 자리 잡았다. 가톨릭 개종을 강요받은 무어인들이 산속으로 도망쳤고 17세기에는 추방령이 내려진 뒤 가난한 이주민들이 빈집에 들어가 살았다. 근대에는 설탕 산업과 농업이 성장하면서 노동자들이 이곳으로 몰려들었고 20세기에는 전기와 수도, 가구 등을 갖춘 현대식 생활 공간이 형성되었다. 오늘날에는 동굴 레스토랑과 플라멩코 공연장, 숙소로 운영되며, 쿠에바 박물관에서는 동굴 주택에 대해 자세히 전시하고 있다. 단, 사크로몬테 산 위쪽은 불법 이민자Squatter가 많으니 방문을 삼가자.

동굴 주택은 엄연히 전문 기술과 경험이 필요한 작업으로 피크 마스터Pick master로 불리는 숙련된 전문가가 있었다. 암석에 수직으로 절단면을 내고 앞에 평평한 마당Placeta을 만들었다. 아치형 출입구를 따라 1~1.5m 깊이로 파는데 동굴의 내력벽 역할을 한다. 출입구를 지나면 개미집처럼 여러 개의 방이 있다. 가장 깊숙한 곳은 침실, 그 앞은 거실과 식사 공간, 입구 가까이에 부엌을 둬서 환기를 고려한 배치다. 가족이 많으면 거실에도 매트와 침구를 펼쳐 여러 명이 함께 잠들었다. 침실은 알록달록한 커튼을 걸어 아늑한 느낌을 더했다. 형편에 따라 바닥은 흙바닥부터, 돌, 시멘트, 벽돌로 마감되었고 천장과 벽도 다양한 재료로 손질했다. 동굴은 깊이보다 산세를 따라 여러 개 팠다. 주거 공간과 마구간, 가내 수공업 공간이 따로다. 마구간에는 당나귀와 노새, 말이 있었다. 그라나다의 험난한 지형을 오가며 사람과 짐을 실어 날라야 했기에 꼭 있어야 했다. 일부 마구간은 집안과 연결되어 있는데 편의성과 더불어 동물들이 내뿜는 체온이 집안을 따뜻하게 유지해 주었기 때문이다. 밧줄이나 사다리로만 접근할 수 있는 험준한 절벽에는 곡물 저장소를 지었다. 실용성과 삶의 지혜를 반영한 구조다.

사크로몬테 쿠에바 박물관
Museo Cuevas del Sacromonte

주소 Barranco de los Negros
운영 3월 중~10월 중 10:00~20:00, 10월 중~3월 중 10:00~18:00
  휴무 1월 1일, 12월 25일
요금 €5
홈피 sacromontegranada.com

카탈루냐 도서관

거실과 침실

마구간

주방

more & more 그라나다 플라멩코 Flamenco de Granada

그라나다 플라멩코는 사크로몬테 지역 집시들이 발전시킨 삼브라 Zambra 형식이다. 음악과 춤이 어우러지는 축제를 뜻하는 아랍어 '자므라 zamra'에서 유래했다. 무어인의 전통 결혼식과 축제에서 추던 춤에서 영향을 받아 무희 중심이며 동적이고 거칠다. 삼브라는 즉흥적이고 감정적인 면이 강하다. 특히 신부를 축복하는 노래가 많아 실제 결혼식에도 많이 연주된다.

공연은 노래와 춤, 기타 연주로 구성된다. 1시간 정도 진행되며 식사보다는 음료 한 잔과 함께 즐기기를 권한다. 무희 중심이기에 시각적인 요소가 많아 식사하면 집중도가 떨어질 수 있다.

❶ 동굴 플라멩코, 쿠에바 데 라 로시오
Cueva de la Rocío

사크로몬테에서는 동굴 플라멩코 공연장을 쉽게 볼 수 있다. 가톨릭 세력이 집시와 무어인을 탄압하면서 플라멩코도 이교도의 춤으로 규정해 금지되었다. 결혼식과 축제 모두 동굴에서 이루어졌으며 좁은 공간에서도 삼브라를 계속 이어갔다. 19세기 중반, 안토니오 토르쿠아토 마르틴이 자신의 집 대장간에서 최초로 현대식 삼브라 공연을 선보였다. 이후 6대째 플라멩코를 이어온 아마야 가문이 두 번째 삼브라 공연장을 열면서 동굴 플라멩코는 굳혀졌다. 전통을 이어온 형태이고 이국적인 느낌을 주기에 관광객에게 인기가 많다. 천장이 낮아 바닥에 철판을 깔아놓고 춤을 춘다. 공간이 좁다 보니 공연 내용보다 동작에 중점을 두고 보자. 동굴은 반원형 구조로 관람객이 일렬로 나란히 앉아서 관람해 현장감 있다.

쿠에바 데 라 로시오는 사크로몬테에 살며 삼브라 플라멩코를 계승해온 전통 집시 가문이 운영하는 공연장이다. 교습장이 따로 있지 않고 어린 시절부터 가정 안에서 자연스럽게 리듬을 듣고 박자를 맞추며 춤을 배웠다. 스페인 국왕 후안 카를로스 1세와 소피아 왕비가 직접 방문해 공연을 관람해 '왕이 인정한 플라멩코 가문'이란 별명을 가지고 있다.

주소 Cam. del Sacromonte, 70
운영 20:00~23:00 (매시간 공연)
요금 성인 €28, 5~9세 €18
홈피 cuevalarocio.es

❷ 타블라오 플라멩코 알바이신 Tablao Flamenco Albayzín

타블라오는 '판자를 깔다Tabla'에서 유래했다. 흙이나 돌로 된 동굴 바닥 대신 마당에 충격 흡수용 나무판을 깔고 춤을 췄더니 부상이 줄고 플라멩코 특유의 강렬한 스텝 소리가 강조되었다. 공간이 넓어지니 무릎을 꿇거나 점프를 하는 등 동작도 커졌다. 19세기 후반부터 플라멩코가 공연 산업으로 자리 잡으면서 타블라오가 생겨났다. 2001년 문을 연 알바이신은 전통 플라멩코를 현대적으로 재해석한 무대를 선보인다. 무대가 커서 여러 명이 올라가 춤을 출 수 있으며 동작도 화려하다. 축제나 결혼식에서 췄던 삼브라 전통을 이어받아 결혼식 스토리를 연출해 말이 통하지 않더라도 공연을 이해할 수 있다.

주소 Carretera MURCIA, Pl. Mirador de San Cristóbal
운영 19:00, 21:30 (공연)
요금 플라멩코 공연 €22.5,
플라멩코 공연+음료 €25,
플라멩코 공연+음료+
햄치즈 플레이트 €48
홈피 tablaoflamencogranada.com

GPS 37.178975, -3.590117

🍴 라보 데 누베 Cafe Rabo de Nube bar

다로 강변에 있어 알바이신이나 알람브라를 관람하고 들르기에 좋다. 식당 바로 앞에 알람브라가 보이므로 테라스 좌석에 앉아 식사하길 권한다. 스페인 요리와 지중해 요리를 제공하며 채식과 글루텐 프리 음식도 구비하고 있어 식단을 하는 여행객도 방문할 수 있다. 소꼬리 요리와 크로켓, 지중해식 그릭 샐러드가 인기다. 카페도 함께 운영하고 있어 차를 마시며 쉬어가기에도 좋다.

주소 P.º del Padre Manjón, 1
운영 월~금 11:00~22:00,
토~일 11:00~23:00
요금 €20~

센트로 지구

★☆☆

GPS 37.175591, -3.597462

이사벨 라 카톨리카 광장 Plaza de Isabel la Católica

교통 중심지이자 약속 장소이며, 축제나 시위가 열리는 광장이기도 하다. 카페나 레스토랑이 많아 그라나다를 여행할 때 한 번은 들리게 되는 곳이다.

광장 중심에는 탐험가 크리스토퍼 콜럼버스와 스페인 여왕 이사벨 1세의 동상이 세워져있다. 1492년 그라나다를 정복한 해에 여왕은 근교 산타페에서 콜럼버스를 만났다. 콜럼버스는 신대륙 탐험 계획을 설명하고 여왕은 이를 승인했다. 보통 가톨릭 부부인 이사벨 1세와 페르난도 2세가 함께 묘사되지만, 페르난도 2세는 신대륙 탐험을 반대했기에 여왕만 표현되었다. 동상은 성공적인 국토 회복 운동으로 이베리아 반도를 되찾았고, 여왕이 신대륙 탐험을 지원해 스페인 제국이 대항해 시대를 여는 영광의 순간을 상징한다. 아래에는 이사벨 1세와 페르난도 2세를 알현하는 콜럼버스 부조와 항해 허가서 문구가 새겨져 있다.

기념비는 콜럼버스 항해 400주년을 기념해 1892년에 만들었다. 당시 스페인은 신대륙 탐험 때 정복한 라틴 아메리카 식민지 대부분을 잃었고, 이에 과거의 영광을 되새기며 민심을 모으자는 의미에서 진행되었다.

주소 Plaza de Isabel la Católica

그라나다 역사에 중요 스폿으로 대부분 가이드 투어 시작점이다.

more & more 콜럼버스의 신대륙 탐험에 들어간 돈은 대체 얼마야?

콜럼버스가 처음 신대륙 탐험에 나섰을 때 약 200만 마라베디maravedí로 현재 가치로 환산하면 30억 원 정도로 추정한다. 신대륙으로 출항한 니냐Niña, 핀타Pinta, 산타 마리아Santa María 3척은 팔로스 데 라 프론테라Palos de la Frontera라는 항구 마을에서 만들었다. 마을은 원래 왕실에 빚을 졌었는데 배와 선원을 제공해 빚을 탕감할 수 있었다. 왕실에서도 항해 비용을 지원했지만, 비용이 부족해 개종한 유대인, 루이스 데 산탄젤Luis de Santángel에게 140만 마라베디를 빌렸다. 이사벨 라 카톨리카 기념비의 받침대에 보면 후원자들 이름에 그의 이름이 새겨져있다. 빌린 돈은 콜럼버스가 신대륙에서 얻은 자원으로 갚았다.

그라나다 대성당 Catedral de Granada

★★☆

GPS 37.176718, -3.599075

주소	Pl. de las Pasiegas, s/n
운영	월~토 10:00~18:15, 일 15:00~18:15
요금	성인 €7, 25세 미만 학생 €5 (12세 미만 무료)
홈피	catedraldegranada.com

마지막 남은 이슬람 왕국을 몰아내고 국토 회복 운동을 완성한 그라나다는 가톨릭 군주에게 대단한 의미였다. 카톨릭 군주는 강력한 가톨릭 국가로서 위엄을 보여주기 위해 그라나다에 거대한 대성당을 짓기로 했다. 이슬람 유산이었던 알람브라에 지어야 했으나 파괴하지 않겠다는 그라나다 협약도 있고 가파른 언덕 위라 대규모 건축을 진행하기 어려웠다. 현재 대성당이 위치한 시내는 당시 시장과 주요 광장이 자리한 중심지였고 평지라 공사 자재 운반과 시공이 쉬웠다. 이슬람 모스크가 있던 자리이기에 가톨릭 왕국의 상징성도 있었다.

1523년 고딕 양식으로 시작한 공사는 181년 뒤에 완공되면서 르네상스, 바로크 양식까지 더해졌다. 입구인 전면부는 처음에는 고딕 양식으로 설계했으나 스페인 승리를 기념하는 문이기에 화려한 르네상스 양식으로 변경했다. 개선문처럼 거대한 아치 구조와 승리를 축하하는 성인 조각이 특징이다. 내부는 높은 기둥과 둥근 아치로 거인국에 온 것처럼 웅장한 분위기다. 특히 중앙 돔은 하얀 대리석과 황금 장식으로 구성했는데 천상의 승리를 상징한다. 내부 장식은 성경에 나오는 인물과 상징물을 표현하는데, 카스티야를 상징하는 사자와 레온을 상징하는 성채, 신성 로마 제국을 상징하는 독수리, 그라나다를 상징하는 석류 문양 등 제국을 나타내는 장식이 많다.

1704년에 완공되었다고 하지만, 미완성이다. 국토 회복 운동으로 스페인 왕실 재정이 불안했고, 신대륙 정복에 예산을 쏟으면서 공사는 자꾸 미뤄졌다. 양쪽 두 개의 종탑을 설계했으나 예산 부족으로 왼쪽 종탑만 세워졌고 오른쪽은 결국 완성하지 못했다.

그라나다 왕실 예배당 Capilla Real de Granada

GPS 37.176473, -3.598606

그라나다 대성당 별관으로 설계된 왕실 예배당은 1504년에 짓기 시작해 1523년에 완공되었다. 대성당보다 19년이나 빨리 공사가 진행된 이유는 가톨릭 군주인 이사벨 1세가 그라나다에 묻히고 싶다고 재차 유언했기 때문이다. 여왕은 그라나다 정복이 자신의 가장 위대한 업적이라 믿었고 이를 영원히 기념하고 싶었다. 1504년 10월 12일 그녀의 유언서에 적었고, 1504년 11월 23일 작성한 유언 집행서에서 다시 한 번 확정했다. 3일 뒤, 세상을 떠난 여왕은 23일간 혹독한 추위와 폭우가 함께하는 험난한 여정을 거쳐 산 프란시스코 성당(현 그라나다 파라도르)에 묻혔다. 12년 뒤 페르난도 2세도 함께 묻혔다가 1521년 왕실 예배당으로 옮겨졌다. 그라나다 역사상 가장 성대한 장례 행렬로 모리스코(개종한 이슬람인)도 전통 의상을 입고 참석했다.

이사벨과 페르난도의 석관Sarcophagus과 딸 내외(후아나 1세와 미남왕 펠리페 1세) 석관이 함께 묻혔으며, 1519년 제작된 다채로운 문양의 철제 울타리로 둘러싸여 있다. 왕가 문장과 기독교 상징물이 섬세하게 세공되어 있어 하나의 작품과 같다.

왕실 예배당에서 단 하나의 작품을 감상해야 한다면 이사벨 여왕의 소장품이었던 보티첼리 작품이다. 특히 1500년경 보티첼리Botticelli의 후기 작품인 〈올리브 동산의 기도Oración en el huerto〉는 예수 그리스도가 겟세마네 동산에서 기도하는 장면을 섬세하게 묘사하고 있다.

그라나다 왕실 예배당은 3면이 대성당과 면해있고 한 면만 외부로 노출되어 있다. 벽에 보면 오래된 글씨를 볼 수 있는데 이는 16세기부터 19세기까지 그라나다 대학교 졸업생들이 남긴 졸업 기념 낙서Títulos en la Piedra다. 석회와 황소 피를 섞은 붉은 잉크로 자신의 이름과 학위, 졸업 연도를 새겼다. 예를 들어 DD.D.SOLIS라는 문구는 'Doctor Domini Solis'의 약어로 '태양의 신에게 바치는 박사'라는 뜻이다. 그라나다에서 가장 역사적인 장소 중 하나로 자신의 이름을 남겨 영광으로 삼았다. 지금은 금지된 의식이므로 절대 해서는 안 된다.

보티첼리의 작품 〈올리브 동산의 기도〉

주소 Calle Oficios, s/n
운영 월~토 10:00~18:30, 일 11:00~18:30
요금 성인 €7, 학생 €5 (12세 미만 무료)
홈피 capillarealgranada.com

그라나다 타파스 투어 Granada Tapas Tour

작은 접시에 나오는 한 입 거리 음식, 타파스는 스페인 전역에서 즐길 수 있지만, 그라나다는 특별하다. 음료 한 잔 = 타파스 하나, 바나 레스토랑에서 와인, 맥주, 탄산음료 등을 주문하면 무료로 타파스 한 접시를 제공하는 전통 Tapas Gratuitas이 이어져 오고 있다. 학생 수 6만 명 이상인 대학 도시여서, 또는 이슬람의 환대하는 문화에서 시작되었다는 말도 있으나 어쨌든 그라나다가 타파스 천국임은 확실하다.

타파스 바는 누에보 광장 주변, 나바스 거리 Calle Navas, 알바이신 지역에 많지만, 조금만 벗어나면 현지인이 인정하는 식당도 많다. 전통 안달루시아 방식 타파스부터 현대적으로 재해석한 창의적인 타파스까지 조리법이나 식재료에 따라 식당도 다양하게 나뉜다. 타파스 투어를 할 때는 3~5개 바를 돌면 다양하게 맛볼 수 있다. 음료와 무료 타파스를 즐길 사람은 바에, 메뉴도 하나 이상 시킨다면 테이블에 앉자.

식당이 오픈했다고 해서 주방이 문을 열지 않은 시간에 가면 차가운 재료로 간단하게 만든 타파스만 먹을 수 있다. 방문하기 가장 좋은 시간은 오후 2시와 저녁 9시다. 휴무일 전날 오후 3시쯤도 노릴 만하다. 점심 메뉴를 너무 많이 준비해서 남으면 특별 요리를 줄 때도 있다. 물론 주방장 마음이다.

배를 채우려고 음료를 계속 시키지 않도록 주의하자. 무료 타파스를 먹겠다고 주류를 계속 주문하면 취하기 쉽다. 식사 대용으로 먹고 싶다면 메뉴 하나 정도 시키는 방법을 권한다. 단, 첫 번째 무료 타파스가 나오기 전에는 주문하지 말자. 무료 타파스가 가벼운 음식으로 나올 수도 있다. 만약, 채식이나 육식, 살라다 등 원하는 스타일이 있다면 가볍게 알려주자. 알레르기가 있다면 미리 말해줘야 한다.

(※ 타파스는 p.54~55 참고)

more & more 그라나다 타파스 바 추천

❶ 바르 포에 Bar Poë   GPS 37.174406, -3.603458

그라나다 대성당 인근에 영국인 부부 맷Matt과 아나Ana가 운영하는 친절한 바다. 전통 안달루시아 스타일을 비롯해 다양한 나라를 여행하며 배운 요리로 타파스를 제공하며 다양한 메뉴를 선택할 수 있어 방문객이 많다. 저렴한 편이며, 분위기가 활기차다. 공간이 좁은 편이라 20시 이후에는 자리가 없을 가능성이 크다.

❷ 보데가스 카스타네다 Bodegas Castañeda   GPS 37.176864, -3.596990

1927년 문을 연 식당은 100년 역사를 이어온 정통 타파스 바다. 보데가스는 와인을 직접 생산하거나 저장고를 가진 바를 말한다. 즉, 하우스 와인이 좋다는 이야기다. 이곳에는 여러 와인을 섞어 만든 카라히요Carajillo가 유명하다.

❸ 라 리비에라 La Riviera   GPS 37.177327, -3.597486

보데가스 카스타네다와 한 블록 너머에 있어 함께 타파스 투어를 하기 좋다. 양이 많고 타파스를 직접 선택할 수 있어 이곳을 먼저 방문하길 권한다. 파에야나 육류 요리, 오징어튀김과 문어다리튀김이 인기다. 내부도 북적이지 않고 쾌적한 편이다.

❹ 타베르나 라 타나 Taberna La Tana   GPS 37.172743, -3.596115

도심과 거리가 있지만, 현지인이 추천하는 선술집이다. 와인 컬렉션이 좋고 다양하다. 신선한 재료를 사용해 본연의 맛을 잘 살린다. 무료 타파스는 아니지만, 저렴해 타파스 투어 마지막에 고려해볼 만하다.

로스 디아만테스 Los Diamantes

GPS 37.176808, -3.595915

이른 점심시간부터 시작하는 식당은 아람브라 출구 방향에 있어 궁정 방문 후에 가기 쉽다. 무료 타파스도 좋지만, 해산물 요리도 인기가 많은 편. 조개 요리 알메하스Almejas와 튀긴 칼라마리, 칩리토스Chipirones가 유명하다. 음료는 해산물과 잘 어울리는 화이트와인Vino Blanco이나 튀김과 잘 어울리는 생맥주Caña가 좋다. 여행객과 현지인 모두 즐겨 찾는데 공간은 좁은 편이라 붐빈다.

주소 Pl. Nueva, 13   **운영** 12:00~23:30
요금 칼라마리 €14~   **홈피** losdiamantes.es

엘 포곤 데 갈리시아 El Fogón de Galicia

GPS 37.173941, -3.598527

스페인 북서부 갈리시아Galicia지방 전통 요리를 맛볼 수 있다. 삶은 문어에 감자와 파프리카, 올리브오일을 곁들인 갈리시아 대표 문어 요리가 유명하다. 쫄깃한 식감과 감칠맛 나는 풍미가 특징이다. 여기에 갈리시아 지역 유명 와인인 알바리뇨Albariño를 곁들인다면 남부에서 색다른 지역의 맛을 즐길 수 있다. 상그리아도 맛이 좋다. 내부는 스페인 전통 타베르나 스타일로 원목과 따뜻한 조명으로 고급스러운 분위기다.

주소 C. Navas, 29   **운영** 12:30~23:15
요금 갈리시아 스타일 문어 €14.9~
홈피 fogondegalicia.com

카스바 그라나다 Kasbah Granada

GPS 37.177870, -3.597379

아랍 시장에 있는 테테리아Tetería로 정통 모로코 요리와 티를 맛볼 수 있다. 도자기 냄비에 천천히 익힌 닭고기나 양고기 스튜, 타진Tagine은 부드럽고 향신료 맛이 진한데 거부감 없다. 모로코식 따뜻한 수프인 하리라Harira도 괜찮다. 간단하게 견과류와 꿀이 섞인 디저트, 바클라바Baklava에 모로코 민트티를 마셔보자. 모로코풍 타일과 전통 램프, 아라베스크 장식으로 북아프리카에 온 기분이다.

주소 C. Calderería Nueva, 4, Albaicín
운영 일~목 12:00~익일 01:00, 금~토 12:00~익일 02:00
요금 아랍 티 €3~, 타진 €13~   **홈피** kasbahgranada.com

라 쿠에바 La Cueva

GPS 37.174519, -3.599197

안달루시아 5개 도시에서 체인으로 운영하며 그라나다 시청 앞 라 쿠에바가 가장 유명하다. '동굴'이라는 이름처럼 아늑한 분위기로 아침 식사도 가능하다. 음료 한 잔에 주는 무료 타파스의 양이 많아 푸근한 인심을 느낄 수 있으며 가성비가 좋아 현지인들도 많이 찾는다. 딱 돼지갈비 맛인 코스티야스Costillas와 리베라 델 두에로Ribera del Duero 스페인 레드 와인과 함께 즐겨보자. 하몬 이베리코도 짜지 않고 고소하다.

주소 Calle Reyes Católicos, 13
운영 일~목 08:30~23:00, 금~토 08:30~23:30
요금 코스티야스 €43
홈피 lacuevade1900.es/reyes-catolicos-13

비아콜론 Viacolon

GPS 37.177551, -3.598544

그라나다 중심지이자 금융과 상업 지역인 그랑 비아에 위치한다. 19세기 신고전주의 건축물에 고급 호텔과 부티크가 많아 식당도 비슷한 분위기를 낸다. 고전적인 유럽풍 내부로 천사상과 큰 하프가 고급스러운 분위기를 더한다. 이른 아침부터 자정까지 운영해 언제든 찾을 수 있고 간단한 빵부터 메인 디시, 디저트까지 폭넓게 메뉴를 준비하고 있어 편하다. 콘티넨탈 아침 식사가 가능하고 스페인식 양파 수프와 가볍게 먹을 수 있는 추로스도 괜찮다.

주소 Calle Gran Vía de Colón, 13
운영 08:00~익일 00:00   요금 콘티넨탈 콤보 €17

엠파나다 말본 Empanadas Malvón

GPS 37.291707, -3.607173

그라나다에서 아르헨티나의 정통 엠파나다를 맛보고 싶다면 말본이 있다. 바삭한 페이스트리에 육류부터 치즈, 채소 등 다양한 재료로 채워넣어 매일 갓 구워낸다. 소고기와 양파, 달걀, 올리브를 넣은 아르헨티나 클래식Clasica Argentina이 정통 스타일이다. 소고기Carne Suave와 카볼라 퀘소Cebolla y quesso도 인기다. 비교적 이른 시간에 시작해 늦게까지 운영하니 알람브라를 관람하거나 타 도시로 이동하는 날에 도시락으로 구매하기 좋다.

주소 C.Reyes Católicos, 7
요금 엠파나다 €2.95~
운영 일~목 10:30~23:00, 금~토 10:30~23:30
홈피 malvon.es

아랍 시장 Zoco Nazarí

GPS 37.175662, -3.598896

Zoco는 시장을 뜻하는 아랍어 سوق (sūq, 수크)에서 유래됐다. 나스르 왕조 때 상업 도시 그라나다는 말라가 항구를 통해 들어오는 물자와 사고팔려는 사람들로 북새통을 이뤘다. 주로 실크와 향신료, 보석과 도자기, 가죽 제품이 거래되었다.

아랍 시장은 알카이세리아Alcaicería와 청과물을 팔던 비브 람블라Plaza Bib Rambla, 곡물 시장인 코랄 델 카본Corral del Carbón이 함께 있었다. 시장을 대표하는 알카이세리아는 고급 비단 시장으로 비잔틴 제국이 이슬람 상인들에게 실크 무역을 허용하면서 활발해졌다. 상류 계층이 스카프나 직물을 사기 위해 찾았고 도자기와 종이 등 다양한 상품도 생산하면서 번영을 맞이했다. 1492년 기독교 세력으로 바뀌면서 무역은 점점 쇠퇴했고 1843년 대화재로 원형은 대부분이 사라졌다. 19세기 복원하며 옛 무어 시대 분위기가 재현되며 기념품 시장으로 바뀌었다. 이슬람풍 옷과 스카프, 이국적인 램프와 향신료가 인기다. 대부분 정찰제인 타 도시와 달리 가격 흥정이 가능하니 도전해보자. 향수나 천연 비누를 사려면 상점 Alquimia Pervane를 권한다. 네바라산맥 인근 작은 마을에서 가족이 직접 생산한 향수와 에센셜 오일 등을 판매한다. 무얼 사지 않더라도 좁고 구불구불한 골목과 아랍 문화가 섞인 분위기, 아랍풍 찻집인 테테리아Tetería가 많아 이국적인 체험을 하기 좋다.

주소 Placeta de la Seda, 5
운영 10:00~21:00

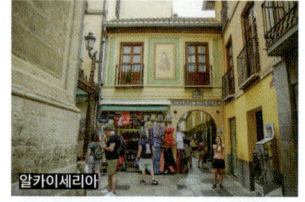
알카이세리아

알카이세리아

Tip | 비브 람블라 Plaza Bib-Rambla

청과물이나 가축을 팔던 시장이었으나 기독교 왕국이 된 이후 지역 행사나 종교 축제를 여는 유럽식 광장으로 바뀌었다. 유대인과 이슬람인을 대상으로 한 종교 재판이 열린 잔혹한 장소이기도 했다. 현재는 대리석 분수가 아름다운 광장으로 주말에 꽃 시장과 플리마켓이 열린다.

비브 람블라 광장의 옛 모습

그라나다의 숙소

그라나다는 언덕이 많고 길이 미로처럼 얽혀있는 편이라 숙소가 여행의 질을 좌우하는 요소가 될 수 있다. 기차역과 버스 터미널이 관광명소와 떨어져 있어 시내 중심으로 오려면 버스로 이동해야 한다. 그러므로 숙소는 버스 정류장 근처로 정하는 것이 좋다. 사크로몬테는 치안이 불안하고 알바이신은 전망은 좋으나 언덕이라 이동이 어렵다. 대성당과 이사벨 라 카톨리카 광장 인근이 평지에 가깝고 교통 중심이라 이동이 쉽다. 고급 호텔부터 부티크, 가성비 호텔이 많으며 한인 민박과 호스텔도 모여있으니 여행 스타일과 취향에 맞는 숙소를 선택하자.

호텔 콜론 센트로 Hotel Colón Centro

GPS 37.175463, -3.597263

시내 중심에 있는 4성급 호텔로 객실에서 이사벨 라 카톨리카 광장이 내려다보인다. 기차역과 버스 터미널을 연결하는 버스 정류장이 인근에 있으며, 알람브라로 가는 미니버스 정류장도 호텔 앞에 있다. 그라나다 대성당까지 걸어서 5분 정도 거리고, 타파스 바도 인근에 많아 늦은 시간에도 걱정이 덜하다. 관광명소가 가까운 거리에 있어 여행하다 힘들면 객실로 돌아와 쉬기 좋은 위치다. 객실과 욕실, 침대가 큰 편이며 냉난방도 잘 된다. 인테리어가 세련되진 않지만 깔끔하고 쾌적하다. 1박에 10만 원대로 가성비도 좋아 인기가 많다. 단, 방문일이 가깝거나 성수기일 때에는 가격이 20만 원대로 오른다.

주소 Plaza Isabel la Católica, 5
운영 체크인 15:00, 체크아웃 12:00
요금 €80~

스마트 스위트 알바이신 Smart Suites Albaicin

GPS 37.179407, -3.596661

이름처럼 알바이신 언덕에 있어 캐리어나 짐을 들고 자갈길을 걷거나 계단을 오르긴 어려워 택시를 이용하길 권한다. 주차장이 있어 차를 렌트했다면 편하게 도착할 수 있다. 1층에 리셉션이 있어 체크인·체크아웃이 쉽다. 단독으로 사용하는 스튜디오 아파트로 복층으로 구성되어 있다. 전자레인지, 전기 레인지 등이 구비된 주방이 있어 음식을 조리할 수 있고 냉장고와 세탁기도 있어 1박 이상 머무는 여행객에게 권한다. 테라스가 있는 객실은 알람브라를 언제든 볼 수 있어서 인기다. 안뜰에는 전망대가 있어 그라나다 시내와 대성당을 조망할 수 있다.

주소 C. San José Alta, 7
운영 체크인 15:00, 체크아웃 12:00
요금 €75~

팔라시오 데 로스 나바스 Palacio De Los Navas

GPS 37.173029, -3.597003

이슬람 문화와 기독교 문화가 어우러진 그라나다의 분위기를 느낄 수 있는 부티크 호텔이다. 16세기에 지어진 귀족 저택을 개조한 건물로 중앙에 파티오Patio가 있어 채광이 좋다. 라운지 역할을 하며 티를 먹을 수 있도록 늘 준비되어 있다. 객실은 넓은 편이며 옛 건물이라 소음에 취약하지만, 엘리베이터가 있어 편하다. 시내 중심은 아니지만, 도보로 걸어다닐 수 있을 정도이며 타파스 거리에 있어 늦은 시간에도 이동하기 좋다. 대신, 금요일이나 토요일 밤에는 시끄러울 수 있으니 참고하자.

주소 Calle Navas, 1
운영 체크인 14:00, 체크아웃 12:00
요금 €60~
홈피 hotelpalaciodelosnavas.com

02
안달루시아 휴양 천국 말라가
Málaga

말라가는 스페인 남부 지방인 안달루시아의 항구 도시다. 푸른 지중해에 150km가 넘는 해안선과 햇살 가득한 모래사장이 펼쳐져있어 코스타 델 솔Costa del Sol, '태양의 해안'이라 부른다. 일 년 중 300일이 맑은 날씨이니 이름값은 톡톡히 한다고 볼 수 있다. 경관이 뛰어나고 환경 기준을 충족하는 해변은 세계 무역 기구가 블루 플래그로 선정하는데 그중 하나다. 대규모 리조트와 휴양 시설이 갖춰져 있어 매년 스페인 사람들뿐 아니라 전 세계 여행객들이 찾는다.

말라가를 단순한 휴양지로 생각한다면 오산이다. 말라가 항구는 기원전 8세기, 페니키아 시대부터 지리적 이점을 바탕으로 지중해 패권을 지배했다. 말라가의 어원인 말라카Malaka도 '소금에 절이다'라는 뜻으로 생선 염장을 교류한 데서 유래했다. 지브롤터 해협 너머에 있는 아프리카와 유럽, 아메리카까지 해상 무역을 주도했으며 근대에 관광 산업이 주목받으면서 크루즈가 발달했다. 유럽 전역에서 문화·예술가들이 말라가를 찾으면서 예술과 문화를 꽃피웠다. 1881년 파블로 피카소가 말라가에서 태어나 현대 미술의 산실로 불리면서 더 많은 예술가를 불러모았다. 피카소가 '첫 색채는 말라가'라고 말한 것처럼 그의 유년 시절, 따뜻하고 선명한 빛깔이 말라가를 닮아있다.

여행 Tip 말라가에서 꼭 해야 할 일 체크!

✓ 말라가 태생 피카소의 생가와 미술관 관람하기
✓ 이슬람 성벽인 히브랄파로성에서 말라가 360도 전망하기
✓ 코스타 델 솔에 있는 근교 해안 도시와 산악 도시 여행하기

✈ 말라가 드나들기

1. 말라가로 이동하기

항공

말라가 코스타 델 솔 공항Málaga–Costa del Sol Airport (AGP)은 안달루시아 지역 주요 국제공항이다. 우리나라에서 가는 직항은 없고 포르투갈, 프랑스, 독일, 이탈리아, 영국, 터키 등 유럽 주요 국가에서 경유하는 노선을 이용해야 한다. 모로코를 포함한 아프리카, 중동, 북미 지역으로 직항편이 있으니 참고하자. 에어 유로파와 라이언 에어, 이지젯, 부엘링 등 저비용 항공사LCC들이 말라가를 주요 거점으로 하고 있어 저렴한 항공편도 많다. 말라가는 IT · 물류 산업 도시이자 관광 도시로 스페인에서 네 번째로 바쁜 공항이다. 유럽 인기 휴양지인 코르타 델 솔의 관문이기도 해 겨울을 제외하고 이용객이 많은 편이다.

말라가 공항은 총 3개 터미널을 운영하지만, 주요 여객 터미널은 제3 터미널(T3)이다. 제1 터미널(T1)은 비정기 국제선이나 전세기가 운행하며 제2 터미널(T2)은 제3 터미널이 생긴 뒤 거의 운영하지 않는다. 간혹 저비용 항공사가 T2 출입구를 이용하는 경우가 있다.

홈피 www.aena.es

□ **유럽 주요 도시 간 이동 시간**
- 바르셀로나 ▶ 말라가 1시간 40분
- 마드리드 ▶ 말라가 1시간 10분
- 런던 ▶ 말라가 2시간 40분
- 파리 ▶ 말라가 2시간 40분
- 리스본 ▶ 말라가 1시간 20분
- 로마 ▶ 말라가 2시간 40분

□ **말라가 코르타 델 솔 공항에서 시내로 이동하기**

말라가 공항은 시내에서 남서쪽으로 9km 떨어져 있어 가깝다. 시내까지 공항버스와 렌페 세르카니아스 또는 택시, 차량 공유 서비스를 이용해 이동한다. 렌페 세르카니아스는 시내 서쪽 기차역과 버스 터미널 근처에 있어 다른 도시로 이동할 때 이용하면 편하고 저렴하다. 목적지가 시내 중심이라면 공항버스를 이용하는 편이 낫다.

	공항버스 A (Exprés A)	렌페 세르카니아스 (Cercanías C1)	택시(Taxi)
출발지	T3 입국장 앞 공항버스 정류장	T3 입국장 맞은편 지하 기차역	T3 입국장 앞 택시 승강장
운행 시간	07:00~00:00	06:44~00:54	주간 06:00~22:00 야간 22:00~06:00
운행 간격	30~50분	20~30분	-
소요 시간	약 25분	약 12분	약 15~20분
편도 요금	€4	€1.8+최초 카드 발급비 €0.5	약 €20~25 (주간/야간 요금 차이)

공항버스

말라가 시내 중심에 숙소를 구했다면 공항버스가 편리하다. 말라가 공항 제3 터미널 입국장에서 나와 건너편에 공항버스 정류장이 있다. 공항에서 출발해 말라가 삼브라노 기차역 인근(Ayala-Los Arcos 정류장), 말라가 버스 터미널Estación de Autobuses de Málaga, 시내 중심 서쪽에 있는 알라메다 대로Alameda Principal, 알카사바 인근에 있는 파르케 대로Paseo del Parque까지 운행한다. 요금은 버스 기사에게 직접 지불할 수 있으며 VISA나 MASTER CARD, 트래블월렛 등 컨택리스 카드를 사용할 수 있다.

말라가 버스 터미널이 목적지라면 공항에서 알사 버스를 이용할 수 있다. 입국장 바로 앞 Aeropuerto-Llegadas 정류장에서 승차해 말라가 버스 터미널에서 하차한다. 직행이라 빠르고 편리하다.

통근 열차, 렌페 세르카니아스

스페인 철도 회사인 렌페Renfe에서 운영하는 기차로 통근 열차 또는 국철, 근교 기차로 불린다. 말라가 공항 제3 터미널 입국장에서 나와 'Railway'또는 기차 표지판을 따라 길 건너 아에로푸에르토Aeropuerto 역에서 C1 노선을 이용하면 말라가 마리아 삼브라노 Málaga María Zambrano역을 지나 말라가 센트로 알라메다Málaga Centro Alameda역까지 운행한다. 아에로푸에르토역은 1존Zone에 해당해 1.8유로이며 최초로 렌페 통근 열차 카드Renfe & Tú Card를 발급할 때는 카드 발급비 0.5유로가 추가로 발생한다.

택시

짐이 많거나 동행이 있다면 택시를 타는 방법도 있다. 입국장 바로 앞이 택시 정류장이다. 미터기를 사용하며 최저 요금 1.49유로에서 시작하는지 확인하자. 공항은 5.5유로가 추가된다. 최소 17유로부터 시작하며 말라가 시내는 공항에서 10km 정도 떨어져 있어 20~25유로 정도 발생한다. 22시부터 익일 6시까지 심야 요금이 추가되며 최저 요금은 1.85유로다. 시내까지 20분 정도 소요되며 대도시다 보니 출퇴근 시간에는 도로가 혼잡하다. 구도심은 차량 운행이 되지 않는다. 대부분 파르케 대로Paseo del Parque 인근에서 정차 후 걸어서 가야 하니 동선을 미리 파악하자.

기차

마드리드와 바르셀로나 같은 장거리 노선은 버스에 비해 운행 시간이 짧아 여행객이 선호한다. 국영 기업 렌페Renfe에서 운영하는 기차는 우리나라 KTX와 같은 초고속 열차인 AVE, Avlo가 있고 고속 열차인 Avant, Alvia와 지역 열차 IR로 나뉜다. 민영 기업 운영 기차는 이탈리아 이르요Iryo와 프랑스 위고Ouigo가 있으며 이탈리아 이딸로Italo 자회사인 이르요를 추천한다. 요금이 비교적 저렴한 편이고 이용일보다 2달 전에 구매한다면 더욱 저렴하게 이용할 수 있다.

말라가 기차역은 말라가 마리아 삼브라노Málaga María Zambrano 역이며 말라가 버스 터미널과 지척이다. 공항버스(Exprés A)와 시내버스(1번, 3번, C2번)를 이용하면 10~20분 정도 소요된다.

□ 주요 도시 이동 시간

말라가 ◀▶ 바르셀로나 5시간 36분~
말라가 ◀▶ 마드리드 2시간 44분~
말라가 ◀▶ 세비야 2시간 2분~
말라가 ◀▶ 그라나다 1시간 17분~

버스

안달루시아 지역은 산맥이 많아 버스를 이용하는 것이 요금도 저렴하고 접근성도 좋아 추천한다. 유럽 최남단 고산 지대인 네바다산맥Sierra Nevada이 그라나다 인근에 있고 론다에 있는 라스 니에베스산맥Sierra de las Nieves, 코르도바 북부에 있는 모레나산맥Sierra Morena 등 기차 선로를 개설하기 어려울 정도로 크고 작은 산맥이 촘촘히 이어져 있다. 세비야나 코르도바 등 큰 도시로 이동할 때는 기차, 아니라면 버스를 이용하는 편이 낫다.

말라가 버스 터미널Estación de Autobuses de Málaga은 말라가 마리아 삼브라노 기차역과 도보 1분 거리에 있다. 1층에는 버스 회사 매표소가 있고 외부에 승차장이 있다. 안내판 혹은 스크린에서 도시별 돌아오는 시간표를 확인할 수 있으니 참고하자. 스페인 전역을 연결하는 버스 회사인 알사ALSA와 프엔히롤라Fuengirola, 지브롤터Gibraltar를 연결하는 버스 회사인 아반사Avanza, 론다Londa와 연결된 다마스Damas, 라스 니에베스Autocares Sierra de Las Nieves 등이 기착한다.

버스 터미널 정문으로 나오면 택시 정류장이 나오고, 인근에 Paseo de los Tilos 정류장에서 시내버스(4, 19번)를 이용해 시내로 이동하자. 요금은 버스 기사에게 직접 내거나 컨택리스 카드로 탈 수 있다.

□ **주요 도시 이동 시간**

말라가 ◀▶ 바르셀로나 15시간~
말라가 ◀▶ 마드리드 6시간 25분~
말라가 ◀▶ 세비야 2시간 30분~
말라가 ◀▶ 그라나다 1시간 30분~

2. 말라가 안에서 이동하기

시내버스

말라가시에서 운영하는 공영 시내버스Empresa Malagueña de Transportes다. 말라가 관광명소는 대부분 도보로 이동할 수 있어 대부분 기차역이나 버스 터미널로 이동할 때만 이용한다. 노선 및 시간은 홈페이지(emtmalaga.es) 또는 EMT Málaga 앱, 구글 맵스에서 확인할 수 있다. 요금은 버스 기사에게 현금으로 직접 낼 수 있으며 VISA나 MASTER CARD, 트래블월렛 등 컨택리스 카드를 사용할 수도 있다. 10회권은 다수 인원이 이용할 수 있어 일행이 있다면 횟수를 고려해 구매하자. 우리나라와 같이 앞문으로 타서 뒷문으로 내린다.

☐ 주요 노선

관광지	버스 노선	비고
말라가 버스 터미널 & 기차역	1, 3, 4, 19, C2	기차역과 버스 터미널이 연결되어 있다.
C31 말라게타 해변	3, 11, 32	해안 도로 안쪽으로 바다가 보이지 않는다.
히브랄파로성	35	성이 언덕에 있어 버스 이용을 권한다.
말라가 대성당 & 구시가지	1, 3, 11	Alameda Principal 정류장을 이용하며 도보로 이동 가능하다.
C3 피카소 미술관4	1, C1, C2	시내 중심으로 도보로 이동 가능하다.

운영 06:30~23:00 **요금** 1회권 €1.4, 10회권 €4.2 (최초 발급비 €1.9)

투어 버스

말라가 대표 명소만 둘러보는 이층 버스로 시간 여유가 없는 여행자라면 고려해보자. 히브랄파로성과 알카사바, 말라가 해변 등 주요 관광지를 둘러보는 레드 루트가 가장 효율적이라 인기다. 도심 서쪽을 둘러보는 블루 루트와 내륙으로 파고드는 과달메디나강 Río Guadalmedina을 따라 식물원과 축구장 등을 이동하는 그린 루트는 단기 여행객이 이용하기엔 매력적이진 않다. 홉 온 홉 오프 Hop on Hop off 서비스로 원하는 곳에 원하는 만큼 타고 내릴 수 있다. 오디오 가이드는 스페인어, 영어, 프랑스어, 일본어 등 16개 언어를 지원하는데 아직 한국어는 준비되어 있지 않다.

운영 09:40~18:20
요금 24시간권 성인 €32.1, 4~12세 €17.83
홈피 city-sightseeing.com > malaga > bus_turistico

택시

기차역이나 버스 터미널, 대표 광장 앞에 정차된 택시가 많으며 비교적 쉽게 택시를 잡을 수 있다. 지나가는 택시라도 차량 앞 유리 상단에 초록 불이 들어와 있으면 빈 택시이므로 손을 흔들어 세울 수 있다. 요금은 미터기로 계산하며 심야 시간(21:00~익일 06:00)에는 적용되는 요금 기준이 다르다.
택시보다 차량 공유 서비스인 우버 Uber와 볼트 Bolt, 프리나우 Free Now, 캐비파이 Cabify를 이용하면 더욱 편리하다. 요금을 확인할 수 있고 영어 소통이 어려운 기사라도 앱에서 지역을 정확하게 지정할 수 있다.

☐ 관광 안내소
마리나 광장 앞
주소 Plaza de la Marina, 11
운영 09:00~19:00 **홈피** malagaturismo.com

말라가 추천 일정

말라가는 지중해 해안에서 육지로 뻗은 과달메디나강 Río Guadalmedina을 기준으로 동쪽은 구시가, 서쪽은 신시가로 나뉜다. 신시가에는 기차역과 버스 터미널, 주거지가 있고, 관광명소 대부분은 구시가에 있다. 말라가 항구에서부터 말라게타 해변까지 이어진 말라가 공원을 걷다가 이슬람 성벽인 히브랄파로성에서 말라가 전체를 조망해보자. 35번 버스를 이용하면 편하게 오를 수 있다. 내려오는 길에 이슬람 요새이자 성인 알카사바와 함께 둘러보면 좋다. 언덕이기도 하고 규모도 큰 편이라 한나절은 훌쩍 지나간다. 해변 도시라 봄부터 초여름까지 기온이 빠르게 올라가는 맑은 날, 해무가 자주 나타난다. 전망을 전혀 할 수 없을 정도로 안개가 짙으니 10시 전 또는 오후에 관람하는 편이 좋다.
구시가에는 이슬람인을 추방한 가톨릭 세력의 상징, 대성당과 피카소 미술관, 생가가 모여있다. 입장 제한이 있는 피카소 미술관과 생가는 예약해두고 시간을 분배해 일정을 정하자.
4월 말이면 말라가 곳곳에 자라는 자카란다 나무에 신비로운 보라색 꽃이 핀다. 히브랄파로성 아래 페드로 루이 알폰소 정원과 피카소 생가 지척에 있는 메르세드 광장에 많이 피어나니 여행 일정과 겹친다면 기억해놓고 찾아가도 좋다.

히브랄파로성 Castillo de Gibralfaro

★★★

GPS 36.723463, -4.411356

말라가 동쪽 히브랄파로 언덕(해발 132m)에 지어진 아랍 성채다. 아랍어로 '빛의 산Jabal-Faruk'에서 유래됐다. 기원전 8세기 페니키아Phoenicia 시대, 언덕 꼭대기에 등대를 두어 붙여진 이름이다. 이어 고대 로마 시대에는 군사 망루로 사용했고, 이슬람 시대에 나스르 왕조의 유수프 1세Yusuf I가 로마 유적 위에 요새로 확장해 지었다.

외벽 내 요새는 상부와 하부로 나뉜다. 상부에는 17m나 되는 주 망루를 비롯한 감시탑이 있다. 페니키아 시대로 추정되는 우물Pozo de Airón은 수맥까지 약 40m 파낸 우물로 비가 안 와도 일정한 수위의 물을 확보할 수 있었다. 하부는 병영 지역Patio de Armas으로 병영 막사와 마구간, 빗물 저장 저수조Aljibe와 보조 우물이 있다. 백탑Torre Blanca은 감시탑 역할을 하며 동시에 창고로 사용되었다. 강력한 요새였기에 1812년 프랑스군이 철수할 때 일부 망루Torre Nueva와 외곽 방어선인 바르바카나를 폭파했다. 이후 군사 감옥이나 군사 창고로 쓰다가 1925년 시 소유로 바뀌고 복원되었다. 성 위에 오르면 말라가 시내와 항구를 모두 조망할 수 있으며 날씨가 좋으면 지브롤터 해협과 아프리카 대륙까지 보인다고 한다.

주소 Cam. Gibralfaro, 11
위치 페드로 루이 알폰소 정원에서 언덕길을 따라 지그재그로 오르면 약 30분 정도 소요된다. 시내에서 35번 버스를 이용하면 입구까지 편하게 오를 수 있다.
운영 4~10월 09:00~20:00, 11~3월 09:00~18:00
요금 히브랄파로성 €7, 히브랄파로성+알카사바 €10 (6세 미만 무료)
홈피 alcazabaygibralfaro.malaga.eu

외벽

언덕길

백탑

주 망루

상부 요새 중 일부는 전시관으로 사용된다.

하부 요새

more & more 난공불락이라 불리는 히브랄파로성

그림은 1484년 가톨릭 세력이 말라가를 포위했을 때 모습으로 해안 감시와 도시 방어 역할을 어떻게 했는지 잘 드러나 있다. 성채는 30개 성벽 구간과 8개 타워로 구성되며 외벽 둘레만 1,310m다. 히브랄파로성은 지형을 활용한 공격 및 방어에 최적화된 요새로 알려져있다. 3가지 요소를 주의 깊게 살펴보면 성채를 둘러볼 때 더욱 재미있을 것이다.

❶ 이중 성벽
외벽은 바르바카나Barbacana로 둘러싸여 있는데, 비교적 낮고 좁은 성벽으로 적이 접근하는 걸 지연시키는 역할을 한다. 적이 첫 번째 성벽인 바르바카나를 넘으면 두 번째 성벽인 외벽이 막고 있어 말뚝을 박은 해자Foso erizado de estacas 앞에 고립된다. 외벽은 순찰이 가능한 이중 성벽 통로Paseo de Ronda로 되어있고, 포병이 주둔해 집중 공격을 할 수 있었다.

❷ 코라차Coracha 구조
히브랄파로성과 알카사바 요새는 코라차 구조를 이용한 이중 성벽 통로로 약 200m 정도 연결되어 있다. 외부로 노출되어 있지만 언덕을 타고 올라가는 지그재그 형태 덕분에 적이 공격할 때 시야를 차단한다. 직접 진입 자체가 어려워 공성 무기를 밀어 넣을 수도 없다. 성 위 수비병들은 코너에서 자연스럽게 매복할 수 있고, 옆이나 위에서 십자포화Crossfire로 공격할 수 있다. 반대로 적의 포탄이나 화살은 사선 경로로 튕겨 나가거나 분산되어 덜 치명적이게 된다.

❸ 빗물 집수 시스템
1487년 5월 이사벨 여왕이 이끄는 가톨릭 군대는 견고한 성채 탓에 여왕이 위급해지는 상황이 발생할 만큼 위험에 처했었다고 한다. 이에 히브랄파로성 인근을 포위하는 작전을 쓴다. 그러나 성채 내에 군사 식량 창고와 빗물 집수 시스템이 갖춰져있어 쉽게 항복하지 않았다. 3개월간 버티다 결국 항복을 받아낸 여왕은 저항이 격렬했던 대가로 수많은 저항군을 처형했고 주민 대부분은 노예로 팔려 갔다.

Tip | 페드로 루이 알폰소 정원 Jardines de Pedro Luis Alonso

1927년 네오바로크 양식으로 지어진 말라가 시청 Ayuntamiento de Málaga 앞 정원이다. 18년 뒤 당시 시장 이름을 따서 지었다. 4월 말이면 버터처럼 밝은 노란색 건물과 짙은 보라색 자카란다 나무의 꽃이 어우러져 매우 아름답다. 같은 시기에 장미도 피어나 향기로운 정원에 머물기를 권한다. 이슬람식 타일 벤치도 있어 이국적인 분위기가 물씬 풍긴다.

로마 극장 Málaga Roman Theatre

★★☆ GPS 36.721327, -4.416823

말라가는 기원전 6세기에 페니키아인이 살던 항구 도시다. 이후 카르타고가 지배하고 제2차 포니에 전쟁(기원전 218년경)으로 로마군이 정복했다. 로마식 행정과 도시 개발이 진행되었고 언어, 종교, 생활 전반을 로마화Romanización하려는 수단으로 로마 극장을 지었다. 극장에서 라틴어로 연극을 하면서 사상이나 이념을 선전하고, 오락을 제공해 민심을 안정시키는 정치적 도구로 사용했다.

이슬람 성채 알카사바 앞 로마 극장도 1세기에 지어졌다. 로마가 쇠퇴하던 3세기까지 사용하다가 이후 이슬람 시대에 일부 석재가 알카사바 건축에 재활용되었다. 오랜 세월 잊혀졌다가 1951년 공공 도서관 공사 중 우연히 발견되어 복원되었다. 지름 31m인 반원형 극장은 1,500여 명을 수용할 수 있었다. 언덕 경사면에 쌓은 계단식 좌석Cavea과 오케스트라Orchestra, 무대Pulpitum로 구성되어 있다. 오케스트라는 고대 그리스 극장에서 사용하던 용어로 관람석과 무대 사이 평평한 공간을 말한다. 귀빈석을 만들거나 특정 공연이 열렸으며 바닥에 하얀 대리석으로 마감된 흔적이 있다. 무대도 지지대와 페인트칠 흔적이 남아있을 정도로 잘 보존되었다.

로마 극장 앞, 작은 유리 피라미드 안을 들여다보면 4세기 후반에 만들어진 지하 유적을 볼 수 있다. '소금에 절이다'라는 뜻의 말라카에 도시 어원을 둘 만큼 말라가는 해산물 가공 중심지였다. 이곳은 생선을 소금에 절여 저장하거나 수출용으로 가공하던 염장 어류 공장으로 특히 '가룸garum'이라는 생선 소스를 제조했다. 고대 로마에서 쓰였던 발효 생선 소스로, 주로 내장을 포함한 생선을 소금에 절여 햇빛 아래서 발효시켜 만들었다. 요리의 감칠맛을 책임졌던 재료로 로마 귀족들에게 매우 인기가 있었다.

주소 Calle Alcazabilla 4, 6

알카사바 Alcazaba de Málaga

★★★

GPS 36.721154, -4.415874

히브랄파로성 아래 알카사바는 왕궁과 방어 기능을 갖춘 요새다. 1057년 타이파Taifa 왕조가 기초를 형성해 지그재그형 입구와 말굽 아치, 흙벽이 특징이다. 이후 13세기부터 나스르 왕조가 개보수하여 붉은 벽감이나 세공된 아치문, 수로 정원과 같은 요소가 더해졌다. 그라나다 알람브라 궁전과 닮아보이는 이유다.

말라가는 지브롤터 해협과 지중해를 잇는 전략적 요충지이자 무역 도시다. 당연히 탐하는 세력이 많았고, 외적의 침입을 막기 위해 군사 방어 시설이 발달했다. 히브랄파로성에서 시작한 성벽은 그물이 호를 그리며 펼쳐지듯 말라가 시내와 바닷가를 감싸 안았다. 왕궁이 있어 중요한 알카사바는 삼중 성벽이었으나 한 겹이 무너져 현재는 이중 성벽만 남아있다. 1487년, 론다를 정복하고 온 가톨릭 세력도 외벽 하나를 뚫고 들어왔더니 성벽이 겹겹이 쌓여있어 곤혹스러워했던 요새다. 결국 포위전으로 바꾸고 3개월을 기다린 끝에 정복할 수 있었다. 국토 회복 운동이 끝나지 않았기에 가톨릭 군대는 말라가에 머물지 않았다. 알카사바는 방치되었고 1933년 황폐한 유물을 복원했다.

주소 C/ Alcazabilla, 2
운영 4~10월 09:00~20:00,
11~3월 09:00~18:00
요금 알카사바 €7,
히브랄파로성+알카사바 €10
(6세 미만 무료)
홈피 alcazabamalaga.com

Tip | 알카사바와 알카사르, 어느 게 맞을까?

이베리아반도를 정복한 이슬람, 무어인Moorish이 지은 건축물에 사용하는 말이다. 알카사바는 요새 또는 성채라는 뜻의 아랍어 al-qasbah (القصبة)에서, 알카사르는 궁전을 뜻하는 al-qasr (القصر)에서 유래되었다. 알카사바는 높은 언덕에 성벽과 탑, 보루 등을 갖추고 있다. 알카사르는 술탄이나 왕족, 귀족이 거주하는 곳으로 군사 기능이 있지만, 화려하게 장식된 궁정 건축물에 가깝다. 즉, 건축물이 방어 기능에 더 가까우면 알카사바, 궁전에 가까우면 알카사르다.

알카사바 동쪽 성벽과 히브랄파로성

동쪽 성벽 전망대

상부 성벽에서 바라보는 하부 성벽

내부 카페

알카사바 자세히 보기

알카사바는 요새와 왕궁이 합쳐진 복합 공간이므로 세 구역으로 나눠서 보면 이해하기 쉽다. 가장 초기에 건축된 진입 요새와 군사 영역인 하부, 왕궁이 있는 상부로 이루어져 있다.

1. 입구
2. 둥근 천장의 문
3. 기둥들의 문
4. 그리스도의 탑
5. 경의의 탑
6. 히브랄파로성과 연결된 코라차 이중 통로
7. 무기 광장
8. 그라나다 방의 문
9. 분수 안뜰
10. 말도나도의 탑 & 무데하르 갑옷의 탑
11. 오렌지 나무 안뜰
12. 수로 안뜰
13. 저수조 안뜰
14. 11세기 주거 지역
15. 지하 감옥
16. 화장실

▶▶ 진입 요새

①입구에서 **②둥근 천장의 문**까지 이어진 통로는 각을 틀어 지그재그로 오르게끔 설계되어 있다. 방어에 유리한 건축 구조로 적이 바깥에서 성이 잘 보이지 않도록 시야를 제한한다. 적이 빠르게 성문으로 돌진하지 못하며, 말을 타고 돌진하거나 공성 무기를 끌고 들어오기 어렵게 만드는 효과도 있다. 입구가 꺾여있어 코너를 돌 때 위에서 화살이나 돌을 맞히기 쉽다. 양쪽 벽에서 협공도 가능하다. **③기둥들의 문**은 이슬람식 말발굽형 아치문을 지지하는 데에 고대 로마 시대 대리석 기둥을 사용해 붙여진 이름이다. 당시 로마 유적에서 나온 석재와 기둥, 조각된 돌이나 대리석 등을 건축 자재로 재활용했는데 이 문이 대표적이다.

▶▶ 하부

❹그리스도의 탑은 가톨릭 군대가 작은 예배당으로 사용해 이름 붙여졌다. 탑을 지나 오른쪽 언덕을 오르면 복원된 직사각형 탑들이 보인다. 타이파 시대의 이슬람 요새 스타일로 성벽에서 크게 돌출되지 않은 형태다. 알카사바에서 가장 높은 곳인 ❺**경의의 탑**은 이사벨 여왕이 말라가를 정복한 뒤 승리의 깃발을 꽂은 장소다. 산등성이를 따라 이어진 성벽은 ❻**히브랄파로성**과 연결된 코라차 Coracha 이중 통로다. 적의 포위를 대비한 탈출로이자 보급로로 사용되었다. 그리스도의 탑으로 돌아와 왼쪽으로 오르면 ❼**무기 광장**이 나온다. 과거에는 군사 훈련장, 가톨릭 왕국 때는 포병 진지였다. 지금은 정원으로 상부 요새를 에둘러 온 수로의 끝 지점이다.

▶▶ 상부

두 번째 성벽 내부이자 상부 궁전인 ❽**그라나다 방의 문**은 통로 끝에 작은 중정이 있고 90도로 꺾인 통로로 연결된 이중 구조다. 적군이 중정을 지날 때 위에서 공격하는 덫인 셈이다. 이어진 ❾**분수 안뜰**은 초기 타이파 왕궁의 중심 안뜰이다. 안뜰은 말라가를 전망할 수 있는 ❿**말도나도의 탑**과 무데하르 갑옷의 탑으로 연결된다. ⓫**오렌지 나무 안뜰**은 나스르 왕조 때 지은 궁전이다. 작은 연못 두 개가 복원되어 있고 이름처럼 오렌지 나무 몇 그루가 화분에 심겨있다. 내부에는 이슬람 도자기를 전시하는 방이 있다. 안쪽에 있는 ⓬**수로 안뜰**은 그라나다의 알람브라처럼 물의 흐름을 고려해서 연못을 길게 설계한 모습이다.

말라가 대성당 Catedral de Málaga

★★☆ GPS 36.720305, -4.419321

성가대석

성가대석 벽감 조각 중 피에타

가톨릭 군주인 이사벨 1세와 페르난도 2세가 이슬람 세력을 몰아내고 난 후, 이슬람 예배 건물인 모스크를 허물고 대성당을 짓는 일부터 시작했다. 1487년 말라가를 정복하고 1528년에 공사를 시작했으나 254년 후에 미완성으로 중단되었다. 고딕과 르네상스, 바로크 시대를 지나오며 다양한 건축 기법이 혼재한다. 완성된 북쪽 탑(87m)과 달리, 자금 부족으로 남쪽 탑은 쌓다가 중단해 '외팔이 숙녀 La Manquita'라고 부른다. 돔 천장도 얹지 못해 일부 구간에 누수가 발생해, 예배당에 양동이를 두고 빗물을 받기도 했다. 현재는 방수 공사와 보존 작업을 통해 해결되었고, 지붕과 첨탑 사이를 걷는 옥상 투어도 할 수 있다.

지붕에서도 보이듯 반구형 돔이 천장을 덮고 있다. 옥상에서 보면 단순해 보이지만, 내부에서 보면 기하학적 무늬와 식물을 모티브로 한 석고 장식 Stucco이 아름답다. 가장 주목받는 장소는 본당 중앙에 있는 성가대 Coro다. 삼나무와 마호가니 등 고급 목재를 사용해 만든 합창단 좌석 44개에는 성모 마리아와 복음사가, 성인, 수도자 등 성경 인물이 상징물과 함께 부조로 장식되어 있다. 입구에 있는 도서대 Facistol는 대형 성가집이나 성서를 올려두고 읽는 독서대로 4면 회전식 구조다. 성가대 외부 벽감에는 7가지 상황이 조각되어 있다. 성가대 입구 반대편에는 십자가에서 내려온 예수를 안고 있는 성모 마리아, 즉 피에타 Pietà다. 양쪽에는 예수의 죽음을 지켜본 성 요한과 마리아 막달라가 온몸으로 슬픔을 표현하고 있다. 성가대석 북쪽과 동쪽 벽감에는 예수의 자비와 기적을 그린 조각으로 구걸하는 자에게 동전을 건네는 예수, 앉은뱅이를 일으키는 예수, 병든 아이를 어루만지는 예수, 사람들의 발을 씻기는 예수 등의 장면으로 꾸며놓았다. 성가대가 부르는 찬양이 실천하는 사랑으로 이어지길 설교하기 위해 만들어졌다. 미사에 참여하면 4,500개 관으로 된 오르간 음악과 함께 성가를 들을 수 있다.

대성당

주소 Calle Molina Lario, 9
운영 월~금 10:00~18:30, 토 10:00~18:00, 일 14:00~18:00
요금 성인 €10, 65세 이상 €9, 13~17세 €6, 18~25세 학생 €4 (13세 미만 무료)
홈피 malagacatedral.com (옥상 투어는 보수 공사가 잦으니 홈페이지에서 미리 확인해야 한다.)

피카소 생가 박물관 Museo Casa natal de Picasso

★☆☆

GPS 36.724263, -4.417653

현대 미술의 거장, 파블로 피카소Pablo Picasso는 1881년 10월 25일 말라가에서 태어났다. 10년 동안 유년 시절을 보낸 말라가시에선 피카소가 태어나 3년 동안 거주한 집이 있던 곳에 생가 박물관을 만들었다. 어렸을 때 떠난 피카소가 고향을 얼마나 사랑했을까 싶겠지만, 그는 오랫동안 고향에 미술관이 생겼으면 하는 염원을 가족에게 자주 언급했다. 한 기자가 '카탈루냐 화가 피카소'로 언급하자 자신은 안달루시아 출신이라고 항의한 적도 있다. 그는 안달루시아 문화, 특히 투우를 좋아했는데 '엘 토로El Toro' 석판화 시리즈를 보면 어림짐작할 수 있다.

박물관에는 그의 유년기 작품과 가족 생활상을 엿볼 수 있는 전시가 마련되어 있다. 산 산티아고 성당에서 받은 세례 증명서 사본과 탯줄 띠, 어린 시절 의복과 신발 등 거장의 사생활을 알게 되어 친해진 느낌마저 든다. 미술 학교 선생님이었던 아버지의 작업실을 통해 피카소가 화가로서 자각할 수 있었던 환경을 이해할 수 있다.

주소 Plaza de la Merced, 15
운영 09:30~20:00,
12월 24일·31일 09:30~15:00
휴무 1월 1일, 12월 25일
요금 성인 €3, 26세 이하 학생·65세 이상 €2 (18세 미만 무료)
홈피 museocasanatalpicasso.malaga.eu

Tip | 메르세드 광장
Plaza de la Merced

피카소 생가는 메르세드 광장과 면하고 있다. 동네에 있는 작은 광장이지만, 이곳에서 어린 피카소가 뛰어놀았을 생각을 하니 예사롭게 보이지 않는다. 중앙에는 자유에 대한 투쟁으로 말라가 해변에서 사형당한 토리호스 장군의 기념비가 있다. 봄에는 아프리카에서 넘어온 자카란다 나무에 보라색 꽃이 피어 더욱 아름답다.

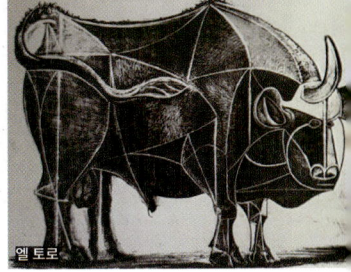

엘 토로

 ★★☆

말라가 피카소 미술관 Museo Picasso Málaga

GPS 36.721864, -4.418400

피카소는 고향 말라가에 미술관이 생기길 염원했으나 당시 스페인은 프랑코 독재정권하에 있어 이루지 못했다. 1990년대 말라가에서 열린 피카소 전시회가 큰 호응을 얻자 며느리 크리스틴Christine 손자 베르나르 루이즈 피카소Bernard Ruiz-Picasso가 작품 233점을 기증해 2003년 미술관을 설립했다.

미술관은 부에나비스타Buenavista 백작 저택에 마련했다. 1487년 기독교 왕국이 된 후 이슬람 궁전 위에 지은 르네상스 양식의 건물이다. 중앙에 안뜰이 있고 무데하르 장식이 된 아치와 기둥이 돋보인다. 미술관 개보수 작업 중 지하에서 고대 로마의 가룸Garum(생선 소스) 공장 흔적, 이슬람 주거 유적, 고대 도자기 조각이 발견되었고 전시·관람할 수 있다.

회화와 조각은 연대순으로 전시한다. 0층(우리나라 1층)에는 1894년부터 1906년까지의 초기 작품으로 미술 교사인 아버지를 따라 카탈루냐에 머물며 그린 사실주의 위주로 전시한다. 주 활동무대였던 파리에서 제작된 큐비즘 작품들도 함께. 1층에는 근대 고전주의와 초현실주의 작품이 있다.

피카소 미술관은 말라가 외에 바르셀로나와 파리에도 있지만, 전 세계에서 팬들이 모여들어 성수기가 따로 없이 문전성시다. 현장 구매보다 홈페이지에서 예약 후 방문하길 추천한다. 한국어 오디오 가이드도 있다.

주소 Palacio de Buenavista, C. San Agustín, 8
운영 3~6·9~10월 10:00~19:00,
7~8월 10:00~20:00,
11~2월 10:00~18:00
요금 매표소 €14, 온라인 €13
(일요일 폐관 2시간 전 무료)
홈피 museopicassomalaga.org

more & more 말라가 피카소 미술관 대표 작품

❶ 〈롤라의 초상Lola con una muñeca〉(1896)
13세인 피카소가 2살 어린 여동생 롤라를 그린 초상화로, 화가이자 미술 교사인 아버지에게 배운 사실주의 화법이 고스란히 나타난다. 얼굴의 형태와 피부색, 머리카락 묘사에서 조명, 입체감, 질감 표현 등이 매우 섬세하고 능숙해 그의 타고난 재능을 엿볼 수 있다. 어린 피카소를 천재라 부르게 한 작품 〈첫 영성체First Communion〉와 같은 해에 그렸다. 작품은 여동생과 인형 사이 대비를 강조한다. 예를 들어 작은 모자 아래 금발인 인형의 곱슬머리와 여동생이 묶은 검은 머리카락, 어깨와 소매 주름 장식의 흰 드레스와 화사한 옷차림 등이 대비되고 있다. 벽에는 기모노를 입은 일본 인형이 있는데, 당시 유럽 중산층에서 유행한 자포니즘Japonisme을 상징한다.

❷ 〈과일 그릇Frutero〉(1919)
1차 세계대전이 끝나고 유럽 사회는 재건하느라 분주했다. 예술가들은 새로운 화풍보다 안정적인 고전주의로 돌아갔고, 당시 피카소도 사실주의 화풍으로 그렸다. 1918년에는 사실주의 정물화를 그리다가 며칠 사이에 입체주의 화풍으로 그리며 다양한 양식을 혼용했다. 특히 형태가 단순하고 분해하거나 재구성하기 쉬운 소재, 과일 그릇을 대상으로 입체주의를 실험했다. 그림은 깊이가 얕고 그림자는 평면처럼 표현했다. 명암 대비를 통해 과일 그릇의 형태를 드러내고 있다. 이후 콜라주처럼 전혀 다른 매체에서 재창조하는 방식을 즐겼다.

❸ 〈삼미신Las tres Gracias〉(1923)
피카소는 1923년 고대 그리스였던 앙티브Antibes에 머물며 헬레니즘 예술에 깊이 몰입했다. 당시 〈목욕하는 사람들〉 연작 작품으로 고전 신화를 현대적으로 재해석했다. 그리스 신화에 나오는 세 여신을 삼분 구도로 잡고 앞·뒷모습을 번갈아 그렸다. 옷을 벗은 여신과 입은 여신이 함께 있는데, 옷감 주름이나 흐름이 고대 그리스 의복을 닮았으며 당시 휴양지 스타일인 마들렌 비오네Madeleine Vionnet에도 영향을 받았다. 피카소는 예술 작품이 언제나 현재 속에 살아있어야 한다고 주장했는데 작품이 과거에서 영감을 받았더라도 현재를 그린다는 그의 독창적인 시각이 돋보인다.

❹ 〈도라 마르의 초상Cabeza de mujer-Dora Maar〉(1939)
피카소의 연인이었던 도라 마르는 단순한 뮤즈를 넘어 탐구 대상이었다. 초기에는 사실주의 화풍으로 그렸으나 이후 그녀의 얼굴을 끊임없이 해체하고 재구성하는 예술 실험을 했고 입체주의가 시작되었다. 그녀의 인상을 세밀히 포착해 비교적 현실적으로 화폭에 담았다. 피카소는 '무엇을 그리는가'보다 '어떻게 보고 해석하는가'에 매달렸고 감정과 기질, 움직임까지도 시각적으로 번역해 작품에 담고자 했다.
〈도라 마르의 초상〉은 피카소가 사랑하는 연인과 키스할 때 본 얼굴을 그린 인물화로, 큐비즘 기법을 어떻게 시각화했는지 알 수 있다. 도라 마르의 강렬한 개성과 피카소의 감정이 모두 표현된 이 기법을 이중 모습이라 부른다.

<롤라의 초상>

<과일 그릇>

<삼미신>

<도라 마르의 초상>

말라게타 해변 Playa de la Malagueta

★★★

GPS 36.719591, -4.402560

주소 P.º Marítimo Pablo Ruiz Picasso, Málaga-Este, 29016

어린 피카소에게 영향을 주었다는 따뜻한 풍경과 색채는 아마 말라게타 해변에서 길어온 영감일 가능성이 높다. 끝없이 펼쳐진 푸른 지중해와 황금빛 모래사장, 여유로운 태양까지 그림처럼 자리한다.

해변은 19세기 말라가 산업 지구 이름을 붙였다. 곡물 창고와 제철소, 조선소 등 다양한 시설이 모여있었고 항구와 인접해 물류 요충지였다. 해변도 가까이 있다 보니 주민들이 자연스레 부른 이름이 말라게타다. 20세기에 들어 레저와 관광 중심으로 발달해 여행객은 물론, 현지인 말라게뇨Malagueños도 자주 찾는 곳이다. 해변은 인공 모래를 덮어 조성했고 길이는 약 1.2km, 폭은 45m 정도다. 태닝을 즐기는 사람이 많아 선베드와 파라솔을 대여할 수 있는 가게가 있다. 곳곳에 야자수 군락이 섬처럼 자리하고 있어 쉬기 좋다. 피서객이 많은 성수기에는 오전부터 자리가 없을 정도이니 참고하자.

해변 옆 항구도 시내에서 해변으로 가는 길에 있어 보행 친화 공간으로 개선했다. 기존 철책을 허물고 만든 '놀라운 야자수 정원palmeral de las sorpresa'이다. 400여 그루 야자수를 심고 나무 지붕 구조물을 만들어 리드미컬한 거리를 조성했다. 작은 정원과 분수, 조형물과 놀이터도 있다.

Tip | 해변 낭만 치사량! 치링기토

안달루시아 지역 해변에는 추운 겨울만 아니면 치링기토Chiringuito 가게가 문을 연다. 20세기 중반, 해변에서 음료를 팔았던 임시 구조물을 말하는데 요즘은 간단한 음식과 음료를 즐길 수 있는 바르Bar이자 카페로 자리 잡았다. 해산물 요리가 유명하며 특히 꼬치에 정어리를 꽂아 장작에 구워내는 요리Espeto de Sardinas가 말라가 대표 메뉴다. 해안선을 따라 여러 치링기토가 있으며, 치링기토 식수Sicsu가 특히 인기다. 말라게타 조형물과 가까이 있어 접근성이 좋고 맛도 괜찮은 편이다. 정어리구이 외에 참치 타르타르와 파에야Paella, 오징어 튀김, 칵테일도 추천한다.

주소 P.º Marítimo Cdad. de Melilla, s/n, Málaga-Este, 29016
운영 11:00~18:00
요금 €10~

말라가 퐁피두 센터 Centre Pompidou Málaga

★★☆

GPS 36.718977, -4.412591

현대 미술의 보고, 프랑스 파리 퐁피두 센터에서 처음으로 지은 해외 분관이다. 도시에 집중된 현대 미술을 타 지역에서도 쉽게 접할 수 있도록 2015년에 문을 열었다. 퐁피두 센터 건설 이후 말라가 관광객이 2배 이상 늘었고, 5년이던 계약을 연장해 10년 넘게 운영을 이어오고 있다. 반영구 전시는 20~21세기 현대 미술 작품으로 스페인 대표 화가 파블로 피카소와 호안 미로를 비롯해 프랜시스 베이컨과 르네 마그리트, 알베르토 자코메티 등 글로벌 작가들의 작품이 전시되어 있다. 2030년까지 파리 퐁피두가 문을 닫으므로 여러 분관으로 작품이 옮겨질 예정이니 그 전에 말라가를 여행하는 미술 애호가라면 꼭 방문해보자. 미술관 건물은 '엘 쿠보El Cubo'라고 부른다. 알록달록한 색상 유리로 만든 큐브다. 지중해 남부의 햇살을 받아 내부 공간이 화사하게 빛난다. 본관의 펀치 구멍 외관은 산업 지역인 말라게타의 정체성을 나타내며 기능적 요소로는 채광과 통풍, 기온 조절 역할을 한다.

주소 Pasaje Doctor Carrillo Casaux, s/n, 29016
운영 09:30~20:00 **휴무** 화요일, 1월 1일, 12월 25일
요금 성인 통합권 €9, 반영구 전시 €7, 특별 전시 €4
26세 이하 학생·65세 이상
통합권 €5.5, 반영구 전시 €4, 특별 전시 €2.5, (18세 미만, 일요일 16시 이후 무료)
홈피 centrepompidou-malaga.eu

콜로마레스 기념물 Castillo de Colomares

★☆☆

GPS 36.590627, -4.572682

말라가 외곽 베날마데나Benalmádena에 있다. 1987년, 외과 의사이자 역사 애호가인 에스테반 마틴Esteban Martin 박사가 벽돌공 2명의 도움을 받아 7년 동안 직접 만들었다. 콜럼버스와 신대륙 발견에 대한 경의를 표하고 후손들에게 알리기 위해서였다. 콜럼버스가 항해 때 탄 배, 니냐Niña, 핀타Pinta, 산타 마리아Santa María호를 세우고 이슬람 무데하르 양식과 유대인, 기독교 양식으로 지은 성이다. 신대륙 발견과 스페인 제국을 상징하는 독수리 장식도 돋보인다. 콜럼버스의 신실한 신앙심과 종교를 나타내는 작은 예배당은 딱 한 명만 들어갈 수 있다. 오밀조밀한 장식과 지중해가 내려다보이는 전망으로 인생 사진을 얻을 수 있어 인기다.

주소 Finca la Carraca, Ctra. Costa del Sol, s/n, 29639 Benalmádena
위치 ❶ Málaga-Centro-Alameda 버스 정류장에서 C1번 버스 이용 후 Estación de tren Benalmádena 정류장에서 하차(30분 소요)
❷ 길 건너 Arroyo De La Miel 정류장에서 M-121번 버스 이용 후 Benalmádena Pueblo 정류장에서 하차(15분 소요)
운영 10:00~18:00 **휴무** 월요일
요금 €3
홈피 castillomonumentocolomares.com

페즈 완다 Pez Wanda

말라가 시내 중심에 있어 접근성이 좋다. 페즈 완다에서 '완다'는 물고기 캐릭터로 말라게타 해안에도 현대 미술 조각상이 설치되어 있다. 실내 벽면에 어항이 있어 신비로운 분위기를 자아낸다.
지중해식 스페인 요리와 타파스를 기본으로 하는 식당이다. 쌀 요리인 파에야가 유명하며 해산물도 맛이 괜찮지만, 짠 편이니 미리 소금을 줄여달라고 요청하거나 먹어보고 빵이나 달걀 요리를 추가하자. 버거나 고로케 등 일반 메뉴도 있어 가족과 함께 즐기기에도 좋다. 직원들이 친절하며 서빙과 질의응답, 대응이 빠르다. 밝고 활기찬 분위기다.

GPS 36.722252, -4.419228

주소 C. Granada, 39
운영 일~목 12:00~익일 00:30,
　　 금~토 12:00~익일 01:00
요금 파에야 €16
홈피 pezwanda.com

토로 무엘레 우노 TORO Muelle Uno

GPS 36.714944, -4.414833

말라게타 항구 1번 선착장이란 뜻으로 항구 인근에 자리한 레스토랑이다. 바다를 바라보며 식사를 즐길 수 있으며 특히 일몰 때는 해가 지는 방향에 있어 더욱 낭만적인 분위기다. 이곳에서 저녁 식사 후 항구 산책로를 걸으며 야경을 즐겨도 좋다. 테라스 자리는 인기가 많아 예약을 권한다.
전통 스페인 요리를 현대적으로 재해석한 메뉴나 스테이크, 파스타처럼 일반적인 메뉴도 있어 선택할 수 있는 음식이 다양하다. 이베리코 스테이크가 무난하며 맛이 진하기로 유명한 말라가 새우 요리, 감바스도 인기 메뉴다. 소꼬리 요리는 질긴 편이라 권하지 않는다.

주소 P.º de la Farola, Local 65
운영 13:00~23:30
요금 이베리코 요리 €22
홈피 toromuelleuno.com

카사 아란다 Casa Aranda

1932년 23세 시골 청년인 돈 안토니오 아란다가 문을 열어 100년 가까이 운영하고 있는 추레리아Churrería다. 현지인이 말라가에서 추로스를 먹으려면 이곳으로 와야 한다고 할 정도로 주민들과 여행객에게 모두 인기 있다. 실내에는 바로 생긴 주방이 있고 추로스를 갓 튀겨 접시에 담아낸다. 초콜라테를 함께 시켜 추로스를 찍어 먹으면 고소하고 달콤한 스페인식 아침 한 상이 된다. 특히 안달루시아는 낮에 덥다 보니 저녁부터 늦게까지 활동하는데 이때 열량을 채우기 위해 아침 일찍 추로스와 초콜라테를 먹는다. 초콜라테 양이 많아 2~3인이 간다면 추로스는 사람 수대로, 초콜라테는 한 잔만 시켜도 된다.

GPS 36.718795, -4.423404
주소 C. Herrería del Rey, 2
운영 08:00~14:15, 16:30~20:15
요금 추로스 €0.75, 초콜라테 €2.25
홈피 casa-aranda.net

보데가스 엘 핌피 Bodegas El Pimpi

핌피는 과거 말라가 항구에서 일을 도와주던 사람을 말한다. 손님이 환대받는 식당을 모토로 하며 1971년 문을 열었다. 크고 작은 홀이 여럿 있어 다양한 분위기를 느낄 수 있다. 날이 좋다면 안뜰에 있는 테이블에서 식사를 즐기자. 18세기 건물은 실내 온도를 서늘하게 유지해 주류를 저장하기 알맞아 수준급 와인이 많다. 주류 페어링을 추천받길 권한다. 해산물 요리가 유명하며 특히 문어Pulpo와 새우, 크로켓 요리가 인기다.

GPS 36.721934, -4.418135
주소 C. Granada, 62
운영 12:00~익일 01:00
요금 크로켓 €11
홈피 elpimpi.com

GPS 36.724130, -4.420004

데스코르체 말라가
Descorche Málaga D.O.C.

데스코르체는 '코르크를 따다'라는 뜻으로 와인을 즐기기 시작하는 순간을 말한다. 말라가 지역에서 생산된 200여 종의 와인을 보유한 만큼 맛 좋은 술을 나누자는 마음에서 지었다. 메뉴는 신선한 해산물과 지역 특산물을 활용한 지중해 요리로 구성되어 있으며 특히 문어 요리가 인기다. 훈제 정어리 필레에 토마토와 무화과를 곁들이거나 망고와 함께 내는 참치 타타키처럼 제철 요리를 추천받아 주문해보자.

주소 C. Álamos, 8
운영 18:00~23:30 **휴무** 월요일
요금 타파스 €6~　　**홈피** descorchemalaga.com

GPS 36.720628, -4.418159

카사 미라 Casa Mira

1890년 문을 열어 5대째 전통을 이어온 말라가 최장수 아이스크림 가게다. 전통 제조 방법과 좋은 품질로 세월이 지나도 변함없는 맛을 제공한다. 말라가 와인에 절인 건포도로 만든 말라가 아이스크림Málaga Ice Cream, 스페인 전통 과자인 뚜론Turrón 맛이 인기다. 여름에는 스페인 전통 음료 오르차타Horchata에 도전해보자. 추파chufa라는 뿌리 식물로 만들어 차게 마신다. 여름에는 입구 근처에 번호표를 받아 대기한다.

주소 C. Císter, 8
운영 일~목 10:30~23:00, 금~토 10:30~익일 00:30
요금 아이스크림 €3.3~, 오르차타 €2.9~

GPS 36.718559, -4.424039

아타라사나스 시장 Mercado Atarazanas

14세기 무어인이 사용하던 조선소였다가 병원, 군 막사로 활용되었고 19세기에 시장으로 개조되었다. 무어식 아치형 입구나 스테인드글라스, 주철 구조물이 남아 당시 모습을 연상케 한다. 시장 내부는 해산물과 육류, 청과물을 파는 세 구역으로 나뉘며 가장자리에는 바르Bar가 있다. 시장에서 바로 조달해 만드는 타파스이니만큼 신선도는 걱정 말자. 새우꼬치구이, 문어 타파스와 생선튀김이 가장 인기다. 점심 때만 되어도 문을 닫은 곳이 많으니 아침 식사로 방문하자.

주소 Calle Atarazanas, 10
운영 09:00~14:00 **휴무** 일요일
요금 타파스 €3~

말라가의 숙소

말라가는 시내 중심과 구시가지가 평지로 되어있어 숙소를 선택할 수 있는 범위가 넓은 편이다. 숙소 위치를 고려할 때 주의할 점은 두 가지다. 첫 번째로 기차역과 버스 정류장이 시내와 멀리 있어 버스를 타야 하니 버스 정류장 근처여야 한다. 두 번째로 구시가지는 차나 택시가 진입할 수 없는 골목이 있으니 큰 도로 근처면 좋다. 아래 소개한 에이씨 호텔 말라가 팔라시오가 큰길에 버스 정류장까지 갖추고 있으며 시내 중심과 구시가지가 가까워 이 숙소를 기준으로 근처에서 구하는 것이 좋다. 차를 빌린 경우 저렴하고 컨디션이 좋은 숙소를 찾기 위해 외곽으로 정하는데 Palma-Palmilla나 Los Asperones는 우범 지역이니 피하자.

GPS 36.719225, -4.419459

에이씨 호텔 말라가 팔라시오 AC Hotel Malaga Palacio

글로벌 호텔 체인인 메리어트에서 운영하는 4성급 호텔이다. 말라가 대성당 앞에 있어 시내 중심과 구시가지에서 가깝고 말라가 기차역과 버스 터미널에서 오는 버스 정류장이 인근에 있어 이동하기 편리하다. 내부는 간결하고 깔끔한 디자인이며 크기도 적당하다. 객실에 테라스가 있어 바다 전망이라면 상층이 좋고 도시 전망이라면 높지 않아도 괜찮다. 루프탑에서 레스토랑과 바를 이용할 수 있어 전망은 이곳에서 즐길 수 있다. 해 질 녘에 맞춰 가길 권한다. 가격이 비싼 편이지만, 비수기에는 10만 원대로 저렴하게 예약할 수 있다.

주소 Calle Cortina del Muelle, 1
운영 체크인 15:00, 체크아웃 12:00
요금 €185~

GPS 36.721093, -4.406307

라 카사 아줄
Pries homes la casa Azul

말라게타 해변에서 도보 5분 거리에 있는 숙소다. 구시가지까지는 도보 10분 이상 걸리겠지만, 해변을 여유롭게 즐기고자 한다면 탁월한 선택이다. 인근에 슈퍼마켓도 있다. 5개 객실로 실내가 넓은 편이나 아쉽게도 바다 전망은 아니다. 최근에 리모델링을 해서 깔끔하고 편안한 시설과 고급스러운 분위기로 변신했다. 주방은 따로 없지만 조식을 제공한다. 뷔페식으로 신선한 과일과 채소, 햄과 치즈, 다양한 빵 등이 제공된다. 체크인은 비대면으로 진행되며 긴밀하게 연락하는 것이 좋다.

주소 Av. de Príes, 20-22
운영 체크인 14:00, 체크아웃 12:00
요금 €120~

GPS 36.723128, -4.419773

씨오이오 팟 호스텔
COEO pod Hostel

호스텔 다인실만큼 저렴한 가격에 1인실로 이용할 수 있는 숙소다. ㄱ과 ㄴ이 각각 1인실로 합쳐지는 구조로 1층 침대와 2층 침대를 각각 사용하는데 벽으로 막혀있어 프라이버시를 지킬 수 있다. 침대 외 다른 공간은 매우 좁아서 캐리어를 여닫기도 어렵지만, 독립적인 공간이라 인기가 많다. 화장실과 샤워실은 공용이고 리셉션은 7시부터 24시까지 운영한다. 수건 대여나 체크아웃 후 짐 보관 서비스는 유료(€3)다. 보카디요나 크루아상 등 간단한 음식과 커피와 음료를 판매하고 있어 조식이 포함되지 않았더라도 걱정 없다. 자체 운영하는 소셜 이벤트도 많아 활동적인 여행객이라면 고려해보자.

주소 C. Beatas, 20
운영 체크인 15:00, 체크아웃 11:00
요금 €50~
홈피 coeohouse.com

Special Area 1. 말라가 근교

협곡 위 천공 도시 론다
Ronda

1912년, 론다를 여행하던 시인 라이너 마리아 릴케 Rainer Maria Rilke는 마침내 '내 꿈의 도시를 찾았다'고 말했다. 로마인과 무어인, 이베리아 사람들에게 수차례 정복과 재정복을 당했지만, 론다는 그저 '야성적인 산악 도시'였다. 120m 협곡 위로 쌓은 도시에 서서 비옥한 구릉 너머로 지는 해를 상상해보자. 낭만으로 물든 장밋빛 협곡이 론다 여행을 고민하는 당신에게 답을 줄 것이다.

 론다 드나들기

말라가와 세비야는 버스, 그라나다와 코르도바는 기차로 이동하는 편이 낫다. 말라가에선 인테르부스 Interbus와 시에라 데 라스 니에베스 Sierra de las Nieves를 이용, 2시간 정도 소요된다. 세비야는 Plaza de Armas 버스 터미널에서 인테르부스를 탄다. 코르도바는 기차로 1시간 40분, 그라나다는 2시간 30분 이상 소요된다. 론다 기차역은 버스 터미널에서 400m 거리고, 누에보 다리까지 도보로 15~20분 걸린다.

운영 말라가 출발 08:00~20:30 (9회 운행), 세비야 출발 09:00, 10:00, 15:30, 18:30
요금 말라가 출발 €13~, 세비야 출발 €16~

무어 왕의 저택 Casa del Rey Moro ★★★

GPS 36.739944, -5.164293

무어 왕의 저택이라 불리지만, 실제 궁전은 아니고 18세기에 무데하르 양식을 흉내 낸 집이다. 건물은 13세기 알모하드 왕조 시기에 만들어진 수광산La Mina과 연결된다. 타호Tajo 협곡의 절벽 내부에 60m 아래까지 수직굴을 파서 과달레빈Guadalevín 강물을 길어오던 급수 시설이다. 194개 계단은 바위를 파내서 만들다 보니 불규칙하고 벽에는 빛과 공기가 순환되도록 비둘기 집처럼 구멍을 뚫었다. 천장은 아치로 만들어 바위 무게를 분산하고 붕괴를 막았다. 가장 아래에 샘물 공간Sala del Manantial에선 수차(水車)를 이용해 물을 길었다. 가죽 물통이나 항아리에 담은 물은 노예가 줄지어 서서 릴레이하듯 절벽 위로 올렸다. 포위전에도 물을 공급할 수 있어 가톨릭 군에게 둘러싸였을 때도 사용되었다. 1485년 가톨릭 세력이 수 광산을 발견해 물이 끊기면서 론다는 함락당했다.

약 200개 계단을 오르내렸다면 포흐스티에 정원Jardines de Forestier에서 잠시 쉬어가자. 1912년 당시 건물 주인인 파르센트Parcent 공작부인이 유명한 프랑스 조경사 포흐스티에에게 의뢰한 낭만적인 정원이다.

주소 C. Cta. de Santo Domingo, 9
위치 누에보 다리에서 도보 5분
운영 5~9월 10:00~21:30,
10~4월 10:00~20:00
요금 성인 €10, 12세 미만 €3
홈피 casadelreymoro.org

협곡 아래 과달레빈강 | 포레스티에르 정원

아랍 흔적 복원

수광산 내부

수광산 내부

GPS 36.741035, -5.165886

누에보 다리 Puente Nuevo ★★★

협곡 양쪽 절벽 도시를 연결하려면 다리가 필요했다. 협곡에서 가장 좁은 지점에 로마 시대 다리가 있긴 했으나 절벽 아래까지 오르내리느라 힘들었기 때문이다. 1735년, 도시 확장에 맞춰 높이 120m 다리를 8개월 만에 지었으나, 열악한 설계와 부실 공사로 6년 만에 무너졌다. 이후 말라가 대성당 공사에 참여한 건축가를 초빙해 34년간 차근차근 지어 1793년 '새로운'이란 뜻의 누에보 다리가 완공됐다. 이전 다리가 무너질 때 사상자가 있었던 만큼 안전을 최우선으로 해서 지었다. 98m 높이인 다리 무게를 견디기 위해 3단으로 아치를 쌓았고 66m 길이도 중앙 아치 양옆에 2개 아치를 배치해 하중을 분산했다. 견고하게 지으려 특별한 장식 없이 투박한 석재 다리는 절벽 아래 계곡에서 석회암을 가져와 조화롭게 어우러진 모습이다.

다리 중앙 아치에는 창문이 달린 방이 있다. 원래 균열이나 침하 등을 점검하기 위한 공간이었으나 탈출이 어려운 점을 이용해 18세기 후반 정치범 감옥으로 사용했다. 지금은 론다와 누에보 다리를 소개하는 전시 공간으로 활용되고 있다.

누에보 다리 내부
주소 Pl. España, s/n, 29400
위치 론다 기차역에서 도보 20분
운영 월~금 09:30~19:00, 토 10:00~14:00, 15:00~18:00, 일 10:00~15:00
요금 €2.5

more & more 헤밍웨이가 말했다. 론다는 가장 아름다우면서 잔혹한 도시라고.

어거스트 헤밍웨이는 소설 《누구를 위하여 종은 울리나》에서 안달루시아의 어느 마을에서 일어난 사건을 썼다. 민중이 파시스트 정치인들을 절벽 아래로 던지는 내용이다. 이 장면은 스페인 내전 초기였던 1936년 론다에서 벌어진 실제 사건으로 민중이 공화파의 통제하에 독재자 프랑코파 정치 인사 50명을 누에보 다리에서 떨어뜨렸다. 혼란한 시기였고 민중 재판이나 즉결 처형이 다수 발생하던 시대였다. 헤밍웨이도 이듬해 스페인 내전을 취재하며 론다에 방문하였고 이 사건에 영감을 받았다.

more & more 누에보 다리 전망대

론다 북쪽 신시가지에 있는 스페인 광장Plaza España이나 누에보 다리 위에서는 다리 전체를 볼 수 없다. 남쪽 구시가지 비탈을 내려가면 누에보 다리 서면West 전체를 정면으로 볼 수 있는 전망대가 있다. 반대편인 동면East 전체는 쿠엥카 정원 전망대에서 볼 수 있다. 스페인 광장에서 로사리오 길Calle Rosario을 따라 5분쯤 이동하면 과달레빈강과 협곡까지 함께 볼 수 있다.

❶ 누에보 다리 서면 West

마리아 아욱실리아도라 광장Plaza de María Auxiliadora에 난 입구를 통해 서쪽 경사를 따라 좁은 오솔길을 내려간다. 이슬람 시대에는 노동자나 여행객이 드나들었던 길이다. 5분 정도 지나면 누에보 다리 전망대Mirador Puente Nuevo de Ronda가 나오는데 멈추지 말고 아라빅 아치Arabic Arch까지 이동하자. 누에보 다리와 협곡, 절벽을 정면에서 볼 수 있다. 최고의 전망대인 만큼 찾는 여행객이 많아 붐빈다. 공간이 협소하고 흙길이라 위험하니 조심하자. 간혹 날씨가 궂거나 보수 공사를 할 때는 일시 폐쇄되기도 한다. 이때는 택시로 갈 수 있는 라 호야 델 타호 전망대Mirador La Hoya del Tajo로 가면 비슷한 전망을 볼 수 있다.

왔던 길로 되돌아갈 수 있지만, 여건이 된다면 이슬람 유적을 따라 걷는 길을 권한다. 론다는 천혜 요새로 성벽을 지을 필요가 없었으나 이슬람 시대에 도시가 확장되면서 절벽 아래로 성벽을 쌓고 출입문을 여럿 두었다. 이곳은 북쪽 방어선으로 아라빅 아치에서 풍화된 성벽을 따라 걸으면 바람의 문Puerta del Viento에 도착한다. 언덕 경사면에 있어 바람이 많이 불어 붙여진 이름이다. 비옥한 구릉에 가꾼 경작지와 목초지로 가기 위한 문이었다. 주로 밀 농사를 했고, 과달레빈강에 방앗간을 대여섯 두어 수레가 다니기 쉽게 길을 정비한 모습이다. 문을 지나 군사용 성문이었던 알모카바르 문Puerta de Almocábar까지 걸을 수 있다. 또는 뒤돌아서 비엔토 전망대Mirador del Viento 오르막길을 따라 걸어가면 마리아 아욱실리아도라 광장에 도착한다.

아라빅 아치

이슬람 성벽

바람의 문

알모카바르 문으로 가는 길

아욱실리아도라 광장 입구
누에보 다리 전망대
바람의 문
아라빅 아치

❷ 누에보 다리 동면 East

과달레빈강이 흐르는 협곡 안쪽, 누에보 다리 동면을 보려면 쿠엥카 전망대Mirador de Cuenca로 가자. 계단식 정원으로 누에보 다리의 전경을 볼 수 있으며 상단에서 잘 보인다. 이보다 아래로 내려가면 이슬람 고대 성벽과 옛 유대인 마을 유적이 보인다.

비에호 다리Puente Viejo는 고대 로마 때 지어져 과달레빈강을 가로지르는 세 개의 다리 중 가장 오래되었다. 이슬람 시대 주요 성문이 있던 자리로 그라나다 방향으로 도로가 이어져 가장 중요한 통로였다. 론다를 찾은 상인이나 방문객은 아랍 목욕탕에서 씻고 모스크(현 세베자 성모 예배당La Ermita de la Virgen de la Cabeza)에서 기도를 드린 뒤 도시로 입성했다. 아랍 목욕탕Baños Árabes은 유료 입장이 가능하며 냉탕과 온탕, 열탕, 물을 긷던 물레방아와 물을 데우던 보일러실이 남아있다. 인근에 바둑판 모양인 건축물은 가죽 공장으로 이곳이 한때 산업 지대였음을 알 수 있다. 로마 다리 상단에는 16세기 초에 지은 비에호 다리가 있다. 누에보 다리가 생기기 전에는 모든 사람과 물자가 이 다리를 지났기에 당시 가장 중요한 다리였다. 18세기 세워진 펠리페 5세 문Arco de Felipe V을 지나면 살바티에라 가문 저택이 있다. 문 입구에는 잉카 인디언을 대표하는 아틀란티스인 4명이 새겨져 있는데, 콜럼버스 시대에 신대륙 사업으로 부와 권력을 얻어 이를 상징하는 조각이다. 100m 정도 오르막길을 오르면 무어 왕의 저택에 도착한다.

누에보 다리

쿠엥카 전망대 공원

로마노 다리와 펠리페 5세 문

아랍 목욕탕

살바티에라 궁전

비에호 다리

★★☆

헤밍웨이의 길 Paseo de Ernest Hemingway

GPS 36.742118, -5.169930

주소 Ctra. de los Molinos, 1955
위치 누에보 다리에서 도보 1분

스페인 광장에서 누에보 다리를 건너기 전, 절벽을 따라 난 산책길에 대문호 어니스트 헤밍웨이의 이름을 붙였다. 그는 론다를 '도시 전체가 어느 방향으로 보든지 낭만적인 풍경이라 신혼여행 하기 좋은 곳'이라고 소개했다. 까마득한 수직 절벽에 아득한 지평선을 바라보는 풍경이 그에게 영감을 줬기 때문인지도 모른다. 길은 론다 전망대Mirador de Ronda까지 이어지며 바로 앞 정원에는 헤밍웨이 조각상이 열렬히 애호한 투우장을 바라보고 있다.

헤밍웨이는 1923년 론다를 방문한 이후 몇 차례 다시 왔다. 투우의 매력에 빠진 그는 안토니오 오르도네즈를 비롯한 투우사들과 깊은 인연을 맺으며 우정을 쌓았다. 안토니오는 그가 죽인 황소의 귀를 헤밍웨이의 아내에게 존경의 의미로 선물했다고 한다. 헤밍웨이는 구시가지 호텔에 머물며 그들의 이야기를 담은 《오후의 죽음》(1932), 그리고 《위험한 여름》(1985)을 썼다. "아랑후에스보다 투우를 처음 보기에 더 좋은 도시가 하나 있습니다. 단 한 번만 볼 거라면 론다입니다"라고 적었다. 스페인 내전이 시작되기 전에도 론다를 찾았다. 불안정한 정치와 갈등을 목격하면서 소설 《누구를 위하여 종은 울리나》(1940)를 발표했다.

more & more 타호 협곡 바로 위 아찔한 론다 파라도르 Ronda Parador

18세기 지어진 시청 건물을 개조해 만든 국영 호텔이다. 헤밍웨이 소설 《무기여 잘 있거라》에서도 시청으로 묘사되었다. 론다에서 가장 아름다운 풍경으로 꼽는 타호 협곡 일몰과 누에보 다리 야경을 모두 감상할 수 있다. 누에보 다리 전망을 볼 수 있는 객실은 비싸지만, 인기가 많다. 일반 객실에 머물더라도 식당 테라스나 라운지에서 전망할 수 있다.

주소 Pl. España, s/n, 29400
운영 체크인 14:00,
　　 체크아웃 12:00
요금 €120~
홈피 parador.es

★★☆

론다 투우장 Plaza de Toros de Ronda

GPS 36.742463, -5.167082

주소 C. Virgen de la Paz, 15
위치 누에보 다리에서 도보 3분
운영 3·10월 10:00~19:00,
　　 4~9월 10:00~20:00,
　　 11~2월 10:00~18:00
요금 €9
홈피 rmcr.org

1573년 왕립 기병대가 말타기와 무기를 다루는 훈련을 하던 학교였다. 기병대 축하 행사 중 하나로 투우 경기가 열리기 시작했는데, 기사들이 말을 타고 소를 다루는 경기였다. 18세기 후반, 론다 출신 투우사인 페드로 로메로Pedro Romero가 나타나면서 근대 투우가 시작되었다. 그는 말에서 내려 직접 빨간 천, 카포테Capote를 사용했고 근접하게 피하는 기술과 마지막에 칼로 찌르는 기술Estoquillada 등을 예술로 승화시켜 론다를 '투우의 발상지'로 발전시켰다. 그는 단 한 번의 사고 없이 5천 마리 이상의 황소를 상대로 승리했다고 한다. 소와 사람 사이에 흐르는 긴장된 리듬과 심리전, 기술이 포함되어 보는 사람도 긴장하게 만든다. 매년 9월에 열리는 코리다 고예스카Corrida Goyesca는 투우사들이 18세기 복식을 갖춰 입고 여는 경기로 페드로 로메로를 기리고 있다.

투우가 인기를 얻기 시작하면서 기병대 학교는 따로 지어졌고 1785년 누에보 다리를 설계한 건축가가 투우장을 지었다. 약 5,000명을 수용할 수 있는 경기장으로 이전과 달리 완벽한 원형을 이룬다. 관람석은 석재 기둥과 토스카나식 아치를 더해 아름다운 이중 회랑을 만들었다. 파노라미코 식당Restaurante Panorámico을 이용하면 테라스에서 투우장 전체를 조망할 수 있다.

Special Area 2. 말라가 근교

나와 하얀 마을과 당나귀 미하스
Mijas

미하스 산맥 남서쪽에 있는 마을(428m)은 높은 일조량 탓에 집을 하얗게 칠해 '블랑코 푸에블로'라 부른다. 석회암 산맥이라 광산 노동자가 많았는데, 돌을 운반하거나 귀가할 때도 당나귀를 타거나 짐을 실었다. 옛날에는 당나귀가 결혼식에도 함께 등장할 만큼 삶 깊숙이 자리해 마을 명물이 됐다. 주민 3분의 1일이 이주민으로 온화한 날씨와 정감 있는 동네 분위기로 사랑받는다.

 미하스 드나들기

말라가에서 서쪽으로 30km 떨어진 미하스로 가는 방법은 2가지다. 말라가 버스 터미널에서 아반사 Avanza가 운영하는 M112번 직행 버스를 타면 1시간 30분쯤 걸린다. 또는 렌페 세르카니아스 C1을 타고 푸엔히롤라 Fuengirola역에서 내려 버스 터미널 앞 정류장에서 M122번 버스를 탄다. 돌아올 때는 승객이 많으니 배차 시간보다 일찍 대기하길 권한다.

운영 직행 06:35, 09:50, 13:00, 21:00 **C1** 05:20~23:30 (배차 간격 20~30분)
푸엔히롤라-미하스 07:20~21:30 (1일 21대 배차)
요금 직행 €2.5
환승(푸엔히롤라+M122) €4.5

 ★★☆
당나귀 택시 Burro Taxi

GPS 36.595852, -4.636518

1960년대, 산업이 가속화되면서 문을 닫는 광산이 많아졌다. 어느 날 관광객이 당나귀와 기념사진을 찍고 낸 돈이 일당보다 많아지자, 주민들은 '당나귀 택시'라는 관광 상품을 만들었다. 등에 전통 방식으로 짠 천, 만타 안달루시아Manta Andaluza를 씌워 화려하게 꾸미고 당나귀도 보호했다. 당나귀를 타고 고지대 마을을 오르락내리락하며 한 바퀴 도는 코스다. 현재는 동물 복지를 위해 정기 건강 검진을 하고 하루 운행 횟수를 제한하며 쉬는 시간도 보장하고 있다. 체중이 80kg 이상이면 탈 수 없다. 성인은 1명, 어린이는 제한 체중보다 낮으면 2명까지 가능하다.

주소 Av., Plaza Virgen de la Peña
운영 하절기 10:00~21:00,
　　 동절기 09:00~18:00
요금 당나귀 타기 €15,
　　 당나귀 수레 타기 €20

★★☆
라 페냐 성모 예배당 Emita Virgen de la Peña

GPS 36.595658, -4.635610

1586년 5월 30일 일요일(삼위일체 대축일) 정오 무렵, 마을에 살았던 12살 후안Juan과 10살 아순시온Asunción은 성곽의 탑 아래에서 신비로운 비둘기 한 마리를 잡았다. 그러자 황홀경에 빠졌다가 깨어났고 다음 날에도 반복되었다. 6월 2일에는 비둘기를 안고 있는 성모 마리아가 나타났다. 성모는 아이에게 마을 사제에게 알려 동굴 속 자신을 꺼내라고 일렀고, 사제는 탑의 비어있는 공간에서 성모 마리아상과 은제 촛대 두 개, 성물들을 찾았다. 이후 카르멜회 수도자, 디에고 데 헤수스 마리아가 마을에 도착해, 바위를 깎아 '성모의 동굴Ermita-Cueva'을 지었다.
동굴 안 벽면에는 미하스 수호성인인 페냐 성모상이 있다. 한쪽에는 성직자가 입는 제의가 있는데, 병이 낫거나 기도가 이뤄졌을 때 감사 표시로 마을 주민들이 기증한 옷이다.

주소 Av. del Compás, 7
운영 24시간
요금 무료

갈보리 암자 Ermita del calvario

★☆☆

GPS 36.597767, -4.640200

마을에서 14개의 십자가 길을 따라 20~30분 정도 산맥 기슭을 오르면 암자가 나온다. 18세기, 카르멜회 신부들이 기도와 명상에 전념하기 위해 사용하던 영적 휴양처다. 하얀 석회로 칠해진 조그만 성소는 1년 중 사순절 금요일에만 문을 연다.

암자에 오르면 미하스 마을 전체부터 코스타 델 솔까지 한눈에 담긴다. 마을에서 가장 높은 전망대라 그렇다. 소나무 그늘에서 잠시 쉬고 있으면 종교가 없더라도 평안에 가닿을 수 있을 정도로 고요하고 한적하다. 암자 뒤로 미하스 산맥 하이킹 코스가 있지만, 가파르고 험준한 구간도 있어 권하지 않는다.

주소 Lugar Sierra Blanca, 18

요새 탑과 공원 Torre y Parque Botánico de la Muralla

★★☆

GPS 36.593201, -4.638518

이슬람 시대에 세운 요새, 알카바사 Alcazaba 중 일부다. 가파른 절벽 위에 세워 공중 도시처럼 홀로 떠 있는 듯하다. 성벽 대부분이 소실되었으나 탑은 재건되어 지금도 올라갈 수 있다. 탑에서 성벽은 절벽을 따라 지어져 있으며 전망대까지 걸을 수 있다. 두 팔로 안는 자세처럼 절벽이 마주한 곳까지 전망대가 있어 이채로운 풍경이다. 안쪽은 분수와 정원이 있다. 주민들이 일 년 내내 꽃이 피는 식물과 토착 식물을 조경해 화사하다. 아이들이 놀 수 있는 다목적 놀이 공간도 있는데, 20m 짚라인이 가장 인기다.

주소 Paseo de la Muralla

 ★★★
미하스 투우장 Plaza de Toros de Mijas

GPS 36.593832, -4.639168

1900년 9월 8일, 주민들의 열렬한 요청에 따라 투우장을 지었다. 성곽 주변 지형이 불규칙한 절벽 위에 지어 타원형 구조다. 크기도 500명 정도 수용할 정도로 작다. 원형이 일반적인 스페인에선 쉽게 볼 수 없는 투우장 형태다. 공간이 부족해 관중석은 양쪽 측면에만 있다. 관중석에 앉으면 아름다운 지중해 전망을 배경으로 경기를 관람할 수 있었는데, 지금은 경기가 없고 투우장 관람만 가능하다. 경기장 외에도 예배당, 외양간Toril 등을 볼 수 있다.

주소 Cta. de la Villa, 0
운영 **하절기** 월~금 11:00~21:00, 토~일 11:00~19:00
　　　동절기 10:30~19:00
요금 €4

more & more 미하스 투우장에서는 투우가 없었다?!

안달루시아 지방은 평야에서 소를 방목해서 키웠고 이동할 때는 목동처럼 직접 길로 몰아 이동했다. 지금처럼 수송 차량이 발달하지 않았기에 말라가 평야에서 키우던 소들은 산악 마을인 미하스까지 걸어와야 했다. 마을 청년들이 장난삼아 소 앞에서 달리기 시작했고, 용기를 증명하는 통과 의례처럼 여겨졌다. 이 행위는 소를 몰고 달리는 엔시에로스Encierros라는 전통 축제로 발전되었다.
지방 마을의 작은 투우장에는 성체인 투우가 오기 어려웠다. 소와 투우사 모두 비용이 많이 들어서다. 대신 어린 수소를 데리고 왔고, 안전한 방식으로 엔시에로스 경기를 진행했다. 어리다곤 해도 무게가 400kg 정도라 중상이나 사망까지 이르는 사건도 일어난다.

Special Area 3. 말라가 근교

스페인에서 가장 예쁜 마을 프리힐리아나
Frigiliana

알미하라 산맥 경사면에 자리한 프리힐리아나는 푸른 지중해를 바라볼 수 있는 산악 마을이다. 역사와 전통을 지키고 미관과 청결도를 충족해, 2016년에는 스페인의 아름다운 마을 협회 Los Pueblos Más Bonitos de España에 정식으로 등록되었다. 눈이 시리도록 순백색인 마을이다. 집집마다 담장에 핀 꽃이 달라 같은 골목이 하나 없다. 단, 볼거리가 마을 산책뿐이니 날씨 좋을 때만 가자.

프리힐리아나 드나들기

말라가에서 동쪽으로 60km 떨어져 있다. 말라가 버스 터미널에서 알사 ALSA 직행 버스를 타며 1시간 10분 정도 소요된다. 말라가-네르하-프리힐리아나 순으로 부지런히 다니면 당일 여행 코스도 된다. 단, 네르하 동굴이 일찍 마치니 참고해 일정을 정하자. 네르하 칸타레로 광장 Plaza Cantarero에서 파하르도 Grupo Fajardo 지역 버스를 타고 프리힐리아나 트레스 쿨투라스 광장 Plaza de las Tres Culturas에서 하차한다.

운영 말라가 출발 06:30~23:05
네르하 출발
월~토 07:20~20:30 (11회)
일 09:30~20:00 (7회)
요금 말라가 편도 €5
네르하 편도 €1.3

★★★

프리힐리아나 구시가 Casco Historico de Frigiliana

GPS 36.792352, -3.897841

프리힐리아나는 푸른 지중해를 배경으로 산자락에 하얀 집을 지어 그림 같은 풍경을 자랑하는 마을이다. 로마 시대부터 사람이 살았지만, 9세기 무어인이 본격적으로 터를 닦았다. 실내 온도를 조절하기 위해 회칠한 벽은 달궈진 열기를 식혀준다. 더불어 마을 미관까지 챙긴 벽면 도자기 장식, 자갈 바닥이 모두 그들의 전통과 지혜를 보여준다.

골목이 미로처럼 펼쳐진 데다 경사가 있는 산악 마을인 만큼 동선을 잘 정해야 한다. 좁고 구불구불하며, 오르막길에 계단으로 이어지기도 한다. 트레스 쿨투라스 광장에서 출발해 아래 코스대로 둘러보길 권한다. 관광 열차를 타고 마을 위로 올라가 골목을 따라 내려오는 방법도 있다.

주소 Plaza del ingenio, s/n, 29788

more & more 프리힐리아나에선 건물에 흰색 말고 다른 색을 칠하면 불법!

안달루시아 지방은 햇볕이 강해 여름이면 40℃ 이상 되는 무더위가 기승이다. 프리힐리아나 주민들은 예부터 건물을 흰색으로 칠해 햇빛을 반사했다. 건물에 열이 덜 들어오니 실내를 시원하게 유지할 수 있어 자연 냉방이 가능했다. 곰팡이나 해충을 억제하고 살균 작용이 있는 석회를 이용했다.

Special Tour 18
프리힐리아나 구시가 자세히 보기

프리힐리아나는 언덕에 자리하고 있어 경사로가 많다. 가파르진 않지만, 마을 규모가 큰 편이라 편한 신발은 필수다. 역사 지구 중심을 따라 오르다가 지중해까지 한눈에 들어오는 전망대에서 잠시 쉬어가도 좋다.

① C. Hernando el Darra
② Callejon del Peñon
③ C. el Garral
④ Cjón. de las Ánimas
⑤ Callejon de la Iglesia
⑥ Pl. de la Fuente Vieja

① 인형극 안내소 Casita de la infomación y la fantasia

20여 년 전 마을을 찾은 독일 예술가 베르나르도Bernardo는 이곳에 반해 집을 사고 눌러앉았다. 동네 사람들을 위해 소규모 인형극 공연을 하다가 마을 이야기를 들려주는 안내소를 지었다. 1유로 동전을 넣으면 무어인과 앵무새, 노부인 인형이 마을을 소개한다. 스페인어와 영어, 독일어, 프랑스어 그리고 한국어 등 다양한 언어로 안내가 제공된다.

② 엘 인헤니오 El Ingenio

16세기, 지역 귀족 가문이 살던 저택으로 1909년 사탕수수 밀 공장으로 바뀌었다. 프리힐리아나는 아열대 기후로 사탕수수가 잘 자란다. 전통 농업으로 길러왔고, 사탕수수 꿀Caña de Miel을 특산품으로 선보이고 있다. 내부 투어는 할 수 없지만, 벽면에 생산 과정을 세라믹 타일로 소개해뒀다. 사탕수수 꿀은 카페나 기념품점에서 판매하고 있다. 공장에서 레알 골목을 따라 걸으면 1767년에 지어진 왕립 곡물 창고Reales Pósitos다. 건물 외부에 벽돌 아치와 지하실이 그대로 남아있다. 현재는 개인 소유이며 카페를 운영하고 있어 내부를 둘러볼 수 있다.

❸ 역사 지구 중심 Centro Histórico de Frigiliana

레알 골목Calle Real과 에르난도 엘 다라Heando el Dara 사이 갈림길이다. 스페인 가문 문장이 새겨진 벽과 가로등의 구도가 좋아 사진 명소다. 골목마다 다채로운 색상의 문이 있어 청량감을 더한다.

❹ 산토 크리스토 전망대 Mirador de Santo Cristo

갈림길에서 윗길인 에르난도 엘 다라Hernando el Dara로 걸으면 마을 전체를 내려다볼 수 있는 전망대가 나온다. 오르막이 가팔라 힘들다면 미라도르 식당El mirador에 앉아 전망을 감상해도 좋다.

❺ 산 안토니오 성당 Iglesia de San Antonio

전망대에서 Calle Zacatin으로 내려오면 이슬람 모스크 위에 세운 가톨릭 성당이 나온다. 내부에는 예수 그리스도의 열두 제자를 상징하는 12개 가면이 보관되어 있는데, 성주간Holy week인 세미나 산타 때 이 가면과 의상을 입고 최후의 만찬을 재현하는 미사가 열린다.

❻ 세 문화 분수 Fuente de las Tres Culturas

성당 인근에서 세 문화 분수를 볼 수 있다. 세 문화는 프리힐리아나 정착민들의 문화로 유대교 다윗의 별과 이슬람 초승달, 기독교 십자가다. 사진 명소로도 유명한 토레온El Torreón에서 세 문화 상징이 있는 도자기가 발견되었고, 이후 마을 축제로도 이어져 고통스러운 역사는 잊고 공존하고자 하는 지역 정체성을 보여준다.

❼ 레알 골목 Calle Real 무어인 역사 지구

가톨릭 세력에게 정복당한 뒤 개종한 무어인, 모리스코morisco가 엘 푸에르테 언덕Cordillera del Fuerte에서 반란을 일으켰다. 마을 사람들은 반란군을 지원하거나 숨겨줬는데 결국 학살당하거나 추방되었다. 당시 이야기는 벽면에 12개의 세라믹 모자이크 타일로 전시되어 있다.

Special Area 4. 말라가 근교

유럽의 발코니 네르하
Nerja

네르하는 태양의 해변, 코스타 델 솔 Costa del Sol 중 하나. 1년 중 대부분이 날이 맑고 온화한 동네라는 뜻이다. 알미하라산맥 Sierra Almijara 자락이 바다를 만나면 그곳에 네르하가 있다. 깎아지른 듯한 절벽에 하얀 파도가 부딪치고 바다는 태양 빛을 품어 청량한 빛깔을 낸다. 여행객은 어쩔 도리가 있나. '유럽의 발코니'에 서서 발을 동동 구르며 한참을 바라볼 수밖에.

 네르하 드나들기

말라가에서 50여 km쯤 떨어진 동쪽 해안에 있다. 그라나다에서 오가는 버스도 있지만, 말라가 근교 여행으로 다녀오는 편이 교통편도 많고 이동 시간도 짧다. 말라가 버스 터미널 Estación de Autobuses 또는 말라가 항구 버스 정류장 Malaga Puerto bus station에서 출발하는 알사 ALSA 버스를 이용한다. 1시간 20분쯤 소요되며 칸타레로 광장 Plaza Cantarero 에서 하차한다. 해안 도로를 달리니 오른쪽 좌석에 앉자. 네르하에서 프리힐리아나행 버스도 있어 당일치기 일정도 가능하다.

운영 06:30~23:05
(매시간 1~3대 배차)
요금 €7

유럽의 발코니 Balcón de Europa

★★★

GPS 36.744383, -3.875413

주소 Plaza Balcón de Europa, 5

칸타레로 광장에서 바다로 10분만 걸으면 지중해 전망대, 유럽의 발코니가 나타난다. 돌출된 절벽이 바다로 향해 뻗어있어 마음만 먹으면 뱃머리에 서 있다는 착각이 들 정도다. 날이 맑으면 아프리카 대륙까지 어렴풋이 보인다고 하니 전망대로 모자람이 없다. 9세기에도 그랬다. 이슬람인들이 이베리아반도를 점령한 뒤 네르하에는 해안을 드나드는 선박을 감시하기 위한 탑을 세웠다. 가톨릭 세력이 재정복한 1487년에는 포병대가 설치된 군사 진지, 라 바테리아 La Batería라 불렀다. 19세기 초 나폴레옹 전쟁 때 파괴되었으나 대포 한 기가 남아 발코니에 전시되어 있다. 문제는 1884년 겨울 네르하에서 일어난 큰 지진이었다. 네르하는 폐허가 되었고, 이듬해 초 피해 상황을 점검하려 알폰소 12세가 방문했다. 그가 방어 진지 위에 서서 '유럽의 발코니'라 불러 휴양지로 급부상했다. 유럽의 발코니는 하얀 대리석으로 보도를 닦고 별 모양이 그려진 단을 만들었다. 주변에는 벤치가 있어 오래도록 전망을 감상할 수 있다. 발코니 아래층은 전면 유리로 된 레스토랑이다. 관광 안내소 옆 계단으로 내려가면 절벽 동쪽, 칼라온다 해변 Playa de la Calahonda이다. 절벽 아래 동굴집은 어부가 사용하던 쉼터이자 어망이나 도구를 보관했던 창고다. 해변과 절벽, 하얗고 푸른 집이 어우러져 감성 사진을 찍는 사람들이 자주 찾는다. 파라솔과 선베드를 대여할 수 있고 튜브나 물놀이 장비는 개별 준비해야 한다. 파도가 세고 수심이 깊어 해수욕을 즐긴다면 주의하자. 절벽 서쪽에는 살론 해변 Playa de Salon, 너머로 칼레티야 해변 Playa la Caletilla이 있다.

대포

망원경

알폰소 12세 동상

동굴집

네르하 동굴 Cueva de Nerja

★★☆

GPS 36.762693, -3.844787

1959년 1월 12일 네르하에 사는 10대 소년 5명이 마로Maro 마을 근처에서 박쥐를 발견하고 따라가다가 바위에 난 작은 틈을 발견했다. 박쥐가 드나드는 구멍 주위로 돌을 치웠더니 넓은 공간이 나왔고 아이들은 동굴 안으로 들어갔다. 좀 더 깊이 들어갔을 때 두 개의 해골이 눈앞에 나타났다. 혼비백산한 아이들은 얼른 밖으로 나와 선생님에게 말했다. 소문은 일파만파 퍼졌고 3개월 후 네르하 사진작가가 말라가 일간지에 게재하면서 동굴은 세상에 알려졌다. 고고학 박물관에서 체계적인 동굴 탐사를 통해 관광지로 개발되었고, 1960년 6월 공식 개장했다.

탐사는 계속되었고, 선사 시대 화덕 흔적과 뼈나 껍질의 흔적, 긁개와 석촉과 같은 도구, 인골 매장 흔적이 발견되었다. 2012년, 대격변 홀Sala del Cataclismo 절벽 위 좁은 통로에 올라 탐사하던 중 사슴과 말, 물개, 물고기 등 50여 개의 암각화를 찾았다. 방사성 탄소 연대 측정 결과 최대 42,000년 전으로 추정되어 세상이 들썩였다. 예술 표현 능력은 호모 사피엔스 영역으로 간주되어 왔는데 이전 인류인 네안데르탈인도 가능했다는 증거였기 때문이다. 보존상의 이유로 암벽화는 공개하지 않고 있지만, 전시 공간에서 사진으로 확인할 수 있다.

동굴 관람은 개인 입장이 금지되어 있고 가이드를 따라 이동한다. 총 4.8km에 달하지만, 개방 구간은 약 800m 정도다. 가장 먼저 탄생실Sala de la Torca을 지나 폭포 홀Sala de la Cascada이 나온다. 천장에서 내려온 종유석 무리가 마치 언 폭포처럼 생겨서 붙여진 이름이다. 공간이 넓어 콘서트가 열리는 공연장으로 사용된다. 반환점인 대격변 홀Sala del Cataclismo에는 세계에서 가장 큰 석회 기둥으로 기네스북에 등재된 높이 32m, 지름 13m의 엘 칸델레로El Candilero가 있다.

주소 Carr. de Bajada a Playa de Maro
운영 09:00~16:30 (7~8월 ~19:00)
요금 성인 €15.5, 65세 이상 €13.5, 12~13세 €11, 6~11세 €10
홈피 cuevadenerja.es

Tip | 네르하 동굴을 방문하기 전 꼭 알고 가자.

❶ 미끄러지지 않는 신발을 착용해야 한다. (슬리퍼는 출입을 금지당할 수 있다.)
❷ 동굴 안 조명이 어둡다고 해서 손전등이나 핸드폰 라이트를 켤 수 없으니 조심히 걸어야 한다. 사진 촬영도 플래시를 허용하지 않는다.
❸ 동굴 내에 400개가 넘는 계단이 있으니 체력을 고려하자.
❹ 동굴 내부는 평균 19℃로 여름에는 가벼운 외투나 스카프를 준비하면 좋다.
❺ 음식이나 음료 섭취를 할 수 없으니 입장 전 미리 먹고 출발하자. 동굴 입구 옆 레스토랑은 탁 트인 지중해 전망과 함께 음식을 즐길 수 있다. 야외 피크닉 공간도 있어 도시락을 준비해 와도 좋다.
❻ 네르하 마을에서 동굴까지 오가는 관광열차(TREN TURÍSTICO NERJA)로 쉽게 이동할 수 있다. 홈페이지에서 통합 티켓도 판매한다.

유령 홀

폭포 홀

대격변 홀

> more & more **네르하 동굴 하이라이트**

동굴은 개인이 앱을 통한 오디오 가이드와 함께 관람할 수 있다. 동굴 입장 후에는 수신이 원활하지 않아 설명을 미리 내려받아야 한다. 동굴 길이는 총 4.8km에 달하지만, 개방 구간은 약 800m이며 대격변 홀에서 돌아오면 1시간 정도 소요된다.

❶ 입구 홀 Sala del Vestíbulo
네르하 동굴에 들어서면 가장 먼저 만날 수 있는 방이다. 선사 시대에 인간이 살았던 공간으로 당시에는 외부로 열린 공간이었으나 지금은 퇴적 활동 등으로 인해 막혀있다. 네안데르탈인이 그린 벽화가 있는 토르카Torca와 광산Mine 홀이 나란히 있지만, 보존상의 이유로 입구 홀만 지날 수 있다.

입구 홀

❷ 탄생 홀 Sala del Belén
동굴의 다른 홀에 비해 천장이 낮아 아늑하게 느껴진다. 오른쪽 벽면에 예수가 탄생한 말 구유 모양처럼 생긴 구멍이 있어 이름 붙여졌다. 탄생 홀에서 멀지 않은 곳에 구석기 시대 암사슴 벽화가 발견되었으나 여행객이 방문할 수는 없다. 신석기 시대 때 장례식에 사용되었을 것으로 추정되는 그릇이 발견되었으며 박물관에서 볼 수 있다.

탄생 홀

❸ 폭포 홀 Sala de la Cascada
1959년 네르하 소년들이 처음 발견한 넓은 동굴이 폭포 홀이다. 천장에서 내려온 종유석 무리가 마치 언 폭포처럼 생겨서 이름 붙여졌으며 실제 홀 오른쪽 계단을 올라가면 오래된 폭포 흔적인 구르gours가 남아있다. 홀 공간이 넓어 콘서트를 비롯한 다양한 공연이 열렸는데 1960년부터 시작한 국제 음악 무용 축제는 동굴 보존을 위해 2020년부터 야외 정원으로 옮겼다.

폭포 홀

❹ 유령 홀 Sala de los Fantasmas
꼬마 유령 '캐스퍼'처럼 천을 뒤집어쓴 모양의 석주와 석순, 종유석 탓에 붙여진 이름이다. 실제 네르하 소년들이 인구 2구를 발견한 장소다. 이중 오른쪽 아랫니 소구치를 통해 선사 시대에 영양 결핍이 있는 15세 사람으로 추정할 수 있었다. 신석기 및 청동기 시대 매장지도 발견되어 장례 풍습을 가졌던 것으로 추측된다.

유령 홀

❺ 대격변 홀 Sala del Cataclismo
80만 년 전, 지붕 구조물이 일부 무너질 정도로 대지진을 겪었고 아직 바닥에 그 흔적이 남아있어 붙여진 이름이다. 무시무시한 이름에도 불구하고 네르하 동굴에서 가장 유명하고 아름답다. 높이 32m, 지름 13m로 기네스북 등재된 세계에서 가장 큰 석회 기둥, 엘 칸델레로El Candilero가 있어서다. 기둥 주변으로 레이스가 달린 드레스처럼 종유석과 석주가 장식해 더욱 화려하다.

대격변 홀

03
스페인 정열의 도시 세비야
Sevilla

세비야는 스페인의 흥망성쇠를 가장 가까이에서 지켜본 도시다. 800년간 스페인을 지배하던 이슬람 세력이 물러가고 1492년 가톨릭 왕국이 되었다. 콜럼버스의 신대륙 발견 덕에 이를 잇는 해상 무역 독점권을 가지게 되었고 안달루시아를 뛰어넘는 세계 최대의 도시로 급부상했다. 당시 세비야엔 신대륙에서 건너온 신기한 물건을 사고파는 사람들이 모여 인산인해를 이뤘다. 풍요로운 도시는 문학을 키워냈다. 오페라 〈세비야의 이발사〉,〈카르멘〉,〈돈지오바니〉의 배경이 이 도시 곳곳에 흔적을 남겼다. 영국 시인 바이런은 '이 도시를 본 적이 없는 사람은 정말 불쌍한 사람'이라고 말하지 않았던가. 부침이 심한 역사 속에서 찾은 영광은 영원히 빛나지 않았다. 프랑스 전쟁과 식민지 전쟁으로 국력이 약해지고 경제는 고꾸라졌다. 'NO8DO' 13세기 알폰소 10세는 세비야에 이 문구를 하사했고 시청과 공공건물, 맨홀 뚜껑에서도 오늘날까지 공식 상징으로 쓰고 있다. 바로 'No madeja do' 성모는 우리를 버리지 않는다는 뜻이다. 그랬다. 세비야는 추락하는 데에도 날개를 만들었다. 1929년 이베로-아메리카 박람회Ibero-American Expo를 열었고 문화 도시로 발돋움해 역사를 만들어가는 도시로 전 세계인의 사랑을 받고 있다.

> **여행 Tip** 세비야에서 꼭 해야 할 일 체크!
> ✓ 세비야 성당에서 신대륙 발견 유산과 콜럼버스 무덤 관람하기
> ✓ 화려한 음악이 주를 이루는 세비야 플라멩코 공연 즐기기
> ✓ 스페인 광장과 메트로폴 파라솔로 세비야 건축 즐기기

세비야 드나들기

1. 세비야로 이동하기

항공

세비야 공항Aeropuerto de Sevilla, SVQ은 말라가-코르타 델 솔 공항에 이어 안달루시아에서 두 번째로 분주한 공항이다. 우리나라에서 가는 직항은 없고 포르투갈, 프랑스, 독일, 이탈리아, 영국, 터키 등 유럽 주요 국가에서 경유한 노선을 이용해야 한다. 스페인 내에서 이동할 때 안달루시아 지방이 아닌 경우 기차는 5시간 이상, 버스는 10시간 이상 걸리는 도시가 많아 비행기를 이용하길 권한다. 타 유럽 국가에서 출발할 때는 저비용 항공사(LCC) 라이언에어Ryanair가 거점 공항으로 사용하고 있어 항공편이 많다.

세비야 공항은 1992년 세계 박람회를 앞두고 세비야 출신이자 플리츠커 수상자인 라파엘 모네오Rafael Moneo가 설계했다. 세비야가 가진 정체성인 이슬람 모스크와 궁전, 오렌지 나무를 모티브로 만들었다. 반복되는 기둥과 아치, 중정으로 현대적인 요소를 더했다.

홈피 www.aena.es

□ **유럽 주요 도시 간 이동 시간**
바르셀로나 ▶ 세비야 1시간 40분
마드리드 ▶ 세비야 1시간 10분
런던 ▶ 세비야 2시간 25분
파리 ▶ 세비야 2시간 25분
리스본 ▶ 세비야 1시간
로마 ▶ 세비야 2시간 40분

□ **세비야 공항에서 시내로 이동하기**
세비야 공항은 시내에서 북동쪽으로 10km 정도 떨어져 있어 가깝다. 시내까지 공항버스와 택시, 차량 공유 서비스를 이용해 이동한다.

공항버스

입국장에서 공항버스 표지판Bus Aeropuerto-Sevilla을 따라 이동하면 0층 공항 외부에 택시 정류장 뒤로 공항버스 정류장이 있다. 정류장 앞에 승차권 매표소와 무인 매표기가 있고, VISA나 MASTER CARD, 트래블 월렛 등 컨택리스 카드를 사용해 결제할 수 있다.

공항버스는 세비야 교통 공사(TUSSAM)에서 운영하며 축제나 행사로 노선을 우회할 경우, 앱을 사용하면 쉽게 알 수 있다. 산타 후스타Santa Justa역, 산 베르나르도San Bernardo역, 황금의 탑Paseo de Cristóbal Colón 정류장을 지나며 시내 중심부인 아르마스 광장Plaza de Armas까지 30분 정도 걸린다.

운영 공항→시내 05:20~익일 01:00,
　　　시내→공항 04:30~익일 00:00 (배차 간격 15~20분)
요금 편도 €4, 왕복 €6 (당일만 가능)

택시

입국장 바로 앞에 택시 정류장이 있다. 시내까지 20분쯤 소요되며 정액제(€30)로 운영한다. 우버와 볼트, 프리나우 등 차량 공유 서비스를 이용하려면 Access Suscribers (Acceso VTC) 표지판을 따라 이동하자. 공항 입국장 밖 맞은편에 주차장 건물에 있다.

기차

마드리드와 코르도바, 말라가, 그라나다에서 출발하는 여행객이 국영 기업 렌페Renfe에서 운영하는 초고속 열차, 이탈리아 이르요iryo로 이동한다. 마드리드에서 출발하는 열차는 코르도바를 지나는 노선이니 일정에 참고하자.

□ **주요 도시 이동 시간**
세비야 ◀▶ 바르셀로나
5시간 33분~
세비야 ◀▶ 마드리드 2시간 33분~
세비야 ◀▶ 말라가 2시간 2분~
세비야 ◀▶ 그라나다 2시간 43분~

산타 후스타 기차역Estación de Sevilla-Santa Justa은 규모가 크고 시설이 현대적이다. 매표소와 식당, 패스트푸드점, 코인 로커 등 각종 편의 시설도 갖춰져있다. 시내에서 3km쯤 떨어져 있어 기차역 앞에서 21번 또는 C1번 시내버스를 타면 시내(알카사르 주변)에 갈 수 있다. 도보로는 30분 넘게 소요된다.

버스

버스는 안달루시아 지방 구석구석을 연결해 접근성이 좋고 기차에 비해 저렴하다. 세비야에는 버스 터미널이 2곳이 있다. 플라사 데 아르마스 버스 터미널Estación de Autobuses Plaza de Armas은 마드리드와 바르셀로나 등 장거리 버스와 공항버스 EA가 오간다. 구시가 옆 과달키비르 강변에 있어 시내로 이동하기 편리하다. 강변을 따라 크리스토발 콜론 대로Paseo de Cristóbal Colón가 있어 늦은 시간에 도착해도 덜 위험하다. 목적지가 구시가 대성당이나 알카사르 근처라면 C4번을 타고 푸에르타 데 헤레스Puerta de Jerez에서 하차한다.

스페인 광장 인근에 있는 프라도 데 산 세바스티안 버스 터미널Estación de autobuses Prado de San Sebastián은 론다DAMMAS나 카디스COMES, 말라가ALSA 등 안달루시아 소도시를 오가는 버스가 정차한다. 버스 터미널 정문 앞 트램을 이용하면 대성당까지 연결된다.

□ **주요 도시 이동 시간**
세비야 ◀▶ 바르셀로나 14시간~
세비야 ◀▶ 마드리드 6시간 11분~
세비야 ◀▶ 말라가 2시간 30분~
세비야 ◀▶ 그라나다 3시간~

2. 세비야 안에서 이동하기

시내버스

세비야 공영 시내버스, 투쌈(Transportes Urbanos de Sevilla SAM, TUSSAM)에서 운영한다. 세비야 대성당과 알카사르, 산타 크루스 지구 등 구시가 대부분을 버스가 진입할 수 없어 여행객은 이용하는 횟수가 낮다. 기차역이나 버스 터미널로 오갈 때 탄다. 노선 및 시간은 홈페이지(tussam.es) 또는 TUSSAM 앱, 구글 맵스에서 확인할 수 있다. 요금은 버스 기사에게 현금으로 직접 낼 수도 있고 VISA나 MASTER CARD, 트래블월렛 등 컨택리스 카드를 사용할 수도 있다. 우리나라와 같이 앞문으로 타서 뒷문으로 내리며 하차 벨을 누른다.

운영 06:30~23:00　　**요금** 1회권 €1.4

트램

주요 관광명소가 모여있는 구시가지 중심은 시내버스 대신 트램을 운행한다. 4.2km에 8개 정류장으로 노선이 짧고 복잡한 시내를 지나느라 느리지만, 체력과 시간을 고려하며 움직일 수 있다. 전깃줄 없이 전기를 공급하는 ACR (Accumulador de Carga Rápida) 기술로 정차하는 동안 20초 만에 초고속 충전을 해서 다음 정거장까지 운행한다. 트램 정류장마다 자동 발매기가 있어 승차권을 구매할 수 있다.

운영 06:00~익일 02:00　　**요금** 1회권 €1.4

메트로

세비야와 인근을 연결하는 경전철로 세비야 대학교 인근 헤레스 문 Puerta Jerez부터 시작한다. 스페인 광장과 세비야 FC 경기장까지 동일 구간 트램을 운영하고 있어 여행객은 이용이 많지 않다. 약 18km, 22개 정류장으로 된 1호선만 있다. 지하철역에서 승차권을 구매할 수 있고 VISA나 MASTER CARD, 트래블월렛 등 컨택리스 카드를 사용할 수 있다.

운영 월~목 06:30~23:00,
　　　 금~토 06:30~익일 02:00,
　　　 일 07:30~23:00
요금 1회권 €1.35(0구간),
　　　 €1.6(1구간), €1.8(2구간)

Tip | 세비야 교통권

세비야 대중교통을 이용할 수 있는 교통카드는 투쌈(TUSSAM) 멀티카드와 컨소시엄 카드(CTMA)가 있다. 컨소시엄 카드는 투쌈 멀티카드로 탈 수 있는 버스와 트램을 포함해 메트로까지 사용할 수 있다. 다만 여행객은 메트로를 타는 경우가 드물고 컨택리스 카드로도 탈 수 있어 투쌈 교통권을 권한다. 일정 중 사용 횟수를 고려해 교통권을 결정하자. 1일 4회 이상 이용한다면 1일권이 유리하다.

구분	1회권	멀티카드	1·3일권
교통카드 보증금	–	€1.50 (환불 가능)	€1.50 (환불 가능)
요금	€1.4	€7~50 충전(1회 €0.35)	1일권 €5, 3일권 €10 (기간 내 무제한 이용)
여러 명 이용	이용 불가	이용 가능	이용 불가
공항버스	이용 불가	이용 가능	이용 불가

택시

주요 명소에는 정차된 택시가 있고 지나가는 택시를 불러 탈 수도 있다. 미터기로 계산하며 기본 요금은 1.55유로, km당 1.06유로이고 심야(21:00~익일 07:00)에는 각각 1.87유로, 1.32유로로 요금이 오른다. 스페인어만 하는 택시 기사도 많으므로 스페인어 목적지를 적어가거나 구글맵에서 확인하자. 구시가지는 차량 운행되지 않는 길도 있어 승하차 지점을 확인해야 한다. 우버와 볼트, 프리나우, 캐비파이는 요금을 확인할 수 있고 영어 소통이 어려운 기사라도 앱에서 지역을 지정해 정확하다.

Tip | 세비야에서 로맨틱 데이트, 칼레사Kalesa 타고 한 바퀴

칼레사는 과거 귀족과 상류층이 타고 다닌 2~4인용 마차로 세비야를 둘러볼 수 있다. 대성당 옆 승리의 광장Plaza del Triunfo, 인디아스 고문서관, 스페인 광장 등에서 대기하는 마차를 만날 수 있다. 최대 4명이 탈 수 있는 마차는 일반적으로 45~50분 운행하며 가격은 45유로 이상이다. 현금으로 결제하며 일부 카드 결제가 가능하니 마부에게 물어보자. 세마나 산타 기간에는 이용객이 많아 가격이 오를 수 있다.

세비야 추천 일정

세비야 주요 명소는 구시가지에 모여있고 과달키비르강이 구도심을 팔로 감싸듯 흘러간다. 구시가지는 세비야 대성당 주변과 누에바 광장 주변으로 나눌 수 있으며 공원이 있는 스페인 광장 주변과 과달키비르강이 있어 관광과 휴식을 적절히 나눌 수 있다. 스페인 광장과 메트로폴 파라솔은 날씨 영향을 많이 받으니 머무는 동안 맑은 날에 방문하자. 일몰 이후에도 방문할 수 있고 풍경도 좋아 추천한다. 여름에는 무더위가 40도를 넘고 해가 뜨거워 오전 또는 늦은 오후로 일정을 정해야 한다.

□ 관광 안내소

알카사르 앞
- **주소** Plaza del Triunfo, 1
- **운영** 월~금 09:00~19:30, 토~일 09:30~15:00
- **홈피** andalucia.org

세비야 대성당 주변

세비야 대성당 ★★★ Catedral de Sevilla

GPS 37.385952, -5.993096

"이렇게 아름답고 거대한 성당을 지으면, 이걸 본 사람들은 우리를 미쳤다고 생각할 것이다."

1401년, 가톨릭 참사회Cabildo Catedralicio가 옛 모스크를 허물고 가톨릭 대성당을 계획할 때의 기록이다. 당시 세비야는 신대륙 무역으로 번영했다. 부와 신앙, 가톨릭 도시로서의 위엄을 과시하기 위해 '세상에서 가장 크고 아름다운 성당'을 짓겠다 결의했고 결국 해냈다. 당시에는 가장 컸으나 현재는 바티칸의 성 베드로 성당을 포함해 유럽에서 세 번째로 큰 성당이다.

1401년 시작한 공사는 127년 만에 완공됐다. 안달루시아 지방은 석재 대신 양질의 점토가 풍부해 가공하기 쉬운 벽돌로 지었다. 석재보다 가볍고 고온 건조한 날씨에 안정적이었다. 모스크를 지을 때부터 벽돌을 사용해 히랄다 탑과 부속 건물에서 노출된 벽돌을 볼 수 있으나 대부분 석재로 외부를 마감해 유럽 성당과 비슷한 모습이다.

기존 모스크 일부인 히랄다 탑과 오렌지 정원에서 이슬람 양식을 볼 수 있으며 고딕과 르네상스, 무데하르 양식이 적절히 섞인 건축물이다. 특히 이사벨 여왕이 집권하던 건설 후기에는 종교 상징과 왕실 문장, 꽃을 비롯한 화려한 장식, 다양한 아치를 혼용한 '이사벨식 고딕 예술'이 더해지면서 대성당은 더욱 우아하고 현란하게 지어졌다. 대성당에는 성모 마리아 조각이나 그림, 형상을 많이 볼 수 있는데, 이슬람 세력을 정복한 종교적 상징으로 성모 이미지가 중시되어서다. 성모 마리아는 순결과 헌신, 신앙의 완전한 구현을 나타내며 되찾은 영토를 정화한다는 의미를 담고 있다. 국토 회복 운동에 성공한 이사벨 여왕은 이 모든 전쟁과 희생, 승리가 '성모의 뜻'에 따라 이루어졌다는 정당성을 부여했다고 볼 수 있다.

주소 Avenida de la Constitución
운영 월~토 11:00~18:00, 일 14:30~19:00
요금 대성당+히랄다 탑
  매표소 성인 €14, 25세 이하 학생·65세 이상 €7
  (13세 이하 무료)
  온라인 성인 €13, 25세 이하 학생·65세 이상 €6
홈피 catedraldesevilla.es (세비야 대표 명소인 대성당은 방문객이 많으니 미리 홈페이지에서 입장권을 예매하길 권한다. 대성당에 입장할 때와 히랄다 탑을 오를 때 각각 입장권을 확인한다.)

Special Tour 19 세비야 대성당 자세히 보기

당시 전례 없는 웅장한 규모였기에 외관은 물론 내부에도 볼거리가 엄청나다. 이슬람 사원 위에 가톨릭 성당이 지어지며 독특한 건축 특징을 가지게 되었다. 대항해 시대를 거치며 역사 속 숨겨진 이야기도 많다. 아래에 있는 꼭 봐야 할 스폿을 참고해 관람해보자.

① 콜럼버스의 묘
② 주 예배당
③ 성가대석
④ 주 성구실
⑤ 성배 보관실
⑥ 참사회 회의실(사제관)
⑦ 산 안토니오 예배당
⑧ 안티구아 성모 마리아 예배당
⑨ 왕실 예배당
⑩ 히랄다 탑
⑪ 오렌지 정원
⑫ 오르간
⑬ 성가대석 후면
⑭ 세상에서 가장 큰 목재 제단화
⑮ 크리스토퍼 성인 벽화
⑯ 입구

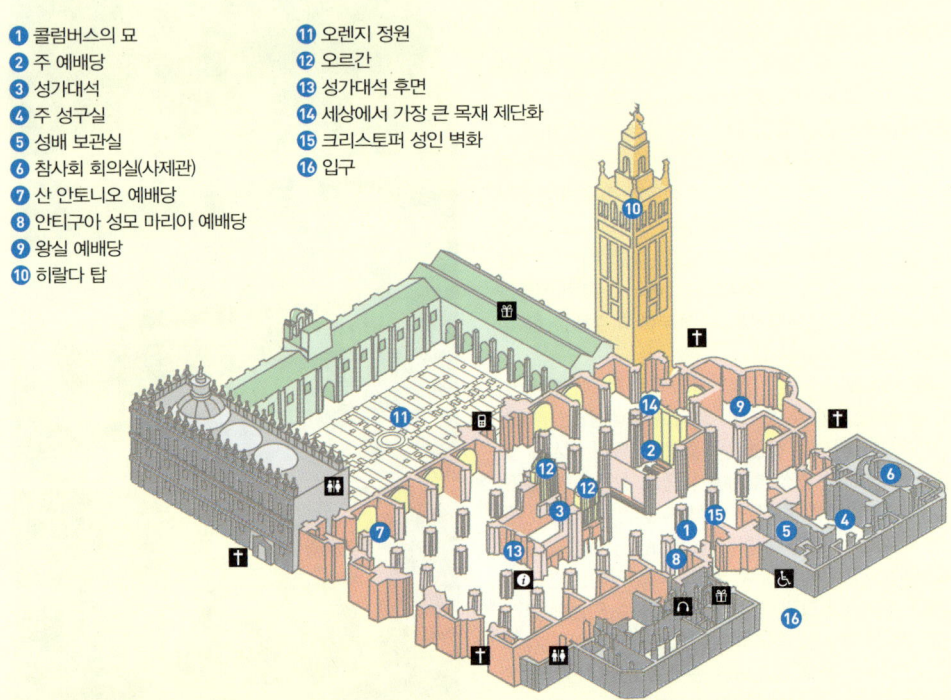

more & more 죽어서도 스페인 땅을 절대 밟지 않겠다고 맹세한 콜럼버스

1453년 오스만튀르크 제국이 콘스탄티노플을 점령하고 실크 로드를 장악하면서 유럽은 무역로가 막혔다. 포르투갈이 바닷길을 개척해 대항해 시대를 열었고, 1492년 그라나다 탈환으로 통합 왕국을 이룬 이사벨 1세는 콜럼버스와 함께 신항로 개척과 가톨릭교 확장에 나섰다. 콜럼버스는 '산타페 협약'을 통해 자신과 후손까지 신대륙 총독 권한을 갖고 무역 수익의 10% 등 막대한 특권을 약속받았다. 후추 무역을 위한 인도 항로 개척에 실패하고 발견한 신대륙에서 폭정을 일삼아 스페인으로 송환되었고, 총독 권한이 박탈되었다. 마지막 항해에는 이사벨 여왕도 죽고 왕실도 외면해 쓸쓸한 말년을 보냈다. 콜럼버스는 무너진 명예에 스페인에 대한 실망감과 배신감이 들었다. 유언장에 적진 않았지만, 죽어서도 스페인 땅을 밟지 않겠다는 전언이 있어 콜럼버스의 관을 공중에 띄운 모습이다.

❶ 콜럼버스의 묘 Tumba de Cristóbal Colón

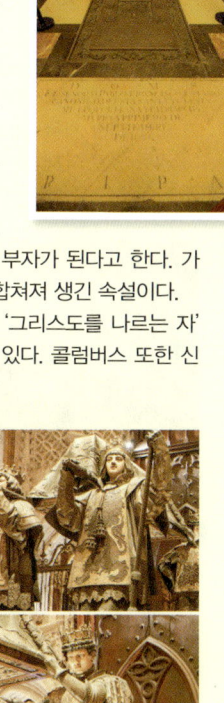

콜럼버스 둘째 아들 페르난도 콜론 묘비다. 그는 책 <크리스토퍼 콜럼버스 제독의 삶>으로 유명하다.

중세 유럽 대항해 시대를 이끈 탐험가, 크리스토퍼 콜럼버스는 1506년 스페인 바야돌리드에서 생을 마감했다. 이후 세비야 수도원으로 옮겨졌으나 아들 디에고의 유언에 따라 신세계인 산토도밍고(현. 도미니카 공화국)로 이장됐고 다시 쿠바 아바나로 옮겨졌다가 세비야로 돌아왔다. 잦은 이장으로 사람들은 콜럼버스의 유골이 맞는지 의심했고 2006년 DNA 분석을 통해 유해가 진짜임이 확인되었다.
1492년 스페인 영토에 있던 4개 왕국의 왕들이 관을 어깨에 둘러멘 모습이다. 앞에는 카스티야 여왕과 레온 왕, 뒤에는 아라곤과 나바라 왕이 있다. 앞의 두 나라는 콜럼버스를 후원해서 고개를 당당히 들고 있고, 뒤의 두 나라는 상대적으로 지지하지 않아 고개를 숙이고 있다. 레온 왕의 오른발을 만지면 세비야에 또 오게 되고, 왼발을 만지면 부자가 된다고 한다. 가문 문장이 부를 나타내는 사자이고, 스페인을 부강하게 만든 콜럼버스 묘라는 상징이 합쳐져 생긴 속설이다.
우측 측랑에 콜럼버스의 이름인 크리스토퍼 성인(San Cristóbal) 벽화도 있다. 그리스어로 '그리스도를 나르는 자'라는 뜻이며, 거대한 체구인 성인이 보주(지구)를 든 예수를 어깨에 지고 강을 건너고 있다. 콜럼버스 또한 신의 영광을 품고 대양을 건넌 탐험가라는 의미를 담고 있다.

❷ 주 예배당 Capilla Mayor

주요 미사를 집전하는 예배당이다. 벽면에는 높이 26m, 너비 18m의 세상에서 가장 큰 목재 제단화가 있다. 호두나무와 밤나무를 가져와 구약과 신약 장면 44가지를 면밀하게 조각했고, 성경에 등장하는 거의 모든 인물이 섬세하게 표현되어 있다. 완성된 조각은 콜럼버스가 신대륙에서 가져온 1.5톤의 금박을 입혔다. 이를 완성하는 데만 무려 80년이 걸렸다. 최상단에는 '백만 기도의 그리스도Cristo del Millón'가 있다. 전염병이 돌던 시기에 100만 번의 기도를 한 세비야 사람들에게 은총이 내려졌다는 의미로 붙여진 이름이다. 임산부가 주 제단 옆에 앉으면 순산하고 태아도 건강하게 자란다는 설도 있어 예배당 문이 열리는 성체 축일이나 성탄절에는 은근한 자리 쟁탈전이 열리기도 한다.

❸ 성가대석 Coro

주 예배당과 마주한 성가대석은 성직자들이 하루 중 기도하는 시간인 성무일도Liturgy of the Hours나 미사 중에 성가를 부르는 공간이다. 칸막이 벽은 견고하고, 좌석은 조각하기 좋은 호두나무를 사용해 117개를 만들었다. 의자 팔걸이에는 성인과 예언자, 성서 이야기를, 벽면에는 기하학 문양의 무데하르Mudéjar 장식이 있어 화려하다. 성가대 좌석 하단에 있는 작은 접이식 받침판, 미제리코르디아Misericordia를 유심히 보자. 성직자나 수도사가 오랜 시간 서서 기도할 때 살짝 기대어 쉴 수 있도록 만든 장치로 우화 장면을 조각해 두었다. 교활한 여우나 권위 있는 사자 등 부패에 대한 경고를 풍자하거나 질서와 겸손 등 자기 성찰을 할 수 있도록 했다. 15,000개 파이프로 구성된 오르간은 20세기에 교체되었으나 목조 케이스는 18세기 때 만들어진 모습 그대로다.

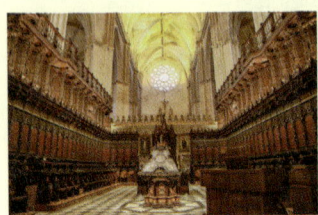

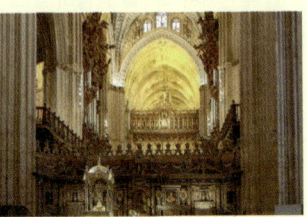

> **more & more** 성가대석은 왜 본당의 중앙에 위치할까?!
>
> 중세에는 본당 중앙에 성가대석을 두었고 3면을 벽으로 세워 방처럼 되어있다. 수도사나 성직자가 매일 정해진 시간에 기도와 성가를 바칠 때 집중할 수 있도록 따로 구획했다. 성당 안 작은 수도원인 셈이다. 좌석은 위·아래 2단 구조이며 가장 높은 중심 좌석은 고위 성직자가, 입구에 가까워질수록 낮은 서열인 성직자가 앉아 교회의 권위와 위계 질서를 시각적으로 보여준다. 평신도는 성가대석과 예배당에 들어갈 수 없도록 철문으로 막혀있어 세속과 분리되는 신성한 공간임을 강조하기도 했다.

아르페 성궤

❹ 주 성구실 Sacristía Mayor

주 성구실과 성배 보관실, 참사회 회의실은 르네상스 시대에 증축되었다. 본당과 연결되어 있으며 미사 전에 사제가 제의를 갖추고 성배와 향로 같은 미사 도구를 보관하던 장소였다. 이후 기증된 성화나 성물이 늘어나면서 일반인 접근이 어렵고 안전한 제의실이 보관실로 바뀌었다.
건물은 그리스 십자가 형태로 중앙인 원형 돔 아래에 주 성구실이 있다. 성체함과 성유물함, 십자가 등 금과 은으로 된 전례 용품을 보관하고 있어 대항해 시대에 세비야 종교 예술이 얼마나 꽃피웠는지를 알 수 있다. 특히 높이 3.25m, 무게 350kg 이상인 아르페 성궤Custodia de Juan de Arfe가 유명하다. 4층으로 된 탑 모양으로 구약과 신약 인물, 성인, 복음사가 등 성체성사와 관련된 인물이 정교하게 조각되어 있다. 중심에는 예수의 몸을 상징하는 성체를 담는 공간이 있다. '작은 성전'으로 성체 축일 Corpus Christi 행렬 때 성체를 담아 도시를 행진한다.
제단 중앙에 있는 〈십자가에서 내려지는 예수El Descendimiento〉도 걸작으로 알려져 있다. 붉은 옷을 입은 세 남자가 취한 자세에서 얼마나 천천히 조심스럽게 내려오는지가 느껴진다. 그리스도의 축 늘어진 몸에서 무

<십자가에서 내려지는 예수>

<성녀 후스타와 루피나>

<십자가에 못 박힌 예수>

왕실 예배당

게감이 드러나고 사다리 아래 성모 마리아를 비롯한 여인들의 슬픔과 고통 또한 섬세하게 표현했다. 십자가의 고통에서 부활의 약속으로 향하는 전환점인 장면으로 이슬람 세력을 물리치고 가톨릭 국가로 변화된 당시 세비야를 표현했다는 평도 있다.

❺ 성배 보관실 Sacristía de los Cálices

르네상스 석조 장식이 된 그림은 스페인 낭만주의 화가, 프란시스코 고야의 〈성녀 후스타와 루피나Santas Justa y Rufina〉다. 자매는 질그릇을 만들어 팔았는데, 주민들이 기독교인이 만든 그릇이라며 다 깨버리자 자매는 비너스상을 깨트렸다. 이후 당국에 잡혀가 박해받던 자매는 사자 굴에 던져졌으나 오히려 사자를 온순하게 길들였다는 내용을 담고 있다.
반대편 문 위에 있는 작품은 종교화 대표 화가인 프란시스코 데 수르바란의 〈십자가에 못 박힌 예수Cristo Crucificado〉다. '스페인의 카라바조'라고 평가받을 만큼 사실적인 명암이 도드라진 작품이다. 양옆으로 15~16세기 종교화도 전시되어 있다.

❻ 참사회 회의실(사제관) Sala Capitular

참사회는 대주교에게 종교 및 행정 업무를 자문하기 위해 설립된 성직자 단체다. '캐논Cannon'이라 불리는 총회 구성원들은 회의가 진행되는 동안 벽을 따라 놓인 벤치에 앉았는데 중앙에 있는 의자에는 대주교가 앉았다.
타원형 돔은 초점 간 반사 경로 거리가 일정해 음성을 크게 확장할 수 있는 장치다. 천장에는 성령을 뜻하는 비둘기가 묘사되어 있고 성경에서 네 가지 주요 덕목인 지혜, 정의, 절제, 용기가 각각 여성으로 의인화되어 등장한다. 구약과 신약 인물과 성모 마리아가 조각되어 있다. 세비야 화가, 바르톨로메 에스테반 무리요Bartolome Esteban Murillo의 작품 〈원죄 없이 잉태되신 성모 마리아La Inmaculada Concepción〉도 중요 작품으로 손꼽힌다. 순결과 천국을 상징하는 하늘색 망토와 흰 드레스를 입은 성모 마리아는 원죄 없이 잉태했다는 의미를 담고 있다. 발아래 초승달은 어둠과 가까워 악을 상징하며, 죄악을 밟고 이긴 성모 마리아로 나타내게 된다. 스페인 미술사에서는 이슬람 상징인 초승달이 성모의 발아래 있어 가톨릭 신앙의 승리를 상징하기도 한다.

❼ 주요 예배당

본당 측면 예배당은 법적으로 성당 소속이나 귀족 가문, 상인 조합, 종교 단체에서 후원하고 장기 사용권을 소유한 공간이다. 보통 개인 미사, 가족 행사를 하거나 그림과 같은 개인 소장품을 보관하는 장소로 방문객은 출입하지 못한다. 귀족 가문이 소유하다 보니 성직자 무덤이 있는 예배당도 있다. 베개 수로 구분할 수 있는데 1개는 주교, 2개는 대주교, 3개는 추기경이다.

페르난도 3세와 아들 알폰소 10세가 묻힌 왕실 예배당Sacristía Mayor도 입장은 불가하고 화면으로만 만날 수 있다. 매월 5일과 10일에 공개한다. 중앙 제단에는 '세비야의 수호 성모Virgen de los Reyes' 조각이 있으며 왕가 문장과 성인 조각으로 장식되어 있다.

안티구아 성모 마리아 예배당Capilla de la Virgen de la Atigua은 세비야 사람들에게 사랑받는 공간 중 하나다. 13세기, 모스크를 성당으로 바꾸는 과정에서 회벽 안에 성모 마리아와 아기 예수 그림이 발견되었다. 사람들은 성모와 예수가 이슬람 지배 시기에도 벽 속에서 있다가 다시 나타났으니 도시를 지켜줄 것이라 믿었다. 비잔틴 양식의 프레스코화로 제작 시기가 오래되었다고 판단해 '오래된'이라는 뜻의 안티구아 성모 마리아라 불렀다. 콜럼버스를 비롯한 항해사들이 바다로 떠나기 전 성모 앞에서 기도를 올렸다고 해서 '항해자들의 수호 성모'로도 알려져 있다.

대성당 내에는 세비야 대표 화가인 무리요의 작품이 있는데 산 안토니오 예배당Capilla de San Antonio에 있는 〈산 안토니오의 환상La visión de San Antonio〉도 꼭 봐야 할 그림이다. 가난한 자를 돌보는 성인이 아기 예수와 천사들을 만나 알게 된 영적인 깨달음과 구원의 기쁨을 표현했다. 빛과 어둠의 대비와 세밀한 감정 표현, 우아한 색채감으로 사랑받는 작품이다. 19세기에 한 도둑이 그림 전체를 가져갈 수 없어 산 안토니오 부분만 잘라 훔쳤다고 한다. 뉴욕 미술상에서 발견되어 다시 복원했는데 자세히 보면 흔적이 남았다. 그래도 제자리를 찾게 되어 분실물을 찾아주는 수호성인이 되었고 예배당은 물건을 잃어버린 여행객에게 인기 있는 장소가 되었다.

왕실 예배당 철창문에 세비야를 탈환한 페르난도 3세와 도시 열쇠를 내주는 이슬람 왕 조각상이 있다.

안티구아 성모 마리아 예배당

산 안토니오 예배당

❽ 히랄다 탑 Giralda

이슬람 알모하드 왕조(12세기)가 만든 미나렛, 옛날 이슬람 신자들의 기도 시간을 알리던 첨탑이다. 페르난도 3세가 세비야를 탈환했을 때 이슬람 왕은 조용히 물러가되 탑은 자신들이 부수겠다고 요구했다. 탑의 가치를 알아챈 가톨릭 왕은 벽돌 한 장이라도 뺀다면 남은 이슬람 사람들을 가만두지 않겠다며 엄포해 탑을 살려냈다. 이후 대성당을 지으며 미나렛 꼭대기에 가톨릭 신앙의 상징인 종루를 덧붙였다.

1568년, 기존 종탑을 르네상스 양식으로 확장 공사를 하면서 풍향계를 올렸다. 엘 히랄디요El Giraldillo라 부르며 한 손에는 풍향계, 다른 손에는 종려나

무 가지를 든 승리의 여신상이다. 대성당 남쪽, 왕자의 문Puerta del Príncipe에서 엘 히랄디요 복제품을 자세히 볼 수 있다.

탑 내부는 계단 없이 경사진 길로 만들었다. 이슬람 시대에는 하루 다섯 번, 무아진Mu'azzin이라는 사람이 말을 타고 올라가 기도 시간을 알리는 선창Azan을 외쳤다. 가톨릭 시대에는 종을 치거나 망루로 사용했다. 총 높이 104m, 아파트 40층 정도로 종탑을 빼면 30층 정도 걸어 올라가야 한다. 완만한 경사지만 오를수록 폭이 점점 좁아지고 회전이 어려워져 상층부는 말에서 내려 올랐다. 지금의 전시 공간은 말이 올라가다가 물을 마시며 쉴 수 있는 공간이었다.

more & more 히랄다 탑을 잡고 있는 두 여인

1755년 포르투갈 리스본 대지진 당시, 세비야 또한 큰 피해를 입었다. 도시 곳곳의 건물이 무너지고 교회가 붕괴되었다. 그러나 놀랍게도 히랄다 탑은 거의 손상되지 않은 채 우뚝 서 있었다. 사람들은 이 기적 같은 일을 두고 세비야의 수호성인인 성녀 후스타와 루피나가 탑 양옆에서 그것을 붙잡고 있었기 때문이라고 믿었다. 이후 이 이야기는 세비야의 신앙심과 자부심을 상징하는 전설로 자리 잡았고, 수많은 화가들이 이 장면을 그리며 세비야 미술의 중요한 주제로 삼았다.

❾ 오렌지 정원 Patio de los Naranjos

이슬람 모스크에서 미나렛과 함께 남은 부분이다. 오렌지 정원은 신자들이 모스크로 들어가기 전 방문하는 곳으로 기도 전 분수에서 손과 발을 닦고 몸을 정결하게 하는 곳이다. 더불어 정원에는 코란 속 낙원을 뜻하는 오렌지 나무가 꼭 있었다. 기독교에서도 오렌지의 늘 푸른 잎과 향기로운 꽃 향, 주황색 열매는 믿음과 풍요, 생명을 상징한다. 오늘날에는 66그루의 오렌지 나무가 세비야의 뜨거운 태양을 막아주는 그늘이 되어 휴식처로 삼고 있다. 간혹 오렌지를 따서 맛보는 방문객이 있는데, 달콤한 네이블오렌지가 아닌 쓴맛 나는 세비야 오렌지로 식용으로 쓰지 않는다. 시청 환경부에서 정기적으로 수확해서 사료나 비료로 전환한다.

세비야 알카사르 Real Alcázar de Sevilla

★★★

GPS 37.383264, -5.990161

이슬람 우마이야 왕조인 알 라흐만 3세(913년)가 고대 로마 때 성벽 잔해 위에 지은 궁전으로 유럽에서 가장 오래됐으며 요새 궁전으로 가톨릭 국가가 된 후 왕궁으로 사용했다. 20세기까지 증개축이 이어져 다양한 건축 양식을 선보인다. 현재 스페인 국왕이 머물면서 궁전으로 사용하기에 왕족이 있으면 왕가 문장 깃발이 게양된다.
알카사르에는 3개의 궁전과 무역관, 보좌관의 집 Casa del Asistente이 있으며 보좌관의 집은 개방되지 않는다. 정원에는 크고 작은 분수가 많은데 물이 주는 신령함으로 몸과 마음이 깨끗해진다고 믿어서다. 워낙 규모가 크고 헷갈릴 수 있으니 지도를 잘 참고하자. 곳곳에 벤치가 있어 쉬어가기 좋다.

주소 Casco Antiguo, 41004
운영 4~9월 09:30~19:00,
10~3월 09:30~17:00
요금 성인 €14.5,
65세 이상·14~30세 학생 €7
(온라인 예약비 €1 추가,
13세 이하 무료)
홈피 alcazarsevilla.org
(원하는 날과 시간에 방문하려면
홈페이지에서 미리 입장권을
예매하길 권한다.)

세비야 알카사르 자세히 보기

알카사르는 세비야 대성당과 함께 꼭 둘러봐야 할 여행지다. 입장은 물론, 현장 구매도 대기 줄이 있을 수 있다. 미리 공식 홈페이지에서 예약하길 권한다.

알카사르는 건물 내부와 함께 정원까지 관람해야 하므로 2~3시간 정도 소요된다. 시간이 부족하다면 아랍 양식이 아름다운 정원 위주로 둘러보자. 여름에는 매우 더우니 차양 제품을 구비하고 물도 챙겨야 한다. 아침 일찍 또는 오후 늦게 입장하는 방법도 권한다. 내부에 있는 카페에서 여유롭게 감상할 수도 있다.

❶ 사자의 문
❷ 사자의 정원
❸ 정의의 방
❹ 석고의 안뜰
❺ 제독의 방
❻ 항해자의 성모 마리아 예배당
❼ 인형의 안뜰
❽ 왕자의 방
❾ 대사의 방
❿ 동정녀의 중정
⓫ 왕의 침실
⓬ 크루세로 안뜰
⓭ 태피스트리의 방과 예배당
⓮ 금고의 홀
⓯ 노 젓는 마리아의 목욕탕 & 지하 입구
⓰ 춤의 정원
⓱ 메르쿠리오 연못
⓲ 그루테스코 갤러리
⓳ 카를로스 5세 파빌리온
⓴ 알코바 문
㉑ 미로 정원
㉒ 영국 정원
㉓ 사자의 정자
㉔ 시인들의 정원
㉕ 술타나의 동굴
㉖ 넵튠 분수
㉗ 명성의 분수
㉘ 베가 인클란 후작의 정원
㉙ 알무타미드 기둥
㉚ 트로이 분수
㉛ 마르체나 문
㉜ 왕자의 정원
㉝ 알쿠비야 정원
㉞ 마차 정차소

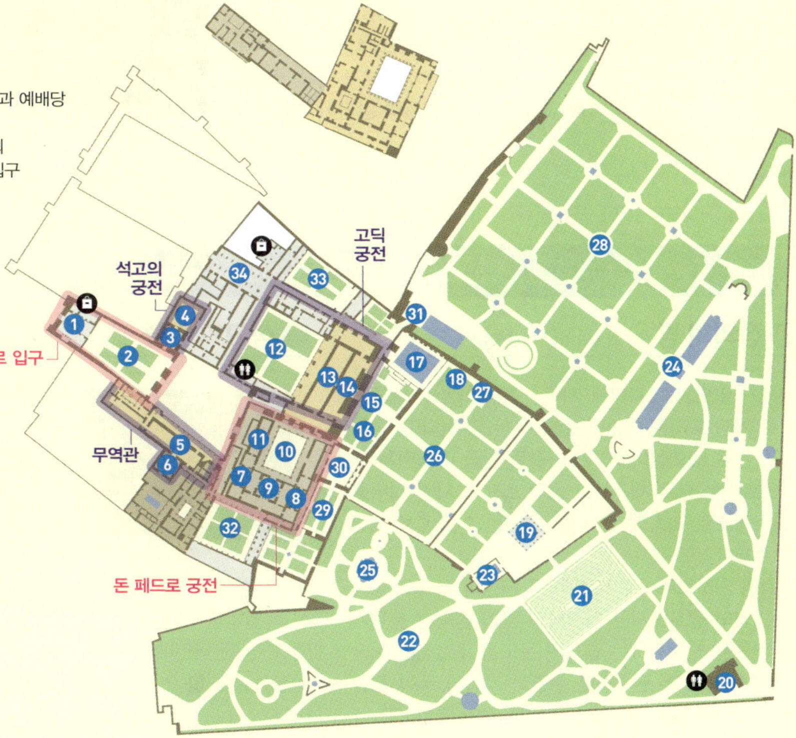

🎁 기념품점
🚻 화장실

알카사르 입구

① 사자의 문 Puerta del León

12세기 알모하드 시대에 지은 이중 성벽 중 일부다. 문을 마주하고 왼쪽은 내벽(11세기), 오른쪽은 외벽(12세기)이 있었고 사잇길은 순찰로로 사용되었다. 내벽으로 들어가는 문은 원래 사냥의 문Puerta de la Montería이라 불렸는데, 돈 페드로 궁전 앞 사냥의 중정에서 채비를 마친 왕과 신하들이 모여 사냥을 떠날 때 이 문을 지났다. 가톨릭 왕국이 되고 페드로 1세가 무데하르 양식 궁전을 짓는 과정에서 외벽을 없애고 주 출입문으로 사용했다. 이때 이슬람 건축 특징인 말발굽 모양 아치가 반원형으로 개조되었다. 1892년 복원 과정에서 사자 모양의 도자기 패널을 달아 이름이 바뀌었다. 왕권을 상징하는 사자는 십자가를 들고 발아래 창을 밟아 무력을 제압하고 질서를 되찾았다는 뜻을 내포하고 있다. 가슴에 달린 문자, 아드 우트룸케Ad Utrumque는 '무엇이든 해낼 준비가 됐다'는 의미다.

② 사자의 정원 Patio del León

정원은 머틀Myrtle나무를 이용해 네 개 울타리를 만들었고 각각 월계수와 장미 등을 심어 조경했다. 고대 로마 시대에는 미의 여신 비너스에게 신성한 식물로 여겨져 정원을 구성하는 중요 식물로 자리 잡았으며 이슬람 시대까지 이어졌다. 기하학·대칭 구조로 다듬기 쉽고 실용적이며 향이 좋아 알카사르에서 자주 볼 수 있다. 정원 끝에는 알모하드 시대의 방어 성벽 일부가 있다. 원래 이슬람식 말발굽 모양 아치였으나 후대에 가톨릭 왕궁이 아치 형태로 바꾸었다.

석고의 궁전 Palacio del Yeso

③ 정의의 방 Sala de la Justicia

12세기 알모하드 시대에 지어진 멕수아르Mexuar궁전으로 가장 오래된 이슬람 건축 유산 중 하나다. 당시 고위 관료 회의실이었다가 가톨릭 왕국이 되면서 무데하르 양식으로 재건했고 공적 회의와 사법 업무를 위한 장소로 사용했다. 페드로 1세는 이곳에서 재판을 주재하기도 했다.
팔각형 기하학무늬로 짠 나무 천장과 석고로 장식한 벽면이 정교하지만 화려하지 않아 엄숙한 분위기를 연출한다. 바닥에는 습도와 온도를 조절하는 이슬람 분수가 있다. 분수구를 수면과 가깝게 두어 잔잔하게 흐르며 물소리가 들리지 않는 것이 특징이다.

④ 석고의 안뜰 Patio del Yeso

정의의 방에 있는 분수는 수로를 따라 안뜰 직사각형 연못으로 이어진다. 물은 생명과 정화를 상징해 이슬람 건축에서 꼭 볼 수 있는 요소다. 정원 벽면은 섬세한 석고 장식과 말발굽 모양 아치, 세브카Sebka 무늬로 꾸며져 있다. 남쪽 벽면에 세 개 아치로 구성된 포르티코는 알카사르에 몇 안 남은 12세기 알모하드 시대 건축이다.

무역관 Casa de la Contratación

❺ 제독의 방 Cuarto del Almirante

콜럼버스가 신대륙을 발견하고 세비야가 유일한 교역 항구 도시가 되면서 무역을 독점하게 된다. 이에 1503년 이사벨 1세가 아메리카 대륙과의 무역을 통제하기 위해 지은 공식 무역 기관이다. 제독의 방에선 항해에 대한 허가와 계약이 이뤄졌고, 왕실에 납부할 세금을 징수했다. 이후 무역 분쟁을 해결하는 법원, 무역로와 지도를 제작하는 과학 기관, 항해사 교육 기관, 이민 허가 관리로 넓혀갔다.

방 안에 설치된 대형 작품은 〈산 페르난도 3세의 마지막 날 Las postrimerías de Fernando III el Santo〉이다. 1248년 세비야를 점령한 카스티야 왕 페르난도 3세로 성인으로 추대된 인물이다. 방 끝 책상 위에는 1929년 이베리아반도와 남아메리카 문화 교류 전시회를 그린 작품이다.

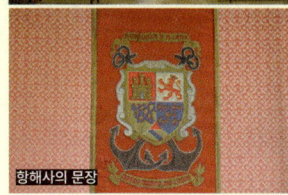
항해사의 문장

❻ 항해자의 성모 마리아 예배당
Capilla de la Virgen de los Navegantes

제독의 방에서 계약이 되면 항해사들이 성공적인 항해를 위해 이곳에서 예배를 드리고 출발했다. 제단에는 성모 마리아가 망토를 펼치고 콜럼버스와 아메리고 베스푸치 등 항해사들을 보듬고 있다. 양쪽에는 복음사가가 항해와 관련된 상징물이 함께 그려져 있다.

콜럼버스가 타고 간 산타 마리아호 모형

돈 페드로 궁전 Palacio del Rey don Pedro

1359년, 그라나다 나스르 왕이었던 모하메드 5세는 정치적 혼란으로 왕위를 잃고 망명하게 됐다. 카스티야의 페드로 1세는 그를 데려와 가톨릭 왕국이었던 세비야 알카사르에 머물게 했고, 1362년 왕위를 되찾은 모하메드 5세는 감사의 표시로 건축 장인들을 파견해 돈 페드로 궁전 공사를 도왔다. 이때 공사를 도왔던 장인들이 이후 그라나다 알람브라에서 사자의 궁전을 지어서인지 둘은 닮은 점이 많다. 가톨릭과 이슬람의 정치를 넘어선 문화적 포용과 협력을 볼 수 있으며 무데하르 예술의 정수를 담고 있어 단연 세비야 알카사르의 하이라이트라 할 수 있다.

궁전 정면에는 직사각형 출입문과 대리석 기둥 장식이 있다. 무게를 지탱하는 역할을 하기보다 거의 장식용으로 쓰인다. 위로는 그물처럼 정교한 무늬로 된 세브카 Sebka 장식이 이어진다. 2층 처마 아래에는 석고를 이용한 장식, 스투코 Stucco로 나스르 왕조 이념인 "오직 알라만이 승리자다(ولا غالب إلا الله)"가 적혀있다. 가톨릭 왕국도 질 수 없었는지, 스투코 장식 가장자리에 라틴어로 "가장 높고 가장 고귀하며 가장 강력하고 가장 정복자인 돈 페드로, 하느님의 은혜로 카스티야와 레온 왕은 이 알카사르와 궁전, 정문을 만들도록 명령했으며 이는 히스파니아 연대기 1402년(그레고리력 1365년)에 만들어졌다"라고 쓰여있다.

문을 통과하면 두 개의 좁은 복도가 굽은 축을 따라 이어진다. 이슬람 건축 특징으로 시선을 차단해 내부 공간의 사생활을 보호하기 위한 방식이다. 왼쪽 복도는 공식적인 공간인 동정녀의 안뜰로 이어지며, 오른쪽 복도는 사적인 공간인 '인형의 안뜰 Patio de las Muñecas'로 연결된다.

❼ 인형의 안뜰 Patio de las Muñecas

왕의 가족이나 여성들이 사용하는 사적인 공간이다. 코르도바에서 가져온 유색 대리석으로 기둥을 세우고 무데하르 양식의 아름다운 석고로 장식해 아치를 만들었다. 아치 기초에 장식되어 있는 인형처럼 보이는 작은 얼굴 조각은 방문객에게 행운을 가져다준다는 설이 있다.

❽ 왕자의 방 Cuarto del Príncipe

1478년 6월, 가톨릭 부부인 페르난도 2세와 이사벨 1세의 둘째 아들, 후안 왕자가 태어난 곳이다. 중앙 홀이 있고 양옆에 두 개의 방이 있다. 천장은 무데하르 장식과 르네상스 양식이 더해져 화려하다. 천장에는 카스티야 왕국 상징인 성castle과 레온 왕국 상징인 사자 문양이 눈에 띈다.
왕자의 정원Jardin del Principe은 이슬람 정원에서 흔히 볼 수 있는 사각형 구획으로 이슬람 시대 때 도입된 레몬 나무를 키우고 있다.

❾ 대사의 방 Salón de Embajadores

페드로 1세 때 대연회장으로 사용하던 방으로 외부 대사가 방문하면 호화로운 장식에 입을 다물지 못했다고 한다. 지구를 의미하는 정사각형 방에 우주를 상징하는 돔 천장이 있다. 돔은 다각의 별과 무카르바

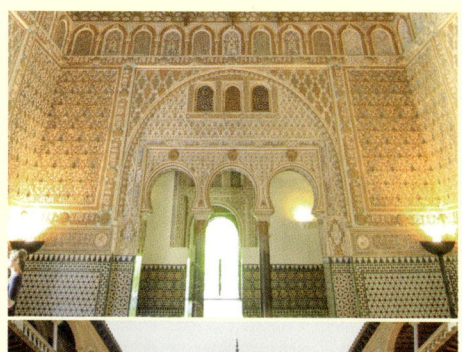

스Muqarnas 장식으로 꾸몄으며 금으로 칠해져있다. 돔 아래 액자에는 스페인 왕 56명의 초상화가 있다. 방 입구도 놓치지 말자. 목재로 만든 삼중 아치 구조로 말굽 모양이 돋보인다. 아치를 감싸는 반원은 코르도바에서 가져온 유색 대리석으로 기하학 격자무늬를 넣어 꾸몄다. 벽면에는 아랍어로 궁전 주인을 찬양하는 내용을, 문 상단에는 라틴어로 성경 내용을 적었다. 알피즈Alfiz라 부르는 직사각형 프레임 안에는 이슬람에서 불멸과 왕권을 상징하는 공작새 스투코 장식이 있다.

❿ 동정녀의 중정 Patio de las Doncellas

왕의 공식적인 행사가 열리던 공간으로 그라나다 알람브라 궁전의 헤네랄리페를 닮았다. 중앙에는 긴 연못이 있고 양옆 정원에는 오렌지 나무가 심겨있다. 1층과 2층이 확연히 다른 모습이다. 안뜰은 돈 페드로 왕 때, 위층 갤러리는 이후 카를 5세 때 증축했다. 안뜰을 둘러싼 회랑은 석고로 장식했는데 상부는 다산을 상징하는 조개껍데기와 파티마의 손처럼 기독교 전통 문양이 있고, 기하학적 구성과 도식화된 식물 장식, 아랍어 비문 등으로 구성된다.

⓫ 왕의 침실 Alcoba Real

군주가 여름에 이용하던 침실이다. 통풍이 잘되어 시원한 1층에서 여름 내내 지내고, 겨울에는 해를 받아 따뜻한 2층에서 생활했다고 한다. 타원으로 굴곡진 천장은 정교한 기하학 패턴으로 장식했다.

고딕 궁전 Palacio Gotico

⓬ 크루세로 안뜰 Patio del Crucero

돈 페드로 궁전에서 나와 사냥의 정원에서 노란 건물을 통과하면 정원에 도착한다. 현재 모습은 평범해 보이지만, 과거에는 2층 구조 정원이었다. 여름에 주로 이용했던 지하 정원은 건물과 나무 그늘로 시원했다. 나무는 과실수를 심었으며 지상 정원에서 쉽게 과일을 수확할 수 있었다. 1755년 11월 리스본에서 발생한 대지진의 영향으로 지하 정원이 흙으로 메워졌고 현재는 지상 정원만 사용하고 있다.

지상 정원

⑬ 태피스트리의 방과 예배당 Salón de los Tapices y Capilla

궁전 내부는 18세기에 바로크 양식으로 개조되면서 노란색과 같은 밝은 계열의 색상으로 장식했다. 태피스트리의 방은 카를 5세가 1535년 튀니지 정복 이후 자신의 승리를 기념하기 위해 주문한〈튀니지 정복〉시리즈의 복제본이다. 플랑드르 화가, 얀 코르넬리스 베르메이엔Jan Cornelisz Vermeyen이 튀니지 원정에 동행해 현장에서 스케치했고, 플랑드르 유명 직조가가 제작했다. 1755년 리스본 대지진으로 원본이 심하게 손상되자 마드리드 왕립 태피스트리 공장에서 복제본을 제작했고 현재는 알카사르에 6점, 마드리드에 4점이 보관되어 있다. 특히 유럽의 관점에서 본 북아프리카 지도가 독특한 시각을 가지게 한다.
예배당은 1271년 지어졌으나 이때 함께 바뀌었다. 주 제단에는 세비야 대성당에서 발견된 안티구아 성모Virgen de la Antigua를 모사한 그림이 있다.

⑭ 금고의 홀 Sala de las Bóvedas

1526년 신성 로마 제국 황제이자 스페인 왕인 카를로스 1세와 포르투갈 이사벨 여왕의 결혼식이 거행된 장소로 고딕 궁전 가장 중심에 있다. 노란색으로 칠해진 궁륭 천장 아래로 벽면에는 천사와 동물, 꽃, 과일 등 다채로운 문양이 있다. 스페인 제국 모토인 'Plus Ultra'가 새겨져있고 왕과 왕비의 초상으로 장식된 타일로 꾸며져있다.

⑮ 노 젓는 마리아의 목욕탕
Baños de Doña María de Padilla

고딕 궁전 지하에 있는 목욕탕이다. 이곳에서 돈 페드로 왕의 연인이 목욕했다고 알려졌지만, 12세기 알모하드 때 만든 거대한 저수지다. 중앙에 긴 사각 연못이 있고 천장의 아치가 수면에 비쳐서 신비로운 분위기를 자아낸다. 크루세로 안뜰 지하와 연결되어 있었으나 지진으로 막혔다.

정원 Jardin

⑯ 춤의 정원 Jardin de la Danza

이슬람 시대에 지어진 정원을 바탕으로 16세기에 르네상스 양식을 더해 재정비했다. 기둥 위에는 사티로스와 춤추는 님프 조각이 있었으나 현재는 소실되었다. 원래 부를라도레스Burladores라고 불리는 작은 구멍이 바닥에 있어 방문객이 이곳을 지나갈 때 갑작스레 물을 뿜어냈는데, 놀라서 뛰는 모습이 마치 춤추는 듯하여 붙여진 이름이다. 유쾌한 정원은 현재 아쉽게도 작동하지 않는다. 이 물은 메르쿠리오 연못과 고대 로마 시대 수로로 연결되어 있다.

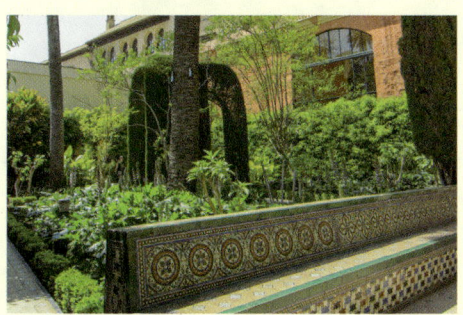

⑰ 메르쿠리오 연못 Estanque de Mercurio

궁전의 가장 높은 위치에 있는 연못으로 고대 로마 시대 수로인 '카뇨스 데 카르모나Caños de Carmona'다. 이곳에서 물을 공급받아 과수원과 정원을 관개하는 용도로 사용되었다. 1575년, 르네상스 양식으로 개조되면서 연못 가운데에 메르쿠리우스, 즉 머큐리 조각상이 생겼다.

⑱ 그루테스코 갤러리 Galería de Grutesco

메르쿠리오 연못 벽, 그루테스코 갤러리를 따라 걸으면 명성의 분수Fuente de la Fama가 나온다. 스페인에 유일하게 남아있는 수력 오르간 분수로 밀라노 건축가가 1619년에 만들었다. 2006년 이 기술의 유일한 장인이 복원해 매년 점검하며 보존하고 있다. 물의 압력을 이용해 오르간 파이프에 공기를 불어 넣어 연주하는 방식이다. 매시간 두 곡의 바로크 음악을 연주하는데, 하나는 원죄 없는 성모에 대한 찬가, 다른 하나는 글로사스Glosas라는 곡으로 세비야 작곡가 작품이다.

⑲ 카를로스 5세 파빌리온
Pabellón de Carlos V

1526년 신성 로마 제국 황제이자 스페인 왕인 카를로스 1세와 포르투갈 이사벨 여왕의 결혼을 기념해 지어졌다. 정사각형 건물로 각 면에 창문이 있어 공기 흐름이 원활해 시원하다. 방 중앙에는 이슬람식 분수가 있으며 무데하르 양식과 르네상스 양식을 혼합해 아줄레호 타일로 장식했다.

카빌도 광장 Plaza el Cabildo

★★☆

GPS 37.385752, -5.994836

세비야 중심부인 아레날Arenal 지구에 있는 반원형 광장이다. 건물 내 중정처럼 있어 대성당 성모 승천의 문Puerta de la Asunción 맞은편 건물 복도를 따라 들어가야 광장에 도착한다. 들어온 순간 소음은 사라지고 쾌적한 공간이 펼쳐져 가장 분주한 거리에서 오아시스처럼 자리한다.

세비야 대성당 카빌도(성직자 조직체)에 속한 산 미구엘 대학 자리에 세워졌다. 20세기 중반에 철거되었으나 3층 건물 기둥 중 일부는 학교 안뜰에서 가져와 사용했다. 세비야 화가 호세 팔로마르 José Palomar가 프레스코화로 아치형 회랑을 장식했다. 광장 중앙에는 원형 분수가 있다. 건물 맞은편 50m 정도 떨어져 있는 무어 성벽의 내벽은 1184년에 지어졌다. 과거와 현대가 마주한 반원형 광장이 아름다워 기념사진을 찍으러 여행객들도 많이 찾는다.

매주 일요일 아침에는 다양한 수집품을 판매하는 플리마켓이 열린다. 건물 내 둘세스 엘 토르노 Dulces El Torno에서 산타클라라 수녀원의 전통 과자, 예마스Yemas나 마지팬, 산타 파울라 수녀원의 잼 등 각 수녀원에서 만든 수제품을 구매해도 좋다.

주소 Casco Antiguo

둘세스 엘 토르노
주소 Av. de la Constitución 24, Pl. del Cabildo, 2
운영 10:30~19:00 휴무 일요일
요금 예마스 €10.9~
홈피 dulceseltorno.com

 ★★☆

GPS 37.383896, -5.995442

자선 병원 Hospital de la Caridad

세비야 귀족 출신인 돈 미겔 마냐라Don Miguel Mañara가 지은 병원이다. 부유한 상인 가문에서 태어나 무역 조합에서 활동한 그는 시의회에서 고위직을 역임하며 당대 엘리트로 살았다. 젊은 시절 쾌락과 방탕을 일삼았던 그는 1648년 정략결혼을 하고 점점 진실한 사랑으로 발전하며 바뀌었다. 그러나 13년 뒤 아내와 어머니를 잃고 회한에 빠져 론다 산맥 카르멜회 수도원에서 은둔하다 회개했다. 성 우애 형제단Hermandad de la Santa Caridad을 만들고 자선 병원을 운영했다.

'오직 잘 사는 삶만이 칭찬받을 만하다Solo el vivir bien es loable.'
미겔 마냐라는 회개 이후 가치관을 세상을 떠날 때까지 지켰다. 노인과 신체·지적 장애가 있는 사람, 가난한 자를 돌보았고 급식소도 운영했다. 무연고자 장례 예식까지 정성껏 지냈다. 오늘날 병원 기능은 축소되었지만, 87명을 수용할 수 있는 노인 요양소 역할을 유지하고 있으며 형제 단원 400명 이상이 자선 활동을 이어가고 있다. 그는 사후에도 세비야 사람들이 성자로 추대하는 시복 운동을 열 정도로 존경받는 인물이 되었다.

주소	Calle Temprado, 3
운영	월~금 10:30~19:00, 토~일 14:00~19:00
요금	성인 €8, 65세 이상 €5, 18세 미만 학생 €2.5 (7세 미만 무료)
홈피	santa-caridad.es

사랑과 자비 헌신을 상징하는 성 우애 형제단 마크

> **more & more** 병원 내 예배당, 성 호르헤 성당

성 호르헤 성당Iglesia de San Jorge은 중세 세비야 왕립 조선소 중 한 곳을 1644년 개조해 만들었다. 병원 일부에서 고딕 양식 아치와 벽돌 구조, 높은 천장 등 조선소의 흔적을 느낄 수 있다. 화려한 바로크 예술의 극치를 보여주는 가톨릭 교회지만, 내부는 성 우애 형제단이 추구하는 가치인 죽음과 회개, 자비에 초점이 맞춰져 있다.

❶ 주 제단 Retablo Mayor

보통 주 제단은 구원을 상징하는 예수 그리스도의 십자가형 또는 성체 성사, 성모 마리아 성물을 배치한다. 성 호르헤 성당은 예수의 시신을 성묘Santo Entierro하는 모습으로 죽음 이후 묵상하는 장면을 보여주고 있다. 자선 병원의 역할과 회개를 강조하기 위해서다. 병원에는 대부분 병든 사람과 가난한 사람이 있어 자선을 통한 회개로 죽음 이후에 펼쳐질 구원의 신비를 받으라는 메시지를 담고 있다.

자선 병원에 있는 주 제단이 화려해 그의 신념과 어긋나는 게 아닌지 고개를 갸웃대는 사람들에게 돈 미겔 마냐라는 이렇게 말했다. "흙으로 돌아가는 왕들조차 충성심과 사랑으로 자신을 섬긴 시민들에 의해 호화로운 무덤을 지니는데, 하물며 우리의 신앙과 사랑으로 하느님께 우리가 감당할 수 있는 가장 장엄한 무덤을 마련해 드려야 하지 않겠는가." 이로써 스페인 바로크 예술 중 가장 화려한 제단이 탄생했다.

❷ 돈 미겔 마냐라의 묘지 La cripta de Don Miguel Mañara

본당 주 제단 앞에 돈 미겔 마냐라 지하 묘지로 들어가는 입구가 보인다. 성 우애 형제단 규칙서를 든 그의 초상화 밑에 "가경자, 미겔 마냐라. 나는 믿고Creo, 사랑하며Amo, 희망한다Espero"라고 적혀있다. 가경자Venerable는 가톨릭 성인 시성 절차에서 인물의 덕행을 교회가 인정받았음을 의미한다. 그에 반해 가혹할 만큼 스스로를 성찰했던 미겔 마냐라는 '여기 세상에서 가장 악한 사람이 누워있다'라고 회개해 방문자에게 메시지를 던진다.

❸ 무리요의 〈모세가 바위에서 물을 솟게 하다 Moisés haciendo brotar el auga de la peña〉
세비야 출신 유명 화가, 바르톨로메 에스테반 무리요 Bartolomé Esteban Murillo 는 성 우애 형제단의 일원이었기에 그의 작품을 많이 감상할 수 있었다. 이 작품은 이스라엘 백성이 약속의 땅을 향해 광야를 지나던 중, 목이 말라 고통받을 때 모세가 바위에서 물을 솟게 한 기적을 묘사하고 있다. 자비의 7가지 실천 행위 중 두 번째인 '목마른 이에게 물을 주라'를 상징한다.

❹ 무리요의 〈빵과 물고기의 기적 La Multiplicación de los Panes y los Peces〉
위 작품과 같이 무리요의 바로크 종교화다. 예수께서 디베랴 바다 근처 산에서 행하신 기적으로 보리떡 다섯 개와 물고기 두 마리로 오천 명이 넘는 군중을 먹인 기적을 보여주고 있다. 이 또한 자비의 7가지 실천 행위 중 첫 번째인 '배고픈 이에게 먹을 것을 주라'를 상징한다.

❺ 발데스 레알의 〈눈 깜짝할 사이에 In ictu oculi〉
죽음을 경고하는 강렬한 반(反)종교 개혁 회화를 그린 화가, 후안 데 발데스 레알 Juan de Valdés Leal 작품이다. 세속의 덧없음을 경고하는 바니타스 Vanitas 장르 중 걸작으로 평가받는다. 눈 깜짝할 사이에 죽음은 예고 없이 온다는 뜻을 담고 있다. 해골과 낫을 든 마추카(죽음의 형상)가 생명의 불인 촛불을 끄고 있다. 모래시계는 유한한 시간, 책과 왕관, 보석, 성직복, 금은보화는 부와 명예가 덧없음을 상징한다.

❻ 발데스 레알의 〈세속 영광의 끝 Finis gloriae mundi〉
주교 복장을 한 시신과 군복을 입은 시신이 관 안에 누워있다. 이들은 각각 종교와 권력을 상징하지만, 벌레들이 육신을 먹고 있어 생의 덧없음을 보여준다. 'Finis gloriae mundi' 결국 모든 것이 죽음 앞에서는 무력하다는 말이다. 저울과 쟁반을 든 천사들이 영혼을 심판하니 결국 진정한 삶은 자비와 신앙에 있다. 삶의 유한성과 회개의 필요성을 전달하는 그림이다.

인디아스 고문서관 Archivo de Indias

GPS 37.384841, -5.993290

1585년에 세비야 상인들의 상품 거래소 Casa Lonja로 사용했으나 200년 뒤, 신대륙과 관련된 문서를 한곳에 모으기 위해 역사 기록 보관소로 바뀌었다. 약 43,000권의 파일과 총 8천만 페이지에 달하는 문서, 8천여 개 지도를 보관하고 있으며, 1492년부터 19세기까지 지배한 아메리카와 식민지에 관한 내용을 담고 있다. 콜럼버스의 항해 일지와 최초의 세계 일주를 한 마젤란의 친필 문서, 토르데시야스 조약, 게이초–쓰네가가 사절과 관련된 스페인 일본 문서, 18세기 아메리카, 아시아, 오세아니아 토착 언어의 어휘 등 역사와 문화, 종교 자료를 인정받아 1987년, 유네스코 세계 문화유산으로 등재됐다.

문서관은 정기적으로 특별 전시와 문화 행사를 개최하여 대중에게 역사적 자료를 소개하고 있다. 세계 일주 500주년 기념 전시나 음식, 종교, 문화 등 다양한 주제 전시가 열리니 홈페이지를 참고하자. 무료로 입장 및 관람할 수 있으며 미리 홈페이지에서 전시 내용을 확인하고 방문하길 추천한다.

주소	Av. de la Constitución
운영	화~토 09:30~17:00, 일 10:00~14:00 **휴무** 월요일
요금	무료
홈피	cultura.gob.es/cultura/areas/archivos/mc/archivos/agi/presentacion.html

16개 스프링 잠금장치로 된 15세기 철 금고

산타 크루즈 지구 Barrio de Santa Cruz

★★☆

GPS 37.386317, -5.989905

세비야 중심부인 대성당과 알카사르를 조금만 벗어나면 옛 유대인 거주지이자 대항해 시대 귀족과 상인들이 살던 산타 크루즈 지구에 도착한다. 보통 유대인 거주 지역을 말하며 넓게 보면 산타 크루즈, 산타마리아라 블랑카, 산 바르톨로메 지역까지다. 이베리아반도에서 규모로 손에 꼽히는 유대 공동체였으며 의사와 상인, 학자 등 지식인들이 활동했다. 이후 유대인과 이슬람, 기독교 문화가 공존한 다문화 중심지로 황금기를 누렸다. 14세기, 흑사병이 발발하고 사회적 불안이 심각해지면서 오해와 불만이 발생하고 기독교에서 반대하는 고리대금업을 하는 등 유대인에 대한 증오가 깊어졌다. 1391년 결국 반(反) 유대인 폭동이 일어나 학살하는 사건이 발생했고 1492년 유대인이 전면 추방되면서 유대인 지구는 황폐해졌다. 18세기쯤 기독교인이 주도하는 주택 지구로 바뀌었고 거룩한 십자가 Santa Cruz 라고 불린다.

반데라스 안뜰을 통해 유대인 지구의 좁고 복잡한 골목이 이어진다. 동네 면적이 큰 데다 골목을 지그재그로 다녀야 하는 탓에 체력을 고려하여 일정을 잘 짜야 한다. 곳곳에 숨은 바르와 카페, 공원이 있으니 자주 쉬어가는 것도 방법이다. 아래 추천 코스를 살펴보고 일정에 맞게 선택해 이동하자.

주소 C. Mesón del Moro, 1

more & more 산타 크루즈 지구 추천 코스

① 반데라스 안뜰 Plaza del Patio de Banderas ▶ ② 유대인 골목 Calle Juderia ▶ ③ 생명의 골목 Calle vida ▶ ④ 도냐 엘비라 광장 Plaza de dona elvira ▶ ⑤ 수소나 골목 Calle Susona ▶ ⑥ 베네라블레스 광장 Plaza Venerables ▶ ⑦ 물의 골목 Calle Agua ▶ ⑧ 산타 크루즈 광장 Plaza de Santa Cruz ▶ ⑨ 레파나도레스 광장 Plaza de los Refinadores ▶ ⑩ 무리요 정원 Jardines de Murillo ▶ ⑪ 산타 마리아 라 블랑카 성당 Iglesia Santa Maria la Blanca

① 반데라스 안뜰 Patio de Banderas

과거 왕실의 공식 의례 행사를 하던 장소로 깃발 Banderas 이란 이름이 붙었다. 1248년 세비야를 탈환한 카스티야 왕 페르디난도 3세도 개선식 때 군기나 휘장을 펄럭이며 이곳을 거쳐 알카사르에 입성했다. 알카사르 내 중정처럼 석판을 깔지 않은 이유도 따로 있다. 말을 타고 드나드는 행사가 많았기에 말발굽 소리를 줄이기 위해서다. 또한 모래로 충격을 흡수하고 미끄럼을 방지했다. 세비야는 뜨겁고 건조한 지역이라 비가 오면 물기를 흡수하고 여과 층처럼 먼지나 오물을 걸러냈다. 아레나 주위로 오렌지 나무를 심어 수분을 머금고 그늘을 만들어 온도를 서늘하게 유지했다.

② 유대인 골목 Calle Judería

반데라스 안뜰과 알카사르 출구인 마르체나 문 Puerta de Marchena 사잇길이다. 회칠한 벽과 타일 이정표, 다윗의 별 표식 등에서 유대인 골목의 분위기가 물씬 풍긴다. 골목은 이슬람 시대에 남겨진 옛 성벽과 건물 사이에 있어 벽이 높고 좁다. 미로 같은 길과 은밀한 분위기는 오페라 〈카르멘〉에 영감을 주었고, 어둠 속 골목에서 돈 호세가 카르멘을 쫓는 장면 등을 만들어냈다. 산타 크루스 지구 곳곳에 '오페라 산책길Ruta de la Ópera 동판'을 볼 수 있다.

❸ 생명의 골목 Calle vida

14세기 유대인은 높은 벽으로 둘러싸인 동네에서만 살아야 했고 통금 시간도 있었다. 이들을 향한 약탈이 거세진 1391년 어느 날, 마을 출구를 모두 잠그고 불을 질렀다. 그중 유일하게 생명의 골목 출입문이 열려있었고 일부 유대인이 탈출해 살 수 있었다.
한 블록 넘어 죽음의 골목Calle de Muerte도 있다. 약 100년이 지나 유대인 전면 추방 때의 일로 수소나 거리와 연결되어 있다.

❹ 도냐 엘비라 광장 Plaza Doña Elvira

오페라 〈돈 조반니Don Giovanni〉에서 돈 조반니에게 유혹되었다가 버림받은 귀부인, 도냐 엘비라가 등장하는 배경으로 나온다. 세비야 설화에 나오는 인물로 연인에게 상처받고 수도원에 갔다가 다시 세속으로 돌아온 귀부인이다. 흰 벽으로 사방이 막혀 있어 무대처럼 보이기도 한다. 향기로운 오렌지 나무에 대리석 분수, 도자기로 만든 벤치가 있어 쉬어가기 좋다.

❺ 수소나 골목 Calle Susona

수소나는 유대인 소녀 이름이다. 종교 재판과 개종을 강요받던 15세기, 유대인 여성이 지위를 가지려면 개종 후 기독교 귀족과 결혼해야 했는데 수소나에게는 사랑하는 기독교 기사가 있었다. 어느 날 아버지가 속한 유대인 지도자 모임에서 반란 소식을 들은 수소나는 기사에게 찾아가 이를 고한다. 결국 아버지를 포함한 많은 유대인이 죽음의 길을 따라 걸어가 처형당했고 수소나는 수녀원에 들어갔다. 평생 자신을 용서할 수 없었던 그녀는 자신의 목을 잘라 집 앞에 걸어두라고 유언했고 해골이 될 때까지 걸려있었다고 한다. 지금은 해골이 그려진 타일이 그 자리를 대신하고 있다.

오페라 산책길 동판

생명의 골목

죽음의 골목

워싱턴 어빙이 잠시 머물던 집

❻ 베네라블레스 광장 Plaza Venerables

호텔과 레스토랑, 상점이 모여있는 광장으로 늘 북적대는 곳이다. 1645년 세비야의 한 사제가 늙거나 가난한 사제들을 위한 보호소이자 병원 Hospital de los Venerables Sacerdotes을 지어 이름 붙여졌다. 후원으로 운영되던 병원은 지원받을 수 없게 되자 자선 병원으로 위치를 옮겼고 현재 벨라스케스 센터가 되었다. 내부에 예배당과 원형 계단이 있는 회랑이 아름답다.

❼ 물의 골목 Calle Agua

물을 공급하는 수로가 포함된 이슬람 성벽으로 알카사르 궁전, 저수지, 정원과 연결되어 있었다. 성벽 너머에 정원이 있어 향기가 진동했고 물 흐르는 소리가 들리는 낭만적인 길이었다. 스페인판 〈돈 조반니〉인 호세 소리야 Hosé Zorrilla의 문학 작품 〈돈 후안 테노리오 Don Juan Tenorio〉에서도 배경으로 등장했다. 방탕한 귀족 돈 후안이 도냐 이네스를 유혹하기 위해 담장 너머로 기타를 치고 장미를 던졌던 장면이다. 현재 물길은 끊어졌고 1993년 복원만 해두었다.

돈 조반니의 유혹을 적은 판넬

골목 끝자락에 〈알람브라 이야기 Tales of the Alhambra〉를 쓴 미국 작가, 워싱턴 어빙 Washington Irving이 1925년 3월 잠시 머물던 집이 있다. 내부 관람은 어렵다.

❽ 산타 크루스 광장 Plaza de Santa Cruz

원래 유대인 회당, 시나고그 Synagogue가 있던 장소로 1391년 반유대인 폭동 후 가톨릭 성당이 세워졌다. 세비야 화가, 바르톨로메 에스테반 무리요 Bartolomé Esteban Murillo가 다니던 성당이다. 그는 1682년 세상을 떠나 성당에 안장되었는데 19세기 나폴레옹 전쟁 때 프랑스군이 파괴해 완전히 소실되었다. 이후 정원을 조성하고 인근에 있던 철제 십자가 Cruz de la Cerrajería를 가져와 설치했다.

❾ 레파나도레스 광장 Plaza de los Refinadores

광장 중앙에 있는 동상은 1844년 스페인 낭만주의 연극 〈돈 후안 테노리오 Don Juan Tenorio〉에 나오는 돈 후안이다. 18세기 '우아하고 세련된 상류층 남성 Refinadores'을 가리키는 말에서 광장 이름을 가져왔다. 돈 후안이 레파나도레스는 아니지만, 그를 풍자한 인물이었기에 문학적 반어를 사용했다. 현지 학생들은 이곳에서 문학 수업을 듣기도 한다.

❿ 무리요 정원 Jardines de Murillo

알카사르 성벽 바깥에 있는 방어 지대였다. 군 정찰로로 쓰이기도 했고, 때론 백성이 남새밭을 일구기도 했다. 주거지가 들어서고 시장과 마구간이 생기면서 마을을 형성하다가 20세기에 시작한 도시 정화 사업으로 공원이 되었다. 스페인 화가, 무리요의 무덤이 있던 산타 크루스 성당이 파괴되어 멀지 않은 정원에 그의 이름을 붙였다.

사자와 카라벨선이 있는 상징물은 크리스토퍼 콜럼버스와 가톨릭 군주 기념비Monumento a Cristóbal Colón y los Reyes Católicos다. 봄에는 보랏빛 꽃을 피우는 자카란다와 붉은빛 꽃을 피우는 타베부이아 로제아, 부겐빌레아로 화사하다.

⓫ 산타 마리아 라 블랑카 성당 Iglesia de Santa María la Blanca

유대교 시나고그와 이슬람 모스크, 가톨릭교회를 모두 거친 모든 신의 집이자 천국의 문이다. 11세기부터 2세기 동안 이슬람 모스크가 있었던 이곳은 1252년 알폰소 10세의 명령으로 유대교 회당이 되었고, 반유대인 폭동 이후 1391년 가톨릭 성당으로 축성되었다. 270년 간 그대로 사용하다 지금의 모습으로 개조되었다.

토스카나에서 가져온 붉은 대리석으로 10개 기둥을 세우고 아치와 천장에는 회반죽으로 식물과 기하학무늬의 무데하르 장식을 했다. 노란 벽에 레이스처럼 수놓은 내부가 사랑스럽다. 제단에는 세비야 수호 성모인 원죄 없이 잉태한 성모 마리아이며 섬세하고 화려한 얼굴 묘사가 눈에 띈다. 성모 마리아를 위한 경배의 일환으로 옷이 주기적으로 바뀐다.

 GPS 37.386887, -5.992959

구스토 Gusto

세비야 대성당 인근에 있어 구도심을 둘러보고 난 뒤 방문하기 좋다. 현지 재료로 만든 지중해식 요리를 전문으로 하며 파에야가 유명하다. 해산물 파에야Arroz del Senyoret와 오징어 먹물 파에야Arroz Negro, 발렌시아 파에야Paella valenciana가 인기 있고 2인부터 주문 가능하다. 대기로 30분쯤 소요되니 예약하거나 여유롭게 방문하자. 식전 빵(€2.5)에 사워 도우와 피코스picos, 레가냐Regaña가 포함되는데 맛이 괜찮다. 마음에 든다면 하몬이나 치즈 플레이트와 함께 곁들어 먹어도 좋다.

주소 Calle Alemanes, 23
운영 08:30~23:30
요금 해산물 파에야 1인 €25
홈피 gustosevilla.com

 GPS 37.386658, -5.994870

타베르나 콜로니알레스 Taberna Coloniales

대성당 인근에 있는 안달루시아 전통 타파스 바다. 대부분 메뉴에 사이즈가 나뉘어있어 맞춰서 주문할 수 있고 가성비가 좋다. 문어 요리가 유명하며 샐러드인 뽈뽀 아린나도Pulpo Alinado, 통으로 구운 뽈뽀 아 라 쁠란차 Pulpo a la Plancha, 얇게 썰어 구운 다음 소스와 함께 내는 뽈뽀 아 라 쁠란차 엔 수 루고Pulpo a la plancha en su lugo 등 다양한 메뉴가 있다. 위스키 소스에 곁들인 돼지고기 안심 요리Solomillo al Whisky도 괜찮다. QR코드로 된 한국어 메뉴도 있어 주문하기 편하다. 예약은 받지 않고 선착순으로 입장한다.

주소 Calle Fernández y González, 36
운영 일~목 12:30~23:30, 금~토 12:30~익일 00:00
요금 뽈뽀 아 라 쁠란차 €5.9
홈피 tabernacoloniales.es

보데가 산타 크루스 Bodega Santa Cruz

GPS 37.386233, -5.990750

우리나라 사람 입맛에 맞는 타파스 맛집이다. 적은 양에 저렴한 가격으로 다양하게 맛보고 싶은 여행객에게 딱 맞다. 당일 공수한 신선한 재료로 만든 타파스를 메뉴판에 적어두고 재료가 소진될 때까지 판매해 신선도가 보장된다. 작은 생선 튀김인 보케로네스 프리토Boquerones frito, 꿀 소스를 뿌린 가지튀김인 베렌헤나스 콘 미엘Berenjenas con miel, 새우튀김 감바스 레보사도Gambas rebozardo와 새우찜 감바스 코시다스Gambas cocidas 등 다양한 타파스를 즐길 수 있다. 메뉴가 너무 많아 고르기 어렵다면 옆 테이블에서 주문한 메뉴 중 달라고 하거나 추천해달라고 하자. 찾는 이가 많아 대기가 길다.

주소 Calle Rodrigo Caro, 1
운영 일~목 08:00~익일 00:00, 금~토 08:00~익일 00:30
요금 타파스 €3~

 ## 엘 트레스 데 오로 El 3 de Oro

GPS 37.386083, -5.986937

1917년에 문을 열어 100년이 넘은 가게다. 투우사와 문학가 들이 찾는 선술집으로 그들과 카드 게임을 하던 중 '엘 트레스 데 오로(카드 중 한 벌의 무늬)'라는 이름을 지었다. 지금은 안달루시아 전통 요리를 전문으로 하는 레스토랑이다. 우리나라 사람들에겐 파에야 중에서도 랍스터 파에야Arroz con Bogavante가 유명하다. 실제 우리가 생각하는 랍스터보다 작은 유럽 바닷가재European lobster를 사용한다. 국물에 천천히 생쌀을 조리해 국밥 같은 식감으로 밥알 하나하나에 풍미가 우러난다.

주소 Calle Sta. María la Blanca, 34
운영 08:00~익일 00:00
휴무 12월 24일
요금 랍스터 파에야 2인 €34
홈피 el3deoro.com

스페인 광장 주변

📷 ★★★ 스페인 광장 Plaza de España

GPS 37.378815, -5.986917

1929년 신대륙 발견 500주년을 기념해 이베로아메리카 박람회Ibero-American Expo의 일환으로 지어졌다. 스페인은 1898년 미국과의 전쟁으로 필리핀과 쿠바 등 식민지를 빼앗기면서 쇠퇴했다. 국제 사회에서 국가 이미지를 회복하고 싶었던 스페인은 미대륙과 무역한 세비야에서 박람회를 열었다.

과거 식민지를 포함한 19개 국가가 참여했고 이를 포용하는 듯한 두 팔 벌린 반원형 건축물을 지었다. 박람회 전시관이었던 본관을 중심으로 양쪽에 회랑으로 이어진 4개 동(각 200m쯤)이 있고 그 끝에 높이 74m 탑이 있다. 당대 최고 건축가, 아니발 곤살레스Anibal González가 설계했다. 그는 스페인 전통과 현대 모더니즘을 잘 융합하는 인물로 르네상스 양식을 바탕으로 세비야 특징을 가미했다. 히랄다 탑을 닮은 두 탑과 무데하르 양식이 쓰인 타일 장식에서 볼 수 있다.

회랑

회랑 아래 벤치는 스페인 48개 지방을 상징하며 지도와 문장Escudo, 역사 장면을 타일로 장식했다. 스페인 지방이 가진 다채로운 매력을 하나로 아우르는 공간이자 전시장이었다. 여행객은 다녀온 여행지를, 스페인 사람들은 고향에서 찍는 인증 사진으로 유명하다. 광장에는 건물처럼 반달 모양인 500m 운하가 있고 카스티야와 레온, 아라곤, 나바라 왕국을 상징하는 다리가 놓여있다. 운하에선 4인용 보트를 탈 수 있는데 배 1대당 35분간 7유로로 가성비가 좋다. 10시부터 19시까지 운영한다. 일몰부터 야경까지 색감이 예뻐 연인이 많다. 스페인 광장이 지닌 신비로운 분위기 덕에 〈스타워즈 에피소드 2-클론의 습격〉과 〈왕좌의 게임〉 등 미디어에 배경으로 나왔다.

운하 보트

주소 Av. Isabel la Católica
운영 08:00~익일 00:00 **요금** 무료

Tip | 마리아 루이사 공원 Parque de María Luisa

1893년 왕녀 마리아 루이사가 산 텔모 궁전Palacio de San Telmo 정원의 절반을 세비야 정부에 기증해 시민 휴식처로 마리아 루이사 공원Parque de María Luisa을 만들었다. 박람회를 고려한 배치로 북쪽에 스페인 광장, 남쪽에 아메리카 광장이 있고 공원이 그 사이를 잇는다. 수종이 다양하고 연못과 수로가 잘되어있어 '세비야의 폐'라고 부를 만큼 싱그럽다. 오전에는 산책하는 사람이 많고 낮에는 세비야 대학생들도 즐겨 찾는다. 아메리카 광장Plaza de América에는 비둘기가 많은데, 먹이를 사서 비둘기와 함께 찍는 인증 사진이 유명하다.

주소 Plaza América, 3 **운영** 08:00~익일 00:00

GPS 37.382145, -5.991132

📷 세비야 대학교 Universidad de Sevilla ★☆☆

1505년 도심 인근에서 문을 연 산타 마리아 헤수스 대학Colegio de Santa María de Jesús의 전신이다. 현 대학 건물은 원래 담배 공장이었으나 19세기 후반 기계화되면서 공장은 폐쇄됐고 세비야 대학교가 이전했다. 1768년 남미에서 담배가 들어오고, 44년 뒤 유럽 최초로 왕립 담배 공장Real Fábrica de Tabacos을 지었다. 왕가에서 관리했기에 해자와 교량, 요새 구조까지 갖췄다. 담배가 유럽 전역에 공급되면서 공장에는 수천 명의 직원이 근무했고, 여성이 처음으로 담배 제조업에 대거 진입해 노동력 대다수를 차지했다. '시가레라Cigarrera(담배 마는 여공)'라고 불렸으며, 비제의 오페라 〈카르멘〉 주인공도 그중 한 명이다. 오페라 〈카르멘〉 배경이었던 공장 건물은 곳곳에서 흔적을 볼 수 있다. 오페라 1막, 여성 노동자들이 나와 일하거나 쉬는 장면은 중정이다. 담뱃잎을 널어 말리고 가공 노동자가 집결하는 장소다. 중정 근처 계단은 과거 담배 공장 관리자들이 오르내리던 공간으로 위층은 감독관이, 아래는 노동자가 썼다. 계단은 카르멘이 공장 안에서 나오는 연출에 영감을 받았다고 한다.

주소 Calle San Fernando, 4
운영 08:00~21:00 휴무 토요일, 일요일
요금 무료

중정

계단

담배 공장 노동자

GPS 37.381731, -5.992844

레스토랑 산 페르난도, 호텔 알폰소 13세 Restaurante San Fernando, Hotel Alfonso XIII

1929년 세비야 박람회를 위해 지어진 호텔이다. 이슬람과 기독교 건축이 혼재된 무데하르 양식이다. 역사적인 장소에다 건축 양식이 아름답지만, 5성급 호텔이라 숙박하기엔 가격이 비싸다. 스페인 광장과 세비야 대학교, 알카사르를 둘러보는 일정이 있다면 호텔 내부에 있는 레스토랑 산 페르난도에서 쉬었다가 가자. 호텔 중정에 앉을 수 있어 화려하고 고급스러운 내부 분위기를 잘 느낄 수 있다. 음료 가격이 5유로 정도로 부담스럽지 않다.

주소 Calle San Fernando, 2   운영 12:30~15:30, 19:30~23:30   요금 카페 €5, 상그리아 €7

과달키비르 강변

황금의 탑 Torre del Oro ★☆☆

GPS 37.382648, -5.996312

과달키비르 강변 산책로

프랑스 세느강 다리를 모델로 한 이사벨 2세 다리(Puente de Isabel II)

1220년, 이슬람 알모하드 왕조 때 지어진 탑이다. 적의 배가 과달키비르강을 거슬러 오면 지금은 소실된 강 건너편 탑과 쇠사슬을 맞들어 방어했다. 1248년 카스티야의 페르난도 3세가 포위전을 벌였을 때도 수개월간 막아냈으나 가톨릭 군대가 수륙 공격으로 사슬을 끊고 세비야를 정복했다.

신대륙 발견 이후 세비야는 유일한 무역항으로 지정되었고 황금의 탑은 선박을 감시하고 통제했다. 탑은 세관이나 관세 창고로 연결되어 있어 물품 신고와 세금 징수가 이뤄졌다. 신대륙에서 가져온 금은 조폐국이나 왕립 창고로 바로 옮겨졌다. 황금을 실은 배가 오간다고 해서 황금의 탑이라는 설이 있으나 석회와 짚을 섞어 바른 외벽에 일몰이 비치면 금빛으로 빛난다고 해서 지어진 이름이다. 12각형 탑은 이슬람 건축 특징이다. 코란에 우상 숭배를 금지하므로 알라신을 형체로 나타낼 수 없었고 이를 간접 표현하기 위해 기하학을 접목했다. 정다각형은 비례와 균형, 질서와 무한을 나타내며 이슬람 건축 장식에서도 반복된 패턴으로 볼 수 있다. 넓은 시야와 공격을 다각화하기 위해 원형이 가장 좋지만, 석재나 벽돌로 원형 탑을 짓기 어려웠다. 12각형은 원에 가까운 형태로 견고하고 안정적이다. 상층부 원형 탑은 가톨릭 왕국이 된 후 바로크 양식으로 지어졌다. 세비야 항구는 마젤란이 세계 일주를 시작한 장소로 내부는 해양 박물관으로 이용된다.

주소 Paseo de Cristobal Colón
운영 월~금 09:30~19:00, 토~일 10:30~19:00
요금 성인 €3, 6~14세·65세 이상 €1.5 (5세 이하 무료)
홈피 fundacionmuseonaval.com/museonavalsevilla.html

세비야 투우장 Plaza de Toros de Sevilla

★☆☆

GPS 37.385771, -5.998827

1670년, 세비야 귀족들이 만든 기병 양성 학교였다. 기병술과 무예, 마상 창술 등을 훈련했는데 투우는 말을 타고 황소를 상대하는 기병술 중 하나였다. 기병단은 스페인 왕위 계승 전쟁 때 펠리페 5세에게 충성을 맹세했다. 즉위 후 1730년, 투우를 개최할 수 있는 특권을 부여받고 왕립 칭호를 받아 마에스트란사Maestranza 투우장이라 부른다.

당시 사각형으로 된 목조 건축물이었으나 1754년 석재로 바꾸면서 127년 만에 완공되었다. 투우장은 모든 방향에서 경기를 잘 볼 수 있도록 원형으로 짓지만, 세비야 투우장은 오랜 공사 기간으로 부지를 확보하는 데에 어려움이 있어 불규칙한 타원형으로 지었다. 투우사와 소의 거리가 좁혀지니 긴장감이 더 고조되었다. 귀족 단체에서 진행해 스페인 투우장 중 유난히 고풍스럽고 화려한 바로크 장식이 돋보인다. 투우장 바닥에 깔린 흙은 알칼라 데 과다이라Alcalá de Guadaíra에서 가져온 최고급 황토로 매년 새로 정비한다. 황금빛을 내며 배수와 접지력이 좋고 흙먼지가

주소 Paseo de Cristobal Colón, 12
운영 09:30~19:00
요금 가이드 투어
성인 €12,
12~16세·17~25세 학생·65세 이상 €7, 7~11세 €4
홈피 가이드 투어 예매
visitaplazadetorosdesevilla.com
투우 경기 예매
plazadetorosdelamaestranza.com

투우 박물관

마구간

예배당

덜 난다. 객석은 번호로 표시되며, 왕실을 위한 특별석과 일반석 12개 구역으로 나뉜다. 한때는 1만 4천 좌석이 꽉꽉 들어찰 정도로 안달루시아 투우 문화의 자존심이었으나 지금은 동물 학대 논란과 함께 인기가 줄어들고 있다.

왕실 특별석 아래로는 왕자의 문 Puerta del Príncipe이 있다. 관중석에서 가장 잘 보이는 문으로 가장 뛰어난 경기를 보여준 투우사만이 지날 수 있다는 영예로움을 가지고 있다. 투우 경기를 직접 보고 싶다면 4월쯤 있는 성 주간 Semana Santa에 시작해 10월 12일 건국 기념일까지 볼 수 있다. 경기가 없는 날에는 가이드 투어를 통해 경기장과 박물관을 둘러볼 수 있다.

 라 브루닐다 La Brunilda GPS 37.388509, -5.999374

파란색 대문이 시원한 레스토랑으로 내부가 세련되고 깔끔하다. 거의 모든 메뉴가 타파스 크기여서 다양하게 주문할 수 있다. 오리 콩피 Racion Confit de Pato와 구운 문어 Rarrillada de Pulpo가 인기지만, 음식 대부분이 맛이 괜찮은 편이라 먹고 싶은 메뉴로 정해도 좋다. 점심과 저녁 시간만 운영하며 우리나라 식사 시간보다 조금 늦은 편이니 참고하자. 테이블 좌석은 구글 예약이 필요하며 바 좌석은 현장 입장이 가능하다.

주소 Calle Galera, 5
요금 오리 콩피 €8.5
운영 13:30~16:30, 20:30~23:30
홈피 labruildatapas.com

 카사 카르멘 Casa Carmen GPS 37.386861, -5.996949

세비야를 상징하는 붉고 노란 외관에 고급스러운 내부 분위기가 인상적이다. 테라스에 앉으면 플라타 탑 Torre de la Plata이 보여 전망도 좋다. 식당은 안달루시아 전통 음식과 지중해식, 현대적으로 재해석한 퓨전 요리를 선보인다. 비건 메뉴와 글루텐 프리 메뉴가 있어 채식주의자도 찾는 식당이다. 육류보다 해산물 요리, 튀김 요리가 괜찮은 편이다. 파에야는 짜장 소스 맛이 난다고 해서 우리나라 사람들에게 인기다.

주소 Calle Santander, 15
운영 12:30~17:00, 20:00~23:30
요금 메인 €8.95~
홈피 casacarmenrestaurant.com

누에바 광장 주변

★☆☆

GPS 37.392512, -6.000025

세비야 미술관 Museo de Bellas Artes de Sevilla

1602년 개조된 메르세드 칼사다 수도원Convento de la Merced Calzada으로 1839년 스페인 정부가 회화 미술관으로 만들었다. 당시 스페인은 나폴레옹 전쟁과 식민지 독립으로 재정 위기를 맞았고 종교 권력과 왕권이 부딪혀 정치·경제가 불안한 상황이었다. 스페인 정부는 총리인 후안 멘디사발이 주도해 수도원 재산을 몰수하는 정책을 펼쳤다. 메르세드 칼사다 수도원도 그중 하나다. 전시된 작품이 수도회 회화와 성화가 많은 이유도 그 때문이다.

가장 유명한 작품은 세비야 3대 화가로 알려진 바르톨로메 에스테반 무리요Bartolomé Esteban Murillo의 작품이다. 미술관 앞 정원에 동상이 있을 정도로 세비야 사람들은 고향에서 활동하고 후학에 힘쓴 그를 사랑한다. 무리요와 제자들 작품이 전시된 제5 전시실에서 볼 수 있다. 옛 수녀원 예배당 자리로 층고가 높은 익랑을 지나 돔 지붕 아래에 무리요 작품이 있다. 중앙에 있는 대형 작품은 〈원죄 없이 잉태하신 성모 마리아Inmaculada Concepción〉다. 흰색 드레스에 파란 망토를 두른 성모 마리아가 두 손을 모으고 천사들이 든 구름을 탄 채 승천하고 있다. 무리요가 즐겨 그리는 주제로 성모의 자세와 구성이 시그니처로 알려져 있다. 그 외 벨라스케스와 엘 그레코, 고야, 호세 리베라 등 17세기 유명 화가들의 작품을 관람할 수 있다.

곤살로 빌바오 마르티네스Gonzalo Bilbao Martínez의 〈담배 공장 여공들Las Cigarreras〉도 살펴보자. 19세기 세비야 왕립 담배 공장에서 일하는 여성 노동자들을 사실적으로 묘사한 장르화로 담배를 말고 수다를 떨고 아이를 돌보는 모습이 당시 사회상을 보여준다.

주소 Plaza del Museo, 9
운영 화~토 09:00~21:00, 일 09:00~15:00 휴무 월요일
요금 €1.5

담배 공장 여공들

무리요 작품

메트로폴 파라솔 Metropol Parasol

★★★

GPS 37.393273, -5.991749

도심 활성화 프로젝트로 수십 년째 방치된 엔카르나시온 광장에 현대식 시장과 지하 주차장을 짓고자 했다. 기초 공사 중 로마 제국과 이슬람 유적이 연속해 발견되었고 계획은 전면 중단되었다. 2004년 국제 건축 공모전에서 독일 건축가, 위르겐 마이어Jürgen Mayer가 제안한 설계대로 공중에 띄운 구조물이 나왔다. 전통을 사랑하는 고전적인 세비야에 독특한 현대 건축물이 어울리지 않는다며 시민들의 비판이 쇄도했다. 시장 하나 짓는 데 비용마저 2배 가까이 든다고 하면 그럴 만도 했다. 극한 환경에서도 피어나는 버섯처럼 갖은 미움 속에서 메트로폴 파라솔은 태어났다. 시민들은 엔카르나시온의 버섯들, 라스 세타스Las Setas라 불렀다.

건축가가 의도하진 않았지만, 공중 전망대는 그물버섯 혹은 버섯갓이 겹겹이 퍼진 모양이고 이를 지탱하는 6개 기둥은 버섯 줄기처럼 솟아있다. 유적을 피해 기둥을 세워야 했기에 가벼운 목재, 내구성이 좋은 핀란드 소나무를 복합 목재(LVL) 형태로 사용했다. 보통 소규모 주택에 사용하던 재료가 도심 대형 구조물에 사용된 성공 사례다. 1층에는 고대 유적 전시장과 엔카르나시온 재래시장Mercado de la Encarnación이 있고 2층에는 광장, 3층과 4층은 산책로와 전망대다. 주민을 위한 도시 재생과 도시를 상징하는 공공 예술, 상생하는 건축 지속 가능성으로 현대 건축가들에게 영감이 되고 있다.

전망대는 21m에서 28.5m 높이에 있어 도심을 360도로 둘러볼 수 있다. 일몰쯤에는 입장하려는 줄이 길어 현장 예매 시 일찍 입장하길 권한다. 서서히 물들어가는 세비야의 노을진 모습과 야경까지 즐기자.

주소 Plaza de la Encarnación
운영 4~10월 09:30~익일 00:30, 11~3월 09:30~익일 00:00
요금 성인 €15, 15~25세 학생 €12
홈피 setasdesevilla.com
[한국에서 온라인 예약은 가상사설망(VPN)이 필요하므로 대행업체를 이용하거나 스페인 입국 후 예약하자.]

more & more   세비야 플라멩코 Flamenco de Sevilla

세비야 플라멩코는 시작이 언제인지 뚜렷하지 않지만, 15세기 변두리인 트리아나Triana에 정착한 집시에게서 기틀이 잡혔다. 이슬람인과 무어인처럼 차별과 탄압이 심했으며 1749년에는 대규모 집시 체포Gran Redada가 이뤄져 수천 명이 강제 노동을 당하거나 목숨을 잃었다. 한 서린 마음을 음악과 춤으로 승화한 문화가 플라멩코다. 악보도 없이 구전으로 내려오는 방식을 배웠는데 지금과 같은 공연 방식이 되기 전에는 음악이 훨씬 더 복잡하고 기교가 많았다.

그라나다 플라멩코와 같이 발을 구르고 손뼉을 쳐서 박자를 맞췄으나 1889년 파리 만국 박람회에서 국외 공연이 열렸고 세계적인 관심을 받았다. 이후 기획사가 주관하는 체계적인 타블라오 공연이 늘어났고 1980년부터 2년에 한 번씩 플라멩코 비엔날레Bienal de Flamenco de Sevilla가 열린다. 안달루시아 지방에 다른 도시보다 인구가 많아 플라멩코 문화도 다양하다. 플라멩코 박물관Museo del Baile Flamenco이나 라스 세타스Tablao Flamenco Las Setas 공연장 등에서 관람할 수 있다. 작은 공연장인 카사 델 플라멩코Casa del Flamenco나 동호회 모임인 페냐Peña Flamenca가 활성화되어 있다. 세비야 곳곳에서 플라멩코를 추는 사람들을 만날 수 있는데 스페인 광장과 히스팔리스 분수Híspalis Fountain가 유명하다.

정통 플라멩코 타블라오, 엘 아레날 Tablao El Arenal

1975년 세비야 중심인 엘 아레날 지역에 유명 플라멩코 댄서 쿠로 벨레스가 문을 열었다. 소극장 형태인 카페 칸테Café Cantante의 형식을 이으며 플라멩코를 안다고 하는 사람이라면 필수 방문할 정도로 유서 깊은 공연장이다. 공연과 음료 1잔이 제공되며 타파스는 가격에 비해 맛이 좋지 않아 권하지 않는다. 공연 시간은 75분이며 사진이나 영상 촬영을 금지해 공연에만 집중할 수 있도록 한다.

- 주소 C. Rodo 7, Casco Antiguo
- 운영 19:00, 21:30 (공연)
- 요금 플라멩코 공연+음료 €43
- 홈피 tablaoelarenal.com

GPS 37.390967, -5.992408

바르 엘 코메르시오 Bar el Comercio

메트로폴 파라솔 근처에 있다. 1904년에 문을 열어 120년 넘은 전통 추로스 맛집이다. 얇고 바삭한 식감에 속은 부드럽다. 찾는 사람이 많아 추로스는 계속 갓 튀겨져 나온다. 추로스 외에도 간단한 샌드위치나 타파스도 판매한다. 내부는 오래된 타일 바닥과 스페인 옛 화폐인 페세타로 된 메뉴판처럼 세월이 묻은 물건들이 고풍스러운 분위기를 자아낸다. 대부분 바르Bar에 서서 먹으며, 테이블 좌석은 직원에게 인원 수를 알리면 안으로 안내해준다. 시간이 없다면 포장 주문도 가능하다.

- 주소 Calle Lineros, 9
- 운영 월~금 07:30~20:30, 토 08:15~20:30 휴무 일요일
- 요금 추로스 €2.5, 초콜라테 €3

세비야의 숙소

세비야는 관광명소가 구시가지에 모여있어 도보로만 이동이 가능한 지역이 많다. 숙소를 선택할 때 차량 또는 대중교통 이동이 편리한지 확인해야 한다. 세비야 대성당과 알카사르가 있는 산타 크루스Santa Cruz 지구에는 외곽에 시내버스, 내부로는 트램이 있어 도보 구간이 적다. 대성당을 기준으로 과달키비르 강변 쪽 골목에는 부티크 호텔과 에어비앤비, 호스텔과 한인 민박이 다양하게 있어서 체력이나 예산에 따라 선택 범위가 넓다. 반대로 대성당에서 알카사르 방향으로 갈수록 좁은 골목이 많아 도보 이동 거리가 길어지니 참고하자. 여름의 세비야는 무더위가 기승이라 에어컨 여부를 꼭 확인하자. 수영장도 있으면 좋다.

GPS 37.386820, -5.995649

하리나스 센트럴 아파트 Harinas Central Apartments by Valcambre

침실과 거실이 분리되어 있고 주방도 있어 간단한 요리를 해서 먹을 수 있는 아파트먼트다. 세비야 대성당과 도보 3분 거리에 있고 주요 관광명소를 걸어서 이동할 수 있다. 바로 옆에 까르푸 익스프레스 슈퍼마켓이 있어 필요한 음식을 쉽게 살 수 있다. 1층과 옥상에 공용 공간이 있으며 옥상에서 히랄다 탑이 보인다. 엘리베이터가 있는 아파트 내부를 모두 숙소로 운영하고 있어 체크인 데스크는 없지만, 질의에 응답이 빠르다. 대신 통화나 문자가 가능한 왓츠앱을 설치해두자. 체류하는 직원이 없어 짐 보관은 12시 30분부터 14시까지만 가능하다.

주소 Calle Harinas, 15
운영 체크인 15:00, 체크아웃 11:00
요금 €120~

GPS 37.391269, -5.999430

유 센스 포 유 호스텔
U-Sense For you hostel

아르마스Plaza de Armas 버스 터미널 인근에 있는 호스텔이다. 안달루시아를 여행할 때 버스로 이동하는 경우가 많아 짐을 들고 이동하는 시간을 줄일 수 있어 고려해볼 만하다. 세비야 중심인 대성당과 알카사르까지는 도보 20분 정도 걸리지만, 과달키비르 강변과 세비야 미술관, 메트로폴 파라솔이 인근에 있다. 까르푸 대형 슈퍼마켓과 식당, 카페가 많아 식사하기 좋고 시청사와 쇼핑 거리도 가깝다. 도미토리는 박스형으로 암막 커튼이 있어 프라이빗하다. 내부에 콘센트가 다양하고 조명이 잘되어있다. 쓸 수 있는 사물함도 두 곳이라 큰 짐과 자주 쓰는 짐을 나눠 보관할 수 있다. 무엇보다 샤워실과 화장실이 방마다 1개 이상 배정되어 있어 붐비지 않는다.

주소 Calle Bailén, 15
운영 체크인 14:00, 체크아웃 11:00
요금 8인 도미토리 €17~

GPS 37.390980, -6.001239

우마 스위트 파라다 델 마르케스
Uma Suites Parada del Marqués

아르마스Plaza de Armas 버스 터미널 인근에 있는 부티크 호텔이다. 구시가지에서 변두리로 넘어온 지역으로 신축 건물이 많고 깔끔하다. 파라다 델 마르케스도 19세기 건물을 현대적으로 개조해 2023년 7월에 문을 열었다. 24시간 프런트가 있어 문제 해결이나 질의응답이 빠르고, 짐 보관이 편리하다. 냉난방 장치가 있고 유료로 이용하는 공항 셔틀 서비스도 있다. 객실은 총 20개로 안뜰 전망 객실Uma Doble Estándar과 도시 전망 객실Uma Torreón, 전용 발코니가 있는 객실Uma Doble Deluxe 그리고 가족 여행객을 위한 객실Uma Premium Familiar 등 다양한 옵션의 객실을 갖추고 있다.

주소 Calle Marqués de Paradas, 45
운영 체크인 15:00, 체크아웃 12:00
요금 €80~

Special Area 1. 세비야 근교

천년의 수도 코르도바
Córdoba

고대 로마인들이 세운 도시에 711년 무어인들이 과달키비르강을 거슬러 올라 비옥한 평야, 코르도바에 뿌리내렸다. 내륙에 있으나 바다와 연결된 강이 있고, 고대 로마의 비아 아우구스타가 지나는 도시라 안달루시아 교통의 중심지였다. 30여 년 뒤 시리아에서 멸망 후 도망친 우마이야 왕자가 독립 공국을 세웠는데, 도시 어원인 코도반Codovan은 당대 최고의 가죽 수공예로 상업을 이끌었고 의학과 수학, 천문학, 철학자들이 모여들어 유럽 최대의 학문 및 예술 도시로 피어났다. 1236년 국토 회복 운동으로 가톨릭 왕국이 된 후에도 500년 넘게 쌓여 짙은 이슬람 문명을 실용과 관용에 따라 유지하거나 재사용했다. 덕분에 지금은 유네스코 세계 문화유산에 등재되어 스페인 속 이슬람 문화를 즐길 수 있는 소도시로 발전했다.

 ## 코르도바 드나들기

마드리드와 세비야 사이에 있는 코르도바는 두 도시를 오갈 때 기차를 이용하면 편하다. 마드리드에선 초고속 열차가 매시간 1대 이상 운행하고, 세비야와 말라가에선 초고속 열차와 일반 열차가 자주 운행한다. 그러나 다도 기차로 이동하기 편하지만, 기차와 버스가 1시간 정도 차이나는데 기차가 2배 이상 요금이 비싸니 참고하자.
코르도바 기차역Estación de Tren de Córdoba은 매표소와 식당과 카페 등 편의 시설이 갖춰져있다. 코인 로커는 길 건너 버스 터미널Estación de Autobuses에 있다. 구시가에서 2km쯤 떨어져 있어 3번 시내버스를 타고 메스키타 대성당 주변에 내린다. 6시부터 23시까지 운영하며 1.3유로다.

 ★★★
로마교 Puente Romano

GPS 37.877132, -4.778123

코르도바는 로마와 이슬람, 가톨릭 민족이 남긴 흔적이 잘 보존되어 있어 그 자취를 찾는 재미가 있다. 도시를 횡단하는 과달키비르강 위에는 1세기 초 고대 로마 시대에 만들어진 다리가 남아있다. 총 길이 331m, 폭은 9m. 16개 아치가 하중을 분산시키는 정교한 설계가 특징이다. 강바닥에 목재 말뚝을 박아 기초를 안정적으로 만들고, 그 위에 화강암과 석회암을 쌓아 견고하게 유지했다. 2004년까지만 해도 사람과 차량이 통행할 정도로 튼튼했으니 약 2,000년을 버틴 셈이다.

이슬람 시대에 구조를 보강하고 칼라오라 탑Torre de la Calahorra을 지었다. 도시 방어를 목적으로 만든 아랍 성벽 일부로 지금은 안달루시아 박물관으로 운영한다. 전망대에선 메스키타 대성당 방향으로 뻗은 로마교와 알볼라피아 자연 보호 구역Sotos de la Albolafia이 조화롭다. 다양한 수생 식물과 철새가 살아가는 생태 쉼터다. 다리 건너에 있는 알볼라피아 물레방아Noria de Albolafia도 함께 둘러보자. 당시 지어진 수차로 강물을 길어 메스키타와 궁전 정원에 물을 공급하는 관개 시설 중 하나였다.

코르도바에선 도시의 수호천사인 라파엘 조각상을 자주 볼 수 있다. 1651년, 페스트가 유행했을 때 라파엘 천사가 한 사제의 꿈에 나타나 역병으로부터 구해주겠다는 계시를 내렸다고 한다. 이를 기념해 로마교 중간에 수호천사 조각상을 세우고 끝에 라파엘 승리 기념비를 세웠다.

주소 Av. del Alcázar, s/n

칼라오라 탑 역사 박물관
주소 Puente Romano, s/n
운영 3~5·10월 10:00~19:00,
　　 6~9월 10:00~14:00,
　　 16:30~20:30,
　　 11~2월 10:00~18:00
요금 성인 €4.5, 학생 €3
홈피 torrecalahorra.es

로마 시대 성문(Puerta del Puente)

알볼라피아 물레방아

라파엘 승리 기념비

로마교 야경

메스키타 대성당 Mezquita-Catedral de Córdoba

★★★

GPS 37.879032, -4.779451

메스키타는 이슬람 사원인 모스크를 뜻하는 스페인어다. 원래 로마인들이 야누스 신전을 세운 자리에 고트족이 상 비센테 성당을 짓고 이후 이슬람 사람들이 와서 모스크로 개조했다. 16세기에 가톨릭 세력이 이슬람 왕국을 점령한 뒤 허물지 않고 일부 개조해 성당을 지었다. 실로 로마와 이슬람, 가톨릭이 합쳐진 건축 예술의 집대성이다.

메스키타는 알 안달루스(안달루시아)에 이슬람 우마이야 왕조를 세운 압드 알라흐만 1세(Abd al-Rahman I)가 바그다드보다 강대국을 건설하고자 하는 마음으로 지었다. 고향인 시리아에서 우마이야 왕조를 무너뜨린 아바스 왕조가 건설한 수도이니 그 마음이 이해된다. 200년 동안 4차례나 대를 이어 증축한 건물은 2만 5천 명이 한꺼번에 입장할 수 있을 만큼 규모가 거대하다. 이슬람 제1 성지 메카 다음으로 큰 모스크다. 1236년 가톨릭 왕국이 된 후 사원 중앙에 있는 돔 지붕과 기도실을 뜯어내고 르네상스 양식으로 대성당을 지었다.

주소 Calle Cardenal Herrero n.º 1
운영 **메스키타 대성당** 10:00~18:00
탑 09:30~18:30
(30분 간격 입장)
요금 **메스키타 대성당** 성인 €13,
65세 이상·15~26세 학생 €10,
10~14세 €7 **탑** €3
홈피 mezquita-catedraldecordoba.es (온라인 구매 추천)

메스키타 대성당에서 가장 오래된 성 스테판의 문(puerta de San Esteban)

more & more 메스키타 대성당 하이라이트

❶ 우두(وضوء), 오렌지 중정 Patio de los Naranjos
모스크의 우두라는 공간으로, 신자들이 성전에 들어가기 전 코란 구절을 낭송하며 손, 입, 코, 얼굴, 팔, 머리, 발을 물로 씻으며 세정 의식을 가졌다. 성당이 된 후에는 중정으로 사용했다. 세정을 위한 세면대는 중세 유럽 분수대 Ablution fountain 로 변경되었다. 이때 메스키타 기도실 기둥 간격으로 오렌지 나무를 심었는데, 현대 건축에서는 건축과 조경의 연장선으로 보고 있다. 오렌지 중정은 입장이 무료다.

❷ 미나렛, 종탑 Torre del Campanario
이슬람 사원은 미나렛과 우두, 기도실로 나뉜다. 우두에 있는 높은 탑이 무슬림에게 기도 시간을 알리는 미나렛이다. 그 위에 가톨릭 종탑을 올리면서 54m로 높아졌다. 종탑 아래 용서의 문 Puerta del Perdón 은 중세 가톨릭교회에서 속죄와 사면의 역할을 하는 곳이다. 순례자가 이 문을 지나면 용서받는다고 한다. 이슬람 아치에 가톨릭 성인 장식이 이채롭다. 꼭대기에는 코르도바의 수호천사인 라파엘 조각이 있다.

❸ 기도실
압드 알라흐만 1세가 786년 짓기 시작해 가장 오래된 공간이다. 이후 성당 중앙의 성가대석과 미흐랍이 있는 공간까지 확장했다. 대리석·화강암 기둥이 흰색 사암과 붉은 홍예석을 번갈아 만든 방사형 아치를 지탱하고 있다. 마치 숲처럼 무수히 이어진 기둥은 총 1,013개 중 예배당 부분을 철거해 856개가 남았다. 이중 아치는 하중을 분산하는 역할 외에도 천정이 높아 보이는 효과를 줘서 답답하지 않다.

❹ 미흐랍 Mihrab
메카를 향해 기도해야 하는 무슬림에게 방향을 알려주는 반원형 벽감이다. 기도실 가장 깊숙한 곳에 있으며 예배를 진행하는 이맘 Imam 이 서서 기도를 인도하는 자리이기도 하다. 메카는 남동향이나 당시 방위 계산이 어려워 고향인 다마스쿠스 모스크처럼 남쪽을 향하고 있다. 900년대에 증축된 공간으로 비잔틴 제국에서 선물한 금과 유리 16톤을 장인들이 가져와서 제작했다. 코란 구절과 식물 문양, 기하학무늬 등 전통 이슬람 장식으로 꾸몄다. 3개의 돔이 연달아 있는 구조로 미흐랍 앞쪽은 칼리파와 가족만이 오갈 수 있는 '막수라' 공간이다.

❺ 대성당
모스크 중앙에 불쑥 튀어나온 쿠폴라 건물이 대성당이다. 후대 카를로스 5세는 이를 보고 '세상에서 가장 독창적인 것을 파괴하고, 어디서나 볼 수 있는 것을 세웠다'라며 한탄했으나, 융합된 두 건축물이 유일해 관람객을 모으고 있다. 성가대석에는 예수의 생애(오른쪽)와 성모의 생애(왼쪽) 조각이 있다. 성당 건설 당시에는 비야비시오사 예배당에서 미사를 드렸으나 성가대석 방향으로 주 예배당을 옮겼다.

6세기 상 비센테 성당의 기하학무늬 바닥과 십자가 장식

모스크와 성당이 공존하는 모습

성가대

코르도바 알카사르 Alcazar de los Reyes Cristianos

★★☆

GPS 37.876567, -4.781031

알카사르도 다양한 문화가 공존하는 건축물이다. 로마 시대에는 대형 욕장이 있던 장소로, 서고트 왕국 때는 요새, 이슬람 때는 왕궁과 요새 기능을 하는 알카사르가 지어졌다. 중세부터 가톨릭 군주들이 왕궁으로 사용해 이름부터 '가톨릭 군주의 알카사르'라고 부른다.

모서리에 탑 4개를 둔 사각형 요새로 성벽에 올라 알카사르 내외를 조망할 수 있다. 중앙에는 정원이며 그라나다 알람브라의 헤네랄리페 정원을 크게 늘려놓은 듯 수로가 크고 넓다. 가톨릭 군주 부부인 이사벨 1세와 페르난도 2세는 1482년부터 이곳에 머물며 안달루시아 남쪽으로 국토 회복 운동을 지휘했다. 전설에 따르면, 스페인 대항해 시대를 이끈 콜럼버스가 이곳에 있던 이사벨 여왕에게 신대륙 발견을 위한 비용을 협상한 장소이다. 알카사르 정원 내에 그 모습을 형상한 조각이 세워져 있다.

왕궁 내에는 로마 시대 모자이크, 조각품이 전시되어 있으며 로마 석관 위에 저승 가는 모습을 묘사한 부조도 흥미로우니 함께 둘러보자. 로마 욕장이 이슬람 방식으로 발전한 아랍 목욕탕도 있다.

가톨릭 군주 부부인 이사벨 1세와 페르난도 2세가 콜럼버스와 마주보고 있다.

주소 C. Caballerizas Reales, s/n
운영 **9월 중~6월 중**
　　화~금 08:15~20:15,
　　토 09:30~17:30,
　　일 08:15~14:15
　　6월 중~9월 중
　　화~일 08:15~14:15
　　휴무 월요일, 1월 1일, 12월 25일
요금 매표소 €7.50, 온라인 €7.16
홈피 alcazardelosreyescristianos.cordoba.es

카사 파티오 Casa Patio

★★☆

GPS 37.875388, -4.784963

코르도바 가옥은 'ㄷ' 또는 'ㅁ'자 형태인 안뜰을 중심으로 한다. 건조한 지중해성 기후 탓에 중정을 만들어 채광과 통풍을 확보하고, 중앙에 분수를 설치해서 집안 온도를 낮췄다. 빗물은 중정 아래 수조를 공설해 냉각과 더불어 생활용수를 저장한다. 방에 있는 것보다 그늘지고 시원한 중정으로 나오다 보니 거주 세대가 모여서 공동생활을 하는 코랄Corral 문화가 발달했다.

제일 재미있는 구경이 남의 집 구경이라 했던가. 1921년, 스페인 독감 이후 도시 재건을 위해 파티오 대회를 열었다. 꽁꽁 닫혀있던 문을 열고 중정을 보여주며 누가 가장 아름답게 꾸몄는지 겨뤘다. 전통이 이어져 2012년에 유네스코 인류 무형 문화 유산으로 등재되었으며 매년 5월 초에는 코르도바에 파티오 축제Festival de los Patios가 열린다.

중정 구경을 하다가 근처를 지난다면 꽃들의 골목Calleja de las Flores으로 가보자. 알록달록한 화분으로 장식된 흰 벽 사이로 대성당이 보여 사진 찍기 좋다.

주소 La Judería, Calleja de las Flores
운영 11:00~14:00, 17:00~20:00
요금 개별 기부금
(축제 기간에는 무료)

★★☆

GPS 37.881503, -4.774819

훌리오 로메로 미술관 Museo Julio Romero de Torres

1874년 코르도바에서 태어나 인생 대부분을 고향에서 보낸 화가, 훌리오 로메로의 작품을 전시하고 있다. 강렬한 여성상과 안달루시아 정서를 잘 녹여낸 작품으로 유명하다. 다른 지역에선 볼 수 없는 작품들로 시간을 내어 볼 가치가 있다. 6개 전시실로 구성되어 있으며 유명 작품과 스케치, 화가의 소품 등이 소개되어 있다.

산타 마리나 동네를 지나다 15세 소녀의 장례식을 본 화가는 친척들에게 둘러싸인 관 속의 그녀를 그리기로 했다. 바로 작품 〈그녀가 얼마나 사랑스러운지 보라!Mira qué bonita era!〉다. 21세 때 마드리드에서 열린 전시회에 이 작품을 출품하고 상을 받으면서 주목받았다. 이후 그는 '여자, 죽음 그리고 대중 서정가요La copla'를 주제로 그림을 그렸다. 가장 유명한 작품은 〈숯 배달 소녀La Chiquita Piconera〉다. 스페인 옛 화폐인 페세타에 그려질 만큼 알려진 그림이다. 고단한 노동 후에 스타킹을 내리고 의자에 앉은 소녀의 도발적인 눈빛과 관능적인 자세가 인상적이다. 그림 속 여자는 화가의 마지막 뮤즈인 14세 마리아 테레사 로페스María Teresa López다. 이 작품을 완성한 다음 해에 세상을 떠나면서 그의 작품을 모아 옛 병기고 건물에 미술관을 열었다.

주소 Plaza del Potro, 1-4
운영 9월 중~6월 중
화~금 08:15~20:15,
토 09:30~17:30, 일 08:15~14:15
6월 중~9월 중 08:15~14:15
휴무 월요일, 1월 1일, 12월 25일
요금 성인 €5,
26세 이하 학생·65세 이상 €2.5
홈피 museojulioromero.cordoba.es

〈숯 배달 소녀〉

〈그녀가 얼마나 사랑스러운지 보라!〉

〈코르도바의 시(Poema de Córdoba)〉

Step to
Spain

쉽고 빠르게 끝내는 여행 준비

Step to Spain 1
스페인 일반 정보

수도
마드리드 Madrid

면적
약 506,030km²로 우리나라보다 약 5배 정도 크다.

인구
약 4,931만 명

정치와 경제
프랑코 사망 이후 독재 정권이 막을 내리며 1978년 민주주의 국가가 되었다. 국가 원수는 국왕이지만, 헌법에 따라 제한된 권력을 행사하는 입헌 군주제이다. 내각 수장인 총리가 실권자로 양원제(상원·하원)하에 구성된다. 스페인은 현재 유럽 연합(EU)에 가입되어 있으며 GDP는 유럽에서 5위, 세계에서 12위다. 세계에서 관광 수입이 많은 나라에 속하며 서비스업이 GDP 기준으로 약 75%를 차지한다. 자동차와 석유 화학, 의류, 식품 산업이 뒤따른다.

통화
스페인 통화 단위는 유로이며 €로 표시한다. 보조 통화는 센티모 Céntimo다. 지폐는 5, 10, 20, 50, 100, 200 유로가 있고 동전은 1, 2, 5, 10, 20, 50 센티모가 있다. 100센티모가 1유로다.

물가와 팁
다른 서유럽 국가들보다 물가가 비교적 낮은 편이다. 수도인 마드리드나 관광 도시인 바르셀로나는 지방에 비해 물가가 높다. 커피는 1.5유로, 맥주나 상그리아는 3유로 정도다. 레스토랑은 20유로 정도, 가벼운 식사는 5유로부터 시작하며 우리나라와 비슷하다. 레스토랑에서는 물이나 음료를 필수로 주문해야 하며 고객이 요청하면 무료로 수돗물을 제공하도록 의무화되어 있다. 단, 눈치를 주는 식당도 있으니 참고하자. 수돗물을 달라고 할 때는 "Agua del grifo, por favor (아구아 델 그리포, 뽀르 파보르)"라고 하면 된다.
스페인에선 팁이 의무는 아니다. 서비스가 만족스럽다면 고급 레스토랑에서는 음식 값의 5~10% 정도, 일반 식당에서는 동전 1 센티모 정도로 마음을 표시한다. 계산서에 "Servicio incluido (서비스 요금 포함)"이라고 쓰여있으면 팁을 따로 줄 필요는 없다.

언어
공식 언어는 스페인어(카스티야어)다. 그 외에 바르셀로나가 포함된 지역에서 쓰는 카탈루냐어, 스페인 북부에서 쓰는 바스크어나 갈리시아어 등이 있다. 지방 언어의 기본적인 단어, 문장만 알아도 지역민에게 존중받을 수 있어 여행할 때 도움이 된다.

기후
남북으로 길게 뻗은 스페인은 대서양과 지중해에 접해있고 광활한 고원과 산맥이 있어 지역에 따라 기후가 다양하다. 바르셀로나부터 말라가가 있는 코스타 델 솔 지역까지 지중해성 기후를 띄고 있어 온화하고 사계절이 뚜렷하다. 가을과 겨울에는 바람이 많이 불고 비가 자주 내린다. 한겨울에도 기온이 10℃ 이하로 내려가지 않으며 봄에는 따뜻하고 맑은 날이 많아 여행하기 좋다. 여름에는 타는 듯한 무더위로 현지인들이 휴가를 떠나 문을 닫는 상점이 많으므로 해변 위주 여행을 추천한다. 마드리드 같은 중부 지역은 대륙성 기후를 띈다. 해발 고도도 높아 겨울에는 추운 편이다. 안달루시아 지방은 스페인에서 가장 더운 지역으로 여름에는 한낮 온도가 40℃를 넘는다. 비가 거의 오지 않아 건조하며 햇빛이 따가워 차양 제품은 필수다.

전압
스페인의 표준 전압은 230V로, 한국의 220V와 유사하다. 한국에서 사용하는 전자 제품 대부분은 스페인에서도 변압기 없이 사용 가능하다.

시차와 서머 타임
우리나라보다 8시간 느리며, 매년 3월 마지막 일요일 새벽 2시부터 10월 마지막 일요일 새벽 3시까지는 서머 타임이 적용되어 7시간 느리다.

종교

국민 약 60%가 가톨릭교를 믿으나 젊은 세대일수록 무신론자가 많다. 안달루시아 지방에는 북아프리카 이민자와 그 후손이 있어 이슬람교도 종종 있다.

전화와 인터넷

스페인의 국가 번호는 34다. 한국에서 전화를 걸 때는 00+34+지역 번호(앞자리 0은 빼고)+전화번호를 누른다. 스페인 전화는 9자리로 첫 자리 6이나 7은 휴대전화, 9 또는 8이 지역 전화다. 식당 예약은 구글 온라인 예약을 많이 활용하며, 숙소 전화는 왓츠앱WhatsApp을 사용하기 때문에 전화를 이용하는 일이 자주 있지는 않다.

통신사마다 제공하는 데이터 용량을 얼마로 정해야 할까? 여행자의 일정과 데이터 사용량에 따라 다르겠지만 동영상 시청, 다운로드를 제외하고 구글 맵스 검색, 온라인 예약, SNS 활동 등 가볍게 사용한다면 1일 1GB 정도면 충분하다.

로밍 유심 구매

❶ 로밍 서비스 이용

국내에서 사용하던 통신사에서 데이터 로밍 서비스를 제공한다. 국내로 한정된 네트워크 범위에 스페인 현지 통신사의 네트워크를 추가해 이용하는 방식이다. 통신사에 전화 연결하거나 앱에서 신청할 수 있다. 인천 국제공항 출국장에 있는 통신사를 이용해도 된다. 한국에서 발신된 문자나 전화 모두 사용할 수 있고, 설치 과정이 필요한 Prepaid U-Sim이나 E-Sim과 달리 신청만 하면 스페인에 도착하자마자 사용할 수 있어 편리하다. 1일 1만 원대로 가격은 비싸지만, 여행 일정이 짧다면 고려해볼 만하다. 가족이나 일행이 함께 쓸 수 있는 상품이나 청년 혜택, 가격 이벤트 등도 있으니 참고하자.

❷ 유심 Prepaid Sim

유심이란 휴대전화에 있는 IC 카드로 개인의 정보 및 데이터가 포함되어 있는 카드다. 스페인 현지 통신사 유심을 구매해 기기에 있는 한국 유심과 바꾸면 인터넷과 전화 사용이 가능하다. 일정 데이터와 통화량을 포함한 유심을 선불로 사는 것이기 때문에 셀룰러 데이터와 통화량이 소진되면 사용할 수 없으며 비용이 발생하지 않는다.

스페인 유심은 무비스타, 오랑지, 보다폰 등 통신사에서 구매한다. 스페인 최대 통신사는 무비스타Movistar로 이용 가능 지역이 넓지만, 가격이 비싼 편이다. 프랑스 통신사인 오랑지Orange와 글로벌 브랜드 보다폰Vodafone도 품질이 괜찮다. 스페인만 여행한다면 위 통신사를 이용하면 되지만, 타 유럽 국가와 함께 방문한다면 통신사 오랑지나 보다폰 등 유럽 통합 유심을 구매해야 한다. 일정 데이터를 소진하고 난 뒤 통신사를 방문하면 같은 유심에 데이터를 추가할 수 있다.

스페인 현지에서 구매할 수도 있지만, 가기 전 한국에서 구매 대행업체 유심을 살 수도 있다. 우리나라를 출발해 기기에 유심만 변경하면 바로 사용할 수 있다. 또한 유심카드 케이스에 있는 PIN번호, PUK번호를 사진으로 찍어두거나 알고 있어야 한다. 휴대전화를 껐다가 켰을 때 입력해야 사용할 수 있다. 한국 통신사 유심은 돌아와서 사용해야 하니 여행 내내 잘 보관해야 한다.

> **Tip | 한국 유심은?**
> 여행 일정 동안 한국 유심은 사용하지 않으므로 최저 요금제로 변경하면 지출을 줄일 수 있다.

❸ E-Sim

한국 통신사에서 사용하던 유심과 동시에 이용할 수 있는 이심E-sim이 가장 인기 있다. 기존 한국 전화번호로 오는 전화나 메시지도 받으면서 스페인 네트워크를 사용할 수 있어 로밍과 현지 유심 장점만 쏙 뽑았다. 아이폰 11세대 이후, 갤럭시 S23, Z 이후 버전 단말기면 사용할 수 있다. 데이터 양, 여행 기간, 통합 국가 종류에 따라 상품이 다양하다. 구매 대행업체로는 도시락, 로밍 도깨비, 말톡 등이 있다.

주요시설 이용

백화점이나 쇼핑센터는 10:00~21:00에 운영한다. 상점은 보통 9:30~19:00에 운영하며 공휴일과 일요일은 대부분 쉰다. 약국도 상점과 비슷하게 운영하며 감기약이나 진통제 정도는 처방 없이 구매할 수 있다. 큰 도시에는 24시간 운영하는 약국이 있으며 지도에서 'farmacia 24 horas'로 검색하면 확인할 수 있다. 아침 식사가 가능한 시간은 7:00~10:00, 점심은 13:00~15:00, 저녁은 20:00~23:00 정도다.

Step to Spain 2
스페인 연중행사와 공휴일

스페인은 종교 기념일이나 축제 행사가 많다. 예수의 부활을 기념하는 성주간, 세마나 산타 Semana Santa가 가장 큰 종교 행사로 부활절까지 일주일 동안 축제가 열린다. 이 기간에는 숙소가 빨리 마감되고 가격도 급등하니 일찍 예약하자. 특히 안달루시아 지방이 행사 규모가 커서 서두를 필요가 있다. 지역별로 수호성인이 있어 해당 지역의 수호성인의 날은 공휴일로 지정되어 있다.
8월에는 대부분 휴가를 떠나 식당이나 상점이 문을 닫는 경우가 많다. 크리스마스부터 새해까지 주로 가족과 시간을 보내기 때문에 관공서나 공공시설, 박물관 등은 대부분 운영하지 않는다.

1월
1월 1일 새해 첫날 Año Nuevo
1월 6일 예수 공현 대축일(주현절, 동방박사의 날) Día de Reyes 동방박사들이 아기 예수를 만나러 베들레헴을 찾은 것을 축하하며 선물을 나눈다.

3~4월
3~4월 중 성목요일 Jueves Santo, Semana Santa 부활절 전 목요일
3~4월 중 성금요일 Viernes Santo, Semana Santa 부활절 전 금요일
3~4월 중 부활절 다음날 Lunes de Pascua Florida 카탈루냐를 비롯한 스페인 일부 지역에서만 공휴일이다.
4월 23일 산 조르디 Sant Jordi 스페인의 발렌타인데이로 책과 장미를 주고받는다.

5~6월
5월 1일 노동절 Fiesta del Trabajo
5월 2일 마드리드 자치주의 날 Fiesta de la Comunidad 마드리드 시민들이 프랑스군에 저항해 스페인 독립 전쟁의 시작을 알린 날로 마드리드만 휴일이다.
5월 15일 산 이시드로의 날 San Isidro 마드리드 수호성인의 날로 마드리드만 휴일이다.
5~6월 중 오순절 Lunes de Pentecostés 성령 강림 50일을 기념하는 기독교 절기로 바르셀로나를 포함한 몇몇 지역에서만 휴일이다.
6월 24일 산 후안의 날 San Juan 바르셀로나 수호성인의 날로 바르셀로나만 휴일이다.

7~8월
7월 6~14일 산 페르민 축제 San Fermín 팜플로나에서 열리는 소몰이 축제다.
8월 15일 성모 승천일 Asunción de la Virgen
8월 마지막 수요일 라 토마티나 La Tomatina 부뇰 Buñol에서 열리는 토마토 축제다.

9~10월
9월 11일 카탈루냐의 날 Fiesta Nacional de Cataluña
9월 24일 메르세 축제 Día de Mercé 바르셀로나 자비의 성모 마리아 축일로 바르셀로나만 공휴일이다. 카탈루냐 전통인 인간 탑 쌓기, 거인 퍼레이드, 불꽃놀이 등 축제가 열린다.
10월 12일 국경일(콜럼버스의 날) Fiesta Nacional de España 콜럼버스가 신대륙을 발견한 날이다.

11월
11월 1일 모든 성인의 날 Fiesta de Todos los Santos
11월 9일 알무데나의 날 La Almudena 마드리드 수호 성모의 축일로 마드리드만 휴일이다.

12월
12월 6일 제헌절 Día de la Constitución 1978년 스페인 헌법이 제정된 것을 기념하는 날이다.
12월 8일 성모 무염시태 대축일 Inmaculada Concepción 성모 마리아가 원죄 없이 예수를 잉태하심을 축하하는 날이다.
12월 25일 크리스마스 Navidad
12월 26일 성 에스테반의 날 San Esteban 기독교 최초 순교자인 성 에스테반의 축일이다. 바르셀로나를 포함한 카탈루냐 지방 휴일이다. 전통 음식인 카넬로네스 Canelons를 먹는다.

Step to Spain 3
스페인의 축제

성주간인 일주일 내내 축제, 세마나 산타 Semana Santa

부활절 바로 전 일주일을 성주간, 세마나 산타라고 한다. 16세기부터 성주간이 되면 전통 예복을 입고 행진을 한다. 스페인 전역에서 열리지만, 안달루시아 특히 세비야가 가장 성대하다.

신자로 구성된 형제단 Hermandades이 주도하는데 지역에 따라 최대 5만여 명에 이른다. 힘이 강한 단원들이 십자가와 예수, 성모, 성자 조각상을 올린 꽃마차 Paso를 어깨에 짊어진다. 서로 다른 성당에서 출발해 퍼레이드를 따르며, 이 행렬로 그리스도의 수난과 십자가의 죽음, 부활을 기억한다. 참가자 대부분은 얼굴을 덮는 원뿔 모자 Capirote와 튜닉을 입어 참회를 상징한다. 전통을 중시하는 단체는 기모가 있는 천으로 튜닉을 만들어 입기도 한다. 손에는 촛불을 드는데 관람객 중 아이들은 종이나 병뚜껑 같은 용기에 촛농을 받아 식혀가며 공을 만든다. 참회와 인내를 상징하며 성주간을 기억하는 기념품이다. 퍼레이드 동안 발코니에 나온 사람들이 사에타를 부르는 모습을 볼 수 있는데, 절규하는 듯한 플라멩코 찬가로 성모와 예수의 고통을 노래한다.

스페인식 발렌타인데이, 산 조르디 Sant Jordi 축제

카탈루냐 지역 중심의 전통 축제다. 조르디 성인은 중세 기독교 성인으로 용과 싸워 공주를 구한 전설이 있다. 용의 피가 떨어진 곳에 장미꽃이 피었고 성인이 공주에게 그 꽃을 선물했다. 성인 축일이 세계 책의 날과 같아 이날 사랑하는 사람에게 장미꽃과 책을 선물한다. 책은 남자에게, 장미는 여자에게 줬으나 남녀 구분 없이 선물하는 게 요즘 추세다.

> **Tip | 팔마 리사다** Palma rizada
>
> 예수 그리스도가 예루살렘에 입성할 때 사람들이 종려나무 가지를 흔들며 환영했다는 성경에 따라 종려나무 가지로 만든 상징물이다. 특히 세비야에서는 성주간 시작을 알리는 성지주일 Domingo de Ramos에 사람들이 정성스럽게 손으로 말고 꼬아 만든 이 장식물을 들고 미사에서 축복받고 거리 행진에 참여한다. 가족이나 이웃에게 선물하거나 집 현관에 걸어 악운을 쫓기도 한다.

참가자

촛농 공을 만드는 아이

눈물 흘리는 희망의 성모 행렬

Step to Spain 4
스페인 들어가기 & 나오기

1. 인천 국제공항에서 출국하기

수속하기 ⇒ 짐 맡기기 ⇒ 보안 검색과 출국 심사 ⇒ 탑승

수속하기

■ 일반 탑승 수속 카운터 이용

인천 국제공항 3층에 있는 운항 정보 안내 모니터를 보고 예약한 항공사의 수속 카운터를 확인한다. 정확히 모르겠다면 3층 중앙에 있는 안내 데스크에 문의해도 좋다. 여권을 제시한 뒤 수화물을 맡기고 탑승권과 수화물 표를 받는다. 20인치 이하의 캐리어는 기내 반입이 가능하다. 탑승 2시간 전까지 공항에 도착해 탑승 수속을 하는 것이 좋으나 만약 탑승까지 1시간이 채 남지 않았다면 해당 항공사의 직원에게 탑승 수속이 가능한지 확인하자.

■ 셀프 체크인 키오스크 이용

항공사 수속 카운터가 있는 3층 곳곳에 키오스크가 있어 자동 체크인이 가능하다. 수속 카운터에 대기자가 많거나 시간이 없다면 자동 체크인을 하는 것이 좋다. 단, 터미널과 항공사에 따라 자동 체크인이 되지 않는 곳도 있으니 미리 확인해야 한다. 자동 체크인은 24시간 이용할 수 있고 비자가 필요한 국가나 공동 운항으로 항공사가 바뀐 경우, 유아를 동반할 때는 이용할 수 없다.

셀프 체크인 이용 가능 항공사
- 제1 여객터미널 : 아시아나항공, 캐세이퍼시픽, 터키항공, 제주항공, 티웨이항공, 에어서울, 이스타항공, 에어프레미아, 유나이티드항공, 에어로케이항공, 싱가포르항공
- 제2 여객터미널 : 대한항공, 진에어, 에어프랑스, KLM네덜란드항공, 델타항공, 중화항공, 아에로멕시코, 에어부산

■ 모바일 체크인 이용

항공사의 앱을 이용하면 24~48시간 전에 모바일 체크인이 가능하다. 로그인 후 체크인 메뉴를 눌러 예약 번호와 여권 정보를 비롯한 정보를 입력하고 좌석과 수령 방식을 정하면 탑승권 QR코드를 받을 수 있다. 일반적으로 항공권을 구매할 때 좌석을 예약했더라도 변경될 수 있다. 우선권을 부여받는 것이지 확정은 아니기 때문이다. 하지만 모바일 체크인 시 지정한 좌석은 확정이므로 변경되지 않는다.

> **Tip | 셀프 체크인 하는 법**
> 1. **예약 정보 확인** : 여권을 스캔하면 정보가 뜬다. 스캔이 안 되면 E-Ticket에 있는 예약 번호를 입력하면 된다.
> 2. **여권 확인** : 여권 정보가 있는 부분을 펼쳐 여권을 스캔하자.
> 3. **여정 확인** : 비행 정보를 확인하고 좌석을 지정하자.
> 4. **탑승권 출력 및 수속 완료** : 탑승권이 나오면 끝이다.

■ 도심 공항 터미널 이용

서울역(032-745-7400/www.arex.or.kr)에 있는 도심 공항 터미널에서 심사 후 인천 국제공항에서는 3층 전용 출국 통로를 이용한다.

짐 맡기기

■ 자동 수화물 등록(셀프 백드롭)

셀프 체크인이나 모바일 체크인을 한 뒤에 항공사의 수화물 전용 카운터에 짐을 맡기면 되지만 셀프로도 가능하다. 탑승권을 소지한 후 자동 수화물 위탁 카운터에서 할 수 있다. 대부분 항공기 출발 1시간 전이며 일부 항공사는 이용 가능 시간이 따로 있어 항공사마다 확인해야 한다.

❶ **탑승권과 여권 스캔** : 기계 왼쪽에서 탑승권과 여권을 스캔한다.
❷ **수화물 위탁 규정 확인 및 수화물 투입** : 항공사마다 정해진 규정을 통과한 수화물을 기계 안으로 넣는다.
❸ **수화물 태그 부착** : 수화물 처리가 끝나고 태그가 프린트되어 나오면 손잡이 부분에 부착한다.
❹ **확인증 발행** : 발행된 수화물 확인증을 잘 보관한다.

보안 검색과 출국 심사

탑승 수속 마친 뒤 보안 검색대로 이동한다. 이상하게 내가 기다리는 보안 검색대의 줄만 줄지 않는 느낌이 들 수 있는데 이럴 때는 네이버 검색창을 이용해보자. 인천 공항이라고 검색하면 출국장 시간대별 예상 승객 수가 나온다. 여객터미널의 주차 상황과 운항 정보도 쉽게 확인할 수 있다.

검색대를 지날 때는 주머니에 있는 물건을 가방에 넣고 노트북은 따로 꺼내 놓는다. 100ml를 넘는 액체류나 젤류, 칼, 가위 등 규정 외의 제품은 기내 반입이 되지 않는다. 압수될 수 있으므로 미리 수화물에 넣어 맡기자. 면세점에서 구매한 액체류나 젤류가 있다면 비닐에 포장된 그대로 이동하자. 환승을 할 때 해당 공항에서 압수당할 수 있다.

출국 심사는 지문 인식 후 통과한다. 만약 출국 도장을 여권에 날인하고 싶다면 따로 요청해야 한다. 출입국 증명이 필요하다면 출입국 사무소와 주민 센터, 정부24(plus.gov.kr)에서 확인할 수 있다.

보조 배터리 소지 시 유의 사항

2025년 3월 1일부터 국토교통부는 항공기 내 보조 배터리 및 전자 담배의 기내 반입 규정을 강화했다. 두 가지 모두 절대 위탁 수화물로 보낼 수 없으며 기내에 반입해서 탑승해야 한다. 기내 좌석 위 선반이나 수화물 칸에 보관할 수 없으며 단열·차단 불가한 상황을 방지하기 위해 좌석 앞주머니 또는 잘 보이는 곳에 두어야 한다. 보조 배터리에는 충전 용량(Wh)과 전압(V), 전류(mAh) 등 사양이 명확히 표시되어 있어야 한다.

구간(Wh)	충전 용량	기내 반입	항공사 승인	스티커 부착	단락 방지 조치
100Wh 이하	~27 000mAh	최대 5개	불필요	불필요	필요
100Wh 초과 ~ 160Wh 이하	~27 000mAh ~43 000mAh	최대 2개	필요	필요	필요
160Wh 초과	—	반입 불가 위탁 불가	—	—	—

단락 방지는 보조 배터리의 단자가 금속과 접촉하지 않도록 아래 방법 중 선택해 조치한다.
❶ 비닐 봉투, 보호용 파우치에 1개씩 보관한다.
❷ 단자(매립형·돌출형)에 절연 테이프를 부착한다.
❹ 단자 보호용 캡을 부착한다.

탑승

탑승권에 적힌 탑승구를 미리 확인하고, 탑승 마감 시간 전에 도착하자. 탑승 전 공항의 면세점을 구경하는 것도 빼놓을 수 없는 재미다. 하지만 항공사에 따라 모노레일을 타고 다른 청사로 이동해야 할 수 있으니 시간 체크에 반드시 유의하자.

2. 스페인으로 입국하기

스페인에는 국토가 넓어 마드리드와 바르셀로나, 세비야와 말라가, 그라나다 등 전국에 공항이 있다. 한국에선 마드리드와 바르셀로나로 직항이 운행하며 타 도시는 다른 나라를 경유해야 한다. 직항 노선이나 셍겐 조약에 가입하지 않은 유럽 외 국가를 거쳐 스페인 공항에 도착했다면 공항에서 입국 심사를 받아야 한다. 별도의 출입국 신고서를 작성할 필요 없이 여권만 확인하고 입국 도장을 찍어준다. 셍겐 조약 가맹국을 통해 입국하는 경우에는 입국 심사가 없다. 여권은 체류 기간 종료 후 3개월 동안 유효해야 하며 비자는 별도의 신청 없이 최대 90일 체류할 수 있고, 최대 6개월까지 연장할 수 있다.

> **Tip | 셍겐 조약**
>
> 유럽 지역 국가 중 셍겐 가맹국 간의 통행에는 제한을 두지 않는다. 그래서 비자와 여권이 없어도 가입국 간에 이동할 수 있다. 현재 26개국이 가입되어 있으며 영국, 아일랜드, 불가리아, 루마니아, 키프로스, 크로아티아 등은 미가입국이다.

3. 대중교통 이용하기

■ 항공

스페인은 국토가 넓고 이동이 많아 큰 도시에는 대부분 공항이 있다. 마드리드와 바르셀로나, 말라가, 세비야, 빌바오, 그라나다 등은 물론 이비사와 팔마 등 발레아레스 제도 섬과도 연결해서다. 스페인 항공사는 이베리아 항공Iberia과 에어 유로파Air Europa가 있으며 저비용 항공사로 부엘링Vueling Airlines이 있다.

■ 버스

스페인 전역을 구석구석 연결해 주는 교통수단은 역시 버스다. 특히 안달루시아는 산맥이 많아 기차 노선이 없거나 기차를 갈아타야 하는 경우가 많아 버스를 더 선호한다. 장기간 운전하는 경우가 많아 차량 내 화장실이 있거나 간식을 주는 노선도 있다.
스페인 최대 규모의 버스 회사는 알사(alsa.com)로 스페인 전역은 물론 포르투갈 및 프랑스, 독일까지 노선이 확장되어 있다. 스페인 중남부와 동부를 여행한다면 아반사(Avanzabus.com), 안달루시아는 소치버스(socibusventas.es)가 유명하다.
스페인 버스 티켓은 출발지와 목적지를 확인한 후 해당 노선을 운행하는 버스 회사 홈페이지를 찾아 예매해야 하며, 버스 터미널 내의 버스 티켓 창구도 버스 회사별로 따로 운영하는 것이 일반적이다. 시에스타나 창구 영업 시간 이전, 이후에 운행하는 버스 티켓은 버스 기사에게 직접 사거나 발권기를 이용해 구매할 수 있다. 또 요일에 따라 버스 운행 시간과 운행 횟수가 다르기 때문에 운행 편수가 적은 소도시나 마을로 가는 버스라면 현지에서 한 번 더 시간표를 확인하는 것이 안전하다.

■ 기차

스페인 중부와 북부는 버스보다 기차 네트워크가 잘 구축되어 있다. 다만 승차권 예매 가능 시점인 출발일 3개월 전에 예매한다면 버스보다 더 저렴한 가격으로 기차를 탈 수도 있다. 당일에 구매하면 가장 비싸지니 일정이 정해졌다면 바로 홈페이지에서 예약하는 것이 좋다. 예약 시에는 반드시 로그인 후 진행하자. 가끔 예약이 매끄럽게 진행되지 않아 예약 여부를 확인하기 어려울 때가 있다.
스페인 국영 철도 렌페는 VPN 문제로 스페인 현지에서 예약할 수 있다. 한국에서 구매할 경우, 약간의 수수료를 내더라도 오미오Omio와 같은 대행 사이트에서 구매하는 것을 권한다.

스페인 기차 종류

	운영사	열차	최고 속도	주요 노선	특징
초고속열차	렌페 Renfe	AVE	310km/h	전국 주요 도시 (마드리드, 바르셀로나, 세비야 등)	스페인 대표 고속 열차로 빠르고 편안하다.
		AVLO	300km/h	마드리드, 바르셀로나, 발렌시아, 사라고사	AVE보다 저렴한 고속 열차다.
	이탈리아 이딸로Italo의 이르요Iryo	Iryo	360km/h	마드리드, 바르셀로나, 발렌시아	프리미엄 고속 열차인 이탈리아 Frecciarossa 1000 열차를 사용한다.
	프랑스 SNCF	Ouigo	300km/h	마드리드, 발렌시아	저가형 2층 열차로 저렴하지만 추가 요금을 잘 확인해야 한다.
고속열차	렌페 Renfe	Alvia	250km/h	북서부 (산티아고, 빌바오, 히혼)	고속 열차와 일반 열차를 혼합해서 운행한다.
		Avant	250km/h	단거리 (마드리드-톨레도, 세비야-코르도바)	
		Altaria	200km/h	마드리드-알바세테- 무르시아-카르타헤나, 마드리드-알헤시라스	탈고Talgo 열차를 사용한다.
		Intercity	250km/h	마드리드, 바르셀로나, 세비야, 발렌시아	저렴한 편이다.
		Euromed	220km/h	바르셀로나-발렌시아 -알리칸테	지중해 연안을 연결하는 노선이다.
지역열차	렌페 Renfe	IR (Inter Regionales)	160km/h	마드리드- 아라곤, 레온 등	주요 도시와 작은 마을들을 연결하며, 비교적 저렴하다.
		Cercanías	120km/h	마드리드-톨레도, 바르셀로나-로르카 등	대도시와 근교 지역을 연결하는 단거리 열차다.
		Media Distancia	200km/h	세비야-마드리드, 바르셀로나-발렌시아	중간 거리를 운행한다.
		Regional Express	200km/h	마드리드-발렌시아, 바르셀로나-사라고사 등	지역 간 열차로, 비교적 저렴하다.

Step to Spain 5
스페인 여행 준비

여행 그리기 ⇒ 여권 만들기 ⇒ 항공권과 숙소 예약하기 ⇒ 환전하기 ⇒ 짐 꾸리기 ⇒ 출발

1. 여행 그리기

스페인은 중세까지 지방 국가로 나뉘어 있었기에 자신만의 색이 뚜렷하다. 이후 이슬람 무어인이 스페인 남부인 안달루시아 지방을 지배해 이국적인 문화와 역사, 건축을 만들었다. 남북으로 길게 이어져 있어 기후 환경에 따른 개성 있는 음식과 생활상도 스페인 여행에 고려해볼 만한 주제다. 볼거리와 먹거리, 즐길 거리가 다양한 스페인이라 무리하게 계획을 짜지 않는 것이 포인트다.

2. 여권 만들기

여권은 유효 기간이 출발일을 기준으로 6개월 이상 남아있어야 한다. 만약 전자여권의 칩이 손상되었거나 사증란(출입국 도장을 찍는 란)이 부족할 경우 재발급을 받아야 한다. 여권 발급은 서울의 각 구청이나 지방의 시청·도청에서 가능하며 성인의 경우 대리인이 신청하는 건 불가하다. 미성년자는 법정 대리인이 대리 신청할 수 있다.

■ 발급 시 필요한 서류
일반인 여권 발급 신청서, 6개월 이내 촬영한 여권용 사진 1매, 신분증
미성년자 여권 발급 신청서, 6개월 이내 촬영한 여권용 사진 1매, 법정 대리인의 신분증 사본, 기본 증명서 및 가족 관계 증명서, 법정 대리인의 여권 발급 동의서(법정 대리인이 신청하는 경우 생략)

> **Tip | 소매치기 주의 사항**
>
> 스페인 여행을 준비하다 보면 도시 괴담처럼 스페인 소매치기에 대한 후기가 많아 걱정이 앞선다. 유럽은 소매치기가 극성이고 조심해야 할 부분은 맞다. 그러나 주의 사항을 미리 알고 방심하지 않는다면 대부분 예방할 수 있으니 너무 걱정하지 말자.
>
> 1 백팩이나 옆으로 메는 가방은 쉽게 표적이 된다. 앞으로 메는 가방을 권한다. 자물쇠를 채우는 것도 도움이 된다.
>
> 2 기차역이나 관광명소에서 오물을 뿌린다. 뿌린 사람은 도망가고 주변에서 닦아주려 다가온 사람 중 소매치기가 있을 수 있으니 조심하자.
>
> 3 지하철이나 버스를 이용할 때 복잡한 구간에선 2~3명 무리가 내 주위에 있다면 조심! 가방을 뒤지고 있을 수도 있다.
>
> 4 지하철 문이 닫힐 때는 입구 주변에 앉지도 서지도 말자. 역에 도착하면 휴대전화도 몸으로 밀착하는 것이 좋다.
>
> 5 휴대전화는 스트랩을 꼭 사용하자. 테이블에 올려놓거나 무심코 들고 있어도 낚아채 간다. 바지 주머니에 넣어도 훔칠 수 있으니 스트랩이 답이다.
>
> 6 노천 카페나 레스토랑, 사람이 많이 오가는 패스트푸드점에서는 가방 스트랩을 다리 사이에 끼우고 앉으면 편하고 안전하다.

영사콜센터

24시간 연중무휴 해외에서 일어난 사건·사고 접수 및 통역 서비스, 신속 해외 송금 지원, 여권 업무와 같은 해외 안전 여행 지원 안내를 한다. 영사콜센터 또는 영사콜센터 무료 전화 앱을 설치하면 무료 상담 전화 이용이 가능하다. 카카오톡 채널에서 영사콜센터를 검색해 친구 추가 후 채팅하기를 선택하여 상담할 수도 있다. 일반 전화는 유료이며 번호는 +82-2-3210-0404다.

· **주스페인 대한민국 대사관(마드리드)**
La Embajada de República de Corea

- 주소 C/ González Amigó, 15
- 운영 민원 접수 09:00~13:00, 16:00~17:00 (7~8월 09:00~13:30), 토·일 휴무/공휴일 변동
- 전화 대표전화 +34-91-353-2000, 긴급전화 +34-648-924-695
- 홈피 overseas.mofa.go.kr/es-ko/index.do

· **주바르셀로나 대한민국 총영사관**
Consulado General de la República de Corea en Barcelona

- 주소 Passeig de Gracia, 103, 3층(Bankia 은행 건물 3층에 위치)
- 운영 민원 접수 09:00~13:30, 15:30~17:00, 토·일 휴무/공휴일 변동
- 전화 대표전화 +34-93-487-3153, 긴급전화 +82-2-3210-0404
- 홈피 overseas.mofa.go.kr/es-barcelona-ko/index.do

3. 항공권과 숙소 예약하기

■ 여행의 시작! 항공권 탐색

스페인 여행에서 첫 번째로 준비해야 하는 건 항공권이다. 우리나라 국적기인 대한항공이 인천과 마드리드까지 주 3~5회 직항 운행하며 13시간 정도 소요된다. 스페인 이베리아 항공을 포함한 항공사는 다른 국가에서 갈아타야 한다. 탑승권 발권 시 환승에 필요한 탑승권을 함께 준다. 만약 주지 않는다면 확인해서 받는 것이 좋다. 환승 국가의 공항에서 다시 발급받을 경우, 시간이 오래 걸려 비행기 시간을 놓칠 수 있기 때문이다.

항공사 프로모션

각 항공사는 고객 유치를 위해 일찍 항공권을 구입하는 이들을 위한 얼리버드 프로모션, 커플들을 위한 밸런타인 프로모션 등을 진행한다. 이런 프로모션을 통하면 저렴한 항공권을 구입할 수 있으니 항공사를 예의 주시하자. 요즘에는 '플레이윙즈'와 같이 항공권 할인 정보 알려주는 앱이 출시되어 많은 여행자가 이용하고 있다.

■ 숙소 예약

스페인은 도시에선 부티크 호텔이나 가성비 좋은 숙소가 많고 시골에선 에어비앤비나 민박, 중급 호텔이 괜찮다. 스페인 GDP 70%가 관광을 포

Tip | 여권 분실 시

여권을 분실한 경우, 현지 경찰서에 분실 신고를 하고 분실 신고서를 받은 뒤 여권 사본 또는 신분증과 함께 마드리드에 있는 대한민국 대사관 또는 바르셀로나 총영사관으로 간다. 여권 분실 신고를 하고 여행 증명서나 단수 여권을 발급받는다.

1 경찰서에서 분실한 여권 번호를 기입하고 분실 신고서를 받는다. 여권 번호를 모르면 대한민국 대사관으로 연락하면 알 수 있다.

2 구비 서류(분실 신고서, 신분증 사본, 여권용 사진)와 긴급 여권 발급 수수료 50유로를 들고 마드리드에 있는 대한민국 대사관 또는 바르셀로나 총영사관으로 간다. 여권용 사진은 여행 전 미리 2~3매 준비해 가면 좋으나 준비하지 못했다면 대사관 내, 기차역, 지하철 등에 있는 증명사진 기계를 이용하면 된다.

3 여권 발급 신청서(재외공관용) 1매를 작성하고 구비 서류와 함께 여권 담당자에게 제출하면 경찰청 신원 조회 확보 후 1시간 내에 단수 여권을 발급받을 수 있다.

함한 서비스업에 있다보니 가격이나 위치, 환경 모두 만족스러운 곳이 많은 편. 아래 사이트에서 스페인의 다양한 숙소를 예약할 수 있다. 특히 파라도르는 스페인 고성이나 요새를 개조한 숙소로 가격이 비싼 편이지만, 한 번쯤 경험해볼 만하다. 특히 그라나다, 톨레도, 파라도르가 인기가 있다.

숙소 예약 시 주의 사항

인터넷 예약 시 위치, 요금, 리뷰, 조건, 체크인 시간, 리셉션 여부, 프로모션, 환불 조건, 선결제 여부(환불 불가 조건일 경우가 많음), 예약 사이트와 호텔 프로모션 가격 확인(패키지 상품이 더 좋은 경우도 있음), 숙소 시설, 객실 형태, 발코니, 창문, 전망, 무료 인터넷, Wifi, 조식 포함 여부, 엘리베이터 유무, 교통 여건(대중교통이 가능한지, 역과 가까운지) 등을 확인하자.

> **Tip | 항공권 비교 사이트**
>
> **스카이스캐너**
> www.skyscanner.co.kr
> **인터파크투어**
> tour.interpark.com
> **투어익스프레스**
> www.tourexpress.com
> **카약**
> www.kayak.co.kr
> **땡처리닷컴**
> www.072.com

4. 환전하기

스페인 여행에서 사용할 비용은 현금과 신용카드, 외화 선불카드로 준비하자. 스페인은 신용카드와 외화 선불카드를 사용하기 편한 환경으로 분실 위험이 있는 현금은 많이 준비하지 않아도 된다. 공중화장실 비용이나 10유로 이하 금액을 결제할 때 주로 사용한다.
신용카드는 비자Visa, 마스터카드MasterCard, 아메리칸 익스프레스American Express 등 해외 결제 신용카드라면 사용할 수 있다. 통화 선택은 유로(€)로 결정해야 환전 수수료가 적게 책정된다. 유로에서 미국 달러, 다시 한국 원화로 환전하면 수수료가 2번 생기지만, 미국 달러로 선택하면 미국 달러에서 유로, 미국 달러, 한국 원화로 환전해 수수료가 3번 발생한다. 트래블월렛 또는 트래블로그처럼 충전식 외화 선불카드가 가장 안전하고 편리하다. 식당과 숙소, 쇼핑까지 대부분 외화 선불카드로 결제할 수 있으며 Ibercaja 은행 인출기에서 수수료 없이 현금을 출금할 수 있다.

> **Tip | 숙소 예약 사이트**
>
> **호텔스컴바인**
> www.hotelscombined.co.kr
> **원파인스테이**
> www.onefinestay.com
> **부킹닷컴** www.booking.com
> **에어비앤비** www.airbnb.co.kr
> **호스텔월드** www.hostelworld.com

5. 짐 꾸리기

설레는 마음에 하나둘 챙기다 보면 여행지에선 큰 짐이 된다. 내 삶의 무게라 생각하며 짊어지고 끙끙대고 싶지 않다면 필요한 것을 잘 판단해서 짐을 줄이자. 닳아버린 티셔츠나 버려도 아깝지 않은 속옷, 양말이라면 가져가서 입고 돌아오기 전에 버리도록 하자. 점점 줄어드는 짐만큼 기념품으로 가방을 가득 채울 수 있다.

종류	세부 항목	체크	비고
기본 물품	여권		분실을 대비해 복사본과 여권용 사진 2매를 준비하자.
	국제 학생증, 운전면허증, 국제 전화번호		일부 렌터카에서 국제 면허증과 함께 우리나라 면허증도 요청할 수 있다.
	여행자 보험		혹시 모를 사고나 소매치기 위험을 대비하는 여행자 보험은 필수!
	해외 체크카드, 해외 신용카드, 현금(€)		트레블 월렛이나 트레블로그 같은 선불 체크카드를 추천한다.
	항공권		E-Ticket으로 보관하면 편리하다.
	예약 바우처		교통권이나 액티비티 예약 바우처는 날짜별로 챙겨놓자.
	《스페인 셀프트래블》		스페인 여행은 《스페인 셀프트래블》과 함께!
의류	일상복		긴 옷과 후드 티셔츠는 체온 유지를 하거나 소나기에 대처하기 좋고 감지 않은 머리를 감추기에도 좋다.
	편안한 옷		기내에서나 잘 때 입을 편안한 옷을 구비하자.
	수영복		해안이나 수영장이 있는 호텔에 갈 경우 챙겨야 한다.
	겉옷		북부와 남부의 날씨가 다르니 기온 변화에 대비해 한 벌 정도 준비하자.
	속옷, 양말		여분을 넉넉히 준비하고 빨래하기 쉽고 잘 마르는 소재로 된 것을 가져가자.
잡화	발이 편한 신발		굽이 있는 신발은 돌길을 걷기 불편하다. 슬리퍼는 해변과 숙소에서 활용도가 높다.
	손목시계		시간 조정이 많은 일정에 유용하다.
	선글라스와 우산		우산은 양산을 겸용해 사용할 수 있는 제품이 좋다.
	에어 목 베개		에어 목 베개는 바람을 빼서 보관 가능하므로 짐 꾸리기에 좋다.
	액세서리		귀걸이 같은 작은 액세서리는 데일리 약통에 넣으면 분실 위험이 적다.
위생 용품	수건		호텔에서는 스몰 타월을 준비하자.
	샴푸, 린스, 선크림		기내에 소지할 리퀴드 형태의 물품은 100ml 이하로 소분하여 준비하자.
	의약품		감기약, 지사제, 소화제, 연고, 바르는 파스, 일회용 밴드. 자주 복용하는 약은 별도로 준비하자.
	세면도구, 면도기, 칫솔, 치약		여행용 세면도구 및 칫솔, 치약(100ml를 넘기지 않도록 한다), 손톱깎이 등 용품, 대부분의 배터리 전기면도기는 기내 반입이 가능하다.
	세탁비누		해외 세탁기 및 손세탁에 사용한다.
	물티슈와 티슈		도시락이나 주전부리를 먹을 때 편하다.
전자 제품	전원 어댑터, 변환기, 제품		220V 규격, 지시서, 제품, 티켓, 버스, 입장용 티켓 등
	카메라		남는 건 사진!
	휴대전화, 충전기, 이어폰		USB 충전기 포함. 호텔 TV전원 꽂이에 충전 가능하다.
	여행용 멀티탭		2~3구 정도면 충분하다.
기타	컵라면		내용물만 따로 비닐에 담고, 별도의 플라스틱 용기를 가져가면 편리하다.
	누룽지		쌀밥보다 편리하고 포만감도 있다.
	비닐 팩, 지퍼 팩		출입국 심사 시 가방에 든 액체류는 지퍼 팩에 담아 손쉽게 꺼낼 수 있도록 한다.

Step to Spain 6
요긴하게 써먹는 스페인어

"올라!" 낯선 동네와 식당에 들어서며 밝게 인사를 건네보자. 반복하다 보면 자신감만큼은 이미 스페인어 능력자가 되어있을 것이다. 완벽하진 못할지라도 이방인이 건네는 정겨운 스페인어 한마디는 현지인과 친숙해지는 가장 큰 수단이다. 우리나라 사람들이 가진 한글에 대한 자부심만큼 스페인 사람들도 스페인어에 대한 자부심이 강하다.

■ 인사

안녕하세요(항상)!	¡Hola! [올라!]
오전 인사	Buenos días [부에노스 디아스]
오후 인사	Buenas tardes [부에나스 따르데스]
밤 인사	Buenas noches [부에나스 노체스]
만나서 반가워요.	Mucho gusto [무초 구스또]
어떻게 지내요?	¿Cómo estás? / ¿Qué tal? [꼬모 에스따스? / 께 딸?]
잘 지내요. / 못 지내요.	Muy bien / Mal [무이 비엔 / 말]
당신은요?	¿Y tú? [이 뚜?]
안녕히 계세요. / 안녕(헤어질 때).	Adiós / Chao [아디오스 / 차오]
다음에 봐요.	Hasta luego [아스따 루에고]
좋은 여행 되세요!	¡Buen viaje! [부엔 비아헤!]

■ 대답

예. / 아니오.	Sí / No [씨 / 노]
알았어요(Okay).	Vale [발레]
몰라요.	No lo se [노 로 세]
물론이지!	Claro! [클라로]
문제 없어요.	No hay problema [노아이 프로블레마]
좋아요.	Está bien [에스따 비엔]

■ 소개

이름이 뭐예요?	¿Cómo te llamas? [꼬모 떼 야마스?]
한국 사람이에요.	Soy coreano(남) / coreana(여) [소이 꼬레아노(남) / 꼬레아나(여)]
어디에서 왔어요?	¿De dónde eres? [데 돈데 에레스?]
한국에서 왔어요.	Soy de Corea [소이 데 꼬레아]
스페인어 못해요.	No hablo español [노 아블로 에스빠뇰]
영어는 조금 해요.	Hablo un poco de inglés [아블로 운 뽀꼬 데 잉글레스]
스물여덟 살이에요.	Tengo (veintiocho) años [뗑고 (베인띠오초) 아뇨스]
휴가 중이에요.	Estoy de vacaciones [에스또이 데 바까시오네스]
무슨 일 하세요?	¿A qué te dedicas? [아 께 떼 데디까스?]
회사원이에요. / 학생이에요.	Soy oficinista / estudiante [소이 오피시니스타 / 에스뚜디안떼]

■ 감사 & 사과 & 축하

고마워요. / 정말 고맙습니다.	Gracias / Muchas gracias [그라시아스 / 무차스 그라시아스]
천만에요. / 괜찮아요.	De nada / Está bien [데 나다 / 에스따 비엔]
실례합니다. / 죄송해요.	Perdón [뻬르돈]
축하해요!	¡Felicidad! [펠리시닫!]
메리 크리스마스!	¡Felis Navidad! [펠리스 나비닫!]
새해 복 많이 받으세요!	¡Feliz año nuevo! [펠리스 아뇨 누에보!]

■ 길

오스피탈 길이 어디죠?	¿Dónde está la calle Hospital? [돈데 에스따 라 카예 오스피탈?]
관광 안내소가 어디에 있나요?	¿Sabe dónde está la información turistica? [사베 돈데 에스따 라 인포르마시온 뚜리스띠까?]
실례지만 여기가 어디죠?	¿Perdón, dónde estamos? [뻬르돈, 돈데 에스따모스?]
근처에 경찰서가 어디에 있죠?	¿Dónde está la comisaría por aquí? [돈데 에스따 라 꼬미사리아 뽀르 아끼?]
얼마나 걸리죠?	¿Cuánto tiempo se tarda? [꽌또 띠엠뽀 세 따르다?]
구엘 공원 가는 버스는 어디서 타죠?	¿Dónde está la parada para ir al Parque Güell? [돈데 에스따 라 빠라다 빠라 이르 알 빠르께 구엘?]

■ 식당 & 카페 & 바

맥주 한 잔 주세요.	(Una) cerveza, por favor [(우나) 세르베사, 뽀르 파보르]
조금만 기다려 주세요.	Espere un momento, por favor [에스뻬레 운 모멘토, 뽀르 파보르]
계산서 주세요.	La cuenta, por favor [라 꾸엔따, 뽀르 파보르]
남은 음식 좀 싸 주시겠어요?	¿Puedes envolverme la comida? [뿌에데스 엔볼베르메 라 꼬미다?]
영어로 된 메뉴판 있어요?	¿Tienes la carta del menu en inglés? [띠에네스 라 까르따 델 메누 엔 잉글레스?]
베지테리언 메뉴가 있나요?	¿Hay algún menú para vegetaliano? [아이 알군 메누 빠라 베헤탈리아노?]
가져갈 거예요.	Para llevar [빠라 예바르]
바에 앉고 싶어요.	Quiero un asiento en el bar [끼에로 운 아시엔토 엔 엘 바르]
주문한 요리가 아직 안 나왔어요.	Todavía no ha venido mi plato [또다비아 노 아 베니도 미 쁠라또]
소금은 조금만 넣어주세요.	Ponga poca sal, por favor [뽄가 뽀까 쌀, 뽀르 파보르]
건배!	Salud! [살룻!]
맛있게 드세요.	Buen provecho [부엔 쁘로베초]
정말 맛있었어요.	Estaba muy rico / delicioso [에스따바 무이 리꼬 / 델리시오소]
화장실이 어디죠?	¿Dónde está el baño? [돈데 에스따 엘 바뇨?]

■ 상점

얼마예요?	¿Cuánto cuesta? [꽌또 꾸에스따?]
이건 뭐예요?	¿Qué es esto? [께 에스 에스또?]
너무 비싸요. / 싸요.	Muy caro / barto [무이 까로 / 바라또]
좀 더 작은 / 큰 것 있나요?	¿Tienes uno más pequeño / grande? [띠에네스 우노 마스 뻬께뇨 / 그란데?]
그냥 구경하고 있어요.	Estoy solamente mirando [에스또이 솔라멘테 미란도]
입어봐도 돼요?	¿Podría probármelo? [뽀드리아 쁘로바르멜로?]
포장해 주세요.	Por favor, envuélvamelo [뽀르 파보르, 엔부엘바멜로]
환불하고 싶어요.	Quiero que me devuelvan el dinero [끼에로 께 메 데부엘반 엘 디네로]
신용카드로 결제할 수 있나요?	¿Acepta tarjeta de crédito? [아쎕따 따르헤따 데 끄레디또?]

■ 교통 & 기타

버스	autobús [아우토부스]
기차	tren [뜨렌]
지하철	metro [메트로]
자동차	coche [꼬체]
비행기	avión [아비온]
자전거	bicicleta [비씨끌레타]
버스 터미널	estación de autobuses [에스타시온 데 아우토부세스]
역	estación [에스타시온]
정류장	parada [빠라다]
공항	aeropuerto [아에로뿌에르토]
편도 / 왕복	ida / ida y vuelta [이다 / 이다 이 부엘타]
표(티켓)	billete [빌예테]
예약 번호	localizador [로깔리사도르]
출발 / 도착	salida / llegada [살리다 / 예가다]
좌석 / 요금	plaza / tarifa [플라사 / 따리파]
입구 / 출구	entrada / salida [엔트라다 / 살리다]
화장실	baño / lavabo / servicios [바뇨 / 라바보 / 세르비씨오스]
남자 / 여자	hombre / mujer [옴브레 / 무헤르]
밀다 / 당기다	empujar / estirar [엠뿌하르 / 에스띠라르]
열림 / 닫힘	abierto / cerrado [아비에르또 / 세라도]
은행	banco [반꼬]
현금 자동 지급기	cajero automático [까헤로 아우또마띠꼬]
무료	gratis [그라티스]
약국 / 병원	farmacia / hospital [파르마씨아 / 오스삐딸]
우체국	oficina de correos [오피시나 데 꼬레오스]
대사관	embajada [엠바하다]
지도	mapa [마빠]
해변	playa [플라야]

■ 시간 & 요일 & 숫자

몇 시예요?	¿Qué hora es? [께 오라 에스?]
오늘	hoy [오이]
내일	mañana [마냐나]
어제	ayer [아예르]
월요일	lunes [루네스]
화요일	martes [마르떼스]
수요일	miércoles [미에르꼴레스]
목요일	jueves [후에베스]
금요일	viernes [비에르네스]
토요일	sábado [사바도]
일요일	domingo [도밍고]
공휴일	festivo [페스띠보]
축제	fiesta [피에스따]
0	cero [세로]
1	uno [우노]
2	dos [도스]
3	tres [뜨레스]
4	cuatro [꽈뜨로]
5	cinco [싱꼬]
6	seis [세이스]
7	siete [시에떼]
8	ocho [오초]
9	nueve [누에베]
10	diez [디에스]
11	once [온세]
12	doce [도세]
20	veinte [베인떼]
50	cincuenta [씽꾸엔따]
100	cien [시엔]
1,000	un mil [운 밀]
1,000,000	millon [밀욘]

Index.
-가나다순-

ㄱ

갈보리 암자 Ermita del calvario		404
계곡 전망대 Mirador del Valle		298
구 산타 크레우 병원		139
Antic Hospital de la Santa Creu		
구스토 Gusto		445
구엘 공원 Park Güell		165
구엘 저택 Palau Güell		103
그라나다 대성당 Catedral de Granada		363
그라나다 왕실 예배당 Capilla Real de Granada		364
그라나다 타파스 투어 Granada Tapas Tour		365
그랑하 엠. 비아데르 Granja M. Viader		140
그릴 룸 Grill Room Bar Thonet		106

ㄴ

네르하 동굴 Cueva de Nerja	412
누에보 다리 Puente Nuevo	397

ㄷ

달리 극장 박물관 Teatre-Museu Dalí	216
당나귀 택시 Burro Taxi	403
대주교의 집 Casa de l'ardiaca	141
더 센트럴 하우스 라파피에스	283
The Central House Lavapiés	
데보드 신전 Templo de Debod	245
데스코르체 말라가 Descorche Máaga D.O.C.	392

ㄹ

라 마누알 알파르가테라	177
La Manual Alpargatera	
라 볼라 La Bola	252
라 브루닐다 La Brunilda	451
라 카사 아줄 Pries homes la casa Azul	393
라 쿠에바 La Cueva	367
라 파야레사 초콜라테리아 추레리아	147
La Pallaresa Xocolateria Xurreria	
라 페냐 성모 예배당 Emita Virgen de la Peña	403
라 페드레타 La pedreta	135
라 폰다 La Fonda	147
라보 데 누베 Cafe Rabo de Nube bar	361
라스 벤타스 Las Ventas	281
람블라스 거리 Les Rambles	97
레스토랑 산 페르난도	448
Restaurante San Fernando	
레이나 소피아 미술관	270
Museo Nacional Centro de Arte Reina Sofía	
레이알 광장 Plaça Reial	145
로마 극장 Málaga Roman Theatre	380
로마교 Puente Romano	458
로스 디아만테스 Los Diamantes	366
론다 투우장 Plaza de Toros de Ronda	401
루치아노즈 Lucciano's	106
리야드 에어 메트로폴리타노	280
Riyadh Air Metropolitano	
리우 호텔 360도 루프탑 바	249
Hotel Riu 360º Rooftop Bar	

ㅁ

마드리드 왕궁 Palacio Real de Madrid	240
마드리드 왕립 식물원 Real Jardín Botánico	260
마요르 광장 Plaza Mayor	239
말라가 대성당 Catedral de Málaga	384
말라가 퐁피두 센터 Centre Pompidou Málaga	389
말라가 피카소 미술관 Museo Picasso Málaga	386
말라게타 해변 Playa de la Malagueta	388
메손 델 참피뇬 Mesón del Champiñón	250

메스키타 대성당 Mezquita-Catedral de Córdoba	**459**
메트로폴 파라솔 Metropol Parasol	**453**
몬세라트 성모 마리아 수도원	**187**
Santa María de Montserrat Abbey	
몬세라트 트레킹 코스	**190**
Senderos en la montaña de Montserrat	
몬주익성 Castell de Montjuïc	**162**
무세오 델 하몬 Museo del Jamón	**250**
무어 왕의 저택 Casa del Rey Moro	**396**
미라클 해변 Platja del Miracle	**200**
미하스 투우장 Plaza de Toros de Mijas	**405**

ㅂ

바 포스타스 Bar Postas	**251**
바뇨엘로 El Bañuelo	**356**
바르 엘 코메르시오 Bar el Comercio	**454**
바르셀로나 대성당 Catedral de Barcelona	**142**
바르셀로나 해양 박물관	**138**
Museu Marítim de Barcelona (MMB)	
바르셀로나 현대 문화 센터	**138**
Centre de Cultura Contemporània de Barcelona (CCCB)	
바르셀로나 현대 미술관	**137**
Museu d'Art Contemporani de Barcelona (MACBA)	
바르셀로네타 해변 Platja de Barceloneta	**154**
벙커 Bunkers del Carmel	**174**
베라 크루스 성당 Iglesia de la Vera Cruz	**314**
베르뭇테리아 델 타노 Vermuteria del Tano	**136**
베수도 성문	**323**
Muralla y Arco de Bezudo Cuenca	
벤타 엘 부스콘 Venta El Buscón	**251**
보데가 산타 크루스 Bodega Santa Cruz	**446**
보데가스 엘 핌피 Bodegas El Pimpi	**391**
보른 문화 센터	**152**
El Born Centre de Cultura i Memòria (CCM)	
보스코 BOSCO Food&Drink	**147**
보케리아 시장 Mercat de La Boqueria	**100**
보틴 레스토랑 Botín Restaurant	**249**
부엔 레티로 공원 Parque del Buen Retiro	**258**

비아콜론 Viacolon	**367**
비엔나 카페야네스 Viena Capellanes	**253**
빅토리아 카르멘 Carmen de la Victoria	**358**

ㅅ

사그라다 파밀리아 성당 La Sagrada Familia	**107**
사바테르 Sabater - Fàbrica de sabons	**177**
사크로몬테 Sacromonte	**359**
산 미겔 시장 Mercado de San Miguel	**254**
산 미얀 성당 Iglesia de San Millán	**315**
산 안톤 시장 Mercado San Antón	**255**
산 에스테반 성당 Iglesia de San Esteban	**315**
산 파블로 다리 Puente de San Pablo	**322**
산 파우 병원	**131**
Recinte Modernista de Sant Pau	
산 펠리프 네리 광장 Plaça de Sant Felip Neri	**141**
산 하우메 광장 Plaça de Sant Jaume	**144**
산마르틴 다리 Puente de San Martín	**288**
산타 마리아 델 마르 성당	**156**
Església de Santa María del Mar	
산타 모니카 미술관 Arts Santa Mònica	**101**
산타 카테리나 시장 Mercat Santa Caterina	**157**
산타 크루스 미술관 Museo de Santa Cruz	**289**
산타 크루스 지구 Barrio de Santa Cruz	**441**
산토 토메 성당 Iglesia de Santo Tomé	**295**
산티아고 베르나베우 스타디움	**279**
Estadio Santiago Bernabéu	
세고비아 대성당 Catedral de Segovia	**311**
세고비아 수도교 Acueducto de Segovia	**304**
세고비아 알카사르 Alcázar de Segovia	**306**
세르베세리아 카탈라나 Cervecerí Catalana	**136**
세르코텔 로셀론 테라스 바	**135**
Terrassa Sercotel Rossellón Bar	
세비야 대성당 Catedral de Sevilla	**421**
세비야 대학교 Universidad de Sevilla	**448**
세비야 미술관	**452**
Museo de Bellas Artes de Sevilla	
세비야 알카사르 Real Alcázar de Sevilla	**428**

세비야 투우장 Plaza de Toros de Sevilla	450	
센시 타파스 Sensi Tapas	157	
센트폭스 Centfocs	106	
소코도베르 광장 Plaza de Zocodover	287	
소코로 언덕 전망대 Mirador Cerro del Socorro	324	
손더 산타 아나 Sonder Santa Ana	283	
솔 광장 Puerta del Sol	238	
스마트 스위트 알바이신 Smart Suites Albaicin	369	
스페인 광장(마드리드) Plaza de Espana	248	
스페인 광장(바르셀로나) Plaça d'Espanya	158	
스페인 광장(세비야) Plaza de España	447	
스포티파이 캄 노우 Spotify Camp Nou	172	
시벨레스 광장 Plaza de Cibeles	257	
시우다드 콘달 Ciutat Comtal	105	
시우타데야 공원 Parque de la Ciutadella	153	
시체스 해변 Platja de Sitges	195	
씨오이오 팟 호스텔 COEO pod Hostel	393	

ㅇ

아랍 목욕탕 Banys Àrabs	212
아랍 시장 Zoco Nazarí	368
아르띠사 ARTiSA Barcelona	106
아타라사나스 시장 Mercado Atarazanas	392
알람브라 Alhambra	340
알무데나 대성당 Catedral de la Almudena	246
알바이신 Albaicín	354
알카사바 Alcazaba de Málaga	381
알칸타라 다리 Puente de Alcántara	288
에이씨 호텔 말라가 팔라시오 AC Hotel Malaga Palacio	393
엘 그레코 미술관 Museo del Greco	296
엘 코르테 잉글레스 칼라오점 El Corte Inglés Callao	253
엘 트레스 데 오로 El 3 de Oro	446
엘 포곤 데 갈리시아 El Fogón de Galicia	366
엠파나다 말본 Empanadas Malvón	367

오냐르강 Riu Onyar	210
올림픽 주 경기장 Estadi Olímpic de Montjuïc Lluís Companys	164
올림픽 항구 Port Olímpic	149
왕의 광장 Plaça del Rei	144
요새 탑과 공원 Torre y Parque Botánico de la Muralla	404
우마 스위트 파라다 델 마르케스 Uma Suites Parada del Marqué	455
유 센스 포 유 호스텔 U-Sense For you hostel	455
유럽의 발코니 Balcón de Europa	411
이사벨 라 카톨리카 광장 Plaza de Isabel la Católica	362
인디아스 고문서관 Archivo de Indias	440

ㅈ

자선 병원 Hospital de la Caridad	437
지로나 꽃의 향연 Temps de Flors	213
지로나 대성당 Catedral de Girona	211
지로나 성벽 Muralles de Girona	213

ㅊ

차마르틴 시장 Mercado de Chamartín	281
초콜라테리아 산 히네스 Chocolateria San Gines	252
추레리아 마누엘 산 로만 Xurreria Manuel San Román	146

ㅋ

카빌도 광장 Plaza el Cabildo	436
카사 미라 Casa Mira	392
카사 밀라 Casa Milá	127
카사 바트요 Casa Batlló	122
카사 비센스 Casa Vicens	134
카사 아란다 Casa Aranda	391
카사 카르멘 Casa Carmen	451
카사 파티오 Casa Patio	462
카사스 콜가다스 Casas Colgadas	326

카스바 그라나다 Kasbah Granada	366
카이사 포룸(마드리드) Caixa Forum	278
카이사 포룸(바르셀로나) Caixa Forum	164
카탈루냐 고고학 박물관	212
Museu d'Arqueologia de Catalunya (MAC)	
카탈루냐 광장 Plaça de Catalunya	96
카탈루냐 국립 미술관	159
Museu Nacional d'Art de Catalunya (MNAC)	
카탈루냐 역사 박물관	152
Museu d'Història de Catalunya	
카탈루냐 음악당	148
Palau de la Música Catalana	
칸 쿨레레테스 Can Culleretes	146
캔 로스 보데가 바 Bar Bodega Can Ros	136
코네사 앤트레판스 Conesa Entrepans	146
코르도바 알카사르	461
Alcazar de los Reyes Cristianos	
콜로니아 구엘 성당	175
Cripta de la Colònia Güell	
콜로마레스 기념물 Castillo de Colomares	389
콜론 광장 Plaza de Colón	256
콜롬 레스토랑 Colom Restaurant	147
쿠엥카 대성당 Catedral de Cuenca	319
쿠엥카 박물관 Museo de Cuenca	326

ㅌ

타라고나 고고학 유적군	201
Conjunto Arqueológico de Tarraco	
타라고나 대성당 Catedral de Tarragona	200
타베르나 콜로니알레스 Taberna Coloniales	445
토로 무엘레 우노 TORO Muelle Uno	390
톨레도 대성당	291
Catedral de Santa María de Toledo	
톨레도 알카사르 Alcázar de Toledo	290
티비다보 공원 Parc d'Atraccions Tibidabo	169
티센 보르네미사 미술관	274
Museo Thyssen Bornemisza	

ㅍ

파브리카 모리츠 Fàbrica Moritz Barcelona	140
파스텔레리아 호프만 Pastelería Hofmann	156
팔라시오 데 로스 나바스	369
Palacio De Los Navas	
페즈 완다 Pez Wanda	390
포트 벨 Port Vell	102
프라도 미술관 Museo del Prado	261
프레데릭 마레스 박물관 Museu Frederic Marès	145
프리힐리아나 구시가	407
Casco Historico de Frigiliana	
피카소 미술관 Museu Picasso	150
피카소 생가 박물관	385
Museo Casa natal de Picasso	

ㅎ

하리나스 센트럴 아파트	455
Harinas Central Apartments by Valcambre	
헤밍웨이의 길 Paseo de Ernest Hemingway	400
호안 미로 미술관 Fundació Joan Miró	160
호텔 알폰소 13세 Hotel Alfonso XIII	448
호텔 콜론 센트로 Hotel Colón Centro	369
호텔 플라자 마요르	283
B&B HOTEL Madrid Centro Plaza Mayor	
황금의 탑 Torre del Oro	449
훌리오 로메로 미술관	463
Museo Julio Romero de Torres	
히브랄파로성 Castillo de Gibralfaro	378

Travel Note

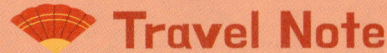

Travel Note

• 프리미엄 해외여행 가이드북 •

셀프트래블

셀프트래블은 테마별 일정을 포함한 현지의 최신 여행정보를
감각적이고, 실속 있게 담아낸 프리미엄 가이드북입니다.

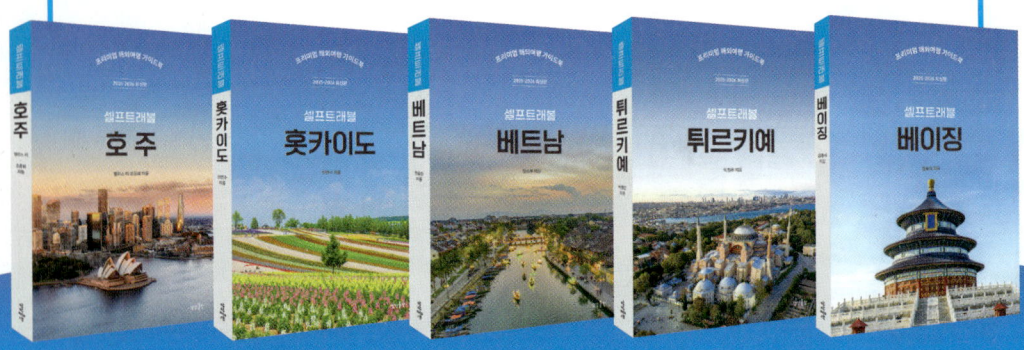

- 01 크로아티아
- 02 이스탄불
- 03 싱가포르
- 04 규슈
- 05 교토
- 06 홍콩 · 마카오
- 07 라오스
- 08 필리핀
- 09 미얀마
- 10 타이베이
- 11 남미
- 12 말레이시아
- 13 대마도
- 14 오사카
- 15 그리스
- 16 프라하
- 17 블라디보스토크
- 18 하와이
- 19 미국 서부
- 20 동유럽
- 21 괌
- 22 뉴욕
- 23 나고야
- 24 다낭
- 25 도쿄
- 26 타이완
- 27 이탈리아
- 28 방콕
- 29 파리
- 30 북유럽
- 31 스위스
- 32 발리
- 33 푸꾸옥 · 나트랑
- 34 오키나와
- 35 후쿠오카
- 36 런던
- 37 남미 5개국
- 38 독일
- 39 포르투갈
- 40 호주
- 41 홋카이도
- 42 베트남
- 43 튀르키예
- 44 베이징
- 45 스페인

www.esangsang.co.kr

상상출판